AF273824

Visión Artificial

Componentes de los sistemas de visión y nuevas tendencias en Deep Learning

Visión Artificial

Componentes de los sistemas de visión y nuevas tendencias en Deep Learning

Jaime Duque Domingo

Jaime Gómez García-Bermejo

Eduardo Zalama Casanova

La ley prohíbe
fotocopiar este libro

Visión Artificial. Componentes de los sistemas de visión y nuevas tendencias en Deep Learning
Thema: UYQV Visión Artificial
Bisac: COM016000
© Jaime Duque Domingo, Jaime Gómez García-Bermejo, Eduardo Zalama Casanova
© De la edición: Ra-Ma 2024

MARCAS COMERCIALES. Las designaciones utilizadas por las empresas para distinguir sus productos (hardware, software, sistemas operativos, etc.) suelen ser marcas registradas. RA-MA ha intentado a lo largo de este libro distinguir las marcas comerciales de los términos descriptivos, siguiendo el estilo que utiliza el fabricante, sin intención de infringir la marca y solo en beneficio del propietario de la misma. Los datos de los ejemplos y pantallas son ficticios a no ser que se especifique lo contrario.

RA-MA es marca comercial registrada.

Se ha puesto el máximo empeño en ofrecer al lector una información completa y precisa. Sin embargo, RA-MA Editorial no asume ninguna responsabilidad derivada de su uso ni tampoco de cualquier violación de patentes ni otros derechos de terceras partes que pudieran ocurrir. Esta publicación tiene por objeto proporcionar unos conocimientos precisos y acreditados sobre el tema tratado. Su venta no supone para el editor ninguna forma de asistencia legal, administrativa o de ningún otro tipo. En caso de precisarse asesoría legal u otra forma de ayuda experta, deben buscarse los servicios de un profesional competente.

Reservados todos los derechos de publicación en cualquier idioma.

Según lo dispuesto en el Código Penal vigente, ninguna parte de este libro puede ser reproducida, grabada en sistema de almacenamiento o transmitida en forma alguna ni por cualquier procedimiento, ya sea electrónico, mecánico, reprográfico, magnético o cualquier otro sin autorización previa y por escrito de RA-MA; su contenido está protegido por la ley vigente, que establece penas de prisión y/o multas a quienes, intencionadamente, reprodujeren o plagiaren, en todo o en parte, una obra literaria, artística o científica.

Editado por:
RA-MA Editorial
Calle Jarama, 3A, Polígono Industrial Igarsa
28860 PARACUELLOS DE JARAMA, Madrid
Teléfono: 91 658 42 80
Fax: 91 662 81 39
Correo electrónico: *editorial@ra-ma.com*
Internet: *www.ra-ma.es* y *www.ra-ma.com*
ISBN impreso: 978-84-1018-167-0
Depósito legal: M-7799-2024
Maquetación: Antonio García Tomé
Diseño de portada: Antonio García Tomé
Filmación e impresión: Safekat
Impreso en España en mayo de 2024

Índice general

I   Introducción a la visión artificial y componentes de los sistemas de visión   **11**

1. Introducción y conceptos básicos   **13**
    1.1. Introducción general   13
    1.2. Imagen y vídeo   16
    1.3. El color   17
    1.4. Operaciones básicas con imágenes.   20
    1.5. El producto de convolución   21
    1.6. Convolución multicanal   34
    1.7. Procesamiento del resultado del filtrado   36
    1.8. Transformaciones geométricas   37
    1.9. Remuestreo y pirámides de imágenes   39

2. Componentes de un sistema de visión artificial   **43**
    2.1. Introducción   43
    2.2. Cámaras   43
        2.2.1. Características de las cámaras   43
        2.2.2. Cámaras monocromas y color   47
        2.2.3. Cámaras lineales   48
    2.3. Ópticas   48
        2.3.1. La cámara *pinhole*   49
        2.3.2. Lentes   50
        2.3.3. Distancia focal   51
        2.3.4. Enfoque   53
        2.3.5. Apertura focal   54
        2.3.6. Distorsiones, aberraciones y otros fenómenos   55
        2.3.7. Ópticas especiales   56
        2.3.8. Filtros ópticos   57
    2.4. Iluminación   58
        2.4.1. Un poco de radiometría   58
        2.4.2. Magnitudes fotométricas   59
        2.4.3. La reflexión de la luz. Componentes de la reflexión   60
        2.4.4. La función de distribución de la reflectancia bidireccional   63

        2.4.5. Caracterización de la reflexión mediante cámaras, coloríme-
                tros y reflectómetros 64
        2.4.6. Fuentes de luz 66
        2.4.7. Técnicas de iluminación 69
  2.5. Sistemas de visión 3D 71
        2.5.1. Geometría de formación de las imágenes 72
        2.5.2. Modelado y calibración de cámaras 73
        2.5.3. Objetos a una distancia dada 75
        2.5.4. Estéreo 77
        2.5.5. Luz estructurada 81
        2.5.6. Tiempo de vuelo 84
        2.5.7. La visión 3D en los humanos 86
  2.6. Sensores y cámaras industriales 88
  2.7. Metodologías para la selección del hardware 98

3. Aplicaciones de la visión en la Industria 4.0   **101**
  3.1. Sistemas de Visión Artificial en la industria 101
        3.1.1. SVA integrados 107
  3.2. Aplicaciones clásicas 108
        3.2.1. Discriminación, detección de fallos 108
        3.2.2. Paletizado 109
        3.2.3. Detección de códigos de barras 111
        3.2.4. Trazabilidad de los productos 118
        3.2.5. Escaneado 3D 119
        3.2.6. Visión artificial en el ámbito de la robótica 123
        3.2.7. Visión artificial en la robótica autónoma móvil 124
        3.2.8. Soluciones propietarias, tipo OKAO 125

II   Nuevas tendencias en procesamiento mediante Deep Learning   **127**

4. Frameworks de visión y deep learning   **129**
  4.1. Introducción a OpenCV 133
  4.2. Pillow y DLIB 135
        4.2.1. Pillow 136
        4.2.2. DLIB 136
  4.3. Introducción a Tensorflow 137
  4.4. Introducción a Pytorch 142
  4.5. Esquema abierto de intercambio de redes neuronales 143

5. Ciclo del proyecto y tipos de problemas   **145**
  5.1. Ciclo del proyecto 146
  5.2. Tipos de problemas 148
        5.2.1. Clasificación de imágenes y vídeos 150

5.2.2. Detección, segmentación y reconocimiento de objetos y personas 150

5.2.3. Problemas de regresión 151

5.2.4. Aprendizaje de un único caso 153

5.2.5. Generación de imágenes sintéticas 153

6. Aprendizaje supervisado y no supervisado **155**

6.1. Aprendizaje no supervisado con K-Means 157

6.2. Aprendizaje supervisado con SVM 163

6.2.1. SVM con Scikit-Learn 167

6.2.2. SVM con OpenCV 170

7. Redes neuronales **177**

7.1. Perceptrón simple 178

7.2. Perceptrón multicapa 179

7.3. Algoritmo de retropropagación 182

7.3.1. Optimizadores 185

7.3.2. Ejemplo utilizando Tensorflow (modo secuencial) 187

7.3.3. Ejemplo utilizando Pytorch (modo secuencial) 193

7.3.4. Ejemplo utilizando Tensorflow (con API Funcional) . . . 195

7.3.5. Ejemplo utilizando Pytorch (con API Funcional) 197

7.4. Problemas de clasificación 199

7.4.1. Entropía cruzada 201

7.4.2. Ejemplo de clasificación utilizando Tensorflow 204

7.4.3. Ejemplo de clasificación utilizando Pytorch 207

7.5. Problemas de regresión 212

7.5.1. Regresión con Tensorflow 213

7.5.2. Regresión con Pytorch 217

7.6. Redes de convolución 221

7.6.1. Ejemplo de clasificación utilizando Tensorflow 224

7.6.2. Ejemplo de clasificación utilizando Pytorch 228

7.6.3. Convoluciones 3D 239

7.7. Redes recurrentes 241

8. Redes neuronales de clasificación **245**

8.1. Transfer learning 251

8.2. Clasificación con Tensorflow 254

8.3. Mapas de calor con Tensorflow 261

8.4. Clasificación con Pytorch 267

8.5. Mapas de calor con Pytorch 278

8.6. Matriz de confusión con Pytorch 283

8.7. Redes ViT 286

8.8. Ejemplo de modelo ViT utilizando Pytorch 288

8.9. Comparativa de modelo ViT con modelo ConvNeXt-base utilizando Pytorch 295

9. Clasificación en vídeo   **299**

9.1. Obtención de los vectores de features para la clasificación DC-SASS utilizando Tensorflow 306

9.2. Entrenamiento de la LSTM de clasificación de DCSASS utilizando Tensorflow 309

10. Redes siamesas   **317**

10.1. Ejemplo de red siamesa utilizando Tensorflow 320

11. Redes generativas antagónicas (GAN)   **331**

11.1. Ejemplo de red generativa antagónica con Tensorflow 333

12. Redes de codificación automática (AutoEncoder-Decoder)   **349**

12.1. Ejemplo de AutoEncoder-Decoder con Tensorflow 350

12.2. VAE y CVAE 361

13. Detección y segmentación de objetos   **369**

13.1. Detección 370

13.2. YOLO 373

    13.2.1. Entrenamiento y detección con YOLO de manos 376

    13.2.2. Entrenamiento y detección con YOLO de la Luna 387

13.3. Segmentación 389

    13.3.1. Segmentación con U-Net 389

    13.3.2. Mask R-CNN 404

    13.3.3. Entrenamiento y segmentación con Mask R-CNN 405

14. Reconocimiento de articulaciones y puntos de personas   **413**

14.1. OpenPose 413

14.2. BlazePose 420

14.3. Algunos modelos de MediaPipe y DLIB 423

15. Métodos combinados de integración de redes neuronales   **429**

15.1. Validación cruzada 430

15.2. Combinación de clasificadores 431

15.3. Cross Validation Voting (CVV) 434

15.4. Ejemplo de aplicación de CVV sobre CIFAR-10 con Pytorch . . . 438

16. One-Shot Learning   **451**

16.1. Implementación de CP-CVV con Fss1000 455

16.2. Evaluación de CP-CVV con Fss1000 463

17. Avances recientes en redes neuronales   **471**

17.1. SAM: Segment Anything Model 471

17.2. Fast SAM y extracción de objetos 3D mediante SAM + mapa de profundidad 472

17.3. YOLO 3D 473

17.4. Aprendizaje contrastivo 474

17.5. Modelos de difusión 478
17.6. StyleGAN 478
17.7. Modelos generativos condicionados 479
17.8. Modificación de imágenes con modelos generativos 481
17.9. Backbones rápidos: MobileOne 482
17.10Differentiable Rendering 482
17.11NeRF 483
17.12Knowledge distillation 484

Bibliografía · **485**

Material adicional · **497**

Presentación

La visión artificial es una de las áreas de mayor importancia en la ingeniería de sistemas. Los algoritmos de visión artificial se utilizan para todo tipo de problemas, como pueden ser la inspección industrial de productos en busca de defectos, la interacción de un robot con una persona, la conducción autónoma, la vigilancia mediante cámaras o la autenticación de un teléfono móvil.

Hasta hace poco más de una década, la mayoría de los algoritmos que se utilizaban en visión artificial lo hacían aplicando determinadas operaciones y transformaciones fijas sobre las imágenes. Muchos parámetros de los modelos utilizados se obtenían en base a un prueba y error, buscando aquellos parámetros o transformaciones que mejor permitían resolver un problema. Los algoritmos y técnicas utilizados en esta época de la visión artificial clásica son los precursores de las actuales técnicas de aprendizaje automático.

El aprendizaje automático o *machine learning* representa al conjunto de técnicas y algoritmos que permiten resolver problemas aprendiendo por sí mismos a ajustar sus propios parámetros. Es un campo de gran importancia en muchas ramas del conocimiento, desde la propia ingeniería de sistemas o la inteligencia artificial hasta la resolución de problemas de diversa índole en ingeniería, matemáticas, economía o incluso medicina. Dentro de la visión artificial, los algoritmos de aprendizaje automático permiten obtener modelos muy potentes que resuelven multitud de problemas que iremos viendo a lo largo del libro, como son la clasificación, segmentación, detección, comparación, generación sintética de imágenes. Estos algoritmos permiten dotar a nuestros sistemas de cierta inteligencia artificial, ya que en ocasiones algunos de estos modelos pueden llegar a realizar tareas, normalmente limitadas a personas, con el mismo desempeño y a mucha mayor velocidad.

Este libro presenta dos partes de la visión complementarias. En una primera parte del libro se presentan varios aspectos de la visión artificial clásica, como son los fundamentos de las imágenes que serán bases para todo el aprendizaje automático, los componentes de los sistemas de visión artificial y los sensores que se utilizan, así como algunas de las aplicaciones prácticas. En una segunda parte se explicarán los frameworks de trabajo que se utilizarán en el libro, principalmente Tensorflow y Pytorch. A continuación, se explicará cómo funcionan los algoritmos de aprendizaje no supervisado y supervisado. Poco a poco iremos mostrando cómo entrenar redes neuronales para ser capaces de entrenar modelos de clasificación simples, utilizando redes de convolución. Presentaremos redes de clasificación más avanzadas, como ResNeXt o ConvNeXt. Mostraremos cómo procesar vídeo mediante redes LSTM, cómo segmentar objetos mediante redes como Mask R-CNN, cómo detectar objetos con redes como YOLO, o cómo obtener el esqueleto de personas mediante OpenPose o BlazePose. Abordaremos la comparación de imágenes mediante redes siamesas o la generación de imágenes nuevas mediante redes generativas. Finalmente, mostraremos cómo mejorar los resultados mediante la combinación de modelos de la misma o distinta naturaleza, o cómo utilizar métodos combinados de redes siamesas para resolver el problema de aprendizaje con una única imagen por categoría utilizando CP-CVV.

Este libro está dirigido por una parte a alumnos de asignaturas de visión artificial, aprendizaje automático o inteligencia artificial, de grado, máster. Estas asignaturas se imparten principalmente en ingenierías de la rama industrial, informática y de telecomunicaciones, en sus niveles de grado y máster. Por otra parte, el libro se dirige también a los profesionales e investigadores que trabajan en visión artificial, así como a los interesados en algoritmos de aprendizaje automático e inteligencia artificial. Como requisito previo, el lector debería conocer a un nivel medio el lenguaje de programación Python.

En el libro se explicará cada uno de los códigos mostrados, enlazando el propio libro con un repositorio con el fin de que el lector pueda probar los programas. Se explicarán técnicas de visualización de gráficos de entrenamiento, métricas de evaluación de modelos, tipos de capas, funciones de activación y error de las redes neuronales, y técnicas de explicación de cómo funcionan estos modelos, con el objetivo de evitar que estas redes sean una caja negra con resultados impredecibles.

Esperamos que el libro resulte interesante y enriquecedor para el lector, animándole a experimentar con sus propios modelos a partir de los presentados en el libro.

Sobre los autores

Jaime Duque Domingo es Doctor en Ingeniería de Sistemas y Control por la UNED (2018), tiene un Máster en Ingeniería de Sistemas también por la UNED (2014), un Máster de Profesorado por la Universidad Isabel I (2018) y es Ingeniero en Informática por la Universidad de Valladolid (2011). Durante 18 años trabajó en el desarrollo de complejos proyectos informáticos para el ámbito privado, tanto en España como en el extranjero. En los últimos años se ha centrado en el mundo académico, participando en varios proyectos de investigación, realizando distintas publicaciones e impartiendo docencia universitaria. Ha obtenido seis premios de investigación, incluyendo dos premios INFAIMON otorgados al mejor trabajo de visión artificial presentado en las Jornadas Nacionales de Automática (2015 y 2018) o el Premio Extraordinario de Doctorado de la UNED. Actualmente es profesor en el Departamento de Ingeniería de Sistemas y Automática de la Universidad de Valladolid. Ha publicado 16 artículos en revistas indexadas en SCI-JCR, en el primer y segundo cuartil, 14 artículos en congresos nacionales e internacionales, otro libro sobre visión artificial y un capítulo sobre robótica en el autismo. Su campo de actuación se centra en la visión artificial y robótica, especializándose en técnicas de aprendizaje profundo, robótica social y cognitiva, o sistemas de posicionamiento. Como investigador, ha trabajado en la Universidad de Valladolid y en el Centro Tecnológico CARTIF. Ha sido también profesor en la Universidad Europea Miguel de Cervantes (UEMC), así como profesor visitante en la Carnegie Mellon University (CMU), en Pittsburgh (Estados Unidos).

Jaime Gómez García-Bermejo es Catedrático de Universidad del Departamento de Ingeniería de Sistemas y Automática de la Universidad de Valladolid. Es Doctor en Ingeniería Industrial por la Universidad de Valladolid y tiene un Máster en Procesamiento de Imágenes por l'École Nationale Supérieure de Télécommunications de Paris (Francia). Ha participado en cerca de un centenar de proyectos de investigación competitivos, internacionales, nacionales y regionales, muchos de ellos en cooperación con empresas o entidades públicas y enmarcados en convocatorias públicas tanto de los Programas marco de la Unión Europea como del Plan Nacional (incluyendo Retos, Innpacto, Cien, Avanza, CEDETI, Profit etc). En el aspecto de transferencia de conocimiento al sector productivo, ha participación en unos 125 contratos de investigación con empresas y entidades públicas. También es coautor de diversas patentes licenciadas para su uso por importantes empresas de ingeniería, sector de la construcción y empresas de servicio, así como de diversas licencias software. En el apartado de publicaciones es coautor unas 75 contribuciones científicas de relevancia, la mayoría correspondientes a artículos en revistas indexadas JCR-SCI. También es coautor de más de 125 contribuciones a congresos, muchos de alto nivel internacional, y ha impartido diversas conferencias invitadas. Ha dirigido 6 tesis doctorales en los últimos 10 años, así como más de un centenar de trabajos fin de grado/máster. Es evaluador de proyectos para numerosas agencias (ANEP, AAC, etc.) y ha trabajado como Experto en I+D en numerosas ocasiones para firmas como AENOR y ACIE, para la evaluación y la acreditación de actividades de investigación. Es miembro académico del Instituto de las Tecnologías Avanzadas de la Producción – I.T.A.P. y asesor científico del Área de Visión Artificial en el Centro Tecnológico CARTIF.

Eduardo Zalama es Doctor Ingeniero Industrial por la Universidad de Valladolid desde 1994. Actualmente es Catedrático en la Escuela de Ingenierías Industriales de la Universidad de Valladolid. Ha sido Profesor Visitante en la Universidades de Boston y Carnegie Mellon (Pittsburgh). Su línea de investigación se centra en el ámbito de la robótica y visión artificial con especial énfasis en la transferencia pues en los últimos años ha realizado su investigación en el Centro Tecnológico Cartif donde ha dirigido la División de Sistemas Industriales y Digitales. Es autor de más de un centenar de artículos peer-review en revistas y libros de prestigio internacional y más de cien comunicaciones en congresos nacionales e internacionales en el campo de la robótica y visión artificial. Desde el punto de vista industrial y de investigación ha participado en más de 90 proyectos de investigación competitivos de ámbito internacional, nacional y regional destacando proyectos del Programa Marco y Plan Nacional (incluyendo Cenit, Innpacto, Avanza y Profit). En el aspecto de transferencia de conocimiento al sector productivo, ha participación en más de un centenar de contratos de investigación con empresas, en la mayoría de los cuales ha actuado como investigador principal. También es coautor de varias patentes en explotación que han sido licenciadas para su uso por importantes empresas de ingeniería, sector de la construcción y empresas de servicio. También se han concedido licencias de uso de software a empresas como Telefónica I+D o Renault-Valladolid. Es evaluador de la Comisión Europea (diversas convocatorias), ANEP, ANECA (programa Academia), agencias de evaluación autonómicas, y ha sido contratado como Experto en I+D en diversas ocasiones por la firma AENOR y ACIE, para la evaluación de actividades de investigación. Finalmente se destaca la pertenencia a diferentes comités científicos nacionales e internacionales, pertenencia a la red CEA-GTROB, HISPAROB y Eurobotics aisbl.

Parte I

Introducción a la visión artificial y componentes de los sistemas de visión

Capítulo 1

Introducción y conceptos básicos

1.1. Introducción general

La visión artificial es una disciplina que se ocupa de la captación, el análisis y la comprensión de imágenes y vídeos. Se relaciona estrechamente con otros campos científicos y tecnológicos tales como la inteligencia artificial, el aprendizaje máquina, el procesamiento por computador, el procesamiento de señal, gráficos por computador, robótica e incluso con psicología y neurociencias.

Con frecuencia el término visión artificial se utiliza para referirse a cuatro disciplinas íntimamente relacionadas: visión por computador, visión máquina, tratamiento de imágenes y visión artificial propiamente dicha. La visión por computador (*computer vision* en la literatura anglosajona) se ocupa de la utilización de los computadores para alcanzar un conocimiento de las imágenes adecuado para desarrollar tareas similares a las que realizamos los humanos por medio de nuestro sistema visual. La visión máquina (*machine vision*) se orienta específicamente a la automatización de tareas típicamente industriales por medio de imágenes, como la inspección, el control de procesos y el guiado de robots. El tratamiento de imágenes (*image processing*) se refiere genéricamente al procesamiento de las mismas por medio de computadores de cara su mejora y análisis. Por último, la visión artificial propiamente dicha (*artificial vision*) se relaciona con reproducir el comportamiento del sistema visual humano. Por supuesto estas cuatro disciplinas comparten algoritmos y tecnologías, por lo que es habitual referirse al conjunto de ellas genéricamente como visión por computador o, como lo haremos en este libro, visión artificial.

La visión artificial, entendida en este sentido amplio, comienza su andadura a mediados de los años 60, cuando por primera vez se aborda la conexión de una cámara a un computador (1966, M. Minsky). Surgen también los primeros algoritmos para la detección y seguimiento de bordes. En la década de los 70 asistimos al desarrollo de numerosos algoritmos de visión artificial que

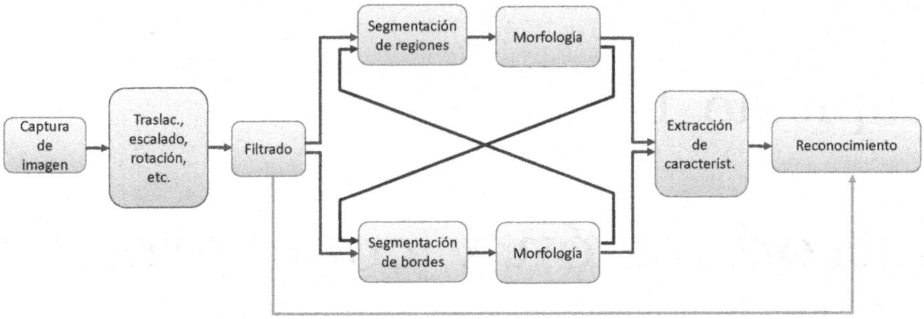

Figura 1.1: Arquitectura basada en convoluciones 3D

continúan vigentes hoy en día: mejora de la extracción de regiones y bordes, reconocimiento de formas geométricas, flujo óptico, estimación del movimiento. Los 80 vienen marcados por una creciente formalización matemática, lo que convierte a la visión artificial en una disciplina científica madura. Con esto, y también gracias al desarrollo de los computadores y la microelectrónica, queda plenamente establecido el *pipeline* clásico de visión artificial. Existen distintas formulaciones de este *pipeline* que básicamente cubren, de una forma u otra, las siguientes etapas (*véase* la figura 1.1):

- Captura de las imágenes. Adquisición de la información visual de la escena por medio de cámaras que proporcionan imágenes individuales o secuencias de imágenes (vídeo).

- Filtrado. Se trata de una etapa fundamental en la que se cubren múltiples aspectos, desde la reducción del ruido de las imágenes hasta el resaltado de características de interés como líneas, bordes de regiones, regiones de distinta morfología o características de más alto nivel. Esta etapa puede ser determinante de cara al éxito de los tratamientos posteriores.

- Segmentación. Consiste en el particionado de la imagen en conjuntos de píxeles o *segmentos* (segmentos de información; no confundir con segmentos lineales) que comparten ciertas propiedades. La etapa previa filtrado determina la mejor forma de operar, sobre la base del análisis de propiedades tales como los niveles de gris, color o textura, y sus variaciones a lo largo de la imagen, en muchos casos combinado con criterios de proximidad en la imagen. Además, la segmentación puede ir orientada a la obtención de regiones o de bordes, y estos últimos pueden ser conectados de modo de que determinen contornos de regiones. Regiones y contornos son, en definitiva, dos formas equivalentes de representar el resultado de la segmentación, y es posible pasar fácilmente de unas a otras y a la inversa.

- Morfología. Operaciones basadas en teoría de conjuntos que se aplican a regiones y bordes o contornos para mejorar el resultado de la segmentación. Son habituales las operaciones de erosión, dilatación, apertura y cierre, entre otras. Muchas de estas operaciones conllevan la interacción con conjuntos de puntos denominados *elemento estructurante* que adaptados a distintas necesidades.

- Extracción de características. Cálculo de descriptores geométricos y topológicos de las regiones encontradas tras la segmentación, tales como perímetro, área, compacidad, momentos de inercia de distinto orden, número de agujeros y de regiones conexas, etc.

- Reconocimiento de los objetos presentes en la escena. En esta etapa se emplean desde técnicas sencillas de umbralización directa de descriptores hasta otras más elaboradas, del ámbito de la Inteligencia Artificial.

- Interpretación de la escena. Se analizan objetos y sus interrelaciones para dar sentido a la escena en el contexto de la aplicación deseada. Es la culminación del proceso de visión y de nuevo las técnicas de Inteligencia Artificial pueden jugar un papel fundamental en esta etapa final.

Una aproximación alternativa al problema, utilizada desde antiguo en visión máquina y que obvia algunas de estas etapas, es lo que se conoce como comparación con plantillas o *Template Matching*. Consiste en recorrer la imagen en busca de regiones parecidas a una pequeña plantilla que contiene una imagen del elemento buscado. Además, si se adopta la correlación normalizada como medida de similitud, se consigue cierta insensibilidad ante variaciones de la iluminación. Esta técnica se emplea con frecuencia en visión máquina, pero su robustez es limitada cuando nos enfrentamos a variabilidad en el aspecto visual de los objetos.

Por otra parte, a finales de los 90 se desarrollan los conocidos algoritmos *Scale-Invariant Feature Transform* (SIFT) y Speeded-Up Robust Features (SURF), y sus distintas variantes. Estos algoritmos permiten detectar y caracterizar puntos relevantes de los objetos de forma robusta frente a cambios de iluminación, rotación y escala. Por ello, resultan de interés en tareas como reconocimiento de objetos, incluso en presencia de oclusiones, *stitching* o pegado de imágenes, *matching* o emparejamiento en visión estéreo, *tracking* o seguimiento visual, etc. En 2001 se produce otro avance significativo de la mano del algoritmo de Viola-Jones. Se trata de un algoritmo capaz de detectar rostros u otros objetos en tiempo real, con un coste computacional asumible incluso para dispositivos con prestaciones modestas.

Más recientemente, en los 2000, asistimos al resurgimiento de las redes neuronales convolucionales. La idea original data de los años 80, pero ha sido necesario esperar casi 30 años para verla implementada de manera efectiva gracias a los modernos procesadores gráficos (GPUs). La red AlexNet, de finales de 2012, representa un hito destacable por ser una de las primeras en sacar provecho de este tipo de procesadores. A raíz de AlexNet hemos asistido a un desarrollo vertiginoso del campo de las redes convolucionales, donde nuevas arquitecturas, como los modelos ViT o las redes más avanzadas de convolución (CoAtNet,

ConvNeXt, etc.) han visto la luz. A lo largo del libro ahondaremos en alguno de estos modelos.

El presente libro se inscribe en este contexto general. No pretende profundizar en el *pipeline* clásico o en las técnicas de los años 90, para cuya descripción ya existen excelentes textos. En lugar de ello, tras este capítulo introductorio revisaremos primero los componentes de los sistemas de visión, abarcando desde las cámaras, las ópticas y los sistemas de iluminación, hasta los modernos sistemas de visión 3D. Luego describiremos las aplicaciones de la visión artificial en la Industrial 4.0. Por último nos adentrarnos específicamente en cómo utilizar las redes neuronales para resolver distintos problemas de visión artificial. En todo ello se ha adoptado un enfoque esencialmente práctico con el fin de que sirva de guía de referencia a la que podamos acudir para resolver los distintos problemas de visión artificial que podamos encontrar a lo largo de nuestra vida profesional.

1.2. Imagen y vídeo

En primera aproximación, una imagen digital es una composición de elementos, denominados píxeles, habitualmente organizados en forma de matriz o línea, cuyos valores numéricos representan la luminosidad o el color de los puntos de una imagen. En los sistemas de visión, la imagen es capturada por medio de una cámara con su correspondiente óptica, bajo condiciones de iluminación adecuadas. La cámara incluye un dispositivo sensor, normalmente plano y de naturaleza discreta, con sus elementos fotosensibles distribuidos de manera regular. Este sensor muestrea espacialmente la información óptica y la convierte en señales eléctricas, que son amplificadas y cuantificadas en forma de niveles numéricos para su transferencia hacia el computador. Por su parte, la óptica es la encargada de enfocar la energía luminosa de la escena sobre el sensor. Cámara y óptica son dos elementos bien diferenciados, si bien en ocasiones denominaremos *cámara* al conjunto, por simplicidad.

Los niveles que proporciona la cámara son una forma de representar la intensidad que debería adoptar una fuente de luz, o varias en el caso de color, para producir una sensación visual similar a la imagen óptica de partida. Estos niveles se representan usualmente mediante números enteros sin signo de 8 bits, dado que una diferencia de $1/2^8$ es apenas discernible para el ojo humano en el rango de luminosidades y colores que manejamos habitualmente. No obstante, por supuesto es posible una cuantización más precisa. Por ejemplo, resulta cada vez más frecuente recurrir a 10, 12, 14 o incluso 16 bits (por canal cromático, en su caso). Además, el procesamiento ulterior de las imágenes puede dar como resultado valores que se representan más adecuadamente mediante otros tipos de datos: enteros de otros tamaños, con o sin signo, valores lógicos o números reales. Por todo ello, en general no restringiremos el tipo de datos que puede contener una imagen.

En cuanto a la señal de vídeo, se puede entender como una secuencia de imágenes adquiridas en instantes de tiempo sucesivos. En primera aproximación, podemos suponer que cada imagen de la secuencia contiene toda la información correspondiente a un cierto instante de tiempo, si bien esto es matizable como veremos en el capítulo dedicado a los componentes de los sistemas de visión. Adicionalmente, asumiremos que el tiempo transcurrido entre dos imágenes consecutivas es siempre el mismo.

Por otra parte, para la transmisión y el almacenamiento de imágenes y vídeo se recurre con frecuencia a distintos contenedores y formatos. Estos vienen caracterizados por la organización de los valores de luminosidad o color que contienen, los metadatos que los acompañan y los algoritmos utilizados para la codificación de la información, con o sin pérdida. Algunos formatos de imagen populares son BMP, PNG , TIFF, EXIF y JPEG. Algunos formatos de vídeo comunes son AVI, MPEG, MOV y MP4. Una amplia discusión de estos y otros formatos puede encontrarse en textos especializados. En nuestro caso asumiremos que tanto las imágenes como las secuencias de vídeo han sido adecuadamente descodificadas hasta su representación en forma de matriz o secuencia temporal de matrices, previamente a abordar su procesamiento.

1.3. El color

Tal como hemos indicado, las cámaras proporcionan, por cada píxel, los niveles de intensidad que deberían adoptar las luces de un cierto dispositivo de visualización para producir en el observador humano una sensación visual análoga a la imagen capturada. Además, la mayoría de los sistemas actuales contempla luces de tres *colores primarios*, rojo, verde y azul, que suponen un compromiso adecuado entre complejidad de las cámaras y los dispositivos de visualización, y la gama de colores que permiten reproducir.

La elección de tres primarios descansa sobre el hecho de que el observador humano estándar, o promedio, utiliza tres tipos de células para percibir el color. Se trata de los denominados *conos*, sensibles a luz de longitudes de onda cortas, medias y largas, según su tipo. Un cuarto tipo de células, los *bastones*, perciben la cantidad total de luz. Las señales eléctricas que generan estos cuatro tipos de células son interpretadas por el cerebro como luz y color.

En los años 30 se realizaron una serie de experimentos encaminados a relacionar cuantitativamente la radiación electromagnética con la percepción visual. Fruto de ello se propuso el denominado espacio color CIE 1931 XYZ, que asigna a cada color 3 números positivos, de forma unívoca. Estos números pueden entenderse como las coordenadas de cada color en un espacio cromático tridimensional denominado XYZ. Por conveniencia, el espacio XYZ fue definido de forma que Y represente la luminosidad, es decir la cantidad total de luz, mientras que X y Z se relacionan con el color propiamente dicho.

Los *diagramas cromáticos* son una forma adecuada de manejar este espacio cromático (véase la Figura 1.2). Se trata de secciones planas del espacio XYZ en las que se representa la gama de colores que puede percibir el observador humano promedio, para un determinado nivel de luminosidad (un cierto valor de Y). Los *colores espectrales*, es decir correspondientes a las radiaciones monocromáticas

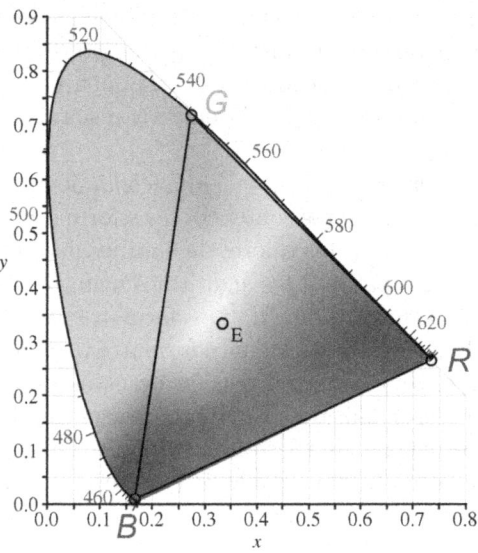

Figura 1.2: Diagrama cromático CIE 1931. Solo se visualizan correctamente los colores reproducibles a partir de las (pocas) tintas empleadas en la impresión de este documento. (Adaptado de Wikipedia, CIE 1931 color space).

(de una única longitud de onda), se sitúan en el contorno de la gama, mientras que la denominada *línea de púrpuras* delimita la región por la parte inferior. Por construcción, todos los colores de la gama pueden generarse combinando luces de los (infinitos) colores espectrales, balanceadas en función del inverso de su distancia al color deseado medida sobre el diagrama. La característica forma de *lengua* o *herradura* de estos diagramas deriva de la fuerte correlación existente entre las respuestas espectrales de los distintos tipos de conos.

En general, un conjunto arbitrario de luces permite generar todos los colores presentes en el interior del polígono que circunscriben dentro del diagrama cromático (pero no los presentes en el exterior). A modo de ejemplo, el espacio color estándar *CIE 1931 RGB* especifica tres luces monocromáticas de longitudes de onda 700 nm (rojo, marcado R en la Figura 1.2), 546.1 nm (verde, G) y 435.8 nm (azul, B) que, adecuadamente balanceadas, permiten producir todos los colores del interior del triángulo que delimitan. Obviamente no todos los colores pueden reproducirse por este medio. Por ejemplo, se pierden todos los verdeazulados situados a la izquierda de la línea BG y los púrpuras bajo la línea RB. Por lo general, la situación empeora en el caso de utilizar otra combinación de primarios monocromáticos, o bien de luces no monocromáticas como es el caso de muchos monitores o dispositivos de proyección. Desde luego, el uso de un mayor número de primarios, convenientemente seleccionados, permite ampliar la gama de colores reproducibles. Por ejemplo, algunos dispositivos de visualización trabajan con cuatro primarios (rojo, verde, azul y amarillo). Sin embargo, su uso suele resultar antieconómico, en especial si se tienen en cuenta las implicaciones respecto al diseño de cámaras.

En todo caso, lógicamente los niveles de color proporcionados por la cámara deben adaptarse a los primarios que utilice cada dispositivo de visualización. Para ello debe se requiere una transformación que, para tres primarios, adopta la forma

$$\begin{pmatrix} R' \\ G' \\ B' \end{pmatrix} = \mathbf{M} \begin{pmatrix} R \\ G \\ B \end{pmatrix} . \tag{1.1}$$

La naturaleza lineal de la transformación deriva del hecho de que, en definitiva, equivale a un cambio de ejes en el espacio XYZ. Adicionalmente se pueden incorporar otras transformaciones, lineales o no, como la conocida *corrección gamma* que compensa las no linealidades de los dispositivos de visualización así como del propio sistema visual humano, tal como veremos en un capítulo posterior.

Existen formas alternativas de especificar la información cromática, no tanto orientadas a su reproducción mediante luces R, G y B, como a otros fines. Entre ellas destaca el sistema HSV (*hue* o matiz, *saturation* o saturación, *value* o valor), también conocido como HSB (*hue, saturation, brightness* o brillo). Este sistema se encuentra estrechamente relacionado con la forma en que los humanos percibimos y describimos el color. En este sistema, el matiz puede entenderse como una tonalidad específica dentro del espectro visible, descrita como su posición en un determinado *círculo cromático*. Se especifica habitualmente como un ángulo en el rango [0, 360º). La saturación corresponde a la *cantidad* de ese color y se especifica típicamente en un rango de 0 %, para el gris, a 100 % para los colores puros. Finalmente, el brillo corresponde intuitivamente a la *cantidad de luz* que contiene el color, desde 0 % para negro hasta 100 % para blanco. Estos tres rangos se discretizan convenientemente, muchas veces en forma de enteros cortos o números reales, para su manejo eficiente por el computador. La transformación entre los espacios RGB y HSV es bien conocida, aunque no lineal.

Los espacios descritos, RGB y HSV, resultan adecuados para tareas de visión. No obstante, existen espacios de color mejor adaptados a otros ámbitos. Por ejemplo, el sistema HSL/HSI (*hue, saturation, lightness* o *intensity*) es similar al HSV, pero se adapta a la reproducción de los colores mediante mezcla de pinturas en lugar de luces. Otros como el CIEL*a*b* y el propio CIEXYZ se usan en colorimetría por cuanto permiten expresar mediante números positivos todos los colores que puede percibir el observador humano, con independencia del dispositivo de visualización utilizado. Espacios como el CMY(K) (*cyan, magenta, yellow* (*black*)) se adecúan a la reproducción mediante tintas que reflejan estos tres colores primarios (y absorben, por tanto, todos los demás). Existen también sistemas más orientados a fotografía digital como el YCbCr. Una descripción más exhaustiva escapa al ámbito de este libro.

1.4. Operaciones básicas con imágenes.

Una vez asumido que las imágenes se representan en forma de matrices, se pueden contemplar una amplia variedad de operaciones útiles. Además, estas matrices pueden tener naturaleza meramente bidimensional, por ejemplo en el caso de imágenes de luminosidad, o bien tridimensional, como en el caso de imágenes con varios *canales* o *planos cromáticos*. En el primer caso se suele hablar de imágenes monocanal y en el segundo de imágenes multicanal. En una primera aproximación, cada canal de una imagen se puede procesar independientemente del resto. En otros casos, los resultados obtenidos en los distintos canales se combinan entre sí para dar lugar a una imagen con un número distinto de canales. A continuación, citamos simplemente a modo ilustrativo algunas operaciones típicas.

- Suma de imágenes. Se utiliza por ejemplo para promediar los niveles de varias imágenes sucesivas en el tiempo, con el fin de reducir el ruido.

- Resta de imágenes. Es de uso común en tareas como detectar movimiento en secuencias de imágenes o modelar el fondo estático de una escena con relación a los objetos móviles (aunque para esto existen técnicas más elaboradas, basadas en la caracterización estadística de la variación de los niveles de cada píxel a lo largo del tiempo).

- Multiplicación de imágenes elemento a elemento. Se destina habitualmente a poner a nivel 0 ciertos puntos de una imagen, según un patrón expresado en forma de imagen o *máscara* de naturaleza lógica.

- Operaciones con escalares. La multiplicación con escalares y la suma o resta de un cierto valor a cada punto son útiles para modificar el rango dinámico de los niveles de la imagen, por ejemplo para el desplazamiento y estiramiento del histograma. Combinadas con suma de imágenes se usan para mezclado o *blending* de imágenes.

- Umbralización. Operación para el etiquetado de los píxeles de la imagen por comparación de su valor contra un cierto valor umbral. El umbral puede fijarse *a priori*, calcularse a partir de un análisis global de la imagen u obtenerse a partir del análisis de los píxeles en una cierta vecindad. En este último caso se habla de *umbralización adaptativa*. La idea se generaliza fácilmente a más de un umbral y de dos niveles de salida, en lo que se conoce como umbralización multinivel.

- Operaciones lógicas sobre imágenes binarias. Se emplean por ejemplo para la mejora del resultado tras una umbralización.

A efectos prácticos es importante tener en cuenta que, tal como ya ha sido mencionado, el resultado de las operaciones con imágenes pueden ser matrices de valores lógicos, enteros de distinto tamaño, números reales etc. Esto tiene implicaciones obvias respecto al tipo de variable más adecuado para almacenar el resultado de la operación. Además, para visualizar el resultado en forma de imagen es preciso traducir los valores a niveles manejables por el dispositivo de visualización: típicamente tres enteros positivos, por ejemplo de un byte, para representar las intensidades de rojo, verde y azul. Esta traducción se realiza mediante tablas de consulta (*look up tables o LUTs*) asociadas al dispositivo. Es importante que estas tablas se configuren adecuadamente en cada caso, con el fin de evitar una mala interpretación del resultado de las operaciones.

1.5.   El producto de convolución

Además de las operaciones básicas, el denominado *producto de convolución* o simplemente *convolución* constituye una operación de gran interés en visión, debido a su versatilidad y a sus excelentes propiedades matemáticas. Se suele expresar matemáticamente como una correlación,

$$J(x,y) = W(x,y) \circledast I(x,y) = \sum_{s=-M/2}^{M/2} \sum_{t=-N/2}^{N/2} W(s,t)\, I(x+s, y+t)\,. \quad (1.2)$$

Aquí, I es la imagen de entrada o fuente, J es la imagen de salida o destino y W una matriz N filas por M columnas, habitualmente de pequeño tamaño con relación a imagen, que denominaremos genéricamente *filtro* o, más específicamente según el contexto, *núcleo*, *kernel* o *máscara* de la convolución. Es importante remarcar que esta ecuación corresponde a una correlación, y no a una convolución. La diferencia entre ambas radica en que esta última conlleva un giro de π radianes del núcleo. Sin embargo, en visión resulta frecuente utilizar el término *convolución* como sinónimo de correlación, en particular cuando los valores del núcleo se obtienen por aprendizaje, y así lo haremos en este libro salvo que se indique lo contrario.

La convolución, además de ser lineal, tiene las propiedades conmutativa y asociativa. Esto permite, entre otras cosas, calcular la convolución de una imagen con una secuencia de filtros como su convolución con un único filtro, resultante de convolucionar aquellos entre sí. De esta manera se simplifica la manipulación matemática y se reduce el coste computacional.

$$W_2(x,y) \circledast (W_1(x,y) \circledast I(x,y)) = (W_2(x,y) \circledast W_1(x,y)) \circledast I(x,y)\,. \quad (1.3)$$

El número de operaciones necesario para completar una convolución crece cuadráticamente con el tamaño del filtro. Afortunadamente muchos filtros útiles son *separables*, esto es, resultan de convolucionar dos filtros monodimensionales entre sí. Aquí la propiedad asociativa permite convolucionar la imagen con uno de ellos, y el resultado con el otro, lo que conlleva una reducción cuadrática del número de operaciones.

Por lo demás, los principales aspectos a definir de cara a realizar una convolución son los siguientes:

- Rellenado (o *padding*).

- Paso (o *stride*).

- Los pesos y el tamaño del núcleo.

El rellenado deriva de que los cálculos no pueden ser completados en los puntos cuya distancia a los límites de la imagen sea inferior a la mitad del tamaño del filtro en la dimensión correspondiente. En este caso existen dos alternativas. La primera consiste en asumir que la imagen destino tendrá un tamaño inferior al de la imagen fuente, con la consecuente reducción de las necesidades de cómputo y almacenamiento. Esto puede resultar ventajoso para el tratamiento encadenado de grandes cantidades de datos, como en el caso de las redes convolucionales profundas. La segunda alternativa consiste en rellenar los datos faltantes alrededor de la imagen con un valor prefijado o una copia del dato más próximo en la imagen. De esta forma se pueden completar los cálculos, aun asumiendo que el resultado será erróneo en los puntos de la periferia. Las imágenes fuente y destino tendrán el mismo tamaño lo que simplifica la programación y la electrónica.

En cuanto al paso, es la distancia que avanza el núcleo entre una posición y la siguiente. La definición formal dada por la ecuación 1.2 contempla que el núcleo recorra la imagen de entrada avanzando una posición cada vez, esto es, con un *paso* de 1. Otras veces se prefiere un paso mayor, por ejemplo del mismo tamaño que el núcleo, para acelerar los cálculos y reducir el tamaño de la imagen de salida.

Por lo demás, los coeficientes o pesos del filtro, junto el tamaño de este, determinan el tipo de filtrado que se obtiene con la convolución. Así, existen filtros basa bajos, de realzado, de derivación y un largo etcétera. Generalmente, los filtros cuyos pesos suman más de 1 tienden a aclarar la imagen y los que suman menos tienden a oscurecerla. Cuando los pesos suman 1, la luminosidad general no se ve afectada. Para las operaciones de derivada primera y segunda es habitual recurrir a filtros cuyos pesos suman cero.

El filtro de la media de $3x3$ es un ejemplo clásico de filtro de convolución,

$$\frac{1}{9} \begin{pmatrix} 1 & 1 & 1 \\ 1 & 1 & 1 \\ 1 & 1 & 1 \end{pmatrix} . \tag{1.4}$$

Se utiliza para reducir el ruido en las imágenes, a costa de disminuir el contraste. La intensidad del filtrado puede aumentarse incrementando el tamaño del filtro. Además, es frecuente recurrir a filtros de forma cuadrada, al menos cuando la relación de aspecto de la distancia entre píxeles está próxima a 1:1. Existen alternativas para el filtrado de ruido que no son de convolución, como el popular filtro de la mediana que se comporta como un excelente pasa bajos. Sin embargo, conlleva un elevado coste computacional y presenta peores propiedades matemáticas que el filtro de la media, por lo que su uso está menos extendido.

Volviendo a la convolución, tradicionalmente se han venido utilizando núcleos de pequeño tamaño para ciertas operaciones básicas, el filtrado de ruido o el

Figura 1.3: Imagen de prueba.

cálculo de gradientes de luminosidad en la imagen. El filtro de Prewit es un buen ejemplo. Utiliza dos núcleos que se obtienen convolucionando el filtro de la media con las aproximaciones centrales de la derivada en las direcciones horizontal y vertical, $(-1, 0, 1)$ y $(-1, 0, 1)^t$:

$$\begin{pmatrix} -1 & 0 & 1 \\ -1 & 0 & 1 \\ -1 & 0 & 1 \end{pmatrix} \quad , \quad \begin{pmatrix} -1 & -1 & -1 \\ 0 & 0 & 0 \\ 1 & 1 & 1 \end{pmatrix} . \tag{1.5}$$

Otro filtro popular es el de Sobel, que utiliza dos núcleos de convolución cuyos pesos resultan de añadir, a las componentes horizontal y vertical de la derivada en cada punto, la contribución de las derivadas a 45º proyectadas sobre la dirección en cuestión:

$$\begin{pmatrix} -1 & 0 & 1 \\ -2 & 0 & 2 \\ -1 & 0 & 1 \end{pmatrix} \quad , \quad \begin{pmatrix} -1 & -2 & -1 \\ 0 & 0 & 0 \\ 1 & 2 & 1 \end{pmatrix} . \tag{1.6}$$

La Figura 1.3 muestra un ejemplo de imagen de prueba, en este caso de un solo canal cromático, y la Figura 1.4 el resultado de aplicar el citado filtro. Los valores mínimos (más negativos) se muestran en negro y los máximos en blanco. El resto se visualizan en tonalidades intermedias de gris.

Los filtros de Prewitt y Sobel permiten obtener fácilmente el módulo del vector gradiente y su dirección en cada punto de la imagen. Los máximos locales del módulo a lo largo de dicha dirección son buenos candidatos a puntos de borde de los objetos presentes en la imagen. El también popular filtro de Canny

(a) Componente horizontal.   (b) Componente vertical.

Figura 1.4: Filtrados de Sobel de la imagen de prueba.

proporciona una conectividad mejorada entre estos puntos a costa de un mayor esfuerzo computacional, sobre la base de conectar puntos de gradiente elevado a través puntos con gradiente más reducido.

Filtros similares pueden usarse para resaltar bordes de regiones en direcciones específicas de la imagen, como por ejemplo:

$$
\begin{pmatrix} -1 & -1 & 0 \\ -1 & 0 & 1 \\ 0 & 1 & 1 \end{pmatrix} \quad y \quad \begin{pmatrix} 0 & 1 & 1 \\ -1 & 0 & 1 \\ -1 & -1 & 0 \end{pmatrix}. \tag{1.7}
$$

Los filtros basados en derivada segunda constituyen un interesante complemento a los anteriores. El operador *divergencia del gradiente*, también conocido como *laplaciana*, permite detectar zonas de la imagen donde la luminosidad alcanza máximos o mínimos locales. Algunas discretizaciones comunes de este operador son

$$
\begin{pmatrix} 0 & -1 & 0 \\ -1 & 4 & -1 \\ 0 & -1 & 0 \end{pmatrix} \quad y \quad \begin{pmatrix} -1 & -1 & -1 \\ -1 & 8 & -1 \\ -1 & -1 & -1 \end{pmatrix}. \tag{1.8}
$$

Los pasos por cero de la laplaciana de una imagen en los puntos donde el gradiente es significativo sirven para detectar de forma precisa los puntos de borde. Por su parte los máximos y mínimos corresponden a puntos pertenecientes a líneas de mayor o menor nivel que el entorno, respectivamente.

Los filtros descritos hasta aquí se utilizan en ciertas aplicaciones prácticas por cuanto representan un cierto compromiso entre complejidad, coste computacional y calidad de los resultados. Sin embargo, existen alternativas ventajosas para tratar con las distintas frecuencias espaciales que suelen aparecer en las imágenes. Muchas de estas alternativas se basan en el denominado filtro *gaussiano*, cuyos pesos siguen una distribución gaussiana bidimensional caracterizada por su desviación típica σ,

$$G(x, y) = \frac{1}{2\pi\sigma^2} e^{-\frac{x^2+y^2}{2\sigma^2}} . \tag{1.9}$$

El filtro gaussiamo proporciona un suavizado más natural que el de la media. Además, el grado de suavizado se controla de forma precisa a través del parámetro σ. Es también separable, como el de la media, pero presenta unas excelentes propiedades matemáticas que facilitan su manipulación analítica. Por otra parte, hay que tener en cuenta que se trata de un filtro de respuesta impulsional infinita (*Infinite Impulse Response*, IIR), es decir, tiene un número infinito de coeficientes no nulos. Sin embargo, a efectos prácticos se puede aproximar satisfactoriamente por un filtro de respuesta impulsional finita (*Finite Impulse Response*, FIR) de radio 3 σ. Un ejemplo de filtro gaussiano, para $\sigma = 1$, es

$$\begin{pmatrix} 0,00 & 0,01 & 0,02 & 0,01 & 0,00 \\ 0,01 & 0,06 & 0,10 & 0,06 & 0,01 \\ 0,02 & 0,10 & 0,16 & 0,10 & 0,02 \\ 0,01 & 0,06 & 0,10 & 0,06 & 0,01 \\ 0,00 & 0,01 & 0,02 & 0,01 & 0,00 \end{pmatrix} . \tag{1.10}$$

La figura figura 1.5 representa de forma visual la distribución espacial de estos pesos. Este tipo de representación será utilizada con frecuencia en el presente texto. Además, salvo donde se indique lo contrario, asumiremos que los niveles de visualización se han ajustado de forma lineal entre negro para el valor mínimo del filtro (aquí, 0,00), y blanco para el valor máximo (aquí, 0,16).

La figura 1.6 muestra el resultado de filtrar una imagen con filtros gaussianos de distinta σ. En este caso se trata de una imagen con tres canales cromáticos. Cada uno ha sido procesado por separado, si bien existen otras alternativas que discutiremos más adelante.

El filtro gaussiano se utiliza con frecuencia en combinación con operadores de derivada primera y segunda. La Figura 1.7 muestra un ejemplo de filtro tipo gradiente de gaussiana, que permite resaltar los bordes de regiones más claras o bien más obscuras que el fondo.

La Figura 1.8 muestra un ejemplo de aplicación de este filtro. En comparación con el filtro de Sobel, los bordes se encuentran mejor definidos. Además, el parámetro σ permite ajustar el comportamiento del filtro.

Por supuesto estos filtros pueden ser escalados en forma anisotrópica y rotados, de forma que presenten una mejor respuesta a tipos específicos de bordes, orientados en distintas direcciones. La Figura 1.9 muestra algunos ejemplos.

Los rasgos lineales, es decir grupos de píxeles con diferente valor que los del entorno, alineados en cierta dirección de la imagen, pueden ser resaltados

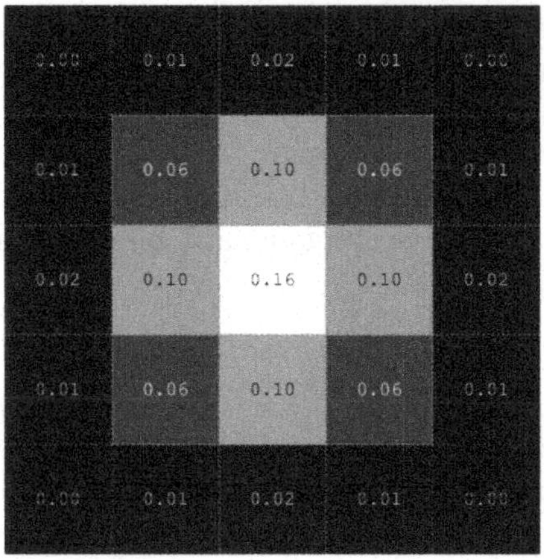

Figura 1.5: Filtro gaussiano de $\sigma = 1$.

mediante filtros de derivada segunda. Una primera alternativa consiste aplicar un nuevo gradiente a cada componente del gradiente obtenido mediante un filtro de primer orden. La Figura 1.10 muestra, en la parte superior, dos filtros de este tipo, orientados a lo largo de las dos direcciones principales de la imagen; y en la parte inferior el gradiente cruzado, de interés para ciertos algoritmos.

El resultado de aplicar los dos primeros filtros mostrados en esta Figura 1.10 a la imagen de prueba se muestra en la Figura 1.11.

Como en el caso de los filtros de derivada primera, estos filtros también pueden ser escalados y rotados, como en la Figura 1.12, con el fin de resaltar líneas de cierto espesor y con una orientación específica

Una segunda alternativa de segundo orden consiste en calcular la divergencia del gradiente de gaussiana, más conocida como *laplaciana de gaussiana* (LOG). La Figura 1.13 muestra un ejemplo de este filtro junto con su representación en forma de gráfico tridimensional. En esta se aprecia la distribución espacial de pesos, descrita habitualmente como de *sombrero mejicano*.

El filtro LOG es más popular que el gradiente de gradiente de gaussiana por resultar más simple y proporcionar resultados comparables, como se ve en la Figura 1.14, si bien se pierde la información de direccionalidad.

Por otra parte, una propiedad interesante de la LOG es que, debido a su mencionada forma de sombrero mejicano, presenta una fuerte respuesta a *blobs*, entendidos como grupos de píxeles próximos, más oscuros o claros que el entorno. El parámetro σ controla el tamaño de los *blobs* que se detectarán. En concreto, la respuesta máxima se obtiene para *blobs* con un radio en torno a $\sqrt{2}\sigma$. La Figura 1.15 muestra un ejemplo. Además, el filtro LOG también puede ser escalado anisotrópicamente y rotado, como en el caso de los filtros discutidos anteriormente, para detectar blobs de distinto tamaño, forma y orientación.

Por otra parte, una LOG se puede aproximar por la Diferencia entre dos Gaussianas (DOG) de distinta σ, o incluso por la diferencia entre una imagen y su filtrado gaussiano. De hecho, las células ganglionares de la retina realizan esta

(a) Imagen original, sin aplicar filtrado.

(b) Filtrado con una gaussiana de $\sigma = 2$.

(c) Filtrado con una gaussiana de $\sigma = 4$.

(d) Filtrado con una gaussiana de $\sigma = 6$.

Figura 1.6: Imagen de 954 x 720 píxeles filtrada con filtros gaussianos de distinta σ.

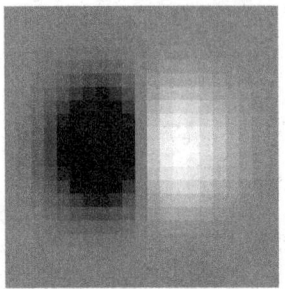
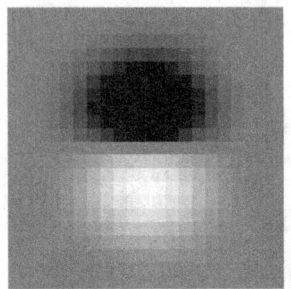

(a) Componente
horizontal.

(b) Componente vertical.

Figura 1.7: Filtro de gradiente de gaussiana de $\sigma = 3$.

(a) Componente horizontal.

(b) Componente vertical.

Figura 1.8: Resultado de un filtrado de gradiente de gaussiana de $\sigma = 3$.

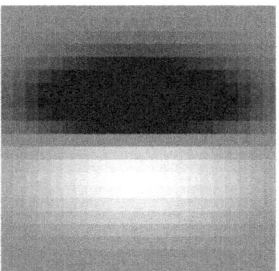

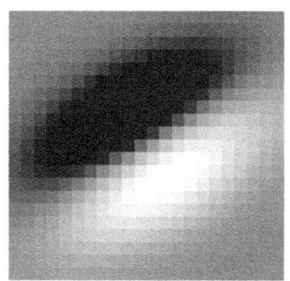

(a) Gradiente vertical escalado anisotrópicamente.

(b) El mismo gradiente, rotado.

Figura 1.9: Filtro de gradiente de gaussiana.

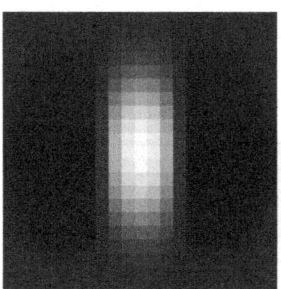

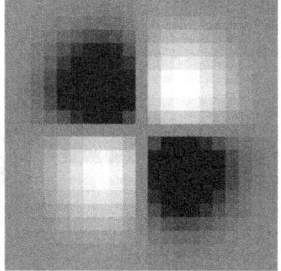

(a) Gradiente horizontal de segundo orden.

(b) Gradiente vertical de segundo orden.

(c) Gradiente cruzado.

Figura 1.10: Filtros de gradiente de un gradiente de gaussiana: (a) gradiente horizontal de la componente horizontal, (b) gradiente vertical de la componente vertical, y (c) un gradiente cruzado (igual al otro por la conmutatividad de la convolución).

(a) Gradiente horizontal de segundo
orden.

(b) Gradiente vertical de segundo
orden.

Figura 1.11: Resultados de un gradiente de gradiente de gaussiana.

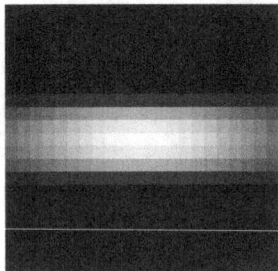
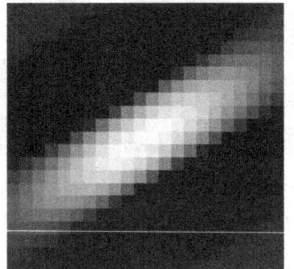

(a) Gradiente vertical de
segundo orden, escalado.

(b) El mismo gradiente,
rotado.

Figura 1.12: Filtro de gradiente de un gradiente de gaussiana, escalado
anisotrópicamente y rotado.

(a) Laplaciana de
gaussiana.

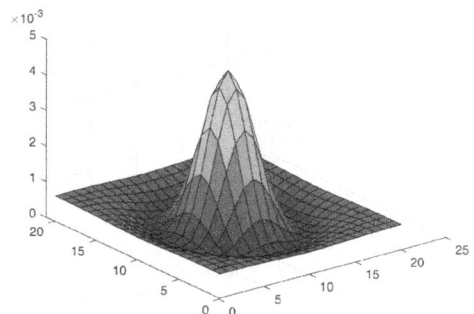

(b) Visualización gráfica de los pesos.

Figura 1.13: Laplaciana de una gaussiana de $\sigma = 3$.

Figura 1.14: Resultado de aplicar una laplaciana de gaussiana de $\sigma = 3$.

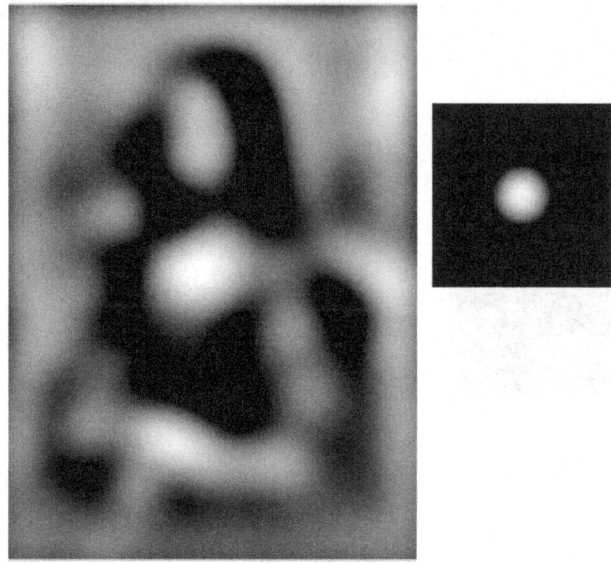

Figura 1.15: Resultado de aplicar una laplaciana de una gaussiana de $\sigma = 45$ (mostrada a la derecha).

operación para favorecer la detección de los objetos. Así operan también ciertos algoritmos de procesamiento de imágenes como los populares SIFT y SURF, para detectar y caracterizar zonas de interés de la imagen a distintas escalas, así como ciertos algoritmos para la construcción de pirámides multiescala utilizados en trasmisión de imágenes y reconocimiento de objetos.

Sobre ideas análogas a las anteriores se construyen otros tipos de filtros, como filtros de derivada de orden mayor o, por ejemplo, los filtros de Gabor. Estos se basan en senoides de frecuencia y fase ajustable, moduladas por gaussianas centradas en las zonas de la imagen bajo análisis, como ilustra la Figura 1.16.

En todo caso, sí es importante notar que, más allá de estos operadores generales, y teniendo en cuenta que en definitiva estamos calculando correlaciones, se

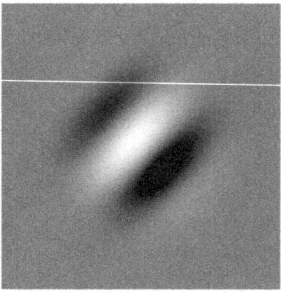

Figura 1.16: Un ejemplo de filtro de Gabor.
Fuente: Chabacano, CC BY-SA 3.0, via Wikimedia Commons

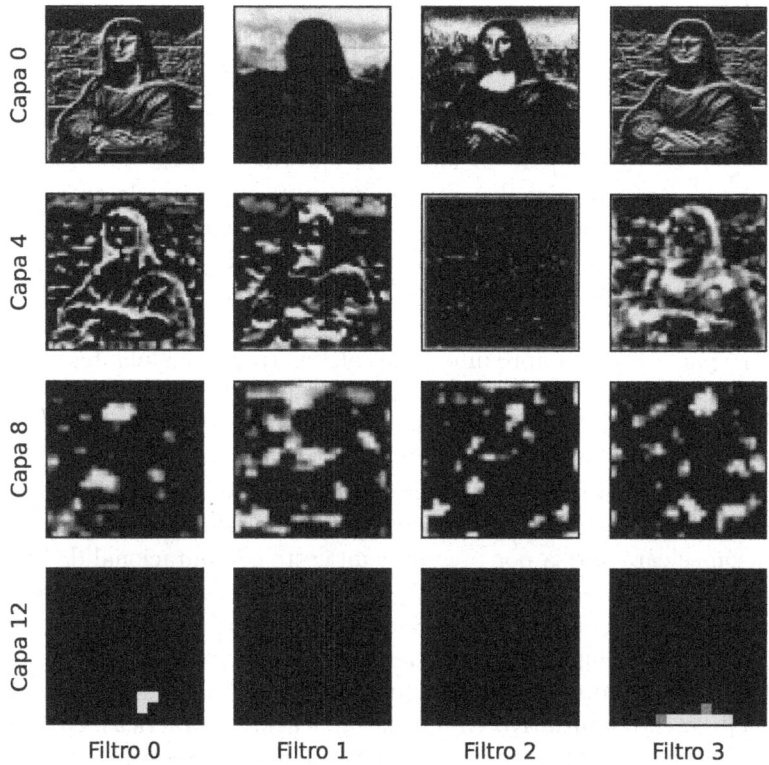

Figura 1.17: Filtros de la red convolucional VGG-16.

pueden diseñar filtros específicos para detectar rasgos particulares. En la Figura 1.17 se muestran algunos ejemplos de filtros calculados por la red convolucional VGG-16 [1] en distintas capas del modelo. Estos filtros se obtienen durante el entrenamiento y permiten la detección de líneas, bordes de regiones, círculos, patrones repetitivos, etc. en distintas orientaciones del plano de la imagen.

El problema a la hora de aplicar todos estos filtros en la práctica consiste en dar con el filtro adecuado en cada caso y ajustar sus pesos convenientemente. Esto puede abordarse sobre la base de hipótesis formuladas *a priori* acerca de los modelos matemáticos de los rasgos que se desea resaltar en las imágenes. Sin embargo, habitualmente se precisará un ajuste posterior por ensayo y error. En todo caso, por lo general estos filtros proveen un mecanismo para resaltar primitivas de bajo nivel, pero se requiere un esfuerzo adicional considerable para detectar formas más complejas. Esto puede abordarse por agrupamiento de las

Figura 1.18: Ejemplos de características de Haar.

primitivas de bajo nivel, pero la forma de hacerlo dista de ser evidente. Las redes neuronales convolucionales, que constituyen el objeto de gran parte del presente libro, representan una solución adecuada a ambos problemas: proveen un mecanismo para el aprendizaje de los filtros y sus pesos, y permiten agrupar primitivas de bajo nivel sobre la base de un esquema piramidal de resolución decreciente.

Por otra parte, existen aproximaciones alternativas a las planteadas en esta sección tanto sobre la base de filtros con pesos predefinidos como aprendidos. Un ejemplo notable son las denominadas *características de Haar*, núcleos rectangulares estructurados como agrupación de núcleos más pequeños con pesos 1 y -1. El número y la forma de las características que resultan útiles en cada zona de la imagen se aprenden mediante un algoritmo de *boosting* (Figura 1.18). Esta solución se caracteriza por presentar un coste computacional de operación reducido cuando se implementa sobre la base de *imágenes integrales*, por lo que se aplica en electrónica de consumo. Sin embargo, por lo general se asume que presenta un campo de aplicación más restringido.

Por último, cabe notar que el carácter espacial de los filtros descritos permite su manejo directo e intuitivo en muchas aplicaciones prácticas. No obstante, cuando la imagen presenta patrones aproximadamente repetitivos (p.ej. texturas o ruido periódico) puede resultar ventajoso realizar el filtrado en el dominio frecuencial ($pixeles^{-1}$). En este dominio, las distintas frecuencias espaciales de la imagen se localizan en zonas específicas del plano frecuencial. Además, los productos de convolución se convierten, en este plano, en productos punto a punto entre las transformadas de Fourier de la imagen y de la máscara espacial de convolución. Esta circunstancia puede ser aprovechada para acelerar la convolución con máscaras de tamaño elevado, mediante la transformación previa al dominio frecuencial, convolución en este y antitransformación del resultado.

1.6. Convolución multicanal

La discusión precedente se ha centrado en la convolución monocanal. La operación se puede aplicar también a imágenes multicanal, sin más que procesar cada canal por separado, tal como hicimos en el ejemplo de la Figura 1.6. El resultado es una imagen con el mismo número de canales que la imagen de partida.

Un tipo diferente de convolución es lo que se conoce como *convolución multicanal* y corresponde a generalizar la idea a tres dimensiones. Existen distintas formas de abordar esta generalización y la diferencia entre ellas es sutil. Además, la terminología no es estándar ni siempre consistente. Todo ello obliga a cierta reflexión previa que planteamos a continuación.

Partiremos de un concepto generalizado de imagen formada por N filas, M columnas y C *capas*. Cada capa puede estar estructurada, a su vez, como un conjunto de planos o canales P. Por ejemplo, una imagen de grises constará de una sola capa con un solo canal. Una imagen color RGB estará estructurada como una matriz de una capa con tres canales, R, G, y B. Un fragmento de vídeo con n imágenes RGB consistirá en una matriz de n capas, cada una integrada por tres canales. Por otra parte, no asumiremos ninguna restricción *a priori* sobre el tipo valores que contendrá una imagen. Estos podrán estar relacionados directamente con luminosidad o color, o bien ser el resultado de filtrados previos encaminados a resaltar ciertas características, tales como líneas, bordes, blobs etc. Cuando queramos referirnos específicamente a uno u otro tipo de imágenes utilizaremos el término *imagen óptica* o *imagen de características*, según corresponda. En lo que concierne a los filtros, habitualmente usaremos los términos *filtro* para referirnos a una matriz tridimensional y *núcleo* para cada uno de los planos que conforman un filtro. Sin embargo, tal como se ha indicado no se trata de una terminología estándar, por lo será utilizada con cierta flexibilidad.

Volviendo al tema de discusión, una primera forma de generalizar la convolución monocanal es lo que denominaremos *convolución bidimensional multicanal*. Se parte de una imagen con una o más capas de P canales cada una, y de un filtro integrado por P núcleos. Cada canal de una capa de la imagen se convoluciona con uno de tales núcleos, y los resultados obtenidos se suman entre sí. De ello resulta, por cada capa de entrada de P canales, una capa de salida con un único canal. El mismo proceso se repite para las demás capas. Debe notarse que el núcleo recorre cada capa de partida en forma bidimensional, es decir únicamente a lo largo de filas y columnas, de ahí la denominación convolución bidimensional multicanal.

Un ejemplo sencillo, útil en no pocas ocasiones, consiste en convolucionar una imagen de P canales con un núcleo de tamaño 1 x 1 x P. Por ejemplo, la convolución de una imagen RGB con un núcleo de tamaño 1 x 1 x 3 con pesos 0,2126, 0,7152 y 0,0722 proporciona una imagen de grises que preserva la sensación perceptual de luminosidad de la imagen color original (para las tres fuentes de luz definidas por el estándar sRGB y asumiendo que no se aplica corrección gamma). La Figura 1.3 que venimos utilizando como ejemplo fue obtenida de esta manera.

La Figura 1.19 muestra otro ejemplo, esta vez correspondiente a aplicar un filtro conformado por tres núcleos de 5 x 5, con sus 25 valores igualados a 0,2126, 0,7152 y 0,0722 respectivamente. Su aspecto es similar al de la Figura 1.3 pero suavizada por efecto del filtrado de la media. Por otra parte, por supuesto nada impide utilizar núcleos distintos para cada canal y veremos ejemplos de ello en capítulos posteriores.

Una segunda generalización posible de la convolución monocanal es lo que se conoce como *convolución tridimensional*, propiamente dicha. En este caso se asume que la imagen de partida es una matriz tridimensional, como por ejemplo

Figura 1.19: Convolución multicanal con tres máscaras de $5x5x3$, con sus 25 pesos iguales a 0,2126, 0,7152 y 0,0722 respectivamente.

las que proporcionan los equipos de tomografía o resonancia magnética. El filtro es también una matriz tridimensional, habitualmente con un número de filas, columnas y planos reducido en comparación con el de la imagen de partida. La operación es la generalización directa de la descrita en la Ecuación (1.2), a saber:

$$J(x, y, z) = \sum_{s=-M/2}^{M/2} \sum_{t=-N/2}^{N/2} \sum_{u=-P/2}^{P/2} W(s, t, u)\, I(x + s, y + t, z + u)\,. \quad (1.11)$$

El filtro recorre la imagen fuente a lo largo de filas, columnas y planos, dando como resultado una imagen tridimensional de tamaño comparable a la original. Este tipo de procesamiento se utiliza por ejemplo para la mejora y segmentación de imágenes de resonancia, tomografía, rayos X y similares.

1.7. Procesamiento del resultado del filtrado

Una vez completados los filtrados previos, el *pipeline* tradicional de procesamiento continúa con la segmentación. El método más simple consiste en umbralizar directamente el resultado del filtrado mediante $u(J(x, y) - th)$, donde u es la función escalón (Figura 1.20), $J(x, y)$ el nivel en el punto (x, y) resultante de los filtrados precedentes y th el umbral elegido.

Por supuesto esta técnica sencilla admite un sin fin de perfeccionamientos, tales como la umbralización multinivel, el cálculo adaptativo de umbrales, la consideración de criterios de vecindad y conectividad, consideraciones semánticas de más alto nivel, etc. Algunas ideas se han apuntado ya en la sección

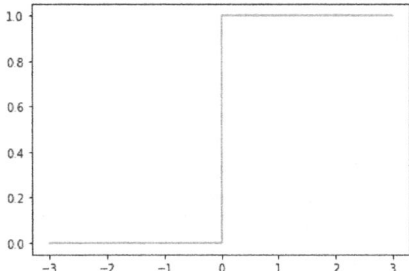

Figura 1.20: Función escalón.

de operaciones con imágenes, o cuando se mencionaron los filtros de Sobel y Canny, aunque existen muchas otras técnicas cuya discusión escapa al ámbito del presente libro.

Por otra parte, en el contexto del aprendizaje profundo se recurre también a alternativas a la función escalón tales como la función sigmoidea (o la similar, tangente hiperbólica) o la función *ReLu*. La primera puede entenderse como una aproximación derivable de la función escalón. Esto resulta de trascendencia cuando se busca optimizar automáticamente los parámetros del filtrado mediante técnicas de derivada, por ejemplo de gradiente descendente como veremos en capítulos posteriores. Por otra parte, cuando el filtrado transcurre a través de varias etapas en cascada, suele resultar ventajoso utilizar la mencionada función *ReLu* o alguna aproximación derivable. Esta función proporciona 0 como valor de salida donde el resultado de una convolución ha sido negativo (es decir, donde se ha encontrado una correlación negativa con el filtro), o el propio valor de la entrada en otro caso. Ello permite centrar las etapas subsiguientes del procesamiento en los rasgos para los que se ha detectado cierta correlación, aún pequeña, entre la imagen y los filtros empleados. Todos estos temas se relacionan íntimamente con las redes neuronales, las redes convolucionales y el aprendizaje profundo, por lo cual serán tratados con detalle en capítulos posteriores.

Por último, las etapas finales de extracción de características y reconocimiento de objetos para la interpretación de las escenas quedan también fuera del ámbito del presente libro y para su estudio nos remitimos a los textos especializados sobre el tema. En todo caso, las técnicas que describimos en los siguientes capítulos permiten obviar gran parte de estas etapas, constituyendo así un camino alternativo hacia la comprensión de las información visual.

1.8. Transformaciones geométricas

Con independencia de las operaciones descritas hasta ahora, numerosas tareas de visión comportan la realización transformaciones geométricas de las imágenes. Las más comunes son las denominadas genéricamente *transformaciones afines*, que conservan el paralelismo. Las más comunes son la traslación, el escalado, la rotación y la inclinación o cizalladura. Se suelen expresar en *forma homogénea* como:

$$\begin{pmatrix} x_T \\ y_T \\ 1 \end{pmatrix} = \begin{pmatrix} c_{11} & c_{12} & c_{13} \\ c_{21} & c_{22} & c_{23} \\ 0 & 0 & 1 \end{pmatrix} \begin{pmatrix} x \\ y \\ 1 \end{pmatrix} \tag{1.12}$$

donde (x, y) son las coordenadas originales y (x_T, y_T) las resultantes de la transformación. En general, asumiremos que todas las coordenadas vienen dadas en unidades de píxel, es decir, como (*columna, línea*). La tercera ecuación no aporta información adicional pero facilita el encadenamiento y la inversión de transformaciones.

Distintos valores de los parámetros c_{ij} dan lugar a transformaciones diferentes. Por ejemplo,

$$\begin{pmatrix} 1 & 0 & t_x \\ 0 & 1 & t_y \\ 0 & 0 & 1 \end{pmatrix}, \begin{pmatrix} S_x & 0 & 0 \\ 0 & S_y & 0 \\ 0 & 0 & 1 \end{pmatrix}, \begin{pmatrix} \cos\theta & -\sin\theta & 0 \\ \sin\theta & \cos\theta & 0 \\ 0 & 0 & 1 \end{pmatrix}, \begin{pmatrix} 1 & -c_x & 0 \\ -c_y & 1 & 0 \\ 0 & 0 & 1 \end{pmatrix} \tag{1.13}$$

expresan, respectivamente, una traslación de vector (t_x, t_y), un escalado (isotrópico en el caso $S_x = S_y$), un giro de ángulo θ en torno al origen (que asumiremos en la esquina superior izquierda de la imagen), y una inclinación de parámetros c_x, c_y. Desde un punto de vista práctico es importante notar que suele resultar ventajoso programar estas transformaciones mediante bucles que recorren la imagen transformada en lugar de la imagen original. Así, el nivel en cada posición (x_T, y_T) de la imagen transformada se obtienen a partir del nivel en la posición (x, y) de la imagen original mediante:

$$\begin{pmatrix} x \\ y \\ 1 \end{pmatrix} = \begin{pmatrix} c_{11} & c_{12} & c_{13} \\ c_{21} & c_{22} & c_{23} \\ 0 & 0 & 1 \end{pmatrix}^{-1} \begin{pmatrix} x_T \\ y_T \\ 1 \end{pmatrix}. \tag{1.14}$$

Además, por lo general las coordenadas obtenidas de esta forma, (x, y), no adoptan valores enteros. Por ello, el nivel que corresponderá a (x_T, y_T) puede obtenerse a partir de las coordenadas redondeadas al vecino más próximo a (x, y) o bien, de forma más elaborada, mediante una interpolación bilineal a partir de los 4 vecinos más próximos a (x, y) o bicúbica a partir de 16 vecinos, con el fin de reducir el *pixelado* de la imagen transformada.

Las transformaciones geométricas descritas constituyen un caso particular de las denominadas genéricamente *transformaciones homográficas*,

$$\begin{pmatrix} x_T\, n \\ y_T\, n \\ n \end{pmatrix} = \begin{pmatrix} c_{11} & c_{12} & c_{13} \\ c_{21} & c_{22} & c_{23} \\ c_{31} & c_{32} & c_{33} \end{pmatrix} \begin{pmatrix} x \\ y \\ 1 \end{pmatrix}, \tag{1.15}$$

que representan una proyección entre dos planos. Aquí, n es el *parámetro homogéneo* cuyo valor, no nulo, viene dado por la tercera ecuación. Las coordenadas transformadas (x_T, y_T) se calculan dividiendo $(x_T\, n,\, y_T\, n)$ entre n.

(a) Fotografía original del objeto.

(b) Transformación homográfica.

Figura 1.21: Resultado de aplicar una homografía, en este caso encaminada a obtener una vista frontal (a invertir la homografía correspondiente a la captura de la imagen).

La Figura 1.21 muestra un ejemplo en el que se ha invertido la transformación homográfica correspondiente a una captura de una imagen con el fin de obtener una perspectiva frontal. Los parámetros se han determinado mediante un ajuste de mínimos cuadrados a partir de cuatro puntos (las esquinas de la hoja de papel).

La transformación homográfica es, a su vez, un caso particular de la *transformación perspectiva* entre el espacio tridimensional y un plano de proyección,

$$
\begin{pmatrix} x_T\, n \\ y_T\, n \\ n \end{pmatrix} = \begin{pmatrix} c_{11} & c_{12} & c_{1z} & c_{13} \\ c_{21} & c_{22} & c_{2z} & c_{23} \\ c_{31} & c_{32} & c_{3z} & c_{33} \end{pmatrix} \begin{pmatrix} x \\ y \\ z \\ 1 \end{pmatrix}. \tag{1.16}
$$

La captación de imágenes de una escena tridimensional por medio de una cámara es un buen ejemplo de transformación perspectiva.

1.9.   Remuestreo y pirámides de imágenes

El denominado *remuestreo* es una operación común en visión. Permite modificar el tamaño de las imágenes de cara a su manejo ulterior. Este tamaño se especifica habitualmente en forma de *resolución*, entendida como número de píxeles que conforman la imagen. El remuestreo puede aplicarse en dos sentidos: submuestreo (*subsampling*) y sobremuestreo (*upsampling*).

El submuestreo consiste en remuestrear la imagen a una frecuencia espacial inferior, es decir un periodo de muestreo superior. Esto resulta útil para reducir los requerimientos computacionales en tareas como el reconocimiento de objetos o el almacenamiento y la transmisión de imágenes. La mecánica es análoga a la convolución: se define una ventana de análisis que recorre la imagen a lo largo de sus filas y columnas, con un cierto paso (mayor que 1). Para cada posición se calcula el valor que se asignará al píxel correspondiente de la imagen de salida, siguiendo alguna de las alternativas siguientes:

- Selección de la media (*average pooling*)

- Selección gaussiana (*gaussian pooling*)

- Selección del máximo (*max pooling*):

En el primer caso la ventana de análisis implementa un filtro de la media y en el segundo un filtro gaussiano. Se trata de filtros pasa-bajos que permiten reducir los eventuales fenómenos de *aliassing*. La Figura 1.22 muestra un ejemplo: el resultado de un submuestrear una imagen a frecuencias decrecientes en un factor 0,5 , para construir lo que denomina una pirámide de imágenes. (Por supuesto podría haberse empleado otro factor). Como filtro pasa bajos se ha recurrido a una aproximación de una gaussiana de $\sigma \approx 1.082$, de uso común en muchas bibliotecas de procesamiento de imágenes.

En otras ocasiones, en particular cuando se procesan imágenes de características, se persigue específicamente que la imagen remuestreada conserve los rasgos más sobresalientes de la imagen de partida. En tales condiciones resulta preferible recurrir a una selección del máximo valor en la vecindad definida por la ventana de análisis. Esta técnica es de uso común en redes convolucionales por lo que será retomada en capítulos posteriores.

El sobremuestreo, por su parte, consiste en remuestrear la imagen de partida a una frecuencia espacial superior a la de entrada, es decir con un periodo de muestreo inferior. La resolución de salida será superior a la de entrada. Esto conlleva realizar interpolaciones bilineales o bicúbicas, como las mencionadas anteriormente, o incluso, en ocasiones, a interpolaciones guiadas por aprendizaje. La Figura 1.23 muestra un ejemplo, en el que se ha partido de la imagen correspondiente al nivel 1/8 de la Figura 1.22. En general, la operación de submuestreo no es reversible dado que comporta pérdida de información. Por ello, las imágenes de las Figuras 1.22(a) y 1.23(d) no son iguales (la segunda, de 954 x 720 píxeles, se ha generado a partir de la primera, de tan solo 120 x 90 píxeles). Por otra parte, la combinación submuestreo-sobremuestreo se utiliza con frecuencia en arquitecturas tipo codificador-decodificador como veremos en capítulos posteriores, por ejemplo para reducir el coste computacional de reconocer un objeto en una imagen y reubicarlo luego, de forma aproximada, en la imagen original.

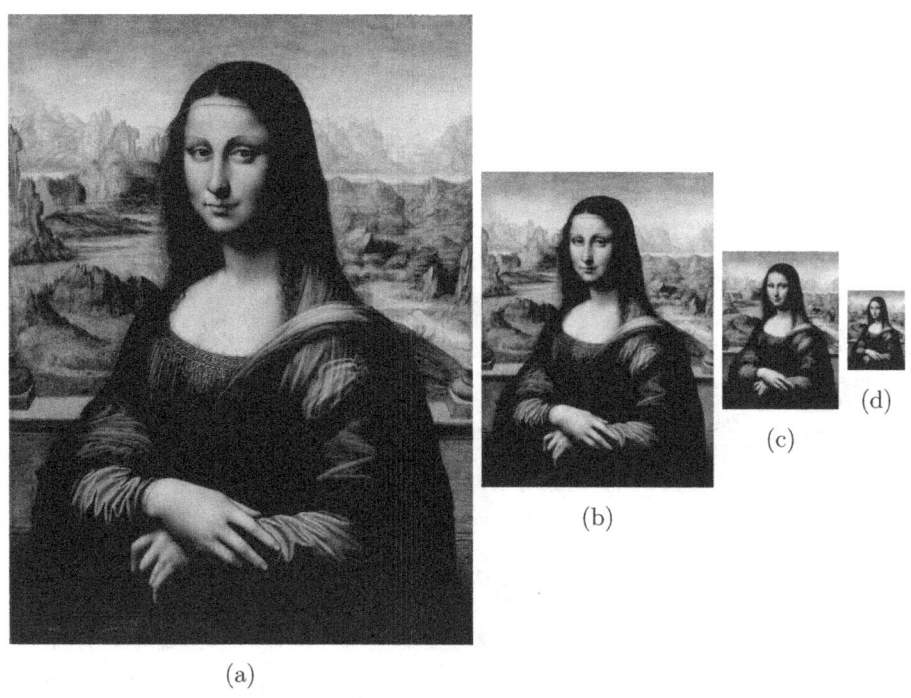

(a)

(b)

(c)

(d)

Figura 1.22: Ejemplo de pirámide decreciente imágenes. De izquierda a derecha: imagen original y resultado de su remuestreo gaussiano a octavas decrecientes sucesivas (frecuencias 1/2, 1/4 y 1/8 $pixeles^{-1}$).

Figura 1.23: Ejemplo de pirámide creciente de imágenes. De izquierda a derecha: imagen de partida (tomada de la figura 1.22(d)), y resultado de su remuestreo a octavas crecientes sucesivas (frecuencias 2, 4 y 8 $pixeles^{-1}$).

Capítulo 2

Componentes de un sistema de visión artificial

2.1. Introducción

El desarrollo de un sistema de visión artificial requiere una elección cuidadosa de los componentes involucrados en la captación de las imágenes. Estos componentes son fundamentalmente la cámara, óptica y la iluminación. A ellos dedicamos los primeros apartados de este capítulo. También se hace una mención expresa de los sistemas 3D, de creciente difusión tanto en la industria como en la vida cotidiana. Sobre la base de todos estos principios se plantean finalmente algunas consideraciones metodológicas relativas a la selección del *hardware* de los sistemas de visión.

2.2. Cámaras

La captación de imágenes es el punto de partida de todo sistema de visión. Para esta labor se necesita una cámara, entendida como un sensor de imagen más su electrónica asociada, y un sistema óptico para concentrar y enfocar la energía luminosa. En la presente sección resumimos algunos aspectos o características destacables de las cámaras, en tanto que las ópticas se estudiarán específicamente en la sección 2.3.

2.2.1. Características de las cámaras

A la hora de elegir o analizar una cámara deben tenerse presentes diferentes aspectos. A continuación, se revisan los siguientes:

- Resolución

- Tamaño del sensor, tamaño del píxel y relaciones de aspecto

- Imágenes por segundo

- Ganancia, *offset* y corrección *gamma*

- Tecnología del sensor

Resolución

En el ámbito de las cámaras, la resolución se entiende como el número total de fotosensores, es decir *píxeles*, que contiene el sensor. Por ejemplo, un sensor de 1028 (columnas) x 720 (filas) tendrá una resolución próxima a los 0.75 megapíxeles. La resolución suele elegirse de manera que, para las condiciones previstas de captura de las imágenes, el menor elemento a detectar cubra un mínimo de 2 x 2 píxeles para evitar *aliassing*). En la práctica, es más recomendable llegar a los 5 x 5 o 10 x 10 píxeles.

En todo caso, es importante notar que la resolución que proporciona la cámara puede ser diferente a la del sensor (y, de hecho, suele serlo). Esto se debe a que la electrónica puede remuestrear la señal a número diferente de columnas y filas. A su vez el propio software de procesamiento de las imágenes también puede remuestrearlas. Desde luego, el remuestreo introduce errores y *artefactos* por lo que, en lo posible, es preferible trabajar con la resolución *nativa* del sensor o bien submúltiplos enteros de esta.

Tamaño del sensor, tamaño de píxel y relaciones de aspecto

El tamaño del sensor de las cámaras más utilizadas en visión suele estar entre 0.5" y 2" (pulgadas), medido en diagonal. A igualdad de otros factores, un tamaño mayor se traduce en píxeles con mayor superficie y, por tanto, más sensibles a la luz. Además, los sensores de *píxel contiguo*, es decir sin espacio muerto entre los píxeles, aprovechan menor la superficie disponible, a costa de una mayor complejidad microelectrónica.

También es importante considerar la relación o *ratio* de aspecto ancho/alto del propio sensor (por ejemplo, 4:3 o 16:9) y, más especialmente, de las distancias entre sus píxeles. Una cámara de píxel cuadrado, es decir con píxeles distanciados en un ratio 1:1, resulta generalmente preferible pues simplifica el software de procesamiento (por ejemplo, un círculo frontal tendrá el mismo diámetro en horizontal y vertical, medido en píxeles). Por supuesto la relación de aspecto puede ser modificada por el remuestreo subsiguiente de la cámara o el software. De nuevo trabajar con valores nativos suele ser preferible.

Imágenes por segundo

El sensor de imagen integra la energía luminosa que incide en él durante un cierto *tiempo de exposición* (*exposure time*). Transcurrido este tiempo, la integración se bloquea y la información eléctrica generada se transfiere a la electrónica (*data readout*). Tras esto, la cámara queda lista para iniciar una nueva captura de imagen (*ready*), tal como se esquematiza en la figura 2.1. El número de veces por segundo que se repite este ciclo es lo que se conoce como imágenes por segundo, *fps* (*frames per second*) o *frame rate*). Además, el proceso puede realizarse simultáneamente para todas las líneas de la imagen en lo que se conoce como *modo progresivo*, o bien primero para las impares (trama impar) y luego para las pares (trama par) en el *modo entrelazado*. Esto último permite un vídeo más fluido desde el punto de vista visual, pero complica el análisis de escenas en movimiento por el distinto instante de captura de las tramas. Adicionalmente, algunas cámaras permiten solapar el tiempo de exposición con el de transferencia para incrementar el número de imágenes por segundo.

| Ready | Exposure | Readout | Ready | Exposure | Readout | Ready | Exposure |

Figura 2.1: Esquema general del ciclo del ciclo de captura de imágenes

Por otra parte, muchas veces la captura se reinicia de forma cíclica, síncronamente con una señal de reloj (por ejemplo, cada 1/60 segs). Se dice que la cámara está en vídeo vivo (*freerun*). Cuando el sistema de visión solicita una imagen, esta estará disponible al cabo de un cierto tiempo de retraso, variable en función de en qué momento del ciclo llegó la solicitud (figura 2.2). Algunas cámaras soportan además la operación asíncrona: el proceso de captura se reinicia a la llegada de una señal externa de disparo ({it trigger}) con lo cual la imagen estará disponible al cabo de un tiempo fijo, predeterminado (figura 2.3).

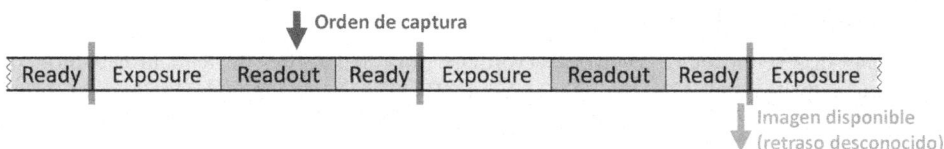

Figura 2.2: Captura en modo de disparo síncrono

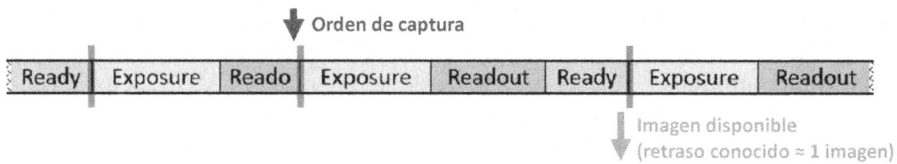

Figura 2.3: Captura en modo de disparo asíncrono

Los principales factores que limitan el número de imágenes por segundo son el tiempo de exposición, la propia electrónica de la cámara y los tiempos de transferencia de la imagen al ordenador. Por ejemplo, no es extraño encontrar cámaras de, digamos, 20 MPixels que apenas alcanzan los 5 fps. En cambio, resulta fácil encontrar cámaras de 1 MPixel que operan a 30 o 60 fps.

Ganancia, *offset* **y corrección** *gamma*
La señal analógica procedente del sensor se amplificada y convierte a valores

numéricos por medio de un convertidor A/D, habitualmente integrado en la propia cámara. Muchas veces el *offset* y la ganancia del convertidor pueden ser ajustados vía software. El mejor aprovechamiento del rango dinámico de la cámara se consigue ajustando el *offset* de forma tal que el nivel digital de salida esté próxima a 0 para la mínima excitación luminosa prevista y a 255 para la mayor, en ambos casos evitando la saturación, y asumiendo que los valores se codifican en 1 byte. De forma adicional, algunas cámaras permiten amplificar los niveles bajos de señal en mayor medida que los altos, para compensar la no linealidad del sistema visual humano y de algunos dispositivos de visualización. Esto se suele modelar a través del exponente γ en la expresión

$$n = A \ S^{\gamma} + n_0 \qquad (2.1)$$

donde n es el valor numérico proporcionado por el convertidor tras su conversión a entero, S la señal eléctrica procedente del sensor, A la ganancia, n_0 el offset (en niveles) y γ la citada corrección que suele ser del orden de 0.45. Muchas cámaras utilizadas en visión permiten ajustar gamma a distintos valores, entre ellos la unidad que está indicada cuando se desea que los niveles guarden una relación más sencilla y directa con la cantidad de luz incidente en el sensor.

Tecnología del sensor

Las dos tecnologías microelectrónicas más utilizadas para la fabricación de sensores de imagen son las conocidas CCD (*Charge-Copuled Device*) y CMOS (*Complementary metal-oxide-semiconductor*). En el primer caso la incidencia de luz produce electrones que se acumulan en un condensador MOS (*metal-oxide-semiconductor*) por cada píxel. Las cargas acumuladas se transfieren luego, a través de los píxeles vecinos, hacia una estructura común que las conduce a la electrónica. En el segundo caso se utilizan transistores CMOS que se referencian y leen de forma similar a las posiciones de una memoria CMOS. Tradicionalmente los CCD proporcionaban una mayor calidad de imagen, con mejor relación señal a ruido, aunque el enorme desarrollo de la tecnología CMOS en los últimos años, derivado de su utilización masiva en microelectrónica, está cambiando la situación. Los modernos sensores CMOS ofrecen más resolución a un menor precio y permiten el acceso individualizado a regiones de interés (ROIs, *Regions of Interest*). Además, permiten la exposición simultánea a la luz de todos los píxeles de la imagen (*shutter* común), en lugar de la exposición línea a línea (*shutter* rotativo) que requieren los CMOS más antiguos y conlleva la aparición de artefactos ante escenas en movimiento. Los CMOS también se comportan mejor que los CCD ante iluminación intensa, pues en estos últimos puede producirse *blooming*, es decir desbordamiento de la carga de un píxel hacia píxeles vecinos. Por último, cabe mencionar que la sensibilidad de los sensores CMOS es una función logarítmica con la excitación luminosa: a mayor excitación, menor sensibilidad. Sin embargo, esta no linealidad puede ser corregida fácilmente por la electrónica.

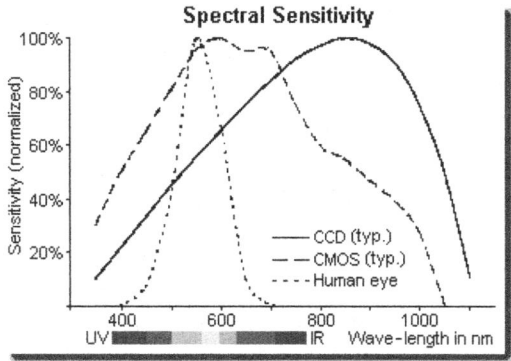

Figura 2.4: Sensibilidad espectral. Fuente: [2]

2.2.2. Cámaras monocromas y color

Por supuesto la sensibilidad de los fotosensores a la luz depende de su la longitud de onda de esta. La *sensibilidad espectral* caracteriza este comportamiento (*véase* la figura 2.4).

Así, la señal generada por cada fotosensor viene dada en primera aproximación por

$$S = A_p \int_\lambda V(\lambda) E_s(\lambda) d\lambda \tag{2.2}$$

donde λ es la longitud de onda de la radiación considerada, mientras que S es la señal eléctrica que genera un fotosensor de área A_p, con sensibilidad espectral $V(\lambda)$, cuando sobre él incide una irradiancia $E_s(\lambda)$. Esta última es la energía que incide en el sensor en forma de radiación electromagnética por unidad de tiempo y de superficie, tal como detallaremos más adelante. Además, tal como se ha mencionado, en el caso de los sensores CMOS la señal es una función logarítmica de esta integral, que por simplicidad no ha sido incluida explícitamente en la expresión. La señal eléctrica S es luego amplificada y convertida a valores numéricos como se expresó en la ecuación 2.1.

En todo caso, con independencia de que se trate de un sensor CCD o CMOS, la sensibilidad espectral se extiende más allá del espectro visible por un ojo humano promedio, en especial hacia el rango infrarrojo cercano. Por ello las cámaras suelen incluir un filtro óptico antepuesto al fotosensor, que bloquea esta radiación. El efecto de este filtro puede suponerse incorporado a la función de sensibilidad $V(\lambda)$ de la ecuación 2.2 por lo que no explicitaremos aquí.

Las cámaras color siguen estos mismos principios, pero utilizan tres funciones de sensibilidad espectral diferentes, $V_R(\lambda)$, $V_G(\lambda)$ y $V_B(\lambda)$, entorno a las longitudes de onda cortas, medias y largas, respectivamente (en lugar de una única $V(\lambda)$ extendida a todo el espectro visible). Estas tres funciones se diseñan de manera que la cámara proporcione la intensidad que hay que dar a, típicamente, tres fuentes de luz de colores primarios rojo, verde y azul, para reproducir la excitación luminosa incidente en el sensor.

Las tres funciones de sensibilidad espectral se implementan por medio de filtros ópticos. En las *cámaras trisensor* se usan tres sensores de imagen diferentes, cada uno dotado de su propio filtro. Un divisor óptico de haz permite dividir la luz incidente en tres haces, cada uno de los cuales se encamina hacia el correspondiente sensor con su filtro. Las *cámaras* color *monosensor* constituyen una alternativa más económica. En este caso, durante la fabricación se integra sobre cada píxel un filtro óptico individual, microscópico, que implementa la función de sensibilidad deseada. Estos píxeles se suelen agrupar de tres en tres o de cuatro en cuatro (en este caso uno para el rojo, dos para el verde y uno para el azul), a lo largo y ancho del sensor. La información obtenida es luego remuestreada de forma que para cada píxel se obtienen tres valores: el realmente capturado por el píxel en cuestión (rojo, verde o azul), y los valores de los otros dos colores obtenidos por interpolación a partir de los píxeles vecinos. Lógicamente este proceso de remuestreo conlleva sacrificar calidad de la imagen por lo que las cámaras color monosensor están más indicadas cuando no se requiere una calidad de imagen muy elevada.

Por último, cabe notar que en algunas aplicaciones prácticas puede ser conveniente usar *cámaras multiespectrales*, que cuentan con entre 4 y 10 canales cromáticos; o hiperespectrales, con más de 10. Esto permite una caracterización más precisa de la distribución espectral de la luz procedente de la escena, a costa de una menor relación de señal a ruido (por la menor energía luminosa que se capta al restringir el rango de longitudes de onda). Se utilizan comúnmente en campos como agroalimentación, teledetección, geología, cartografía, detección de contaminantes o vigilancia.

2.2.3. Cámaras lineales

Las cámaras lineales comparten las características de las convencionales, de estructura matricial, pero sus píxeles se disponen a lo largo de una línea (o tres para cámaras lineales trisensor). Esto simplifica notablemente la integración del sensor y su electrónica asociada, al tiempo que permite resoluciones y velocidades de adquisición elevadas. Están particularmente indicadas para captar imágenes de escenas en movimiento, en las que una de las dimensiones es muy grande o se encuentra poco definida. Algunas aplicaciones típicas son la inspección de rollos de material (papel, caucho, plástico, chapa), vigas, firme de carreteras, cereales o legumbres y un largo etcétera.

2.3. Ópticas

La óptica u objetivo es un conjunto de elementos que permiten enfocar la energía luminosa procedente de la escena sobre el sensor, con el fin de formar imagen. En la presente sección se revisan los principios básicos de este proceso, así como los ajustes y las características principales de las ópticas más habituales en visión. También se presentan algunos tipos de ópticas y filtros ópticos.

Por lo demás, desde un punto de vista constructivo la óptica puede ser solidaria a la cámara o, más frecuentemente, constituir un elemento separado e intercambiable (mediante un anclaje de tipo rosca o bayoneta). Esto resulta poco relevante desde un punto de vista funcional por lo cual, en general, no haremos diferencia entre ambas soluciones.

2.3.1. La cámara *pinhole*

La luz es una radiación electromagnética y, como tal, se propaga en forma de ondas. Cuando las ondas emitidas por una fuente de luz inciden sobre la superficie de un objeto, cada punto de esta (entendido como un elemento diferencial de superficie) refleja parte de la energía incidente. Esta energía reflejada se emite en forma de ondas esféricas centradas en el punto en cuestión (con mayor o menor amplitud según la dirección considerada). Así, disponer un sensor frente a la escena no basta para formar imagen, puesto que sobre cada punto de este sensor incidiría luz reflejada por *todos* los puntos visibles de la escena, tal como ilustra la figura 2.5.

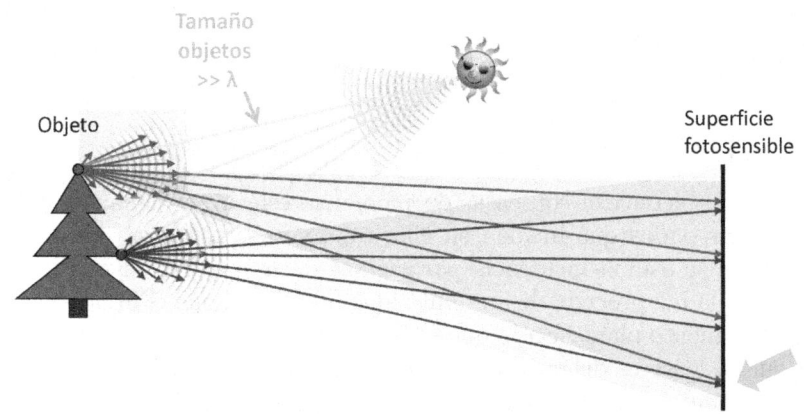

Figura 2.5: Ondas reflejadas que inciden en (toda) la superficie del sensor

La situación cambia en el caso de disponer, frente al sensor, una barrera con un pequeño orificio o *pinhole*, como muestra la figura 2.6. Ello permite que la luz incidente en cada punto del sensor provenga de una única dirección y, en definitiva, de un solo punto de la escena: se forma una imagen. Este arreglo es lo que se conoce como *cámara oscura* y es conocido desde antiguo. Existen cámaras comerciales que siguen el mismo principio, denominadas *cámaras pinhole*. Constan simplemente de una carcasa con un pequeño orificio en la parte frontal, protegido por un cristal, y un sensor de imagen en la parte posterior.

Las cámaras pinhole son muy económicas y pueden usarse en aplicaciones donde se dispone de iluminación intensa. Sin embargo, adolecen de dos limitaciones importantes. En primer lugar, el orificio debe tener un diámetro pequeño

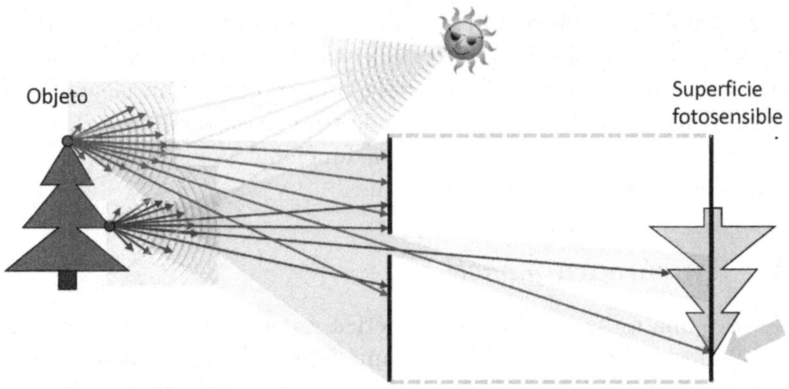

Figura 2.6: Cámara *pinhole*

para que la imagen resulte nítida. Sin embargo, cuando este diámetro es del orden la décima de milímetro se producen fenómenos de *difracción*: la luz emerge del orificio en forma de onda esférica, no de haz rectilíneo, y la imagen pierde nitidez. Además, por supuesto sería deseable captar una mayor cantidad de luz procedente de cada punto de la escena, y no solo aquélla que se dirige directamente al *pequeño* orificio. Estas dos limitaciones se soslayan con la utilización de lentes, como veremos a continuación.

2.3.2. Lentes

Una lente biconvexa con caras de geometría esférica es capaz de enfocar en un punto las ondas que inciden en ella, tal como se muestra en la figura 2.7, siempre que se asuma incidencia *paraxial*, es decir próxima al *eje óptico* de la lente, y que la luz proceda de un punto lejanode forma que el frente de onda sea aproximadamente plano. En lo que sigue asumiremos estas dos condiciones, así como que la lente es delgada y que todas las longitudes de onda convergen en un mismo punto, y no a una distancia ligeramente diferente según su longitud de onda (como de hecho ocurre en realidad).

Bajo las asunciones citadas, la formación de imágenes queda descrita mediante la *ecuación de las lentes delgadas*, que se deduce fácilmente por semejanza de triángulos (2.8):

$$\frac{1}{d_0} + \frac{1}{d_i} = \frac{1}{f} \ . \tag{2.3}$$

En esta ecuación, d_0 es la distancia de la escena a la lente, d_i la distancia de esta al plano sensor, y f la denominada *distancia focal* o, simplemente, focal. Esta última es la distancia entre el *centro óptico* de la lente y el denominado *foco*, un punto matemático donde convergen los rayos de luz que inciden paralelamente al eje óptico. La distancia focal es fundamental porque condiciona dónde se formará la imagen y con qué tamaño. Ademas, para el caso habitual de escenas distantes (en comparación con la focal) podemos asumir $1/d0 \approx 0$, con

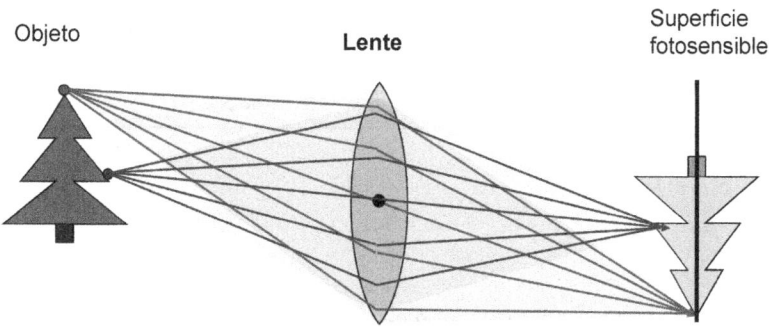

Figura 2.7: Formación de imagen mediante una lente

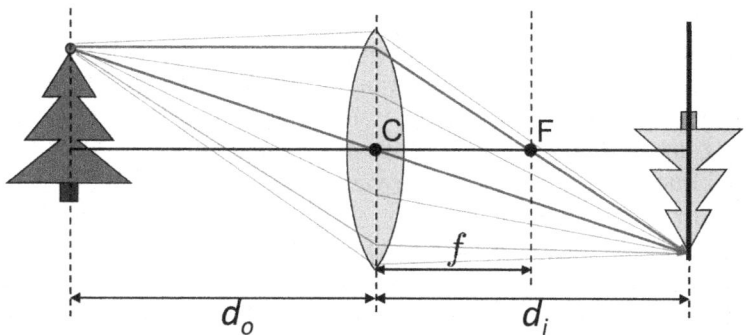

Figura 2.8: Modelo para la ecuación de las lentes delgadas

lo cual la imagen se formará a una distancia $d_i \approx f$. Esto conduce a un mode-lo geométrico simplificado de la formación de imágenes conocido como *modelo pinhole* por su comportamiento geométrico similar al de las cámaras pinhole descritas anteriormente. De acuerdo con el modelo pinhole, cada punto de la escena se proyecta sobre el plano sensor situado a una distancia $d_i \approx f$ del *centro óptico*, según una perspectiva cónica con vértice en dicho centro. De forma añadida, en este modelo es habitual considerar que el plano sensor se encuentra entre el objeto y el centro óptico. Por supuesto esto no corresponde a su ubicación real, pero esta imagen hipotética no aparece invertida respecto a la escena, lo cual resulta ventajoso tanto conceptual como matemáticamente. De todo ello resulta el esquema de la figura 2.9.

2.3.3.   Distancia focal

La distancia focal es el parámetro determinante de la óptica por cuanto está relacionado directamente con el tamaño de la imagen que se proyectará sobre el plano sensor. Una focal corta producirá una imagen más pequeña, tal como se aprecia en la figura 2.10; y a la inversa. Sin embargo, el tamaño del

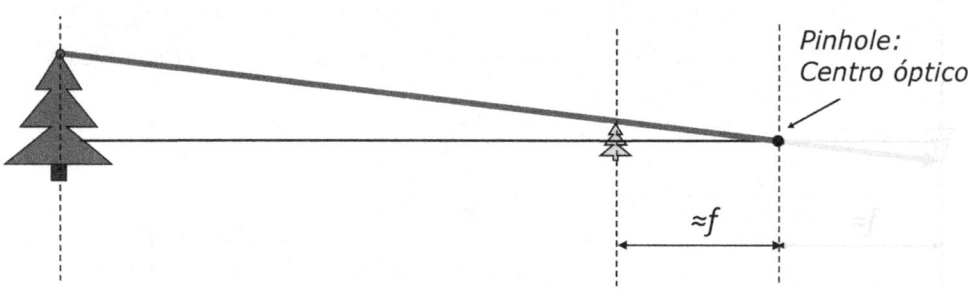

Figura 2.9: Modelo *pinhole*

sensor y su resolución también resultan determinantes. En efecto, la misma figura 2.10 muestra cómo, para una focal y una resolución dadas, la imagen que proporciona el sensor 2 será mayor que la del sensor 1, en el sentido de que los objetos presentes en ella cubrirán un mayor número de píxeles.

Así pues, resulta más útil analizar la cuestión en términos de la denominada *apertura angular*, esto es el ángulo visual que cubre la cámara considerando los límites del sensor. Para un conjunto dado de lente más sensor, se deduce fácilmente que la apertura angular η viene dada por

$$\eta = 2\arctan\frac{T_{max}}{2f} \qquad (2.4)$$

donde T_{max} es el tamaño del sensor en la dimensión considerada (ancho, alto o diagonal). Una focal menor conllevará un campo visual mayor, en el que los objetos se verán más pequeños para una resolución dada; y a la inversa.

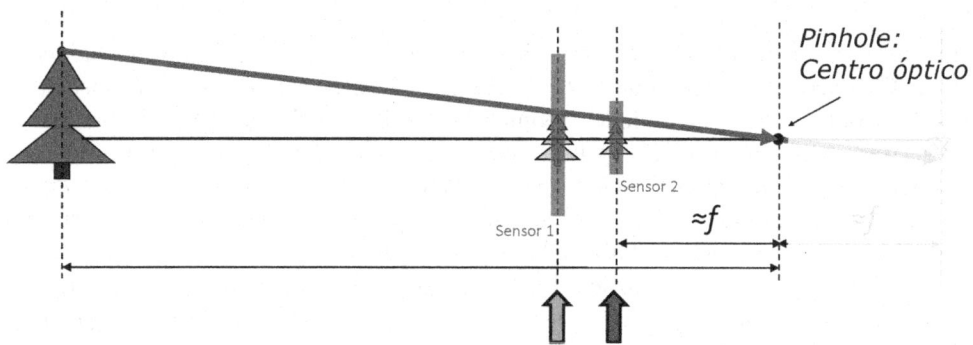

Figura 2.10: El tamaño de los objetos (en píxeles) depende de la distancia focal de la lente y del tamaño y la resolución del sensor

Por ejemplo, para el caso de un sensor de altura 35 mm y relación ancho/alto de 3/2 (que corresponde a un formato tradicional en fotografía analógica) se obtienen los campos visuales mostrados en la figura 2.11. En el caso de otros formatos, lo más práctico suele ser acudir a las tablas o *calculadoras de ópticas* que proporcionan los fabricantes de ópticas.

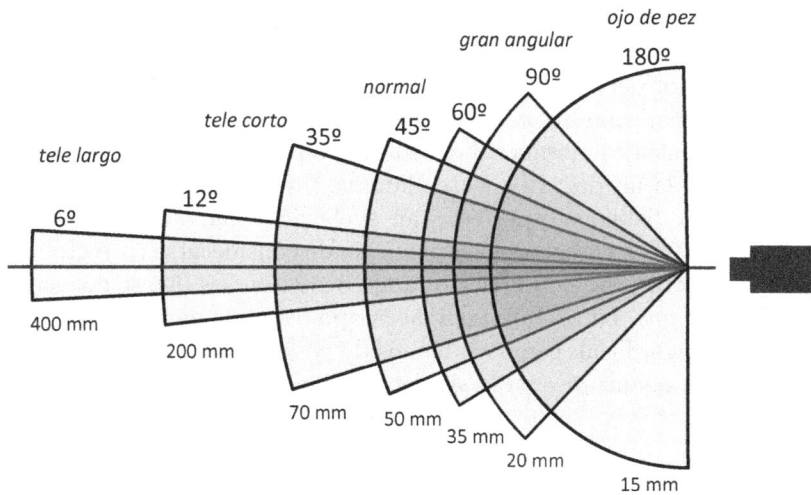

Figura 2.11: Relación entre apertura angular horizontal y distancia focal para el caso particular de un sensor de formato 35mm

En la misma figura se ha anotado también la denominación habitual de los objetivos en función de su apertura angular horizontal: tele largo (teleobjetivo largo), tele corto, normal (unos 45º), gran angular y ojo de pez (180º). Merece la pena insistir en que esta relación entre focal y ángulo rige únicamente para sensores con el formato especificado. Si el sensor tiene otro tamaño, esta relación será diferente.

Por otra parte, la distancia focal de una lente viene determinada por su geometría (el radio de su superficie) y el material en que está fabricada (más específicamente de su *índice de refracción* que cuantifica la capacidad de ese material para desviar la luz). Así pues, en principio no sería posible modificar la distancia focal de una lente una vez fabricada. Por suerte se pueden construir arreglos de varias lentes que, al desplazarse a lo largo del eje común, consiguen el efecto equivalente a un cambio de focal. Esto se explota en las denominadas *ópticas zoom*. Desde luego, estas ópticas zoom, de focal variable, son más voluminosas, caras y frágiles que sus equivalentes de focal fija. Además, es difícil garantizar una buena calidad de imagen a lo largo de todo su rango de focales. Por ello, en visión suele ser preferible trabajar con ópticas fijas, si acaso contando con ópticas zoom únicamente en la fase de prototipado para determinar experimentalmente la focal más conveniente para cada aplicación.

2.3.4.   Enfoque

Las ópticas contienen, pues, una lente biconvexa o un arreglo de lentes equivalente a la misma, caracterizada por su distancia focal. La misión que cumple es enfocar, sobre cada punto del plano sensor, la energía luminosa procedente de un área de la escena. Además, el enfoque se producirá a una distancia dada del centro óptico, que como determina la ecuación (2.3) depende de la distancia a la que se encuentra el objeto. Si esta distancia es mayor, la imagen se formará a una distancia menor del centro óptico, y a la inversa. Por ello, las ópticas deben contar con un mecanismo de *enfoque* que permita ajustar la distancia entre la lente y el plano sensor, de forma tal que el objeto bajo estudio se proyecte en el sensor con la debida nitidez. Bien entendido, la nitidez se consigue para un objeto situado a una distancia específica, que suele venir marcada sobre la propia óptica (en metros). Sin embargo, el enfoque puede considerarse correcto no ya a una distancia exacta, sino en un cierto rango de distancias que se conoce como *profundizad de campo*. La profundidad de campo depende de la distancia al objeto y de la distancia focal, como acabamos de ver, así como de la denominada *apertura focal* que analizamos en la siguiente subsección.

2.3.5. Apertura focal

La otra gran misión de la óptica es regular la cantidad de luz que incide en el sensor. Esto se consigue mediante un mecanismo de tipo *diafragma* que conforma una apertura aproximadamente circular por la que la luz llega hasta el sensor. La relación entre la luminosidad de la escena y la luminosidad de la imagen capturada por la cámara viene dada por

$$E_{sensor} = \frac{\pi}{4} \left(\frac{D}{f} \right)^2 cos^4(\alpha) \ L_{escena}(\lambda) \quad . \tag{2.5}$$

Esta ecuación, cuya deducción puede encontrarse fácilmente en los libros de óptica, vincula la *irradiancia* incidente en el sensor, E_{sensor}, con la *radiancia* emitida por el punto en cuestión de la superficie observada, L_{escena} (*véase* la figura 2.12). La irradiancia y la radiancia serán definidas con precisión en la sección correspondiente al estudio de la iluminacióm (sección 2.4). Por el momento, baste apuntar que E_{sensor} es la energía que incide en el sensor por unidad de tiempo y de superficie. Por su parte, α es el ángulo de incidencia de la luz sobre el sensor, habitualmente próximo a 90º (al menos en la zona central de la imagen). Por último, D/f representa el diámetro de la apertura (circular) dividido entre la distancia focal de la lente.

El cociente f/D es lo que conoce como *Número f*, *razón focal*, *apertura focal* o, simplemente, *apertura* (no confundir con la apertura entendida como el orificio de entrada de la luz). Por ejemplo, un número f 22 significará que el diámetro de la focal es 22 veces mayor que la apertura seleccionada. Este número es fundamental porque determina la cantidad de luz que alcanzará el sensor: un número f menor se traduce en una mayor cantidad de luz, y la inversa. Por ello, el número f se encuentra claramente marcado en las ópticas, por ejemplo en la forma f/22, 1:22, 1:22D, f 22 o simplemente 22. A modo de ejemplo, un ajuste f/16 dejará pasar aproximadamente el doble de luz que un f/22, dado que $(22/16)^2 aprox 2$. Por lo demás, el número f mínimo de una óptica es un indicativo de la cantidad máxima de luz que dejará pasar. Una óptica de calidad suele tener un número f mínimo del orden de, digamos, al menos 2. Cabe remarcar

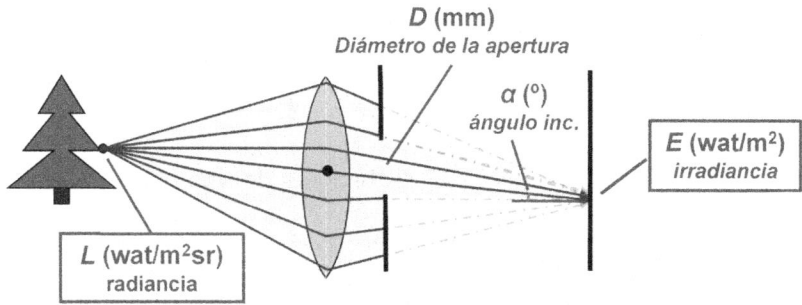

Figura 2.12: Captación de la energía luminosa

que una distancia focal larga conllevará un oscurecimiento de la imagen como se aprecia claramente en la fórmula; en definitiva, la misma energía luminosa debe *repartirse* entre más píxeles. Lógicamente la forma de compensar la pérdida de luminosidad con focales largas es permitir aperturas mayores, lo que eventualmente requerirá lentes de mayor diámetro. Esto se traduce en más peso y coste de las lentes, así como mayor fragilidad de la óptica y dificultades crecientes para enfocar en la periferia de la imagen (donde se cumple peor la aproximación paraxial).

Un último aspecto de interés es que ajustar la óptica a números f bajos proporcionará imágenes más luminosas, pero suele acarrear una menor profundidad de campo. Así, en visión artificial, resulta recomendable trabajar con valores elevados del número f y compensar el oscurecimiento de la imagen con una iluminación más intensa de la escena, siempre que ello sea posible.

2.3.6. Distorsiones, aberraciones y otros fenómenos

El comportamiento de las ópticas reales difiere, en ocasiones significativamente, del ideal. Se habla de distorsiones y aberraciones.

Un caso frecuente es la distorsión geométrica tipo barril, en que la imagen aparece comprimida hacia la periferia del sensor. De hecho, la denominación *tipo barril* deriva de la forma característica que adoptan los rectángulos en presencia de esta distorsión. La distorsión de barril suele ser notoria en las ópticas con focal corta (y, de hecho, suele introducirse *ex profeso* en este tipo de ópticas para evitar que los objetos en la zona central de la imagen aparezcan excesivamente pequeños). Otras veces se produce la distorsión contraria, denominada tipo cojín, normalmente en ópticas zoom por una mala compensación de la distorsión tipo barril para ciertas focales. La figura 2.13 ilustra ambos tipos de distorsiones. El propio software de procesamiento de imágenes puede corregir estas distorsiones tras una adecuada calibración, si bien a costa de modificar la apertura angular con que se verá la imagen.

La aberración esférica es otro fenómeno frecuente. Consiste en diferencias de enfoque entre la parte central de la imagen y la periferia. Las ópticas de calidad

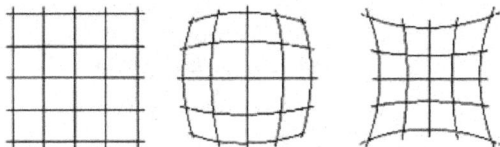

Figura 2.13: Imagen ideal y con distorsiones de tipo barril y cojín

corrigen este fenómeno por medio de lentes con una geometría particular, más costosas de fabricar. También surge la aberración cromática. Consiste en que la luz que atraviesa la lente queda enfoca a distancias ligeramente distintas según cuál sea su longitud de onda (debido que el índice de refracción varía con esta: las longitudes de onda largas se desvían menos que las cortas). El problema se corrige incorporando en la óptica parejas de lentes con distinto índice de refracción.

En general, estos y otros defectos pueden evitarse empleando ópticas de calidad, especialmente si se desea trabajar con lentes de gran diámetro para captar mayor cantidad de luz.

Existen otros fenómenos de etiología diversa que también afectan a la calidad de las imágenes y que son bien conocidos en el campo de la fotografía. Un ejemplo es el *viñeteo*, que consiste en un oscurecimiento de la periferia de la imagen, más notorio con focales cortas y diafragmas abiertos. Se debe, entre otras causas, a que el objetivo bloquea parte de la luz que incide con ángulos grandes. También puede mencionarse el conocido *efecto estrella*, provocado por la difracción de la luz en los vértices de las hojas del diafragma. Pueden también mencionarse las vibraciones de la cámara durante la captura de vídeos, que pueden compensarse mediante estabilizadores de imagen, es decir sistemas electromecánicos que modifican la orientación de las lentes en función de la realimentación proveída por un conjunto de giróscopos. En general, disponer de ópticas de calidad y trabajar con buenas condiciones de captura de imagen es la mejor recomendación contra todos estos fenómenos.

2.3.7. Ópticas especiales

Existen distintos tipos de ópticas adaptadas a condiciones particulares de captura de imágenes, que describimos aquí brevemente.

Las ópticas *zoom*, es decir con focal variable, han sido ya comentadas por lo que no procede extenderse más. La recomendación general es reservar este tipo de ópticas para el desarrollo de prototipos, por los motivos ya apuntados. Las ópticas con un campo angular amplio se construyen a veces usando arreglos con espejos parabólicos o incluso sistemas multicámara (con posterior pegado de las imágenes).

Otras ópticas de uso particular son las denominadas *telecéntricas*, capaces de producir imágenes sin efecto de perspectiva. Se trata de una solución cara y voluminosa (la óptica debe tener un diámetro similar a la del objeto a medir), y el efecto de telecentricidad solo se consigue a una distancia muy concreta de la lente. Por ello, es preferible situar la cámara más lejos del objeto a medir, y emplear una focal larga para compensar la reducción de tamaño en la imagen debido a este alejamiento. Por desgracia en la práctica, en instalaciones industriales no siempre hay espacio para alejar la cámara todo lo deseable.

Por último, cabe citar las ópticas *pericéntricas*. Se trata de un arreglo particular en la que la imagen se capta a través de un conjunto de, típicamente, seis u ocho espejos inclinados que permiten proyectar otras tantas vistas laterales de una misma pieza en una misma imagen.

2.3.8. Filtros ópticos

La utilización de filtros ópticos puede permitir una mejora sustancial de las imágenes de cara a su procesamiento posterior. Además, tienen un coste reducido, son ligeros y se montan fácilmente en ópticas preparadas para ello.

Los filtros pasa banda o de rechazo de banda son un buen ejemplo: dejan pasar luz de ciertas longitudes de onda y atenúan el resto, y viceversa. Así, por ejemplo, un rasgo de color rojo puede ser destacado netamente en las imágenes si se utiliza un filtro que deje pasar (o rechace) este rango de longitudes de onda. Los sistemas que usan luz láser, por ejemplo para la medición 3D (como veremos más adelante) también se benefician del uso de filtros pasa banda sintonizados a la longitud de onda del láser. Además, la fabricación a medida de este tipo de filtros resulta posible con la tecnología actual, a un coste muy razonable.

En este contexto cabe mencionar también los filtros de rechazo de la banda infrarroja que se montan habitualmente sobre los sensores de las cámaras, a los que ya hemos hecho referencia. También se incorporan filtros ópticos anti-aliasing que reducen los efectos del muestreo cuando la escena presenta elementos con alta frecuencia espacial, por ejemplo líneas o rejillas, a costa de un ligero desenfoque de la imagen.

Mencionaremos por último los filtros polarizadores. Tal como analizaremos en la sección referente a la reflexión de la luz, la luz reflejada por los materiales dieléctricos consta de dos componentes básicas: una que se distribuye de forma aproximadamente uniforme en el hemisferio de reflexión y otra que se concentra fuertemente en ciertas direcciones. Esta última es la responsable de *los brillos* que, por lo general, resultan problemáticos para muchas aplicaciones de visión. Además, con frecuencia son muy intensos y saturan el sistema de captación de imagen por lo que su corrección vía software es problemática. Afortunadamente, los brillos de los dieléctricos se encuentran polarizados, tanto más cuanto mayor es el ángulo de incidencia de la luz sobre la superficie en cuestión (con relación a la normal a la superficie). Así pues, un simple polarizador orientado adecuadamente puede ser una herramienta poderosa para eliminar estos brillos (como bien saben los pescadores y los esquiadores). En las tiendas especializadas se encuentran fácilmente montajes para añadir un filtro polarizador en el frontal de la óptica que pueda ser rotado manualmente hasta conseguir una buena atenuación de los brillos.

2.4. Iluminación

Las cámaras captan la radiación electromagnética reflejada por los objetos al ser iluminados (o bien la que emiten directamente, si se trata de fuentes de luz). Así pues, la reflexión de la luz será nuestro primer tema de estudio en esta sección. Sobre esta base describiremos luego las fuentes de luz más utilizadas en visión, con su distribución espectral, su geometría y otras características de interés.

2.4.1. Un poco de radiometría

Con frecuencia los profesionales de visión se sienten confundidos con términos como candela, lumen, lux; e incluso con magnitudes como intensidad luminosa, intensidad radiante, radiancia, irradiancia, etc. La presente subsección persigue definir estos conceptos con cierta precisión porque serán de utilidad para caracterizar la reflexión de la luz y analizar las técnicas de iluminación.

En concreto la luz, como radiación electromagnética, se cuantifica de manera conveniente mediante una serie de magnitudes radiométricas, fotométricas y fotoespectrales que introduciremos a continuación. La diferencia entre estos tres tipos de magnitudes es que las primeras consideran la radiación electromagnética en general, las segundas incorporan la sensibilidad visual humana, y las terceras la sensibilidad a luz de distintas longitudes de onda. Por lo demás, las primeras son funciones de la longitud de onda λ, las segundas son valores integrales (escalares) a lo largo de un cierto rango de longitudes de onda, y las terceras son conjuntos de valores escalares, uno por cada canal cromático que se considere. En general podremos razonar indistintamente con estos tres tipos de magnitudes.

Potencia radiante

La potencia o flujo radiante, que notaremos $P(\lambda)$, se define como la energía $W(\lambda)$, que emite, recibe o atraviesa una superficie en forma de radiación electromagnética, por unidad de tiempo. Se trata, por tanto, de la magnitud básica de la que derivan todas las demás. En unidades del SI vendrá expresada en watios:

$$P(\lambda) = \frac{dW(\lambda)}{dt} \quad [wat] \quad . \tag{2.6}$$

Intensidad radiante de una fuente de luz puntual

La radiación emitida por una fuente *puntual*, entendida como una fuente de tamaño pequeño con relación a su distancia a la escena, se caracteriza de forma adecuada mediante la intensidad radiante. Se trata de la potencia emitida por unidad de ángulo sólido entorno a la dirección considerada,

$$I(\lambda) = \frac{dP(\lambda)}{d\omega} \quad [wat/sr] \quad . \tag{2.7}$$

Se expresa habitualmente en vatios por estereorradián. Por supuesto la intensidad será diferente en cada dirección, de ahí que se exprese por unidad de ángulo sólido. Cuando se prefiera hacer referencia a la intensidad total emitida se suele especificar su integral extendida a 4π. Por otra parte, en el caso de fuentes extensas puede ser útil trabajar con la *radiancia* que definiremos más adelante, aunque conceptualmente podemos considerar que las fuentes extensas equivalen a un conjunto de fuentes puntuales elementales.

Irradiancia incidente en una superficie

Esta magnitud corresponde a la potencia radiante que incide en una superficie por unidad de área,

$$E(\lambda) = \frac{dP_i(\lambda)}{dA} \quad [wat/m^2] \quad . \tag{2.8}$$

La energía generada por un fotosensor es una función directa de la irradiancia que incide sobre él, como hemos comentado anteriormente. Además, la energía reflejada por una superficie es directamente proporcional de la irradiancia incidente, como veremos enseguida.

Por otra parte, la irradiancia incidente en una superficie iluminada por una fuente puntual de intensidad I resulta particularmente útil, tanto desde un punto de vista conceptual como práctico. Puede demostrase que

$$E(\lambda) = I(\lambda) \frac{cos(\theta_i)}{l^2} \quad . \tag{2.9}$$

Aquí, θ_i es el coseno del ángulo con que incide la luz con relación a la normal (local) de la superficie, o simplemente *coseno de incidencia*, y l la distancia a que se encuentra la fuente. l puede variar poco de un punto a otro de la escena, al menos si la fuente está suficientemente alejada. No ocurre así con $cos\,\theta_i$, que puede variar sustancialmente de un punto a otro en función de la geometría de los objetos. Este hecho resulta de importancia a la hora de diseñar la iluminación de una escena, como veremos más adelante.

Radiancia de una superficie

La radiancia $L(\lambda)$ es la potencia que emite una superficie por unidad de ángulo sólido en la dirección considerada y por unidad superficie *proyectada* sobre esa dirección:

$$L(\lambda) = \frac{d^2 P(\lambda)}{dA \, \cos\theta_r \, d\omega} \quad [wat/(m^2 sr)] \quad . \tag{2.10}$$

θ_r es el ángulo entre la normal a la superficie y la dirección de emisión considerada. La radiancia es la magnitud que miden los sensores visuales (*véanse* las ecuaciones (2.5 y 2.2), de ahí su trascendencia.

2.4.2. Magnitudes fotométricas

Las denominadas *magnitudes fotométricas* derivan directamente de las radiométricas, pero incorporan la sensibilidad el sistema visual humano (en condiciones de buena iluminación, esto es la sensibilidad fotópica, pues con iluminación baja la sensibilidad desplaza hacia el azul). La forma de incorporar esta sensibilidad es mediante un producto integral de la magnitud radiométrica en cuestión con la función de sensibilidad del sistema visual,

$$M_v = \int_{380-740nm} V_h(\lambda) M(\lambda) d\lambda \quad . \tag{2.11}$$

Aquí, M es la magnitud radiométrica de que se trate, M_v su equivalente fotométrica y V_h la función de sensibilidad (fotópica) humana, que cuantifica con qué eficiencia el ojo humano traduce las radiaciones incidentes en señales eléctricas que el cerebro puede procesar. 380 nm y 740 nm corresponden a los límites del espectro visible.

El equivalente fotométrico del vatio es el lumen, lm, que es la magnitud básica de la que derivan las demás. La tabla siguiente muestra las restantes magnitudes radiométricas y sus equivalentes fotométricos. Se indican también sus unidades en el SI. En particular, cd es la *candela*, denominada así por corresponder a la intensidad de una cierta vela estándar, y lx es el *lux*. Si duda el lector estará familiarizado con estas magnitudes. El interés de la tabla reside justamente en relacionarlas con los *vatios* como unidad habitual de potencia manejada en el ámbito de la ingeniería.

Intensidad radiante	Intensidad luminosa
$[w/sr]$	$[lm/sr = cd]$
Irradiancia	Iluminancia
$[w/m^2]$	$[lm/m^2 = lux]$
Radiancia	Luminancia
$[w/(m^2 \, sr)]$	$[lm/(m^2 \, sr) = cd/m^2 = nit]$

Por último, cabe notar que estas magnitudes se refieren a la sensibilidad humana a la cantidad de luz, sin distinguir específicamente entre los distintos rangos de longitudes de onda (cortas, medias y largas). En ocasiones se prefiere utilizar funciones de sensibilidad específicas de distintos rangos, en cuyo caso se habla de *magnitudes fotoespectrales*. Los fundamentos de estas magnitudes son los mismos que acabamos de ver para las magnitudes fotométricas por lo que no extenderemos su descripción.

2.4.3. La reflexión de la luz. Componentes de la reflexión

La reflexión de la luz no es un fenómeno trivial. El lector estará sin duda familiarizado con los dos comportamientos extremos: la reflexión especular y la reflexión difusa. En el primero, parte de la luz que incide en un elemento de superficie se refleja según la dirección simétrica de la de incidencia respecto a la normal a la superficie, según la conocida ley de Descartes; mientras que el resto se refracta hacia el interior del material. En el segundo caso, la luz reflejada no sigue una dirección particular, sino que se distribuye por igual en todas las direcciones del hemisferio de reflexión según la conocida ley de Lambert (*véase* la figura 2.14).

Figura 2.14: Reflexión difusa y especular, y reflexión real

En la práctica, la mayoría de los materiales exhiben un comportamiento más complejo. La figura 2.15 muestra un buen ejemplo: se observan áreas relativamente extensas, sin brillos, donde la reflexión es aproximadamente difusa; y zonas con brillos, intensos y concentrados, donde es aproximadamente especular.

Figura 2.15: Ejemplo de reflexión real

Los plásticos acrílicos constituyen un excelente paradigma para comprender estos fenómenos (2.16). Están constituidos por una matriz transparente dentro de la cual se encuentra embebidos los pigmentos microscópicos responsables del color. Cuando la luz alcanza la interfase entre el aire y dicha matriz, una fracción se refleja directamente como consecuencia del distinto índice de refracción. Esta fracción da lugar a los *brillos*. Suele ser de un color similar al de la luz incidente (p.ej. blanco, en el caso de la figura 2.15), puesto que esta que no ha interaccionado con los pigmentos del interior del material. Además, se concentra entorno de la dirección simétrica de la dirección de incidencia de la luz, tanto más cuanto más *lisa* sea la superficie del objeto. En la práctica, las irregularidades microscópicas de la superficie determinan que la luz no siga exactamente esa dirección simétrica macroscópica, sino que se disperse en una cierta vecindad de la misma, tanto más cuanto más rugosa sea la superficie. En todo caso, es interesante recalcar que esta componente es direccional: el observador apreciará brillos solo en aquellos puntos del objeto donde la normal local a la superficie esté próxima a una dirección particular: la bisectriz entre la dirección de iluminación y la dirección de observación en ese punto. Por supuesto, si el observador o la luz cambian de posición, también lo harán los brillos dado que la citada condición dejará de cumplirse en esos puntos y, eventualmente, pasará a cumplirse en otros. Además, la cantidad de luz reflejada en forma especular aumenta con el ángulo de incidencia, llegando al 100 % para incidencia rasante. Otra propiedad interesante de esta componente es que, por lo general, se encuentra polarizada en el caso de los materiales dieléctricos, tanto más cuanto mayor sea el ángulo de incidencia. Por ello, un polarizador orientado adecuadamente permite atenuar de forma notoria los brillos de los objetos, tal como ya comentamos en la sección 2.3.8.

Figura 2.16: Ejemplo de reflexión en los plásticos

La fracción de luz que no se refleja en la interfase sigue un camino bien distinto: se refracta hacia el interior de la matriz acrílica, donde sufre un proceso de reflexión múltiple aleatoria sobre las partículas de pigmento. Eventualmente, una fracción de esta luz regresará al hemisferio de incidencia, pero lo hará sin una dirección predominante dado que ha sufrido reflexiones aleatorias. Por ello, le corresponderá un comportamiento difuso. A diferencia de la componente especular, la distribución espectral (el color) de la componente difusa estará fuertemente condicionado por los pigmentos del material, puesto que ha interaccionado con ellos. Además, habitualmente esta componente difusa será mucho menos intensa que la especular allí donde esta última sea significativa, puesto que dispersa en un rango amplio de direcciones. Por último, no estará polarizada.

Las superficies metálicas (no recubiertas por alguna capa dieléctrica, como por ejemplo pintura) constituyen otro excelente paradigma. Los metales reflejan en su interfase con el aire la práctica totalidad de la luz que incide sobre ellos, como consecuencia de la elevada movilidad de sus electrones: sólo exhiben *brillos*. Además, este comportamiento es bastante independiente de la longitud de onda de la luz, salvo algunas excepciones como el cobre y el oro. En definitiva, la luz reflejada por los objetos metálicos carece de componente difusa, suele ser de color de la fuente de luz incidente y, adicionalmente, no está polarizada puesto que se refleja *toda* la luz incidente. Así pues, sólo habrá que considerar el efecto de la rugosidad microscópica y la dependencia de la irradiancia con la geometría (ecuación 2.9). Algunos ejemplos son el acero, el aluminio, etc.

Los principios comentados hasta aquí sirven para comprender la reflexión de la luz, no ya sobre los plásticos y los metales, sino sobre muchos otros materiales. Sin embargo, no es infrecuente encontrarse con otros tipos de comportamiento, especialmente para superficies muy rugosas. Por ejemplo, el máximo de la reflexión especular puede presentarse a ángulos mayores del esperado (lo que en inglés se denomina *off specular reflection*). Además, en ocasiones se superpone un pico de reflexión muy concentrado en torno a la dirección simétrica de incidencia, que se observa como un punto pequeño, muy brillante, en el interior de los propios brillos. Adicionalmente, algunas superficies metálicas, también en el caso de rugosidad elevada, pueden mostrar una cierta (pequeña) componente difusa derivada de las reflexiones múltiples de la luz sobre las irregularidades microscópicas. Por último, muchos materiales presentan varias capas superpuestas, cada una de las cuales aporta sus propias componentes difusa y especular, que se suman a las del resto de capas. Algunos plásticos con varias capas, la propia piel humana o los metales recubiertos de aceite o grasa se comportan de esta forma.

2.4.4. La función de distribución de la reflectancia bidireccional

La caracterización formal de los fenómenos descritos en los párrafos precedentes exige ciertas consideraciones. En general, la reflexión de la luz por una superficie puede caracterizarse como la fracción de la irradiancia total incidente que refleja cada punto de la misma (entendido como una superficie diferencial). Términos como *albedo* o *reflectancia hemisférica* se utilizan con frecuencia para referirse a esta magnitud. Sin embargo, esta forma de describir la reflexión no tiene en cuenta su direccionalidad. Por ello, en visión resulta más útil la denominada *función de distribución de la reflectancia bidireccional*, BRDF.

La BRDF se define como el cociente entre la radiancia reflejada por un punto de una superficie (entendido, como siempre, como un área diferencial) y la irradiancia incidente, para cada posible pareja de direcciones de incidencia y reflexión; de ahí el calificativo *bidireccional*:

$$R(\lambda, \mathbf{S_N}, \mathbf{V_N}) = \frac{dL_r(\lambda, \mathbf{V_N})}{dE_i(\lambda, \mathbf{S_N})} \quad [1/sr] \quad . \tag{2.12}$$

Aquí, R es la BRDF en el punto en cuestión, L_r la radiancia reflejada y E_i la irradiancia incidente. Se consideran elementos diferenciales por cuanto sobre cada punto puede incidir luz de distintas procedencias. Además, se ha explicitado la dependencia con la longitud de onda de la luz, *lambda*, la dirección de incidencia con relación a la normal local a la superficie, $\mathbf{S_N}$, y la dirección de reflexión considerada, también con relación a dicha normal, $\mathbf{V_N}$.

Desde luego, el modelado general de la BRDF no es sencillo, dado que existen gran variedad de materiales y acabados superficiales. El caso de los objetos mates, sin brillos, es el más sencillo: la BRDF es una constante (en cada punto de la superficie y para cada longitud de onda), $R(\lambda)$, sin dependencias geométricas. Es decir, la radiancia reflejada será una fracción constante de la irradiancia incidente, con independencia de las direcciones de iluminación y observación (sin olvidar que la irradiancia sí depende de la dirección de iluminación según la ecuación 2.9). Ejemplos de materiales comunes con este comportamiento son la escayola, el papel poco satinado, la tiza etc.

En el caso de los objetos con brillos la caracterización de la BRDF, más allá de los principios generales introducidos arriba, resulta más compleja. Los mayores esfuerzos se han realizado en el campo de la generación de imágenes sintéticas fotorrealistas, por ejemplo para diseño asistido por ordenador (CAD), cine y ocio (videojuegos), realidad virtual y aumentada, etc. En el campo de la visión artificial resulta habitual limitarse a una caracterización más cualitativa sobre la base de los principios descritos.

2.4.5. Caracterización de la reflexión mediante cámaras, colorímetros y reflectómetros

La caracterización de la forma en que los objetos reflejan la luz se enfrente a diversos retos. En primer lugar, debemos decidir si basta con conocer la luz reflejada en los puntos de interés del objeto en cuestión, cuando es iluminado y observado bajo ciertas condiciones específicas. Esto puede ser un caso típico en visión máquina. Aquí lo más sencillo es capturar la imagen mediante cámaras y comparar con un cierto objeto patrón de la misma geometría, medido bajo las mismas condiciones. Específicamente, los valores obtenidos en cada punto dependerán de la geometría local de iluminación y observación, con relación a la normal a la superficie. En las regiones sin brillo, esta dependencia se plasma a través del coseno de incidencia de la luz, como hemos visto (y de la distancia a la fuente cuando no puede asumirse constante). En las regiones con brillos la dependencia es más compleja, a través de las direcciones de incidencia y observación en cada punto. Además, la ubicación de los brillos puede variar sustancialmente de una imagen a otra, incluso ante variaciones pequeñas de la citada geometría, por ejemplo como consecuencia de un distinto posicionamiento de las piezas. De forma adicional, los brillos aportan información relevante sobre el material y su acabado superficial, si bien su medición precisa es problemática porque tienden a saturar la cámara. En secciones posteriores veremos cómo deben tenerse en cuenta estos aspectos a la hora de diseñar la iluminación en un sistema de visión.

Por otra parte, en la industria es también es frecuente recurrir a *colorímetros*, como alternativa a las cámaras. Un colorímetro es un dispositivo de medición que consta de una fuente de luz y un fotosensor, dispuestos según una geometría predeterminada (2.17). Una carcasa apantalla el conjunto frente a fuentes de luz externas. La (pequeña) zona del objeto a medir se sitúa frente a una apertura, de manera que la normal a la superficie quede orientada según una dirección predeterminada, con relación a la luz y el fotosensor. Típicamente, el colorímetro proporcionará los valores RGB, HSV u otros de la luz reflejada. Por lo demás, las mediciones suelen realizarse fuera de línea (por ejemplo, para control de calidad estadístico) y debe tenerse presente que los valores obtenidos con colorímetros de distinto diseño diferente serán, en general diferentes. Por último, los colorímetros suelen diseñarse de forma que las direcciones de iluminación y observación no sean simétricas respecto a la normal al objeto, para evitar los brillos.

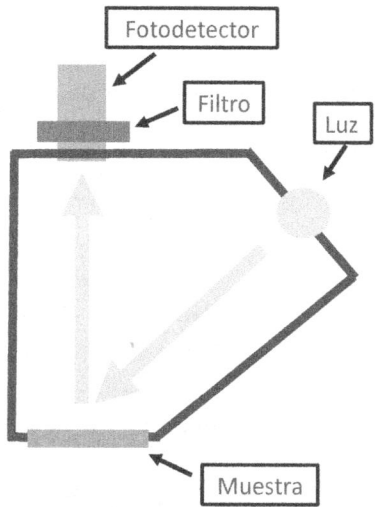

Figura 2.17: Esquema de un colorímetro

Es conveniente insistir en que tanto las cámaras como los colorímetros miden la luz reflejada bajo unas condiciones concretas de iluminación y observación. La caracterización precisa de la manera en que cada punto de un objeto refleja la luz con independencia de dichas condiciones pasa por determinar experimentalmente de su BRDF. Esto puede lograrse mediante los denominados *reflectómetros bidirecionales*. Se trata de unos dispositivos de laboratorio dotados de una fuente de luz, un fotosensor y un conjunto de motores para mover ambos elementos de forma coordinada, según todas las posibles parejas de direcciones del hemisferio de iluminación y observación. El resultado puede utilizarse para estudios detallados de la apariencia visual de materiales y superficies, e incluso para relacionarlos con la rugosidad microscópica superficial, por ejemplo en control de calidad o en diseño de reflectores de luz.

La caracterización de la BRDF es más sencilla en el caso de particular de superficies planas sin una componente especular significativa. Aquí, el cociente punto a punto entre los valores medidos por una cámara sobre la superficie en cuestión, y sobre una superficie de referencia mate ubicada en la misma posición, permite obtener valores poco dependientes de las condiciones de medición. Esta técnica se utiliza por ejemplo para la caracterización de obras pictóricas, trabajos de impresión, etc.

2.4.6.   Fuentes de luz

Así pues, el diseño de la iluminación en una determinada aplicación conlleva elegir una fuente de luz, propiamente dicha, y seleccionar la técnica de iluminación sobre la base de los principios de reflexión de la luz recién descritos. En la presente sección abordamos los aspectos más relevantes de cara a lo primero, mientras que las consideraciones geométricas se analizan en la sección 2.4.7.

En concreto, lo que sigue discutimos los siguientes aspectos de interés práctico, concernientes la fuente de luz:

- Tecnología empleada para la generación de luz

- Distribución espectral

- Geometría

- Estabilidad y duración

- Potencia luminosa y rendimiento

- Robustez electromecánica

- Naturaleza continua o estroboscópica

- Estructura espacial

Tecnología empleada para la generación de luz

Tradicionalmente en visión artificial, y en particular en visión máquina, se han venido utilizando fuentes de iluminación tales como lámparas de incandescencia, tubos fluorescentes, lámparas de descarga xenon (para luz estroboscópica), etc. En la actualidad todas estas tecnologías han sido desplazadas por la tecnología led. Sin duda, la aparición del led azul en 1994 ha contribuido decisivamente a ello, por cuanto ha posibilitado la generación de luz blanca, extendiendo así drásticamente las aplicaciones de la tecnología led y, por ende, su desarrollo tecnológico. (El inventor del led azul recibió el premio Nobel en 2014; no así el del led rojo, lo cual ha supuesto un cierto agravio comparativo). Más recientemente se fabrican también leds azules recubiertos de fósforos que emiten en un conjunto amplio de longitudes de onda, lo que permite obtener luz blanca de gran calidad (no limitada a la superposición de tres espectros centrados en el rojo, el verde y el azul). Adicionalmente, las fuentes de luz láser se utilizan en muchas aplicaciones de visión relacionadas con control dimensional, pero serán revisadas específicamente en la sección 2.5.

Distribución espectral

La distribución espectral de la fuente de luz condiciona directamente la radiancia que medirán las cámaras del sistema de visión. Por ejemplo, un objeto que aparece de color rojo bajo cierta iluminación, se verá negro bajo otra iluminación que no contenga longitudes de onda largas (tal como una luz azul). Esto deriva del hecho de que la radiancia reflejada es justamente el producto de la BRDF por la irradiancia incidente, para cada longitud de onda: si la irradiancia es pequeña en el rango de longitudes de onda considerado, lógicamente la cantidad de luz reflejada en ese rango también lo será. Además, las cámaras (y los ojos) integran la radiancia, ponderada por ciertas funciones la sensibilidad espectral. Por ello, un mismo valor integral puede provenir de distintas combinaciones de reflectancia e irradiancia. Por ejemplo, el aspecto de un objeto iluminado por una fuente led RGB o una lámpara halógena puede ser similar, pese que el espectro de una fuente halógena es aproximadamente continuo mientras que el de una fuente led RGB es asimilable a un peine de tres picos (en el rojo, verde y azul).

Cabe mencionar también que las cámaras y el sistema visual humano perciben el color de manera distinta. Las primeras toman medidas absolutas, mientras que el segundo opera fundamentalmente por comparación. De hecho, nuestro sistema visual busca instintivamente objetos de referencia en las escenas, para adaptar nuestra percepción al color de la iluminación existente, cosa que no hacen las cámaras.

A efectos prácticos, la distribución espectral de la luz permite resaltar o atenuar zonas de diferente color en las escenas. De forma intuitiva puede asumirse que, en términos de la disposición habitual de colores del círculo cromático, un color de luz próximo al del elemento a medir tiende a aclararlo, mientras que un color oscuro tiene a oscurecerlo. Afortunadamente las actuales fuentes led RGB ofrecen una gran flexibilidad a la hora de ajustar el color que producen. Por otra parte, la distribución espectral puede extenderse más allá del espectro visible. Por ejemplo, es frecuente en visión recurrir a iluminación infrarroja, que es fácilmente capturada por las cámaras pero invisible al ojo humano. Esto la hace menos molesta, si bien deben observarse ciertas precauciones de seguridad por sus posibles efectos adversos sobre la retina.

Por otra parte, en iluminación de consumo es frecuente especificar el color de una fuente de luz en términos de lo que se denomina su *temperatura de color*. Se trata del color que mostraría un cuerpo negro ideal calentado a esa temperatura. (Las lámparas de filamento son una buena aproximación a cuerpos negros). Sin embargo, esto solo hace referencia a la *calidez* de la luz, desde colores cálidos (rojizos, por debajo de los 2500 K), pasando por los neutros, hasta colores fríos (azulados, por encima de los 5000K). Dista mucho, por tanto, de ser una caracterización espectral precisa del color de la fuente de luz, por lo que su utilidad en visión es más limitada. Como complemento se puede especificar también el *índice de reproducción cromática* (*Color Rendering Index*, CRI) que cuantifica, de 0 a 100 %, la capacidad de la fuente de luz para revelar el *color real* de los objetos. Para ello se compara el color que muestran un conjunto de patrones coloreados de referencia al ser iluminados por la fuente en cuestión, con el color que mostrarían bajo una iluminación de cuerpo negro de la misma temperatura.

Geometría

En visión se utilizan fuentes *pequeñas*, asimilables a puntuales, cuando se desea que la iluminación provenga de direcciones específicas. Esto posibilita un mayor control de la irradiancia incidente en cada punto de la escena. Sin embargo, el uso de fuentes puntuales favorece la aparición de brillos, lo que no siempre deseable.

De forma alternativa se pueden emplear fuentes extensas. Son frecuentes las fuentes de geometría lineal, planar, en forma de circunferencia o de semiesfera, por ejemplo. El efecto de estas fuentes sobre la escena puede analizarse como la superposición (la *suma*) del efecto de un conjunto de fuentes puntuales elementales. Con independencia de esto, la fuente puede tener carácter direccional o difuso, según la luz emitida por sus elementos se distribuya o no en una dirección particular. Más adelante volveremos sobre esta cuestión.

Estabilidad y duración

La degradación de la iluminación con el tiempo puede llevar al fracaso del sistema de visión, pues los ajustes del software de procesamiento pueden dejar de ser válidos. Además, a mayor duración, menor coste de mantenimiento. En general es conveniente seleccionar fuentes de estables y duraderas (los leds son excelentes en este sentido), así como programar rutinas de mantenimiento preventivo en lo tocante a limpieza y a la sustitución de elementos cuando su potencia luminosa pueda verse mermada.

Potencia luminosa y rendimiento

La recomendación general en visión máquina es utilizar fuentes de potencia luminosa elevada. Esto se traduce en una mayor inmunidad del sistema de visión frente a la luz parásita (luz ambiental) y simplifica el apantallamiento de esta última. Además, una iluminación intensa permite trabajar con aperturas pequeñas de la óptica, lo que conlleva una mayor profundidad de campo; y permite utilizar velocidades de obturación menores, lo cual resulta útil para escenas en movimiento.

Por supuesto una mayor potencia luminosa puede conllevar un consumo eléctrico más elevado. El rendimiento de la fuente de luz, entendido como la relación entre potencia luminosa entregada y potencia eléctrica consumida, es un factor a considerar. Valores del orden de 150 y 200 lúmenes por vatio son fácilmente alcanzables por las actuales fuentes led. Además, habitualmente este rendimiento es mayor en el rango de las longitudes de onda largas (rojo e infrarrojo).

Robutez electromecánica

Una característica apreciable, especialmente en el caso de la visión máquina, es que las fuentes de luz sean robustas frente a perturbaciones eléctricas, vibraciones, golpes y altas temperaturas, frecuentes en el ámbito industrial. De nuevo las fuentes led resultan ventajosas frente a otras alternativas por lo que constituyen la elección de referencia.

Naturaleza continua o estroboscópica

La luz estroboscópica se caracteriza por pulsos de luz intensos de corta duración. Si se sincroniza adecuadamente con las cámaras, favorece la captura de imágenes sobre escenas en movimiento, por cuanto permite trabajar con tiempos de obturación inferiores y menores aperturas de diafragma, lo cual, como hemos visto, resulta ventajoso. Por supuesto, si la cámara y la fuente de luz no se encuentran bien sincronizados, se desperdiciará energía luminosa; y, lo que es peor, pueden producirse efectos de batido, es decir variaciones temporales de la luminosidad de la imagen, de mayor o menor frecuencia, que indudablemente perjudicarán el procesamiento.

La luz de naturaleza continua puede ser ventajosa cuando no concurran circunstancias particulares como las citada. Una fuente de alimentación eléctrica de calidad será la mejor garantía de que no se produzcan variaciones de luminosidad ni fenómenos de batido.

Estructura espacial

En ocasiones resulta de gran utilidad recurrir fuentes que proyecten luz según cierta estructura espacial, tal como haces unidimensionales, planos, rejillas, etc. Esto resulta particularmente útil para la medición tridimensional por lo que será abordado específicamente en la sección 2.5.

2.4.7. Técnicas de iluminación

A continuación, se describen algunas técnicas de iluminación comunes. Por supuesto no existe una técnica mejor que otra, todo depende del contexto de la aplicación.

Iluminación de campo claro y de campo oscuro

Se suele denominar iluminación de campo claro a aquélla en la que la luz incide sobre la escena de manera aproximadamente frontal, es decir, formando un ángulo entre 0º y unos 45º con la normal a la superficie de referencia sobre la que se emplazan los elementos a medir. De esta manera, dicha superficie de referencia aparecerá clara (cuando es observada frontalmente) mientras que las superficies inclinadas, tales como los laterales de los objetos, aparecerán oscuros por reflejar la luz hacia los lados. Por su parte, la iluminación de campo oscuro es aquélla en que la luz incide sobre la escena de manera oblicua, bajo un ángulo entre 45º y 90º. Así, la superficie de referencia sobre la que se emplazan los objetos aparecerá oscura, mientras que los objetos aparecerán claros cuando su geometría determine que reflejen la luz hacia la zona frontal. La figura 2.18 ilustra ambas disposiciones.

Para la iluminación de campo claro resulta frecuente recurrir a puntos de luz (*spots*) o bien a luces dispuestas a lo largo de circunferencias, es decir anillos. La cámara se sitúa junto a luces o en el centro de los anillos, según la solución elegida. En particular, los anillos de campo claro tienen un diámetro pequeño con el fin de que las luces se dispongan cerca de la cámara, y se emplazan lejos de la superficie para asegurar un ángulo de incidencia reducido en la zona bajo estudio. Para la iluminación de campo oscuro se recurre a puntos de luz o anillos de mayor diámetro, con el fin de que la luz parta de puntos alejados de la cámara.

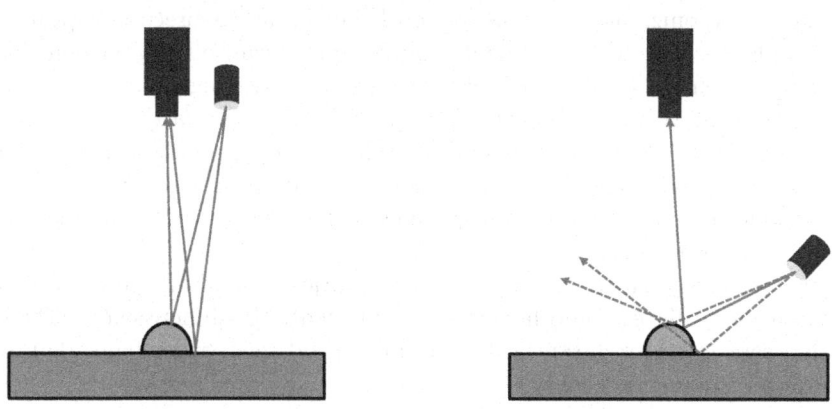

Figura 2.18: Iluminación de campo claro (izquierda) y oscuro (derecha).

Además, estos se suelen emplazarse cerca de la superficie para un conseguir un mayor ángulo de incidencia. La figura 2.18 muestra ambas soluciones y, en la parte inferior, el aspecto que podría presentar la imagen capturada sobre la escena tomada como ejemplo.

Iluminación coaxial y oblicua

La disposición coaxial de la iluminación busca que la dirección de iluminación coincida con la dirección de observación. De esta manera se minimizan las sombras, con lo que la imagen viene determinada por la propia geometría de las superficies (a través del coseno del ángulo de incidencia) y la propia pigmentación de las mismas.

Los sistemas de iluminación coaxial constan de un espejo semitransparente a 45º que permite el paso de luz de la fuente a hacia la escena, y redirige la luz reflejada por esta en dirección a la cámara, tal como se muestra en la figura 2.20.

Los anillos de campo claro constituyen una buena aproximación, más económica, a la iluminación coaxial por lo que resultan muchas veces la opción elegida.

Iluminación direccional y difusa

La iluminación direccional es aquélla que proviene de una misma dirección para todos los puntos de la escena. Esto permite resaltar el efecto de la geometría de la pieza (a través del coseno de incidencia en cada punto, determinado por la normal local). En ocasiones se pueden disponer un conjunto de fuentes direccionales, con lo que el resultado será la superposición del efecto de todas ellas.

Por contra, la iluminación difusa es aquélla en que la luz incidente en cada punto de la escena proviene de todas las direcciones en un cierto rango (un cierto ángulo sólido). Este efecto se suele lograr haciendo pasar la luz emitida por la fuente a través de pantallas difusoras, o bien dirigiendo esta luz hacia superficies con comportamiento difuso (mates), típicamente con geometría de tipo domo,

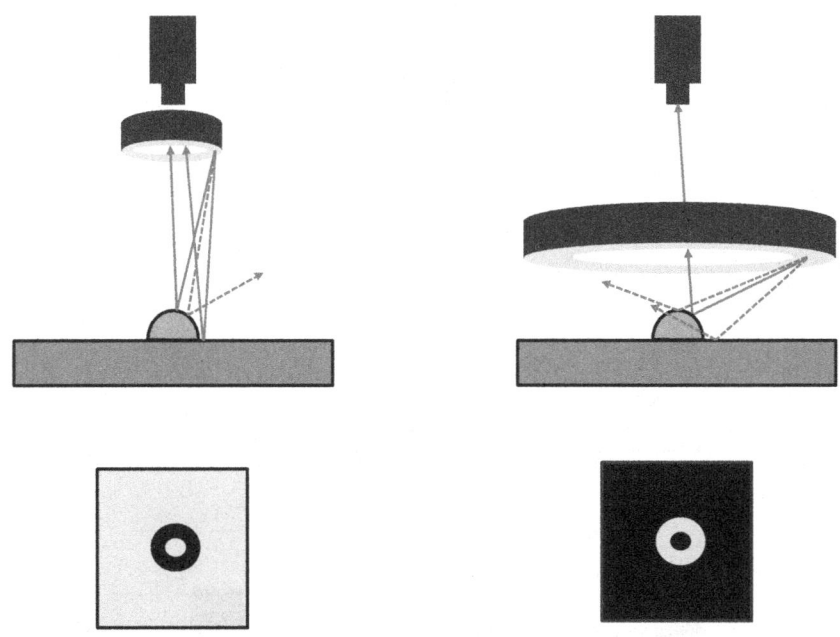

Figura 2.19: Iluminación de campo claro (izquierda) y oscuro (derecha)

desde las que se refleja hacia la escena (2.21).

Retroiluminación

En este caso el objeto se dispone entre la fuente de luz y la escena. Esto proporciona imágenes muy contrastadas de las siluetas de las piezas o de sus orificios pasantes alineados con la iluminación. Por ejemplo, es frecuente utilizar paneles de luz orientados hacia la cámara, con la pieza situada en entre el panel y la cámara. Es el sistema de iluminación preferido en la industrial cuando la silueta o sus orificios contienen toda la información relevante de la escena. En caso contrario habrá que recurrir a otras técnicas de iluminación.

2.5.   Sistemas de visión 3D

La visión 3D está cobrando una importancia fundamental, creciente, en campos como robótica, automatización, ingeniería civil y militar, interacción hombre máquina, realidad virtual y aumentada, y un largo etcétera. Por ello dedicaremos el este apartado a presentar sus principios de funcionamiento .

Hablando en general, la medición 3D requiere algún tipo de sensor que permita obtener la distancia a distintos puntos de la escena. Existen diversas técnicas que revisaremos a lo largo de la presente sección. La técnica más adecuada en cada caso dependerá de las prestaciones deseadas en términos del campo de visión, resolución (mínima diferencia entre valores proporcionados por el sensor),

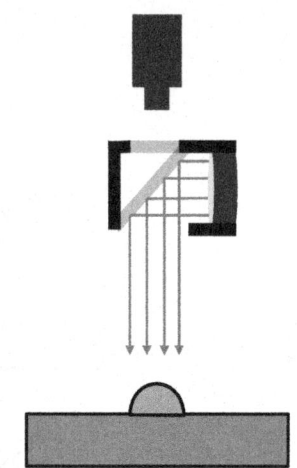

Figura 2.20: Iluminación coaxial

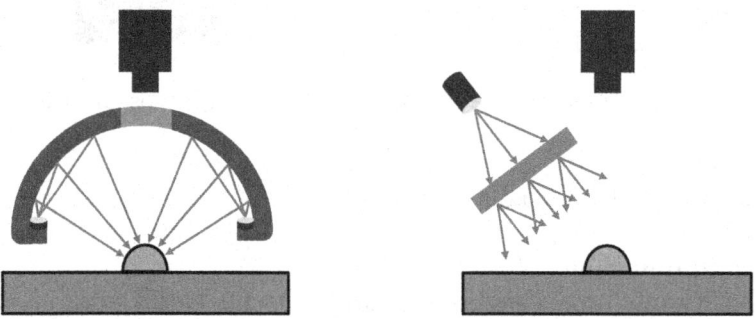

Figura 2.21: Arreglos para iluminación difusa

precisión o repetitividad (variancia de las medidas), exactitud (diferencia con el valor real) y tiempos de operación, entre otros. Las técnicas más comunes son el estéreo, la proyección de luz estructurada y el tiempo de vuelo, por lo que nos centraremos en ellas.

Por lo demás, es corriente hablar de *medición de rango* cuando nos referimos específicamente a la distancia entre un punto de la escena y el sensor, y *medición 3D* propiamente dicha cuando expresamos la posición de dicho punto en un sistema de coordenadas 3D, bien sea ligado al sensor o a la propia escena. Esto último requiere un cierto modelado geométrico del sistema que también describiremos.

2.5.1. Geometría de formación de las imágenes

Las cámaras capturan información óptica que puede ser empleada para la medición 3D. Tal como hemos visto, la imagen capturada por la cámara es, en esencia, una proyección cónica de la escena tridimensional sobre el sensor. Viene caracterizada por un centro de proyección, a saber, el centro geométrico de la lente o centro óptico, y un plano perpendicular al eje de la lente donde se ubica el sensor discretizado en píxeles y situado a una distancia focal del centro de proyección. Todo ello se corresponde con el modelo *pinhole* introducido en la sección 2.3 y nos servirá de base para la discusión subsiguiente.

2.5.2. Modelado y calibración de cámaras

La relación entre la escena y la imagen capturada por una cámara puede establecerse a través del modelo pinhole mediante un proceso de calibración geométrica. La figura 2.22 muestra el esquema general.

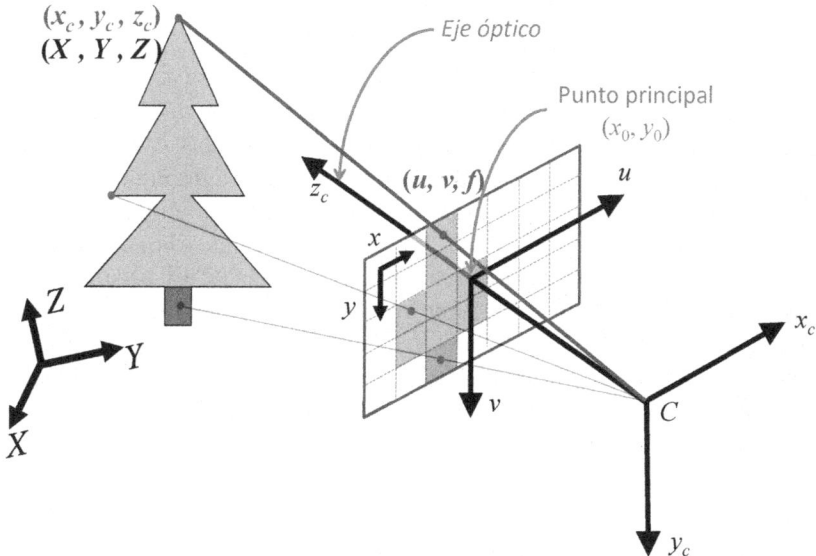

Figura 2.22: Esquema de la proyección de la escena sobre el plano sensor con los distintos sistemas de referencia

Se aprecia un objeto de la escena, su imagen o proyección sobre el plano sensor (discretizado en píxeles) y el centro de la proyección, el centro óptico de la lente, C. Los puntos de la escena se expresan como (X, Y, Z) en un sistema de referencia del mundo. Se muestran también los distintos sistemas de referencia involucrados en el modelo general: el mencionado sistema de referencia del mundo en el que expresaremos los puntos en la forma (X, Y, Z); un sistema de referencia de la cámara para el que utilizaremos la notación (x_c, y_c, x_c); y un sistema de referencia del plano imagen en el que los puntos vendrán dados por (u, v), o bien por (u, v, f) si los consideramos en la referencia de la cámara (cuyo centro óptico asumimos a una distancia f del plano sensor). Todas estas coordenadas se expresan en unidades métricas convencionales, es decir metros o milímetros. Por su parte, la posición de los puntos en la imagen vendrá expresada en las unidades columna, fila habituales, (x, y), con origen en la esquina superior izquierda de la imagen.

La relación entre las coordenadas (X, Y, Z) de un punto de la escena y su proyección (x, y) en el plano sensor puede obtenerse mediante una cadena de transformaciones que involucran una serie de parámetros característicos de la cámara con su óptica, y de la rotación y traslación de esta respecto a la referencia del mundo. En concreto, tenemos por una parte

$$\begin{pmatrix} x\,n \\ y\,n \\ n \end{pmatrix} = \begin{pmatrix} k_x & 0 & x_0 \\ 0 & k_y & y_0 \\ 0 & 0 & 1 \end{pmatrix} \begin{pmatrix} u\,n \\ v\,n \\ 1 \end{pmatrix} = \begin{pmatrix} k_x & 0 & x_0 \\ 0 & k_y & y_0 \\ 0 & 0 & 1 \end{pmatrix} \begin{pmatrix} f & 0 & 0 \\ 0 & f & 0 \\ 0 & 0 & 1 \end{pmatrix} \begin{pmatrix} x_c \\ y_c \\ z_c \end{pmatrix} . \tag{2.13}$$

Aquí, k_x, k_y son los parámetros que, junto con la posición del *punto principal* (x_0, y_0) en unidades de píxel, relacionan las coordenadas (u, v) de la proyección en unidades métricas con sus correspondientes (x, y) en unidades de píxel. Los parámetros k_x, k_y, x_0 y y_0 dependen únicamente de las características de la cámara y su óptica, por lo que reciben comúnmente la denominación de *parámetros intrínsecos*. Mención especial merece el parámetro homogéneo n. Se utiliza para expresar la proyección cónica en forma matricial, de cara a facilitar su encadenamiento con los distintos cambios de referencia. El parámetro n puede adoptar cualquier valor no nulo, puesto que dividiremos entre él para obtener las coordenadas x, y.

Por otra parte, las coordenadas tridimensionales expresadas en el sistema de referencia de la cámara se relacionan con las expresadas en una referencia del mundo mediante

$$\begin{pmatrix} x_c \\ y_c \\ z_c \end{pmatrix} = \left(\begin{array}{c|c} \mathbf{R} & \mathbf{T} \end{array} \right) \begin{pmatrix} X \\ Y \\ Z \\ 1 \end{pmatrix}, \tag{2.14}$$

donde $\mathbf{R}$ y $\mathbf{T}$ definen la rotación y traslación del sistema de referencia de la cámara respecto al mundo. Los términos de $\mathbf{R}$ y $\mathbf{T}$ no dependen de los parámetros internos de la cámara y la óptica por lo cual se denominan *parámetros extrínsecos*.

Aunando estas dos ecuaciones y agrupando términos se obtiene

$$\begin{pmatrix} x_c \\ y_c \\ z_c \end{pmatrix} = \begin{pmatrix} m_1 & m_2 & m_3 & m_4 \\ m_5 & m_6 & m_7 & m_8 \\ m_9 & m_{10} & m_{11} & m_{12} \end{pmatrix} \begin{pmatrix} X \\ Y \\ Z \\ 1 \end{pmatrix} . \tag{2.15}$$

Los parámetros m_i se denominan habitualmente *parámetros intermedios* y son relaciones algebraicas de los demás parámetros involucrados en el modelo.

Al eliminar el parámetro homogéneo se obtiene, en definitiva,

$$x = \frac{m_1 X + m_2 Y + m_3 Z + m_4}{m_9 X + m_{10} Y + m_{11} Z + m_{12}}$$
$$y = \frac{m_5 X + m_6 Y + m_7 Z + m_8}{m_9 X + m_{10} Y + m_{11} Z + m_{12}} \quad , \qquad (2.16)$$

que es la ecuación de la recta que pasa por el punto (X, Y, Z) y por su proyección (x, y) sobre el plano sensor. En adelante nos referiremos repetidamente a esta expresión. Además, el mismo formalismo permite incorporar fácilmente las distorsiones geométricas, a través de sendas funciones $\delta_x(x, y)$, $\delta_y(x, y)$:

$$x + \delta_x(x, y) = \frac{m_1 X + m_2 Y + m_3 Z + m_4}{m_9 X + m_{10} Y + m_{11} Z + m_{12}}$$
$$y + \delta_y(x, y) = \frac{m_5 X + m_6 Y + m_7 Z + m_8}{m_9 X + m_{10} Y + m_{11} Z + m_{12}} \quad . \qquad (2.17)$$

Por simplicidad, en lo que sigue nos referiremos genéricamente a la ecuación 2.16, asumiendo que podemos estar hablando de 2.16 o de 2.17, según consideremos o no las distorsiones. Por lo demás, el modelado específico de $\delta_x(x, y)$ y $\delta_y(x, y)$ dependerá del tipo de distorsión considerado (típicamente la distorsión radial).

Los parámetros m_i (y, en su caso, los parámetros involucrados en $\delta_x(x, y)$, $\delta_y(x, y)$) se pueden obtener mediante un proceso de *calibración geométrica*. Básicamente consiste en tomar imágenes de un conjunto de puntos con valores conocidos de sus coordenadas (X, Y, Z) y sus correspondientes proyecciones (x, y) en la imagen, y realizar un ajuste de mínimos cuadrados. Este ajuste puede realizarse mediante una simple regresión lineal en el caso de que no consideren las distorsiones, o mediante algún algoritmo más general como el de Levenberg-Marquardt en otro caso. Además, algunos métodos como el conocido método de Zhang, implementado en muchas librerías de visión, permiten obtener por separado los *parámetros extrínsecos* y los *parámetros extrínsecos*. Esto posibilita actualizar la calibración sin necesidad de rehacer todo el proceso cuando uno de los grupos de parámetros se modifica de forma conocida (por ejemplo, cuando se mueve la cámara de forma controlada).

2.5.3. Objetos a una distancia dada

La calibración de la cámara permite calcular, para cada punto (X, Y, Z), su proyección en la imagen, (x, y). Y a la inversa, para cada punto (x, y) de la imagen permite calcular la recta sobre la que se encuentra el punto (X, Y, Z) que allí se proyecta (ecuaciones 2.16 o 2.17). Pero obviamente esto no resuelve el problema de la medición tridimensional: necesitamos saber cuál de los *infinitos* puntos de esa recta es el que allí se proyecta. Para resolver este *problema inverso de la proyección* del mundo sobre la imagen es necesario imponer alguna restricción adicional al sistema de ecuaciones 2.16.

Un caso particular sencillo es la medición de objetos planos situados a una distancia dada del sensor. Sin pérdida de generalidad podemos suponer que los objetos se ubican en el plano $Z = 0$, en cuyo caso las ecuaciones 2.16 se transforman en

$$x = \frac{m_1 X + m_2 Y + m_4}{m_9 X + m_{10} Y + m_{12}}$$
$$y = \frac{m_5 X + m_6 Y + m_8}{m_9 X + m_{10} Y + m_{12}} \qquad (2.18)$$

Se trata de un sistema de dos ecuaciones con dos incógnitas que permite calcular directamente las coordenadas $(X, Y, 0)$ correspondientes a cada punto (x, y) de la imagen.

En la práctica, la misma aproximación puede usarse para objetos que no sean perfectamente planos, siempre que su profundidad pueda considerarse pequeña en comparación con su distancia al sensor (lo cual se traduce matemáticamente en $Z \approx 0$). La figura 2.23 muestra un ejemplo. El razonamiento puede generalizarse a objetos ubicados en cualquier otro plano, $AX + BY + CZ + D = 0$.

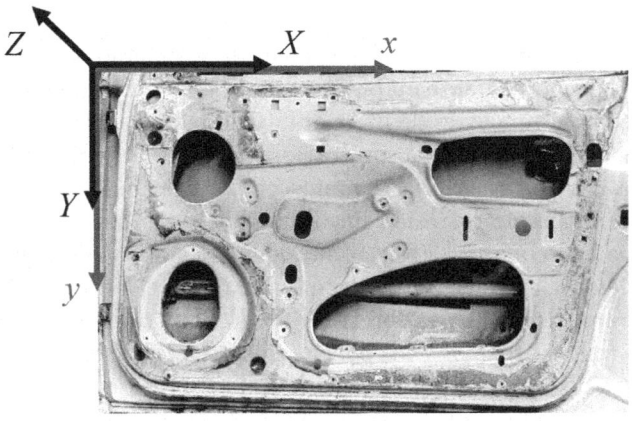

Figura 2.23: Objeto aproximadamente plano y paralelo al plano de imagen (en este caso con las referencias cámara y mundo alineadas)

Adicionalmente, si el objeto está distante y es paralelo al plano sensor, y la referencia del mundo está alineada con referencia de la imagen, como en el ejemplo de la 2.23, las ecuaciones 2.16 adoptan una forma particularmente sencilla,

$$X = k_1 \, x$$
$$Y = k_2 \, y \qquad (2.19)$$

donde

$$k_1 = \frac{k_x\, f}{z_c}$$

$$k_2 = \frac{k_y\, f}{z_c} \qquad (2.20)$$

También es posible estimar la distancia z_c a un objeto plano y paralelo al sensor, si se conoce su tamaño real $(\Delta X, \Delta Y)$ y la relación entre k_x y k_y:

$$\frac{z_c}{k_x\, f} = \frac{\Delta x}{\Delta X}$$

$$\frac{z_c}{k_y\, f} = \frac{\Delta y}{\Delta Y} \qquad (2.21)$$

La figura 2.24 ilustra una posible aplicación.

Figura 2.24: La distancia a objetos planos y paralelos al plano sensor puede estimarse fácilmente a partir de su tamaño en la imagen y su tamaño real

2.5.4.   Estéreo

En el caso general no puede asumirse que la escena sea aproximadamente plana. Una primera forma de resolver el problema consiste en disponer una segunda cámara que observe la misma escena desde un cierto paralaje (figura 2.25). De esta manera podemos establecer un triángulo entre cada punto de la escena, (X, Y, Z), y las imágenes en dicho punto en cada una de las dos cámaras, digamos (x, y) y (x', y'). Así, las coordenadas de (X, Y, Z) pueden obtenerse a partir de (x, y) y (x', y') mediante un sencillo proceso de *triangulación* espacial. Éste resulta más preciso cuando las dos rectas de observación se cortan a unos 90º, si bien en la práctica suelen usarse ángulos menores para limitar el tamaño del dispositvo y facilitar la puesta en correspondencia (v.i.).

Matemáticamente, dispondremos de un total de cuatro ecuaciones para determinar las 3 coordenadas de interés, (X, Y, Z), lo cual resuelve el problema

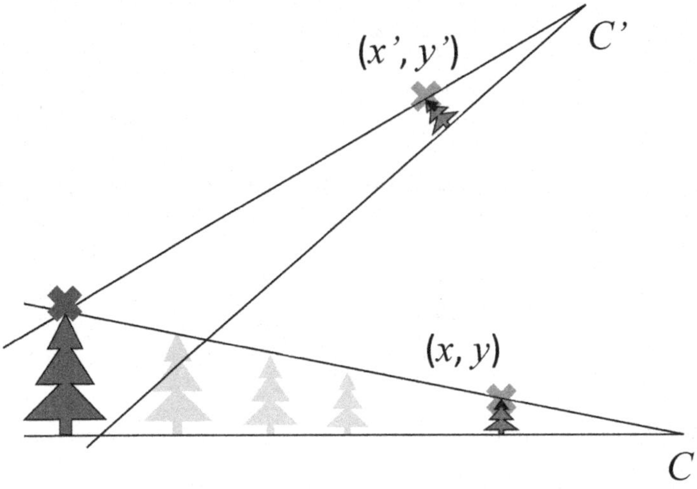

Figura 2.25: Estereo

(en su caso utilizando un procedimiento de ajuste ya que disponemos de 4 ecuaciones):

$$
\begin{aligned}
x &= \frac{m_1 X + m_2 Y + m_3 Z + m_4}{m_9 X + m_{10} Y + m_{11} Z + m_{12}} \\
y &= \frac{m_5 X + m_6 Y + m_7 Z + m_8}{m_9 X + m_{10} Y + m_{11} Z + m_{12}} \\
x' &= \frac{m_1' X + m_2' Y + m_3' Z + m_4'}{m_9' X + m_{10}' Y + m_{11}' Z + m_{12}'} \\
y' &= \frac{m_5' X + m_6' Y + m_7' Z + m_8'}{m_9' X + m_{10}' Y + m_{11}' Z + m_{12}'}
\end{aligned}
\tag{2.22}
$$

En esta expresión, las magnitudes primadas corresponden a la citada segunda cámara.

Por supuesto, para completar los cálculos los puntos imagen (x, y) y (x', y') deben corresponder a un mismo punto de la escena, (X, Y, Z). Garantizar esta condición requiere un proceso de *puesta en correspondencia* que no siempre es fácil de resolver. En particular, deben localizarse puntos (x, y) en una de las imágenes, que presenten un cierto entorno característico y, para cada uno de ellos, buscar un punto (x', y') en la otra imagen con un entorno *similar* de manera que (x, y) y (x', y') correspondan verosímilmente al mismo punto (X, Y, Z). Para esto se emplean técnicas de correlación o de caracterización de entornos (como SIFT, SURF o HOG). El conjunto de las correspondencias halladas se refina luego mediante un proceso de optimización de forma que a cada (x, y) le corresponda, a lo sumo, un único (x', y'), y a la inversa. Adicionalmente se pueden imponer ciertas restricciones de regularidad, por ejemplo penalizando las correspondencias que conducen a posiciones (X, Y, Z) muy alejadas de lo esperado. Debe notarse además que el homólogo de un cierto (x, y) puede no aparecer en la segunda imagen debido a fenómenos de oclusión inherentes a la propia triangulación.

Afortunadamente no es necesario buscar el homólogo de un cierto punto (x, y) a lo largo y ancho de *toda* la segunda imagen, sino solo en una determinada recta denominada *epipolar*. La epipolar es justamente la proyección, sobre esta segunda imagen, de la recta que une (x, y) con (X, Y, Z). Lo mismo puede afirmarse para la otra cámara (*véase* la figura 2.25).

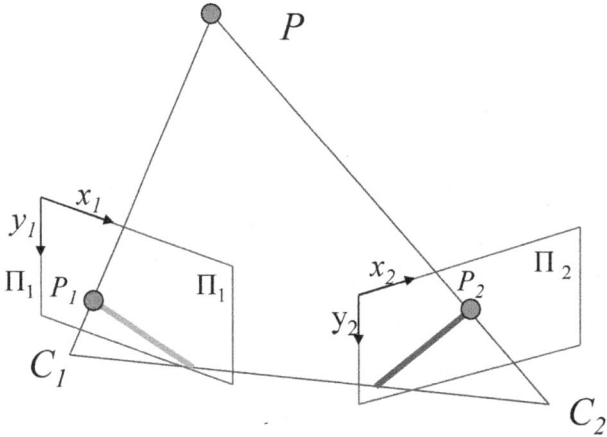

Figura 2.26: Restricción epipolar por la cual el homólogo de P_1, en este caso P_2, se encuentra necesariamente sobre la epipolar de P_1 en la segunda cámara (y a la inversa)

La *restricción epipolar* adopta una forma particularmente sencilla en el caso de emplear dos cámara idénticas, paralelas y únicamente desplazadas una de otra según la horizontal. Con esta configuración la epipolar de (x, y) resulta ser justamente la línea y de la segunda imagen. Por supuesto en la práctica es difícil garantizar que se cumplen estas condiciones. Sin embargo, un procedimiento de calibración apropiado permite *rectificar* la imagen de una de las cámaras, por ejemplo la segunda; esto es, transformarla en la imagen que captaría una cámara hipotética que cumpliera dichas condiciones.

Existe una amplia oferta de cámaras estéreo comerciales que siguen los principios planteados en esta sección. Habitualmente estos dispositivos tienen ya calibrados los parámetros intrínsecos y solo es necesario, en caso de que se desee referir las medidas a un sistema de referencia del mundo, calibrar los parámetros extrínsecos.

Por otra parte, si bien un par estéreo basta para calcular las coordenadas 3D de todos los puntos de la escena, en ocasiones se puede añadir una tercera cámara que aporta una restricción epipolar añadida, de forma para un par de puntos correspondientes (x, y), (x', y'), el correspondiente en la tercera imagen debe estar necesariamente donde se cortan las epipolares de (x, y) y (x', y') en esta tercera imagen. Si el entorno de (x'', y'') no resulta similar al de de (x, y) y (x', y') debemos asumir que la correspondencia encontrada puede ser incorrecta. Otras veces se emplean no ya dos o tres cámaras, sino una sola cámara emplazada sucesivamente en dos o más posiciones. Si estas posiciones son conocidas, por ejemplo porque hayan sido conseguidas por mediante un dispositivo robótico realimentado, puede realizarse la correspondencia y el cálculo 3D como si de cámaras estáticas se tratara. Alternativamente, puede realizarse una estimación del movimiento de la cámara a partir de sensores propioceptivos (acelerómetros y giróscopos) y, en su caso, refinar los resultados mediante una optimización. Las técnicas denominadas genéricamente de *structure from motion* (estructura a partir del movimiento) siguen estos principios, con una mayor o menor necesidad de sensores propioceptivos.

Por último, es importante notar que, por supuesto, no es posible encontrar el homólogo de un punto en otra imagen a menos que el entorno de dicho punto presente ciertos rasgos visuales característicos derivados, por ejemplo, de cambios de pigmentación o de geometría como en el caso de aristas o vértices. Para la medición de regiones con pocos rasgos visuales se recurre en ocasiones a generar rasgos mediante la proyección de patrones luminosos, típicamente pseudoaleatorios. Esto facilita que la vecindad de un punto pueda caracterizarse de forma unívoca en las distintas imágenes. Se habla en estos casos de *estéreo aumentado* o *estéreo activo*. Por supuesto también existen sistemas comerciales que siguen estos principios.

A modo de síntesis podemos decir que los sistemas estéreo presentan las siguientes características generales:

- Simplicidad física y rapidez de captura. De hecho, la configuración básica requiere únicamente dos cámaras y capturar una sola imagen por cámara.

- Se suele usar en un rango de pocos milímetros hasta metros o muchos kilómetros (por ejemplo, en imágenes de satélite). La resolución variará en consonancia, desde el orden de las décimas de milímetro hasta varios metros.

- Se obtiene información 3D fiable sólo en aquellos puntos que presentan un entorno con rasgos visuales característicos, propios de la escena o generados mediante la proyección de patrones luminosos pseudoaleatorios.

- La puesta en correspondencia presenta cierta complejidad y es frecuente recurrir a procesadores de señal u otro *hardware* específico para acelerar los cálculos. En todo caso, se pueden presentar errores de correspondencia que conllevarán ruido en la información 3D.

- Algunas aplicaciones típicas de la visión estéreo son el guiado de robots, la automatización y el control de calidad, mediciones en arquitectura (fotogrametría), cartografía, etc.

2.5.5. Luz estructurada

Una alternativa al estéreo para resolver el problema inverso de la proyección 3D sobre una cámara consiste en incorporar un proyector de luz estructurada, es decir con cierta estructura espacial. Se trata de una opción particularmente robusta por lo que es muy utilizada en la industria.

En su esquema básico, esta técnica utiliza una cámara y un proyector de punto de luz (un haz de luz lineal), tal como muestra la figura 2.27. Esto equivale a sobre restringir el problema de obtener (X, Y, Z) a partir de 2.16 mediante dos ecuaciones adicionales que representan, justamente, la recta definida por el haz de luz:

$$A\,X + B\,Y + C\,Z + D = 0$$
$$A'\,X + B'\,Y + C'\,Z + D' = 0$$

$$(2.23)$$

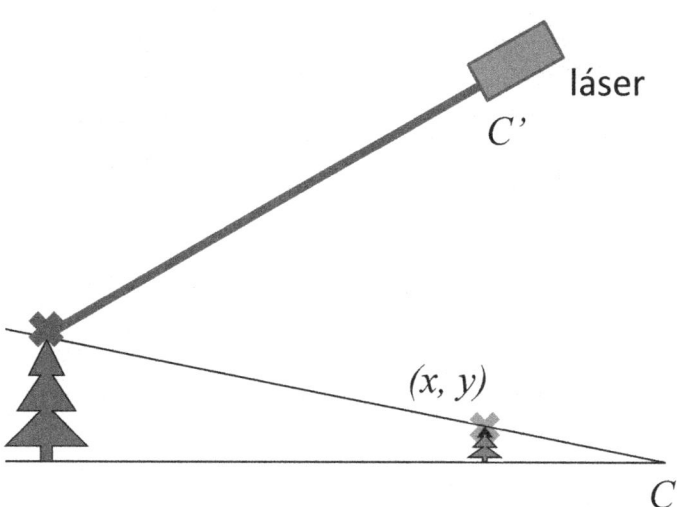

Figura 2.27: Triangulación mediante proyección de luz estructurada.

Además, se suele recurrir a proyectores de luz láser por sus excelentes propiedades. Un láser de pocos milivatios puede proyectar un punto pequeño y bien definido y claramente visible, a muchos metros de distancia. Además, el carácter monocromático de la luz láser facilita el uso de filtros ópticos para atenuar la influencia de fuentes de luz parásitas.

Por supuesto con este esquema básico se puede medir en cada momento un único punto: aquel iluminado por el láser. Para medir un mayor número de puntos se debe realizar un barrido de la escena mediante algún movimiento secuencial, controlado, de láser respecto a la escena (o de la escena respecto al láser). Esto exige contar con sistemas móviles lo cual conlleva una mayor complejidad física. Además, se necesita adquirir una imagen por cada punto iluminado, lo que incrementa el tiempo de captura. Como ventaja particular de este esquema básico destaca que, en el caso habitual de que el láser y la cámara estén unidos rígidamente, la imagen del punto láser estará necesariamente en una cierta línea de la imagen (de forma equivalente a la restricción epipolar antes mencionada). Así pues, se puede emplear una cámara lineal alineada en la dirección correcta, es decir a lo largo de dicha línea, en lugar de una cámara matricial (2.28). Las cámaras lineales presentan una resolución notablemente mayor que sus equivalentes matriciales con lo que la resolución de las medidas puede ser mucho mayor. También es fácil encontrar sistemas compactos de bajo precio que integran un sensor lineal PSD (position sensitive device) en lugar de los más costosos CMOS o CCD, y que se emplean de forma corriente en la industria para el posicionamiento de piezas o el control de calidad.

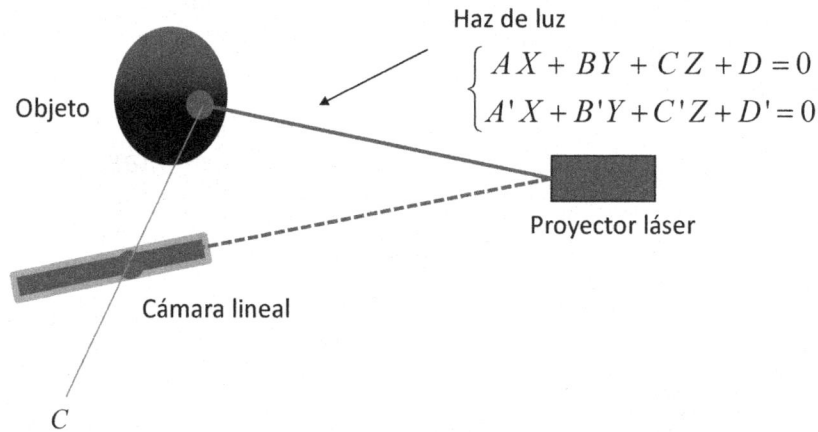

Figura 2.28: Medición con haz láser y una cámara lineal

Existen diversas alternativas a este esquema básico, adaptadas a distintos requerimientos de tiempo de operación, resolución, campo de medida y complejidad física. Por ejemplo, es posible proyectar no ya un único punto de luz, sino un conjunto de puntos simultáneamente, con el fin de reducir el número de imágenes a adquirir y procesar. El problema radica entonces en identificar unívocamente qué haz de luz iluminó cada punto visible en la imagen. Esto no será posible en general, salvo que se adopte algún tipo de codificación. Por ejemplo, a veces se utilizan puntos de dispuestos según una configuración pseudoaleatoria, de manera que sea posible identificar unívocamente la vecindad de cada haz, de forma similar a como se hace en el estéreo aumentado. Si embargo, la apariencia de los patrones se verá lógicamente afectada por la geometría del objeto, lo cual puede producir errores. Algunos dispositivos populares de biometría de rostros o de captura para de videojuegos utilizan estos principios.

Otra alternativa destacable consiste en la proyección de una línea de luz (un haz de luz de estructura planar), en lugar de un único punto. En este caso, a la ecuación 2.16 se añade simplemente una tercera ecuación, correspondiente a dicho plano,

$$A\,X + B\,Y + C\,Z + D = 0\,. \tag{2.24}$$

Se obtiene, pues, un sistema de tres ecuaciones con tres incógnitas, de solución única. Además, ya no es necesario adquirir una imagen diferente por cada punto a medir: una sola imagen basta para calcular la información tridimensional de *todos* los puntos de la traza del plano de luz sobre la escena. Esto se traduce en una reducción cuadrática del número de imágenes a adquirir y procesar, con relación al esquema básico que empleaba un único punto de luz. Además, la complejidad del proyector de luz es esencialmente la misma, puesto que un plano de luz puede generarse fácilmente a partir de un haz mediante una simple lente cilíndrica. Sin embargo, con esta configuración de plano de luz resulta imperativo recurrir a una cámara matricial, lo que limita la resolución de las medidas. Los sistemas de plano de luz se emplean de forma habitual en la industria, típicamente para el control dimensional de piezas en movimiento continuo frente al sistema sensor, así como en campos tales como el arte, la antropometría y un largo etcétera.

Desde luego es posible proyectar varios planos de luz simultáneamente. Esta solución permite reducir aún más el número de imágenes a adquirir y procesar. Sin embargo, conlleva la necesidad de identificar unívocamente qué plano iluminó cada punto visible en la imagen. Esto no siempre es posible, en especial cuando se proyectan muchos planos. Por ello es menos utilizada en la práctica, en su versión básica. Sí se utiliza en combinación con alguna técnica de codificación de los planos de luz, que permita identificar qué plano iluminó cada punto. Una de las soluciones más populares consiste en realizar una codificación espacio-temporal de los planos de luz. En la figura 2.29 se muestra un ejemplo sencillo con 8 planos.

Se observa, por ejemplo, que un punto de la imagen que resulte visible al iluminar la escena con el patrón 1 de luz, no visible al iluminarlo con el patrón 2, y sí visible al iluminar con el patrón 3, estará necesariamente contenido en el tercer plano de luz. De esta forma, con tan sólo 3 imágenes obtenemos la información equivalente a haber iluminado la escena secuencialmente con 8 planos. En general, esto permite una reducción logarítmica del número de imágenes: 2^n planos requerirán únicamente n imágenes. El precio a pagar es que por lo general debe recurrirse a un proyector de luz convencional (no láser), lo que dificulta la obtención de planos de espesor reducido, con la consecuente pérdida de precisión. Los escáneres basados en este principio se utilizan para la digitalización rápida de escenas cuando la precisión no es determinante, por ejemplo en antropometría, entre otras aplicaciones.

En general, las técnicas de luz estructurada, en sus distintas variantes, se utilizan con profusión en inspección industrial, guiado de robots (por ejemplo, de soldadura, de aplicación de másticos, etc.), ingeniería inversa, arte, medicina reparadora y estética, antropometría y otras muchas aplicaciones.

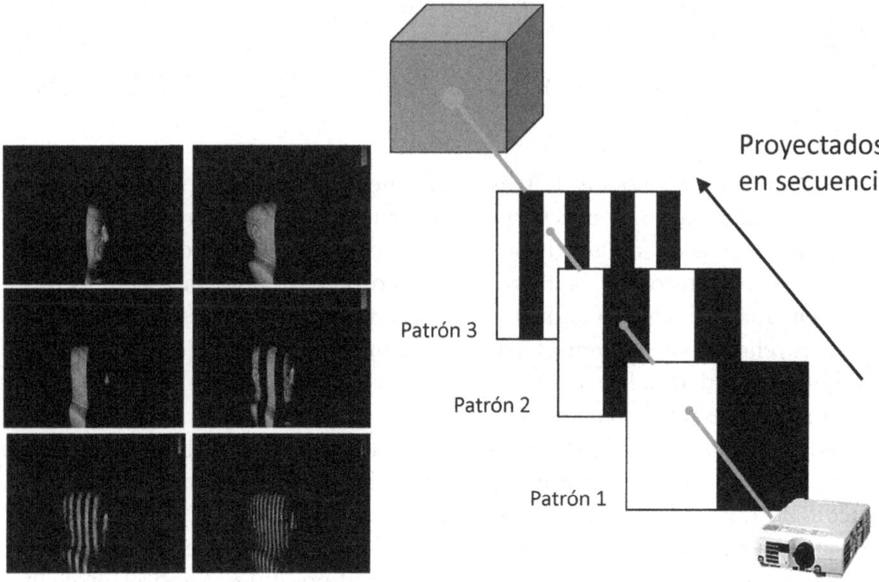

Figura 2.29: Proyección de patrones con codificación espacio-temporal

2.5.6. Tiempo de vuelo

Otra forma de medir la distancia entre un sensor y un punto de la escena consiste en medir el tiempo que tarda un pulso de luz en viajar desde el sistema de medición hasta dicho punto, y regresar, tal como se esquematiza en la figura 2.30. La distancia, d, se obtiene a partir del tiempo transcurrido, t, mediante

$$d = \frac{c\,\Delta t}{2} \tag{2.25}$$

donde c es la velocidad de la luz en el aire (muy similar a la del vacío). Esta técnica de medición se denomina genéricamente TOF (*time-of flight* o tiempo de vuelo) en alusión directa a su principio de funcionamiento. Además, en el caso de que se desee medir la distancia a un conjunto de puntos, se puede incorporar un mecanismo de barrido de la escena, es decir de escaneado, o alguna otra solución que en seguida veremos.

Existen dos grandes familias dispositivos de medición basados en TOF, que se conocen genéricamente como TOF LiDAR, y phase-shift LiDAR.

TOF LiDAR

El acrónimo LiDAR proviene de Light Detection and Ranging o bien Laser Imaging Detection and Ranging, según autores. En cualquier caso, un TOF LiDAR realiza la medición tal y como se ha comentado al principio de la presente sección: se emite un pulso de luz y se computa su tiempo de ida y vuelta a un punto de la escena (figura 2.30). Un mecanismo adicional, por ejemplo una combinación de espejos rotativos con motores, permite escanear toda la escena.

Típicamente, en cada posición el mecanismo de barrido se detiene, la fuente emita un pulso de luz, se espera su retorno y se computa el tiempo empleado (comparando el instante de salida del pulso con la llegada del pulso reflejado); y se repite el ciclo.

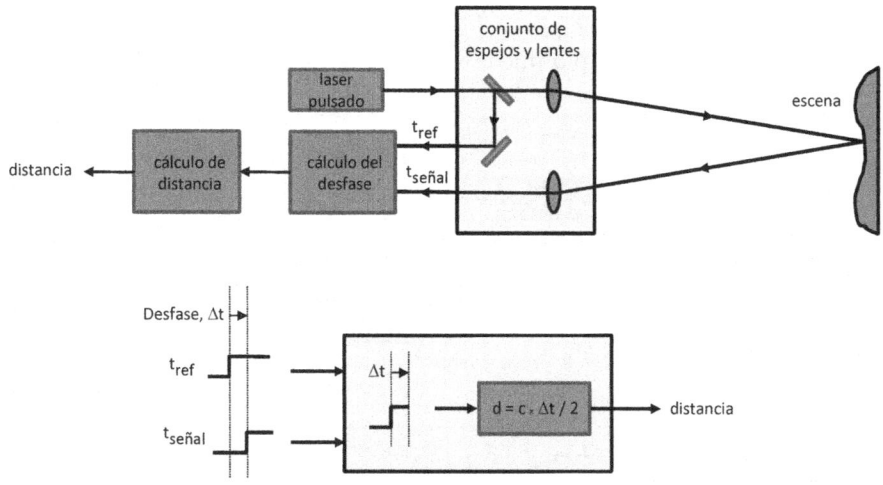

Figura 2.30: Tiempo de vuelo

Este tipo de escáneres resulta adecuado para rangos de medición desde pocos centímetros hasta kilómetros. Por supuesto no se necesitan rasgos visuales diferenciadores en la escena, a diferencia de lo que ocurría con el estéreo, aunque sí se precisa un cierto nivel de reflectancia para captar suficiente cantidad de luz reflejada. Además, el punto de luz que se proyecta sobre la escena suele tener varios centímetros de diámetro con el fin de facilitar esta detección, lo cual limita la discriminación en x-y de pequeños detalles. En cuanto a la resolución de las medidas en profundidad, suele ser de pocos milímetros, con bastante independencia de la distancia medida. La velocidad de escaneado suele rondar varios miles de puntos por segundo. Por lo demás, estos sistemas presentan una complejidad física mayor que el estéreo, y también mayor que los sistemas de luz estructurada basados en triangulación.

Por otra parte, los avances en microelectrónica están permitiendo nuevas variantes. Entre ellas destacan los denominados *flash LiDAR*, que integran a nivel microelectrónico un conjunto de sensores TOF en forma de arreglo bidimensional, lo cual permite medir simultáneamente la distancia a un conjunto de puntos. Las denominadas *TOF cameras* operan según un principio similar, pero en este caso se emite un pulso de luz común y se computa el tiempo de vuelta hacia *cada píxel* de un sensor matricial. Esta última variante ofrece mayor resolución en x-y, a costa de una menor resolución en profundidad.

Los campos típicos de aplicación de estas tecnologías son arquitectura, obra civil, cartografía, navegación robótica, barreras de seguridad, conducción autónoma y, en su variante *flash LiDAR* o *TOF cameras*, robótica, biometría y realidad aumentada.

Phase-shift LiDAR

El tiempo de ida y vuelta al objeto puede computarse indirectamente a partir del desplazamiento de fase de un haz de luz modulado en amplitud. Los escáneres que usan este principio se denominan de desplazamiento de fase, *phase shift*. Su esquema de principio puede verse en la figura 2.31.

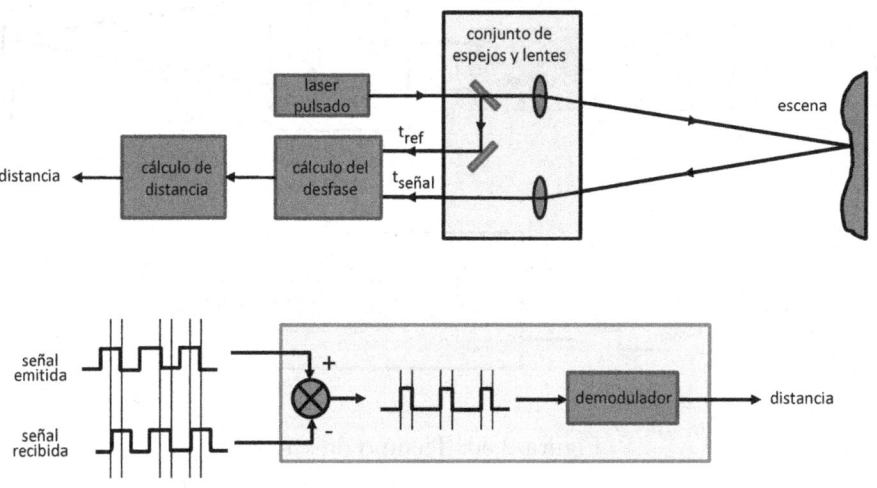

Figura 2.31: LiDAR de desplazamiento de fase

Es claro que la medición del desplazamiento de fase tendrá una indeterminación de $\pm k\ \lambda$, donde k es un número entero y λ la longitud de onda moduladora. Para soslayar esta indeterminación se recurre a superponer varias modulaciones, normalmente en el rango de la radiofrecuencia.

Estos escáneres se utilizan habitualmente para rangos de medición desde pocos metros hasta varias decenas. Constructivamente resultan más sencillos (y económicos) y permiten realizar decenas o cientos de miles de mediciones por segundo, es decir, más que un TOF LiDAR equivalente, dado que la medición se realiza sin detener el sistema de escaneado. Sí es importante notar que, habitualmente, la medición del desfase está sujeta a más ruido que la medición pulsada. Por lo demás, la resolución de las medidas suele ser del rango de pocos milímetros y suele empeorar con la distancia. Estos escáneres se aplican típicamente a la medición en espacios del orden de, digamos, una habitación amplia.

2.5.7. La visión 3D en los humanos

Los humanos utilizamos, de forma más o menos consciente, una combinación de numerosos mecanismos para la estimación de la distancia a los objetos. El interés por estos mecanismos trasciende la mera curiosidad científica por cuando se emplean también en algunos sistemas de visión artificial, aunque de ámbito más específico. Los mecanismos más destacados son los siguientes.

- **Estereopsis**. La disparidad, es decir la diferencia de posición de un punto bajo observación en las retinas izquierda y derecha, permite estimar su distancia. Este mecanismo es comparable a la visión artificial estéreo, si bien en los humanos la puesta en correspondencia se limita a la zona central de la retina (la fóvea). Por ello lo combinamos con el mecanismo de vergencia (ver el punto siguiente). Predomina a distancias cortas, desde centímetros hasta pocos metros.

- **Vergencia**. El cerebro estima la distancia también a partir de la tensión que aplica a los músculos de movimiento panorámico de los ojos para ubicar el punto bajo estudio en las fóveas de ambos ojos.

- **Enfoque**. El cerebro procesa igualmente la tensión que aplicamos a los músculos de enfoque para conseguir la máxima nitidez. Una variante de esta técnica se emplea en visión artificial, en los conocidos sistemas auto-focus.

- **Paralaje del movimiento**. Los objetos más cercanos se desplazan más deprisa por el campo visual que los más alejados, a medida que nos movemos por la escena.

- **Interposición**. Los objetos más cercanos al observador ocluyen a los más alejados.

- **Tamaño relativo**. Los objetos más próximos se proyectan en la retina con un tamaño mayor, y a la inversa, lo cual es un buen indicativo de su distancia.

- **Perspectiva**. El sistema visual humano tiene circuitos neuronales específicos para detectar líneas de fuga en las imágenes, que ayudan a estimar la distancia de los objetos presentes en la escena.

- **Gradiente de textura**. Las frecuencias de las texturas presentes en el campo visual son mayores a medida que aumenta su distancia.

- **Sombreado (shading)**. Tal como hemos visto, la irradiancia en cada punto de una superficie es proporcional al coseno de incidencia, respecto a la normal que, a su vez, corresponde a las derivadas geométricas locales de la superficie. La integración de estas permite, pues, estimar las variaciones de distancia bajo ciertas asunciones de regularidad.

- **Altura respecto al horizonte**. Los objetos cercanos suelen aparecer más bajos en el campo visual. Esto permite estimar fácilmente su distancia.

- **Difuminación con la distancia**. La atmósfera produce cierta difuminación de los objetos, que es mayor cuanto más alejados se encuentran. Utilizamos es mecanismo para grandes distancias.

2.6. Sensores y cámaras industriales

Los sensores son los responsables de capturar la información visual que se procesa y utiliza por los sistemas de visión artificial. Basándonos en lo que hemos explicado previamente en el presente capítulo, podemos distinguir diversos tipos de sensores:

- **Sensores CCD**: Un dispositivo de carga acoplada, del inglés *Charge-Coupled Device* (CCD), es un circuito integrado con un número determinado de condensadores enlazados o acoplados (ver Figura 2.32), que actúan como fotodíodos. Cuando la luz llega a uno de estos elementos a través del objetivo de la cámara, se generan electrones que son atrapados y almacenados temporalmente en cada célula fotosensible individual del CCD. Cuanta más luz incide en el píxel, más electrones se generan. Bajo el control de un circuito interno, la carga es luego transferida en serie, a través de los condensadores vecinos, hacia una estructura de recolección común, donde se amplifica y convierte en señales para su posterior digitalización y procesamiento. Estos sensores tienen alta calidad de imagen y baja sensibilidad al ruido. Son ideales para aplicaciones de alta precisión y baja velocidad.

Figura 2.32: Sensor CCD

- **Sensores CMOS**: Los sensores CMOS (Semiconductor de Óxido Metálico Complementario), del inglés *Complementary Metal-Oxide-Semiconductor*, capturan la luz de manera similar al sensor CCD, mediante fotosensores individuales (píxeles) en la matriz del sensor. A diferencia del CCD, cada píxel en un sensor CMOS tiene su propio circuito de lectura y amplificación de señal. Los electrones generados por la luz se convierten directamente en una señal de voltaje en el propio píxel. Los sensores CMOS suelen ser más económicos de fabricar, tienen menor consumo de energía y mayor velocidad en comparación con las CCD. Además, admiten una mayor integración. Por ello son ampliamente utilizadas en aplicaciones de visión artificial debido a su versatilidad y costo más bajo, estando extendido su uso en dispositivos como cámaras digitales o cámaras utilizados para su uso con microcontroladores, como OV7670 (ver Figura 2.33).

- **Cámaras 3D**: Estas cámaras capturan información tridimensional del entorno. Utilizan diversas tecnologías, como luz estructurada, tiempo de

Figura 2.33: Cámara OV7670 VGA, que utiliza un sensor CMOS

Figura 2.34: LIDAR Velodyne (velodynelidar.com)

vuelo o estereovisión, descritas en apartados anteriores de este capítulo. Son útiles para aplicaciones que requieren detección de profundidad, como la robótica y la navegación autónoma. Dentro de este tipo de cámaras podemos encontrar sistemas que nos permiten obtener nubes de puntos tridimensionales como los sistemas LIDAR (Light Detection and Ranging) o mapas de profundidad como las cámaras RGB-D.

Los sistemas LIDAR utilizan luz láser pulsada o bien modulada, para medir distancias y crear mapas precisos del entorno tridimensional. La luz se emite en direcciones específicas hasta que alcanzan un objeto en su trayectoria. Al alcanzar el objeto, parte de la luz se refleja de vuelta hacia el sensor LIDAR. La cantidad de tiempo que tarda en regresar el pulso reflejado al sensor proporciona información sobre la distancia entre el sensor y el objeto. Este tiempo puede computarse directamente, en el caso de los TOF LIDAR (*TOF: Time of Flight*) que trabajan con luz pulsada, o indirectamente a través del desplazamiento de fase de una onda moduladora en el caso de los PS LIDAR (*PS: Phase Shift*). Estos sistemas permiten escanear el entorno rotando a gran velocidad en una o dos dimensiones (ver Figura 2.34). El LIDAR se utiliza gran variedad de aplicaciones, que incluyen cartografía topográfica, ingeniería civil, monitorización del cambio climático, inspección de infraestructuras, robótica, vehículos autónomos, sistemas de navegación y seguridad, entre otros.

Dentro de los escáneres 3D profesionales e industriales, modelos como el Leica RTC360 (ver Figura 2.35) permiten la captura de 2 millones de puntos por segundo y, gracias a un sistema de imágenes HDR avanzado, la creación de nubes de puntos 3D en color puede completarse en menos de 2 minutos.

Figura 2.35: Leica RTC360 (https://leica-geosystems.com/)

Existen también escáneres láser portátiles de elevada resolución y exactitud, como EinScan-Pro HD (ver Figura 2.36), que permiten escanear objetos y superficies de manera profesional para trabajos de diseño e ingeniería, como puede ser la inspección de defectos.

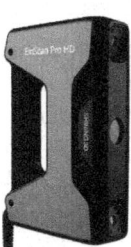

Figura 2.36: EinScan-Pro HD (www.einscan.com)

Las cámaras RGB-D son dispositivos que permiten obtener imágenes junto con mapas de profundidad. Estos mapas son matrices bidimensionales que contienen valores asociados a las distancias existentes entre el sensor y los objetos presentes en la escena. Los mapas se encuentran alineados con la imagen RGB de la escena con el fin de facilitar su interpretación. Algunos sensores RGB-D operan según los principios del TOF LIDAR, pero proyectando simultáneamente un conjunto de haces dispuestos en forma matricial. Es el caso, por ejemplo, la conocida Kinect 2.0. Otras veces se proyecta un único pulso de luz no estructurada, como hacen las cámaras TOF de la compañía IFM u otras similares (ver Figura 2.40e). Aquí no se provee la información RGB, sino directamente la información de grises correspondiente a la cantidad de luz reflejada por cada punto medido. En todos estos casos la resolución del mapa de profundidad en las dimensiones (x, y) puede verse limitada por la necesidad de evitar interferencias en la medición de puntos próximos.

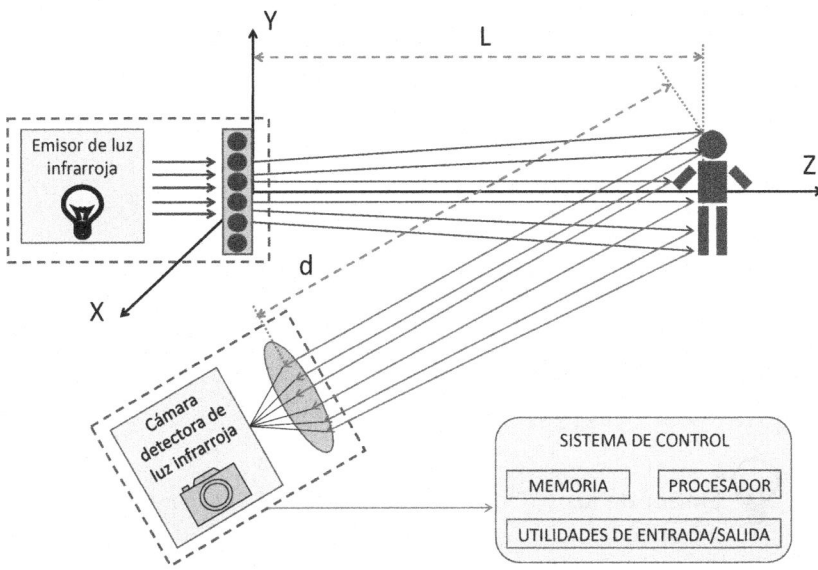

Figura 2.37: Esquema de funcionamiento de emisor de luz
estructurada/cámara CMOS IR

Otros sensores RGB-D, como la Kinect 1 y 2, utilizan tecnología de triangulación cámara-láser o matrices de sensores TOF respectivamente (ver
Figuras 2.37 y 2.38). En este caso se proyecta un patrón de luz bidimensional (típicamente infrarrojo) sobre la escena y la luz reflejada se captura
con una cámara al efecto. Al analizar la deformación del patrón de luz
proyectado, el sensor puede determinar la profundidad de los objetos en
la escena. La naturaleza del patrón puede ser variada: haces de puntos, de
líneas, etc. Por ejemplo, en el caso de la citada Kinect 1 se proyectan un
conjunto de puntos de distribución pseudoaleatoria, generados mediante
un láser acoplado a un dispositivo refractor. La imagen RGB puede ser
proveída por la propia cámara utilizada para la triangulación. Sin embargo, es más habitual utilizar una cámara monocroma para la medición 3D,
de mayor resolución, y una cámara diferente para capturar la información
RGB. La calibración para alinear el mapa de profundidad con la imagen
RGB debe ser conocida y es grabada en el momento de la construcción
del dispositivo. Para llevar a cabo dicha calibración se toman un conjunto
de imágenes sobre una escena referencia, en distintas localizaciones, y el
resultado se almacenadas en una memoria permanente.

Por último, los sistemas estéreo operan a partir de la disparidad entre
dos imágenes capturadas sobre la escena por sendas cámaras, emplazadas
según un cierto paralaje, tal como se discutió en apartados anteriores. En
este caso el sensor viene equipado con dos cámaras y un procesador DSP
especializado en la computación de correlaciones para calcular la corres-

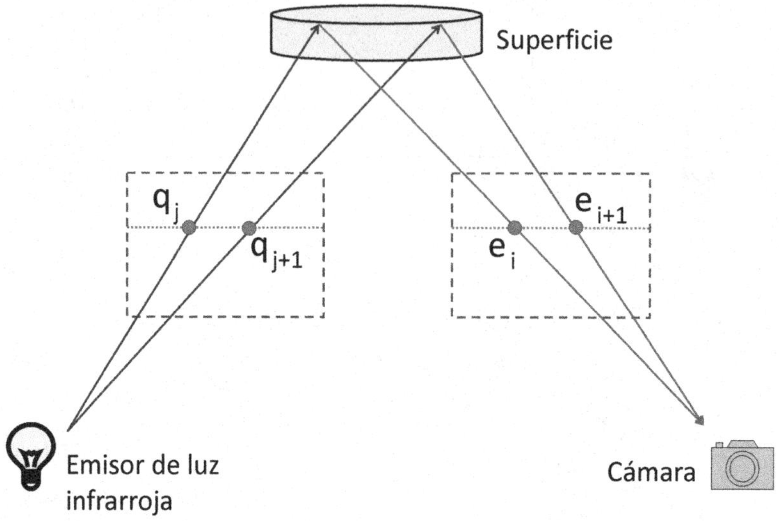

Superficie

q_j

q_{j+1}

e_{i+1}

e_i

Emisor de luz
infrarroja

Cámara

Figura 2.38: Triangulación para obtener mapa de profundidad

Figura 2.39: Cámara estéreo ZED 2i Stereo (www.stereolabs.com)

pondencia entre puntos homólogos. La restricción epipolar permite reducir los cálculos y los posibles errores. La calibración del conjunto se realiza sobre una escena referenciade forma similar a cómo se ha comentado anteriormente, y el resultado se almacenadas en una memoria permanente. Algunos sistemas estéreo se apoyan en proyección de patrones de luz para facilitar la puesta en correspondencia, en lo que se conoce como *estéreo aumentado*. También hay cámaras estéreo que añaden un proyector de patrones láser para facilitar la puesta en correspondencia, sobre todo para superficies con pocos rasgos visuales (se suele llamar estéreo activo).

Existen múltiples sensores LIDAR, RGB-D y estéreo en el mercado, como pueden ser: Intel Real Sense (ver Figura 2.40a), Asus Xtion PRO Live (ver Figura 2.40b), Structure Sensor (ver Figura 2.40c), Peregrine 3D LIDAR Vision System (ver Figura 2.40d), IFM 3D (ver Figura 2.40e), o Kinect v2 (ver Figura 2.40f).

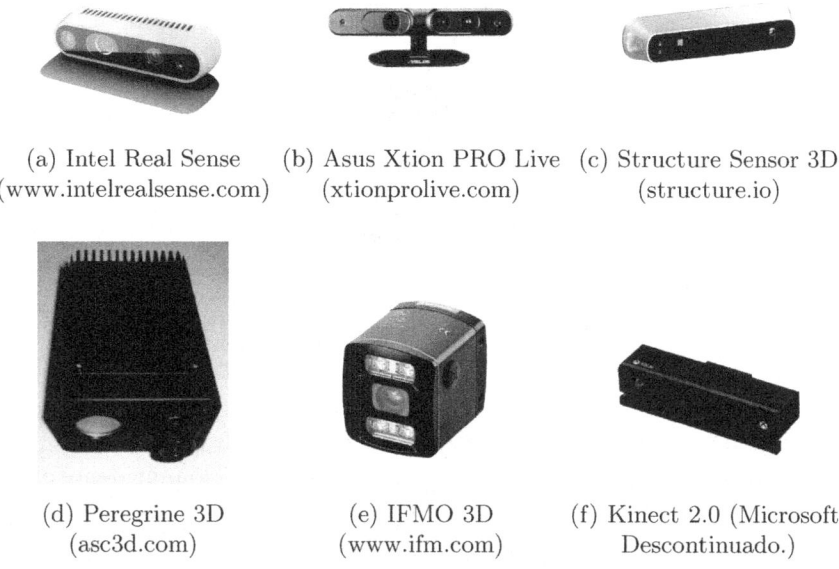

(a) Intel Real Sense   (b) Asus Xtion PRO Live   (c) Structure Sensor 3D
(www.intelrealsense.com)   (xtionprolive.com)   (structure.io)

(d) Peregrine 3D   (e) IFMO 3D   (f) Kinect 2.0 (Microsoft.
(asc3d.com)   (www.ifm.com)   Descontinuado.)

Figura 2.40: Sensores 3D

- **Sensores Infrarrojos**: La luz infrarroja tiene la ventaja de no ser percibida por los humanos, lo que la hace ideal para iluminar escenas sin molestar a los usuarios (si bien en el caso de luz muy intensa deben observarse las oportunas medidas de protección). Además, es fácil de generar con un alto rendimiento, mediante dispositivos semiconductores. Cuando la luz infrarroja incide sobre un objeto, parte de ella es absorbida y parte es reflejada. La cantidad de luz infrarroja reflejada depende de las propiedades reflectivas del objeto, y puede ser medida fácilmente por medio de sensores de imagen. De hecho, tanto los sensores CCD como, en menor medida, los CMOS, son sensibles a la radiación infrarroja. Es por ello por lo que las cámaras convencionales suelen ir dotadas de un filtro óptico para atenuar este tipo de radiación. En el caso de sensores infrarrojos se procede a la inversa: se acoplan filtros que reducen la radiación del espectro visible para mitigar la influencia de la luz ambiental. Se utilizan ampliamente en sistemas de seguridad y vigilancia, al poder capturar la escena en condiciones de luz adversas, incluso en oscuridad para el ojo humano. También se utilizan en controles remotos, sistemas de automatización del hogar y sistemas de detección de movimiento, por ejemplo.

- **Sensores Térmicos**: La luz infrarroja está presente también en forma de calor en todos los objetos con temperatura superior al cero absoluto (-273.15 °C). En este caso la radiación corresponde a longitudes de onda más alejadas del espectro visible (infrarrojo lejano). Puede ser también

Figura 2.41: Cámara térmica FLIR E6 (www.flir.es)

capturada mediante sensores CCD y CMOS, en este caso más especializados. Hay ue tener en cuenta que la radiación infrarroja que emiten los objetos se ve fuertemente condicionada por la radiación incidente en ellos, tanto visible como infrarroja, y por la propia emisividad del material en cuestión. Así pues, los valores deben analizarse con cierta precaución. Sin embargo, el análisis cualitativo de las diferencias entre la radiación emitida por distintos puntos de la escena resulta más sencillo. Por lo demás, la radiación medida suele luego codificarse en forma de colores que se muestran en dispositivos de visualización convencionales, con el fin de diferenciar las distintas temperaturas (ver Figura 2.41). Este tipo de sensores se utilizan ampliamente para medir la temperatura de las personas, por ejemplo en estaciones y aeropuertos, para detectar fugas térmicas en edificación, para localizar sobrecalentamientos en armarios eléctricos o en placas de semiconductores, etc.

- **Cámaras Multiespectrales**: Las cámaras multiespectrales capturan imágenes en varias bandas espectrales discretas, típicamente en el rango visible e infrarrojo cercano 2.42. Cada banda corresponde a una región específica del espectro electromagnético. Las imágenes capturadas son analizadas para determinar la "firma espectral" de cada píxel, que se corresponde con la cantidad de radiación reflejada o emitida por un objeto en cada banda espectral. Esta información sirve para la clasificación y caracterización de objetos y superficies. Se utilizan en distintos tipos de aplicaciones, incluyendo la captura de información sobre la radiación electromagnética reflejada o emitida por la superficie terrestre en diferentes longitudes de onda, útil para agricultura de precisión, monitorización ambiental o cartografía y detección de cambios en el uso del suelo.

- **Cámaras Hiperespectrales**: A diferencia de las cámaras multiespectrales, las cámaras hiperespectrales capturan imágenes en un amplio rango de bandas espectrales, de forma continua o casi continua (ver Figura 2.43). Esto significa que cada píxel de la imagen tiene información detallada en una amplia gama de longitudes de onda. Se utilizan en aplicaciones

Figura 2.42: Cámara multiespectral Micasense Altum (www.micasense.com)

Figura 2.43: Cámara hiperespectral Specim FX10 (www.specim.com)

que requieren una mayor resolución espectral y capacidad de discriminación, como la identificación de materiales en la agricultura, la detección de contaminación ambiental, la exploración mineral y la monitorización del ecosistema.

- **Cámaras Terahercios**: Aunque podríamos considerarlas un subgrupo de los sensores hiperespectrales, las cámaras terahercios son dispositivos especializados diseñados para operar en la región del espectro electromagnético conocida como terahercios, que abarca frecuencias desde aproximadamente 0.1 hasta 10 terahercios. Esta región se sitúa entre las microondas y la luz infrarroja y resulta especialmente útil para la detección de materiales y el análisis de compuestos químicos. Dentro de sus usos más recientes está también el atravesar ciertos materiales que no son penetrables por la luz visible o las microondas y ser capaces de ver más allá. Esto puede ser útil en la inspección de envases en industria. Estas cámaras emiten y reciben radiación de terahercios, por lo que emplean fuentes como osciladores de ondas o láseres de terahercios para generar pulsos de radiación en esta región del espectro, los cuales se dirigen hacia el objeto a analizar. Dependiendo de las propiedades y composición del material del objeto, parte de la radiación se refleja, parte se absorbe y parte se transmite a través del objeto. La cámara terahercios detecta la radiación transmitida utilizando sensores especiales, como detectores de bolómetros o detectores de antena, que convierten la radiación en una señal eléctrica. Posteriormente, la señal se procesa para generar una imagen del objeto. La imagen resultante puede mostrar detalles internos del objeto invisibles a otros sensores, o información sobre la composición química o la presencia de ciertos compuestos.

- **Sensores de lectura de códigos**: Este tipo de sensores se corresponde con los lectores de códigos de barras o QR, utilizados en infinidad de procesos industriales, supermercados y empresas (ver Figura 2.44). En

Figura 2.44: Lector de códigos Honeywell (honeywell.com)

estos sensores, cuando se activa el lector, se emite un rayo láser hacia el código de barras que se va a leer. Este láser puede ser visible o infrarrojo dependiendo del tipo de lector, pero en ambos casos es un haz de luz concentrado y enfocado. Al iluminar el código, la luz reflejada pasa a través de una lente en el lector y se enfoca en un detector de luz fotosensible. Este detector convierte la luz reflejada en una señal eléctrica, que depende de la cantidad de luz absorbida o reflejada por las barras y espacios del código. Mediante un procesamiento de las señales eléctricas el lector convierte la información en datos digitales que representan el contenido del código.

- **Cámaras lineales**: Son un tipo especial de cámaras que capturan imágenes de forma secuencial a lo largo de una línea, lo que les permite detectar y procesar objetos en movimiento. Son cámaras habitualmente utilizadas en la inspección de líneas de producción, la clasificación de productos y la lectura de códigos de barras o códigos QR en movimiento rápido. Cuando la cámara está en funcionamiento, la imagen de la escena se mueve linealmente en frente del sensor, y los fotodiodos capturan la luz reflejada por los objetos en movimiento. Los fotodiodos del sensor convierten la luz incidente en señales eléctricas proporcionales a la intensidad de la luz en cada punto de la imagen. Cuanta más luz incida sobre un fotodiodo, mayor será la señal eléctrica generada. Un procesador de imagen convierte en una representación digital la imagen lineal, pudiendo realizar operaciones adicionales de preprocesamiento, como corrección de distorsiones, filtrado de ruido y mejora de contraste. En algunas líneas de producción se utiliza software de composición de imágenes matriciales a partir de imágenes lineales. Esto permite su procesamiento mediante algoritmos clásicos de visión o con métodos de aprendizaje automático. Una de las principales ventajas de esta cámara es su alta velocidad de captura, por lo que son muy utilizadas en líneas de producción industriales donde el producto viaja a gran velocidad.

- **Cámaras ultrarrápidas**: Son cámaras que capturan imágenes a muy alta velocidad. Pueden utilizar sensores CCD o CMOS y sus obturadores se abren y cierran en fracciones de milisegundos, lo que permite exponer el sensor a la luz durante un período de tiempo muy corto y capturar fotogramas nítidos incluso de objetos en movimiento rápido. Estas cámaras se utilizan en distintos tipos de industrias e incluso en temas de investigación industrial, como pueden ser las pruebas de colisiones de automóviles. Requieren normalmente una fuente de iluminación bastante potente ya que el sensor se expone durante muy poco tiempo. Por otro lado, una vez que se capturan los fotogramas, la cámara procesa rápidamente las señales eléctricas generadas por el sensor de imagen. Esto implica convertir las señales analógicas en datos digitales y aplicar algoritmos de procesamiento de imágenes para mejorar la calidad y claridad de las imágenes capturadas. Suelen estar equipadas con memoria de alta velocidad que permite almacenar grandes cantidades de datos de imagen en un corto período de tiempo. Por otro lado, requieren también interfaces de alta velocidad para transmitir altas cantidades de datos. Un ejemplo de cámara se muestra en la Figura 2.45. Esta cámara, denominada Phantom TMX 7510, alcanza 76,000 fotogramas por segundo con una resolución completa de 1 megapíxel de 1280 x 800, más de 300,000 fotogramas por segundo con una resolución de 1280 x 192 y más de 770,000 fotogramas por segundo con resoluciones más pequeñas. Tiene un modo de operación denominado FAST donde alcanza la velocidad de captura de 1.75 millones de fotogramas por segundo y un tiempo de exposición mínimo de 95 nanosegundos, lo que elimina el desenfoque de movimiento. Es una cámara extremadamente sensible a la luz, con un ISO nativo de 40,000 para los sensores monocromos y de 12,500 para los sensores en color.

Figura 2.45: Cámara ultrarrápida Phantom TMX 7510
(www.phantomhighspeed.com)

Aunque hemos clasificado diversos tipos de sensores que existen, en el mercado podemos encontrar dispositivos de percepción que también generan "imágenes" aunque no sean propiamente dispositivos visuales. Así, por ejemplo, los sensores GelSight (ver Figura 2.46) permiten obtener mapas táctiles al presionarlos contra un objeto.

El componente principal de un sensor GelSight es una superficie de gel transparente y deformable. Poseen una fuente de luz y una cámara de alta resolución están colocadas encima de la superficie de gel. La luz ilumina la superficie del gel y el objeto en contacto, y la cámara captura imágenes de alta resolución de la deformación en la superficie del gel. La información obtenida del análisis de las imágenes se utiliza para generar mapas táctiles de la superficie del objeto. Estos mapas representan la distribución de fuerzas, la textura y otras características táctiles del objeto en contacto con la superficie de gel. A partir de las imágenes devueltas por el sensor se pueden obtener mapas de profundidad,

Figura 2.46: Sensor GelSight Mini (www.gelsightmini.com)

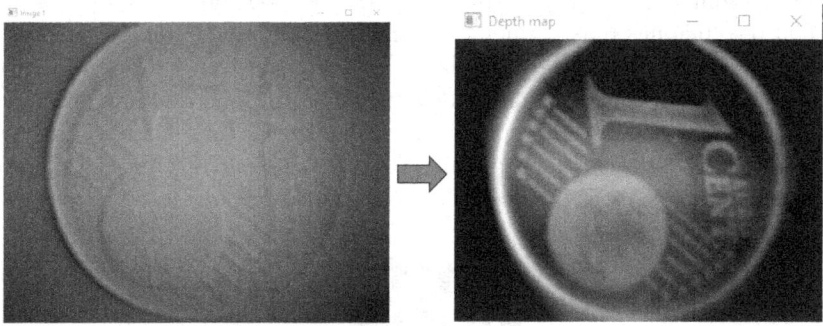

Figura 2.47: Mapa táctil y mapa de profundidad asociado obtenido con sensor GelSight Mini

como se muestra en la Figura 2.47, donde el sensor presiona una moneda.

2.7. Metodologías para la selección del hardware

Una metodología estructurada comúnmente utilizada para seleccionar un equipo de visión artificial es el enfoque de análisis de requisitos, evaluación y selección. Durante la fase de análisis de requisitos, se identifican y definen claramente los objetivos de la aplicación, así como los requisitos técnicos y operativos. Se deben considerar aspectos como el tipo de objetos a inspeccionar, las características de las imágenes requeridas (resolución, velocidad, precisión, etc.), las condiciones ambientales, los requisitos de integración con sistemas existentes, y cualquier otro factor relevante.

Una vez que se han definido los requisitos funcionales y técnicos, se procede a investigar las tecnologías disponibles en el mercado que permiten cumplir con las necesidades marcadas. Para ello se exploran diferentes tipos de cámaras, sistemas de iluminación, software de procesamiento de imágenes, algoritmos de visión, servidores de procesamiento y otros componentes necesarios para el sistema. Conviene en este paso acudir a ferias y a demostraciones de productos, consultar con expertos y recopilar toda la información disponible a fin de crear una matriz de selección, donde haya unos requisitos mínimos y obligatorios y otros requisitos que puedan ser opcionales pero que aumenten la valoración de un producto. También se deben considerar aspectos como la reputación del proveedor, la calidad de los productos, la experiencia en el sector, las librerías disponibles y facilidad de uso, la posibilidad de modificar o alterar su software, la capacidad de soporte técnico y servicio postventa, y cualquier otro factor importante para la toma de decisiones.

Antes de realizar una inversión completa en el sistema de visión artificial, es recomendable realizar pruebas piloto o prototipos en condiciones reales de operación. Esto permite verificar la viabilidad y eficacia del sistema, identificando posibles problemas o aspectos no contemplados.

Finalmente, se procede a la implementación y puesta en marcha del sistema. Durante esta etapa, se lleva a cabo una optimización continua del sistema para mejorar su rendimiento, resolver cualquier problema que surja, y adaptarlo a cambios en los requisitos o condiciones del entorno. En muchas ocasiones, conviene tener un sistema en laboratorio en paralelo con el sistema real. Ambos sistemas incluirán los mismos componentes, incluyendo iluminación, cámaras, servidores o incluso cintas de transporte con los objetos. Esto nos permitirá avanzar en mejoras y reproducir situaciones concretas que por ejemplo se produzcan en una fábrica.

Capítulo 3

Aplicaciones de la visión en la Industria 4.0

3.1. Sistemas de Visión Artificial en la industria

Los Sistemas de Visión Artificial (SVA) juegan un papel crucial en la industria y en los sectores afines. Tradicionalmente utilizados para sistemas de control de calidad, guiado de robots o modelado de objetos, han empezado a cobrar gran importancia en los últimos años para muchas otras tareas, como control de AGVs, modelado de entornos, autenticación mediante sistemas biométricos, vigilancia para detectar riesgos, intrusión, incendios o accidentes, etc.

Mientras que la primera y segundas revoluciones industriales trajeron la producción en masa, las líneas de ensamblado y el uso de la electricidad, la Tercera Revolución Industrial inició el uso de los ordenadores y la automatización en las fábricas. La Industria 4.0, correspondiente a la Cuarta Revolución Industrial, se corresponde con la evolución que ha tenido a lo largo de los últimos años la integración de sistemas ciberfísicos, el Internet de las Cosas (IoT) y la computación en la nube. Mediante las denominadas fábricas inteligentes, los sistemas ciberfísicos controlan los sistemas físicos, estableciendo nuevos mecanismos de automatización. Existe una completa interconexión de sistemas, favoreciendo el intercambio de datos y la toma de decisiones. Esto se traduce en una mejora de la cadena de valor de la empresa.

Aunque muchas empresas todavía se encuentran inmersos en el proceso de adaptación a la Industria 4.0, desde hace algunos años se empieza también a hablar de Industria 5.0. Más allá de controlar el proceso productivo y la toma de decisiones, la Industria 5.0 busca que las empresas se centren en tres pilares: centrados en los humanos, resiliencia y sostenibilidad. El primer pilar busca que la empresa valore a los empleados no únicamente como un medio para llegar a su objetivo, sino como un fin. Es decir, valorar hechos como que en muchos casos es más complicado encontrar empleados con talento que encontrar clientes. El segundo pilar, la resiliencia, hace referencia a la necesidad de la empresa de ser ágil y resistente, con tecnologías que se adapten y sean flexibles al cambio. El tercer pilar, la sostenibilidad, busca que las empresas creen un impacto positivo en la sociedad. Hasta ahora, muchas empresas buscan reducir su impacto negativo (por ejemplo, reduciendo contaminación). En la Industria 5.0 se busca invertir el impacto para que, idealmente, sea positivos en vez de negativo. En las fábricas inteligentes de la Industria 4.0, se realiza un despliegue de sensores, actuadores, sistemas de computación y redes de comunicaciones. Todos estos sistemas, apoyados por software en la nube de IoT, Big Data, inteligencia artificial, sistemas de ciberseguridad, robótica inteligente y automatización industrial, permiten controlar el proceso productivo de las fábricas y tomar decisiones.

La Visión Artificial juega un papel muy importante en la Industria 4.0 y en la 5.0. Los sistemas de visión se integrarían dentro del ecosistema de sensores de la fábrica. La detección temprana de un defecto mediante un SVA puede interrumpir o alterar el proceso productivo, evitando pérdidas y quebraderos de cabeza posteriores. En muchas ocasiones, los materiales con defecto se pueden reutilizar o corregir, evitando problemas posteriores. Supongamos que estamos fabricando un coche y no controlamos las soldaduras mediante sistemas de visión. Podría dar lugar a que salieran al mercado coches con unión de piezas defectuosas, que a su vez podrían provocar potenciales accidentes y acciones judiciales contra la empresa.

Algunas empresas también realizan detección de defectos al final del proceso, evitando la llegada de productos defectuosos al cliente y reforzando de esa manera el valor del producto para el consumidor. En los últimos años, a parte de los SVA clásicos, se han empezado a utilizar dispositivos de realidad virtual y de realidad aumentada. Los primeros permiten el control remoto de robots para labores de inspección. Estos robots transmiten imágenes al casco y, mediante algoritmos de visión específicos, se muestra al usuario datos adicionales a la propia imagen recibida. Los sistemas de realidad aumentada suelen ser gafas transparentes, mediante las cuales el usuario ve su entorno real junto a proyecciones virtuales sobre las lentes. Este tipo de dispositivos están orientados a ámbitos de ayuda al desarrollo de funciones o a la robótica colaborativa. En el primer caso, supongamos que un técnico va a hacer una intervención en una máquina. Las gafas pueden detectar la máquina, por ejemplo, mediante un código QR, e iniciar un vídeo superpuesto donde se le muestre al técnico cómo hacer la intervención. En el segundo caso, se podrían utilizar unas gafas de realidad aumentada para guiar a un robot colaborativo en cierto proceso, por ejemplo, indicándole con el dedo los vértices de un nuevo tipo de paquete.

Los SVA se utilizan en muchos sectores, tales como el de los semiconductores, electrónica, automoción, metal, farmacéutico, el de los dispositivos médicos, plásticos, químico, aeroespacial, agroalimentación, biometría, textil, impresión, madera, construcción, seguridad, incendios, tráfico, armamento, ocio, etc.

Más allá del ámbito industrial, los SVA se utilizan en multitud de procesos diferentes, como pueden ser la conducción autónoma (ver Figura 3.1), la gestión automatizada de documentos, la detección de incendios forestales, el reconocimiento biométrico, la interacción hombre-máquina, el análisis de imágenes de satélite, la monitorización de objetos espaciales o del tráfico, los sistemas de

Figura 3.1: Primer vehículo de conducción autónoma desarrollado en la
Carnegie Mellon University (Pittsburgh, Estados Unidos)

vigilancia, o la detección de enfermedades, como el cáncer o las retinopatías oculares.

Ventajas y desventajas de un SVA

Los SVA tienen múltiples ventajas respecto a que un humano se encargue de realizar el mismo proceso. Por un lado, son precisos y no se cansan ante procesos muy repetitivos. Un humano revisando piezas durante 8 horas puede acabar cometiendo errores debido al cansancio visual. Además, el coste de los SVA es más reducido. Por otro lado, los SVA pueden incorporarse a líneas de producción que trabajan a alta velocidad o en ambientes peligrosos. Por ejemplo, un robot teleoperado de inspección de una instalación nuclear reduce el riesgo de exposición a la radiación de una persona.

Algunas características de los SVA son:

1. **Robustez y estabilidad**: Duradero, estable, insensible a perturbaciones (vibraciones y golpes, cambios de luz, cambios de apariencia, etc.).

2. **Fiabilidad**: Bajo índice de fallos. Los fallos pueden salir muy caros.

3. **Velocidad**: Permiten trabajar ajustándose a la velocidad de la línea de producción. Esto implica que los SVA trabajan en tiempo real respecto a la instalación.

4. **Flexibilidad**: Son adaptables a nuevos defectos, nuevas piezas o nuevas tareas. En ciertas ocasiones, pueden ser reprogramables por un operario no especializado.

5. **Servicio técnico**: Se busca que puedan ser reparados o substituidos rápidamente.

6. **Exactitud, precisión y resolución**: Se busca que los SVA tengan unos valores de precisión y exactitud suficientes para la aplicación donde se necesitan, resolviendo el problema planteado. En la industria es habitual escuchar la frase de que se busca un sistema que funcione en el 100 % de los casos. Sin embargo, en la realidad dicho valor se situará en valores ligeramente por debajo manteniendo unos mínimos de exactitud (*accuracy*), precisión (*precision*) o sensibilidad (*recall*).

La desventaja de un SVA es precisamente el tiempo y coste necesario para el desarrollo e instalación de los distintos componentes y software. Por otro lado, estos sistemas pueden tener fallos y es necesario tener un protocolo de actuación en tales casos. En muchas ocasiones, cuando los SVA funcionan muy bien a lo largo del tiempo, tendemos a confiar ciegamente en estos sistemas. Conviene realizar revisiones periódicas para ver que todo sigue funcionando bien y tener protocolos ante situaciones anómalas.

Elementos de un SVA

Los SVA industriales están formados por diversos elementos, como podemos ver en la Figura 3.2.

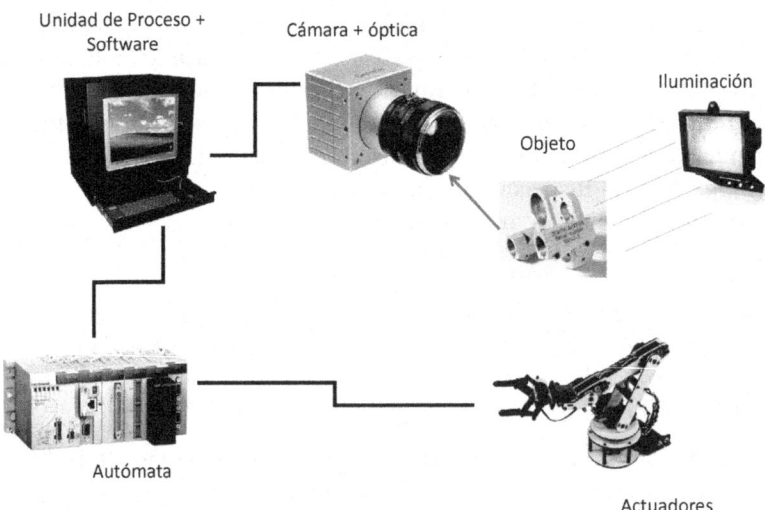

Figura 3.2: Elementos de un SVA

1. **Unidad de proceso y software**: Se trata del ordenador que realizará el procesamiento junto con el software necesario. Estos ordenadores pueden requerir ciertos niveles de protección ante líquidos, gases o condiciones de temperatura. En muchas ocasiones estos equipos se sitúan cerca de la zona de trabajo (cinta o línea de montaje), por lo que estos equipos procesarán localmente las imágenes y enviarán los resultados procesados a otros equipos distantes conectados a la misma.

2. **Sistema de iluminación**: El tipo de iluminación juego un papel clave en ciertas aplicaciones industriales. La iluminación se utiliza para mejorar la visibilidad de zonas ocultas, manteniendo unas condiciones de visión constantes, así como para resaltar ciertas partes de un objeto, como pueden ser determinados colores. El uso de ledes con diferentes longitudes de onda permite aumentar la visibilidad de ciertas partes de un objeto. Por ejemplo, un led verde cuya longitud de onda se sitúa entre los 520 y 550 nanómetros permite resaltar la línea roja de un test médico, como los utilizados con el COVID-19.

3. **Cámaras y ópticas**: Las cámaras y las ópticas representan un elemento del que podríamos escribir un libro entero. Dentro de las cámaras industriales podemos encontrar: las cámaras matriciales, que devuelven información en 2D como puede ser una imagen RGB; las cámaras lineales, que obtienen la imagen de línea en línea y están pensadas en inspección de materiales en continuo, como papel, tela o metal; las cámaras 3D, que devuelven información tridimensional de diversas formas, como nubes de puntos o mapas de profundidad; o las cámaras 360 o panorámicas, que permiten controlar distintos ángulos de visión. Por otro lado, hay cámaras que devuelven imágenes en el espectro visible; cámaras térmicas, que a partir de las emisiones de infrarrojos medios del espectro electromagnético de los cuerpos detectados (entre 700 y 1,200 nanómetros), devuelven imágenes luminosas visibles por el ojo humano; o cámaras multiespectrales e hiperespectrales, que capturan datos de imágenes dentro de rangos de longitud de onda específicos a través del espectro electromagnético. Estas últimas cámaras permiten capturar imágenes en bandas más allá del espectro visible. En el ámbito industrial es también importante la velocidad de las cámaras, así como la calidad y precisión de los sensores utilizados, como por ejemplo CCD o CMOS. Por otro lado, la óptica y los filtros utilizados juegan un papel clave en la adquisición de imágenes de calidad que permitan a nuestros procesos operar correctamente.

4. **Autómatas**: Permiten manipular los actuadores, como puede ser el robot, siguiendo mecanismos de control específicos. Los PLCs son autómatas programables habitualmente utilizados en industria.

5. **Actuadores**: Son los elementos del sistema encargados de realizar alguna acción a partir de las órdenes dadas por la unidad de proceso y el PLC. Por ejemplo, en un SVA que indica a un robot cómo coger un objeto, la

unidad de procesamiento detectará el objeto en la imagen suministrada por la cámara mediante algoritmos de visión artificial. A continuación, se indicará al actuador que ejecute un programa de recogida de objeto en una posición determinada. Este manipulará el brazo robótico hasta recoger el objeto siguiendo algún mecanismo de control.

6. **Comunicaciones**: La conexión de los distintos dispositivos se realizará mediante cableado especial, como puede ser: GigE Vision, capaz de enviar datos a 10GBits/s con 100 metros de alcance; Camera Link, que transmite a 5GBits/s hasta 5 metros; IEEE 1394B, que envía a 3GBits/s a 3.5 metros; o USB 3.0, que envía a 2GBits/s a 10 metros.

Los SVA integrados (ver Figura 3.3) son sistemas que cubren todo un proceso de visión artificial, desde la captura de imágenes, la extracción de información y procesado, la toma de decisiones y la generación de eventos para automatización.

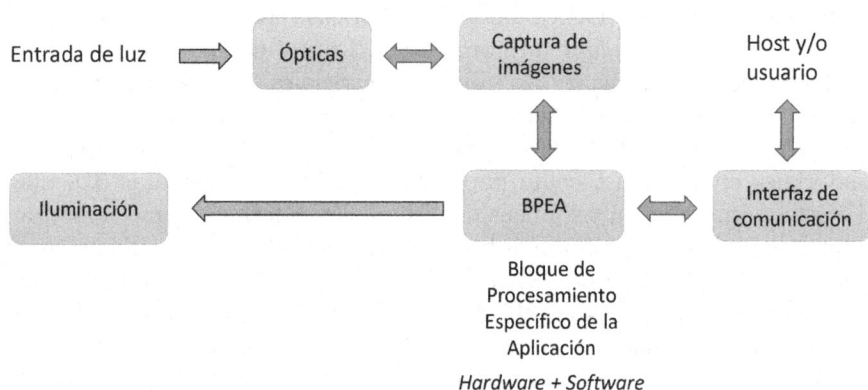

Figura 3.3: Estructura de un SVA integrado

Aparte de las ópticas, la captura de imágenes y la iluminación, los interfaces de comunicación se encargan de recibir órdenes, datos y programas del usuario o del host (autómata u ordenador). Por otro lado, el *Bloque de Procesamiento Específico de la Aplicación* (BPEA) tiene las siguientes características:

- **Procesamiento**: lleva a cabo algoritmos de procesamiento para la aplicación en cuestión. Estos algoritmos pueden funcionar en tiempo real.

- **Procesamiento de alto rendimiento**: se realiza mediante múltiples CPUs, DSPs, FPGAs, ASIC, ASIP, GPUs, TPUs.

- **Procesamiento in situ**: se lleva a cabo un procesamiento local reduciendo posteriores errores de compresión y transmisión.

- **Optimización de recursos**: se busca un tamaño compacto para simplificar la instalación, un bajo consumo de energía o un ancho de banda reducido en la salida para reducir latencia y errores de transmisión.

- **Posibilidad de reprogramación**: en ciertas ocasiones el sistema debe permitir ser reprogramado fácilmente.

- **Funcionamiento autónomo**: el sistema debe funcionar autónomamente una vez configurado y calibrado.

3.1.1.   SVA integrados

Dependiendo del grado de integración de las cámaras con el hardware de procesamiento, podemos encontrar:

- **Cámaras inteligentes de chip único**: El BPEA (todo o en parte) se encuentra junto al propio sensor CMOS. Tienen alta eficiencia y bajo consumo de energía, aunque son poco flexibles o modulares y tienen un alto coste de fabricación. Podemos encontrar cámaras integradas en placas, como la OV2640 integrada con un módulo ESP32 (ver Figura 3.4).

Figura 3.4: Módulo OV2640 integrado con módulo ESP32

- **Cámaras inteligentes autónomas**: La Cámara y el BPEA se encuentran en la misma carcasa, incluyendo en ocasiones el sistema operativo y librerías. En industria se suelen utilizar cámaras autónomas. Un ejemplo son las cámaras de tipo OAK-D del grupo OpenCV (ver Figura 3.5). OpenCV AI (`www.opencv.ai`) ofrece diferentes cámaras 3D bajo el nombre OAK-D (`https://store.opencv.ai`) capaces de ejecutar aplicaciones de IA, como pueden ser redes neuronales. Su hardware incluye además visión estéreo e información de color desde una única cámara 4K en el centro. Sus cámaras son integrables con software Python y permiten ejecutar numerosas aplicaciones en el campo de la visión industrial.

  De manera más industrial, un ejemplo de cámaras autónomas son las In-Sight de Cognex, que cuentan con potentes herramientas de visión, captura de imágenes veloz, capacidad de alimentar y controlar iluminación externa y capacidad de entrada/salida suficiente para prácticamente cualquier situación de inspección. Son cámaras resistentes a vibraciones o elementos externos, incluyendo conectores sellados M12 y cubiertas protectoras de

Figura 3.5: Cámara autónoma OAK-D. Fuente: OpenCV AI

lentes que brindan protección con certificación IP67 y IP68 contra polvo y humedad. Otro ejemplo son las cámaras BOA, que se integran con el software Sherlock o iNspect, que incluye herramientas de posicionamiento, medida, lectura de códigos, identificación de textos y detección de defectos.

- **Cámaras inteligentes integradas**: Están embebidas en otro dispositivo (teléfono móvil, lectores de huellas, automóvil, robot). Tienen un procesador específico del dispositivo.

- **Sistemas compactos**: En estos casos, las cámaras están conectadas a BPEAs separados. La cámara realiza la captura y, a veces, parte de la funcionalidad BPEA (por ejemplo, pretratamiento, compresión, detección de movimiento o extracción de características). Las cámaras pueden ser específicas o estándar, lo que contribuye a un bajo coste y fácil reemplazo. Un ejemplo podrían ser las cámaras utilizadas en seguimiento del tráfico.

- **Sistemas distribuidos**: Formados por cámaras inteligentes autónomas trabajando en red. El conjunto actúa como un único sistema de visión. Un ejemplo de utilización sería la seguridad en entornos extensos.

3.2. Aplicaciones clásicas

A continuación se muestran algunos de los ejemplos clásicos de la visión artificial en la industria así como su utilización en la Industria 4.0.

3.2.1. Discriminación, detección de fallos

Los SVA han sido ampliamente utilizados en la industria desde hace muchos años. En los envases de productos, los SVA permiten detectar diversas características: calidad de impresión del envase, defectos del propio envase, nivel de llenado, comprobación de fecha de caducidad, número de lote, lectura del código de barras, comprobación de sellado y de tapón, etc. La lectura de códigos QR y códigos de barras permiten la distribución de paquetes en industria de almacenaje y distribución. Un ejemplo de detección de defectos en el sellado de envases con productos alimentarios serían los sistemas de inspección de termosellados, donde se pueden utilizar cámaras hiperespectrales sobre plásticos transparentes a longitudes de onda largas.

En los sectores del metal, textil, madera o plásticos, suele llevarse a cabo la detección de defectos en superficies lisas (por ejemplo, planchas de metal o rollos de tejido), pero también se realiza detección de defecto en piezas terminadas, comprobando su geometría, defectos en caras lisas, defectos en uniones, etc. En muchas ocasiones, debido a la alta velocidad con la que circulan los elementos por las guías de la cinta transportadora, se utilizan dispositivos de captura ultrarrápidos. Así, por ejemplo, las cámaras lineales junto a sistemas de iluminación adecuados son ampliamente utilizados en numerosos sectores industriales (por ejemplo, paso de chapa de rollos de metal a alta velocidad). La mejora de los SVA ha ayudado a mejorar muchos de los procesos productivos comentados, pero también ha aumentado las exigencias de los sectores industriales. Los modernos sistemas tratan de detectar defectos más pequeños y en muchas ocasiones, más atípicos.

En la industria automovilística se utilizan muchos SVA de distinto tipo, desde cámaras RGB para detección de defectos en superficie lisa y detección de falta de componentes, hasta escáneres 3D láser para inspección de colocación de piezas del automóvil. En la electrónica, la visión permite comprobar el estado de soldaduras, la disposición de todos los componentes necesarios, o los defectos de placa o componentes.

En general, en la mayoría de las plantas industriales se utilizan SVA para el guiado y manipulación de robots. En la industria agrícola, por ejemplo, los SVA permiten detectar frutas en mal estado y guiar a un brazo robótico con pinza para su retirada. Así mismo, los SVA permiten detectar contenedores para su recogida (*bin picking*).

3.2.2. Paletizado

La paletización de cajas y productos de diferentes dimensiones y pesos es un problema de gran relevancia industrial. En la industria actual, existen diferentes proveedores que ofrecen este tipo de soluciones, como Witron, Dematic, SSI Schäfer en colaboración con el integrador KUKA, FPT, Vanderlande, Syleps, Symbotic (Axium), TGW y KUKA / Swisslog. Todos estos proveedores utilizan sistemas de software que definen de antemano el patrón de paletizado en 3D, teniendo en cuenta ciertas restricciones como puede ser el hardware de la pinza de agarre robotizada. El cálculo de un palé mixto es un problema que suele adaptarse a cada línea de paletizado. La complejidad del cálculo de un palé estable aumenta principalmente con el número y las dimensiones de las cajas del pedido, así como con las características del emplazamiento, los elementos robotizados y las reglas de apilamiento. Además, es posible que en algunos casos se desee agrupar las familias de productos de una forma específica, por ejemplo para poder desembalarlas fácilmente en un almacén. Todas estas casuísticas hacen que los algoritmos utilizados, basados principalmente en la optimización, no siempre ofrezcan un comportamiento ideal. Cada proyecto sigue requiriendo adaptaciones del software y no existen soluciones cerradas que simplemente requieran ajustes de parámetros o algún entrenamiento. Además, los algoritmos trabajan principalmente con dimensiones discretas, lo que hace que se considere necesario disponer de cajas de dimensiones precisas. En el mundo real, las dimensiones de las cajas rara vez coinciden con sus dimensiones ideales. A menudo se utilizan márgenes bastante amplios, que reducen considerablemente la capacidad de carga real de las paletas.

El problema de optimización utilizado para la colocación de productos se conoce como el Problema de Embalaje de Bultos, del inglés *Bin Packing Problem* (BPP). Este problema puede resolverse desde un punto de vista 2D, localizando la posición de los bultos desde una vista cenital donde se marcan los límites del palé, o desde un punto de vista 3D, donde los productos se colocan en todo el espacio de carga del palé. En función de la recepción de los productos, existen dos formas de resolver el problema. En el caso denominado *online* (en línea), los artículos llegan uno tras otro y, la decisión de dónde colocar un artículo debe tomarse antes de conocer el siguiente artículo o incluso si habrá otro. Esta decisión es irreversible ya que, una vez colocado el producto, no vuelve a moverse. Dentro de este enfoque, un algoritmo básico consiste en colocar cada artículo que llega en una posición contigua a otros productos cuando es posible, o desplazarlo a una nueva zona sin productos en caso contrario. En la denominada versión *offline* (fuera de línea), el algoritmo puede ver todos los artículos antes de empezar a colocarlos en las ubicaciones. Una técnica habitual para resolver este problema consiste en ordenar la lista de productos por tamaño descendente y aplicar un algoritmo *online*.

La resolución de todos estos problemas se ha realizado tradicionalmente con algoritmos matemáticos compuestos de varias iteraciones anidadas e incluso técnicas recursivas [3]. Algunos métodos utilizados habitualmente son el algoritmo de Guillotine, el algoritmo de maximización de rectángulos o el algoritmo Skyline. Uno de los problemas es que estos algoritmos tienen un comportamiento diferente dependiendo de cómo vayan a llegar los productos. Cada uno rinde mejor que los otros en situaciones diferentes. Teniendo esto en cuenta, en ciertas ocasiones se utiliza el conocimiento predictivo para elegir un algoritmo u otro [4]. Como se muestra en la Figura 3.6, un sistema predictivo basado en redes recurrentes LSTM puede seleccionar un algoritmo de optimización de cara al siguiente artículo teniendo en cuenta secuencias previas de paquetes.

A pesar de todos los avances en los métodos de resolución del problema, sigue siendo complicado disponer de una solución ideal y la optimización del espacio de palés satisfaciendo todas las restricciones posibles es un reto que también se ha intentado atacar mediante novedosas técnicas de inteligencia artificial basadas en algoritmos genéticos [5], redes neuronales aumentadas [6] e incluso métodos de aprendizaje por refuerzo [7]. El aumento de las capacidades computacionales permite explorar modelos de aprendizaje automático más complejos, buscando integrar el modelo predictivo y el modelo que implementa el algoritmo BPP de una forma más novedosa y previsiblemente más eficiente que los métodos utilizados hasta ahora [8].

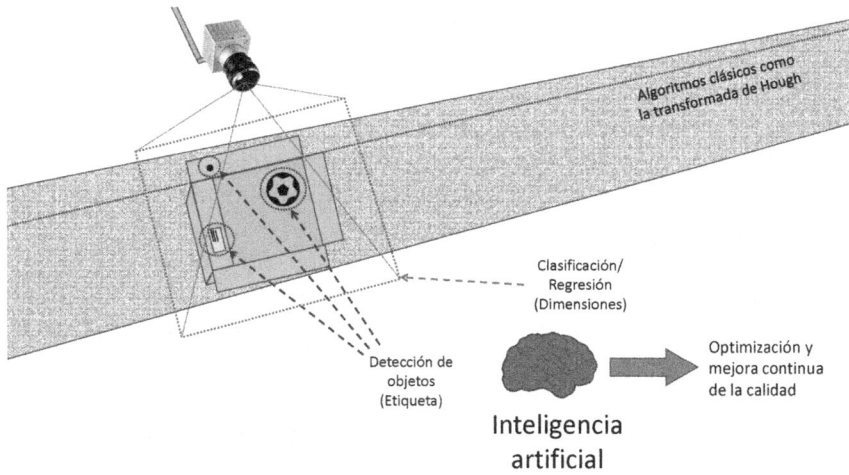

Figura 3.6: *Bin Packing* mediante aprendizaje automático

3.2.3. Detección de códigos de barras

Una de las aplicaciones de los SVA en el ámbito industrial es la del recono-cimiento de códigos. Más allá de que muchos SVA integrados incluyen funciones para el reconocimiento de códigos, desde el punto de vista de la visión artificial, existen distintas aproximaciones de hardware y software para resolver el proble-ma. En este apartado exploraremos tanto el reconocimiento de códigos de barras clásicos como de los más modernos códigos QR. Además, aunque esta operación se puede realizar con escáneres láser, mostraremos cómo realizarlo con sencillos programas a partir de imágenes RGB.

Detección de códigos de barras

Un código de barras 1D común es un patrón de líneas paralelas dispuestas por barras negras y barras blancas con reflectividad y contraste muy diferentes. El reconocimiento consiste en escanear el código de barras en dirección hori-zontal para obtener una cadena de códigos binarios compuesta por barras de diferentes anchuras y colores. Estos datos constituyen la información del código de barras, cuyo contenido puede descodificarse comparándolo con varios méto-dos de codificación de códigos de barras, como EAN-13 o EAN-8. La mayoría de los artículos de uso corriente utilizan el código de barras EAN-13. Los códigos de barras expresan información mediante la disposición de múltiples barras negras y espacios en blanco de diferente anchura según determinadas reglas de codifi-cación. Trazando una línea perpendicular al propio código de barras, podríamos realizar una lectura 1D sobre el código. En comparación con otras imágenes, el área del código de barras presenta dos características. En primer lugar, las barras y los espacios del área del código de barras están dispuestos en paralelo, siendo la dirección coherente. En segundo lugar, de cara a la lectura del código, existe gran diferencia de reflectividad entre la barra y el espacio, de modo que el contraste de grises en el área del código de barras es grande, así como la información de los bordes. Durante muchos años, los códigos de barras 1D fueron el estándar. Sólo pueden almacenar unos 20-25 caracteres, aunque este número puede aumentarse apilando los caracteres. A pesar de tener menor capacidad de información que los códigos 2D o los códigos QR, siguen siendo muy utilizados hoy en día.

Los códigos de barras 2D almacenan información tanto horizontal como vertical, lo que supone una capacidad de almacenamiento mayor. Sin embargo, para leer códigos de barras 2D se necesita un escáner de imágenes, mientras que un simple escáner de códigos de barras sólo puede manejar códigos lineales. Existen distintos tipos de lectores de códigos de barras, normalmente mediante láser, luz ó cámaras. Hay lectores tipo bolígrafo (*pen scanner*) que utilizan una fuente de luz y un fotodiodo para medir las líneas y espacios del código de barras 1D. Los escáneres láser, como los de tipo pistola, utilizan láseres como fuente de luz y tienen menos errores porque escanean desde una distancia mayor, mediante espejos y lentes, que los lectores de bolígrafo. Los lectores CCD miden la luz ambiental en lugar de la luz auto-reflejada y realizan varias mediciones por escaneado para reducir los errores. Los escáneres basados en cámaras toman una imagen del código de barras para leerlo y descodificarlo, y son una opción buena y rentable. El escáner más avanzado de todos es el omnidireccional, un escáner láser con múltiples espejos y lentes para reducir los errores. Un escáner omnidireccional puede leer códigos de barras dañados a mayor velocidad que otros tipos de escáneres.

Respecto a la detección y reconocimiento de códigos de barras 1D, mostraremos cómo se puede operar con imágenes RGB tomadas por una cámara mediante OpenCV. El algoritmo de OpenCV sigue una aproximación donde primero se realiza una localización del código de barras, seguida de una decodificación. Para la localización, a partir de una imagen en escala de grises se calculan los gradientes x e y de cada píxel. A continuación, la imagen se divide en celdas pequeñas, denominadas patches, y se calcula un valor de coherencia direccional por celda. Esto se hace a partir de los gradientes de cada píxel pertenecientes a cada celda. Después, se lleva a cabo una erosión buscando mantener aquellas celdas que representan el patrón de un código de barras. Las celdas que no mantienen dicho patrón son descartadas. Finalmente, se conectan los parches adyacentes según su orientación de gradiente, formando regiones de parches con una orientación de gradiente media numéricamente similar. A partir de dichos patches, se obtiene un rectángulo girado para ajustar el área conectada.

El reconocimiento utiliza un modelo CNN de super-resolución para ampliar la imagen, así como una binarización de Otsu para transformar la imagen en binaria (blanco/negro). A continuación, se recorren varias líneas del código de barras realizando distintas decodificaciones según los estándares (EAN8, EAN13. . .). Cada decodificación de cada línea devuelve el dígito y un porcentaje de confianza. Sólo se tienen en cuenta los resultados a partir de cierta confianza. Finalmente, se realiza una votación de las distintas decodificaciones realizadas en cada línea y se devuelve el resultado.

El Código 3.1 muestra cómo llevar a cabo una localización y decodificación del código de barras de un paquete. Se utiliza la librería BarCode, que forma parte del paquete OpenCV-Contrib. En industria es habitual trazar los paquetes mediante códigos de barras. La Figura 3.7 muestra el resultado obtenido.

Código 3.1: Ejemplo de detección y reconocimiento de código de barras mediante OpenCV.

```python
#######################################
# Detección de código de barras
# utilizando OpenCV
# Instalar OpenCV-Contrib-Modules:
# pip install opencv-contrib-python
#######################################
import cv2

# Leemos la imagen
imagen = cv2.imread("codigoBarras.jpg")

# Utilizamos el Decoder integrado con OpenCV-Contrib
bardet = cv2.barcode.BarcodeDetector()

ok, decoded_info, decoded_type, corners = bardet.detectAndDecode(
    imagen)

corners = corners.astype(int)

if ok:
    for i in range(len(corners)):
        # Para cada código de barras, pintamos su bounding box
            asociado
        isClosed = True
        imagen = cv2.polylines(imagen, [corners[i]], isClosed,
            (0,0, 255), 8)

        # Obtenemos las coordenadas de un vértice para mostrar el
            texto
        x0,y0 = tuple(corners[i][1])
        # El texto lo mostramos sobre un fondo blanco para que se
            vea bien
        cv2.rectangle(imagen, (x0+10, y0+5), (x0+300,y0+40),
            (255,255,255),-1)
        # Escribimos mensaje con el valor decodificado
        cv2.putText(imagen, decoded_info[i], (x0+10, y0+30), cv2.
            FONT_HERSHEY_SIMPLEX, 1, (255,0,0), 4)
        print("Texto decodificado: ", decoded_info[i])
else:
    print("No se ha detectado ningún código de barras.")

cv2.imwrite("codigoBarras_detectado.png", imagen)
```

Figura 3.7: Detección de código de barras 1D mediante imágenes RGB y OpenCV

Detección de códigos QR

Los códigos QR, del inglés *Quick Response code*, son la evolución de los códigos de barras. Fueron creados en 1994 en Japón por la compañía Denso-Wave y presentan tres cuadrados en las esquinas que permiten detectar la posición del código rápidamente. Su lectura es rápida y su uso se ha extendido mucho, utilizándose tanto en industria para localización espacial y para seguimiento de productos. Existen numerosas webs donde podemos generar códigos QR a partir del texto que especifiquemos, como por ejemplo `https://www.the-qrcode-generator.com/`. Los códigos QR se utilizan habitualmente para registrar direcciones web, pero sirven para introducir otro tipo de texto. En muchos museos es habitual ver códigos QR para acceder a vídeos explicativos que se encuentran en la web.

Aunque nacieron en un tiempo donde se utilizaban técnicas clásicas de visión artificial para la detección del código, actualmente existen métodos que utilizan redes neuronales, como YOLO v7, para su detección. El Código 3.2 muestra cómo detectar un código QR mediante YOLO v7 (función *detect_and_decode*), así como el reconocimiento del texto (función *detect*). Una vez detectado un QR en la imagen, se lleva a cabo un alineamiento previo a su lectura. Un solo código QR puede contener hasta 7,089 caracteres numéricos, 4,296 caracteres alfanuméricos, 2,953 bytes (datos binarios) o 1,817 caracteres Kanji japoneses. Además, permiten corrección de errores que influyen en su capacidad. La lectura se realiza en base a unos patrones o máscaras previamente establecidos. También existen distintos tamaños, siendo por ejemplo el Microcódigo QR una versión más reducida para dispositivos con menor capacidad de escaneo.

Código 3.2: Ejemplo de detección y reconocimiento de código QR a partir de un modelo YOLO v7.

```python
##############################################
# Detección de código QR utilizando YOLO7
# Instalar qreader: pip install qreader
##############################################
import cv2
from qreader import QReader

# Cargar imagen en RGB
imagen = cv2.cvtColor(cv2.imread("codigoQR.jpg"), cv2.
    COLOR_BGR2RGB)

# Obtenemos un objeto QReader
qreader = QReader()

# Detectamos el texto asociado al código QR
decoded_text = qreader.detect_and_decode(image=imagen)
# Obtenemos los vértices superior izquierdo e inferior derecho
    del código QR
out = qreader.detect(image=imagen)

# Transformamos en BGR
imagen = cv2.cvtColor(imagen, cv2.COLOR_RGB2BGR)

if out:
    for i in range(len(out)):
        # Desempaquetamos coordenadas del QR
        x0,y0, x1,y1 = out[i]
        imagen = cv2.rectangle(imagen, (x0,y0), (x1,y1), (255, 0,
            0), 8)
        # Ponemos mensaje arriba
        cv2.putText(imagen, decoded_text[i], (x0, y0-15), cv2.
            FONT_HERSHEY_SIMPLEX, 2, (255,0,0), 8)
        print("Texto decodificado: ", decoded_text[i])
else:
    print("No se ha detectado ningún código QR")

cv2.imwrite("codigoQR_detectado_YOLO7.jpg", imagen)
```

El resultado de ejecutar el anterior código es el mostrado en la Figura 3.8.

Figura 3.8: Detección de código QR mediante YOLO7

Existen otras librerías alternativas para la detección de códigos QR. Así, por ejemplo, la librería *QRCodeDetector* de OpenCV permite también detectar, reconocer y extraer el código QR de forma alineada y rectificada. El Código 3.3 muestra cómo realizar este proceso. La Figura 3.9 muestra el resultado de la detección y la Figura 3.10 muestra el código aislado y rectificado.

Código 3.3: Ejemplo de detección y reconocimiento de código QR a partir de OpenCV y *QRCodeDetector*.

```
########################################
# Detección de código QR utilizando OpenCV
########################################
import cv2
import numpy as np

# Leemos la imagen
imagen = cv2.imread("codigoQR.jpg")

# Utilizamos el Decoder integrado con OpenCV
qrDecoder = cv2.QRCodeDetector()
datos, bbox, codigoQR = qrDecoder.detectAndDecode(imagen)
bbox = bbox.astype(int)

if len(datos)>0:
```

```
    print("Datos decodificados: {}".format(datos))
    for i in range(len(bbox)):
        isClosed = True
        imagen = cv2.polylines(imagen, [bbox[i]], isClosed, (0,0,
            255), 8)

    #cv2.imshow("Reconocimiento QR", imagen)
    cv2.imwrite("codigoQR_detectado.jpg", imagen)

    codigoQR = np.uint8(codigoQR)
    #cv2.imshow("QR aislado", codigoQR)
    cv2.imwrite("codigoQR_aislado.jpg", codigoQR)
else:
    print("No se ha detectado ningún código QR")

cv2.waitKey(0)
cv2.destroyAllWindows()
```

Figura 3.9: Detección de código QR mediante OpenCV y *QRCodeDetector*.

Figura 3.10: Detección de código QR aislado y rectificado mediante OpenCV y *QRCodeDetector*.

Más allá de los códigos de barras clásicos y los códigos QR, los códigos ArUco son un tipo específico de marcador visual utilizado en aplicaciones de visión artificial y realidad aumentada para la detección y el seguimiento de objetos en entornos 3D. Los códigos ArUco se componen de patrones de marcadores en blanco y negro que se imprimen en papel u otros medios visuales. Estos códigos se utilizan también en sistemas de posicionamiento y seguimiento para robótica. Los códigos ArUco permiten proporcionar puntos de referencia fácilmente identificables y rastreables en una escena.

3.2.4. Trazabilidad de los productos

Los sistemas de posicionamiento actuales permiten registrar de forma continua y precisa las posiciones de los productos en una fábrica, generando una serie de valores de posición a lo largo del tiempo. Dentro de la fábrica o el almacén, podemos conocer la posición concreta de un producto a lo largo de todo el proceso de producción. Esta información, junto con los datos de otros sensores, puede ser analizada y utilizada para optimizar y resolver diferentes problemas, como las anomalías detectadas en la producción. Dentro de la Industria 4.0, el almacenamiento masivo de datos (Big Data), generados a partir de una amplia variedad de sensores, requiere sistemas elaborados que sean capaces de destilar información útil y tomar decisiones inteligentes [9].

Dentro de las técnicas de inteligencia artificial utilizadas en la Industria 4.0, las redes neuronales permiten resolver problemas de diferente índole, como puede ser la detección de anomalías en el proceso productivo, la clasificación de productos o la propia mejora del proceso productivo (ver Figura 3.11). Estos problemas pueden ser abordados con distintos tipos de redes neuronales, como pueden ser las redes recurrentes, o con la integración de este tipo de redes con otros algoritmos. Uno de los objetivos es la optimización del proceso buscando la mejora continua en la fabricación.

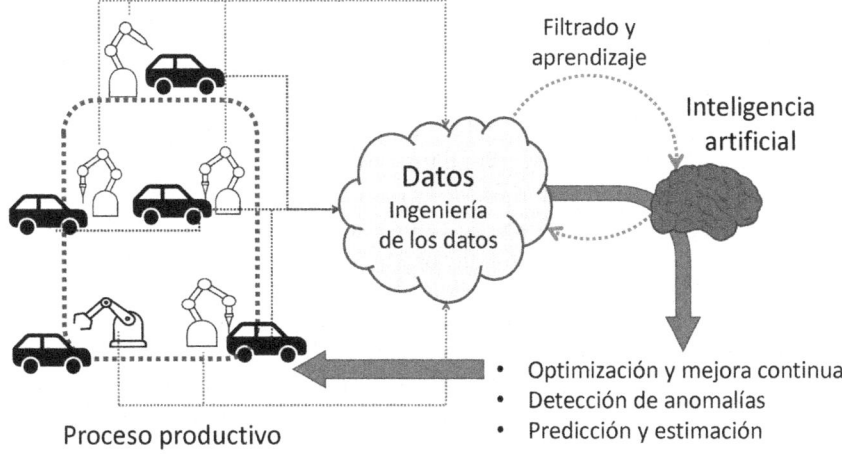

Figura 3.11: El proceso productivo en la Industria 4.0

La ingeniería de los datos (del inglés, *Data Engineering*) permite identificar y seleccionar la información relevante para los fines deseados. Algunos trabajos han propuesto incluso la creación de ontologías para la gestión de toda la información de la industria [10]. La inteligencia artificial nos permite obtener modelos que respondan a nuestras necesidades a partir de los datos obtenidos, como la optimización y mejora continua del proceso productivo, la detección de anomalías, la estimación de la producción, o la substitución de determinados componentes de la cadena para que el proceso no se detenga en algún momento por un fallo previsible. Respecto a los modelos de detección de anomalías, que es una de las principales preocupaciones de la industria actual, algunos modelos basados en redes LSTM variables buscan detectar anomalías en secuencias de datos de longitud variable [11], ya que las LSTM trabajan por defecto con longitudes de secuencia fijas.

En el ámbito industrial y en muchas empresas se utilizan escáneres de tipo pistola con capacidad de lectura de códigos de barras, códigos QR y códigos RFID. Muchas de estas pistolas son inalámbricas, funcionando con radiofrecuencia, y se emplean dentro de los almacenes con el fin de conectar las tareas del operario con el software de gestión del almacén (WMS, del inglés *Warehouse Management System*). Al ser habitualmente dispositivos inalámbricos, se permite a los operarios trabajar con total libertad de movimientos, sin perder eficacia en la captura de datos.

3.2.5. Escaneado 3D

El escaneado de productos 3D ha adquirido gran importancia en la industria en los últimos años de cara a el control de calidad, la ingeniería inversa y la inspección. Existe una amplia variedad de escáneres 3D comerciales. Existen dos tipos de escáneres:

- Escáneres de corto alcance, que suelen alcanzar superficies menores de un metro. Estos escáneres, normalmente de mano, utilizan sistemas de triangulación mediante un emisor y un sensor de recepción. El emisor y el receptor están colocados con una distancia y orientación concreta. El emisor dispara un láser al objeto observado mientras que el receptor recibe la luz en un punto concreto. Mediante geometría básica, se obtiene el punto en un espacio tridimensional. Mientras que algunos escáneres repiten este proceso para obtener nubes de puntos tridimensionales complejas, otros escáneres basados en luz estructurada utilizan una serie de patrones de luz lineales para desarrollar un mapa del objeto.

- Escaneado láser de medio y largo alcance: Los sistemas de medio y largo alcance utilizan principalmente pulsos de láser para calcular el denominado tiempo de vuelo (TOF, del inglés Time Of Flight). Estos sistemas utilizan dispositivos de gran precisión para medir el tiempo que tarda un pulso del láser desde su salida hasta rebotar con el objeto y regresar. Estos dispositivos operan muy rápido ya que las mediciones se realizan en el orden de los picosegundos.

Los datos que capturan los escáneres 3D consisten en la forma, textura, superficie y posición de un objeto dentro de un campo visual definido, que luego se procesa en una malla o nube de puntos. Los datos recogidos se importan en software CAD para su modelado 3D, edición y manipulación.

Algunos sensores 3D devuelven mapas de profundidad y/o disparidad y otros devuelven nubes de puntos. Para obtener una nube de puntos a partir de un mapa de profundidad, se puede utilizar un proceso conocido como "reconstrucción 3D". Uno de los algoritmos comúnmente utilizados para este propósito es el algoritmo de Triangulación de Delaunay.

Aparte de las soluciones de software propietarias que permiten trabajar con los mapas de profundidad y/o las nubes de puntos generadas, las siguientes aplicaciones permiten trabajar con nubes de puntos:

1. MeshLab: Es un software de código abierto que se utiliza para procesar y editar modelos 3D. MeshLab cuenta con herramientas para la reconstrucción de superficies a partir de nubes de puntos, incluyendo algoritmos como *Poisson Surface Reconstruction* y otros métodos de filtrado y suavizado.

2. Autodesk Recap: Es una herramienta de Autodesk que se utiliza principalmente para procesar datos de escaneo láser y fotogrametría. Permite importar nubes de puntos y generar modelos de malla utilizando diversos algoritmos de reconstrucción.

3. CloudCompare: Software de código abierto diseñado específicamente para trabajar con nubes de puntos. Ofrece una variedad de herramientas para el procesamiento y la reconstrucción de superficies a partir de datos de escaneo 3D.

4. Geomagic Studio: Suite de software comercial especializada en ingeniería inversa y modelado 3D. Permite importar nubes de puntos y generar modelos de malla de alta calidad utilizando algoritmos avanzados.

5. 3DReshaper: Herramienta de procesamiento de nubes de puntos y modelado 3D que ofrece una amplia gama de herramientas para la reconstrucción de superficies, incluyendo algoritmos basados en mallas y métodos de interpolación.

Algunos de los métodos que se utilizan para convertir una nube de puntos en una malla, que es la propia reconstrucción de las superficies de una escena u objeto, son:

1. Marching Cubes: Es uno de los algoritmos más populares para la reconstrucción de superficies a partir de datos de escaneo tridimensional. Funciona dividiendo el espacio en pequeños cubos y evaluando la densidad de los puntos dentro de cada cubo para determinar la geometría de la superficie. A continuación, se seleccionan casos predefinidos para generar polígonos que aproximen la superficie.

2. Poisson Surface Reconstruction: Este método utiliza técnicas de campos escalares y métodos de mínimos cuadrados para generar una superficie de malla suave a partir de la nube de puntos. Es especialmente útil cuando se trabaja con datos ruidosos o incompletos.

3. Algoritmos de Delaunay: Crean una triangulación de Delaunay a partir de la nube de puntos, que luego se puede utilizar como una malla. Algunas variantes incluyen el algoritmo Bowyer-Watson o el algoritmo de inserción incremental.

4. Surface Reconstruction by Voronoi Filtering (SRVF): Método que combina la triangulación de Delaunay con el filtrado Voronoi para generar una malla suavizada a partir de la nube de puntos.

5. Grid-based methods: Estos algoritmos discretizan el espacio en una cuadrícula y luego utilizan técnicas de interpolación o estimación para asignar valores a los puntos de la cuadrícula, los cuales se utilizan posteriormente para generar la malla.

El escaneado 3D mediante láser se ha utilizado en infinidad de aplicaciones, tanto industriales como de otros tipos. Así, por ejemplo, ha sido utilizado por museos para digitalizar sus colecciones, para el campo de la medicina para crear órtesis personalizadas, para escanear edificios y obtener modelos de ciudades, para escanear túneles en busca de desperfectos e incluso para analizar el lugar de un crimen en busca de pistas. Los escáneres se utilizan en casi todos los sectores, sustituyendo a los métodos de medición manual y humanos que requieren mucho tiempo y coste.

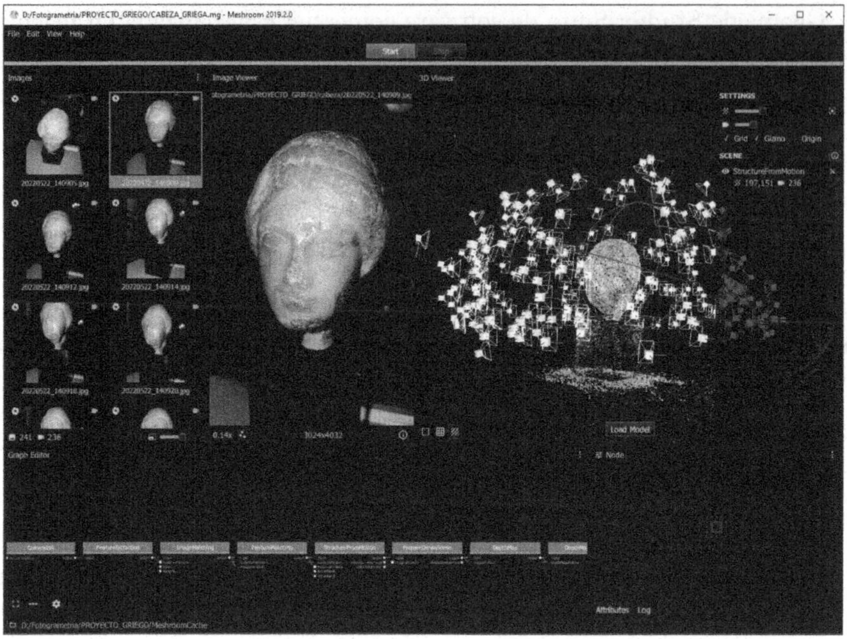

Figura 3.12: Fotogrametría mediante *MeshRoom* [12]

Más allá del escaneado 3D mediante láser, existen otras técnicas que permiten reconstruir objetos 3D mediante cámaras RGB normales. La fotogrametría es una técnica que permite modelar un objeto en el espacio tridimensional a partir de fotografías o imágenes 2D del mismo. Esta técnica permite crear modelos mediante equipos más económicos que los tradicionales escáneres 3D. Además, no siempre es posible utilizar un escáner. Una vez obtenido un modelo, es posible imprimirlo mediante impresoras 3D o planificar su copia masiva industrial. La fotogrametría ha sido muy utilizada en obras de arte. En la Figura 3.12, se puede ver el proceso de fotogrametría llevado a cabo por el software *MeshRoom* [12]. Este software se puede descargar de la web `https://github.com/alicevision/Meshroom` y permite generar el modelo 3D a partir de múltiples imágenes tomadas de un objeto. El software requiere GPU para operar rápidamente y los modelos generados se pueden integrar y editar con software de visualización y edición 3D, como *MeshLab*, *Blender*, *Microsoft 3D Builder* o *FreeCAD*.

El modelo 3D generado es una malla 3D (*3D mesh*). Una malla 3D es la estructura de un modelo 3D formado por polígonos, normalmente triangulares. Las mallas 3D utilizan puntos de referencia en los ejes X, Y y Z para definir formas con altura, anchura y profundidad. *MeshLab* (`https://www.meshlab.net/`) es otra herramienta utilizada frecuentemente en visualización de nubes de puntos y modelos 3D, que permite además realizar otras operaciones como la simplificación de mallas o eliminación de caras o vértices duplicados. Utilizado junto con otros editores 3D, permite ir depurando un modelo para que después

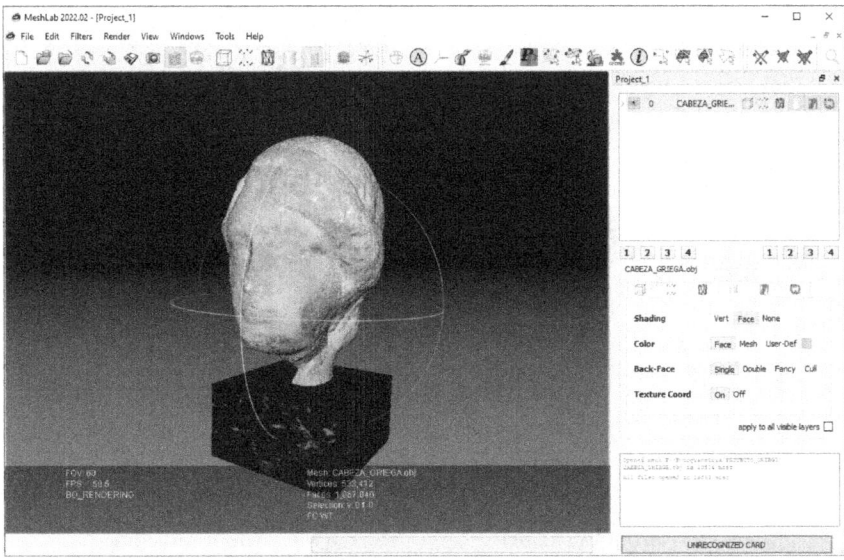

Figura 3.13: Editando y visualizando modelo 3D mediante *MeshLab*

pueda ser copiado o producido en la realidad. La Figura 3.13 muestra el resultado del modelo final 3D obtenido con *MeshLab*, mientras que la Figura 3.14 muestra diversas impresiones 3D del objeto.

Figura 3.14: Impresiones de objeto 3D modelado mediante fotogrametría

3.2.6.   Visión artificial en el ámbito de la robótica

La visión artificial está estrechamente integrada con la robótica, permitiendo a los robots percibir y comprender su entorno de manera similar a como lo hacen los humanos. Muchos robots colaborativos actuales integran cámaras RGB-D

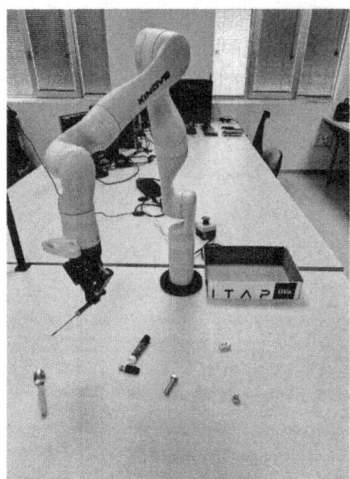 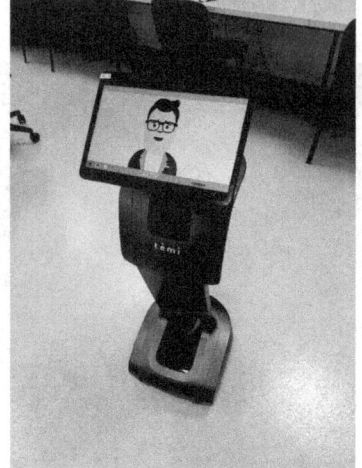

(a) Robot colaborativo Kinova Gen 3   (b) Robot de teleasistencia Temi 2
(www.kinovarobotics.com)   (www.robotemi.com)

Figura 3.15: Robots integrados con visión artificial

(ver Figura 3.15a) e incluso dispositivos LIDAR con cámaras RGB-D (ver Figura 3.15b).

La visión aporta tareas de detección y reconocimiento de objetos, permitiéndole interactuar de manera efectiva con su entorno. A lo largo del libro exploraremos métodos de detección de objetos, como YOLO. Los robots también pueden identificar la posición y la orientación de los objetos, facilitando así su manipulación en tareas como el ensamblaje o la recolección de objetos. Además, pueden seguir objetos en movimiento, lo que es útil en aplicaciones como el seguimiento de objetos en una línea de producción o en la navegación autónoma de robots móviles.

Finalmente, los sistemas de visión permiten a los robots detectar y reconocer gestos y expresiones faciales humanas, lo que facilita la interacción natural entre humanos y robots (ver Figura 3.16).

3.2.7. Visión artificial en la robótica autónoma móvil

El mapeo y localización simultáneos o SLAM (*Simultaneous Localization And Mapping*) es un problema general que permite a un robot móvil generar un mapa del entorno por medio de sensores, y ubicarse en él. Aplicando SLAM, los sistemas de visión pueden ayudar a los robots a navegar de manera autónoma en entornos desconocidos o dinámicos planificando rutas óptimas y evitando obstáculos.

Por otro lado, los AGVs (*Automatic Guided Vehicles*) son vehículos que se desplazan sin conductor dentro de la fábrica y que pueden llevar a cabo diferentes tareas, desde el movimiento de paquetes y contenedores de piezas, hasta la implementación de la propia línea de montaje (líneas sin railes). Muchos AGVs

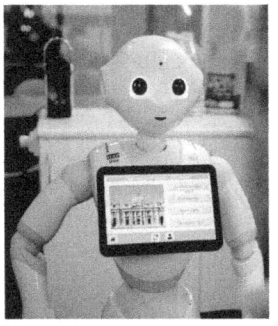 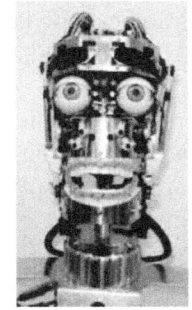 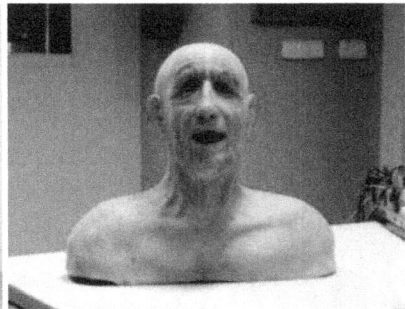

(a) Robot Pepper   (b) Robot AIROSO, capaz de imitar expresiones
(www.aldebaran.com)   humanas

Figura 3.16: Robots con capacidad de interacción con humanos

tradicionalmente utilizaban filoguiado u optoguiado. En el filoguiado, un hilo conductor situado debajo del suelo sirve de guía al vehículo. La desventaja del filoguiado es su excesiva rigidez ya que las rutas son fijas y requieren una obra. En el optoguiado, una tira de espejo sirve para establecer la guía. Esta tira se pega sobre el suelo, no siendo necesaria una obra. Los AGVs que utilizan opto-guiado suelen detectar la línea mediante un dispositivo catadióptricos o sistemas de visión artificial. Muchos AGVs modernos incluyen guiado láser, tipo LIDAR, ubicando el AGV y generando el mapa en memoria con SLAM. Además, pueden utilizar reflectores, a modo de balizas o faros, para corregir su posición respecto al mapa. Entre estos reflectores podemos encontrar espejos catadióptricos situa-dos en el área de movimiento. El SLAM (del inglés *Simultaneous Localization and Mapping*) es una técnica que permite obtener el mapa de un entorno y la localización de un dispositivo mediante diferentes técnicas. En el caso de los SVA, son habituales los sistemas que utilizan LIDAR debido a su alta precisión. Los algoritmos de SLAM tienen cinco etapas: inicialización, localización, mapea-do, re-localización y, por último, la optimización del mapeado. Existen diversos algoritmos que permiten realizar SLAM, siendo algunos de los más conocidos ORB SLAM, PTAM o LSD SLAM.

3.2.8.   Soluciones propietarias, tipo OKAO

Dentro del ámbito industrial y en el diseño de nuevos productos es habitual el uso de sensores y cámaras a bajo nivel. Algunas empresas de fabricación de hardware, como OMROM, han proporcionado librerías especializadas para realizar diferentes tareas con recursos limitados. OMROM desarrolló la librería OKAO bajo 3 pilares: alta velocidad incluso utilizando CPUs, alta precisión de reconocimiento y alta robustez, a pesar de los problemas de iluminación o los cambios de postura facial en el caso de reconocimiento e identificación facial.

La librería OKAO ofrece soluciones de detección facial y del cuerpo, de-tección de partes de la cara y del contorno de la cara, reconocimiento facial y estimación del parpadeo de los ojos, estimación de la edad y expresiones faciales, reducción de ojos rojos y mejora de belleza facial, o prevención de impostores (imágenes de personas falsas).

Esta librería es utilizada por muchas cámaras de fotos comerciales, por sistemas de vigilancia con cámaras IP para detectar personas y situaciones de riesgo, por algunos robots de telepresencia para seguir a personas, o por algún software de gestión fotográfica.

Parte II

Nuevas tendencias en procesamiento mediante Deep Learning

Capítulo 4

Frameworks de visión y deep learning

Durante los últimos años han aparecido diversas plataformas y marcos de trabajo, o *frameworks*, para facilitar el desarrollo de aplicaciones de aprendizaje automático. Este tipo de aplicaciones permiten desarrollar modelos de visión e inteligencia artificial. A lo largo del libro utilizaremos los frameworks Tensorflow y Pytorch. Sin embargo, aparte de estos frameworks, existen otras plataformas de alto y bajo nivel que se pueden utilizar para el aprendizaje automático y la visión artificial. Las plataformas de alto nivel son aquellas que prácticamente no requieren un conocimiento de programación y que se limitan a ofrecer un conjunto de servicios determinados, como puede ser una red neuronal de clasificación de imágenes donde nosotros solo necesitamos conocer dónde dejar las imágenes de entrenamiento. Las plataformas de bajo nivel, como Tensorflow o Pytorch, requieren un conocimiento de programación para poder diseñar los modelos. En muchas ocasiones, es posible utilizar modelos ya existentes.

Dentro de las plataformas de alto nivel podemos encontrar:

- Amazon Machine Learning: Dentro de AWS, Amazon ha tratado de ofrecer servicios de aprendizaje automático integrados con sus soluciones de almacenamiento y procesamiento. Se conecta a los datos almacenados en Amazon S3, Redshift o RDS, y puede realizar una clasificación binaria, una categorización multiclase o una regresión en esos datos para crear un modelo. Una desventaja de esta solución es que se depende de los datos almacenados en Amazon, los modelos resultantes no pueden importarse ni exportarse, y los conjuntos de datos para el entrenamiento de los modelos no pueden superar los 100 GB.

- Microsoft Azure ML Studio: Microsoft ha dotado a Azure de su propio servicio de aprendizaje automático de pago, Azure ML Studio, con versiones mensuales, por horas y continuas. Azure ML Studio permite a los usuarios crear y entrenar modelos, y luego convertirlos en APIs que pueden ser consumidas por otros servicios. Los usuarios pueden obtener hasta 10 GB de almacenamiento por cuenta de modelo de datos, aunque el propio almacenamiento de Azure también puede conectarse al servicio para modelos más grandes. Existe una amplia gama de algoritmos, tanto de Microsoft como de terceros.

- Google Cloud AutoML: Proporciona modelos pre-entrenados para que los usuarios puedan crear diversos servicios. Por ejemplo, reconocimiento de texto, reconocimiento de voz, etc. Google Cloud AutoML se ha hecho muy popular entre las empresas que utilizan las plataformas de Google debido a la facilidad de aplicar la inteligencia artificial en todos los sectores, y más teniendo en cuenta la dificultad de encontrar profesionales de Machine Learning en frameworks de bajo nivel.

- IBM Watson Maching Learning: La solución que ofrece IBM para utilizar algoritmos de IA en la nube, utilizando datos de diversas fuentes: IBM Cloud, AWS, Azure, Google o su propia plataforma de cloud privado. Watson se aplica en distintos campos, como el aprendizaje automático o la extracción de información. Es parte de IBM Watson Studio y ayuda a los profesionales en el despliegue de modelos de ML en IBM Cloud Pak for Data. Se pueden desplegar modelos de machine learning y deep learning y modelos de optimización de decisiones, volver a entrenar modelos dinámicamente con el aprendizaje continuo, generar automáticamente APIs para crear aplicaciones basadas en IA a través de DevOps, o gestionar y supervisar modelos en busca de desviaciones, sesgos y riesgos en modelos.

Dentro de los frameworks y plataformas de bajo nivel podemos encontrar:

- TensorFlow-Keras: Plataforma de código abierto para machine learning. Tiene un amplio ecosistema de herramientas, bibliotecas y recursos de la comunidad que permiten construir y desplegar fácilmente aplicaciones de aprendizaje automático. Es un framework diseñado para escalar a través de múltiples nodos. Al igual que Kubernetes de Google, fue construido para resolver problemas internos de Google, pero finalmente fue liberarlo como un producto de código abierto. TensorFlow implementa lo que se denomina diagramas de flujo de datos, donde los arrays de datos (tensores) pueden ser procesados por una serie de algoritmos que se describen mediante grafos. Los grafos pueden ensamblarse con C++, Python o Java, y pueden procesarse en CPUs o GPUs. Dentro de Tensorflow actualmente se incluye Keras, que es una biblioteca de código abierto escrita en Python. Es capaz de ejecutarse sobre TensorFlow, Microsoft Cognitive Toolkit o Theano. Está especialmente diseñada para posibilitar la experimentación en más o menos poco tiempo con redes neuronales, incluyendo las de aprendizaje profundo. Es un complemento modular y extensible que además es fácil de aprender para el usuario y facilita el desarrollo y experimentación con modelos. Lo veremos posteriormente con más detalle al ser uno de los frameworks utilizados en el libro.

- Pytorch: Framework de código abierto desarrollado por el equipo de investigación de Facebook. Permite implementar modelos de deep learning en Python, ofreciendo una gran cantidad de funcionalidades. PyTorch permite añadir varios módulos como torchvision, torchaudio o torchtext, que son muy flexibles para trabajar en visión por ordenador o procesamiento de lenguaje natural. Sus tensores permiten la auto diferenciación, utilizando grafos acíclicos dirigidos DAG durante el proceso de retro-propagación para almacenar gradientes. Esto ayuda a acelerar el proceso de entrenamiento. Pytorch suele ser muy utilizado en la comunidad científica. Lo veremos posteriormente con más detalle al ser uno de los frameworks utilizados en el libro.

- Caffe: El entorno de deep learning Caffe (*Convolutional Architecture for Fast Feature Embedding*) está implementado pensando en la velocidad y la modularidad. Aunque fue inicialmente desarrollado por Yangqing Jia para proyectos de visión artificial, se ha ampliado desde entonces para incluir otras aplicaciones de inteligencia artificial, como puede ser el procesamiento del lenguaje natural (NLP, del inglés *Natural Language Processing*). Caffe es muy rápido al estar escrito íntegramente en C++ con soporte para aceleración CUDA, aunque se puede alternar entre el procesamiento en la CPU y en la GPU según sea necesario. La mayoría de los desarrolladores utilizan Caffe por su velocidad, y puede procesar 60 millones de imágenes al día con una sola GPU NVIDIA K40. Caffe cuenta con muchos colaboradores que actualizan y mantienen los frameworks. La distribución incluye un conjunto de modelos de referencia gratuitos y de código abierto para trabajos de clasificación comunes, con otros modelos creados por la comunidad de usuarios de Caffe. Según algunas comparativas, su velocidad puede superar a Tensorflow en torno a un 50 %. Recientemente, Caffe2 ha permitido aprovechar el Cloud Computing. Como desventajas podemos decir que: su curva de aprendizaje y desarrollo es tan complejo que pocos proyectos se llevan a cabo en Caffe; no tiene una API de alto nivel, por lo que es difícil hacer experimentos; y, finalmente, para desplegar un modelo en Caffe necesitamos compilar los códigos fuente si programamos en C++. Sin embargo, el framework Caffe también se puede utilizar desde Python, reduciendo algunas de las desventajas mencionadas.

- Scikit-Learn: Paquete de aprendizaje automático de código abierto y enfocado a múltiples propósitos. Ayuda en la resolución de problemas de regresión, agrupación o clustering, clasificación, reducción de la dimensionalidad y preprocesamiento. Scikit-Learn está construido sobre las tres principales bibliotecas de Python, NumPy, Matplotlib y SciPy. Algunos de los algoritmos que podemos utilizar son, por ejemplo, Principal Component Analysis (PCA) o Support Vector Machine (SVM).

- Microsoft Computational Network Toolkit (CNTK) y Distributed Machine Learning Toolkit (DMTK): Kit de herramientas de aprendizaje automático distribuido de Microsoft. El framework DMTK aborda el problema de la distribución de varios tipos de trabajos de aprendizaje automático en un clúster de sistemas. DMTK está clasificado como un entorno más que como una solución completa, por lo que el número de algoritmos que incluye es reducido. Poco después del lanzamiento del DMTK, Microsoft presentó otro kit de herramientas de aprendizaje automático, el CNTK. CNTK es similar a TensorFlow de Google, ya que permite a los usuarios crear redes neuronales a través de grafos dirigidos. Microsoft también lo considera comparable a proyectos como Caffe, Theano y Torch. Su principal ventaja frente a esos marcos es la velocidad, concretamente la capacidad de explotar múltiples CPUs y múltiples GPUs en paralelo. Según Microsoft, el uso de CNTK junto con los clústeres de GPU en Azure acelera el entrenamiento del reconocimiento de voz de Cortana.

- Apache Singa: Es un framework de código abierto destinado a facilitar el entrenamiento de modelos de aprendizaje profundo en grandes volúmenes de datos. Singa proporciona un modelo de programación sencillo para el entrenamiento de redes de deep learning en un clúster de máquinas, y soporta los trabajos de entrenamiento más comunes: redes neuronales convolucionales, máquinas de Boltzmann restringidas o redes neuronales recurrentes. Los modelos se pueden entrenar de forma síncrona (uno tras otro) o asíncrona (uno al lado del otro), dependiendo de lo que funcione mejor para el problema en cuestión. Singa también simplifica la configuración del clúster con Apache Zookeeper. También dentro de Apache tenemos Mahout, que es una plataforma de código abierto basada en Hadoop. Mahout permite aprendizaje automático o minería de datos, incluyendo técnicas de regresión, clasificación o clustering.

- DarkNet: Es un framework de redes neuronales de código abierto escrito en C y CUDA. Tiene especial interés en la comunidad científica al haberse utilizado para crear algunas versiones originales de YOLO, el conocido detector que veremos en capítulos posteriores del libro. DarkNet es rápido, fácil de instalar y admite cálculo en CPU y GPU. El código fuente, así como la guía de utilización, se pueden encontrar en `https://pjreddie.com/darknet/`.

- MediaPipe: Es un framework diseñado para ser eficiente y requerir mínimos recursos, lo que le ha llevado a ser utilizado en numerosos dispositivos de IoT. Inicialmente se desarrolló para el análisis en tiempo real de vídeo y audio en YouTube, y ha sido ampliamente utilizado por Google en muchos de sus productos, incluyendo la detección de objetos en Google Lens o la implementación de la API de Cloud Vision. En su web, `https://mediapipe.dev/`, ofrecen numerosos ejemplos de cómo utilizar sus modelos, que permiten detectar esqueletos de personas, detectar puntos característicos de manos y cara, segmentación de imágenes, detección de objetos en 3D a partir de imágenes 2D y muchas otras aplicaciones. Para su instalación, basta con lanzar el comando *pip install mediapipe*, lo que hace que sea un framework muy accesible. Como inconveniente, podemos indicar que está pensado en ofrecer soluciones hechas, no pensado para entrenar modelos propios.

4.1. Introducción a OpenCV

OpenCV (Open Source Computer Vision Library) es la biblioteca de visión artificial más utilizada en la actualizad. La biblioteca cuenta con más de 2.500 algoritmos optimizados, que incluyen un amplio conjunto de algoritmos de visión por ordenador y aprendizaje automático, tanto clásicos como de última generación. Fue una biblioteca creada para satisfacer las necesidades de las aplicaciones de visión y de percepción artificial en productos comerciales. Al ser un producto con licencia Apache 2, OpenCV facilita a los profesionales la utilización y modificación del código. OpenCV se puede utilizar con Python, C++, Java o Matlab.

Incluye algoritmos que pueden utilizarse para detectar y reconocer caras, identificar objetos, clasificar acciones humanas en vídeos, rastrear movimientos de cámara, seguir objetos en movimiento, extraer modelos 3D de objetos, producir nubes de puntos 3D, obtener una imagen de alta resolución a partir de varias imágenes de una escena, buscar imágenes similares a partir de una base de datos de imágenes, etc. A mayores, incluye infinidad de algoritmos de visión clásica para realizar todo tipo de transformaciones y procesamientos de imágenes. El módulo DNN de OpenCV permite llevar a cabo la inferencia de una red neuronal sobre imágenes y vídeos. Aunque no permite el entrenamiento de las redes, sí nos permite trabajar con modelos que hemos entrenado en otros frameworks como Tensorflow, Pytorch, DarkNet o Caffe.

La instalación de OpenCV se puede realizar utilizando pip, con el siguiente comando: *pip install opencv-python*

Hay que tener en cuenta que este tipo de instalación no incluye el soporte para GPU. Para ciertos algoritmos o los modelos de Deep Learning, el uso de GPU es altamente recomendable. Pero para utilizar OpenCV con GPU es necesario compilarlo. El proceso de compilación de OpenCV suele llevar bastante tiempo. El Script 4.1 muestra un ejemplo de cómo podría llevarse a cabo dicha compilación. Es necesario identificar el tipo de arquitectura de la GPU a utilizar para que la compilación y la posterior ejecución sean satisfactorias.

Código 4.1: Compilación de OpenCV para uso con GPU

```
# Primero: Incluir las siguientes rutas a /etc/apt/sources.list
#   deb http://archive.ubuntu.com/ubuntu focal-updates main
#   deb http://es.archive.ubuntu.com/ubuntu/ focal main
    restricted
#   deb http://es.archive.ubuntu.com/ubuntu/ focal universe
#   deb http://es.archive.ubuntu.com/ubuntu/ focal multiverse
#   deb http://security.ubuntu.com/ubuntu focal-security
    restricted main
#   deb http://security.ubuntu.com/ubuntu focal-security universe
#   deb http://security.ubuntu.com/ubuntu focal-security
    multiverse
```

```
#    deb http://archive.ubuntu.com/ubuntu focal main universe
     restricted multiverse

sudo apt update
sudo apt upgrade

sudo apt install build-essential cmake pkg-config unzip yasm git
     checkinstall
sudo apt install libjpeg-dev libpng-dev libtiff-dev
sudo apt install libavcodec-dev libavformat-dev libswscale-dev
     libavresample-dev

sudo apt install libgstreamer1.0-dev libgstreamer-plugins-base1
     .0-dev
sudo apt install libxvidcore-dev x264 libx264-dev libfaac-dev
     libmp3lame-dev libtheora-dev

sudo apt install libfaac-dev libmp3lame-dev libvorbis-dev

sudo apt install libopencore-amrnb-dev libopencore-amrwb-dev

sudo apt-get install libdc1394-22 libdc1394-22-dev libxine2-dev
     libv4l-dev v4l-utils
cd /usr/include/linux
sudo ln -s -f ../libv4l1-videodev.h videodev.h
cd ~

sudo apt-get install libgtk-3-dev

# Python
sudo apt-get install python3-dev python3-pip
sudo -H pip3 install -U pip numpy
sudo apt install python3-testresources

sudo apt-get install libtbb-dev
sudo apt-get install libatlas-base-dev gfortran

wget -O opencv.zip https://github.com/opencv/opencv/archive/refs/
     tags/4.5.2.zip

wget -O opencv_contrib.zip https://github.com/opencv/
     opencv_contrib/archive/refs/tags/4.5.2.zip

unzip opencv.zip
unzip opencv_contrib.zip

cd opencv-4.5.2
mkdir build
cd build

cmake -D CMAKE_BUILD_TYPE=RELEASE \
-D CMAKE_INSTALL_PREFIX=/usr/local \
-D WITH_TBB=ON \
-D ENABLE_FAST_MATH=1 \
-D CUDA_FAST_MATH=1 \
-D WITH_CUBLAS=1 \
-D WITH_CUDA=ON \
```

```
-D BUILD_opencv_cudacodec=OFF \
-D WITH_CUDNN=ON \
-D OPENCV_DNN_CUDA=ON \
-DCUDNN_LIBRARY=/usr/lib/cuda/lib64/libcudnn.so.8.0.5 \
-DCUDNN_INCLUDE_DIR=/usr/lib/cuda/include \
-D CUDNN_VERSION='8.0' \
-D CUDA_ARCH_BIN=7.5 \
-D CUDA_TOOLKIT_ROOT_DIR=/usr/local/cuda \
-D WITH_V4L=ON \
-D WITH_QT=OFF \
-D WITH_OPENGL=ON \
-D WITH_GSTREAMER=ON \
-D OPENCV_GENERATE_PKGCONFIG=ON \
-D OPENCV_PC_FILE_NAME=opencv.pc \
-D OPENCV_ENABLE_NONFREE=ON \
-D OPENCV_PYTHON3_INSTALL_PATH=/usr/local/lib/python3.8/dist-
    packages \
-D PYTHON_EXECUTABLE=/usr/bin/python3 \
-D OPENCV_EXTRA_MODULES_PATH=/home/roasis/src/opencv_contrib
    -4.5.2/modules \
-D INSTALL_PYTHON_EXAMPLES=OFF \
-D INSTALL_C_EXAMPLES=OFF \
-D BUILD_EXAMPLES=OFF ..

nproc
make -j8
sudo make install

sudo /bin/bash -c 'echo "/usr/local/lib" >> /etc/ld.so.conf.d/
    opencv.conf'
sudo ldconfig

# Añadir a .bashrc:

echo 'export PYTHONPATH=/usr/local/lib/python3.8/dist-packages/:
    $PYTHONPATH' >> ~/.bashrc
```

El Código 4.2 muestra un ejemplo de programa Python que nos mostraría el número de GPUs disponibles para OpenCV.

Código 4.2: Verificar OpenCV con GPU

```
import cv2
numeroGPUs = cv2.cuda.getCudaEnabledDeviceCount()
print("GPUs disponibles: ", numeroGPUs)
```

4.2. Pillow y DLIB

Más allá de OpenCV, existen numerosas librerías que permiten operar con imágenes en Python. Es interesante conocerlas, por lo menos a nivel superficial, a la hora de poder leer código desarrollado por otras personas. En esta sección exploraremos dos de las librerías más importantes.

4.2.1. Pillow

La actual librería Pillow, originada a partir de *Python Imaging Library* (PIL), añade capacidades de procesamiento de imágenes y proporciona un amplio soporte de formatos de archivo, con una representación interna eficiente de las imágenes. A diferencia de OpenCV, programado en C y C++, PIL ha sido desarrollado en Python y C. Por este motivo, es algo más lenta que OpenCV en muchas operaciones. Aunque no implementa internamente modelos de aprendizaje automático ni algoritmos tan complejos como OpenCV o DLIB, es una librería exclusiva de Python y es muy utilizada en los proyectos de aprendizaje automático con Pytorch y Tensorflow. Una de las razones por las que se utiliza más con este tipo de proyectos es que utiliza una representación interna de la información que permite realizar transformaciones más fácilmente que con OpenCV, que internamente utiliza arrays. Además, PIL trabaja por defecto en RGB mientras que OpenCV lo hace en BGR. Finalmente, es más fácil distribuir Pillow que OpenCV, lo que nos reduce problemas de dependencias a la hora de integrarlo con Tensorflow y Pytorch. Es una librería de código abierto que se instala en Python directamente con PIP: *pip install Pillow*. También es posible instalarla utilizando Conda, si por ejemplo utilizamos Anaconda para nuestros proyectos: *conda install -c anaconda pillow*. En la web `https://pypi.org/project/Pillow/` podemos encontrar toda la documentación de la librería.

4.2.2. DLIB

DLIB es una librería que contiene numerosos algoritmos de aprendizaje automático escritos en C++ pero que pueden ser utilizados con Python para resolver diferentes tipos de problemas, muchos de visión artificial, como pueden ser reconocimiento facial, seguimiento de objetos en vídeo o segmentación de objetos. DLIB también incluye numerosas funciones de procesado de imágenes. Es una librería de código abierto que se instala en Python directamente con PIP: *pip install dlib*. También es posible instalarla utilizando Conda, si por ejemplo utilizamos Anaconda para nuestros proyectos: *conda install -c conda-forge dlib*.

En muchos proyectos es habitual ver la utilización de varias librerías simultáneamente, como PIL y DLIB, ya que puede interesarnos realizar ciertas funciones con una u otra librería. También, muchas operaciones de procesado de imágenes y muchos modelos se encuentran disponibles en las diferentes bibliotecas, OpenCV, DLIB o PIL, por lo que podremos elegir la que más nos convenga en función de nuestros conocimientos o necesidades. Además, ciertos problemas pueden ser resueltos de una manera más o menos favorable a nuestros intereses. Por ejemplo, el reconocimiento de caras puede ser más rápido con DLIB, pero a lo mejor no somos capaces de detectar tantas caras pequeñas como detecta OpenCV. En la web de DLIB, `dlib.net`, podemos encontrar una completa descripción de todas las funcionalidades.

Al igual que ocurría con PIL, DLIB utiliza una representación diferente de las imágenes de manera interna. También utiliza arrays y permite formatos RGB y BGR. Si utilizamos las dos librerías para operar sobre una misma imagen deberemos tener en cuenta la distribución de canales.

El Código 4.3 muestra la utilización de PIL y DLIB de manera simultánea. Mientras que utilizamos DLIB para buscar una cara en una imagen mediante el detector de HOG (*Histogram of Oriented Gradients*) y SVM, utilizamos PIL para pintar un cuadro rojo sobre la cara (ver Figura 4.1).

Código 4.3: Detección de caras en imagen con DLIB y PIL

```
########################################
# Detección de caras con DLIB y PIL
########################################
import dlib
from PIL import Image, ImageDraw

# Imagen de entrada y fichero de salida
fichero = 'imagen.jpg'
resultado = 'resultado.jpg'

# Abrir imagen con DLIB
img = dlib.load_rgb_image(fichero)

# Detectar caras con DLIB
# HOG (Histogram of Oriented Gradients) y SVM
face_detector = dlib.get_frontal_face_detector()
detected_faces = face_detector(img, 1)
print('%d caras detectadas' % (len(detected_faces)))

# Cargamos de nuevo imagen con PIL
imagen = Image.open(fichero)

# Para cada cara detectada pintamos un rectángulo
for i, face_rect in enumerate(detected_faces):
    width = face_rect.right() - face_rect.left()
    height = face_rect.bottom() - face_rect.top()

    # Creamos la región de la cara a partir de los datos de DLIB
    region_cara = [(face_rect.left(), face_rect.top()), (
        face_rect.right(), face_rect.bottom())]

    # Dibujamos un rectángulo
    imagenD = ImageDraw.Draw(imagen)
    imagenD.rectangle(region_cara, outline='red', width=15)

# Mostramos la imagen resultado
imagen.show()
imagen.save(resultado)
```

4.3. Introducción a Tensorflow

TensorFlow es uno de los frameworks de aprendizaje automático más utilizados. Es una plataforma de código abierto que cuenta con un amplio ecosistema

Figura 4.1: Resultado de la detección de caras con PIL y DLIB

de herramientas, bibliotecas y recursos comunitarios que permiten crear e implantar fácilmente aplicaciones de *Machine Learning* (ML).

Fue desarrollado por Google y está diseñado para escalar a través de múltiples nodos. Al igual que Kubernetes, plataforma para automatizar la implementación, el escalado y la administración de aplicaciones en contenedores, se creó para resolver problemas internos de Google. Finalmente, Google optó por publicarlo como producto de código abierto.

TensorFlow implementa diagramas de flujo de datos (grafos), donde los datos son manejados con *tensores* que pueden ser procesados por una serie de algoritmos descritos por un grafo. El movimiento de datos a través del sistema se denomina flujo. A diferencia de un array multidimensional de Python de tipo NumPy, donde los valores deben pertenecer a un mismo tipo numérico, los tensores pueden ser vistos también como arrays extendidos. Al igual que los arrays, los tensores pueden ser unidimensionales y multidimensionales. Un tensor con eje cero contiene un único valor y se denomina *escalar*. Un tensor con un eje contiene una lista de valores y se denomina *vector*. Un tensor con 2 o más ejes se denomina *matriz*. En el caso de los tensores multidimensionales, cada elemento debe tener el mismo tamaño, al igual que las matrices. Sin embargo, algunos tipos de tensores pueden manejar diferentes formas de elementos, como son los tensores irregulares o los tensores dispersos.

Una de las principales diferencias con los arrays es que los tensores están preparados para la diferenciación automática, mecanismo que les permite ajustar los parámetros de una red neuronal para ayudar a la red a ajustarse a los resultados esperados. La diferenciación automática es útil para ciertos algoritmos, como la retropropagación. Para diferenciar automáticamente, TensorFlow necesita recordar qué operaciones suceden y en qué orden durante el paso hacia adelante. A continuación, durante la retropropagación o paso hacia atrás, TensorFlow recorre esta lista de operaciones en orden inverso para calcular los gradientes. Estos gradientes serán utilizados para ajustar los pesos del flujo del grafo en el paso hacia adelante. Los tensores además permiten la paralelización para una computación más rápida mediante el uso de unidades de proceso gráfico, del inglés *Graphics Processing Unit* (GPU), o unidades de proceso tensorial, del inglés *Tensor Processing Unit* (TPU).

El framework Tensorflow se puede utilizar con lenguajes como Python, C++ o incluso Java. Para poder trabajar con Tensorflow, con GPU, es necesario instalar CUDA (Compute Unified Device Architecture). Esta librería incluye un compilador y un conjunto de herramientas desarrolladas por Nvidia para llevar a cabo computación en paralelo, principalmente utilizando GPUs. Si tenemos GPU, de cara a elegir una versión CUDA compatible, tenemos que verificar qué arquitectura o capacidad de cómputo tiene nuestra GPU (eso se puede localizar en la web `https://developer.nvidia.com/cuda-gpus`). Hay distintas arquitecturas, como Turing, Pascal o Ampere, que llevan asociado un indicador denominado capacidad de cómputo. Así por ejemplo, una RTX3090 utiliza la arquitectura Ampere y tiene una capacidad de cómputo 7.5. A partir de dicho valor, podemos seleccionar una versión CUDA apropiada. Normalmente, la última versión será compatible con las GPU más recientes (URL: `https://developer.nvidia.com/cuda-downloads`). Tensorflow requiere adicionalmente de cuDNN, que es una biblioteca de primitivas para redes neuronales profundas. cuDNN proporciona implementaciones altamente ajustadas para rutinas estándar como la convolución hacia delante y hacia atrás, la agrupación, la normalización y las capas de activación. cuDNN forma parte del SDK de aprendizaje profundo de NVIDIA (URL: `https://developer.nvidia.com/cudnn`).

Hasta la versión 1.15 de Tensorflow (TF) era necesario especificar si queríamos soporte de GPU o de CPU. A partir de dicha versión, la instalación se ha simplificado, siendo la misma versión para los dos. Es importante revisar bien las variables de entorno (LD_LIBRARY_PATH, PATH) de CUDA y cuDNN para que Tensorflow las detecte correctamente y pueda trabajar con GPU. Si no encuentra estas variables, TF utilizará CPU y la velocidad de procesamiento de los modelos que veremos en el libro se reducirá notablemente. Toda la información sobre la configuración correcta de CUDA y cuDNN para su uso con Tensorflow se puede localizar en `https://www.tensorflow.org/install/gpu`. Hay que tener en cuenta que, si Tensorflow no ha sido compilado para una versión concreta de CUDA y cuDNN que utilizamos, es posible que no funcione correctamente. En dichos casos es posible compilar Tensorflow, pero dicho proceso es laborioso y costoso en tiempo, y queda fuera del alcance de este libro.

Una vez instalado CUDA y cuDNN, la instalación de Tensorflow se realiza en Windows y Linux directamente con alguno de los comandos mostrados en el Script 4.4. Dependiendo de si estamos instalando directamente con *conda* o con *pip*, tendremos que seleccionar uno u otro. Recordemos que *conda* es el gestor de paquetes utilizado por defecto en Anaconda, que también nos facilita enormemente la instalación de Tensorflow desde la propia interfaz de la aplicación (Environments → Search Packages).

Código 4.4: Instalación de Tensorflow

```
% En caso de CONDA
conda install -c conda-forge tensorflow

% En caso de PIP
pip install tensorflow
```

Si al instalar Tensorflow no nos detecta correctamente la GPU, es posible que no exista compatibilidad entre el TF instalado y las librerías CUDA y cuDNN. En dicho caso, tendremos que buscar una versión compatible en la web: `https://www.tensorflow.org/install/source?hl=es-419#gpu`

Una vez concluida la instalación, podemos verificar si todo funciona correctamente ejecutando el Código Python 4.5. Este código verificará primeramente qué versión de Tensorflow existe y mostrará las GPUs disponibles. A mayores, crearemos un tensor de ejemplo.

Código 4.5: Primer ejemplo de verificación de Tensorflow

```
import tensorflow as tf
# Datos de Tensorflow
print('Versión TF: ', tf.__version__)
# Versión de CUDA
sys_details = tf.sysconfig.get_build_info()
cuda_version = sys_details['cuda_version']
print('Versión de CUDA: ', cuda_version)
print('Dispositivos GPU: ', tf.config.list_physical_devices('GPU'
    ))
# Ejemplo de tensor
T = tf.constant([[1.0, 2.0], [3.0, 4.0]])
print(T)
```

El resultado debería ser parecido al mostrado en la Figura 4.2. A partir de este momento, ya podremos probar distintos programas que utilicen Tensorflow.

```
Versión TF:  2.10.0
Versión de CUDA:  64_112
Dispositivos GPU:  [PhysicalDevice(name='/physical_device:GPU:0', device_type='GPU')]
2022-12-19 15:16:54.305960: I tensorflow/core/common_runtime/gpu/gpu_device.cc:1616]
Created device /job:localhost/replica:0/task:0/device:GPU:0 with 8861 MB memory:
-> device: 0, name: NVIDIA GeForce RTX 2080 Ti, pci bus id:
0000:01:00.0, compute capability: 7.5
tf.Tensor(
[[1. 2.]
 [3. 4.]], shape=(2, 2), dtype=float32)
```

Figura 4.2: Resultado de la ejecución del primer programa Tensorflow

Mostramos en el Listado 4.6 un ejemplo de cómo sería una instalación completa de CUDA, cuDNN y una versión específica de Tensorflow en Linux Ubuntu 20.04.

Código 4.6: Ejemplo completo de instalación de CUDA, cuDNN y Tensorflow en Ubuntu 20.04

```
1. Instalar GCC, make, etc:
   sudo apt-get install build-essential
   Si no está GCC: sudo apt install gcc

2. Instalar CUDA 11.2:

   wget https://developer.download.nvidia.com/compute/cuda/11.2.0/
        local_installers/cuda_11.2.0_460.27.04_linux.run

   sudo sh cuda_11.2.0_460.27.04_linux.run

3. REVISAR:
 - PATH incluye /usr/local/cuda-11.2/bin      (/etc/environment)
 - LD_LIBRARY_PATH incluye /usr/local/cuda-11.2/lib64, o, añ
   adir /usr/local/cuda-11.2/lib64 a /etc/ld.so.conf y lanzar
   ldconfig como sudo/root.

4. Verificar las GPU:
   nvidia-smi

5. Instalar CUDA-toolkit
   sudo apt install nvidia-cuda-toolkit

6. Verificar nvcc
   nvcc --version

7. Chequear versión CUDA y el toolkit:
   cat /usr/local/cuda/version.txt
   dpkg -l | grep cuda-toolkit

8. Instalar CUDNN:
   Descargar el tgz de la página de NVIDIA y descomprimirlo

   tar zxvf cudnn-11.2-linux-x64-v8.1.0.77.tgz
   sudo cp cuda/include/* /usr/lib/cuda/include/
   sudo cp cuda/lib64/libcudnn* /usr/lib/cuda/lib64/
   sudo chmod a+r /usr/lib/cuda/include/* /usr/lib/cuda/lib64/
       libcudnn*
   echo 'export LD_LIBRARY_PATH=/usr/lib/cuda/lib64:
       $LD_LIBRARY_PATH' >> ~/.bashrc
   echo 'export LD_LIBRARY_PATH=/usr/lib/cuda/include:
       $LD_LIBRARY_PATH' >> ~/.bashrc
   source ~/.bashrc

9. Instalar Tensorflow con soport de GPU:
   pip3 install tensorflow==2.8.0
```

Finalmente, hay que comentar que en ciertas ocasiones puede ser interesante utilizar un contenedor Docker que incluya directamente Tensorflow, CUDA y cuDNN, siendo únicamente necesario en este caso haber instalado el controlador de GPU. Este tipo de instalación facilita el despliegue, al no tener que preocuparnos por seleccionar versiones compatibles de Tensorflow con CUDA y cuDNN. Toda la información sobre el uso de un contenedor con Tensorflow se puede localizar en `https://www.tensorflow.org/install/docker`.

4.4.   Introducción a Pytorch

Pytorch es un framework de aprendizaje automático de código abierto basado en la biblioteca de Torch, utilizado para aplicaciones que implementan aspectos como visión artificial y procesamiento de lenguajes naturales, principalmente desarrollado por el Laboratorio de Investigación de Inteligencia Artificial de Facebook (FAIR).

Torch es una biblioteca de código abierto para aprendizaje automático, un marco de computación científica, y un lenguaje de script basado en el lenguaje de programación Lua. Proporciona una amplia gama de algoritmos de aprendizaje profundo, y usa el lenguaje de script LuaJIT, sobre una implementación en C. Torch se ha dejado de desarrollar en 2017, en favor de otras plataformas. La comunidad de soporte de la última versión estable cerró definitivamente en 2019. Sin embargo, Torch se sigue usando para algunos proyectos, e incluso en desarrollos a través de Pytorch.

Pytorch está completamente basado en Python, aunque puede ser utilizado con C++ y Java. Es una de las bibliotecas más utilizadas en investigación, junto con TensorFlow. Aunque algo más complejo de utilizar que Tensorflow, suele ser más rápido y ofrece algunas características que son interesantes para las personas que trabajan en aprendizaje automático, y que lo hacen ser elegido para numerosos proyectos donde se utilizan redes neuronales o cálculos avanzados a partir de tensores. Podemos considerar que un tensor es un array multidimensional, pero los frameworks como Pytorch utilizan sus propios tensores para incluir información adicional a nivel de grafo.

Para poder trabajar con Pytorch, con GPU, es necesario instalar CUDA y cuDNN siguiendo lo explicado previamente para Tensorflow. Sin embargo, en las versiones actuales de Pytorch es habitual que cuDNN venga integrado, algo bastante práctico para los programadores. Cuando instalamos una versión de Pytorch sin cuDNN integrado, es necesario elegir una versión cuDNN compatible con la versión de CUDA, y una versión de Pytorch compatible con CUDA y con cuDNN, lo cual a veces no es posible. En dichos casos, se puede proceder a la compilación de Pytorch para una versión CUDA y cuDNN, un trabajo bastante costoso y laborioso.

La instalación de Pytorch, incluyendo cuDNN, se puede llevar a cabo buscando el comando apropiado en su web (`https://pytorch.org/get-started/locally/`). Dicho comando será parecido a alguno de los mostrados en el Script 4.7.

Código 4.7: Instalación de Pytorch

```
% En caso de CONDA (Pytorch para versión CUDA=11.7)
conda install pytorch torchvision torchaudio cudatoolkit=11.7 -
    c pytorch -c conda-forge

% En caso de PIP
pip install torch==1.13.0+cu117 torchvision==0.14.0+cu117
    torchaudio==0.13.0+cu117 -f https://download.pytorch.org/
    whl/torch_stable.html
```

Podemos verificar si todo funciona correctamente ejecutando el Código Python 4.8. Este código verificará primeramente qué versión de Pytorch y CUDA tenemos disponible. A continuación, se creará un tensor y se mostrará por pantalla.

Código 4.8: Primer ejemplo de verificación de Pytorch

```python
import torch
# Datos de Pytorch
print('Versión Pytorch: ', torch.__version__)
print('CUDA disponible: ', torch.cuda.is_available())
print('Versión CUDA: ', torch.version.cuda)
# Ejemplo de tensor
T_data = [[[1., 2.], [3., 4.]],
          [[5., 6.], [7., 8.]]]
T = torch.tensor(T_data)
print(T)
```

El resultado debería ser parecido al mostrado en la Figura 4.3. A partir de este momento, ya podremos probar distintos programas que utilicen Pytorch.

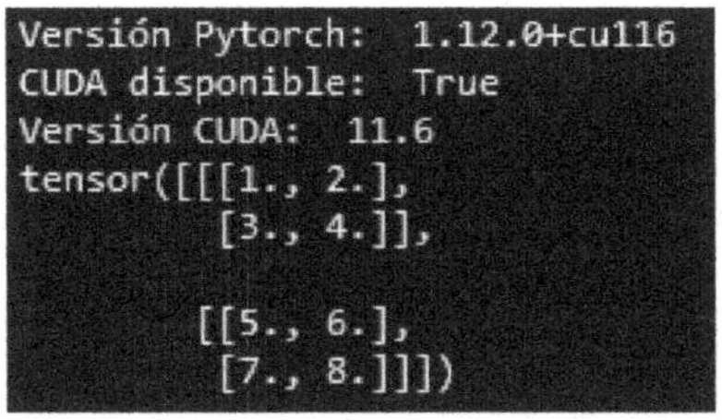

Figura 4.3: Resultado de la ejecución del primer programa Pytorch

4.5.   Esquema abierto de intercambio de redes neuronales

ONNX (*Open Neural Network Exchange*) es un ecosistema de funciones y esquemas de intercambio que permiten transformar un modelo de un framework a otro. ONNX proporciona un formato general para los modelos, lo que permite la interoperabilidad entre diferentes marcos y la optimización del hardware.

ONNX trabaja con muchos frameworks, como Tensorflow, Pytorch, Caffe 2 o Sklearn. ONNX abstrae las similitudes entre marcos para crear una definición de modelo estándar con operadores y tipos de datos integrados.

Aunque durante el libro vamos a trabajar con Tensorflow y Pytorch, podríamos en un momento dado entrenar un modelo en Tensorflow, exportarlo al formato abierto de ONNX e importarlo posteriormente como un modelo de Pytorch para hacer la inferencia. De la misma manera, podríamos hacer el paso inverso: entrenar con Pytorch, exportar a ONNX, importar en Tensorflow y realizar la inferencia. El motivo puede ser diferente, desde necesidades de un equipo de inferencia que trabaja en Tensorflow y sin embargo quiere entrenar en servidores con Pytorch, que suele ser más rápido, hasta simplemente los conocimientos de la persona que va a llevar a cabo el entrenamiento. Tal vez la persona solo sabe trabajar con Tensorflow pero le piden un modelo que va a funcionar en una instalación con Pytorch.

La instalación se realiza con PIP: *pip install onnx*. Una vez instalado, la conversión es bastante sencilla. El Código 4.9 mostraría cómo convertir un modelo Pytorch a ONNX e importarlo con Tensorflow. Aunque en el libro no vamos a profundizar más en este tema, es interesante para el lector conocer esta posibilidad. En la web de ONNX (`https://onnx.ai/`) se puede encontrar más información.

Código 4.9: Conversión de modelo Pytorch a Tensorflow con ONNX

```
import onnx
from onnx_tf.backend import prepare
...
# Grabar modelo Pytorch como ONNX. Es necesario para un ejemplo
    de entrada
torch.onnx.export(modelo_pytorch, ejemplo_entrada, 'modelo.onnx'
    )
...
# Cargar modelo ONNX como Tensorflow
modelo_onnx = onnx.load('modelo.onnx')
modelo_tensorflow = prepare(modelo_onnx)
```

Capítulo 5

Ciclo del proyecto y tipos de problemas

El aprendizaje automático ha supuesto un impulso considerable a la mejora de los problemas que existían en visión artificial. Por otro lado, han surgido también nuevas necesidades gracias a las posibilidades que los modelos actuales ofrecen. Los modelos actuales han mejorado muchos problemas de visión industrial, conducción autónoma, todo tipo de aplicaciones de clasificación, detección o reconocimiento, e incluso interacción hombre-máquina. En la Figura 5.1 se muestra un robot que identifica a las personas que interactúan con él y que las atiende según la atención que le prestan, fijándose para ello en dónde miran si estan hablando [13]. El robot utiliza redes neuronales a partir de diversos estímulos que recibe con el objetivo de seleccionar con qué persona interactuar.

Figura 5.1: Robot interactuando con personas mediante visión artificial y redes neuronales

5.1.   Ciclo del proyecto

Podemos englobar los proyectos de visión artificial dentro del ciclo de un proyecto de ingeniería de los datos (ver Figura 5.2). En un proyecto de visión, lo primero que tenemos que conocer es el negocio sobre el que vamos a trabajar y cuál es nuestro objetivo. Cuando hablamos de negocio nos referiremos a todo aquello que deba ser conocido para la realización del proyecto. Cuanto mayor conocimiento tengamos del negocio, mejores serán las soluciones que podamos plantear. En muchas ocasiones, es posible que directamente nos proporcionen unas imágenes y nos digan cuál es el resultado que se espera. Sin embargo, conocer más en detalle sobre para qué, cómo, cuándo y dónde se toman las imágenes nos puede ayudar a ofrecer soluciones alternativas.

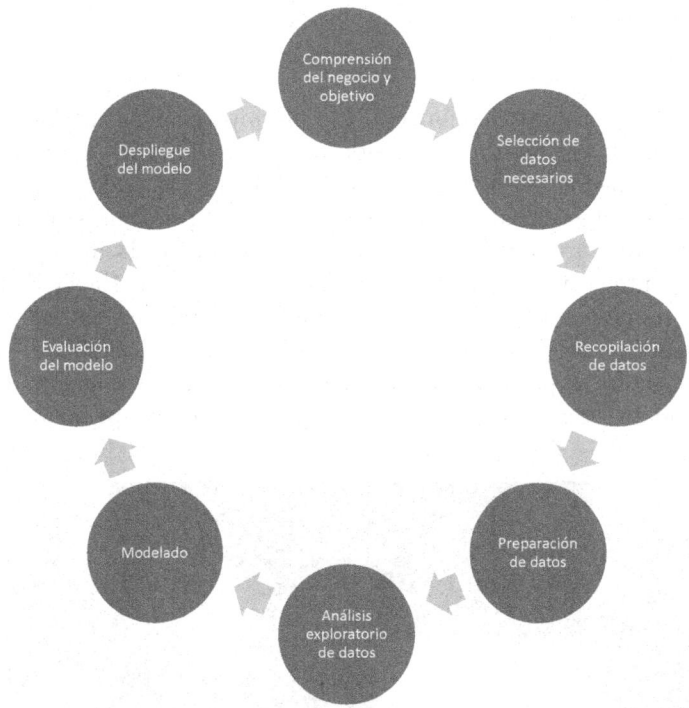

Figura 5.2: Ciclo de un proyecto

Una vez que tenemos claro cuál es el objetivo o alcance del proyecto, podremos realizar una selección certera de cuál son los datos necesarios. Cuando el proyecto es de visión artificial, podremos seleccionar aquellas imágenes que previsiblemente ofrecerán mejores resultados. Como el proyecto es cíclico, es posible que en sucesivas iteraciones se refine la selección. De hecho, el propio proyecto se puede seguir utilizando alguna metodología de desarrollo ágil, tipo SCRUM, donde vayamos enlazando cada ciclo con una demostración.

A partir de la selección de imágenes, llevaremos a cabo la adquisición. Este es uno de los aspectos más costosos del proyecto, siendo necesario en muchas ocasiones subcontratar alguna parte como el etiquetado. Si estamos ante un sistema de clasificación de defectos industriales, pensemos que normalmente se suelen requerir cerca de $1,000$ imágenes por defecto para obtener buenos resultados. Que ocurran $1,000$ defectos de un tipo y que seamos capaces de etiquetarlos correctamente no es sencillo, sobre todo si tenemos decenas de tipos de defectos.

Aunque no es necesario tener el juego de datos completo para continuar, sí conviene tener una cantidad suficiente. Volviendo al ejemplo anterior, podríamos empezar con 50 o 100 defectos por clase. Tendremos que desarrollar los procesos que filtren los datos, por ejemplo *outliers* o valores atípicos. En visión artificial podrían ser imágenes incorrectas (en negro, sobreexpuestas, etc.). También tendremos que dividir el juego de datos en conjuntos de entrenamiento (*train*), validación (*validation*) y prueba (*test*). A lo largo del libro iremos viendo el porqué de esta necesidad.

En la preparación de los datos también será importante ver cuál es el volumen con el que trabajaremos. No es lo mismo trabajar con una base de datos de $1,000$ imágenes que con una base de vídeos de 2 millones. Los proyectos de visión artificial requieren sistemas más potentes y capaces de paralelizar o distribuir la carga de datos y entrenamiento. Tendremos que analizar si nos conviene utilizar servidores propios o trabajar con algún proveedor en la nube, analizando pros y contras. Puede ser más rápido utilizar un proveedor en la nube, pero a lo mejor su coste es superior si pretendemos hacer muchos entrenamientos.

El análisis exploratorio de datos es una primera aproximación a comprender mejor los datos y cómo llevar a cabo el modelado. Suelen ser herramientas estadísticas que nos permiten identificar qué variables contribuyen más en el objetivo. Como ejemplo podemos mencionar la *Seleccion Univariante* o la *Eliminación Recursiva de Características* (RFE). En la primera, la biblioteca *Scikit-learn* proporciona la clase *SelectKBest* que puede ser utilizada con un conjunto de diferentes pruebas estadísticas para seleccionar un número específico de características. Se pueden utilizar muchas pruebas estadísticas diferentes con este método de selección. Por ejemplo, el método del valor F de ANOVA es apropiado para entradas numéricas y datos categóricos. En RFE, se van eliminando recursivamente atributos y construyendo un modelo sobre los atributos que quedan. Utiliza la precisión del modelo para identificar qué atributos (y combinación de atributos) contribuyen más a la predicción del atributo objetivo. Aunque en visión artificial este tipo de métodos puedan parecer menos útiles, pensemos por ejemplo en un proyecto donde utilizamos un modelo previo para obtener algún dato a partir de una imagen, por ejemplo las coordenadas de las articulaciones de varias personas. RFE nos podría indicar qué articulaciones son necesarias para obtener la salida que buscamos.

Dentro del análisis exploratorio, existen otras técnicas que pueden servir para reducir la dimensionalidad de los datos. Así, por ejemplo, el *Análisis de Componentes Principales* (PCA) utiliza el álgebra lineal para transformar el conjunto de datos en una forma comprimida. Por otro lado, en los proyectos de aprendizaje no supervisado el análisis de los datos nos puede servir para identificar los grupos de agrupamiento (clases).

Otro aspecto que conviene tener en cuenta al seleccionar las entradas del modelo es la relación entre las propias variables de entrada. Muchas veces utilizamos variables de entrada que son altamente dependientes y que, dependiendo del tipo de problema y modelo utilizado, podrían afectar negativamente al entrenamiento. Las matrices de correlación de *Pearson, Spearman* o *Kendall* son potentes herramientas para analizar el grado de dependencia de las variables de entrada. Si dos variables poseen alta dependencia (próxima al 1), puede ser interesante descartar una. En los problemas de visión no tiene sentido llevar a cabo una evaluación de este tipo a nivel de píxeles, pero sí puede ser interesante con valores de modelos intermedios, por ejemplo, las coordenadas de un objeto.

Una vez que tenemos bien identificadas las entradas y el objetivo del modelo, la fase de modelado consistirá en probar distintas configuraciones de varios modelos a ver cuál funciona mejor. Aunque existen ciertas pautas que iremos viendo a lo largo del libro para seleccionar un modelo apropiado, el probar muchos parámetros y la propia intuición en base a la experiencia juegan un papel destacado.

El mejor modelo o la mejor combinación de modelos, como veremos en el último capítulo del libro, serán evaluados con datos independientes de prueba. Dichos datos o imágenes deben ser lo más realistas posibles, de tal manera que cuando hagamos el despliegue no haya sorpresas. Como hemos dicho, el modelo se irá refinando poco a poco, por lo que después del despliegue continuaremos otra iteración para intentar mejorar los resultados. En la práctica el proyecto suele terminar cuando no somos capaces de mejorar más o cuando hemos alcanzado cierto valor estipulado en el contrato.

5.2. Tipos de problemas

En este libro abordaremos muchos problemas existentes utilizando los dos principales *frameworks* existentes de aprendizaje automático: Tensorflow y Pytorch. Dentro del aprendizaje automático, podemos encontrar distintos tipos de problemas:

- Aprendizaje supervisado: El algoritmo produce una función que establece una correspondencia entre las entradas y las salidas deseadas del sistema. Un ejemplo de este tipo de aprendizaje sería el utilizado en los problemas de clasificación.

- Aprendizaje no supervisado: No se tiene información sobre las categorías de los ejemplos. El sistema tiene que ser capaz de reconocer patrones a partir de datos nuevos. Un ejemplo son los mapas auto-organizados, donde elementos de entrada similares tienden a excitar neuronas adyacentes.

- Aprendizaje semi-supervisado: Utilizamos aprendizaje no supervisado para establecer una división en categorías inicial. Posteriormente, ajustamos las etiquetas para entrenar de forma supervisada.

- Aprendizaje por refuerzo: Un agente inteligente debe aprender cómo se comporta el entorno mediante recompensas (refuerzos), o castigos (retroalimentación). Dentro de esta técnica, podemos encontrar la programación dinámica, los métodos de Monte Carlo, y el aprendizaje basado en diferencias temporales.

- Transducción: Trata de predecir las categorías de las futuras observaciones basándose en los ejemplos de entrada, sus respectivas categorías y los ejemplos nuevos que van entrando al sistema.

- Aprendizaje multi-tarea: Usan conocimiento previamente aprendido por el sistema de cara a enfrentarse a problemas parecidos a los ya vistos.

Dentro de las técnicas de regresión y clasificación, encontramos:

- Árboles de decisión: Crean árboles donde, en cada nodo, se toma una decisión que crea dos o más ramas que enlazarán con otros nodos de decisión. Los árboles de decisión tienen gran utilidad en muchos campos, incluyendo la teoría de juegos.

- Reglas de asociación: Procuran descubrir relaciones interesantes entre variables.

- Algoritmos genéticos: Procesos de búsqueda heurística que simulan la selección natural.

- Redes neuronales artificiales: Las redes de neuronas artificiales (RNA) son un paradigma de aprendizaje automático inspirado en las neuronas de los sistemas nerviosos de los animales. Se trata de un sistema de enlaces de neuronas que colaboran entre sí para producir un estímulo de salida.

- Máquinas de vectores de soporte (SVM): Los algoritmos SVM utilizan un conjunto de muestras de entrenamiento etiquetadas en dos categorías para construir un modelo que prediga si una nueva muestra pertenece a una u otra de dichas categorías.

- Algoritmos de agrupamiento: El agrupamiento es un método de aprendizaje no supervisado y es una técnica muy popular de análisis estadístico de datos. Las técnicas de agrupamiento hacen inferencias diferentes sobre la estructura de los datos, guiándose normalmente por una medida de similitud específica y por un nivel de compacidad interno: similitud entre las muestras de una categoría y separación con muestras de otras categorías.

- Redes bayesianas: Modelo probabilístico que representa una serie de variables de azar y sus independencias condicionales a través de un grafo acíclico dirigido.

5.2.1. Clasificación de imágenes y vídeos

La clasificación es uno de los principales problemas en visión. Consiste en catalogar una imagen o vídeo de acuerdo con una lista de posibles categorías. A lo largo del libro iremos viendo distintos ejemplos de clasificación, desde modelos definidos por nosotros mismos mediante redes neuronales con capas de convolución, hasta modelos más sofisticados donde utilizaremos *transfer learning*. Esta técnica nos permite utilizar modelos que han sido previamente entrenados con millones de imágenes para que, con un entrenamiento más fino (fine-tuning), puedan ser utilizados en nuestros problemas.

Los modelos de clasificación son muy útiles en aplicaciones de carácter generalista, como es por ejemplo clasificar un tipo de objeto en su clase correspondiente: silla, mesa, etc., pero también en aplicaciones del ámbito industrial, como podría ser la detección de un tipo de defecto concreto en una pieza. Sin embargo, tenemos que tener claro que el problema de clasificación es diferente al problema de identificación o reconocimiento. En dichos problemas lo que se busca es saber quién aparece en una imagen o qué objeto concreto sale. No se trata por lo tanto de saber que lo que aparece es una persona o una silla, sino de saber que en la imagen aparece la persona asociada al documento de identidad X y la silla con identificador Y. Este tipo de problemas se suelen resolver con técnicas diferentes a las que se utilizan normalmente en los problemas de clasificación.

5.2.2. Detección, segmentación y reconocimiento de objetos y personas

Este tipo de problema es uno de los más demandados en el campo de la visión artificial. Mientras que la detección consiste en detectar si existe un objeto determinado o persona en una imagen, ofreciendo la posición donde se encuentra, la segmentación consiste en delimitar la región donde se encuentra. La segmentación no necesariamente identifica qué tipo de objeto existe, limitándose únicamente a delimitar su región. El reconocimiento o identificación, como hemos visto anteriormente, es un paso adicional que permite clasificar el tipo de objeto o persona individualmente. Por ejemplo, en la Figura 5.3 se muestra un sistema de reconocimiento facial. En este sistema se realiza primeramente la detección de las caras en imágenes, por ejemplo, mediante unos filtros en cascada de Haar que indican un cuadrado en torno a la región donde se encuentran. A continuación, después de alinear las imágenes por la posición de los ojos mediante una transformada de Hough, se hace un reconocimiento indicando si las personas de las dos imágenes son la misma. Dicho proceso se puede llevar a cabo con una red siamesa, que veremos posteriormente en el libro. En el capítulo de detección y segmentación veremos más en detalle este tipo de problemas.

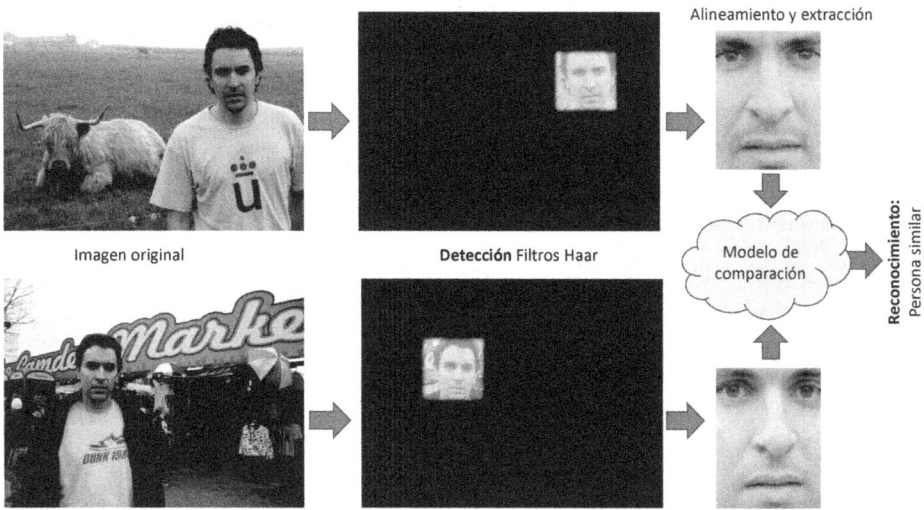

Figura 5.3: Sistema de detección y reconocimiento

5.2.3. Problemas de regresión

Denominamos problemas de regresión a aquellos donde la salida esperada es uno o más valores continuos. Son un tipo de problema de aprendizaje supervisado, donde a partir de unos datos conocidos podemos predecir cuál será la salida ante unos datos desconocidos. Por ejemplo, un problema de regresión sería calcular el precio que tendrá una vivienda a partir de ciertos indicadores. Cuando intervienen diversas variables en la entrada, hablamos de problemas de regresión múltiple. En visión artificial, un problema de regresión podría ser calcular la posición de las articulaciones de una persona. Los problemas de detección, segmentación y reconocimiento de objetos y personas suelen resolverse utilizando modelos de regresión. Los modelos pueden tener una o más salidas, e incluso pueden combinarse con modelos de clasificación.

Dentro de las técnicas más simples de regresión encontraríamos la regresión lineal (función *linear_model* de *Sklearn*), la regresión polinómica o la regresión logarítmica (se implementan en la función *polyfit* de *numpy*). El ejemplo del Código 5.1 obtiene un modelo de regresión lineal que calcula el precio de una vivienda en función del número de habitaciones. La Figura 5.4 muestra el resultado del modelo sobre los datos de prueba.

Código 5.1: Sencillo problema de regresión lineal para predecir precio de la vivienda

```
# Sencillo problema de regresión lineal del precio
# de la vivienda (Boston dataset)
import numpy as np
from sklearn import datasets, linear_model
from sklearn.model_selection import train_test_split
```

```
import matplotlib.pyplot as plt
# Cargamos el dataset de precios de vivienda en Boston
boston = datasets.load_boston()

# Verifico la información de las columnas
print('Nombres columnas:', boston.feature_names)

# Seleccionamos solamente la columna 5 del dataset: Habitaciones
X = boston.data[:, np.newaxis, 5]
# Defino los datos correspondientes a las etiquetas: Precio
y = boston.target

# Separo los datos de 'train' en entrenamiento y prueba para
    probar los algoritmos
X_train, X_test, y_train, y_test = train_test_split(X, y,
    test_size=0.2)
# Defino el algoritmo a utilizar
lr = linear_model.LinearRegression()
# Entreno el modelo
lr.fit(X_train, y_train)
# Realizo predicción
Y_pred = lr.predict(X_test)
# Graficamos los datos junto con el modelo
plt.scatter(X_test, y_test)
plt.plot(X_test, Y_pred, color='red', linewidth=3)
plt.title('Regresión Lineal Simple')
plt.xlabel('Número de habitaciones')
plt.ylabel('Valor medio')
plt.show()
```

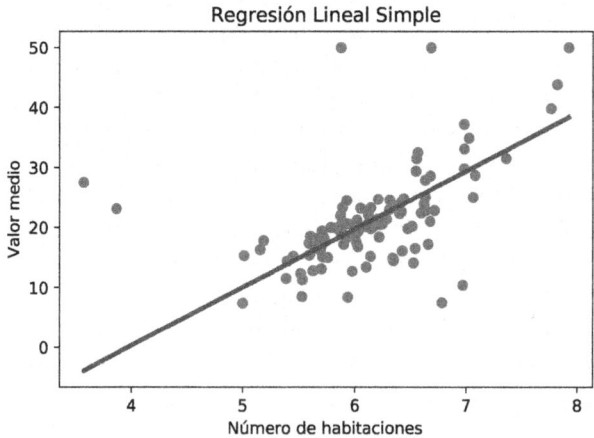

Figura 5.4: Gráfica del modelo de estimación del precio de la vivienda en rojo. En azul, los datos de prueba.

Muchas veces, cuando los conjuntos de datos están claramente correlacionados, puede ser suficiente con utilizar un modelo sencillo de este tipo. Como se suele decir, utilizar un modelo muy complejo de aprendizaje profundo para resolver un sencillo problema es como matar moscas a cañonazos. La visualización de la relación entre variables de entrada y salida puede ayudar a detectar si nos encontramos ante un problema de fácil resolución mediante técnicas simples.

Cuando la relación de las variables de entrada con la salida no está clara o el número de entradas es muy grande, los problemas de regresión se pueden solucionar utilizando técnicas más complejas como los árboles de decisión, SVM o las redes neuronales. En el libro estudiaremos tanto SVM como las redes neuronales.

5.2.4. Aprendizaje de un único caso

El aprendizaje a partir de pocos casos, del inglés *Few-shot Learning* (FSL) [14], es el nombre que se da a un grupo de técnicas que puedan responder a problemas tales como la clasificación cuando tenemos un número pequeño de muestras por clase. Entre ellas, las técnicas de clasificación de imágenes para aprender a partir de un solo ejemplo reciben el nombre de *One-Shot Learning* (OSL) [15]. Estas técnicas se pueden llevar a cabo utilizando conocimiento previo para poder generalizar rápidamente a nuevas clases o tareas que contengan una o unas pocas muestras de cada categoría.

Los modelos de clasificación habituales requieren una gran batería de imágenes para cada categoría, mientras que OSL busca modelos con una sola imagen por clase, en un modelo ideal, o con un número reducido de imágenes. Pero esto representa un problema, ya que cuando sólo tenemos unos pocos ejemplos se pierde la capacidad de generalización ante situaciones diversas. Las técnicas de aprendizaje de una sola imagen se basan en la idea de inducir nuevos conocimientos a partir de los obtenidos previamente por un clasificador entrenado con casos similares, emulando en cierta medida la forma en que el cerebro humano aprende nuevas ideas utilizando los conocimientos de experiencias anteriores. Por ejemplo, un humano distingue la cara de una persona vista una sola vez porque tenemos información previa sobre muchas caras. Sin embargo, nos resulta mucho más difícil distinguir la cara de dos animales (por ejemplo, leones) ya que nuestro cerebro no está entrenado con casos similares.

El problema OSL se puede resolver entrenando un clasificador con un grupo diferente de categorías para el entrenamiento/prueba, como realizaron Held et al. [16]. Los autores querían reconocer un producto de alimentación para el que se había dado una sola imagen, pero también querían considerar puntos de vista novedosos. Llevaron a cabo un procedimiento de entrenamiento en varias etapas, en el que primero entrenaron con un gran conjunto de datos a nivel de clase, seguido de un conjunto de datos auxiliar de múltiples vistas, que permitió que el modelo fuera robusto a los cambios de punto de vista. Por último, se entrenaron con los objetos que querían reconocer a partir de una sola imagen.

5.2.5. Generación de imágenes sintéticas

Los problemas de generación de imágenes sintéticas permiten generar conocimiento nuevo a partir del conocimiento existente. Es muy interesante el proyecto

This person does not exist (`https://thispersondoesnotexist.com/`), que nos muestra la imagen de una persona que no existe. El entrenamiento de este tipo de redes, denominadas Redes Generativas Antagónicas, del inglés *Generative Adversarial Networks* (GANs), parte de miles de imágenes de personas reales que sirven para entrenar un modelo capaz de generar imágenes sintéticas utilizando un vector de espacio latente como entrada que recibirá valores aleatorios. Las redes GAN fueron diseñadas originalmente por Ian J. Goodfellow en 2014 [17], y utilizan internamente dos subredes, denominadas generador y discriminante, que se entrenan de manera conjunta y en dos etapas. En el libro explicaremos en detalle cómo funcionan y cómo entrenar una red GAN para mostrar imágenes ficticias de gatos.

Este tipo de modelos no sirven únicamente para sacar imágenes sin más. La salida de los modelos puede ser utilizada para aumentar el conjunto de datos de nuestro modelo y poder entrenar nuevos modelos. Incluso existe bastante investigación respecto a modelos capaces de detectar si las imágenes de entrada han sido generadas por una red generativa antagónica.

Capítulo 6

Aprendizaje supervisado y no supervisado

Los algoritmos de aprendizaje automático pueden ser supervisados o no supervisados. El aprendizaje no supervisado se distingue del que sí lo es por el hecho de que no hay un conocimiento a priori. Uno de los tipos de problemas con los que nos podemos encontrar en el aprendizaje automático y en la visión artificial es aquel en el que no tenemos a priori información sobre las categorías a las que pertenecen un conjunto de datos. Este tipo de problemas se denominan problemas de aprendizaje no supervisado. Imaginemos que estamos en una fábrica, donde se fabrican distintos tipos de tornillos, tuercas o arandelas. Nos piden instalar un sistema que clasifique los distintos tipos de objetos, pero no se dispone de una base de datos de imágenes de cada tipo de producto y es muy difícil obtenerla al interferir con el funcionamiento de la propia fábrica.

Los algoritmos no supervisados son capaces de analizar el conjunto de datos y separar las muestras en distintos agrupamientos, o clústeres. Estos algoritmos también se denominan algoritmos de clustering ya que su objetivo es agrupar las muestras en distintos clústeres. En algunas ocasiones, este tipo de problemas ayudan al descubrimiento de relaciones analizando los datos en bruto (raw data). Imaginemos que tenemos un millón de imágenes del iris de personas. Si utilizamos un algoritmo de clustering y le indicamos que queremos que nos separe los iris en 2 clases diferentes, ¿qué resultado obtendremos? Este tipo de problemas ayudan a descubrir relaciones entre los datos y categorías del mundo real. Tal vez dicha separación nos permita correlacionar las clases con algún tipo de categoría, como podría ser tener miopía o no. De esa correlación se extraería un descubrimiento de la forma: "Este modelo de clustering nos permite detectar si una persona tiene miopía o no con una confianza del 67 %". Pero naturalmente, esto es un resultado inventado que no hemos probado. Invitamos al lector a que lleve a cabo experimentos de este tipo. En este capítulo exploraremos uno de los principales algoritmos de aprendizaje no supervisado, denominado K-Means.

Aparte del algoritmo K-Means, existen otros algoritmos de aprendizaje no supervisado. Los mapas auto-organizados (*Self-Organizing Map (SOM)*, también llamados mapas de Kohonen en honor al profesor que los planteó [18], establecen una serie de nodos repartidos de manera aleatoria sobre el espacio del conjunto de datos. Durante el entrenamiento se van seleccionando muestras y se busca el nodo más próximo utilizando la distancia euclídea. Se actualiza entonces el nodo para aproximarlo a la muestra y, en menor medida, a las muestras vecinas. Tras muchas iteraciones, la cuadrícula tiende a aproximarse a la distribución de los datos. Más recientemente, se han empezado a utilizar redes neuronales de tipo AutoEncoder-Decoder [19]. Aunque en el libro mostraremos cómo utilizar estas redes para aprendizaje supervisado, pueden ser utilizadas en aprendizaje no supervisado utilizando las mismas entradas como salidas y reduciendo la dimensionalidad a un vector que nos permita agrupar más fácilmente los datos.

En el aprendizaje supervisado sí tenemos a priori conocimiento de las categorías o valores asociados a cada posible muestra de un conjunto de entrenamiento. Supongamos que eres el camarero de un restaurante, y has ido anotando en una libreta el importe de las cuentas y la cantidad de propina que han ido dando diferentes clientes. En este momento, vas a llevar la cuenta a un grupo de clientes y te gustaría estimar qué propina te darán. Decides crearte un modelo en el que el importe de cada cuenta es una muestra de entrada y la propina es una etiqueta (*label*) asociada. Una vez entrenado tu modelo, podrás estimar qué propina recibirás. Muchas veces nos encontramos con problemas cuya resolución puede ser tan simple como aplicar un problema de regresión. En el ejemplo anterior de las propinas, la regresión lineal probablemente nos ofrecerá un buen resultado predictivo. Utilizar una red neuronal para resolver un problema de este tipo sería como matar moscas a cañonazos.

En visión artificial, los problemas pueden llegar a ser tremendamente complejos y las relaciones entre la entrada del modelo, por ejemplo una imagen de un animal en medio del campo, y la salida, por ejemplo "una vaca", no se pueden plasmar mediante modelos matemáticos sencillos. Las imágenes son conjuntos de millones de píxeles y el cambio de sus valores entre distintas imágenes, incluso de una misma clase, es muy grande. Cuando nos encontramos con problemas en donde intervienen muchas variables y cuyo comportamiento no puede ser aproximado mediante una función sencilla, es posible que se puedan utilizar técnicas de aprendizaje profundo, como pueden ser las redes neuronales de convolución y los algoritmos de clasificación como SVM. Los problemas de visión artificial son un claro ejemplo. El conjunto de variables primitivas son todos los píxeles de la imagen, y es muy difícil obtener una función matemática sencilla que aproxime todos los píxeles a un conjunto de clases definido. Dentro de los algoritmos de aprendizaje supervisado, veremos SVM en este capítulo, y las redes neuronales en los siguientes.

Dentro de los problemas de aprendizaje supervisado, podemos hablar de problema de regresión cuando lo que buscamos es obtener un valor concreto a partir de una entrada determinada. Por contra, un problema de clasificación busca catalogar una muestra en una categoría concreta, dentro de una lista de categorías disponibles. Existen redes neuronales, como YOLO (*You Only Look Once*), que combinan las dos técnicas, clasificando un objeto e identificando su posición mediante regresión.

Además del aprendizaje supervisado y no supervisado, se podría hablar de un tercer tipo denominado semi-supervisado, donde utilizamos clustering para descubrir posibles separaciones en categorías, para a continuación refinar hacia un entrenamiento donde ajustemos manualmente las etiquetas.

6.1.   Aprendizaje no supervisado con K-Means

Uno de los algoritmos más conocidos de clustering es K-Means. Este algoritmo es sencillo y muy potente. Al algoritmo se le pasa el parámetro K, que representa el número de clústeres que queremos crear. A partir de una representación espacial de los datos, el objetivo del algoritmo es minimizar la distancia entre las observaciones que pertenecen a un clúster y su centroide.

El algoritmo de K-Means es el siguiente:

1. Se elige el número de clústers (K), que serán el número de agrupaciones que crearemos de nuestros datos.

2. Se inicializan las coordenadas de los centroides. Estos centroides se eligen aleatoriamente seleccionando dos de las muestras aleatorias. Existe otro tipo de inicialización (*kmeans++*) que selecciona los centroides basándose en una distribución de probabilidad empírica de la contribución de los puntos a la inercia global.

3. Se calcula la distancia de cada punto a cada centroide, y se agrupa con aquel centroide más próximo.

4. Se recalculan los centroides de cada grupo para que vuelvan a ser los centros de cada clúster.

5. Se repiten los pasos 3 y 4 hasta que se cumpla un criterio de parada:

   - Centroides no cambian: Tras múltiples iteraciones, los centroides dejan de cambiar. El algoritmo converge totalmente.

   - Agrupamientos dejan de cambiar: Aunque haya ciertas variaciones del recálculo de los centroides, los agrupamientos se mantienen iguales entre varias iteraciones. Se asume entonces que el algoritmo está entrenado.

   - Límite de iteraciones: Muchas veces no queremos un modelo sobre-entrenado y preferimos que a partir de ciertas iteraciones, donde vemos que el resultado es satisfactorio, se pare el agrupamiento. En otras ocasiones, si tenemos un elevado número de muestras, puede interesarnos una parada del modelo a partir de ciertas iteraciones.

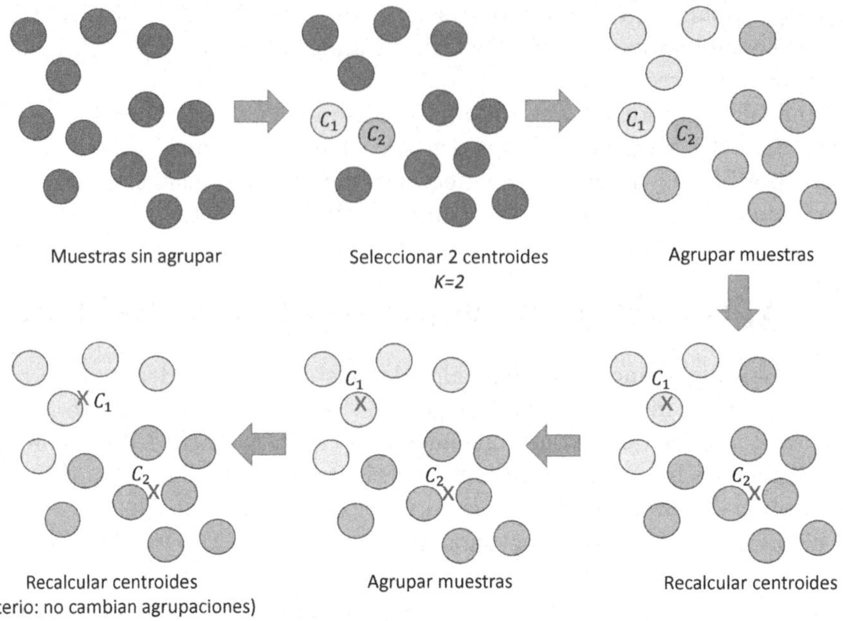

Figura 6.1: Agrupamiento en algoritmo K-Means

La Figura 6.1 muestra cómo se comporta el algoritmo K-Means en la separación de los datos representados.

En visión artificial no es posible aplicar directamente el algoritmo K-Means sobre una imagen. Aunque las muestras de entrada del algoritmo podrían ser las propias matrices de píxeles de las imágenes, este tipo de aproximación no ofrecería resultados satisfactorios. Se debe calcular previamente algún tipo de descriptor numérico o vector de características destacadas que pueda ser utilizado para entrenar al algoritmo.

En el ejemplo de la Figura 6.2, tenemos un conjunto de llaves que van pasando por una cinta transportadora. A partir del área y el perímetro de cada tipo de llave, veremos cómo podemos distinguir todos los tipos de llaves. Concretamente hay seis tipos de llaves diferentes.

En la primera parte del código de ejemplo (ver Código 6.1), se obtiene un descriptor para cada una de llaves que aparecen en la imagen compuesto por el área y el perímetro de la llave. Una vez binarizada una imagen, OpenCV nos permite extraer los objetos que aparecen de forma aislada mediante la función *connectedComponents*. A partir de dichos objetos aislados, podemos calcular tanto el área como el perímetro de un objeto utilizando técnicas de visión clásica de una forma sencilla. También en esta parte del código, hay una función denominada *escribirTexto()*, que nos permite escribir en la imagen la clase asociada que nos devolverá K-means.

Código 6.1: Primera parte del algoritmo K-Means para clasificación no supervisada

Figura 6.2: Llaves a separar mediante K-Means

```
# Entrenamiento de KMeans para separación de
# distintos tipos de llaves
import cv2
import numpy as np
from matplotlib import pyplot as plt

# Esta función devuelve tanto la compacidad como la circularidad
def obtener_descriptores(imagen):
    # Leemos la imagen
    img = cv2.imread(imagen, 0)
    # Reajustamos el tamaño a uno más pequeño
    height = int(0.25 * img.shape[0])
    width = int(0.25 * img.shape[1])
    img = cv2.resize(img, (width, height), interpolation= cv2.
        INTER_AREA)

    # Aplicamos un filtro Gaussiano
    img_gaus = cv2.GaussianBlur(img, (9, 9), 1)

    # Binarizamos la imagen
    img_bin = cv2.threshold(img_gaus, 240, 255, cv2.
        THRESH_BINARY_INV)[1]

    # Obtenemos los distintos objetos de la imagen
    num_objetos, matriz_objetos = cv2.connectedComponents(img_bin
        )

    # Eliminar ruido mediante la supresión de regiones menores a
        50 píxeles
    area = [0] * num_objetos
    for x in range(len(matriz_objetos)):
        for y in range(len(matriz_objetos[0])):
```

```python
                area[matriz_objetos[x][y]] += 1
    for x in range(len(matriz_objetos)):
        for y in range(len(matriz_objetos[0])):
            if area[matriz_objetos[x][y]] < 50:
                img_bin[x][y] = 0
    num_objetos, matriz_objetos = cv2.connectedComponents(img_bin
        )

    # Obtenemos los perímetros y áreas de los objetos
    # para entrenar Kmeans.
    perimetros = np.zeros((num_objetos,1),np.float32)
    areas = np.zeros((num_objetos,1),np.float32)

    for etiq in range(1,num_objetos):
        img_aux = np.zeros_like(matriz_objetos, np.uint8)
        img_aux[matriz_objetos == etiq] = 1
        cnt, _ = cv2.findContours(img_aux, cv2.RETR_EXTERNAL, cv2
            .CHAIN_APPROX_NONE)
        for i in range(len(cnt)):
            # Obtener perímetro de objeto
            perim = cv2.arcLength(cnt[i], True)  # true porque
                cont es cerrado
            # Obtener área del objeto
            area = cv2.contourArea(cnt[i])

            areas[etiq][0] = area
            perimetros[etiq][0] = perim

    # Lo coloco en dos columnas quitando el primer elemento
    descriptores = np.hstack((areas[1:,:], perimetros[1:,:]))

    return img, img_bin, num_objetos, matriz_objetos,
        descriptores

def escribirTexto(img_bin, num_objetos, matriz_objetos, labels):
    # Escribimos en texto el identificador de cada objeto para
        catalogarlos
    font = cv2.FONT_HERSHEY_SIMPLEX
    # Tamaño de fuente de texto
    fontScale = 0.7
    # Color verde
    color = (255, 0, 0)
    # Grosor del texto
    thickness = 2
    img_color = cv2.cvtColor(img_bin, cv2.COLOR_GRAY2BGR)
    clases = [False] * num_objetos
    for x in range(len(matriz_objetos)):
        for y in range(len(matriz_objetos[0])):
            if matriz_objetos[x][y] != 0:
                if clases[matriz_objetos[x][y]] == False:
                    img_color = cv2.putText(img_color, str(1+
                        labels[matriz_objetos[x][y]-1][0]), (y, x
                        ), font, fontScale, color, thickness, cv2
                        .LINE_AA)
                    clases[matriz_objetos[x][y]] = True
    return img_color
```

En la segunda parte del código es donde se llama al algoritmo K-means utilizando los descriptores de cada una de las 26 llaves que aparecen en la imagen. Se han definido un máximo de 10 iteraciones y se genera, adicionalmente, un diagrama mostrando en 2D la posición de los objetos en función de su área y perímetro, así como el centroide de las distintas clases encontradas (ver Figura 6.3).

Código 6.2: Segunda parte del algoritmo K-Means para clasificación no supervisada

```python
# Paso 1. Leemos la imagen con los objetos utilizados para
    entrenar el modelo K-means
img, img_bin, num_objetos, matriz_objetos, trainX =
    obtener_descriptores('llaves.png')

# Paso 2. Definimos el criterio de separación y aplicamos K-Means
    (6 clases)
criteria = (cv2.TERM_CRITERIA_EPS + cv2.TERM_CRITERIA_MAX_ITER,
    10, 1.0)
num_clases = 6
ret, labels, center = cv2.kmeans(trainX, num_clases, None,
    criteria, 10, cv2.KMEANS_RANDOM_CENTERS)

A = trainX[labels.ravel() == 0]
B = trainX[labels.ravel() == 1]
C = trainX[labels.ravel() == 2]
D = trainX[labels.ravel() == 3]
E = trainX[labels.ravel() == 4]
F = trainX[labels.ravel() == 5]

plt.scatter(A[:,0], A[:,1], c='r')
plt.scatter(B[:,0], B[:,1], c='g')
plt.scatter(C[:,0], C[:,1], c='b')
plt.scatter(D[:,0], D[:,1], c='c')
plt.scatter(E[:,0], E[:,1], c='m')
plt.scatter(F[:,0], F[:,1], c='y')

plt.scatter(center[:,0], center[:,1], s=80, c='y', marker='s')
plt.xlabel('Área'), plt.ylabel('Perímetro')

plt.savefig('clustering_llaves.pdf', format='pdf')

img_color = escribirTexto(img, num_objetos, matriz_objetos,
    labels)
cv2.imshow('Resultado', img_color)
cv2.waitKey(0)
cv2.destroyAllWindows()
```

El resultado del programa es el mostrado en la Figura 6.4, donde podemos observar la clara separación en distintas clases que el algoritmo K-means realiza para cada tipo de llave.

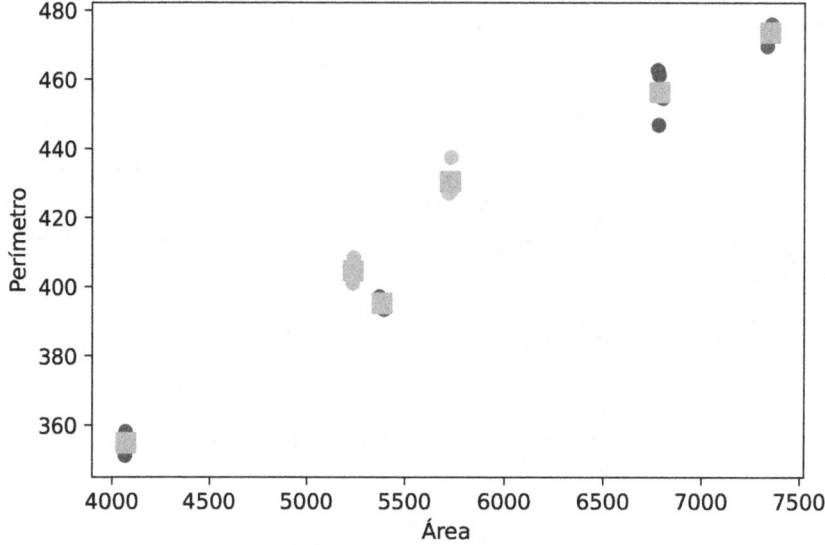

Figura 6.3: Centroides de las clases encontradas mediante K-Means

Figura 6.4: Resultado de clasificación no supervisada mediante K-Means

6.2. Aprendizaje supervisado con SVM

Una máquina de vectores de apoyo, del inglés Support Vector Machine (SVM), es un algoritmo de aprendizaje supervisado que se utiliza para muchos problemas de clasificación y regresión, como pueden ser la clasificación de muestras de datos en grupos específicos, las aplicaciones médicas de procesamiento de señales, el procesamiento del lenguaje natural, o el reconocimiento de voz e imágenes.

El objetivo del algoritmo SVM es encontrar el hiperplano que mejor separe dos grupos de muestras (dos categorías). Cabe destacar que el algoritmo estándar SVM está formulado para problemas de clasificación binarios, y los problemas multiclase suelen reducirse a una serie de problemas binarios.

SVM busca un hiperplano que será aquel que reduce al mínimo la suma acumulada de distancias de todas las muestras con respecto al hiperplano. Sin embargo, en la mayoría de los problemas, las observaciones no son completamente separables linealmente. En este escenario, se utilizan dos planos paralelos al hiperplano, denominados vectores soporte, que crean un margen de separación. La Figura 6.5 muestra el hiperplano de separación entre dos grupos de muestras y los vectores soporte asociados.

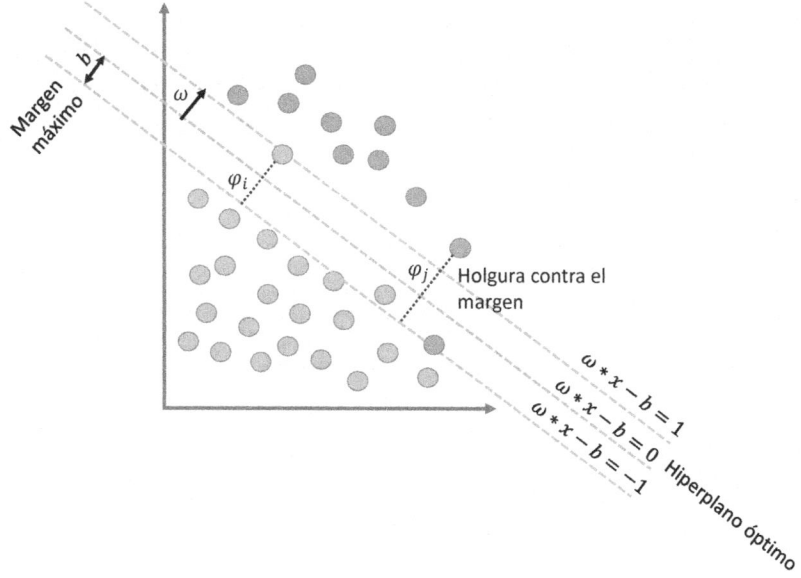

Figura 6.5: Vectores de soporte de SVM

Sea ω el vector normal respecto al hiperplano. $\frac{b}{\|\omega\|}$ determina el margen del hiperplano desde el origen a lo largo del vector normal. El problema SVM se resuelve en este caso según la Optimización 6.1, donde se intenta mantener las variables de holgura a cero mientras maximiza el margen. Esto hace que el algoritmo permita un pequeño número de clasificaciones erróneas.

$$\lambda\|\omega\|^2 + \left[\frac{1}{n}\sum_{i=1}^{n}\text{máx}\left(0, 1 - y_i(\omega^T x_i - b)\right)\right] \tag{6.1}$$

sujeto a las restricciones:

$$\left[y_i\left(\omega^T x_i + b\right) \geq 1\right] \forall i = 1, ..., n$$

donde el parámetro de regularización λ, también denominado C, determina el balance entre el aumento del tamaño del margen y la garantía de que la muestra x_i se encuentre en el lado correcto del margen. Una C pequeña permite ignorar fácilmente las restricciones, lo que conduce a un margen grande. Una C grande permite que las restricciones sean difíciles de ignorar, lo que lleva a un margen pequeño. En el caso de $C = infty$, se aplican todas las restricciones.

Aun permitiendo márgenes, hay casos donde no es posible obtener un hiperplano que consiga separar las clases con un cierto margen de confianza. En dichas situaciones, se utilizan funciones especiales de transformación de los datos. Estas funciones, denominadas núcleos de transformación o *kernels*, mapean los datos a un espacio diferente, a menudo de mayor dimensión, con la expectativa de que las clases sean más fáciles de separar en dicha representación, simplificando unos complejos límites de decisión no lineales a unos lineales en el nuevo espacio de mayor dimensión (ver Figura 6.6). Para aumentar la velocidad del algoritmo, se utiliza una técnica denominada truco del núcleo, o *kernel trick*, que permite que los datos pasen a ser linealmente separables gracias a ciertas propiedades del álgebra.

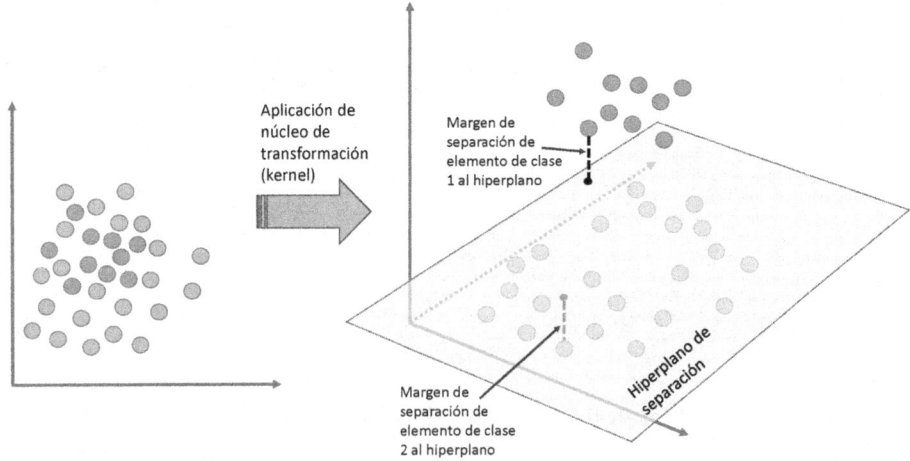

Figura 6.6: Transformación SVM con función kernel

Algunos de los núcleos de transformación más habituales son: Gaussiano o RBF (Función de base radial) (ver Ecuación 6.2), Lineal (ver Ecuación 6.3), Polinomial (ver Ecuación 6.4) y Sigmoidal (ver Ecuación 6.5).

$$K(x_1, x_2) = \exp\left(-\frac{\|x_1 - x_2\|^2}{2\sigma^2}\right) \tag{6.2}$$

$$K(x_1, x_2) = x_1{}^T x_2 \tag{6.3}$$

$$K(x_1, x_2) = \left[x_1{}^T x_2 + 1\right]^\rho \tag{6.4}$$

$$K(x_1, x_2) = \tanh\left[\beta_0 x_1{}^T x_2 + \beta_1\right] \tag{6.5}$$

SVM ha sido uno de los métodos más utilizados para la resolución de problemas de aprendizaje supervisado hasta la llegada de las redes neuronales. Algunas de las ventajas de SVM, principalmente respecto a redes neuronales, son:

- La propia naturaleza del método de optimización convexa garantiza la optimalidad del modelo. Debido a que SVM se puede ejecutar con pocos hiperparámetros, es fácil llevar a cabo una búsqueda matricial de parámetros para elegir el mejor de los modelos. Esto hace que lleguemos a un modelo totalmente optimizado, algo que no es posible en ocasiones con una red neuronal de una manera sencilla. Las redes neuronales requieren muchos más hiperparámetros y puede ser difícil llegar a un modelo óptimo. La búsqueda matricial de parámetros es una técnica que nos permite entrenar el modelo con distintos parámetros y quedarnos con los mejores.

- Se garantiza que la solución es un mínimo global y no un mínimo local. Nuevamente, las redes neuronales pueden caer en mínimos locales y es necesario modificar ciertos parámetros para que el modelo pueda salir de un mínimo local y buscar otro mínimo más general. Sin embargo, SVM busca el mínimo global, por lo que este problema no lo tendremos.

- SVM ofrece la característica, respecto a otras técnicas de aprendizaje supervisado, de conseguir separar datos de una manera lineal utilizando funciones de transformación. Además, se utiliza el truco del núcleo para optimizar su ejecución.

- SVM funciona bien tanto en espacios de datos pequeños como en los de alta dimensión. Funciona eficazmente en conjuntos de datos de alta dimensión debido a que la complejidad del modelo en SVM se caracteriza generalmente por el número de vectores de soporte y no por la dimensionalidad. De la misma forma, funciona eficazmente en conjuntos de datos de entrenamiento más pequeños, ya que no depende de la totalidad de los datos. Si en un conjunto de alta dimensionalidad, se eliminan algunos ejemplos de entrenamiento y se repite el entrenamiento, se obtiene un hiperplano similar.

Sin embargo, SVM tiene algunas claras desventajas respecto a redes neuronales:

- No son adecuadas para conjuntos de datos muy grandes porque el tiempo de entrenamiento con las SVM puede ser alto y mucho más intensivo desde el punto de vista computacional. Los algoritmos implementados de SVM en OpenCV y Scikit-Learn no permiten utilizar GPU, por lo que los entrenamientos son muy costosos en tiempo. Si hacemos una búsqueda matricial de los parámetros de un modelo SVM, para un conjunto de datos mediano (unos 50,000 registros de 512 variables cada uno, y 10 clases), el entrenamiento llevará bastantes horas en un ordenador con un procesador i9.

- Los resultados son menos eficaces en conjuntos de datos muy ruidosos que tienen clases superpuestas. SVM nos garantiza un modelo óptimo, pero no siempre es capaz de transformar los datos a un espacio que separe completamente las muestras. Esto puede provocar que algunos datos puedan estar muy alejados del hiperplano en la clase opuesta. Las redes neuronales, para casos muy complejos, permiten configuraciones muy diferentes que ayudan a buscar separación casi total de los datos, permitiendo casos más complejos que los que alcanza a separar SVM.

De cara a los problemas de visión artificial, SVM no puede trabajar bien con las imágenes directamente. Aunque se podría pasar como vector asociado a una muestra todos los píxeles de una imagen para todos sus canales, esta técnica sería computacionalmente inviable, aparte de que seguramente ofrecería resultados poco precisos. Pensemos en imágenes donde aparecen perros y gatos en distintas posturas. SVM no sería capaz de establecer una separación clara entre dichas imágenes directamente. Para utilizar SVM con imágenes, es necesario reducir la dimensionalidad de estas, además de buscar una técnica que extraiga las características más destacadas de las mismas. Para este fin, podemos optar por dos técnicas: 1.) extraer algún tipo de descriptor asociado a la imagen, por ejemplo con Local Binary Pattern (LBP) + SVM; o 2.) utilizar la parte convolucional de una red neuronal para extraer las características más destacadas de la imagen. Aunque esto lo veremos posteriormente, podemos utilizar una red neuronal previamente entrenada para transformar la imagen en un vector de menor dimensión que sintetiza las características principales de la imagen.

La Figura 6.7 muestra el esquema de cómo podemos utilizar una red neuronal previamente entrenada, cargar sus pesos asociados, mediante transferencia de aprendizaje (*transfer learning*), extraer el vector de características previo a la clasificación final de la red, y utilizar dichos vectores para entrenar nuestro modelo SVM.

Es necesario extraer el vector de características previo a la clasificación final, ya que las redes neuronales que vienen pre-entrenadas con Tensorflow o Pytorch han sido entrenadas contra ImageNet. Como ImageNet tiene 1,000 clases, en estas redes neuronales han creado unas capas de clasificación orientadas a clasificar los vectores de características en dichas categorías. Como a nosotros

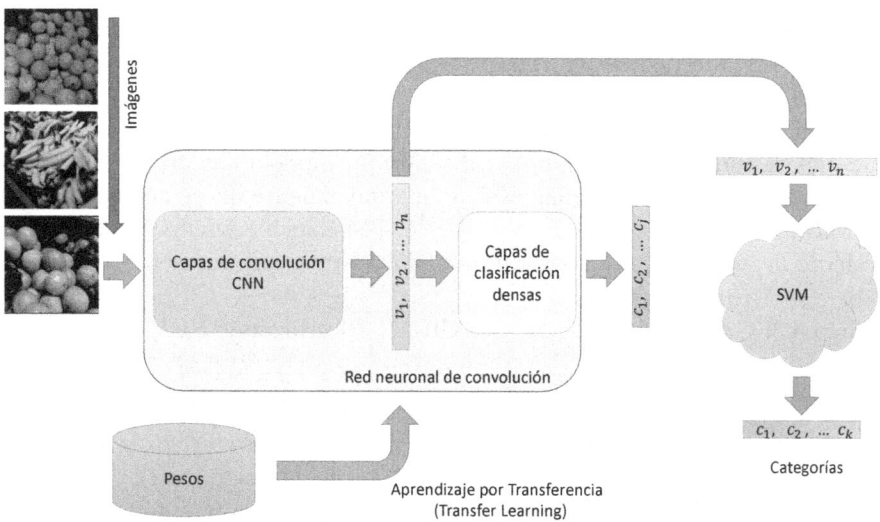

Figura 6.7: Utilizando SVM con una red neuronal previamente entrenada

no nos interesa realmente dicha parte de clasificación, sino que queremos clasificar de otra forma (en este caso con SVM), tenemos que extraer los vectores de características antes de la clasificación de la red neuronal. No obstante, todo esto se explicará posteriormente en mayor detalle.

6.2.1.   SVM con Scikit-Learn

La librería Scikitlearn ofrece el módulo de clasificación (SVC) y regresión SVM (SVR). Se invoca creando un objeto mediante la función *sklearn.svm.SVC (C=1.0, kernel="rbf", degree=3, gamma="scale")*, donde C es el parámetro de regularización, *kernel* indica el tipo de núcleo a utilizar (por ejemplo: "lineal", "poly", "rbf", "sigmoid"), *degree* es el grado de la función polinómica a usar en "poly" (ignorado en los demás), y *gamma* es el coeficiente del *kernel* para "poly", "rbf" y "sigmoid". Si *gamma* es *scale*, valor por defecto, entonces se utilizará $\frac{1}{n_{variables} \cdot \sigma_x}$ en su lugar. El objeto devuelto se puede entrenar con el método *fit*, que recibe los datos de entrada X junto con las categorías asociadas en Y.

Se pueden obtener los parámetros óptimos del modelo SVM con una búsqueda matricial. Para ello se utiliza la función *sklearn.model_selection.GridSearchCV(estimador, param_grid)*, donde el estimador sería en nuestro caso *svm.SVC()*, y *param_grid* sería el diccionario con los nombres de los parámetros y los valores a probar para cada uno de ellos.

El ejemplo siguiente (ver Código 6.3) realiza la clasificación del conjunto de datos (*dataset*) CIFAR-10. La base de datos CIFAR-10 consta de 60,000 imágenes en color de 32x32 píxeles repartidas en 10 categorías (avión, coche, pájaro, gato, ciervo, perro, rana, caballo, barco y camión). Cada una de las categorías tiene 6,000 imágenes. Es una base de datos ampliamente utilizada y que viene integrada dentro de Tensorflow. Para utilizar SVM, extraeremos las características (*features*) obtenidas por una red neuronal de convolución VGG-16. La definición *VGG16(weights "imagenet", include_top=False,...)* es la que se encarga de indicar que estamos utilizando un modelo con *transfer learning* de los pesos entrenados con ImageNet, y que únicamente queremos la salida de la parte convolucional omitiendo la parte de clasificación. Además, definimos la entrada de la red con las dimensiones de las imágenes del dataset.

Código 6.3: Clasificación del dataset CIFAR-10 utilizando SVM y VGG-16

```python
# Aplicación del algoritmo SVM al reconocimiento
# de imágenes del dataset CIFAR-10. Utilizaremos
# la parte convolucional de VGG-16 para generar
# los vectores de características. VGG-16 ha sido
# previamente entrenada con ImageNet
# (Transfer Learning)

# Cargamos TensorFlow y CIFAR-10
import tensorflow as tf
from tensorflow.keras.datasets.cifar10 import load_data
# Cargamos VGG-16
from tensorflow.keras.applications.vgg16 import VGG16,
    preprocess_input
# Cargamos SKLearn para aplicar SVM y GridSearch
from sklearn import svm
from sklearn.model_selection import GridSearchCV
# Aleatorizamos los datos
from sklearn.utils import shuffle

# Cargamos el dataset CIFAR-10
(x_train, y_train), (x_test, y_test) = load_data()

# Aleatorizamos los datos
x_train, y_train = shuffle(x_train, y_train)

# Reducimos los datos de train a un 10% por motivos de
# tiempo para entrenar SVM
x_train = x_train[:5000]
y_train = y_train[:5000]

# Mostramos las dimensiones de CIFAR-10
print('Train: X=%s, y=%s' % (x_train.shape, y_train.shape))
print('Test: X=%s, y=%s' % (x_test.shape, y_test.shape))

# Definimos el modelo preentrenado con ImageNet
img_width, img_height = x_train.shape[1], x_train.shape[2]
modelo = VGG16(weights = 'imagenet', include_top=False,
    input_shape = (img_width, img_height, 3))

# Para cada imagen, generaremos su vector de características
feat_train = modelo.predict(preprocess_input(x_train))
feat_test = modelo.predict(preprocess_input(x_test))
print('Dimensiones features train: ', feat_train.shape)
print('Dimensiones features test: ', feat_test.shape)
```

```
# Reajustamos la forma del vector
# [50000, 1, 1, 512] --> [50000, 512] (en Train)
# Esto es necesario para poder utilizarlo en KMeans
feat_train = tf.reshape(feat_train, [len(feat_train), 512]).numpy
    ()
feat_test = tf.reshape(feat_test, [len(feat_test), 512]).numpy()
print('Dimensiones features train (reshape): ', feat_train.shape)
print('Dimensiones features test (reshape): ', feat_test.shape)

# En y eliminamos también el segundo nivel del array
y_train = y_train.ravel()
y_test = y_test.ravel()

# Parámetros de la búsqueda en grid
parameters = {'kernel':['linear', 'rbf'], 'C':[1.3, 10], 'gamma'
    :[0.000015, 0.01]}
svc = svm.SVC()
clf = GridSearchCV(svc, parameters)
clf.fit(feat_train, y_train)
print('Mejores parámetros:', clf.best_params_)
# Analizar los resultados
print(clf.cv_results_)

# Hacer una evaluación
resultado = clf.score(feat_test, y_test)
print('Resultado: ', resultado)

# Hacer una predicción
labels = ['airplane', 'automobile', 'bird', 'cat', 'deer', 'dog',
    'frog', 'horse', 'ship', 'truck']
yhat = clf.predict([feat_test[0]])
print('Clase inferida = %s' % (labels[yhat[0]]))
print('Clase real = %s' % (labels[y_test[0]]))
```

En la línea *parameters = { "kernel":("linear", "rbf"), "C":[1.3, 10], "gamma": [0.000015, 0.01]}* podemos ver las distintas combinaciones que probaremos para entrenar el modelo durante la búsqueda matricial de mejores parámetros. Una vez definido el objeto *SVC*, se le pasará a la búsqueda matricial, también llamada en cuadrícula, para posteriormente llevar a cabo el entrenamiento con *clf.fit(feat_train, y_train)*.

Una vez terminado el entrenamiento, se realiza una evaluación contra el juego de test (*clf.score*), y se realiza una predicción contra el primero de los elementos de test (*clf.predict*), con el fin de mostrar por pantalla la etiqueta de la clase ganadora, por ejemplo, un avión. El número de muestras se ha reducido a 5,000 para que el programa sea más rápido. Por este motivo, los datos se han aleatorizado previamente, con el fin de evitar un juego de datos no balanceado (más imágenes de unas clases que de otras).

En vez de probar todos los parámetros para un conjunto de datos muy grande, una técnica para reducir el tiempo de entrenamiento de SVM y obtener los mejores hiperparámetros, consiste en empezar con un conjunto de datos pequeño y dos valores de parámetros para cada caso, por ejemplo $C \in [1, 10]$. El sistema nos reportará entonces cuál es el mejor *kernel* y los mejores parámetros

C y *gamma*, por ejemplo. Si el mejor $C = 1$, por ejemplo, en el siguiente entrenamiento se probarán los mismos parámetros y se modificará C a un valor inferior en este caso y un poco superior, por ejemplo 0.1 y 1.5. Si el entrenamiento va mejor, se irá modificando a dichos valores. Una vez centrado el valor de C, se irá modificando *gamma*. Esto permite buscar los valores en cruz en vez de en cuadrícula. Una vez localizados los mejores valores (ver Figura 6.8), entonces se entrenará el modelo con todos los datos para dichos parámetros. Esta técnica, que se puede utilizar con otros tipos de clasificadores, no probará todas las posibles combinaciones, lo que podría dejar algunas combinaciones válidas inexploradas, pero nos reducirá mucho el tiempo necesario para buscar los parámetros.

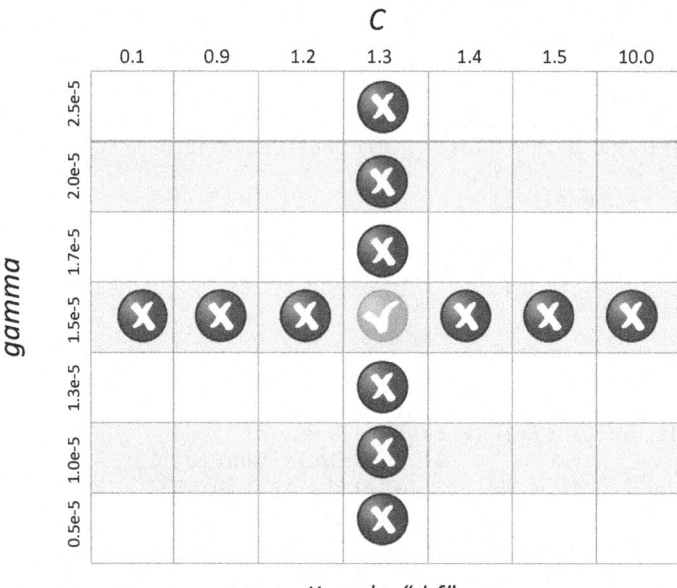

Figura 6.8: Búsqueda de parámetros SVM mediante cuadrícula y avance en cruz

6.2.2. SVM con OpenCV

OpenCV también nos permite entrenar un modelo SVM buscando los parámetros de forma automática. Imaginemos que tenemos una cinta transportadora donde van apareciendo tornillos, tuercas y arandelas. Nos han proporcionado una imagen de entrenamiento (ver Figura 6.9a) y una imagen de test (ver Figura 6.9b). El objetivo es binarizar las imágenes, extraer los objetos que aparecen y calcular algún tipo de descriptor mediante técnicas clásicas de visión artificial, para a continuación entrenar un modelo SVM capaz de detectar el tipo de las piezas en la imagen de test.

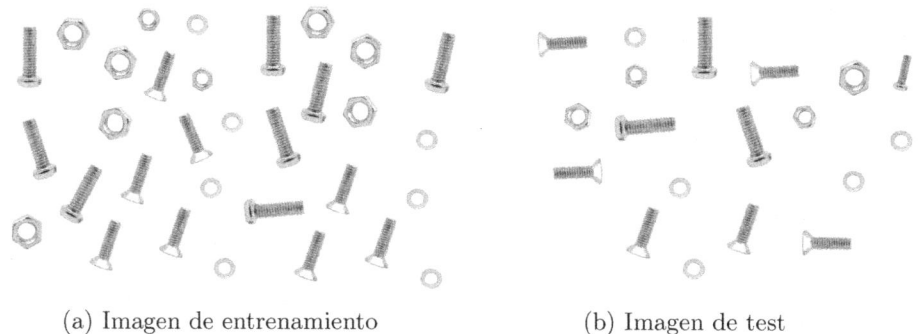

(a) Imagen de entrenamiento   (b) Imagen de test

Figura 6.9: Detección de tornillos, tuercas y arandelas

Una vez binarizada una imagen, OpenCV nos permite extraer los objetos
que aparecen de forma aislada mediante la función *connectedComponents*. A
partir de dichos objetos aislados, podemos calcular dos descriptores ampliamente
utilizados en visión clásica, como son la compacidad y la circularidad. Estos
descriptores miden cómo de compacto y denso es un objeto y cómo de circular es
su forma. La compacidad se define como $\frac{area}{perimetro^2}$, mientras que la circularidad
se define como $\frac{4 \cdot \pi \cdot area}{perimetro^2}$.

La primera parte del ejemplo siguiente (ver Código 6.4) define los métodos
de obtención de los descriptores, *obtener_descriptores*, partiendo de una binarización de la imagen de entrada. Si se detectan objetos muy pequeños, como
píxeles aislados, se desechan. Se crea un conjunto de datos donde tenemos que
etiquetar manualmente cada objeto de la imagen de entrenamiento. Para ello
necesitamos una función que nos permita escribir en la imagen el número de
pieza correspondiente. Esto lo hace la función *escribirTexto*.

Código 6.4: Primera parte de clasificación de tornillos, tuercas y arandelas con
SVM

```python
# Entrenamiento de SVM para clasificación de
# tuercas, arandelas y tornillos
import cv2
import numpy as np
from matplotlib import pyplot as plt

def show_images(images, titles):
    for i in range(len(images)):
        plt.subplot(2, 2, i+1), plt.imshow(images[i], 'gray',)
        plt.title(titles[i])
        plt.axis(False)
    plt.savefig('resultado_SVM_Tornillos_Tuercas_Arandelas.pdf',
        dpi=300)
    plt.show()

# Esta función devuelve tanto la compacidad como la circularidad
def obtener_descriptores(imagen):
```

```python
# Leemos la imagen
img = cv2.imread(imagen, 0)
# Reajustamos el tamaño a uno más pequeño
height = int(0.25 * img.shape[0])
width = int(0.25 * img.shape[1])
img = cv2.resize(img, (width, height), interpolation= cv2.
    INTER_AREA)

# Binarizamos la imagen
img_bin = cv2.threshold(img, 240, 255, cv2.THRESH_BINARY_INV)
    [1]

# Obtenemos los distintos objetos de la imagen
num_labels, labels = cv2.connectedComponents(img_bin)

# Eliminar ruido mediante la supresión de regiones menores a
    50 píxeles
area = [0] * num_labels
for x in range(len(labels)):
    for y in range(len(labels[0])):
        area[labels[x][y]] += 1
for x in range(len(labels)):
    for y in range(len(labels[0])):
        if area[labels[x][y]] < 50:
            img_bin[x][y] = 0
num_labels, labels = cv2.connectedComponents(img_bin)

# Obtenemos la compacidad y circularidad
compacidad = np.zeros((num_labels,1),np.float32)
circularidad = np.zeros((num_labels,1),np.float32)

for etiq in range(1,num_labels):
    img_aux = np.zeros_like(labels, np.uint8)
    img_aux[labels == etiq] = 1
    cnt, _ = cv2.findContours(img_aux, cv2.RETR_EXTERNAL, cv2
        .CHAIN_APPROX_NONE)
    for i in range(len(cnt)):
        perim = cv2.arcLength(cnt[i], True)  # true porque
            cont es cerrado
        area = cv2.contourArea(cnt[i])
        compacidad[etiq][0] = area / (perim**2)
        circularidad[etiq][0] = 4 * np.pi * area / (perim**2)
# Lo coloco en dos columnas quitando el primer elemento
descriptores = np.hstack((compacidad[1:,:], circularidad
    [1:,:]))

return img, img_bin, num_labels, labels, descriptores

def escribirTexto(img_bin, num_labels, labels, tipo = None):
    # Escribimos en texto el identificador de cada objeto para
        catalogarlos
    font = cv2.FONT_HERSHEY_SIMPLEX
    # Tamaño de fuente de texto
    fontScale = 0.5
    # Color verde
    color = (0, 255, 0)
    # Grosor del texto
```

```
thickness = 2
img_color = cv2.cvtColor(img_bin, cv2.COLOR_GRAY2BGR)
clases = [False] * num_labels
for x in range(len(labels)):
    for y in range(len(labels[0])):
        if labels[x][y] != 0:
            if clases[labels[x][y]] == False:
                if tipo == None:
                    img_color = cv2.putText(img_color, str(
                        labels[x][y]), (y, x), font,
                        fontScale, color, thickness, cv2.
                        LINE_AA)
                else:
                    img_color = cv2.putText(img_color, tipo[
                        labels[x][y]-1], (y, x), font,
                        fontScale, color, thickness, cv2.
                        LINE_AA)
                clases[labels[x][y]] = True
return img_color
```

La segunda parte del código (ver Código 6.5) obtiene los descriptores de la imagen de entrenamiento y escribe la imagen junto al identificador asociado a cada objeto (ver Figura 6.10). En este paso tenemos que etiquetar manualmente a qué clase pertenece cada objeto. Esto ya está hecho en el código en la línea *trainY = np.array([1, 1, 2, 0, ...])* .

Código 6.5: Segunda parte de clasificación de tornillos, tuercas y arandelas con SVM

```
# Paso 1. Leemos la imagen con los objetos utilizados para
#     entrenar el modelo SVM
img, img_bin, num_labels, labels, trainX = obtener_descriptores('
    Figura26.jpg')
img_color = escribirTexto(img_bin, num_labels, labels)

# Paso 2. Creamos un conjunto de entrenamiento. Los objetos son:
# Clase 0: Tornillo
# Clase 1: Tuerca.
# Clase 2: Arandela
# Esta matriz la tenemos que realizar a mano a partir de la
# imagen de entrenamiento, que se grabaría de la siguiente forma:
cv2.imwrite('resultado_entrenamiento.png', img_color)
trainY = np.array([1, 1, 2, 0, 1, 0, 0, 1, 1, 0, 0, 1, 1, 0, 1,
    2, 0, 0, 2, 0, 0, 0, 2, 2, 0, 0, 1, 0, 0, 0, 2, 2])

# Paso 3. Entrenamos SVM
svm = cv2.ml.SVM_create()
svm.setType(cv2.ml.SVM_C_SVC)
# Utilizamos un kernel de tipo RBF
svm.setKernel(cv2.ml.SVM_RBF)
# svm.train(trainX, cv2.ml.ROW_SAMPLE, trainY)
svm.trainAuto(trainX, cv2.ml.ROW_SAMPLE, trainY)
print('C:', svm.getC())
print('Gamma:', svm.getGamma())

# Paso 4. Inferencia sobre una nueva imagen
```

```
img2, img2_bin, num_labels, labels, testX = obtener_descriptores(
    'Figura27.jpg')
img2_color = escribirTexto(img2_bin, num_labels, labels)

resp = svm.predict(np.array(testX, dtype=np.float32))[1]
tipo = []
for e in range(len(resp)):
    if resp[e] == 0:
        tipo.append('Tornillo')
    elif resp[e] == 1:
        tipo.append('Tuerca')
    elif resp[e] == 2:
        tipo.append('Arandela')
img_resultado = escribirTexto(img2_bin, num_labels, labels, tipo)
cv2.imwrite('resultado_test.png', img_resultado)
show_images([img, img_color, img2, img_resultado],
            ['Original Train', 'Identificador Train', 'Original
            Test', 'Resultado Test'])
```

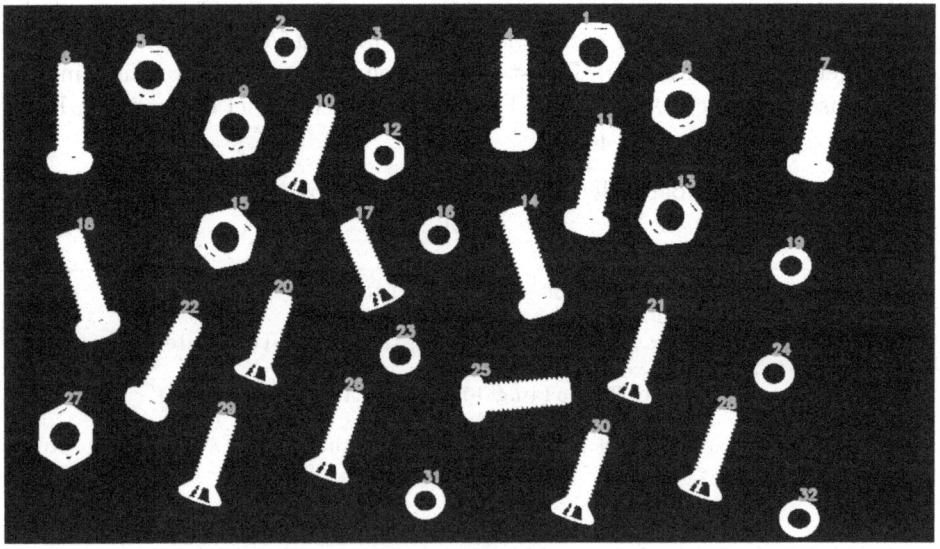

Figura 6.10: Identificadores de los objetos encontrados en la imagen de entrenamiento

A partir de los datos etiquetados, tendremos en X dos columnas, una para la compacidad y otra para la circularidad de cada pieza. En Y tendremos la clase correspondiente. El programa crea un modelo de clasificación SVM utilizando OpenCV y lo entrena con la función *trainAuto*, la cual permite obtener unos parámetros óptimos. Finalmente, con la imagen de test se vuelven a obtener los descriptores de cada nuevo objeto, se hace la predicción mediante SVM para ver de qué tipo son, y se muestra el resultado en la imagen de salida (ver Figura 6.11).

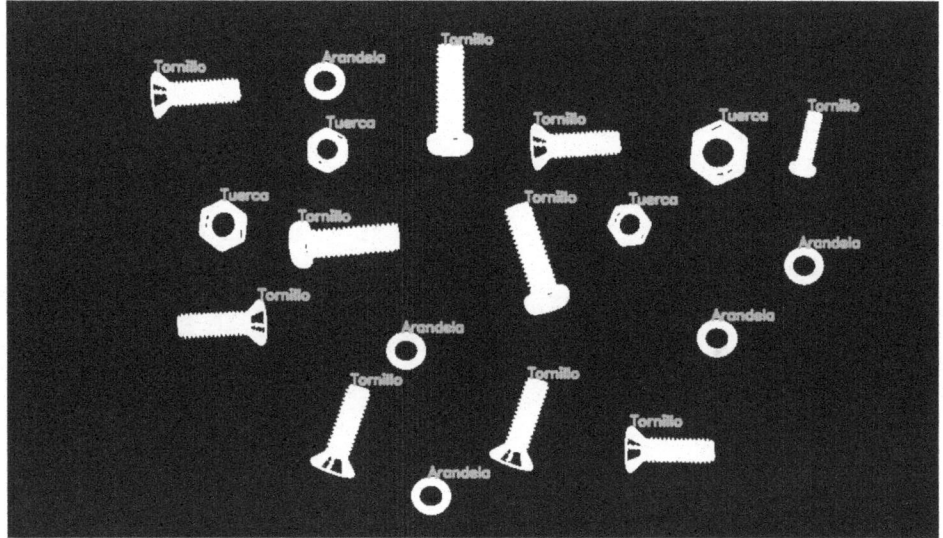

Figura 6.11: Resultado de los objetos encontrados en la imagen de test

Capítulo 7

Redes neuronales

Uno de los campos de la Inteligencia Artificial (IA) es el relativo a las redes neuronales. Podemos decir que las redes neuronales son un conjunto de algoritmos que intentan reproducir el comportamiento de las neuronas biológicas en un ordenador. Aunque su origen nos lleva prácticamente hasta los años 40 del siglo pasado, no fue hasta 1975 cuando se creó el algoritmo de propagación hacia atrás de Paul Werbos. Durante muchos años, la capacidad de las redes neuronales fue muy limitada. Esto se debía a que, ni los ordenadores tenían suficiente memoria y capacidad de cómputo, ni se habían desarrollado capas alternativas capaces de resolver problemas de diferente índole. Además, los frameworks existentes eran complicados y el uso de redes se limitaba a pocos colectivos.

No fue hasta el año 2012 cuando empezaron a jugar un importante papel en el campo de la visión. AlexNet [20], diseñada por Alex Krizhevsky, fue una de las primeras redes que implementó el diseño con filtros de convolución en 8 capas. Años antes se había establecido un campeonato a nivel mundial donde los algoritmos más potentes intentaban clasificar correctamente las imágenes de ImageNet [21], una base de datos con 14 millones de imágenes representativas de 1,000 categorías diferentes. Mientras que el mejor de los algoritmos clásicos, que utilizaba SIFT y vectores de Fisher, obtuvo un 50.9 % de precisión clasificando las imágenes de ImageNet, AlexNet llevó la precisión a un 63.3 %. Este resultado supuso un hito y representó el inicio de la exploración del aprendizaje profundo, también conocido como Deep Learning (DL). Desde el 2012, se ha avanzado mucho en el estudio de las redes neuronales profundas, creando modelos con más de 200 capas de profundidad y llevando la precisión de clasificación de ImageNet a más de un 90 % con el modelo CoAtNet [22], que integra capas de convolución con capas de atención de una forma inteligente, *deepwise*.

Volviendo a la relación de los modernos modelos de visión artificial con respecto a la IA, Dodge y Karam (2017) [23] descubrieron que, las modernas redes neuronales de clasificación de las imágenes de ImageNet cometían menos errores que los propios humanos, algo que muestra que los sistemas informáticos son capaces de hacer tareas mejor y mucho más rápido que las personas.

7.1. Perceptrón simple

Un perceptrón (ver Figura 7.1) es la neurona artificial o unidad básica de inferencia en forma de discriminador lineal, a partir de lo cual se desarrolla un algoritmo capaz de generar un criterio para seleccionar un subgrupo a partir de un grupo de componentes más grande. El perceptrón intenta imitar un comportamiento biológico de las neuronas, las cuales se conectan con otras neuronas mediante conexiones sinápticas. En el perceptrón, cada una de las entradas x_i representan estímulos de entrada recibidos del exterior o de otra neurona. Estas entradas se multiplican por un peso asociado, w_i, y son acumuladas. En ciertos problemas podemos encontrarnos con una entrada adicional, denominada *bias* o sesgo, que ayuda al modelo a ajustarse mejor a los datos. Normalmente el parámetro bias se implementa como otra neurona con su propio peso. A mayores se aplica una función de activación, cuyo objetivo es adecuar la salida de la neurona a un tipo de forma determinada, por ejemplo, sigmoide.

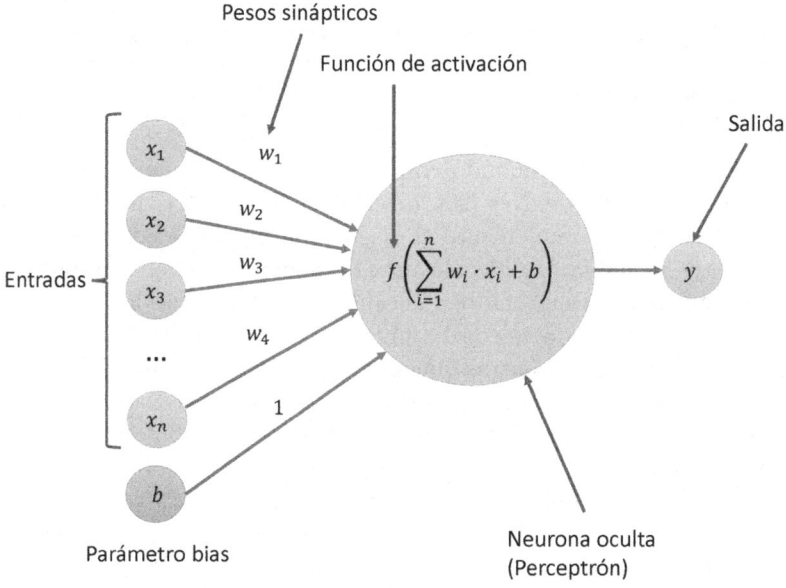

Figura 7.1: Esquema de un perceptrón

A partir de unos datos de entrenamiento, es necesario entrenar el perceptrón para que se comporte como esperamos. Tanto si tenemos una única capa de perceptrones como si tenemos más, el algoritmo de aprendizaje es el mismo.

7.2. Perceptrón multicapa

El perceptrón multicapa es un tipo de red neuronal que incluye varios perceptrones que se pueden repartir en varias capas. En una configuración habitual, cada perceptrón de entrada se conecta con todas las entradas de la denominada capa de entrada. Esta capa representa todas las entradas de nuestro modelo y suele definirse en un vector o tensor dentro de Tensorflow o Pytorch. A su vez, podemos tener una o más capas denominadas ocultas que se conectan sucesivamente siguiendo el mismo principio. Cada perceptrón de cada capa oculta se conecta con todos los perceptrones de la capa anterior siguiendo el mismo esquema del perceptrón simple. Estas capas se denominan ocultas ya que, una vez definido el modelo, son como una caja negra durante el entrenamiento y la inferencia. Finalmente, en la capa de salida se conectan uno o más perceptrones siguiendo el mismo principio. Estos perceptrones representan la salida del modelo. Algunos autores consideran esta última capa también una capa oculta ya que durante el entrenamiento e inferencia únicamente se tiene acceso a la salida de los perceptrones.

La Figura 7.2 muestra cómo es un perceptrón multicapa con una capa de entrada con 8 entradas, dos capas ocultas de 10 y 2 neuronas respectivamente, y una capa de salida con 2 neuronas de salida.

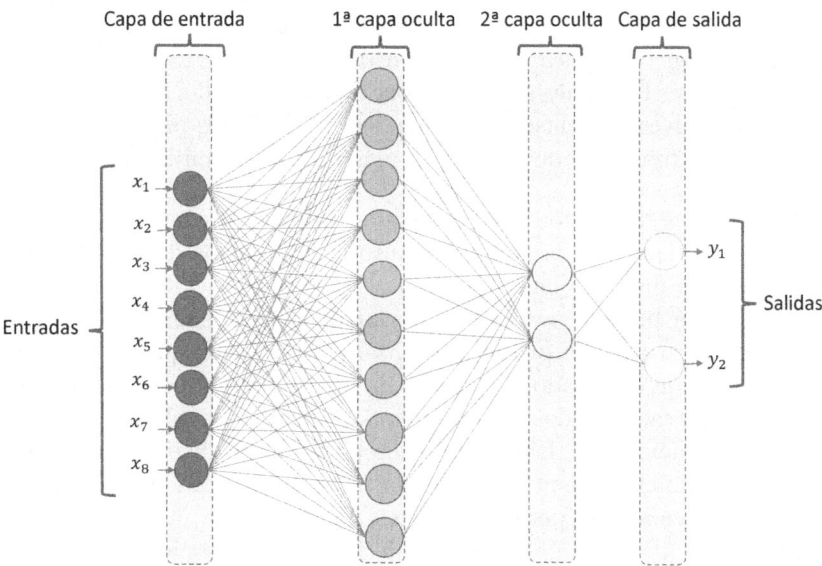

Figura 7.2: Perceptrón multicapa

Antes hemos dicho que en la configuración habitual los perceptrones se conectan con todas las entradas/salidas de la capa anterior. Sin embargo, las redes neuronales se pueden implementar de diversas formas, y podríamos conectar el perceptrón únicamente con algunas entradas de la capa anterior o incluso con salidas de capas anteriores en el caso de perceptrones de capas sucesivas.

Por otro lado, este tipo de capas formadas por perceptrones conectados con todas las entradas/salidas de la capa anterior se denominan habitualmente capas densas o totalmente conectadas, del inglés *Fully-Connected Layer (FC)*. Si quisiéramos definir el ejemplo de la Figura 7.2 utilizando Tensorflow, podríamos hacerlo como se muestra en el Código 7.1.

Código 7.1: Definición de perceptrón multicapa en Tensorflow

```
# Cargar Tensorflow
from Tensorflow.keras import Sequential
from Tensorflow.keras.layers import Dense

# Definir el modelo
modelo = Sequential()
# Capa oculta 1 que recibe 8 entradas
modelo.add(Dense(10, input_shape=(8, )))
# Capa oculta 2
modelo.add(Dense(2))
# Capa de salida
modelo.add(Dense(2))
```

Las capas densas definen el número de neuronas a utilizar, pero por defecto no aplican ninguna función de activación al resultado del sumatorio del producto de los pesos por el valor de salida de las neuronas o entradas precedentes. Podríamos decir que se aplica una función de activación $f(x) = x$. Podemos especificar diferentes funciones de activación, dependiendo del tipo de problema que queramos resolver, e incluso es posible definir funciones propias.

Algunas de las funciones de activación más utilizadas son las siguientes:

- ReLu: Esta es la función más utilizada al definir las neuronas de la capa oculta de las redes neuronales, tanto en problemas de visión artificial como de otra índole. Viene determinada por la Ecuación 7.1 (ver Figura 7.3a). Es una función menos costosa computacionalmente que tanh y el sigmoide, pero a veces produce *neuronas muertas* ya que la neurona se queda atascada en el lado negativo y da constantemente una salida de cero. Como el gradiente de 0 es también 0, es poco probable que la neurona se recupere alguna vez. También puede provocar gradiente explosivo, que ocurre cuando el gradiente se acumula provocando grandes diferencias en las actualizaciones de peso posteriores. Esto provoca inestabilidad en el aprendizaje. Además, el que no sea derivable implica ciertas condiciones en el algoritmo de retropropagación, que requiere funciones derivables.

$$f(x) = max(0, x) \qquad (7.1)$$

- SoftPlus: En ocasiones nos podemos encontrar en capas intermedias con la función *softplus*. Esta función de activación es parecida a una ReLu suavizada (ver Figura 7.3a). Su ecuación viene determinada por la Ecuación 7.2. Esta función sí es derivativa por lo que la retropropagación puede efectuarse sin condiciones. Sin embargo, no es tan eficiente computacionalmente como ReLu al requerir logaritmos y exponenciación. Además, suele ofrecer resultados peores que las redes que utilizan ReLu.

$$f(x) = ln(1 + e^x) \tag{7.2}$$

- Leaky ReLu: Esta variación de ReLU tiene una pequeña pendiente positiva en el área negativa, por lo que permite la retropropagación, incluso para valores de entrada negativos. Además, evita el problema de las *neuronas muertas*. Este tipo de capa no ofrece valores consistentes ante entradas negativas, pudiendo también afectar a la estabilidad del modelo ante tasas de aprendizaje altas. Su ecuación viene dada por 7.3 (ver Figura 7.3c).

$$f(x, \alpha) = max(\alpha \cdot x, x) \tag{7.3}$$

- Sigmoide: Esta función transforma el valor de entrada a una salida entre 0 y 1. Uno de sus problemas más importantes al ser utilizada en capas ocultas de la red es el conocido como *desvanecimiento de gradiente*, o *vanishing gradient*, que impide que las capas anteriores aprendan información importante cuando la red se retropropaga debido a que la salida no está actualizada en el valor 0 y las actualizaciones de gradientes están muy alejadas en ambas direcciones. La optimización de estas neuronas es costosa cuando se utiliza en capas ocultas. Sin embargo, es un tipo de función muy utilizada en la capa de salida para la resolución de problemas de regresión y clasificación binaria. Su función viene determinada por la Ecuación 7.4 (ver Figura 7.3b).

$$f(x) = \frac{1}{1 + e^{-x}} \tag{7.4}$$

- Tangente hiperbólica: Esta función intenta resolver ciertas limitaciones de la función sigmoide al transformar el valor al rango (-1, 1), pero sigue siendo costosa computacionalmente respecto a la ReLy y no consigue resolver completamente el problema de la desaparición del gradiente en capas intermedias. Al igual que con la sigmoide, su utilización se limita a problemas de regresión en la capa final de la red. Su ecuación viene dada por 7.5 (ver Figura 7.3d).

$$f(x) = \frac{e^x - e^{-x}}{e^x + e^{-x}} \tag{7.5}$$

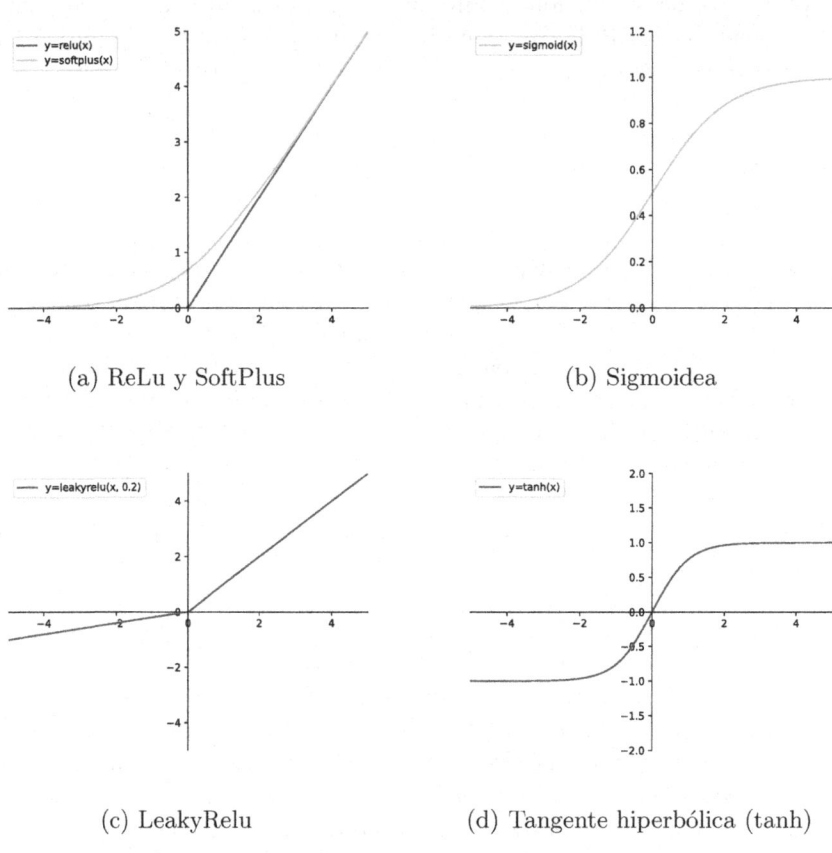

(a) ReLu y SoftPlus   (b) Sigmoidea

(c) LeakyRelu   (d) Tangente hiperbólica (tanh)

Figura 7.3: Algunas funciones de activación

7.3. Algoritmo de retropropagación

El proceso de propagación hacia atrás utiliza la diferencia entre el resultado producido y el resultado deseado para cambiar los pesos de las conexiones entre las neuronas artificiales. Este método, también denominado algoritmo de retropropagación o de *backpropagation*, sigue un método de descenso de gradiente y requiere de la derivada de la función de activación para su ajuste. Sus pasos serían:

1. Se inicializan los pesos con unos valores iniciales (puede ser siguiendo una distribución normal).

2. A partir de una muestra del conjunto de entrada, se calcula la salida realizando el proceso hacia delante. Este paso se denomina paso hacia adelante o *feed forward*, y es el método utilizado también durante la inferencia o predicción habitual del modelo.

3. Se calcula el error cuadrático medio de la salida comparando los valores obtenidos y los valores que deberían ser.

4. Se va calculando la parte proporcional de error de cada neurona de salida a partir del error cuadrático medio del punto 3. A partir del error de cada neurona de salida se calculan los errores de las neuronas de la capa anterior. En este paso se utiliza el cálculo del gradiente.

5. Se reajustan los pesos de cada neurona.

6. Si se alcanza un número de iteraciones o un error mínimo se para el proceso.

7. Vuelta al paso 2.

Supongamos que tenemos una red neuronal totalmente conectada con neuronas que utilizan la función de activación sigmoide. Como vimos anteriormente, dicha función viene determinada por la Ecuación 7.4, mientras que su función derivativa se muestra en la Ecuación 7.6, donde $y = f(x)$.

$$y' = y \cdot (1 - y) \tag{7.6}$$

El algoritmo de propagación hacia atrás para este caso sería el mostrado en el Código 7.2, donde η indica la tasa de aprendizaje y $real_{nodo}$ la salida esperada para un nodo. El número de épocas, o *epochs*, es un hiperparámetro de descenso de gradiente que controla el número de pases completos a través del conjunto de datos de entrenamiento. Este tipo de parámetros se denominan hiperparámetros ya que normalmente no se ajustan de manera automática durante el entrenamiento, como pasa con los pesos.

Aunque en este código no se muestra, existe otro hiperparámetro denominado tamaño del lote (en inglés, *batch*), que indica el número de muestras de entrenamiento que hay que procesar antes de que se actualicen los parámetros internos del modelo. Este hiperparámetro permite que los pesos se reajusten de manera conjunta después de varios pasos hacia adelante de distintas muestras.

Código 7.2: Algoritmo de propagación hacia atrás

```
Procedimiento PASO_HACIA_ADELANTE:
  for capa=1 to L:
    for nodo=1 to N_capa:
```
$$y_{capa,nodo} = f(\sum_{i=1}^{N_{capa}-1} [w_{capa,nodo,i} \cdot y_{capa-1,i}])$$

```
Procedimiento CALCULO_GRADIENTES:
  for capa=1 to L:
    for nodo=1 to N_capa:
      if capa == L:
```
$$e_{L,nodo} = y_{L,nodo} - real_{nodo}$$
```
      else:
```
$$e_{capa,nodo} = \sum_{m=1}^{N_{capa}+1} [e_{capa+1,m}$$
$$\cdot y_{capa+1,m} \cdot (1 - y_{capa+1,m}) \cdot w_{capa+1,m,nodo}]$$

```
  for capa=1 to L:
    for i=1 to N_capa:
      for j=1 to N_capa+1:
```
$$g_{capa,j,i} = e_{capa,j} \cdot y_{capa,j} \cdot (1 - y_{capa,j}) \cdot y_{capa-1,i}$$

```
Procedimiento ACTUALIZACION_PESOS:
  for capa=1 to L:
    for i=1 to N_capa:
      for j=1 to N_capa+1:
```
$$w_{capa,j,i} = w_{capa,j,i} - \eta \cdot g_{capa,j,i}$$

```
Procedimiento PROPAGACION_HACIA_ATRAS:
  Inicializar pesos
  for epocas=1 to NUMERO_EPOCAS:
    for muestra=1 to NUMERO_MUESTRAS:
      Poner muestra en entrada de la red
      PASO_HACIA_ADELANTE
      CALCULO_GRADIENTES
      ACTUALIZACION_PESOS
```

El tamaño del batch acelera mucho el entrenamiento de las redes ya que no es necesario recalcular los pesos para cada muestra. Por ejemplo, en visión artificial se suele utilizar un tamaño de batch de 8 o superior, que permite procesar hacia adelante 8 imágenes a la vez en una GPU. El modelo se duplica varias veces en la memoria para procesar las 8 imágenes a la vez, por lo que el aumento del tamaño de batch viene en parte limitado por el tamaño de la memoria y los núcleos de cálculo de la GPU. Además, al aumentar el valor de este hiperparámetro podemos hacer que el modelo no converja bien. Como en otros aspectos de las redes neuronales, será necesario probar con varios casos para ver con cuál se comporta mejor el modelo.

Un aspecto importante es comprender bien cómo se componen los batch a partir de las épocas y las muestras. Supongamos que tenemos un conjunto de datos de entrenamiento con 200 muestras (filas de datos) y elegimos tamaño de batch = 5 y número de épocas = 1,000. Esto significa que el conjunto de datos se dividirá en 40 batches (lotes), cada uno con cinco muestras. Los pesos del modelo se actualizarán después de cada lote de cinco muestras. Esto también significa que una época procesará 40 lotes, es decir 40 actualizaciones del modelo. Con 1,000 épocas, el modelo pasará por todo el conjunto de datos 1,000 veces. En total 40,000 batches durante todo el proceso de entrenamiento.

En los siguientes ejemplos veremos cómo crear una red neuronal sencilla para resolver un problema de clasificación binaria utilizando los frameworks Tensorflow y Pytorch. Ambos frameworks permiten definir un modelo de manera secuencial y de manera funcional, dos formas de definición que también se pueden combinar.

7.3.1. Optimizadores

Los optimizadores buscan que el ajuste de cada peso de la red neuronal se pueda hacer de una forma diferente. Supongamos que tenemos un único perceptrón con tres entradas (x_1, x_2, x_3) y una salida (y) donde hemos aplicado una función sigmoide. El cálculo de los gradientes va directamente ligado al valor de su entrada, como se muestra en la Ecuación 7.7.

$$\nabla w_i = [f(X) - y] \cdot f(X) \cdot [1 - f(X)] \cdot x_i \qquad (7.7)$$

Cuando tenemos mucha dispersión de valores en la entrada, donde algunas variables permanecen a 0 en muchas muestras, los gradientes asociados a dicha entrada permanecerán a 0 muchas veces. Por ejemplo, si $x_2 = 0$ en muchas muestras, nos encontraremos que $\nabla w_2 = 0$ la mayoría de las veces. Esto provocará que w_2 no sea actualizado tan frecuentemente como otros parámetros.

Para solucionar este problema se han creado diferentes optimizadores:

- SGD (*Stochastic Gradient Descent* o Algoritmo de Descenso Gradiente Estocástico) es uno de los métodos más sencillos de optimización. Utiliza un decaimiento de los parámetros del modelo especificado por el parámetro fijo η, correspondiente al factor de aprendizaje (*learning rate*). La Ecuación 7.8 muestra cómo los parámetros del modelo se ajustan de acuerdo al factor de aprendizaje y al gradiente. Uno de los problemas de este método es que todos los parámetros se actualizan de una manera fija similar a lo largo del entrenamiento.

$$w_{t+1} = w_t - \eta \cdot \nabla w_t \qquad (7.8)$$

- AdaGrad (*Adaptive Gradient Algorithm* o Algoritmo de Gradiente Adaptativo) utiliza un decaimiento de los parámetros del modelo especificado por el factor de aprendizaje (*learning rate*) que es proporcional a la historia de actualización del parámetro. Cuanto más se actualiza un parámetro, mayor es su decaimiento. De esta forma corregimos la limitación de SGD por la que los parámetros se actualizan de una forma fija durante todo el entrenamiento. Las actualizaciones más grandes se llevan a cabo sobre los pesos que infrecuentemente cambian, mientras que los que varían más seguidamente reciben un ajuste más pequeño. La Ecuación 7.9 muestra la acumulación de la historia del gradiente. La Ecuación 7.10 muestra la actualización de los pesos en base al factor de aprendizaje η. ϵ es un término añadido al denominador para mejorar la estabilidad numérica.

$$v_t^w = v_{t-1}^w + [\nabla w_t]^2 \tag{7.9}$$

$$w_{t+1} = w_t - \frac{\eta}{\sqrt{v_t^w + \epsilon}} \cdot \nabla w_t \tag{7.10}$$

- RMSProp (*Root Mean Square Propagation* o Algoritmo de Propagación de la Raíz Cuadrática Media) trata de solventar un problema que se produce en AdaGrad por el que el cociente del factor de aprendizaje de la Ecuación 7.10 decrece rápidamente cuando v_t^w crece. Esto provoca que los parámetros con más frecuencia de actualización empezarán a recibir cambios muy pequeños debido a la tasa de aprendizaje decreciente. RMSProp modifica el cálculo de la historia de actualización del parámetro utilizado por AdaGrad según la Ecuación 7.11. El ajuste del peso se realiza de manera similar a AdaGrad. α es la constante de suavizado que permite reducir el denominador de la Ecuación 7.10 evitando que algunos pesos dejen de actualizarse tan frecuentemente.

$$v_t^w = \alpha \cdot v_{t-1}^w + (1 - \alpha) \cdot [\nabla w_t]^2 \tag{7.11}$$

- Adam (*Adaptive Moment Estimation* o Algoritmo de Estimación de Momento Adaptativa) es un método estocástico de descenso de gradiente que se basa en la estimación adaptativa de momentos de primer y segundo orden. Parte de RMSProp y utiliza a mayores una media exponencialmente decreciente de los gradientes al cuadrado pasados para proporcionar una tasa de aprendizaje adaptativa. También utiliza la historia acumulada de gradientes (m_t). Adam es el más utilizado de los optimizadores y trabaja bien tanto en datasets ruidosos como dispersos. Las Ecuaciones 7.12 y 7.13 muestran el cálculo de las medias decrecientes y la Ecuación 7.14 el cálculo de los pesos. β_1 es el ratio de decaimiento del primer momento, cuyo valor por defecto es 0.9. β_2 es el ratio de decaimiento del segundo momento, cuyo valor por defecto es 0.999. η es el factor de aprendizaje, cuyo valor por defecto es 0.001. ϵ es la constante de estabilidad, que evita que el denominador se ponga a 0. Su valor por defecto suele ser 10^{-7}.

$$\hat{m}_t = \frac{1}{1 - \beta_1^t} \left[\beta_1 \cdot m_{t-1} + (1 - \beta_1) \cdot \nabla w_t \right] \tag{7.12}$$

$$\hat{v}_t = \frac{1}{1 - \beta_2^t} \left[\beta_1 \cdot v_{t-1} + (1 - \beta_2) \cdot [\nabla w_t]^2 \right] \tag{7.13}$$

$$w_{t+1} = w_t - \frac{\eta}{\sqrt{\hat{v}_t + \epsilon}} \cdot \hat{m}_t \tag{7.14}$$

7.3.2.   Ejemplo utilizando Tensorflow (modo secuencial)

Tensorflow ha facilitado mucho el uso de redes neuronales y el algoritmo de propagación hacia atrás está encapsulado dentro de la función *fit*. Teniendo en cuenta los conceptos vistos hasta ahora, imaginemos que queremos resolver un problema donde tenemos que estimar si mañana lloverá o no teniendo en cuenta 10 valores devueltos por sensores. Sin entrar a ver el tipo de sensores, supongamos que nos devuelven valores normalizados entre 0 y 1.

De cara a los siguientes programas de ejemplo utilizaremos un pequeño programa para generar nuestra base de datos de pronósticos del tiempo. El Código 7.3 muestra cómo generar un fichero de datos con 1,000 muestras con 10 columnas de datos de sensores con valores comprendidos entre 0 y 1 así como una columna de salida con valor 0 cuando no llueve y valor 1 cuando sí. Hay dos funciones: una para generar las variables y otra para generar los pronósticos en base a la media de las variables. Cada día contiene 10 variables con números aleatorios con distribución normal (de media aleatoria y desviación = 0.2). La probabilidad de lluvia dependerá de la función $f(x_1, ..., x_n) = \frac{\sum x_i}{n}$, donde $n = 10$. En la salida binaria, si $f \geq 0.5$ entonces lloverá, y en caso contrario no. El programa genera al final un fichero llamado *datosPronostico.dat* que será el cargado posteriormente para probar nuestros modelos.

Código 7.3: Generación de la base de datos de pronóstico de lluvia

```
##################################################
# Código para generar pronósticos de tiempo (lluvia
# ,no lluvia) del ejemplo de aprendizaje del libro.
# Hay dos funciones: una para generar las variables
# y otra para generar los pronósticos en base a la
# media de las variables (hay dos versiones:
# pronóstico binario y numérico, en función de si
# queremos saber probabilidad de lluvia o
# únicamente si llueve o no).
# Cada día contiene nvariables con números
# aleatorios con distribución normal (de media
# aleatoria y desv =0.2)
# La lluvia/no lluvia dependerá de la función
# f(x1,...xn)=Sum(xi)/n
##################################################
import numpy as np

def genera_variables(nvar, ndias):
    '''
    Genera una matriz de ndias x nvar. Cada dia contiene
        nvariables con
    números aleatorios con distribución normal (de media
        aleatoria y desv =0.2)
    Parameters
    ----------
    nvar : int
        Número de varables
    ndias : int
        Número de dias
```

```
    Returns
    -------
    V : matriz de float , nvar columnas y ndias fias
        DESCRIPTION .

    ! ! !
    V = np.zeros((ndias , nvar))
    for i in range(ndias):
        media = np.random.random()
        for j in range(nvar):
            val = np.random.normal(media , 0.2)
            while val > 1 or val < 0:
                val = np.random.normal(media , 0.2)
            V[i , j] = val
    return V

def genera_pronosticos(V, binario = True):
    ! ! !
    Genera un pronostico vector de dimensión nfilas . Cada
        elemento contiene 1
    si la media de las variables de cada fila es > 0.5 y 0 si es
        menor de 0.5

    Parameters
    ----------
    V : Matriz de floats
        Matriz de variables por dias generada con función
        genera_variables(nvar, ndias)

    Returns
    -------
    P : vector de valores 1, 0
        Vector de pronosticos
    ! ! !
    ndias , nvar = V.shape
    P = np.zeros(ndias)
    for i in range(ndias):
        if binario:
            if sum(V[i , :])/nvar >= 0.5:
                P[i] = True
            else:
                P[i] = False
        else:
            P[i] = sum(V[i ,:])/nvar
    return P


if __name__ == '__main__':
    nvar = 10
    ndias = 1000

    V = genera_variables(nvar, ndias)
    P = genera_pronosticos(V)
    print('Variables: Pronóstico')
    for i, x in enumerate(V[:]):
        print(x, end=' ')
```

```
        if P[i]:
            print('Lluvia')
        else:
            print('No lluvia')
    print('Pronosticos no binarios')
    P = genera_pronosticos(V, False)
    for i, x in enumerate(V[:]):
        print(x, end=' ')
        print(P[i])
    # Concatenamos V y P para generar el dataset
    OUT = np.zeros((ndias, nvar + 1))
    OUT[:, 0:nvar] = V
    OUT[:, nvar] = genera_pronosticos(V)
    print('Dimensiones del dataset: ', OUT.shape)
    print(OUT)
    # Guardamos el fichero
    np.savetxt('datosPronostico.dat', OUT)
```

Un ejemplo de red neuronal que podría resolver el problema es la mostrada en el Código 7.4. En este programa cargamos el fichero generado por el programa anterior, donde cada muestra tendrá el valor de cada uno de los 10 sensores junto con la salida esperada. Como es un problema de tipo supervisado, necesitamos conocer casos junto a su salida real para poder entrenar nuestro modelo. El modelo se define con una capa de entrada formada por las 10 entradas, una capa oculta de 100 neuronas con una función de activación *ReLu* y una capa de salida con una única neurona que tomará el valor 0 o 1 gracias a una activación sigmoide.

Código 7.4: Red neuronal de predicción de lluvia con Tensorflow (modelo secuencial)

```
###################################################
# Entrenamiento con Tensorflow de una red simple
# de pronóstico de tiempo (Modo secuencial)
###################################################
# Cargamos Numpy
import numpy as np
# Cargamos TensorFlow
from tensorflow.keras import Sequential
from tensorflow.keras.layers import Dense
# Cargamos Matplotlib para representar gráficamente el
    entrenamiento
import matplotlib.pyplot as plt

# Cargamos los datos del pronóstico del tiempo y los divivimos en
    datos
# de entrada (X) y salida (Y)
datos = np.loadtxt('datosPronostico.dat')
X = datos[:, 0:-1]
Y = datos[:, -1]
num_sensores = len(X[0])  # Hay 10 sensores

# Definimos nuestro modelo
n_input, n_hidden, n_out = num_sensores, 100, 1
batch_size, epocas = 8, 100
```

```python
modelo = Sequential()
# Capa oculta 1 que recibe 10 entradas. Utilizamos ReLu
modelo.add(Dense(n_hidden, activation='relu', kernel_initializer=
    'he_normal', input_shape=(n_input, )))
# Capa de salida. Utilizamos sigmoide
modelo.add(Dense(n_out, activation='sigmoid'))

# Compilamos nuestro modelo
modelo.compile(optimizer='adam', loss='binary_crossentropy',
    metrics=['accuracy'])

# Entrenamos el modelo
historia = modelo.fit(X, Y, epochs=epocas, batch_size=batch_size,
    verbose=1)

# Representamos gráficamente el entrenamiento mostrando la
    reducción del error
plt.plot(historia.history['loss'])
plt.ylabel('Error (Loss)')
plt.xlabel('Época')
plt.title('Evolución del error durante las épocas (Tensorflow)')
plt.show()

# Evaluamos el modelo con los propios datos de entrenamiento
loss, acc = modelo.evaluate(X, Y, verbose=0)

print('Accuracy: ', acc)
```

Tensorflow requiere una compilación del modelo previa a su entrenamiento, donde podemos indicar qué tipo de función de error y optimizador utilizar o qué métricas visualizar. De momento consideremos que para una activación sigmoidea y un problema de clasificación binaria, lo más conveniente es *binary_crossentropy*. En el método *fit* es donde realmente llevamos a cabo el entrenamiento y el algoritmo de propagación hacia atrás. Debemos indicar el número de épocas y el tamaño del batch, hiperparámetros que hemos explicado anteriormente. El parámetro *verbose* simplemente muestra información de los diferentes pasos del entrenamiento.

En este ejemplo hemos guardado el resultado del entrenamiento en la variable historia. En esta variable tenemos los valores de *accuracy* y de error obtenidos en cada época. Utilizando la librería *Matplotlib*, librería que nos permite representar gráficamente funciones y datos, podemos visualizar gráficamente los resultados (ver Figura 7.4). Finalmente, el método *evaluate* permite evaluar nuestro modelo e indicarnos el porcentaje de acierto que tiene. Este método lo hemos utilizado aquí con los mismos datos de entrenamiento, lo cual sería incorrecto en un problema real. En los proyectos reales, tenemos que utilizar datos de evaluación diferentes de los utilizados durante el entrenamiento.

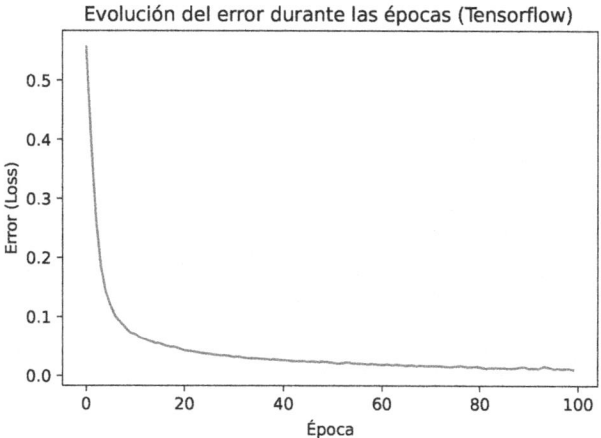

Figura 7.4: Error a lo largo de las épocas con Tensorflow

Si ejecutamos el código, veremos que a partir de 20 épocas, aproximadamen-te, el modelo obtiene un acierto (accuracy) superior al 99.5 %. Sin embargo, hay que tener en cuenta que la evaluación que estamos haciendo no es realmente co-rrecta. Para evaluar una red neuronal, no deberíamos utilizar los mismos datos que hemos utilizado durante el entrenamiento.

Inicializadores

En el código podemos ver que se ha utilizado una inicialización de la capa densa oculta de tipo *he_normal* (*kernel_initializer= "he_normal"*). Existen dis-tintos tipos de inicialización de las capas paramétricas utilizadas en las redes neuronales, incluyendo capas densas y convolucionales. La inicialización correc-ta de los pesos de una red neuronal juega un papel importante en la mejora del rendimiento global del modelo. Si por ejemplo todos los pesos se inicializaran con un valor de cero, durante cada pasada de entrenamiento todas las neuro-nas seguirían aprendiendo las mismas características, causando un rendimiento pobre del modelo. En estos casos todas las neuronas se vuelven idénticas ya que, ante los mismos pesos y la misma entrada, se actualizan de manera simi-lar a lo largo del proceso de entrenamiento. Entre los inicializadores, podemos encontrar:

- Glorot uniforme, también llamado inicializador uniforme de Xavier [24]: Utilizado por defecto en Keras, inicializa los pesos de una capa mediante una distribución uniforme en el rango $[-lim, +lim]$, donde:
  $lim = \sqrt{6/(f_{in} + f_{out})}$,
  siendo f_{in} es el número de entradas de la capa y f_{out} el número de salidas. En Tensorflow se utiliza con *GlorotUniform*. En Pytorch se utiliza con *torch.nn.init.xavier_uniform_*.

- Glorot normal, también llamado inicializador normal de Xavier [24]: Inicializa los pesos de una capa mediante una distribución normal centrada en 0 con desviación dada por la Ecuación $\sigma = \sqrt{2/(f_{in} + f_{out})}$, siendo f_{in} es el número de entradas de la capa y f_{out} el número de salidas. En Tensorflow se utiliza con *GlorotNormal*. En Pytorch se utiliza con *torch.nn.init.xavier_normal_*.

- He uniforme [25]: Inicializa los pesos de una capa mediante una distribución uniforme en el rango $[-lim, +lim]$, donde $lim = \sqrt{6/(f_{in})}$, siendo f_{in} es el número de entradas de la capa. En Tensorflow se utiliza con *HeUniform*. En Pytorch esta distribución se denomina Kaiming uniforme y se utiliza con *torch.nn.init.kaiming_uniform_*. En el caso de Pytorch, el numerador interior de la raíz es 3 en lugar de 6.

- He normal [25]: Inicializa los pesos de una capa mediante una distribución normal centrada en 0 con desviación dada por la Ecuación $\sigma = \sqrt{2/(f_{in})}$, siendo f_{in} es el número de entradas de la capa. En Tensorflow se utiliza con *HeNormal*, como hemos visto en el código anterior. En Pytorch esta distribución se denomina Kaiming normal y se utiliza con *torch.nn.init.kaiming_normal_*.

- Random uniforme: Inicializa los pesos de una capa mediante una distribución uniforme en un rango que se puede pasar por parámetro, por defecto $[-0.05, +0.05]$. En Tensorflow se utiliza con *RandomUniform*. En Pytorch se utiliza con *torch.nn.init.uniform_*.

- Random normal: Inicializa los pesos de una capa mediante una distribución normal con unos parámetros dados. En Tensorflow, por defecto está centrada en 0 y la desviación es 0.05. En dicho framework se utiliza con *RandomNormal*. En Pytorch se utiliza con *torch.nn.init.random_*.

En la web de Keras (`https://keras.io/api/layers/initializers/`) se muestran muchos más tipos de inicializadores, así como inicializadores también del parámetro bias. Por defecto el bias se inicializa a 0. También existe la posibilidad de crear nuestros propios inicializadores. No existe una opinión clara sobre qué inicializador utilizar en cada capa y cada modelo. Hay autores que dicen que el uso de normalizaciones puede afectar a los inicializadores de tipo normal, pero lo mejor es probar los modelos con distintos inicializadores y ver cuál ofrece mejores resultados.

En Pytorch podemos consultar los distintos inicializadores disponibles en la web `https://pytorch.org/docs/stable/nn.init.html`. Cada tipo de capa utiliza su inicialización por defecto. Por ejemplo, las capas densas utilizan una inicialización uniforme en el rango $[-lim, +lim]$, donde $lim = \sqrt{1/(f_{in})}$, siendo f_{in} es el número de entradas de la capa.

7.3.3. Ejemplo utilizando Pytorch (modo secuencial)

Si queremos implementar el problema de la sección anterior utilizando Pytorch (ver Código 7.5), debemos tener en cuenta que Pytorch requiere algunos pasos adicionales respecto a Tensorflow. Para empezar, tenemos que considerar que en Pytorch tenemos que implementar a alto nivel el algoritmo de propagación hacia atrás, no estando este paso encapsulado como en Tensorflow. Además, Pytorch no trabaja con arrays *numpy*, por lo que tendremos que transformar en tensores de Pytorch (ejemplo: $X = torch.from\_numpy(X).float()$), y de la misma manera los resultados de Pytorch se llevarán a objetos Python, como *accuracy = accuracy.numpy()*. Las capas densas se materializan con *nn.Linear(n_hidden, n_out)*, donde debemos especificar el número de neuronas ocultas, así como la salida de la capa. En este ejemplo hemos definido un modelo secuencial donde a mayores hemos utilizado las dos funciones de activación del ejemplo anterior (*nn.ReLU()* y *nn.Sigmoid()*).

Código 7.5: Red neuronal de predicción de lluvia con Pytorch (modelo secuencial)

```
##############################################
# Entrenamiento con Pytorch de una red simple
# de pronóstico de tiempo (Modo Secuencial)
##############################################
# Permitir llamadas duplicadas a librería
import os
os.environ['KMP_DUPLICATE_LIB_OK']='TRUE'
# Cargamos Numpy
import numpy as np
# Cargamos Pytorch
import torch
import torch.nn as nn
# Cargamos Matplotlib para representar
# gráficamente el entrenamiento
import matplotlib.pyplot as plt

# Cargamos los datos del pronóstico del
# tiempo y los divivimos en datos
# de entrada (X) y salida (Y)
datos = np.loadtxt('datosPronostico.dat')
X = datos[:, 0:-1]
Y = datos[:, -1]
Y = np.expand_dims(Y, axis = 1)
num_sensores = len(X[0]) # Hay 10 sensores

# Convertimos a tensores Pytorch
X = torch.from_numpy(X).float()
Y = torch.from_numpy(Y).float()

# Definimos nuestro modelo
n_input, n_hidden, n_out = num_sensores, 100, 1
epocas = 2000

modelo = nn.Sequential(nn.Linear(n_input, n_hidden),
                       nn.ReLU(),
```

```
                            nn.Linear(n_hidden, n_out),
                            nn.Sigmoid())

loss_function = nn.BCELoss()
optimizer = torch.optim.Adam(modelo.parameters())

# Mostramos el modelo en pantalla
print('Modelo: ', modelo)

losses = []
# Algoritmo de propagación hacia atrás
for epoch in range(epocas):
    # Predicción del conjunto de datos completo
    pred_y = modelo(X)
    # Cálculo del error
    loss = loss_function(pred_y, Y)
    losses.append(loss.item())

    # Inicialización de gradientes para evitar su acumulación
    modelo.zero_grad()
    # Propagación hacia atrás
    loss.backward()
    # Avance del optimizador
    optimizer.step()

# Representamos gráficamente el entrenamiento
# mostrando la reducción del error
plt.plot(losses)
plt.ylabel('Error (Loss)')
plt.xlabel('Época')
plt.title('Evolución del error durante las épocas (Pytorch)')
plt.show()

# Evaluamos el modelo con los propios datos de entrenamiento
modelo.eval()

with torch.no_grad():
    output = modelo(X)
    # Redondeamos la salida del tensor
    output = torch.round(output)
    accuracy = (output == Y).float().sum()
    accuracy = accuracy.numpy() / len(X)
    print('Accuracy: ', accuracy)
```

En la implementación de la propagación hacia atrás, debemos realizar primero la inferencia hacia adelante, que en este caso se realiza sobre el conjunto entero de datos (*pred_y = modelo(X)*), a continuación calcular el error que se produce respecto a la salida real *loss = loss_function(pred_y, Y)*, realizar la propagación hacia atrás inicializando previamente los gradientes para evitar acumulación (*modelo.zero_grad()* y *loss.backward()*) y, finalmente, avanzar el optimizador *optimizer.step()*. Los gradientes se inicializan ya que por defecto no se ponen a cero y se acumularían entre sucesivas llamadas a *loss.backward()* si no realizamos este paso. Por otro lado, los optimizadores son avanzados ya que en algunos casos éstos necesitan avanzar alguno de sus parámetros. Como ejemplo, el optimizador *Adam* tiene asociado un factor de aprendizaje (*learning rate* para

distintos parámetros de la red y lo va ajustando dinámicamente durante cada
época. Por ese motivo es necesario hacer el avance. Como en el caso de Tensorflow, el error utilizado para un problema de clasificación binaria es la entropía
cruzada binaria, *BCELoss* en Pytorch. En este ejemplo debemos tener en cuenta
que, a diferencia de la versión de Tensorflow, no estamos procesando los datos
por batch, sino todos los datos de golpe. Esto se debe a que el procesamiento
por batch debe ser implementado, más adelante veremos cómo.

Para evaluar los resultados, tenemos que situar el modelo en modo evaluación
e indicar que no queremos ajuste de gradientes. Estos dos pasos permiten realizar
la inferencia de una forma más rápida. Otro punto para destacar es que la salida
del modelo se pasa por la función de Torch *round*. Si no realizamos este paso,
como la salida es sigmoide, los valores se aproximarán mucho a 0 o a 1, pero
no llegaran a esos valores. Como en la salida real, los valores son 0 o 1, la
comparación (*(output == Y)*) no funcionaría bien si no redondeamos. Debemos
tener en cuenta que, como estamos trabajando con tensores de Pytorch, las
funciones a utilizar, cómo la de redondeo, son funciones Torch, no nativas de
Python.

Hay que tener en cuenta también que al leer los datos del pronóstico y divi-
dirlos en datos de entrada y de salida, hemos tenido que añadir una dimensión
a los datos de salida (*Y = np.expand_dims(Y, axis = 1)*). Pytorch requiere los
datos de esta forma en la salida esperada.

Finalmente, en este ejemplo hemos ido guardando los errores de cada época
para poderlos visualizar gráficamente con *Matplotlib*. La gráfica del error a lo
largo de las épocas se puede ver en la Figura 7.5. Si ejecutamos este código,
veremos que el accuracy llega prácticamente al 100 % y que el modelo converge
mucho más rápido que Tensorflow en tiempo. Además, hay que tener en cuenta
que estamos entrenando el modelo de Pytorch muchas más épocas y que no
estamos utilizando batches, los cuales aceleran el entrenamiento. Pytorch suele
ser normalmente más rápido que Tensorflow, aunque sus distribuciones pueden
ser menos estables. Al igual que ocurre con los lenguajes de programación, su
elección dependerá de aspectos como el conocimiento que tengamos del framework, la facilidad de implementación de lo que queramos hacer, los resultados
esperados, etc.

7.3.4.   Ejemplo utilizando Tensorflow (con API Funcional)

Los dos ejemplos anteriores han mostrado cómo definir un modelo de red
neuronal de manera secuencial, donde vamos añadiendo capas al modelo. Sin
embargo, en ocasiones esa forma de definir el modelo es algo limitada. Pensemos por ejemplo que queremos crear bifurcaciones internas del modelo. Tanto
Tensorflow como Pytorch permiten definir un modelo de manera funcional. La
definición funcional nos permite, en ciertas ocasiones, definir el modelo de una
manera más clara y sencilla. Volviendo a los ejemplos anteriores, la definición
del modelo se realizaría como se muestra en el Código 7.6 en Tensorflow. En este
caso, en vez de añadir capa a capa al modelo, tenemos que definir las capas de
manera independiente y llamarlas como que fueran funciones, pasándolas como

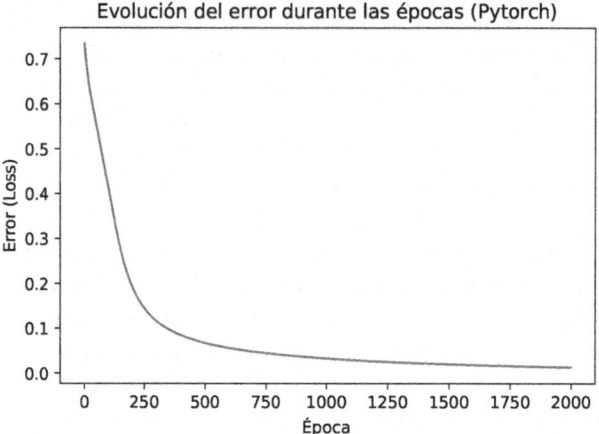

Figura 7.5: Error a lo largo de las épocas con Pytorch

parámetro la salida de la capa anterior. En el código mostrado, el modelo se ha llevado a una función *get_Mi_Modelo* para generar un modelo de ese tipo, algo que se hace habitualmente con Tensorflow. Hay que tener en cuenta que ya no se importa el objeto *Sequential*.

Código 7.6: Red neuronal de predicción de lluvia con Tensorflow (modelo funcional)

```
###################################################
# Entrenamiento con Tensorflow de una red simple
# de pronóstico de tiempo (Modo Funcional)
###################################################
# Cargamos Numpy
import numpy as np
# Cargamos TensorFlow
from tensorflow.keras import Model
from tensorflow.keras import Input
from tensorflow.keras.layers import Dense
# Cargamos Matplotlib para representar gráficamente el
    entrenamiento
import matplotlib.pyplot as plt

# Cargamos los datos del pronóstico del tiempo y los divivimos en
    datos
# de entrada (X) y salida (Y)
datos = np.loadtxt('datosPronostico.dat')
X = datos[:, 0:-1]
Y = datos[:, -1]
num_sensores = len(X[0]) # Hay 10 sensores

# Definimos nuestro modelo
n_input, n_hidden, n_out = num_sensores, 100, 1
batch_size, epocas = 8, 100
```

```
def get_Mi_Modelo():
    # Definimos las capas
    x_in = Input(shape=(n_input,))
    x = Dense(n_hidden, activation='relu', kernel_initializer='
        he_normal')(x_in)
    x_out = Dense(n_out, activation='sigmoid')(x)
    return Model(inputs=x_in, outputs=x_out)

modelo = get_Mi_Modelo()

# Compilamos nuestro modelo
modelo.compile(optimizer='adam', loss='binary_crossentropy',
    metrics=['accuracy'])

# Entrenamos el modelo
historia = modelo.fit(X, Y, epochs=epocas, batch_size=batch_size,
    verbose=1)

# Representamos gráficamente el entrenamiento mostrando la
    reducción del error
plt.plot(historia.history['loss'])
plt.ylabel('Error (Loss)')
plt.xlabel('Época')
plt.title('Evolución del error durante las épocas (Tensorflow)')
plt.show()

# Evaluamos el modelo con los propios datos de entrenamiento
loss, acc = modelo.evaluate(X, Y, verbose=0)

print('Accuracy: ', acc)
```

7.3.5.   Ejemplo utilizando Pytorch (con API Funcional)

En Pytorch la definición funcional se debe realizar dentro de una clase, que es a su vez subclase de *nn.Module*. En este framework prefirieron utilizar toda la potencia de la orientación a objetos y las herencias para llevar a cabo la implementación de los modelos funcionales. Debemos crear las capas de nuestro modelo en la inicialización del objeto (*_init*), y también debemos implementar el paso hacia adelante (*forward*). El Código 7.7 muestra cómo se lleva a cabo la implementación del ejemplo anterior utilizando la API funcional de Pytorch. Esta es una forma bastante común de definición de los modelos utilizados en visión artificial dentro de la librería *torchvision*. Como en el caso anterior de Pytorch, hay que tener en cuenta que este ejemplo no realiza procesamiento de los datos por batch, sino que se pasa el conjunto de datos completo por el modelo antes de realizar la propagación hacia atrás (*output = modelo(X)*). Más adelante veremos cómo se realiza la implementación utilizando batches.

Código 7.7: Red neuronal de predicción de lluvia con Pytorch (modelo funcional)

```
###############################################
# Entrenamiento con Pytorch de una red simple
# de pronóstico de tiempo (Modo Funcional)
###############################################
# Permitir llamadas duplicadas a librería
import os
os.environ['KMP_DUPLICATE_LIB_OK']='TRUE'
# Cargamos Numpy
import numpy as np
# Cargamos Pytorch
import torch
import torch.nn as nn
# Cargamos Matplotlib para representar gráficamente el
    entrenamiento
import matplotlib.pyplot as plt

# Cargamos los datos del pronóstico del tiempo y los divivimos en
    datos
# de entrada (X) y salida (Y)
datos = np.loadtxt('datosPronostico.dat')
X = datos[:, 0:-1]
Y = datos[:, -1]
Y = np.expand_dims(Y, axis = 1)
num_sensores = len(X[0]) # Hay 10 sensores

# Convertimos a tensores Pytorch
X = torch.from_numpy(X).float()
Y = torch.from_numpy(Y).float()

# Definimos nuestro modelo
n_input, n_hidden, n_out = num_sensores, 100, 1
epocas = 2000

class Mi_Modelo(nn.Module):
    def __init__(self):
        super().__init__()
        self.relu = nn.ReLU()
        self.densa1 = nn.Linear(n_input, n_hidden)
        self.densa2 = nn.Linear(n_hidden, n_out)
        self.sigmoide = nn.Sigmoid()

    def forward(self, x):
        x = self.densa1(x)
        x = self.relu(x)
        x = self.densa2(x)
        x = self.sigmoide(x)
        return x

modelo = Mi_Modelo()

loss_function = nn.BCELoss()
optimizer = torch.optim.Adam(modelo.parameters())

# Mostramos el modelo en pantalla
```

```
print ('Modelo:  ', modelo)

losses = []
# Algoritmo de propagación hacia atrás
for epoch in range(epocas):
    # Predicción del conjunto de datos completo
    pred_y = modelo(X)
    # Cálculo del error
    loss = loss_function(pred_y, Y)
    losses.append(loss.item())

    # Inicialización de gradientes para evitar su acumulación
    modelo.zero_grad()
    # Propagación hacia atrás
    loss.backward()
    # Avance del optimizador
    optimizer.step()

# Representamos gráficamente el entrenamiento
# mostrando la reducción del error
plt.plot(losses)
plt.ylabel('Error (Loss)')
plt.xlabel('Época')
plt.title('Evolución del error durante las épocas (Pytorch)')
plt.show()

# Evaluamos el modelo con los propios datos de entrenamiento
modelo.eval()

with torch.no_grad():
    output = modelo(X)
    # Redondeamos la salida del tensor
    output = torch.round(output)
    accuracy = (output == Y).float().sum()
    accuracy = accuracy.numpy() / len(X)
    print('Accuracy:  ', accuracy)
```

Si ejecutamos los códigos de Tensorflow y Pytorch declarados con la API funcional, veremos que el resultado es similar al obtenido con su versión secuencial. Cabe destacar que las dos formas de definición se pueden combinar en los dos frameworks. Sin embargo, lo que no es posible es integrar modelos de Tensorflow con modelos de Pytorch de una forma directa.

7.4.   Problemas de clasificación

El problema de la clasificación responde a la necesidad de elegir a qué categoría pertenece una muestra, sea una imagen u otro tipo de elemento. En los problemas de visión artificial podemos partir de imágenes, pero también podemos haber calculado previamente algún tipo de descriptor o propiedad que nos permita identificar los elementos de la imagen. Los problemas de clasificación se resuelven utilizando la función de activación *softmax* en la última capa, previa a la salida. Además, el error que se utiliza es la entropía cruzada categórica.

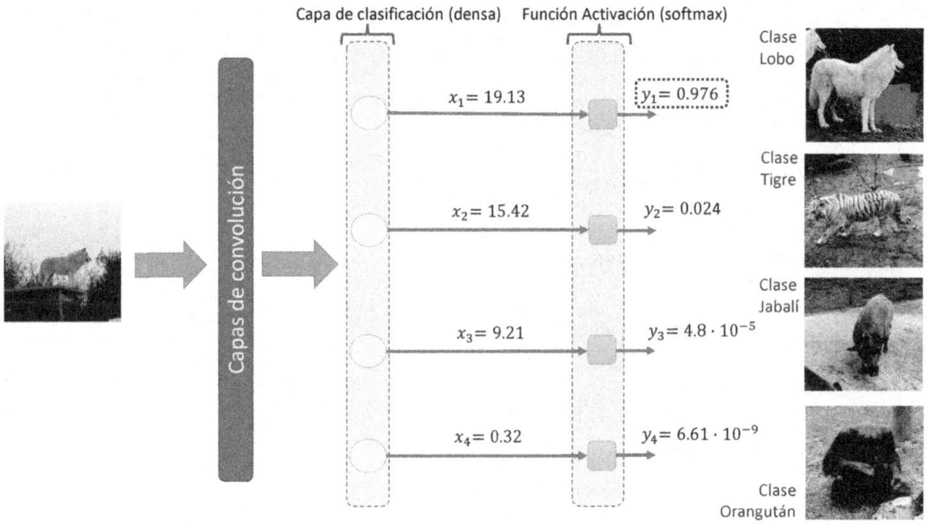

Figura 7.6: Función *Softmax* en un problema de clasificación

Estos dos elementos se utilizan tanto en problemas de clasificación de imágenes como en cualquier otro problema de aprendizaje automático.

La función *softmax* es una función continuamente diferenciable (ver Ecuación 7.15). Esto permite calcular la derivada de la función de pérdida con respecto a cada peso en la red neuronal, algo que como hemos visto es conveniente en el algoritmo de propagación hacia atrás. La función recibe como entrada la salida de la última capa densa y reajusta el valor obtenido a una probabilidad entre 0 y 1 de cada clase. Además, se consigue que la suma de todas las probabilidades de salida del modelo valga 1, y se hace que las que tienen un mayor valor se alejen más que las que tienen un menor valor, lo cual sería equivalente a una normalización en el rango [0, 1]. Esto es especialmente importante ya que, el objetivo en un problema de clasificación es que alguna de las categorías de salida valga 1.

$$Softmax(x)_i = \frac{e^{x_i}}{\sum_{j=1}^{n} e^{x_j}} \tag{7.15}$$

Supongamos un problema de clasificación donde introducimos la imagen de un animal en nuestro modelo y como resultado tenemos que indicar si es un lobo, un tigre, un jabalí o un orangután. La Figura 7.6 muestra cómo se implementaría el modelo, conectando un conjunto de capas de convolución con una capa de clasificación, seguida de una función de activación *softmax*. Podemos ver cómo esta función busca disparar el valor de la clase más probable, alcanzando un 0.976 en el caso de la imagen de entrada. Si hubiéramos calculado el mismo valor utilizando una normalización de 0 a 1, el resultado habría sido 0.43 ($19.13/(19.13 + 15.42 + 9.21 + 0.32)$).

Para llevar a cabo el entrenamiento en un problema de clasificación, en el vector de salida se debe poner a 1 la clase esperada y a 0 el resto de clases para cada muestra. Esto hará que el modelo vaya aprendiendo poco a poco a aproximar el valor de salida a 1 para la categoría inferida. Es necesario tener en cuenta que, al ser el sumatorio de las probabilidades de salida igual a 1 para la función *softmax*, esta técnica no será la ideal para problemas de multi-clasificación, donde esperamos distintas clases de salida. Dichos problemas se pueden resolver principalmente con distintos modelos para cada tipo de categoría.

7.4.1. Entropía cruzada

Anteriormente se vio cómo en el ejemplo de la clasificación binaria de si llueve o no se había utilizado la entropía cruzada binaria. La entropía de una variable es el nivel de incertidumbre respecto a las posibles variables del resultado. En la teoría de la información, la entropía se calcula como se muestra en la Ecuación 7.16.

$$H(x) = -\sum_{x \in X} p(x) \cdot log(p(x)) \tag{7.16}$$

Supongamos que tenemos tres vasos con bolas de distintos colores, como se observa en la Figura 7.7. La entropía de cada uno de los vasos vendría determinada por las Ecuaciones 7.17 a 7.19. Podemos ver cómo el vaso 2 es el que tiene menor entropía, ya que la probabilidad de que alguna de las bolas en su interior sea naranja es mucho más elevada que el resto, por ejemplo de que sea verde en el vaso 3.

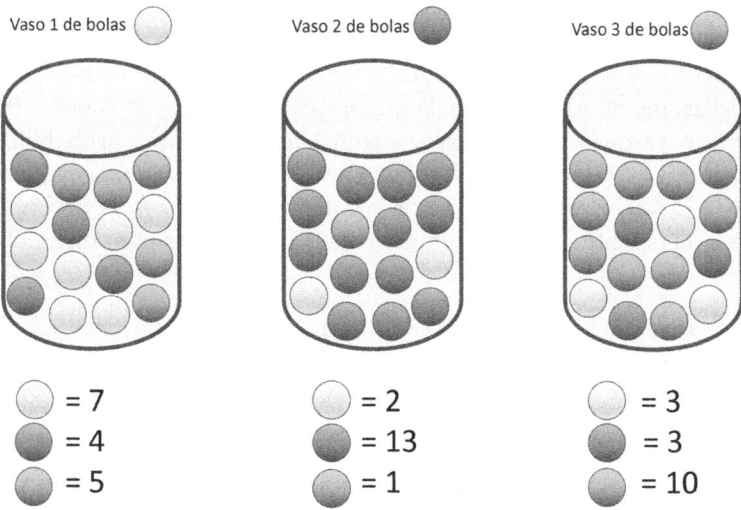

Figura 7.7: Vasos con bolas de distintos colores

$$H_1(x) = -\left[p(x_1) \cdot log_2(p(x_1)) + p(x_2) \cdot log_2(p(x_2)) + p(x_3) \cdot log_2(p(x_3))\right]$$

$$= -\left[\frac{7}{16} log_2\left(\frac{7}{16}\right) + \frac{4}{16} log_2\left(\frac{4}{16}\right) + \frac{5}{16} log_2\left(\frac{5}{16}\right)\right] = 1.5462 \quad (7.17)$$

$$H_1(x) = -\left[p(x_1) \cdot log_2(p(x_1)) + p(x_2) \cdot log_2(p(x_2)) + p(x_3) \cdot log_2(p(x_3))\right]$$

$$= -\left[\frac{2}{16} log_2\left(\frac{2}{16}\right) + \frac{13}{16} log_2\left(\frac{13}{16}\right) + \frac{1}{16} log_2\left(\frac{1}{16}\right)\right] = 0.8684 \quad (7.18)$$

$$H_1(x) = -\left[p(x_1) \cdot log_2(p(x_1)) + p(x_2) \cdot log_2(p(x_2)) + p(x_3) \cdot log_2(p(x_3))\right]$$

$$= -\left[\frac{3}{16} log_2\left(\frac{3}{16}\right) + \frac{3}{16} log_2\left(\frac{3}{16}\right) + \frac{10}{16} log_2\left(\frac{10}{16}\right)\right] = 1.3294 \quad (7.19)$$

En la entropía cruzada, la probabilidad de clase inferida se compara con la salida esperada, calculando una pérdida o error que penaliza la probabilidad en función de qué tan lejos esté del valor esperado. En el entrenamiento de los modelos la salida esperada se pone a 1 para la clase objetivo y a 0 para el resto de clases. La penalización es de naturaleza logarítmica, lo que genera una puntuación grande para las diferencias grandes cercanas a 1 y una puntuación pequeña para las diferencias próximas a 0. Durante el entrenamiento del modelo, el objetivo es minimizar la pérdida, buscando aproximar dicho valor a 0. La entropía cruzada categórica se suele utilizar con modelos con función de activación *softmax*, ya que esta función aproxima la salida a una probabilidad en el rango [0, 1] para cada clase. La fórmula de la entropía cruzada categórica viene dada por la Ecuación 7.20, donde t_i es el valor esperado y p_i la probabilidad de la clase i, coincidente con la salida de la función *softmax* para dicha clase.

$$L_{CE} = -\sum_{i=1}^{n} t_i \cdot log(p_i) \quad (7.20)$$

Volviendo al ejemplo de los animales, a partir del valor esperado y predicho durante el entrenamiento (ver Figura 7.8), podemos calcular la entropía cruzada categórica de este caso como se muestra en la Ecuación 7.21. Podemos ver que, como la salida tiene bastante confianza de que sea un lobo, la entropía cruzada es muy pequeña, próxima a 0.

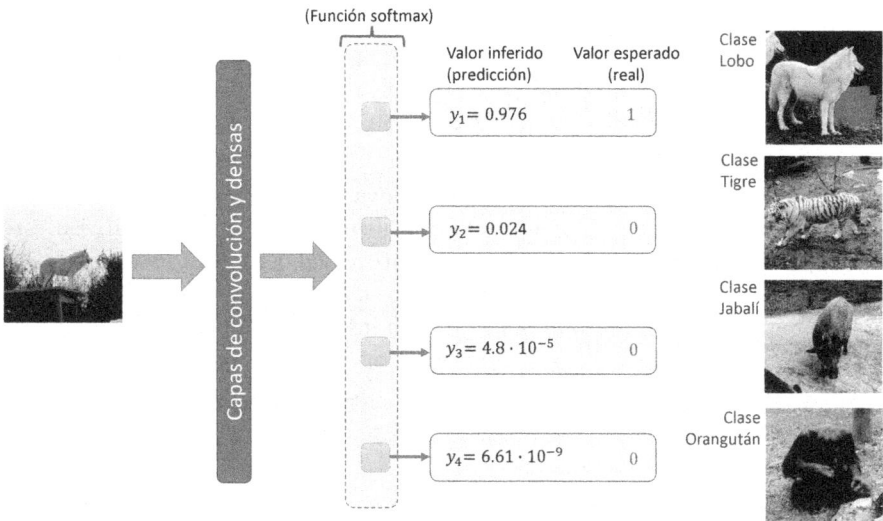

Figura 7.8: Cálculo del error de entropía cruzada categórica

$$L_{CE} = -\sum_{i=1}^{n} t_i \cdot log(p_i) = -[1 \cdot log_2(0.976) + 0 \cdot log_2(0.024)$$

$$+ 0 \cdot log_2(4.8 \cdot 10^{-5}) + 0 \cdot log_2(6.61 \cdot 10^{-9})] \qquad (7.21)$$

$$= 0.035$$

El caso de la entropía cruzada binaria es ligeramente diferente. Como únicamente tenemos una neurona de salida sobre la que se ha aplicado una función sigmoide, tendremos un valor que se aproxima a 0 si una muestra pertenece a una clase, y a 1 si pertenece a la otra. La Ecuación 7.22 muestra cómo se calcularía su valor, teniendo en cuenta que p es un único valor en este caso.

$$L_{BCE} = -\sum_{i=1}^{2} t_i \cdot log(p_i) = -[t \cdot log(p) + (1-t) \cdot log(1-p)] \qquad (7.22)$$

Como cuando se entrena un modelo, se hace la inferencia sobre varias muestras, es posible calcular la entropía cruzada media, sumando los valores calculados para cada muestra y dividiéndolos por el número de muestras.

Finalmente, conviene destacar que a veces se habla de entropía cruzada dispersa (*sparse categorical crossentropy*). Muchas veces tenemos un conjunto de datos en el que indicamos mediante una columna a qué categoría pertenece una muestra. Cuando entrenamos con entropía cruzada categórica un problema de clasificación, es necesario utilizar una codificación donde se asigne una columna a cada clase y se ponga a 1 el valor de la clase esperada y a 0 el resto. Esto se denomina *one hot encoding*. Supongamos el ejemplo de los animales, donde clase 1: Lobo, clase 2: Tigre, clase 3: Jabalí y clase 4: Orangután. Nuestra base de datos puede tener varias imágenes, por ejemplo 5, que se asociarían a las clases siguientes: [2, 3, 1, 1, 4] (ver Figura 7.9). En la tabla de la derecha se puede ver cómo se transformarían las clases originales utilizando *one hot encoding*. Sin embargo, si por algún motivo no podemos llevar a cabo esta transformación, existe la posibilidad de entrenar el modelo utilizando la clase original. En este caso estaríamos utilizando entropía cruzada categórica dispersa. Los frameworks como Tensorflow o Pytorch transformarán estos casos a un problema de entropía cruzada categórica mediante *one hot encoding* internamente.

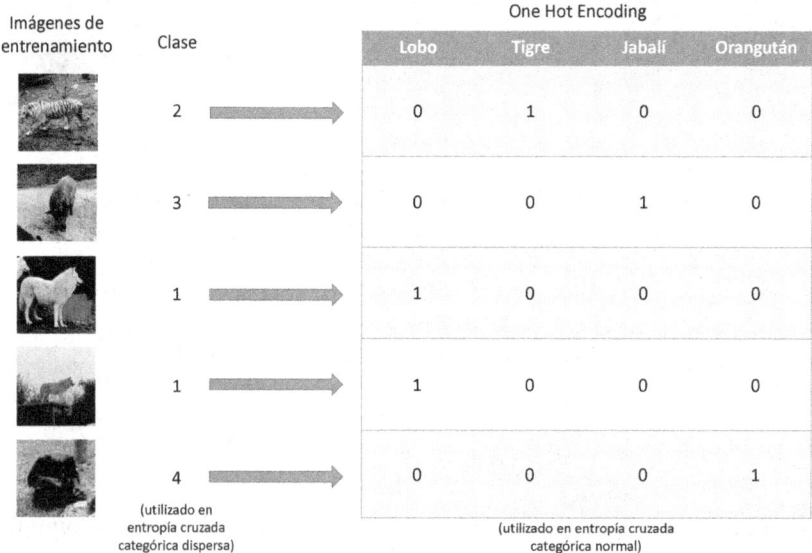

Figura 7.9: One hot encoding

Existen otros errores que se pueden utilizar para resolver problemas de clasificación, como el error cuadrático medio. Sin embargo, la entropía cruzada funciona habitualmente mejor que otras funciones de pérdida gracias a su efecto de mayor penalización sobre los casos más alejados de las salidas esperadas.

7.4.2. Ejemplo de clasificación utilizando Tensorflow

Para nuestro primer problema de clasificación, vamos a utilizar un conjunto de datos bastante conocido. Por el momento no van a ser directamente imágenes, pero sí serán datos que podrían haberse obtenido a partir de imágenes. El conjunto de datos de las flores del Iris es un conjunto de datos que consiste en 50 muestras de cada una de las tres especies de Iris (Iris Setosa, Iris virginica e Iris versicolor). Se midieron cuatro características de cada muestra: la longitud y la anchura de los sépalos y los pétalos, en centímetros. Este conjunto de datos se convirtió en un caso de prueba típico para muchas técnicas de clasificación estadística en el aprendizaje automático, como las máquinas de vectores soporte (SVM). El dataset se encuentra disponible en la URL https://www.kaggle.com/datasets/arshid/iris-flower-dataset. Tendremos que descargar el fichero y descomprimirlo en el sitio donde ejecutemos el programa. Kaggle es una web que nos proporciona muchos conjuntos de datos diferentes para probar nuestros modelos.

El conjunto de datos contiene un conjunto de 150 registros con 5 columnas: longitud de los pétalos, anchura de los pétalos, longitud de los sépalos, anchura de los sépalos y la clase (Iris Setosa, Iris virginica e Iris versicolor).

El Código 7.8 muestra cómo resolver el problema de clasificación de este ejemplo, cuya gráfica mostrando la disminución de la entropía cruzada categórica se muestra en la Figura 7.10. En este ejemplo hemos empezado a dividir el juego de datos en entrenamiento y test, X_train e X_test, lo que nos permite evaluar el modelo con un juego de datos diferente del se ha utilizado durante el entrenamiento. Podemos ver cómo en este caso hemos utilizado una red de dos capas ocultas, aunque seguramente el ejemplo funcionará también con diferentes arquitecturas de red. A mayores, se muestra al final cómo realizar la inferencia de una única muestra ($yhat = modelo.predict(np.array([X\_test[0]]))$). En este caso, $predict$ está preparado para recibir varias muestras y realizar la inferencia sobre todas ellas. Como nosotros únicamente queremos realizar la inferencia sobre la primera muestra de la prueba, debemos crear un array de una muestra. Después, una vez realizada la inferencia, seleccionamos la salida con mayor probabilidad ($np.argmax(yhat)$). Recordemos que la salida de la función $softmax$ se corresponde con las probabilidades de que la muestra pertenezca a cada una de las clases.

Código 7.8: Red neuronal de clasificación del dataset Iris con Tensorflow

```python
# Importamos numpy
import numpy as np
# Cargamos TensorFlow
from tensorflow.keras import Sequential
from tensorflow.keras.layers import Dense
# Cargamos Matplotlib para representar gráficamente el
    entrenamiento
import matplotlib.pyplot as plt
# Importamos la función de lectura de CSV de Pandas
from pandas import read_csv
# Utilizamos Sklearn para llevar a cabo la división de los datos
from sklearn.model_selection import train_test_split
# Utilizamos Sklearn para llevar a cabo la codificación de
    etiquetas
from sklearn.preprocessing import LabelEncoder

# Descargamos el dataset desde
# https://www.kaggle.com/datasets
#         /arshid/iris-flower-dataset
# Cargamos el dataset utilizando Pandas
df = read_csv('IRIS.csv', header=0)
```

```python
# Dividimos entre las columnas de entrada y de salida (la última)
X, y = df.values[:, :-1], df.values[:, -1]

# Nos aseguramos que todos los valores de entrada sean float32
X = X.astype('float32')

# Como en Y tenemos etiquetas (por ejemplo Iris-setosa), tenemos
    que
# transformarlas en un número diferente para cada caso.
y = LabelEncoder().fit_transform(y)

# Separamos los datos totales en datos de entrenamiento y de test
X_train, X_test, y_train, y_test = train_test_split(X, y,
    test_size=0.33)

# Mostramos las dimensiones de estos datos
print('Dimensiones Train: ', X_train.shape, y_train.shape,
    '\nDimensiones Test: ', X_test.shape, y_test.shape)

# Determinamos el número de features de entrada: longitud de los
    pétalos,
#    anchura de los pétalos, longitud de los sépalos, anchura de
    los sépalos
n_features = X_train.shape[1]

# Definimos un modelo secuencial
modelo = Sequential()
modelo.add(Dense(10, activation='relu', kernel_initializer='
    he_normal', input_shape=(n_features,)))
modelo.add(Dense(8, activation='relu', kernel_initializer='
    he_normal'))
# Problema de clasificación
modelo.add(Dense(3, activation='softmax'))

# Compilación con entropía cruzada dispersa
modelo.compile(optimizer='adam', loss='
    sparse_categorical_crossentropy', metrics=['accuracy'])

# Entrenamos el modelo
historia = modelo.fit(X_train, y_train, epochs=300, batch_size=8,
    verbose=0)

# Representamos gráficamente el entrenamiento mostrando la
    reducción del error
plt.plot(historia.history['loss'])
plt.ylabel('Error (Loss)')
plt.xlabel('Época')
plt.title('Evolución de la entropía cruzada durante las épocas (
    Tensorflow)')
plt.show()

# Evaluamos el modelo con los datos de test
loss, acc = modelo.evaluate(X_test, y_test, verbose=0)
print('Test Accuracy: %.3f' % acc)

# Hacemos una predicción sobre la primera muestra de test
```

```
yhat = modelo.predict(np.array([X_test[0]]))
print('Predicción: %d. Real: %d' % (np.argmax(yhat), y_test[0]))
```

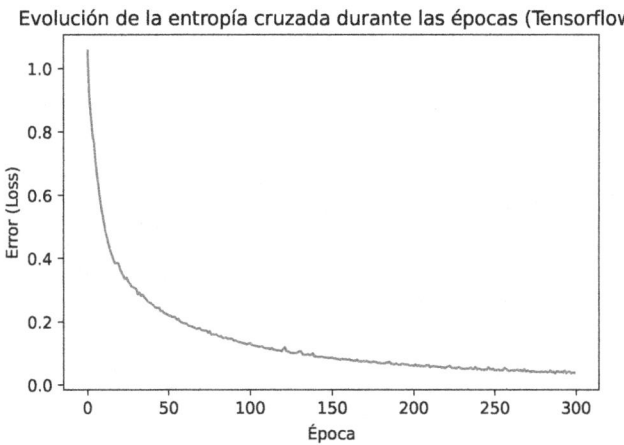

Figura 7.10: Entropía cruzada categórica (pérdida) a lo largo de las épocas con Tensorflow

7.4.3. Ejemplo de clasificación utilizando Pytorch

Para el ejemplo de clasificación de las flores Iris en Pytorch hemos utilizado la API funcional de Pytorch. El modelo definido, similar al de Tensorflow del paso anterior, utiliza dos capas ocultas de 10 y 8 neuronas. En el caso de Pytorch cabe destacar que la entropía categórica cruzada por defecto se implementa de manera dispersa. En este ejemplo se muestran bastantes aspectos nuevos a considerar. Por un lado, el entrenamiento se ha llevado a una función de entrenamiento creada específicamente, *train*. Es habitual ver una función de este tipo en programas escritos utilizando Pytorch, a la cual se le pasa el modelo, la función de pérdida o el optimizador. A mayores, dentro de esta función, se ha contemplado el uso de *batches*. Mientras que en Tensorflow esto es encapsulado por la función *fit*, en Pytorch es necesario crear dos bucles de entrenamiento, uno para recorrer las épocas y otro para recorrer los batches de cada época. Al igual que en el ejemplo de Tensorflow, se ha mostrado cómo separar los datos en un juego de entrenamiento y en un juego de prueba.

Los datos del dataset se han cargado utilizando Pandas. Pandas es una potente librería que nos permite manipular conjuntos de datos con relativa facilidad. Utiliza *dataframes*, que son estructuras de datos rectangulares que contiene las variables en las columnas y las observaciones en las filas. Podríamos verlo como una hoja Excel donde tenemos información adicional sobre los datos, como pueden ser los nombres de las columnas.

Para que en entrenamiento sepa cómo separar los datos en batches, es necesario utilizar un cargador de datos (*dataloader*). Los cargadores de datos permiten ir leyendo poco a poco datos para entrenar el modelo. Supongamos por ejemplo que tenemos millones de imágenes. Cargar todas las imágenes en memoria sería inviable, por lo que los cargadores permiten ir cargando poco a poco datos según se necesiten. En este caso, sin embargo, tenemos todos los datos en memoria. Podemos definir un *TensorDataset* a partir de los datos que habíamos separado inicialmente en entrenamiento y test. Una vez definido el *TensorDataset*, podemos utilizar el *DataLoader*, que en la sentencia *for inputs, labels in dataloader:*, irá suministrando tantos elementos como tenga el tamaño del batch que hemos especificado en la definición del *dataloader*.

Una vez concluido el entrenamiento, se realiza la evaluación sobre el conjunto de prueba previamente apartado. A mayores, se incluye como ejemplo cómo realizar una predicción sobre una única muestra, *X_test[0]*. Tanto las evaluaciones de los modelos, como las predicciones, se deben realizar en un entorno de no computación de gradiente (*torch.no_grad()*). Como en Pytorch trabajamos con los tensores de salida, para ver la clase ganadora utilizamos una función propia de torch (*torch.max*), a diferencia de la función de numpy, *argmax*.

El Código 7.9 muestra cómo resolver el problema de clasificación de este ejemplo utilizando la API funcional de Pytorch. La gráfica mostrando la disminución de la entropía cruzada categórica se muestra en la Figura 7.11.

Código 7.9: Red neuronal de clasificación del dataset Iris con Pytorch

```python
# Cargamos Numpy
import numpy as np
# Cargamos Pytorch
import torch
from torch import nn
from torch.nn import functional as F
# Cargamos Matplotlib para representar
# gráficamente el entrenamiento
import matplotlib.pyplot as plt
# Importamos la función de lectura de CSV de Pandas
from pandas import read_csv
# Utilizamos Sklearn para llevar a cabo la división de los datos
from sklearn.model_selection import train_test_split
# Utilizamos Sklearn para llevar a cabo la codificación de
    etiquetas
from sklearn.preprocessing import LabelEncoder

# Descargamos el dataset desde
# https://www.kaggle.com/datasets/arshid/iris-flower-dataset
# Cargamos el dataset utilizando Pandas
df = read_csv('IRIS.csv', header=0)

# Dividimos entre las columnas de entrada y de salida (la última)
X, y = df.values[:, :-1], df.values[:, -1]

# Nos aseguramos que todos los valores de entrada sean float32
X = X.astype('float32')

# Como en Y tenemos etiquetas (por ejemplo Iris-setosa), tenemos
    que
```

```
# transformarlas en un número diferente para cada caso.
y = LabelEncoder().fit_transform(y)

# Separamos los datos totales en datos de entrenamiento y de test
X_train, X_test, y_train, y_test = train_test_split(X, y,
    test_size=0.33)

# Mostramos las dimensiones de estos datos
print('Dimensiones Train: ', X_train.shape, y_train.shape,
    '\nDimensiones Test: ', X_test.shape, y_test.shape)

# Determinamos el número de features de entrada: longitud de los
    pétalos,
#   anchura de los pétalos, longitud de los sépalos, anchura de
    los sépalos
n_features = X_train.shape[1]

# Definimos variables de nuestro modelo
n_input, n_hidden_1, n_hidden_2, n_out = 4, 10, 8, 3
batch_size, epocas = 8, 300

# Convertimos los datos a tensores Pytorch
X_train = torch.from_numpy(X_train).float()
y_train = torch.from_numpy(y_train).long()
X_test = torch.from_numpy(X_test).float()
y_test = torch.from_numpy(y_test).long()

# Creamos un dataloader, necesario para poder
# iterar sobre los batch durante el entrenamiento
dataset = torch.utils.data.TensorDataset(X_train, y_train)
dataloader = torch.utils.data.DataLoader(dataset, batch_size=
    batch_size, shuffle=False, num_workers=0)

# Definimos nuestro modelo mediante la API funcional
class Mi_Modelo(nn.Module):
    def __init__(self):
        super().__init__()
        self.relu1 = nn.ReLU()
        self.relu2 = nn.ReLU()
        self.densa1 = nn.Linear(n_input, n_hidden_1)
        self.densa2 = nn.Linear(n_hidden_1, n_hidden_2)
        self.densa3 = nn.Linear(n_hidden_2, n_out)
        self.softmax = nn.Softmax()

    def forward(self, x):
        x = self.densa1(x)
        x = self.relu1(x)
        x = self.densa2(x)
        x = self.relu2(x)
        x = self.densa3(x)
        x = self.softmax(x)
        return x

modelo = Mi_Modelo()

# Mostramos el modelo en pantalla
print('Modelo: ', modelo)
```

```python
# Creamos una función de entrenamiento,
# donde recorreremos por un lado las distintas
# épocas y por otro lado iteraremos sobre
# los batch
def train(modelo, dataloader, criterion, optimizer, num_epocas):
    # Listas para guardar nuestro histórico de entrenamiento
    accuracy = []
    losses = []
    # Iteramos sobre las distintas épocas
    for epoca in range(num_epocas):
        print('Epoch {}/{}'.format(epoca, num_epocas - 1), flush=
            True)
        print('-' * 10, flush=True)

        # Creamos unas variables para acumular la pérdida y el
            accuracy
        # para acumular en los distintos batch
        running_loss = 0.0
        running_corrects = 0

        # Iteramos sobre los batch de cada época
        for inputs, labels in dataloader:
            # Ponemos a cero los gradientes
            optimizer.zero_grad()

            # Paso hacia adelante
            outputs = modelo(inputs)
            # Como por defecto Pytorch trabaja con Sparse
            #  Categorical Crossentropy, tenemos que identificar
                la
            #  clase ganadora. Esta función es equivalente a
                numpy.argmax
            _, preds = torch.max(outputs, 1)

            # Calculamos el error (criterio que será la Entropía
                Cruzada)
            loss = criterion(outputs, labels)

            # Propagación hacia atrás.
            loss.backward()
            # Avanzamos el optimizador
            optimizer.step()

            # Avanzamos las variables de pérdida y aciertos del
                batch
            running_loss += loss.item() * inputs.size(0)
            running_corrects += torch.sum(preds == labels.data)

        # Avanzamos las variables de pérdida y aciertos de la é
            poca
        epoch_loss = running_loss / len(dataloader.dataset)
        epoch_acc = running_corrects.double() / len(dataloader.
            dataset)
        # Guardamos en histórico
        losses.append(epoch_loss)
        accuracy.append(epoch_acc)
```

```python
        print('Loss: {:.4 f} Acc: {:.4 f}'.format(epoch_loss,
            epoch_acc), flush=True)
    return accuracy, losses

# Definimos función de pérdida como entropía cruzada categórica
    dispersa
loss_function = nn.CrossEntropyLoss()
# El optimizador utilizado es Adam
optimizer = torch.optim.Adam(modelo.parameters())

# Llamamos al entrenamiento
accuracy, losses = train(modelo, dataloader, loss_function,
    optimizer, epocas)

# Representamos gráficamente el entrenamiento mostrando la
    reducción del error
plt.plot(losses)
plt.ylabel('Error (Loss)')
plt.xlabel('Época')
plt.title('Evolución de la entropía cruzada durante las épocas (
    Pytorch)')
plt.show()

# Evaluamos el modelo con los datos de test
modelo.eval()

with torch.no_grad():
    # Pasamos los datos de test por el modelo
    output = modelo(X_test)
    # Obtenemos el ganador de cada muestra
    _, preds = torch.max(output, 1)
    # Calculamos el número de aciertos
    accuracy = (preds == y_test).float().sum()
    # Hacemos la media
    accuracy = accuracy.numpy() / len(X_test)
    print('Accuracy: ', accuracy)

# Hacemos una predicción sobre la primera muestra de test
with torch.no_grad():
    row = X_test[0]
    output = modelo(row)
    # Elegimos la clase ganadora
    _, pred = torch.max(output, 0)
    print('Predicción: %d. Real: %d' % (pred, y_test[0]))
```

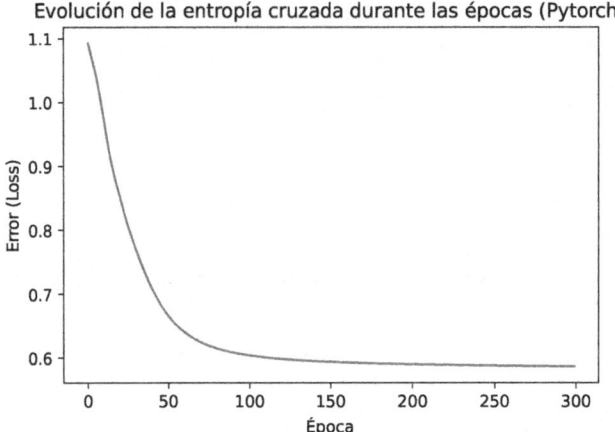

Figura 7.11: Entropía cruzada categórica (pérdida) a lo largo de las épocas con Pytorch

7.5. Problemas de regresión

Las redes neuronales nos permiten resolver problemas de regresión, que son aquellos donde la salida esperada no es una categoría, sino un valor numérico que puede ser de tipo continuo. Por ejemplo, saber si mañana va a llover se puede representar como un modelo de clasificación donde, o llueve o no llueve. Sin embargo, conocer la probabilidad de lluvia sí sería un problema de regresión ya que queremos cuantificar dicha afirmación en base a un valor numérico. Aunque en algunas ocasiones los dos tipos de problemas se pueden resolver de una forma similar, suele ser recomendable resolverlo de la forma correspondiente a la tipología del problema. El problema de la probabilidad de lluvia se podría resolver como un problema de clasificación con 101 clases (0 %: Clase 0, 1 %: Clase 1, ..., a 100 %: Clase 100, de lluvia), pero conviene resolverlo como un problema de regresión. De la misma forma, un problema de reconocimiento de dígitos en imágenes se puede resolver como un problema de regresión, pero conviene resolverlo como un problema de clasificación. Los modelos correctos permitirán obtener resultados más precisos.

En los problemas de regresión solemos utilizar dos tipos de errores durante el entrenamiento:

1. El error absoluto medio, *Mean Absolute Error* (MAE), es la suma de los errores absolutos dividida entre el número de muestras, como se observa en la Ecuación 7.23. En esta ecuación, y_i es la predicción, x_i es el valor real esperado (también denominado *ground truth*), y n es el número de muestras. Este error también se suele llamar error L1.

$$MAE = \frac{\sum_{i=1}^{n} |y_i - x_i|}{n} \qquad (7.23)$$

2. El error cuadrático medio, *Mean Squared Error* (MSE), es la suma de los errores al cuadrado entre los valores predichos y los reales (ver Ecuación 7.24). Al igual que en el caso anterior, y_i es la predicción, x_i es el valor real esperado y n es el número de muestras.

$$MSE = \frac{1}{n} \sum_{i=1}^{n} [y_i - x_i]^2 \qquad (7.24)$$

Cuando se entrena un modelo donde se quiere penalizar los errores muy grandes, como son los valores atípicos, entonces MSE es la mejor opción ya que penaliza los mayores errores. MAE, por contra, ofrece una mayor interpretabilidad de los resultados.

7.5.1.   Regresión con Tensorflow

Vamos a mostrar un ejemplo de cómo resolver un problema de regresión en el que queremos que una red neuronal aproxime el valor de un determinante de una matriz de 3x3 cuyos elementos pueden tomar valores enteros entre 0 y 9. Si bien matemáticamente es un problema sencillo de resolver, veremos que es más complejo cuando lo transformamos en un problema de aprendizaje supervisado. Según la arquitectura que hemos visto de las redes MLP, las entradas se multiplican por un peso y se suman antes de aplicar una función de activación. Sin embargo, el cálculo del determinante de una matriz requiere que las entradas se puedan multiplicar entre sí. Este tipo de problema se podría resolver creando una capa nueva de usuario que multiplicara los términos entre sí, pero con el fin de no complicar demasiado el problema vamos a intentar aproximarlo utilizando varias capas densas. Por otro lado, si queremos resolverlo mediante aprendizaje supervisado, tendremos que generar una cantidad suficiente de datos para entrenar la red. Pensemos que el número de combinaciones de los elementos de la matriz es 10^9, un valor demasiado alto para entrenar nuestro modelo. Crearemos por lo tanto un conjunto de datos de 100, 000 muestras, cada una con su matriz aleatoria junto al valor de su determinante.

El Código 7.10 muestra la primera parte de nuestro programa, donde generaremos 100, 000 matrices aleatorias de enteros y calcularemos sus determinantes respectivos con la función *np.linalg.det(matriz)* de *numpy*. En esta parte del código también generaremos datos de entrenamiento y de prueba (un 20 %). Cuando ejecutamos esta parte del código se nos informará sobre el mayor y el menor determinante calculado. Estos valores son necesarios ya que en nuestro modelo normalizaremos los valores entre 0 y 1. Tanto las entradas como las salidas estarán normalizadas. En nuestra ejecución, el valor máximo del determinante fue +1, 160 y el valor mínimo −1, 005.

Código 7.10: Generación de datos de entrenamiento de red de regresión de aproximación del determinante

```python
##########################################
# Creamos un modelo de regresión capaz
# de calcular el determinante de una
# matriz de 3x3 con valores entre 0 y 9
##########################################
import numpy as np
# Cargamos TensorFlow
from tensorflow.keras import Sequential
from tensorflow.keras.layers import Dense
from tensorflow.keras.optimizers import RMSprop
# Cargamos Matplotlib para representar gráficamente el
    entrenamiento
import matplotlib.pyplot as plt
# Función de separación de datos en train/test
from sklearn.model_selection import train_test_split


##########################################
# Parte 1. Generación de datos ficticios
##########################################
# Como el número de combinaciónes es muy
# grande (10^9 = 1000 millones), crearemos
# un dataset con 1 millón de casos aleatorios
datos_x = np.random.randint(0, 10, (100000, 9))
datos_y = np.zeros(100000)

for i in range(len(datos_x)):
    # Obtenemos matriz 3x3
    matriz = datos_x[i].reshape((3,3))
    # Calculamos determinante
    datos_y[i] = np.linalg.det(matriz)

# Transformamos matrices a flotantes y normalizamos
datos_x = datos_x.astype(float) / 9.0
maximo = float(max(datos_y))
minimo = float(min(datos_y))
# Seleccionamos un valor de normalización que será
# el mayor entre los valores positivos y negativos
datos_y = (datos_y.astype(float) - minimo) / (maximo - minimo)

X_train, X_test, y_train, y_test = train_test_split(
        datos_x, datos_y, test_size=0.20, random_state=42)

print('Valor del máximo determinante del dataset = %d' %(int(
    maximo)))
print('Valor del mínimo determinante del dataset = %d' %(int(
    minimo)))
```

Hemos planteado un modelo de red formada por 4 capas densas de 180 neuronas, donde hemos ido añadiendo capas y probando distintos número de neuronas buscando la mejor configuración. Cada capa tiene una función de activación *re-Lu* asociada. La capa de salida tiene una neurona de salida con una función de activación sigmoide. Se invita al lector a probar distintas configuraciones intentando mejorar los resultados de este modelo. Como hemos comentado anteriormente, no es un problema de fácil resolución con una red neuronal pese a ser muy sencillo su cálculo de forma algebraica. Tenemos que pensar que esto es un ejemplo de datos para un problema de regresión y que podrían darnos estos datos sin decirnos que son resultado del cálculo de un determinante.

El Código 7.11 muestra el modelo que aproxima el determinante. Hemos utilizado el optimizador RMSProp, aunque si se modifica a Adam se verán resultados parecidos. También hemos optimizado el error cuadrático medio (MSE). El entrenamiento lo hemos realizado creando un juego de validación del 20 % sobre los datos de entrenamiento (*validation_split*). A mayores, hemos evaluado los resultados con los datos de prueba. La función *evaluate* de Tensorflow nos devuelve tanto el error que estamos utilizando en el modelo (MSE), como las métricas que estamos monitorizando (MAE y MSE nuevamente).

Código 7.11: Definición del modelo de regresión de aproximación del determinante

```
##############################################
# Parte 2. Definición de modelo de regresión
##############################################
# Definimos nuestro modelo
batch_size, epocas = 8, 20

modelo = Sequential()
modelo.add(Dense(180, activation='relu', input_shape=(9, )))
modelo.add(Dense(180, activation='relu'))
modelo.add(Dense(180, activation='relu'))
modelo.add(Dense(180, activation='relu'))
modelo.add(Dense(1, activation='sigmoid'))
# Optimizador
optimizador = RMSprop(0.001)
# Compilamos nuestro modelo
modelo.compile(loss='mse', optimizer=optimizador, metrics=['mae',
    'mse'])

# Entrenamos el modelo
historia = modelo.fit(X_train, y_train, epochs=epocas, batch_size
    =batch_size, validation_split = 0.2)

# Representamos gráficamente el entrenamiento mostrando la
    reducción del error
plt.plot(historia.history['mse'], 'b')
plt.plot(historia.history['val_mse'], 'r')
plt.ylabel('Error Cuadrado Medio (Loss)')
plt.xlabel('Época')
plt.title('Evolución del error durante las épocas (Tensorflow)')
plt.show()

# Evaluamos el modelo con los propios datos de entrenamiento
loss = modelo.evaluate(X_test, y_test, verbose=0)
print('Loss ', modelo.metrics_names, ': ', loss)
```

La gráfica del entrenamiento se muestra en la Figura 7.12. Tenemos que considerar que los valores de salida de la red están normalizados, por lo que un error de 0.004 es equivalente a un error real de $0.004 \cdot (1,160 + 1,005) = 8.66$. Este es un error aproximado del 0.4 %.

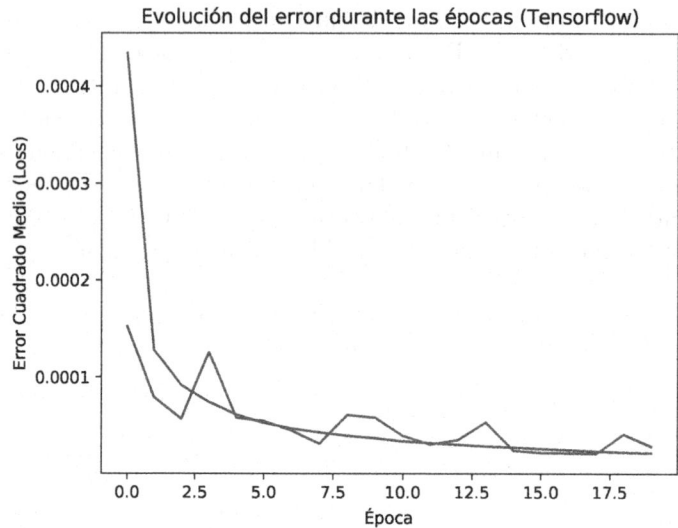

Figura 7.12: Evolución del MSE tanto para entrenamiento (azul) como para validación (rojo)

Finalmente, calculamos el determinante aproximado de una matriz utilizando el Código 7.12. Para ello, cogemos una matriz al azar del juego de prueba y hacemos la inferencia con la red.

Código 7.12: Aproximación de algún determinante

```
###############################################
# Parte 3. Obtener algún determinante de ejemplo
###############################################
# Elegimos dato al azar
i = np.random.randint(0, len(X_test) - 1)
matriz = X_test[i] * 9.0
matriz = matriz.astype(int).reshape((3, 3))
print('Determinante de matriz: \n', matriz )
# Desnormalizamos valor real
valor_real = int(y_test[i] * (maximo - minimo) + minimo)
print('Valor real: ', valor_real)
# Predicción
valor_pred = modelo.predict(np.array([X_test[i]]))[0]
valor_pred = int(valor_pred * (maximo - minimo) + minimo)
print('Valor inferido: ', valor_pred)
```

7.5.2. Regresión con Pytorch

Para mostrar la regresión con Pytorch vamos a utilizar un dataset conocido que mide la calidad del vino en base a distintas variables cuantitativas. El dataset denominado *Wine Quality Dataset* está disponible en varios repositorios, incluyendo la web de Kaggle: `https://www.kaggle.com/datasets/yasserh/wine-quality-dataset`, o el conjunto de datasets de Tensorflow: `https://www.tensorflow.org/datasets/catalog/wine_quality`. Nosotros descargaremos el dataset de Kaggle ya que es más fácil de utilizar. El Código 7.13 muestra cómo cargar fichero mediante Pandas. En nuestro caso es interesante utilizarlo para explorar los datos y mostrar los nombres de las columnas y las primeras filas. Al consultar el dataset, veremos que las primeras 11 columnas corresponden a las variables de entrada: tipos de acidez, cloruros, dióxido de azufre, densidad, pH, sulfatos o alcohol. La columna 11 corresponde a la calidad del vino, especificada en valores enteros entre 0 y 10. Si bien este problema se podría resolver mediante un modelo de clasificación con 11 clases, vamos a considerar que queremos un valor numérico que nos estime la calidad, como por ejemplo 5.3.

Código 7.13: Carga del dataset de la calidad del vino

```
#############################################
# Creamos un modelo de regresión capaz
# de predecir la calidad de un vino
# Utilizamos el dataset de calidad del vino:
# https://www.kaggle.com/datasets
#          /yasserh/wine-quality-dataset
#############################################
import os
os.environ['KMP_DUPLICATE_LIB_OK']='TRUE'
# Cargamos Numpy
import numpy as np
# Cargamos Pytorch
import torch
import torch.nn as nn
# Cargamos Matplotlib para representar gráficamente el
    entrenamiento
import matplotlib.pyplot as plt
# Utilizamos pandas para cargar el dataset
import pandas as pd

# Función de separación de datos en train/test
from sklearn.model_selection import train_test_split

#############################################
# Parte 1. Cargamos el dataset de la
# calidad del vino (hay que descargarlo
# previamente de Kaggle)
#############################################
# Leemos el dataset
df = pd.read_csv('WineQT.csv', sep=',')

# Mostramos las columnas
```

```
print('Columnas: ', df.columns)
print('Primeros datos: ', df.head())

# Creamos juegos X e Y
# Las 11 primeras columnas incluyen las variables
# de entrada
X = df[df.columns[0:11]].to_numpy()
# La columna 11 incluye la calidad del vino
Y = df[df.columns[11]].to_numpy()

# Normalizamos X e Y a nivel de columna
X_norm = (X - X.min(0)) / X.ptp(0)
Y_norm = (Y - Y.min()) / Y.ptp()
# Añadimos una dimensión. Cada salida tendrá un vector
# de un único elemento
Y_norm = Y_norm.reshape(len(Y_norm),1)
# Dividimos entre entrenamiento y test
X_train, X_test, y_train, y_test = train_test_split(
        X_norm, Y_norm, test_size=0.10, random_state=42)
```

La transformación de un *dataframe* en *numpy* se realiza directamente con la función *to_numpy()*. En el código mostrado se normalizan los datos a nivel de columna, a partir del valor mínimo de cada columna y la diferencia entre el máximo y el mínimo, lo que se consigue con la función *X.ptp(0)* (*peak to peak*). Finalmente, separamos los datos en entrenamiento y test.

En la segunda parte del código (ver Código 7.14) realizamos la definición del modelo. Es un modelo sencillo donde únicamente utilizamos una capa oculta con 10 neuronas. Por este motivo lo hemos implementado directamente, sin encapsularlo en una clase. Optimizaremos el error MSE, aunque Pytorch también nos permite optimizar con el MAE (denominado también L1: *nn.L1Loss()*). Partiremos de la función vista anteriormente en el problema del dataset Iris para contemplar el entrenamiento por batches. Básicamente, la única diferencia entre este código y el utilizado en el entrenamiento del Iris dataset es que hemos quitado el dato del *accuracy*, ya que en los problemas de regresión no tiene tanto sentido saber si he acertado un valor concreto. Más adelante, veremos en el libro cómo podemos añadir la validación al entrenamiento con Pytorch.

Código 7.14: Modelo y entrenamiento de la regresión con Pytorch

```
###########################################
# Parte 2. Definición de modelo de regresión
###########################################
# Definimos nuestro modelo
epocas = 200
batch_size = 8

# Convertimos a tensores Pytorch
X_train = torch.from_numpy(X_train).float()
y_train = torch.from_numpy(y_train).float()
X_test = torch.from_numpy(X_test).float()
y_test = torch.from_numpy(y_test).float()
```

```
# Creamos un dataloader, necesario para poder iterar sobre los
    batch durante el entrenamiento
dataset = torch.utils.data.TensorDataset(X_train, y_train)
dataloader = torch.utils.data.DataLoader(dataset, batch_size=
    batch_size, shuffle=False, num_workers=0)

# Creamos nuestro modelo con una única capa
n_entradas = len(X_train[0])
modelo = nn.Sequential(nn.Linear(n_entradas, 10),
                       nn.ReLU(),
                       nn.Linear(10, 1))

# Mostramos el modelo en pantalla
print('Modelo: ', modelo)

# Creamos una función de entrenamiento, donde recorreremos por un
    lado
# las distintas épocas y por otro lado iteraremos sobre los batch
def train(modelo, dataloader, criterion, optimizer, num_epocas):
    # Listas para guardar nuestro histórico de entrenamiento
    losses = []
    # Iteramos sobre las distintas épocas
    for epoca in range(num_epocas):
        print('Epoch {}/{}'.format(epoca, num_epocas - 1), flush=
            True)
        print('-' * 10, flush=True)

        # Creamos unas variables para acumular la pérdida y el
            accuracy
        # para acumular en los distintos batch
        running_loss = 0.0

        # Iteramos sobre los batch de cada época
        for inputs, labels in dataloader:
            # Ponemos a cero los gradientes
            optimizer.zero_grad()

            # Paso hacia adelante
            outputs = modelo(inputs)
            # Como por defecto Pytorch trabaja con Sparse
            #  Categorical Crossentropy, tenemos que identificar
                la
            #  clase ganadora. Esta función es equivalente a
                numpy.argmax
            _, preds = torch.max(outputs, 1)

            # Calculamos el error (criterio que será la Entropía
                Cruzada)
            loss = criterion(outputs, labels)

            # Propagación hacia atrás.
            loss.backward()
            # Avanzamos el optimizador
            optimizer.step()

            # Avanzamos las variables de pérdida y aciertos del
                batch
```

```
            running_loss += loss.item() * inputs.size(0)

        # Avanzamos las variables de pérdida y aciertos de la é
            poca
        epoch_loss = running_loss / len(dataloader.dataset)
        # Guardamos en histórico
        losses.append(epoch_loss)
            print('Loss: {:.4f}'.format(epoch_loss), flush=True)
    return losses

#loss_function = nn.L1Loss()
loss_function = nn.MSELoss()
optimizer = torch.optim.RMSprop(modelo.parameters(), lr=0.001)

# Llamamos al entrenamiento
losses = train(modelo, dataloader, loss_function, optimizer,
    epocas)
```

El resultado del entrenamiento se puede ver en la Figura 7.13.

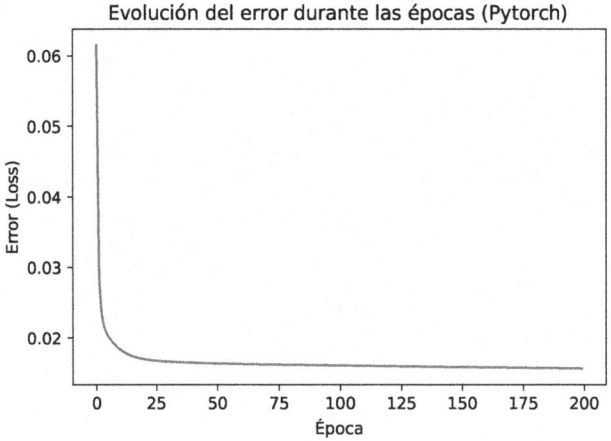

Figura 7.13: Evolución del MSE en el problema de la estimación de la calidad del vino con Pytorch

Finalmente, en el Código 7.15 representamos gráficamente el error MSE producido a lo largo de las 200 épocas del entrenamiento. Además, realizamos una evaluación del error del test y realizamos la inferencia de la calidad de un vino al azar cogido del juego de prueba. Como la salida de la red está normalizada, al haber entrenado con datos normalizados, tendremos que desnormalizar.

Código 7.15: Mostrar gráfica de entrenamiento y evaluación de los resultados

```
##################################################
# Parte 3. Representamos gráficamente y
# evaluamos
##################################################
# Representamos gráficamente el entrenamiento mostrando la
    reducción del error
plt.plot(losses)
plt.ylabel('Error (Loss)')
plt.xlabel('Época')
plt.title('Evolución del error durante las épocas (Pytorch)')
plt.show()

# Evaluamos el modelo con los propios datos de entrenamiento
modelo.eval()

with torch.no_grad():
    pred_y = modelo(X_test)
    # Cálculo del error
    loss = loss_function(pred_y, y_test)
    print('Error MSE de test: ', loss)


##################################################
# Parte 4. Obtener la calidad de algún vino del
# test
##################################################
# Elegimos dato al azar
i = np.random.randint(0, len(X_test) - 1)
# Predicción
with torch.no_grad():
    valor_pred = modelo(X_test[i])
    valor_pred = valor_pred[0].numpy()
    # Desnormalizamos
    valor_real = float(y_test[i] * Y.ptp() + Y.min())
    valor_pred = float(valor_pred * Y.ptp() + Y.min())
    print('Valor real: ', valor_real)
    print('Valor inferido: ', round(valor_pred, 1))
```

Se recomienda al lector probar el ejemplo con distintos cambios, como pueden ser eliminar la activación *relu*, añadir activación sigmoide a la salida, añadir más capas densas, probar el optimizador *Adam*, e incluso transformar el modelo hacia un problema de clasificación.

7.6.   Redes de convolución

Las redes de convolución están compuestas por diversas capas de convolución que permiten filtrar los aspectos más destacados de las imágenes. Se basan en el mismo principio que los núcleos de convolución (kernel) como Sobel. En la Figura 7.14 se muestra el filtro de Sobel que se computa en dos direcciones, x e y. El resultado de aplicar Sobel sobre una imagen y binarizar el resultado mediante un umbral se puede ver en la Figura 7.15.

$$G_x = \begin{array}{|c|c|c|} \hline +1 & 0 & -1 \\ \hline +2 & 0 & -2 \\ \hline +1 & 0 & -1 \\ \hline \end{array} \qquad G_y = \begin{array}{|c|c|c|} \hline +1 & +2 & +1 \\ \hline 0 & 0 & 0 \\ \hline +1 & 0 & -1 \\ \hline \end{array}$$

$$G = \sqrt{G_x^2 + G_y^2}$$

Figura 7.14: Filtro de Sobel

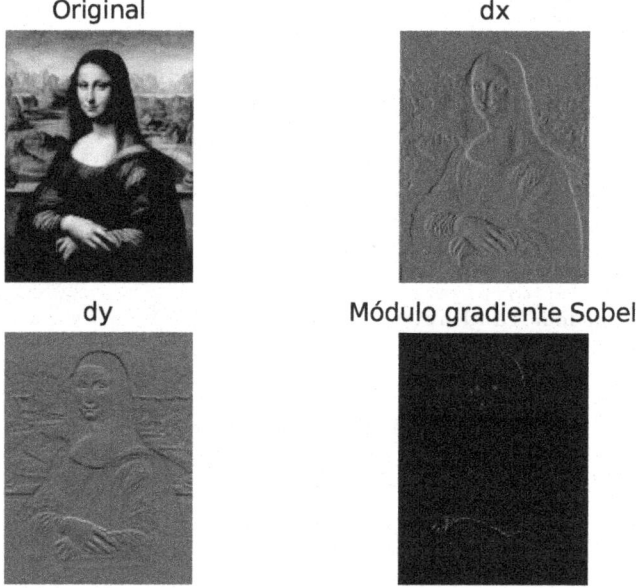

Figura 7.15: Ejemplo de aplicación de Sobel sobre una imagen

Los filtros de convolución de una red neuronal pueden ser de 3x3, 5x5 o cualquier dimensión (impar si se desea evitar que la rejilla de muestreo de desplace medio píxel). A diferencia de Sobel u otros filtros, sus valores se autocalculan. El objetivo es construir una ventana que se va desplazando sobre la imagen y multiplicándose mediante multiplication-wise (elemento a elemento) para calcular el valor central. En la Figura 7.16 se muestran 4 casos donde se aplica el filtro G_x de Sobel a una imagen, desplazando la ventana a 4 posiciones diferentes. Se propone como ejercicio completar el resto de la imagen de salida.

Los filtros de convolución tienen dos propiedades: por un lado, requieren muchos menos parámetros de entrenamiento que una capa densa y, por otro lado, permiten reducir la dimensionalidad preservando las características principales

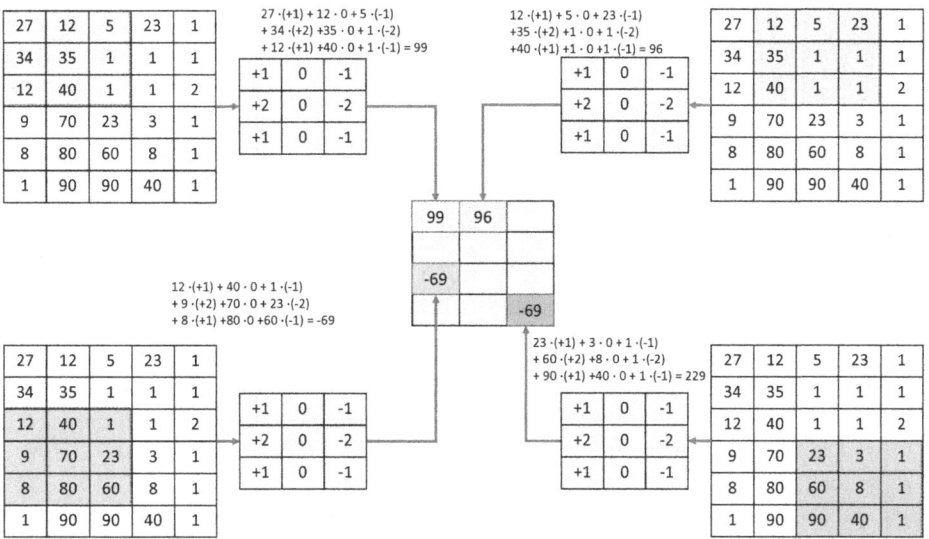

Figura 7.16: Aplicación de un filtro de convolución de Sobel sobre una imagen (mediante ventana deslizante y multiplication-wise)

de la imagen. Como se pudo apreciar en la Figura 7.15, con ver el resultado de Sobel podemos conocer de qué cuadro se trata, pese a que el tamaño requerido para almacenar esta imagen es muy inferior al de una imagen RGB de dicho cuadro.

Cuando se aplican filtros de convolución consecutivos, se consiguen obtener características de la imagen más refinadas. Además, cada filtro de convolución requiere únicamente $n \cdot n$ pesos, que son las dimensiones del núcleo. Esto supone muchos menos parámetros que una capa densa, tal como hemos mencionado arriba. Las capas de convolución se entrenan también mediante retropropagación, ya que internamente pueden ser representadas como una capa densa donde muchas conexiones han sido eliminadas y algunos pesos son similares.

En las redes más avanzadas, se integran muchas capas de convolución que poseen diversos kernel en cada capa. Los kernel se aplican, en el caso de imágenes RGB, para cada uno de los canales por separado (Rojo, Verde y Azul). Cada kernel generará por lo tanto 3 matrices. En Tensorflow y Pytorch estas matrices se almacenan en tensores. Para reducir la creciente dimensionalidad, cuando aplicamos múltiples convoluciones, se utilizan capas de *pooling*. Las principales capas de *pooling* utilizadas son el *MaxPooling* y el *AvgPooling*. El primero calcula el valor máximo de una ventana que va deslizando a lo largo de la imagen. En la Figura 7.17 se muestra una ventana de 2x2 que se va deslizando dos columnas en cada operación y, cuando termina cada fila, salta dos filas. Estos saltos se regulan con el parámetro *strides*. Por defecto, dicho valor toma el valor de la dimensión de la propia ventana. El *AvgPooling* calcula el valor medio de los elementos de la ventana. Estas capas no tienen pesos ya que aplican una operación directa sin parámetros. Sin embargo, su función es muy importante a la hora de reducir

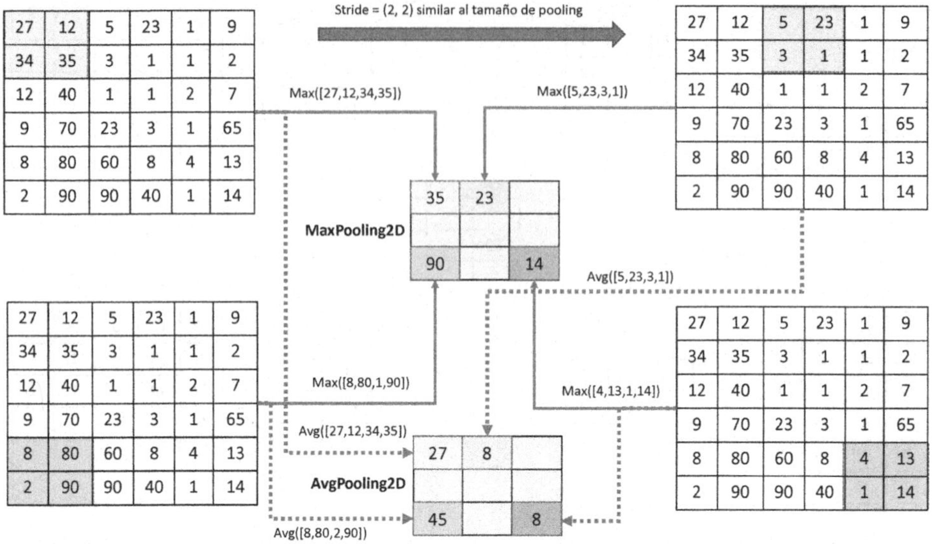

Figura 7.17: Aplicación de *MaxPooling* y *AvgPooling* sobre una imagen

la dimensión a lo largo del modelo.

Las redes de convolución se utilizan en problemas de diversa índole, como pueden ser la clasificación de imágenes, o la detección y segmentación de objetos. Para estos problemas se integran diversas capas de convolución y pooling junto con capas densas y de clasificación o regresión. La parte final de estos modelos suele ser implementada con capas densas que son las que almacenan el conocimiento de los diversos casos.

7.6.1. Ejemplo de clasificación utilizando Tensorflow

Para mostrar un ejemplo de clasificación de imágenes utilizando convoluciones 2D, vamos a utilizar uno de los datasets que vienen integrados con el propio entorno Keras. Estos dataset de juguete (*toy dataset*), permiten explorar distintas posibilidades que luego nos servirán para resolver problemas reales. La base de datos de dígitos del MNIST es una gran base de datos de números manuscritos que se utiliza comúnmente para la capacitación de diversos sistemas de procesamiento de imágenes. El objetivo del ejercicio es poder clasificar nuevas imágenes de dígitos a partir de un modelo convolucional entrenado con MNIST. Tiene 60,000 imágenes de 28x28 píxeles. El Código 7.16 muestra cómo sacar por pantalla los primeros 100 dígitos (ver Figura 7.18).

Código 7.16: Extracción de los primeros 100 dígitos de MNIST

```
# Cargamos el dataset MNIST
from tensorflow.keras.datasets.mnist import load_data
# Cargamos Matplotlib para representar gráficamente el
    entrenamiento
from matplotlib import pyplot
# Cargamos los datos
(trainX, trainy), (testX, testy) = load_data()
# Mostramos el tamaño
print('Train: X=%s, y=%s' % (trainX.shape, trainy.shape))
print('Test: X=%s, y=%s' % (testX.shape, testy.shape))
# Sacamos una matriz de 5x5 con los primeros dígitos
for i in range(100):
    pyplot.subplot(10, 10, i+1)
    pyplot.imshow(trainX[i], cmap=pyplot.get_cmap('gray'))
    pyplot.axis('off')
pyplot.show()
```

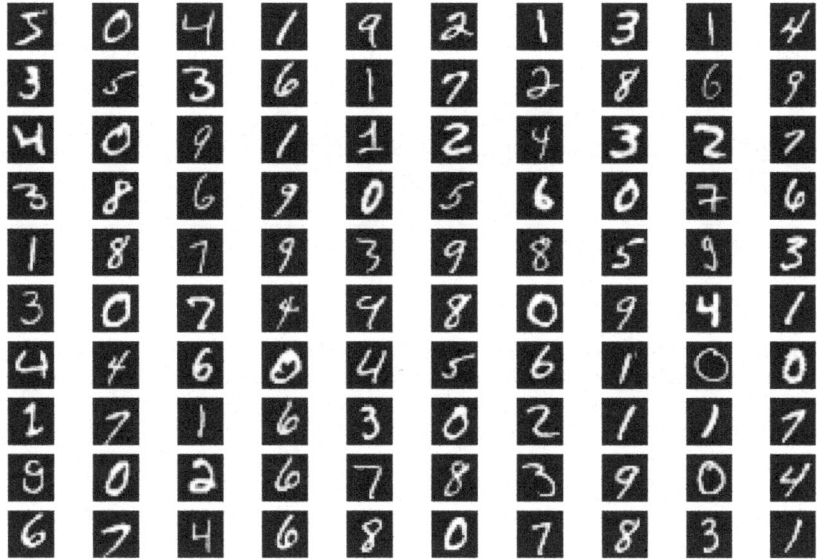

Figura 7.18: Los primeros 100 dígitos de MNIST

En este ejemplo vamos a implementar una red con una capa de convolución formada por 32 filtros de 3x3. Después de la capa de convolución, vamos a aplicar un *MaxPooling* de 2x2, lo cual nos permite reducir la dimensión de cada una de las 32 imágenes obtenidas previamente a un cuarto de su tamaño. El

MaxPooling se queda con el mayor de los valores de ventanas de 2x2. En el ejemplo se añade a continuación una función *Flatten* que transforma los valores en un vector de una única dimensión. Este paso se realiza para conectar esa capa con una capa oculta densa de 100 neuronas, con función de activación *relu*. Como hemos comentado anteriormente, los filtros de convolución extraerán las características más destacadas de la imagen mientras que las capas finales densas y de clasificación permitirán almacenar el conocimiento. Con el fin de que el modelo generalice mejor, se ha añadido una capa de tipo *dropout* (abandono), la cual permite desactivar las conexiones de la capa oculta con la capa final de clasificación. Finalmente, al ser un problema de clasificación, utilizamos la función de activación *softmax*.

El Código 7.17 muestra el programa de clasificación de MNIST utilizando la red convolucional mencionada. A mayores, respecto a otros programas anteriores, hemos empezado a utilizar datos de validación mediante el parámetro *validation_split*. Los datos de validación nos sirven para ver cómo va el entrenamiento a lo largo de las épocas y nos permiten quedarnos con el mejor. Sin embargo, este aspecto de la validación lo veremos más adelante. De momento únicamente nos servirá para ver cómo de bien se va comportando nuestro modelo a lo largo de las épocas con datos diferentes de los utilizados durante el entrenamiento. También se ha modificado la gráfica mostrando tanto la reducción del error como la mejora del accuracy a lo largo de las épocas (ver Figura 7.19).

Código 7.17: Modelo convolucional de clasificación de MNIST utilizando Tensorflow

```
# Importamos numpy
import numpy as np
# Cargamos TensorFlow y MNIST
from tensorflow.keras.datasets.mnist import load_data
from tensorflow.keras import Sequential
from tensorflow.keras.layers import Dense, Conv2D, MaxPool2D,
    Flatten, Dropout
# Cargamos Matplotlib para representar gráficamente el
    entrenamiento
import matplotlib.pyplot as plt

# Cargamos el dataset MNIST
(x_train, y_train), (x_test, y_test) = load_data()

# Mostramos las dimensiones
print('Train: X=%s, y=%s' % (x_train.shape, y_train.shape))
print('Test: X=%s, y=%s' % (x_test.shape, y_test.shape))

# Añadimos una dimensión a MNIST. Como está en escala
# de grises, es como añadir un único canal
# reshape data to have a single channel
x_train = x_train.reshape((x_train.shape[0], x_train.shape[1],
    x_train.shape[2], 1))
x_test = x_test.reshape((x_test.shape[0], x_test.shape[1], x_test
    .shape[2], 1))
```

```
# Obtenemos la dimensión de cada imagen (28, 28, 1)
in_shape = x_train.shape[1:]
# Obtenemos el número de clases (10). Podemos utilizar unique
    para ver clases distintas
n_classes = len(np.unique(y_train))

# Normalizamos los píxeles a un valor entre 0 y 1
x_train = x_train.astype('float32') / 255.0
x_test = x_test.astype('float32') / 255.0

# Definimos nuestro modelo secuencial
modelo = Sequential()
modelo.add(Conv2D(32, (3,3), activation='relu',
    kernel_initializer='he_uniform', input_shape=in_shape))
modelo.add(MaxPool2D((2, 2)))
modelo.add(Flatten())
modelo.add(Dense(100, activation='relu', kernel_initializer='
    he_uniform'))
modelo.add(Dropout(0.5))
modelo.add(Dense(n_classes, activation='softmax'))

# Compilamos el modelo con el optimizador Adam y entropía cruzada
    categórica dispersa
modelo.compile(optimizer='adam', loss='
    sparse_categorical_crossentropy', metrics=['accuracy'])

# Entrenamos el modelo
historia = modelo.fit(x_train, y_train, epochs=20, batch_size
    =128, validation_split=0.33, verbose=1 )

# Representamos gráficamente el entrenamiento mostrando la
    reducción del error
plt.plot(historia.history['loss'], 'r', label='Train Loss')
plt.plot(historia.history['val_loss'], 'c', label='Validation
    Loss')
plt.plot(historia.history['accuracy'], 'g', label='Train Accuracy
    ')
plt.plot(historia.history['val_accuracy'], 'b', label='Validation
    Accuracy')
plt.ylabel('Accuracy / Loss')
plt.xlabel('Época')
plt.title('Evolución del accuracy/loss del entrenamiento MNIST (
    Tensorflow)')
plt.legend(loc='center right')
plt.show()

# Evaluamos el modelo con los datos de test
loss, acc = modelo.evaluate(x_test, y_test, verbose=0)
print('Test Accuracy: %.3f' % acc)

# Hacemos una predicción sobre la primera muestra de test
image = x_test[0]
yhat = modelo.predict(np.array([image]))
print('Predicción: %d. Real: %d' % (np.argmax(yhat), y_test[0]))
```

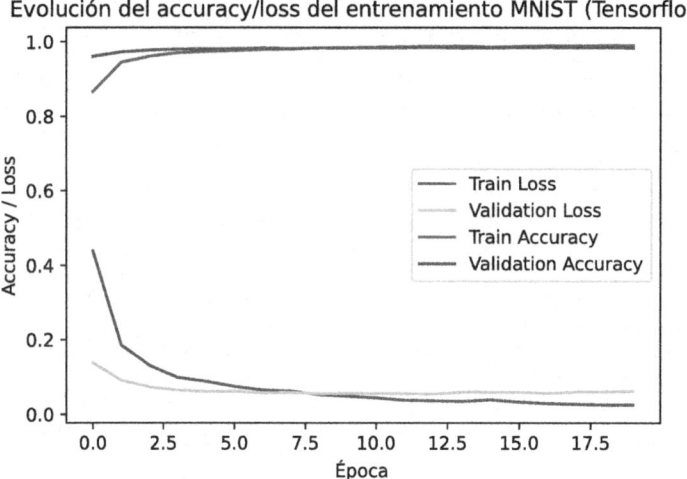

Figura 7.19: Gráfica del entrenamiento Tensorflow sobre el dataset MNIST

7.6.2. Ejemplo de clasificación utilizando Pytorch

Para el ejemplo de Pytorch, en vez de utilizar el dataset MNIST, utilizaremos el dataset CIFAR-10, previamente utilizado en el ejemplo de SVM. Se propone al lector utilizar el ejemplo que veremos a continuación para la clasificación de MNIST. La base de datos CIFAR-10 consta de 60,000 imágenes en color de 32x32 píxeles repartidas en 10 categorías (avión, coche, pájaro, gato, ciervo, perro, rana, caballo, barco y camión). Cada una de las categorías tiene 6,000 imágenes. En este caso, son imágenes de 3 canales: rojo, verde y azul. Son categorías excluyentes, lo que quiere decir que no podemos encontrarnos una imagen con elementos de dos o más clases, como puede ser una imagen de un coche con un perro. A mayores, el dataset se ha dividido previamente en 50,000 imágenes para entrenamiento y 10,000 para test. El Código 7.18 muestra cómo sacar por pantalla las 10 primeras imágenes de cada categoría (ver Figura 7.20). Al ejecutar el código, el dataset se descargará de Internet.

Código 7.18: Extracción de 100 imágenes de CIFAR-10 organizadas por categoría

```python
# Cargamos numpy
import numpy as np
# Cargamos torchvision
from torchvision import datasets
# Cargamos Matplotlib para representar gráficamente el
    entrenamiento
import matplotlib.pyplot as plt

# Cargamos el dataset CIFAR-10
dataset = datasets.CIFAR10('data', train=True, download= True)
```

```
# Lista de clases
clases = dataset.classes

# Posición de la imagen en el plot
posicion = 0
for c in range(len(clases)):
    # Buscamos las imágenes con esta clase
    indices = np.where(np.asarray(dataset.targets) == c)[0]

    # Escribimos etiqueta de clase
    posicion += 1
    plt.subplot(10, 11, posicion)
    plt.text(0, 0.5, clases[c], fontsize=6)
    plt.axis('off')

    # Sacamos 10 imágenes de cada categoría por fila
    for i in range(10):
        posicion += 1
        plt.subplot(10, 11, posicion)
        plt.imshow(dataset.data[indices[i]])
        plt.axis('off')
plt.show()
```

Figura 7.20: 100 imágenes de CIFAR-10 organizadas por categoría

En este ejemplo iremos profundizando en algunas técnicas más avanzadas del entrenamiento de una red neuronal convolucional. El dataset se puede utilizar directamente con Pytorch gracias al paquete *torchvision*, que incluye muchos datasets y modelos de redes neuronales avanzadas ya implementadas. CIFAR-10 viene integrado con *torchvision* (es un *toy dataset*).

Con el fin de facilitar la comprensión, iremos mostrando distintas secciones del código. Para ejecutar el programa completamente, será necesario pegar las secciones de código consecutivamente.

El primer concepto que aparece en la primera parte del programa, Código 7.19, son los transformadores. Estos transformadores son encargados de realizar operaciones de distinta índole. En este ejemplo leen una imagen del dataset, la transforman en un tensor de Pytorch y la normalizan, pero en otros casos se pueden realizar operaciones de aumento de datos, generando imágenes diferentes a las originales con el fin de tener casos más variados de entrenamiento. En visión artificial es habitual realizar una normalización sobre las imágenes, llevando los valores de los tres canales RGB a los intervalos [0, 1] o [-1, 1]. En *Pytorch*, dicha normalización se suele realizar utilizando la media y la desviación estándar especificada, de acuerdo con la Ecuación 7.25, donde μ_{canal} es la media del canal, σ_{canal} la desviación estándar del canal y p_1 y p_2 dos parámetros adicionales que permiten modificar el intervalo. Cuando $p_1 = 0.5$ y $p_2 = 0.5$ entonces la normalización se ajusta el intervalo [-1, 1]. Esta primera parte también se encarga de la propia carga del dataset, tanto del juego de entrenamiento como del juego de prueba.

$$output_{canal} = \frac{\frac{input_{canal} - \mu_{canal}}{\sigma_{canal}} - p_1}{p_2} \qquad (7.25)$$

Código 7.19: Primera parte de la clasificación Pytorch de CIFAR-10 con una red de convolución

```
######################################
# Implementación de la clasificación
# del dataset CIFAR-10 (Pytorch)
######################################
# Cargamos Numpy
import numpy as np
# Cargamos la librería de tiempo
import time
# Cargamos Pytorch
import torch
from torch import nn
from torch.nn import functional as F
# Cargamos torchvision
from torchvision import datasets
import torchvision.transforms as transforms
from torch.utils.data.sampler import SubsetRandomSampler
# Cargamos Matplotlib para representar gráficamente el
    entrenamiento
import matplotlib.pyplot as plt

# Ver si está la GPU disponible
print('GPU disponible: ', torch.cuda.is_available())
```

```
uso_gpu = torch.cuda.is_available()

# Definimos variables de nuestro modelo
batch_size, epocas = 100, 50
num_workers = 0

# Definimos una transformación, que pasa la imagen a un tensor y
    la normaliza en intervalo [-1, 1]
transforms = transforms.Compose([
    transforms.ToTensor(),
    transforms.Normalize((0.5,0.5,0.5),(0.5,0.5,0.5))])

# Cargamos el dataset CIFAR-10 aplicando la transformación
train_data = datasets.CIFAR10('data', train=True, download= True,
    transform=transforms)
test_data = datasets.CIFAR10('data', train=False, download= True,
    transform=transforms)

# Lista de clases
clases = train_data.classes
```

Otro aspecto a tener en cuenta es donde comprobamos si tenemos GPUs disponibles (*uso_gpu = torch.cuda.is_available()*). Si nuestro equipo tiene una GPU compatible con CUDA, el tiempo de entrenamiento de nuestros modelos se reducirá considerablemente. En este ejemplo, utilizando un equipo con un procesador i9 y una GPU RTX-2080Ti, pasamos de realizar el entrenamiento de las 50 épocas en 108 minutos utilizando CPU, a 10 minutos utilizando CUDA. A diferencia de Tensorflow, donde el framework utiliza la GPU sin que el programador, normalmente, tenga que preocuparse por cambiar nada, en Pytorch hay que hacer más cambios de cara a utilizar la GPU.

La segunda parte del código (ver Código 7.20) es la encargada de definir los *dataloaders* que irán poco a poco cargando imágenes del dataset. Tanto Tensorflow como Pytorch permiten trabajar con datasets en disco, por lo que la carga de las imágenes se realiza según se van utilizando durante el entrenamiento. El parámetro *num_workers* permite definir el número de hilos de ejecución del procesador que se encargarán de leer imágenes del disco. Este parámetro es muy importante en el entrenamiento con GPU, ya que puede producirse una infrautilización de los núcleos de computación de la GPU si no llegan imágenes suficientes para procesar en un batch. Las GPU paralelizan la inferencia hacia adelante y esperan tener en su memoria un número de imágenes igual al tamaño de batch utilizado. En este ejemplo hemos dejado *num_workers = 0*, lo que básicamente quiere decir que el propio hilo de ejecución del programa va cargando las imágenes. Otro aspecto adicional que se aborda en esta parte del código es cómo crear un juego de datos de validación a partir de los datos de entrenamiento. Para ello realizamos una aleatorización de los datos de entrenamiento, utilizando sus índices respectivos, y construimos un objeto *SubsetRandomSampler*, que permitirá a partir de los índices de entrenamiento y validación, proporcionar imágenes de manera aleatoria mediante los *dataloaders* de entrenamiento y validación.

Código 7.20: Segunda parte de la clasificación Pytorch de CIFAR-10 con una red de convolución

```
#####################################
# Creamos un conjunto de validación
#####################################
tam_train = len(train_data)
tam_val = 0.2 * tam_train
indices = list(range(tam_train))
np.random.shuffle(indices)

split = round(tam_val)
train_idx, val_idx = indices[split:], indices[:split]

train_sampler = SubsetRandomSampler(train_idx)
val_sampler = SubsetRandomSampler(val_idx)

# Creamos los dataloaders
train_loader = torch.utils.data.DataLoader(train_data, batch_size
    =batch_size,
    sampler=train_sampler, num_workers=num_workers)
val_loader = torch.utils.data.DataLoader(train_data, batch_size=
    batch_size,
    sampler=val_sampler, num_workers=num_workers)
test_loader = torch.utils.data.DataLoader(test_data, batch_size=
    batch_size,
    num_workers=num_workers)
```

En la tercera parte del código (ver Código 7.21) se implementa la función de entrenamiento. En este caso se contempla un paso adicional respecto a la última función de entrenamiento mostrada. Se ha añadido la evaluación de la validación y se comprueba si la pérdida de validación va bajando a lo largo de las distintas épocas. Cuando desciende en una época, grabamos los pesos del modelo en un fichero. De esa manera, sabemos que tendremos el modelo que mejor funciona con la validación, grabado en fichero una vez que termine el entrenamiento. En el proceso de cada época, el modelo se pone primeramente en modo entrenamiento (*modelo.train()*), para entrenar, y después en modo evaluación (*modelo.eval()*), para evaluar la validación. Al terminar el entrenamiento, se carga el mejor de los modelos obtenidos contra la validación.

Código 7.21: Tercera parte de la clasificación Pytorch de CIFAR-10 con una red de convolución

```
#######################################
# Creamos una función de entrenamiento,
# donde recorreremos por un lado las
# distintas épocas y por otro lado
# iteraremos sobre los batch
#######################################
def train(modelo, train_loader, val_loader, tam_train, tam_val,
    criterion, optimizer, num_epocas):
    # Variable para elegir el mejor modelo ante validación
    val_loss_min = np.Inf
```

```python
# Listas para guardar nuestro histórico de entrenamiento y
    validación
train_accuracies = []
train_losses = []
val_accuracies = []
val_losses = []

# Iteramos sobre las distintas épocas
for epoca in range(num_epocas):
    start_time = time.time()
    print('Epoch {}/{}'.format(epoca, num_epocas - 1), flush=
        True)
    print('-' * 10, flush=True)

    # Creamos unas variables para acumular la pérdida y el
        accuracy
    # para acumular en los distintos batch (tanto
        entrenamiento como validación)
    train_loss = 0.0
    train_acc = 0.0
    val_loss = 0.0
    val_acc = 0.0

    # Modo entrenamiento
    modelo.train()
    # Iteramos sobre los batch de cada época
    for inputs, target in train_loader:
        if uso_gpu:
            inputs, target = inputs.cuda(), target.cuda()
        # Ponemos a cero los gradientes
        optimizer.zero_grad()

        # Paso hacia adelante
        outputs = modelo(inputs)
        # Como por defecto Pytorch trabaja con Sparse
        #   Categorical Crossentropy, tenemos que identificar
            la
        #   clase ganadora. Esta función es equivalente a
            numpy.argmax
        _, preds = torch.max(outputs, 1)

        # Calculamos el error (criterio que será la Entropía
            Cruzada)
        loss = criterion(outputs, target)

        # Propagación hacia atrás.
        loss.backward()
        # Avanzamos el optimizador
        optimizer.step()

        # Avanzamos las variables de pérdida y aciertos del
            batch de entrenamiento
        train_loss +=loss.item() * inputs.size(0)
        train_acc += torch.sum(preds == target.data)

    # Modo evaluación
    modelo.eval()
```

```python
    for inputs, target in val_loader:
        if uso_gpu:
            inputs, target = inputs.cuda(), target.cuda()
        # Paso hacia adelante únicamente
        outputs = modelo(inputs)
        _, preds = torch.max(outputs, 1)

        # Calculamos el error (criterio que será la Entropía
            Cruzada)
        loss = criterion(outputs, target)

        # Avanzamos las variables de pérdida y aciertos del
            batch de validación
        val_loss +=loss.item() * inputs.size(0)
        val_acc += torch.sum(preds == target.data)

    # Avanzamos las variables de pérdida y aciertos de la é
        poca
    epoch_train_loss = train_loss / tam_train
    epoch_train_acc = train_acc.double() / tam_train
    epoch_val_loss = val_loss / tam_val
    epoch_val_acc = val_acc.double() / tam_val

    # Guardamos en histórico
    if uso_gpu:
        train_accuracies.append(epoch_train_acc.cpu())
        val_accuracies.append(epoch_val_acc.cpu())
    else:
        train_accuracies.append(epoch_train_acc)
        val_accuracies.append(epoch_val_acc)

    train_losses.append(epoch_train_loss)
    val_losses.append(epoch_val_loss)

    print('Train Loss: {:.4f} Acc: {:.4f}'.format(
        epoch_train_loss, epoch_train_acc), flush=True)
    print('Validation Loss: {:.4f} Acc: {:.4f}'.format(
        epoch_val_loss, epoch_val_acc), flush=True)
    print('Tiempo por época: {:d} segundos\n'.format(int(time
        .time()-start_time)), flush=True)

    # Si el modelo mejora los resultados de validación, lo
        guardamos
    if epoch_val_loss < val_loss_min:
        print('Encontrado mejor modelo. Pérdida de validación
            reducida de ',round(val_loss_min,3),' a ', round
            (epoch_val_loss,3))
        print('Guardando modelo modelo_CIFAR10.pt')
        torch.save(modelo.state_dict(), 'modelo_CIFAR10.pt')
        val_loss_min = epoch_val_loss

# Cargamos el mejor de los modelos ante validación
modelo.load_state_dict(torch.load('modelo_CIFAR10.pt'))

return train_accuracies, train_losses, val_accuracies,
    val_losses
```

Al utilizar GPU, Pytorch requiere que movamos los tensores a la memoria de la GPU. Esto es así ya que, si el modelo se encuentra en la GPU y los tensores de datos están en la memoria normal, se producirá un error. De la misma manera, hay ciertas operaciones que requieren tener el tensor en la memoria normal del ordenador, y si se encuentran en la memoria de la GPU, no funcionarán bien. La sentencia *inputs, target = inputs.cuda(), target.cuda()* realiza el movimiento de los tensores de las imágenes y las clases ganadoras de cada batch a la memoria GPU. En el caso de la sentencia *train_accuracies.append(epoch_train_acc.cpu())* se realiza el paso contrario, moviendo un tensor a la memoria normal del ordenador.

Conviene destacar que la operación de paso de tensores de memoria normal del ordenador a memoria de la GPU tiene cierto retardo. Cuando estamos utilizando distintos *workers* de carga, puede ocurrir que el equipo cargue muchas imágenes de golpe en la memoria normal pero que no sea capaz de cargar dichos datos en la memoria de la GPU para realizar el procesamiento paralelo del batch. Cuando definimos el *dataloader*, es posible utilizar un parámetro denominado *pin_memory = True*, que permite acelerar dicho paso de datos entre la memoria normal y la memoria de la GPU. Las asignaciones de datos de la memoria CPU son paginables por defecto. La GPU no puede acceder a los datos directamente desde la memoria paginable, por lo que cuando se invoca una transferencia de datos desde la memoria paginable a la memoria GPU, el controlador CUDA debe asignar primero una página estática de memoria CPU y copiar los datos a dicha matriz antes de transferirlos a la GPU. Con el parámetro *pin_memory*, hacemos que la carga utilice páginas bloqueadas estáticas para llevar a cabo una carga más rápida.

Sin embargo, todos estos parámetros no son mágicos. En ocasiones pueden reducir el tiempo de entrenamiento de nuestros modelos, pero en ocasiones pueden provocar que el equipo se colapse y su rendimiento empeore. Es necesario ir probando distintas configuraciones para ver cuál es la que mejor se comporta en cada caso.

En la cuarte parte del código (ver Código 7.22) se define la propia red neuronal, formada por varios bloques de convolución, seguida por un *max-pooling* y varias capas de clasificación. Merece la pena comentar que, en este caso, no hemos utilizado la función *softmax*. Hay ocasiones donde su utilización ofrece resultados peores que los que se obtienen si no se utiliza. En este ejemplo, gracias en parte a tener varias capas densas al final, su utilización empeora ligeramente los resultados. Al final del código se ejecuta la sentencia *modelo.cuda()*. Aunque Pytorch reconozca que tenemos una GPU compatible con CUDA en el sistema, no la utilizará excepto si indicamos explícitamente que nuestro modelo se va a alojar en la GPU. Esta sentencia lleva el modelo a la memoria GPU. Una vez en la GPU, como ya hemos comentado anteriormente, será necesario mover los tensores que se vayan a introducir en el modelo también a la GPU.

Código 7.22: Cuarta parte de la clasificación Pytorch de CIFAR-10 con una red de convolución

```python
####################################################
# Definimos nuestro modelo de red convolucional
####################################################
class Mi_Modelo(nn.Module):
    def __init__(self):
        super().__init__()
        # Capas de convolución
        self.conv1 = nn.Conv2d(3,16,3, padding=1)
        self.conv2 = nn.Conv2d(16,32,3, padding=1)
        self.conv3 = nn.Conv2d(32,64,3, padding=1)
        # Capa de pooling
        self.pool = nn.MaxPool2d(2,2)
        # Capas de clasificación
        self.fc1 = nn.Linear(64*4*4,120)
        self.fc2 = nn.Linear(120, 60)
        self.fc3 = nn.Linear(60,10)
        # Capa de dropout
        self.dropout = nn.Dropout(0.25)

    def forward(self, x):
        x = self.pool(F.relu(self.conv1(x)))
        x = self.pool(F.relu(self.conv2(x)))
        x = self.pool(F.relu(self.conv3(x)))
        x = x.view(-1,64*4*4)
        x = self.dropout(x)
        x = F.relu(self.fc1(x))
        x = self.dropout(x)
        x = F.relu(self.fc2(x))
        x = self.dropout(x)
        x = self.fc3(x)
        return x

modelo = Mi_Modelo()

# Mostramos el modelo en pantalla
print('Modelo: ', modelo)

if uso_gpu:
    modelo.cuda()
```

Cuando se cargan los datos del primer batch en la GPU y se llama a la inferencia, Pytorch replica el modelo en memoria de acuerdo al tamaño del batch. Cuanto mayor sea el tamaño del batch, mayor tamaño tendrá en la memoria. Esta información se puede consultar, tanto en Windows como en Linux, utilizando el comando CUDA *nvidia-smi*. La Figura 7.21 muestra el resultado de ejecutar el comando, donde podemos ver un proceso *python* en ejecución que está ocupando $1.6GB$ aproximadamente.

En la quinta parte del código (ver Código 7.23) se llama a la función de entrenamiento, pasando como criterio de pérdida la función de entropía categórica dispersa. También se define el optimizador y se grafica el resultado del entrenamiento. Después del entrenamiento, se realiza una evaluación del mo-

```
C:\>nvidia-smi
Wed Sep 28 13:03:46 2022
+-----------------------------------------------------------------------------+
| NVIDIA-SMI 516.01       Driver Version: 516.01       CUDA Version: 11.7      |
|-------------------------------+----------------------+----------------------+
| GPU  Name          TCC/WDDM | Bus-Id        Disp.A | Volatile Uncorr. ECC |
| Fan  Temp  Perf  Pwr:Usage/Cap|         Memory-Usage | GPU-Util  Compute M. |
|                               |                      |               MIG M. |
|===============================+======================+======================|
|   0  NVIDIA GeForce ... WDDM | 00000000:01:00.0  On |                  N/A |
| 27%   30C    P8     2W / 250W |   1598MiB / 11264MiB |      0%      Default |
|                               |                      |                  N/A |
+-------------------------------+----------------------+----------------------+

+-----------------------------------------------------------------------------+
| Processes:                                                                  |
|  GPU   GI   CI        PID   Type   Process name                  GPU Memory |
|        ID   ID                                                   Usage      |
|=============================================================================|
|    0   N/A  N/A      9112      C   ...nda\envs\torch\python.exe      N/A     |
|    0   N/A  N/A     13952    C+G   ...\Kinect\KinectService.exe      N/A     |
+-----------------------------------------------------------------------------+
```

Figura 7.21: Comando CUDA nvidia-smi

delo utilizando los datos de prueba, que también se cargan con un *dataloader*. Pensemos que puede darse el caso de que tengamos un número de imágenes de test tan elevado que no entren en memoria. Por ese motivo también se cargan por batches. Al igual que ocurre durante el entrenamiento, es necesario mover los datos de los tensores de los batch de imágenes de test a CUDA durante la evaluación.

Código 7.23: Quinta parte de la clasificación Pytorch de CIFAR-10 con una red de convolución

```
###################################
# Llevamos a cabo el entrenamiento
###################################

# Definimos función de pérdida como entropía cruzada categórica
    dispersa
loss_function = nn.CrossEntropyLoss()
# El optimizador utilizado es Adam
optimizer = torch.optim.Adam(modelo.parameters(), lr=0.001)

# Llamamos al entrenamiento
train_accuracies, train_losses, val_accuracies, val_losses =
    train(modelo, train_loader, val_loader, len(train_idx), len(
    val_idx), loss_function, optimizer, epocas)

#############################################
# Representamos gráficamente el entrenamiento
# mostrando la reducción del error
#############################################
fig, ax = plt.subplots(2, 1, figsize=(12,6))
fig.tight_layout(pad=5.0)
```

```
plt.subplot(1,2,1), plt.plot(train_accuracies, 'g', label='Train
    Accuracy')
plt.subplot(1,2,1), plt.plot(val_accuracies, 'b', label='
    Validation Accuracy')
plt.ylabel('Accuracy')
plt.xlabel('Época')
plt.title('Evolución del accuracy del entrenamiento CIFAR-10 (
    Pytorch)')
plt.legend(loc='center right')

plt.subplot(1,2,2), plt.plot(train_losses, 'r', label='Train Loss
    ')
plt.subplot(1,2,2), plt.plot(val_losses, 'c', label='Validation
    Loss')
plt.ylabel('Loss')
plt.xlabel('Época')
plt.title('Evolución de la pérdida del entrenamiento CIFAR-10 (
    Pytorch)')
plt.legend(loc='center right')

plt.show()

################################################
# Evaluamos el modelo con los datos de test
################################################
test_loss = 0.0
test_acc = 0.0

# Modo evaluación
modelo.eval()
for inputs, target in test_loader:
    if uso_gpu:
        inputs, target = inputs.cuda(), target.cuda()
    # Paso hacia adelante únicamente
    outputs = modelo(inputs)
    _, preds = torch.max(outputs, 1)

    # Calculamos el error (criterio que será la Entropía Cruzada)
    loss = loss_function(outputs, target)

    # Avanzamos las variables de pérdida y aciertos del batch de
        validación
    test_loss +=loss.item() * inputs.size(0)
    test_acc += torch.sum(preds == target.data)

test_loss = test_loss / len(test_loader.dataset)
test_acc = test_acc.double() / len(test_loader.dataset)

# Mostramos resultado
print('Test Loss: {:.4f} Acc: {:.4f}'.format(test_loss, test_acc)
    , flush=True)
```

Finalmente, en la última parte del código (ver Código 7.24) se muestra cómo realizar una inferencia sobre una única imagen. En este caso hemos cogido la primera imagen del propio test. Como en los casos anteriores, hay que mover el tensor de imágenes a la memoria de la GPU. En este caso, como únicamente queremos hacer la inferencia sobre una imagen, tenemos que añadir una dimensión de batch. Es decir, crear un batch a partir de una única imagen. Esto se consigue añadiendo una dimensión por la izquierda con la sentencia *imagen_0 = torch.unsqueeze(imagen_0, dim=0)*.

Código 7.24: Sexta parte de la clasificación Pytorch de CIFAR-10 con una red de convolución

```
########################################
# Ejemplo de cómo hacer una predicción
# sobre la primera imagen de test
########################################
iterador = iter(test_loader)
images, target = iterador.next()
if uso_gpu:
    images, target = images.cuda(), target.cuda()

# Seleccionamos la primera imagen del test
imagen_0 = images[0]
# Añadimos una dimensión por la izquierda para el batch. Pensemos
    que
# la inferencia se puede realizar sobre varias imágenes a la vez.
imagen_0 = torch.unsqueeze(imagen_0, dim=0)

# Realizamos la inferencia
outputs = modelo(imagen_0)
# Elegimos la clase ganadora
_, pred = torch.max(outputs, 1)
if uso_gpu:
    pred = pred.cpu()
    target = target.cpu()
print('Predicción: ' + clases[pred.numpy()[0]] + '. Real: ' +
    clases[target.numpy()[0]])
```

Las Figura 7.22 muestra el entrenamiento del modelo propuesto. Los resultados que se obtienen (Test Loss: 0.7515 Acc: 0.7407) tendrán cierta ligera variación debido a la propia naturaleza estocástica de inicialización de pesos del modelo.

La ejecución del programa mostrará a mayores la clasificación de la primera imagen del test. El resultado será algo como: *Predicción: cat. Real: cat*, donde mostramos la etiqueta de la clase real (denominado a veces *ground truth*), y la etiqueta de la clase inferida.

7.6.3.   Convoluciones 3D

Un caso particular de convoluciones son las 3D, donde el núcleo de convolución tiene 3 dimensiones. La aplicación se realiza de la misma forma que en una 2D, salvo porque en este caso se suman los elementos también en profundidad. Una de las aplicaciones donde podemos encontrar las convoluciones 3D es el procesamiento de vídeo, ya que un vídeo es una secuencia temporal de fotogramas a lo largo del tiempo. En la Figura 7.23 se muestran tensores 3D que

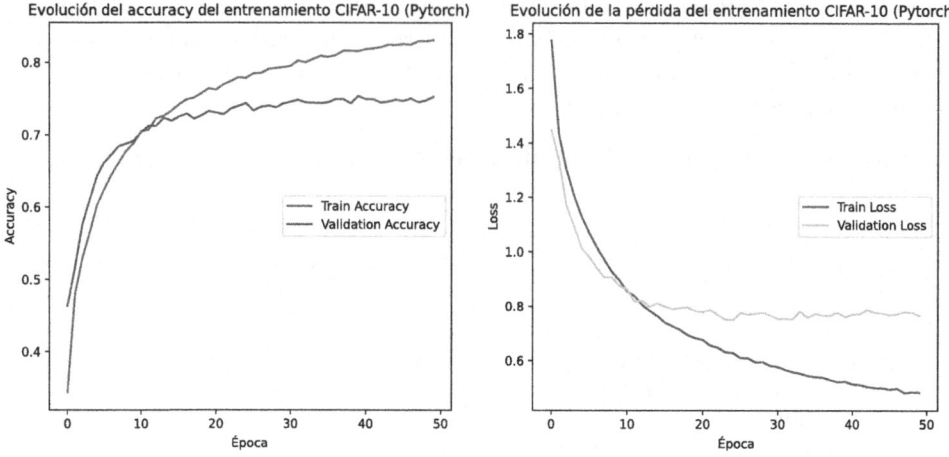

Figura 7.22: Gráfica del entrenamiento con Pytorch sobre el dataset CIFAR-10

incluyen todos los fotogramas de una secuencia de vídeo. Las redes neuronales pueden ser entrenadas con tensores 2D, pero también con tensores 3D. Es posible utilizar *cubos* que representen la secuencia completa de un vídeo (*número de fotogramas · ancho · alto*). Las convoluciones y agrupaciones se aplican contra estos vectores 3D. Uno de los problemas de esta arquitectura es el elevado coste computacional del entrenamiento. Una posible solución a este problema es precargar los pesos obtenidos por el entrenamiento de una CNN de clasificación común (*transfer learning*). Estos pesos funcionan bien para la clasificación de imágenes y se repiten en la red para las partes correspondientes a cada fotograma (considerando que el cubo integra los fotogramas). En [26], los autores presentaron un modelo denominado *Two-Stream Inflated 3D ConvNets* (I3D), que utilizaba esta arquitectura. Utilizaban fotogramas de vídeo en un caso y flujo óptico en el otro. Cada caso utilizó una red 3D con la misma arquitectura, basada en ImageNet pre-entrenada con Inception-v1. Los autores utilizaron el conjunto de datos Kinetics [27] y promediaron sus predicciones con los dos flujos en el momento de la prueba.

En [28], los autores presentaron un dataset denominado *Momentos* compuesto por un millón de vídeos de 3 segundos. Los autores combinaron diferentes modelos de reconocimiento de acciones. Utilizaron información espacial combinada de una ResNet 50 pre-entrenada con ImageNet sobre 6 fotogramas equidistantes aleatorios del vídeo), información espacio-temporal (utilizando dicho modelo I3D) e información auditiva (utilizando SoundNet). Concatenaron las características de la última capa oculta de cada modalidad y entrenaron una SVM para predecir las categorías del dataset.

Otro trabajo destacado que utilizaba redes CNN 3D fue publicado por [29]. Crearon un sistema que aprendía directamente las características espacio-

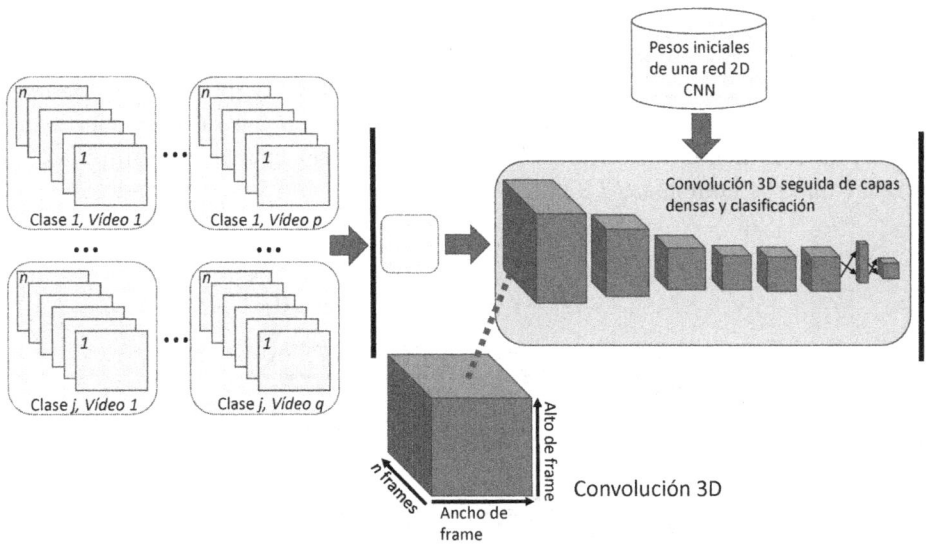

Figura 7.23: Arquitectura basada en convoluciones 3D

temporales a partir de las secuencias de profundidad sin procesar, luego computaba un vector de características basado en las articulaciones para cada secuencia teniendo en cuenta la información de posición y ángulo entre las articulaciones de los esqueletos humanos, y finalmente aplicaba SVM para predecir las acciones.

7.7. Redes recurrentes

Una red neuronal recurrente, del inglés *Recurrent Neural Network* (RNN), es una clase de red en la que las conexiones entre los nodos forman un gráfico dirigido a lo largo de una secuencia temporal. Esto le permite mostrar un comportamiento dinámico temporal. Las RNN pueden utilizar su estado interno (memoria) para procesar secuencias de entrada de longitud variable. Algunos tipos de RNN son las redes Long Short-Term Memory (LSTM) [30] y las Gated-Recurrent Unit (GRU) [31]. Este tipo de redes se construyen utilizando capas específicas dentro de los modelos definidos en Tensorflow o Pytorch.

Los modelos basados en redes neuronales construidas con capas LSTM o GRU son ventajosos para el procesamiento de secuencias temporales, aprendiendo dependencias a largo plazo en problemas de predicción de secuencias, como puede ser la secuencia de *frames* (fotogramas) de un vídeo. También permiten otras aplicaciones, como la traducción automática y el reconocimiento del habla. Dado que este tipo de redes tiene millones de parámetros en su arquitectura, se requiere un gran tiempo de computación utilizando sistemas con GPU. Existen componentes llamados bloques de memoria y unidades llamadas puertas dentro de una célula LSTM. Los bloques de memoria permiten el almacenamiento temporal de los estados de la red, mientras que las puertas se encargan de dirigir el flujo de información. La Figura 7.24 muestra el esquema de una célula LSTM. Las GRU son similares a las LSTM, pero sólo tiene dos puertas, una de reinicio y otra de actualización, y carecen de una puerta de salida. Al tener menos parámetros, las GRUs suelen ser más fáciles y rápidas de entrenar que sus homólogas LSTM.

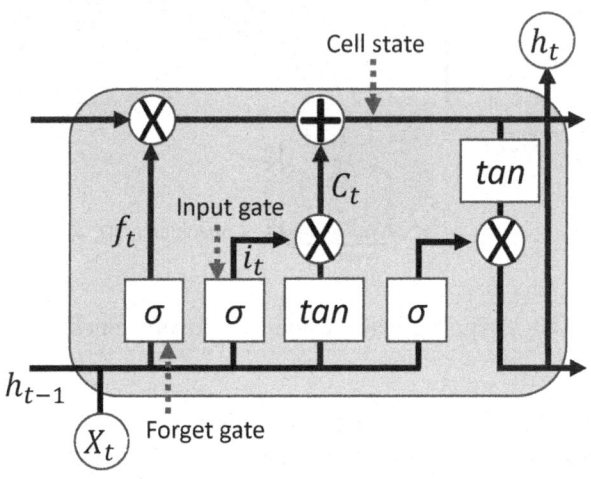

Figura 7.24: Esquema de una célula LSTM

En visión artificial, el procesamiento de secuencias de vídeo utilizando redes recurrentes requiere de la reducción de la dimensionalidad de la imagen. Este paso se consigue utilizando capas de convolución. Supongamos que queremos implementar un sistema que reconozca la acción que están llevando a cabo diversas personas en un vídeo. Como se muestra en la Figura 7.25, hay varias clases compuestas por diferentes vídeos con n frames. En este modelo, denominado *Long-term Recurrent Convolutional Network* (LRCN), cada clase se corresponde con una acción concreta que puede realizarse en el vídeo, por ejemplo, beber una taza de café. El primer paso en esta arquitectura es transformar cada fotograma en un vector de características utilizando capas convolucionales. De cara a utilizar el buen comportamiento y el conocimiento almacenado en las mejores redes convolucionales (CNNs), una posibilidad es procesar los frames con la parte convolucional de una de estas redes, como podría ser *Inception* [32]. Estas CNN han sido previamente entrenadas con conjuntos de datos, como ImageNet [21], y permiten obtener vectores de características adecuados para diferentes tipos de imágenes. Pero como estas redes fueron diseñadas para un problema de clasificación, lo que se suele hacer es quedarse con el vector de características (*features*), previo a la clasificación. Este vector es bastante inferior en tamaño que el tamaño del fotograma, reduciendo por tanto la dimensionalidad del conjunto de datos.

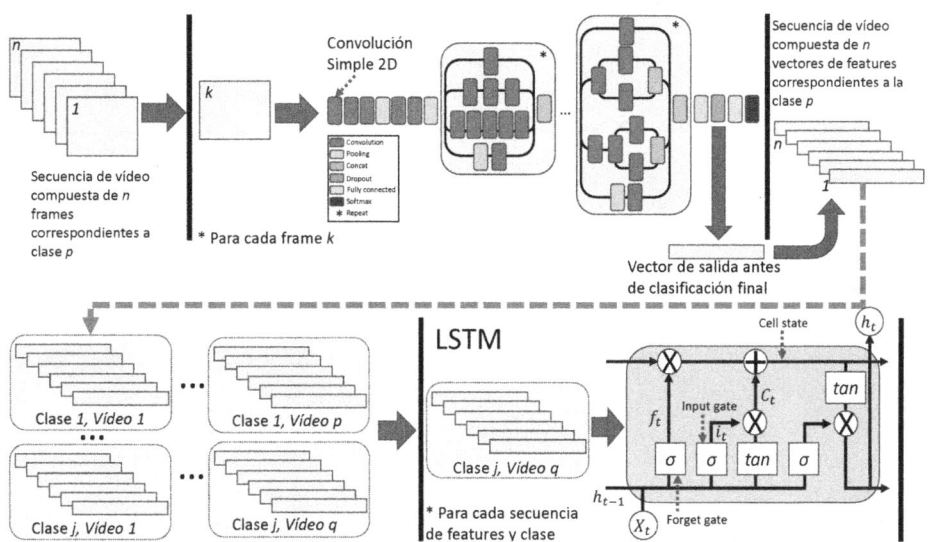

Figura 7.25: Modelo LRCN que combina capas de convolución y LSTM

Una vez obtenidos los vectores de características, se entrena el modelo LSTM. Aunque las redes RNN se utilizan habitualmente en la predicción (por ejemplo, en el autocompletado de textos), para el problema de reconocimiento de acciones se utilizan para estimar el siguiente vector de una secuencia de vectores. Dicho vector se conecta a una capa densa o totalmente conectada (Fully-Connected (FC)-layer) y a una función de categorización (por ejemplo, Softmax). Así, en este caso, el vector se utiliza para determinar la acción concreta. En [33] o [34], se publicaron trabajos utilizando esta arquitectura.

Capítulo 8

Redes neuronales de clasificación

En el año 2012, Alex Krizhevsky publicó su trabajo sobre AlexNet [20], red convolucional que utilizaba 8 capas y que mejoraba los resultados de clasificación de ImageNet [21], una base de datos con 14 millones de imágenes representativas de 1,000 categorías diferentes. Hasta entonces los mejores resultados se obtenían utilizando algoritmos clásicos de visión. Estos algoritmos calculaban descriptores sobre las imágenes como SIFT, LBP, SURF, ORB, etc. y aplicaban técnicas de clasificación como SVM, *boosting*, vectores de Fisher, etc. Hasta entonces, el mejor de los clasificadores era capaz de alcanzar un 50.9 % de precisión clasificando ImageNet. Sin embargo, AlexNet llevó el listón hasta un 63.3 %. Desde entonces, se fueron creando redes más profundas y complejas hasta superar el 90.0 % de precisión clasificando ImageNet mediante redes ViT [35] y redes ConvNeXt [36].

En cuanto a las modernas técnicas de clasificación basadas en redes neuronales, el aprendizaje profundo ha aportado un progreso considerable a los problemas de clasificación de imágenes mediante visión por ordenador. Las redes neuronales profundas utilizan muchas capas convolucionales sucesivas que intentan captar los elementos destacados de las imágenes, desde los más generales hasta los más específicos. Hasta hace pocos años, la mayoría de las redes CNN utilizadas para la clasificación, como AlexNet [20] o VGG [1], tenían problemas de desvanecimiento de gradiente. La precisión comenzaba a saturarse en un punto determinado y finalmente disminuía. Además, el modelo no convergía porque los gradientes desaparecían. Estos problemas se resolvieron parcialmente utilizando bloques residuales (ver Figura 8.1a), que conectan la entrada de un bloque con la salida de ese bloque mediante una agregación. Se empezaron a utilizar redes como Inception [37] o ResNet [38], modelos que siguen siendo muy utilizados en la actualidad. Otro problema de las redes convolucionales profundas era el rápido aumento del número de parámetros a medida que aumentaba el número de capas. La arquitectura ResNet incluía bloques residuales de cuello de botella (*bottleneck*), también llamados bloques de identidad (*identity*). Este modelo era una variante del bloque residual que utilizaba convoluciones 1x1 para crear un cuello de botella (ver Figura 8.1b). Estos bloques de cuello de botella reducen el número de parámetros y de multiplicaciones de matrices sin cambiar notablemente el resultado. La idea era que los bloques residuales fueran lo más finos posible para aumentar la profundidad y tener menos parámetros.

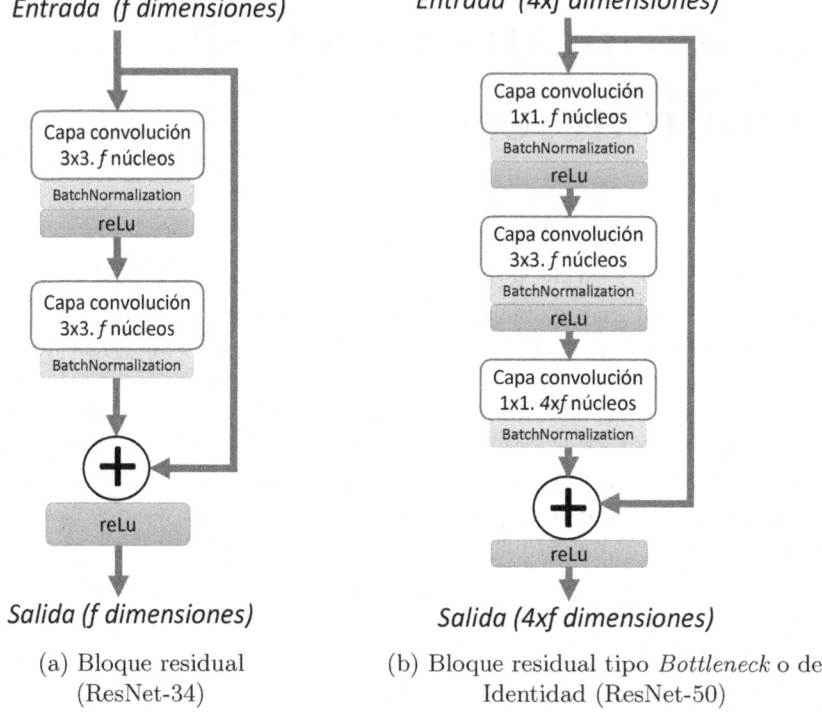

(a) Bloque residual
(ResNet-34)

(b) Bloque residual tipo *Bottleneck* o de
Identidad (ResNet-50)

Figura 8.1: Bloques residuales de ResNet [38]

Mientras que en el modelo residual se opera con la misma dimensionalidad desde la entrada hasta la salida, en el bloque de tipo *bottleneck*, la primera capa de convolución es capaz de reducir la dimensionalidad de la entrada, especificada por el número de mapas o dimensiones de entrada ($4 \cdot f$). La salida de las capas de convolución viene determinada por el número de filtros especificado (f en la primera capa). Al ser capas de $1x1$, operan a lo largo de la dimensionalidad (mapas existentes). A continuación, existe otra capa de $3x3$ y una capa de salida de $1x1$, que vuelve a utilizar $4 \cdot f$ núcleos para aumentar de nuevo la dimensionalidad y poder sumar la salida a la entrada.

En ResNet también se planteó otro tipo de bloques, denominados bloques de proyección (ver Figura 8.2). Estos bloques añaden una rama paralela de convolución. Esta capa es útil si la dimensión de la salida no coincide con la de la entrada, ya que podemos ajustar la dimensión de la entrada mediante los filtros de convolución de la nueva capa. Recordemos que el parámetro de filtros

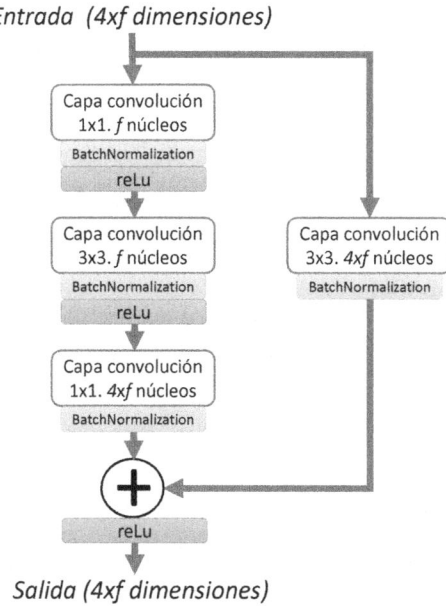

Figura 8.2: Bloque residual de Proyección (ResNet-50)

de convolución es el que especifica los mapas de salida de dicha capa.

Aunque trabajaremos principalmente con modelos pre-entrenados, se muestra en el Código 8.1 cómo se definiría una red neuronal ResNet-50 [38] en Tensorflow de forma manual, utilizando los bloques residuales de proyección e identidad. El entrenamiento de modelos desde cero es bastante costoso en tiempo y suele requerir ajustes finos en los que se modifican los hiperparámetros de optimización a partir de ciertas épocas.

Código 8.1: Definición de ResNet-50 en Tensorflow

```
###########################################
# Ejemplo de implementación de ResNet-50
# Para mostrar gráficamente, instalar:
#       pip install pydot
#       pip install pydotplus
#       conda install graphviz
###########################################

# Importamos las librerías de Tensorflow
from tensorflow.keras.layers import Input, Conv2D,
    BatchNormalization
from tensorflow.keras.layers import MaxPool2D, GlobalAvgPool2D
from tensorflow.keras.layers import Add, ReLU, Dense
from tensorflow.keras import Model, utils
#import pydot
#import graphviz

# Definimos bloque: Convolución-BatchNorm-ReLu
```

```python
def bloque_CBR(x, filters, kernel_size, strides=1):
    x = Conv2D(filters=filters, kernel_size=kernel_size, strides=
        strides, padding = 'same')(x)
    x = BatchNormalization()(x)
    x = ReLU()(x)
    return x

# Definimos bloque residual de identidad
def bloque_IDE(tensor, filters):
    x = bloque_CBR(tensor, filters=filters, kernel_size=1,
        strides=1)
    x = bloque_CBR(x, filters=filters, kernel_size=3, strides=1)
    x = Conv2D(filters=4*filters, kernel_size=1, strides=1)(x)
    x = BatchNormalization()(x)
    # Sumamos la entrada a nuestro resultado actual
    x = Add()([tensor,x])
    x = ReLU()(x)
    return x

# Definimos bloque de proyección
def bloque_PRO(tensor, filters, strides):
    # Camino izquierdo
    x = bloque_CBR(tensor, filters=filters, kernel_size=1,
        strides=strides)
    x = bloque_CBR(x, filters=filters, kernel_size=3, strides=1)
    x = Conv2D(filters=4*filters, kernel_size=1, strides=1)(x)
    x = BatchNormalization()(x)

    # Camino derecho
    y = Conv2D(filters=4*filters, kernel_size=1, strides=strides)
        (tensor)
    y = BatchNormalization()(y)

    # Sumamos los dos caminos
    x = Add()([y, x])
    x = ReLU()(x)
    return x

# Definimos bloque ResNet
def bloque_ResNet(x, filters, repeticiones, strides):
    x = bloque_PRO(x, filters, strides)
    for _ in range(repeticiones-1):
        x = bloque_IDE(x,filters)
    return x

# Creamos el modelo a partir de los bloques definidos
# ResNet-50 trabaja con imágenes de 224x224 con 3 canales
entrada = Input(shape=(224,224,3))

# Definimos la parte convolucional
x = bloque_CBR(entrada, filters=64, kernel_size=7, strides=2)
x = MaxPool2D(pool_size=3, strides=2)(x)
x = bloque_ResNet(x, filters=64, repeticiones=3, strides=1)
x = bloque_ResNet(x, filters=128, repeticiones=4, strides=2)
x = bloque_ResNet(x, filters=256, repeticiones=6, strides=2)
x = bloque_ResNet(x, filters=512, repeticiones=3, strides=2)
x = GlobalAvgPool2D()(x)
```

```
# ResNet-50 fue definida con 1,000 clases, número de clases de
    ImageNet.
salida = Dense(1000, activation ='softmax')(x)

# Creamos el modelo
modelo = Model(inputs=entrada, outputs=salida)

# Mostramos el resumen del modelo
modelo.summary()

# Representamos gráficamente el modelo
utils.plot_model(modelo, to_file='resnet50.png', dpi=150,
    show_shapes=True)
```

En este código se utiliza una función de Tensorflow (*plot_model*) que nos permite grabar en fichero una imagen con el modelo creado. En este caso nos saldrá una imagen muy alta debido a que el modelo tiene muchas capas (concretamente 1,525 x 28,819 píxeles). La Figura 8.3 muestra el final de esta imagen, que se corresponde con el último bloque residual y la capa densa de salida.

Muchas de las redes que comentaremos a continuación, al igual que ResNet, utilizan varios grupos de bloques residuales, sean de tipo identidad o de proyección. Algunas de las redes de convolución o clasificación de imágenes más avanzadas son las siguientes: ResNeXt [39], Wide Residual Networks (WRNs) [40], EfficientNet [41], RegNet [42], ViT [35] y ConvNeXt [36]. Sus características principales son:

- ResNeXt [39]: es una arquitectura que sustituye las convoluciones 3x3 del modelo ResNet por convoluciones 3x3 agrupadas. El bloque de cuello de botella de ResNeXt divide una sola convolución en múltiples convoluciones paralelas más pequeñas. ResNeXt utiliza la agregación en lugar de la concatenación en el bloque original de Inception-ResNet.

- Wide Residual Networks (WRNs) [40]: las redes residuales anchas consideran el problema de que cada fracción de un porcentaje de precisión mejorada cuesta casi el doble del número de capas. Los autores proponen una arquitectura novedosa en la que disminuyen la profundidad y aumentan la anchura de las redes residuales. Esta arquitectura aborda el problema de la disminución de la reutilización de características, que hace que el entrenamiento de las redes residuales sea lento.

- EfficientNet [41]: busca un equilibrio entre el número de parámetros y la precisión. Esta arquitectura neuronal multiobjetivo optimiza tanto la precisión como los FLOPS, de forma similar a MNAS-Net [43]. EfficientNet-B7 escala la profundidad, la anchura y la resolución de EfficientNet-B0 utilizando un coeficiente compuesto.

- RegNet [42]: en esta red se presentó un principio de *design space*. Llevaron a cabo experimentos basados en la población en cientos de modelos,

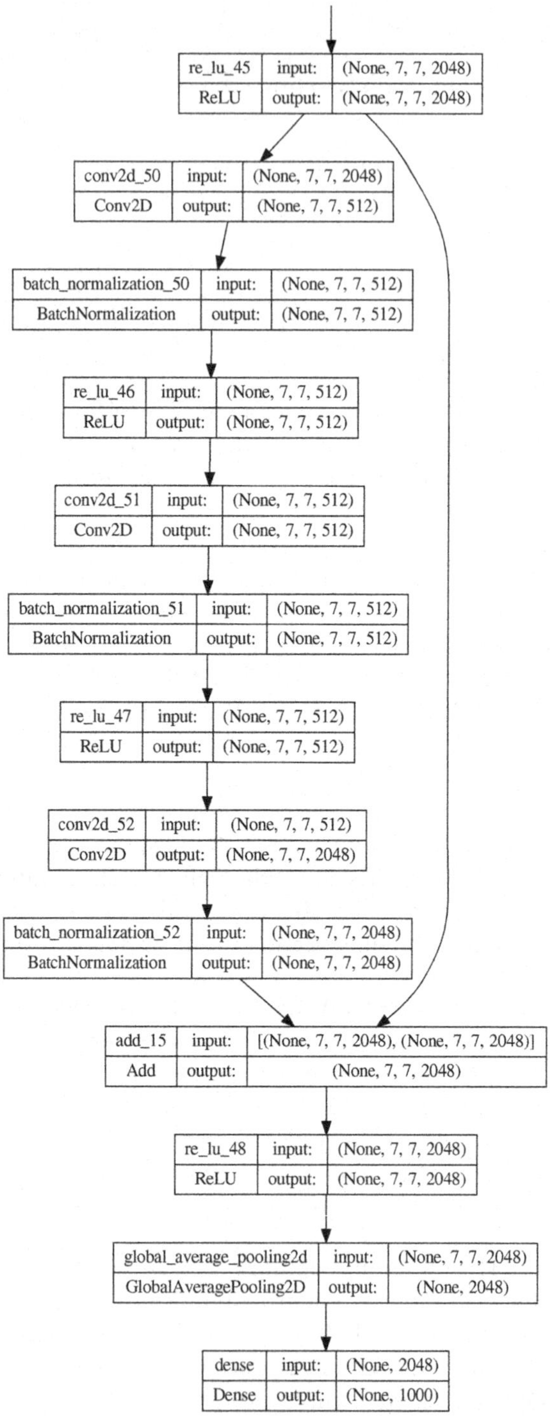

| re_lu_45 | input: | (None, 7, 7, 2048) |
| ReLU | output: | (None, 7, 7, 2048) |

| conv2d_50 | input: | (None, 7, 7, 2048) |
| Conv2D | output: | (None, 7, 7, 512) |

| batch_normalization_50 | input: | (None, 7, 7, 512) |
| BatchNormalization | output: | (None, 7, 7, 512) |

| re_lu_46 | input: | (None, 7, 7, 512) |
| ReLU | output: | (None, 7, 7, 512) |

| conv2d_51 | input: | (None, 7, 7, 512) |
| Conv2D | output: | (None, 7, 7, 512) |

| batch_normalization_51 | input: | (None, 7, 7, 512) |
| BatchNormalization | output: | (None, 7, 7, 512) |

| re_lu_47 | input: | (None, 7, 7, 512) |
| ReLU | output: | (None, 7, 7, 512) |

| conv2d_52 | input: | (None, 7, 7, 512) |
| Conv2D | output: | (None, 7, 7, 2048) |

| batch_normalization_52 | input: | (None, 7, 7, 2048) |
| BatchNormalization | output: | (None, 7, 7, 2048) |

| add_15 | input: | [(None, 7, 7, 2048), (None, 7, 7, 2048)] |
| Add | output: | (None, 7, 7, 2048) |

| re_lu_48 | input: | (None, 7, 7, 2048) |
| ReLU | output: | (None, 7, 7, 2048) |

| global_average_pooling2d | input: | (None, 7, 7, 2048) |
| GlobalAveragePooling2D | output: | (None, 2048) |

| dense | input: | (None, 2048) |
| Dense | output: | (None, 1000) |

Figura 8.3: Bloque residual final y capa de clasificación de ResNet-50

observando cómo los parámetros y los ajustes afectan a los diferentes criterios. Presentaron RegNet como un espacio de diseño efectivo según esos principios.

- Vision Transformers (ViT) [35]: los transformadores de visión se basan en transformadores diseñados originalmente para tareas de NLP (procesamiento de lenguaje natural). Mientras que las CNN utilizan convoluciones de píxeles, el ViT divide las imágenes en parches visuales de tamaño fijo, incrusta correctamente cada parche e incluye la incrustación posicional como entrada al codificador del transformador. Este transformador utiliza una capa de autoatención, capaz de realzar algunas partes de los datos de entrada mientras disminuye otras, centrándose en las zonas más importantes de la imagen. El ViT suele requerir un gran conjunto de datos, por lo que se suele utilizar el aprendizaje por transferencia como punto de partida. Este es uno de los aspectos más negativos de este tipo de modelos, que no suelen funcionar bien con conjuntos de datos reducidos.

- ConvNeXt [36]: aunque los modelos basados en ViT consiguieron superar los resultados de clasificación de ImageNet respecto a las CNNs en los últimos años, ConvNeXt [36] ha sido capaz de llevar a los modelos convolucionales a la cima de nuevo, utilizando ciertas características heredadas de los modelos ViT. Utiliza convoluciones en profundidad, que son similares a la operación de suma ponderada en la autoatención, y funciones de activación *Gaussian Error Linear Unit* (GELU), similares a las de ViT. Además, utiliza tamaños de kernel más grandes y un diseño de cuello de botella invertido que reduce los parámetros, aumentando así el rendimiento.

8.1. Transfer learning

El aprendizaje por transferencia (*transfer learning*) es el proceso que permite tomar los parámetros de una red neuronal previamente entrenada con unos datos y reutilizarlos para entrenar un nuevo modelo con otro conjunto de datos. En ciertas ocasiones, dichos parámetros pueden servir como base para crear nuevos parámetros de modelos más complejos. Este tipo de aprendizaje se utiliza mucho en los proyectos de visión artificial ya que el entrenamiento de un modelo desde cero (*from scratch*) suele ser muy costoso en tiempo.

En ciertas ocasiones se utiliza el término de ajuste fino (*fine tuning*) para referirse a un ajuste fino de un modelo sobre el que se ha hecho transfer learning. Sin embargo, este término suele referirse principalmente a un modelo que se ha entrenado con ciertos hiperparámetros durante unas épocas, por ejemplo con un factor de aprendizaje y optimizador determinados, y con otros hiperparámetros diferentes durante otras épocas, por ejemplo reduciendo el factor de aprendizaje.

En visión artificial solemos partir de modelos de clasificación pre-entrenados contra ImageNet. Para ello tomamos un modelo entrenado en ImageNet y utilizamos los pesos aprendidos en ese modelo para inicializar el entrenamiento y la clasificación de un conjunto de datos completamente nuevo. Esto nos permite aprovecharnos de capas de convolución que han aprendido a extraer las características más destacadas (*features*) de millones de imágenes y utilizarlas en nuestros modelos.

Dependiendo del tipo de problema a afrontar, existen distintas formas de proceder. Cuando el conjunto de datos es similar a los datos de entrenamiento originales, como por ejemplo imágenes parecidas con similar número de canales, se seguirán los siguientes pasos:

1. Eliminar las capas densas finales de clasificación.

2. Añadir una o más capas densas, de forma similar al modelo original, cuya dimensión de salida sea igual al número de clases del nuevo conjunto de datos.

3. Cargar los pesos de la parte convolucional del modelo previo y aleatorizar los pesos de las nuevas capas densas.

4. Si el conjunto de datos es pequeño, bloquearemos los pesos de todas las capas de convolución (*freeze*). Si el conjunto de datos es grande, no bloquearemos los pesos de las capas de convolución o dejaremos las últimas capas de convolución sin bloqueo. El bloqueo de los pesos, que veremos posteriormente en Tensorflow y Pytorch, evita que dichos pesos sean actualizados durante el entrenamiento.

5. Finalmente, se entrena de nuevo la red utilizando un factor de aprendizaje pequeño.

Cuando el conjunto de datos es muy diferente de los datos utilizados en el entrenamiento original, por ejemplo una tipología de imágenes muy diferente, se seguirán los siguientes pasos:

1. Eliminar las capas densas finales de clasificación.

2. Añadir una o más capas densas, de forma similar al modelo original, cuya dimensión de salida sea igual al número de clases del nuevo conjunto de datos. También se pueden eliminar algunas capas de convolución para substituirlas por capas nuevas. Como las features de los nuevos tipos de imágenes son diferentes, las nuevas capas de convolución permitirían al modelo aprenderlas.

3. Cargar los pesos de la parte convolucional del modelo previo y aleatorizar los pesos de las nuevas capas densas y de convolución.

4. Si el conjunto de datos es pequeño, bloquearemos los pesos de todas las capas heredadas de convolución (*freeze*). Si el conjunto de datos es grande, no bloquearemos los pesos de las capas de convolución.

5. Finalmente, se entrena de nuevo la red utilizando un factor de aprendizaje pequeño en el caso de un dataset reducido. En el caso de un dataset grande, podemos utilizar un factor de aprendizaje mayor ya que prácticamente estaremos entrenando un modelo desde una situación inicial pese a haber precargado los pesos de la parte convolucional.

En ciertas ocasiones, nos podemos encontrar con datos de entrada con dimensiones diferentes. Nos podríamos encontrar imágenes con un tamaño diferente a las utilizadas durante el entrenamiento del modelo pre-entrenado, e incluso diferente número de canales. Una de las soluciones podría ser aplicar algún tipo de transformación para reajustar las imágenes al nuevo modelo. Sin embargo, podemos tener en cuenta que cuando el tamaño de la imagen es diferente también podemos utilizar transfer learning.

Realmente el tamaño de la imagen de entrada no importa, ya que los pesos están asociados al tamaño de los núcleos de convolución. Aunque la imagen sea más grande o pequeña, el número de núcleos de convolución y el tamaño de los mismos serán similares a los del modelo inicial. Aunque en la parte convolucional suelen existir otro tipo de capas, como pueden ser las de pooling, estas capas no utilizan parámetros aprendidos. Por este motivo, no intervienen en el paso de parámetros mediante transfer learning.

El número de canales sí importa, ya que afecta al número de pesos de la primera capa convolucional. En estos casos, en el transfer learning se copian los pesos de los primeros canales del modelo original y luego se rellenan los pesos adicionales con la media de los pesos existentes de los otros canales.

Tanto Tensorflow como Pytorch están preparados para la transferencia de parámetros de la mayoría de modelos. En algunos modelos predefinidos, es tan simple como pasar un parámetro indicando si queremos utilizar transfer learning a partir de un modelo entrenado con ImageNet y cuál es el número de clases a utilizar. El propio framework adapta las capas de clasificación para adaptarse a las clases especificadas.

El transfer learning también se puede utilizar con otro tipo de modelos, como redes de clasificación de vídeo. Si utilizamos un modelo de red recurrente, como veremos posteriormente en el libro, que utiliza capas de convolución para extraer las características de la imagen, podríamos partir de los parámetros de un modelo pre-entrenado en esta parte del modelo. A continuación, se conectaría la salida de la parte convolucional con la parte recurrente. Al igual que en los casos comentados anteriormente, se procedería al entrenamiento de la parte recurrente bloqueando los parámetros de la parte convolucional, aunque también existiría la opción de desbloquear algunos o todos los pesos de las capas de convolución. De igual manera, también es posible utilizar transfer learning en redes siamesas o en cualquier otro tipo de modelo que utilice una parte convolucional para la extracción de características.

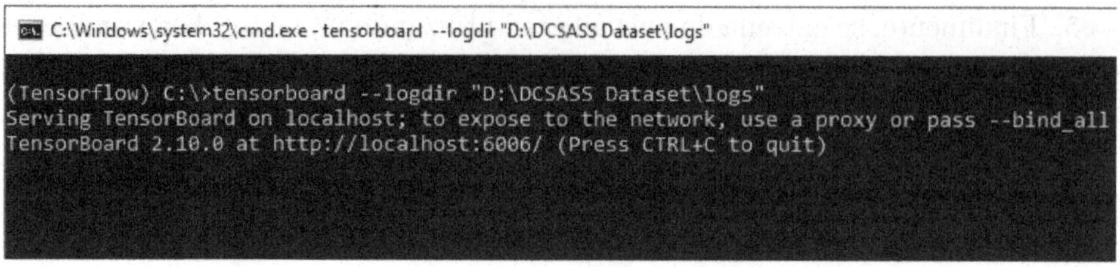

```
C:\Windows\system32\cmd.exe - tensorboard --logdir "D:\DCSASS Dataset\logs"

(Tensorflow) C:\>tensorboard --logdir "D:\DCSASS Dataset\logs"
Serving TensorBoard on localhost; to expose to the network, use a proxy or pass --bind_all
TensorBoard 2.10.0 at http://localhost:6006/ (Press CTRL+C to quit)
```

Figura 8.4: Lanzamiento de servidor Tensorboard

8.2. Clasificación con Tensorflow

La clasificación de imágenes mediante Tensorflow se puede realizar de una manera bastante sencilla partiendo de un modelo previamente entrenado, por ejemplo, con ImageNet. En el siguiente ejemplo entrenaremos una red ResNet-50 para la clasificación de defectos en el pavimento. Para ello, utilizaremos una base de datos denominada *Concrete Defect Image Classification*, que está disponible en Kaggle.

Esta base de datos está bien estructurada, al tener datos para entrenamiento, validación y evaluación. Además, incluye más de 44,800 imágenes de entrenamiento, divididas en 6 clases, lo que nos garantiza un conjunto de entrenamiento correcto. Aproximadamente, hay unas 9,500 imágenes de validación y 1,670 de test. El reparto de los datos no siempre tiene que obedecer a unas cifras concretas, como puede ser 30 % de validación. Si los datos son suficientemente amplios y cubren todas las distintas situaciones, los repartos pueden ser inferiores, como es este caso.

La base de datos incluye 3 clases correspondientes a situaciones normales, relativas a distintos tipos de pavimento sin defecto, y 3 clases correspondientes a pavimento con algún tipo de defecto. Es interesante tener en cuenta que, cuando se trata de detectar defectos en algún tipo de material, tenemos que tener también clases correspondientes a situaciones normales del material. La red debe aprender a distinguir situaciones normales de las anómalas.

En este ejemplo utilizaremos la implementación de ResNet-50, incluida dentro de Keras (*from tensorflow.keras.applications.resnet50 import ResNet50*). Además, empezaremos a utilizar la librería Tensorboard para generar gráficas de entrenamiento. Tensorboard permite mostrar gráficas del entrenamiento mediante un servidor web que se despliega en el servidor de entrenamiento u otro. Para ello, requiere unos ficheros de logs que va escribiendo el entrenamiento. Esto se consigue con las funciones de *callback*, que se llaman al final de cada época. En este ejemplo hemos definido dos funciones de *callback*, como veremos más adelante.

Para lanzar el servidor de Tensorboard, utilizaríamos el comando mostrado en la Figura 8.4. A dicho comando, le pasaremos el directorio de logs especificado en la función de *callback*.

Tensorboard abrirá un servidor web en la dirección *http://localhost:6006/* por defecto. El servidor se puede lanzar desde el principio del entrenamiento, ya

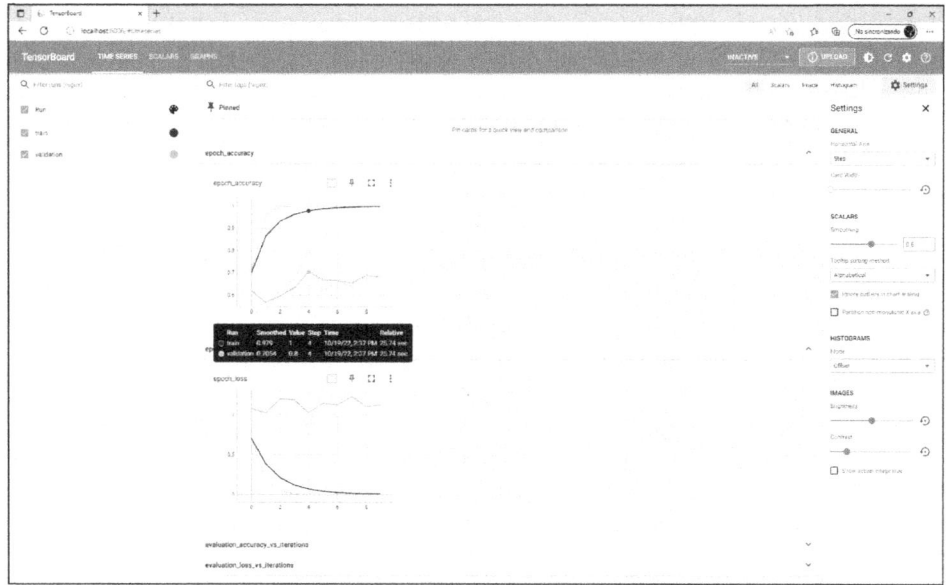

Figura 8.5: Web de Tensorboard

que Tensorboard va graficando los resultados continuamente. No es necesario esperar, como hacíamos al representar con Matplotlib. Si nos conectamos a la web de Tensorboard, veremos lo mostrado en la Figura 8.5. Si hemos llevado a cabo varios entrenamientos y hemos escrito los logs en la misma ruta, Tensorboard nos los mostrará.

Tensorboard es muy útil ya que nos permite ver qué tal va un entrenamiento y, lo más importante, cancelarlo si va mal. Además, nos permite suavizar las gráficas, exportar los datos, comprobar cómo evolucionan los pesos en las distintas capas, y otras muchas funciones. Se puede utilizar también con Pytorch.

El primer paso para entrenar el modelo será descargar el dataset y copiarlo en una ruta, apuntando los programas de entrenamiento a dicha ruta. En este ejemplo veremos cómo implementar un dataloader que irá leyendo imágenes de disco. Normalmente, cuando los datasets son muy grandes, no se cargan todas las imágenes en memoria. Será necesario ir leyéndolas poco a poco, en batches. Por ese motivo, es importante que la lectura de disco sea muy rápida. En los entrenamientos, conviene tener las imágenes en discos SSD, eligiendo los modelos más rápidos.

El Código 8.2 muestra la primera parte del programa, donde definimos varios dataloaders, que irán suministrando batches de imágenes al programa de entrenamiento. Tensorflow nos permite definir un generador de datos de imágenes (*ImageDataGenerator*), sobre el que podemos aplicar diferentes operaciones, como el pre-procesado de las imágenes utilizado por ResNet-50. Este pre-procesado permite normalizar las imágenes de nuestra base de datos con los valores medios obtenidos para ImageNet. De esta forma, la red recibirá imágenes con intensidades similares a las utilizadas con ImageNet. Pensemos que en el ejemplo vamos a utilizar una ResNet previamente entrenada con ImageNet (transferencia de pesos). Además, los generadores del tipo *ImageDataGenerator* permiten añadir *data augmentation*, que son cambios aleatorios sobre las imágenes de entrada. Entre estos cambios, podemos ver cómo se aplica un zoom aleatorio en un rango [-10 %, +10 %], un cambio de rotación en un ángulo aleatorio entre -10o y 10o, o un flip aleatorio tanto horizontal como vertical. También hay cambios de altura/anchura (*height_shift_range, width_shift_range*), e incluso cambios de cizallamiento, como en *shear_range*, o cambios aleatorios de un 10 % de la intensidad de todos los canales de la imagen (*channel_shift_range*). Una vez definido el generador de datos, se procede a crear un generador de batches utilizando el método *flow_from_directory* del generador. Este generador es el que realmente se pasará a la función de entrenamiento, y nos permite especificar tanto una carga de datos a partir de un directorio, como ajustar el tamaño de las imágenes a las dimensiones de la red, como utilizar el parámetro *shuffle* para generar los datos de manera aleatoria.

Código 8.2: Primera parte del código de entrenamiento de clasificación con ResNet-50

```
##################################################
# Programa para entrenar un modelo de detección
# de defectos en pavimento con una ResNet-50
# Concrete Defect Image Classification
# https://www.kaggle.com/datasets/datastrophy
#          /concrete-train-test-split-dataset
##################################################
from tensorflow.keras.models import Model
from tensorflow.keras.layers import Flatten, Dense, Dropout
from tensorflow.keras.applications.resnet50 import ResNet50,
    preprocess_input
from tensorflow.keras.optimizers import Adam
from tensorflow.keras.preprocessing.image import
    ImageDataGenerator
from tensorflow.keras.callbacks import ModelCheckpoint
from tensorflow.keras.callbacks import TensorBoard
from tensorflow.keras.models import load_model

DATASET_PATH    = 'D:/pavimento/Final_dataset'
DATASET_LOGS    = 'D:/pavimento/logs'
IMAGE_SIZE      = (224, 224)
NUM_CLASSES     = 6
BATCH_SIZE      = 8    # Reducir si no hay memoria suficiente
FREEZE_LAYERS   = 2    # Capas que queremos congelar durante el
    entrenamiento
NUM_EPOCHS      = 200
MODELO_PESOS_MEJORES = 'mejor_modelo_resnet50.h5'

##################################################
# Paso 1. Definimos generadores de carga de datos
##################################################
# Definimos un generador de datos de entrenamiento con data
    augmentation
```

```
train_datagen = ImageDataGenerator(
    preprocessing_function=preprocess_input,
    rotation_range=10,
    width_shift_range=0.1,
    height_shift_range=0.1,
    shear_range=0.1,
    zoom_range=0.1,
    channel_shift_range=10,
    horizontal_flip=True,
    vertical_flip=True,
    fill_mode='nearest')
train_batches = train_datagen.flow_from_directory(
    DATASET_PATH + '/train',
    target_size=IMAGE_SIZE,
    interpolation='bicubic',
    class_mode='categorical',
    shuffle=True,
    batch_size=BATCH_SIZE)

# Definimos un generador de datos de validación, esta vez sin
    data augmentation
valid_datagen = ImageDataGenerator(preprocessing_function=
    preprocess_input)
valid_batches = valid_datagen.flow_from_directory(
    DATASET_PATH + '/validate',
    target_size=IMAGE_SIZE,
    interpolation='bicubic',
    class_mode='categorical',
    shuffle=False,
    batch_size=BATCH_SIZE)

# Definimos un generador de test, también sin data augmentation
test_datagen = ImageDataGenerator(preprocessing_function=
    preprocess_input)
test_batches = test_datagen.flow_from_directory(
    DATASET_PATH + '/test',
    target_size=IMAGE_SIZE,
    interpolation='bicubic',
    class_mode='categorical',
    shuffle=False,
    batch_size=BATCH_SIZE)

###################################################
# Paso 2. Ejemplo de cómo mostrar las clases que
# nos devuelve un batch
###################################################
print('Clases devueltas por un Batch: ')
for cls, idx in train_batches.class_indices.items():
    print('Clase #{} = {}'.format(idx, cls))
```

En el código podemos observar cómo hay tres generadores de datos, uno para imágenes de entrenamiento, otro para imágenes de validación y otro para imágenes de evaluación. En validación y en evaluación también podría utilizarse aumento de datos, aunque tiene menos sentido que para el entrenamiento, donde realmente sí queremos que el modelo se adapte a diversos tipos de situaciones. El aumento de datos es una técnica muy útil para mejorar la generalización de los modelos. La última parte del código muestra cómo obtener un batch de imágenes y mostrar por pantalla las clases asociadas a cada una. En el código hemos utilizado un tamaño de 224x224, tamaño estándar de entrenamiento utilizado por ResNet-50. Sin embargo, tanto Tensorflow como Pytorch permiten cierta flexibilidad en estas dimensiones. Naturalmente, durante el *transfer learning*, los pesos copiados son los del modelo original entrenado en unas dimensiones de 224x224, por lo que cualquier otro valor requerirá un reajuste de pesos a partir de los originales.

En la segunda parte del código (ver Código 8.3), se declara el modelo. Aquí podemos ver que, como vamos a definir un modelo con 6 clases y ResNet-50 fue originalmente entrenada para 1,000 clases, es necesario descartar las capas finales de clasificación y recrear esa parte del modelo, a pesar de perder esos pesos del modelo original. Cuando pasamos el parámetro *input_top = False*, estamos descartando todas las capas finales más allá de la última capa de convolución. Como en la última capa de convolución, ResNet-50 tiene 2,048 mapas de 7x7, tenemos que juntar todos los elementos en un único vector mediante *Flatten*. A continuación, aplicaremos un dropout para mejorar la generalización y una capa densa de clasificación con 6 clases y función de activación *softmax*.

Posteriormente, desactivamos los pesos de todas las capas previas (*layer .trainable = False*). Esto se hace así ya que consideramos que las capas de convolución están bien ajustadas en el modelo original entrenado contra ImageNet, y únicamente queremos ajustar los pesos de las últimas capas. Este proceso normalmente se conoce como ajuste fino o *fine-tuning*. Por este mismo motivo, el factor de aprendizaje utilizado al compilar el modelo (*learning_rate* o *lr*) suele ser menor del normal (0.001).

Código 8.3: Segunda parte del código de entrenamiento de clasificación con ResNet-50

```
##################################################
# Paso 3. Definimos un modelo ResNet50 , preentrenado
# No incluimos las capas de clasificación (top)
# Añadimos una capa DropOut seguida de una capa FC
# y una función de clasificación softmax
# Utilizamos un bajo learning rate ya que partimos
# de un modelo preentrenado . Estamos haciendo un
# fine-tuning .
##################################################
modelo = ResNet50 ( include_top=False , weights='imagenet' ,
            input_tensor=None ,
            input_shape=(IMAGE_SIZE[0] , IMAGE_SIZE[1] ,3))
x = modelo . output
x = Flatten ()( x )
x = Dropout (0.5)( x )
output_layer = Dense (NUM_CLASSES, activation='softmax' , name='
    softmax')( x )
modelo_final = Model ( inputs=modelo . input , outputs=output_layer )

# Congelamos algunas capas durante el entrenamiento.
# Sus pesos se bloquearán y no serán entrenables
```

```
for layer in modelo_final.layers[:FREEZE_LAYERS]:
    layer.trainable = False
for layer in modelo_final.layers[FREEZE_LAYERS:]:
    layer.trainable = True
modelo_final.compile(optimizer=Adam(lr=1e-5),
        loss='categorical_crossentropy', metrics=['accuracy'])
# Obtenemos un resumen del modelo
modelo_final.summary()
```

No necesariamente el *fine-tuning* se realiza cuando importamos un modelo y hacemos *transfer learning*. En ocasiones, ciertos modelos son entrenados durante unas épocas con unos parámetros y, al cabo de cierto número de épocas, sus parámetros se modifican. En el ejemplo hemos utilizado un optimizador Adam, que suele ofrecer buenos resultados en problemas de clasificación.

Finalmente, en el Código 8.4 se muestra la tercera parte del código de entrenamiento. Utilizamos dos funciones de *callback*, una para grabar los logs que le servirán a Tensorboard para mostrar las gráficas durante el entrenamiento (*TensorBoard(log_dir=DATASET_LOGS)*), y otra para seleccionar el mejor modelo en base a los resultados de validación, y guardarlo en disco (*ModelCheckpoint*). La función de grabación del modelo monitorizará la pérdida de validación, grabando un nuevo modelo cada vez que se reduzca. Por otro lado, aparece una línea comentada con que nos permitiría grabar el modelo en cada época (*filepath = "mejor_modelo.epochepoch:02d-lossval_loss:.2f.hdf5"*).

A la función de entrenamiento la estamos pasando los generadores de batches, pero como los datos utilizan *data augmentation*, podría interesarnos aumentar el número de pasos por época (steps). Pensemos que en una época se deberían procesar todas las imágenes, excepto en los casos que vayamos obteniendo imágenes de forma aleatoria. Sin embargo, como al utilizar *data augmentation*, las imágenes no son exactamente iguales, puede que nos interese procesar más imágenes. Eso se conseguiría modificando el número de pasos. En cualquier caso, en este ejemplo no lo hemos hecho, y simplemente hemos dividido el tamaño de cada grupo (train, valid) entre el tamaño del batch.

Código 8.4: Tercera parte del código de entrenamiento de clasificación con ResNet-50

```
##################################################
# Paso 4. Definimos checkpoints de grabación en
#         función de la validación y grabación de
#         logs con Tensorboard
##################################################
#filepath = 'mejor_modelo.epoch{epoch:02d}-loss{val_loss:.2f}.
    hdf5'
filepath = MODELO_PESOS_MEJORES
checkpoint = ModelCheckpoint(filepath=filepath,
    monitor='val_loss',
    verbose=1,
    save_best_only=True,
    mode='min')

callbacks = [checkpoint, TensorBoard(log_dir=DATASET_LOGS)]
```

```
##############################################
# Paso 5. Entrenamos el modelo
##############################################
modelo_final.fit(train_batches,
    steps_per_epoch = train_batches.samples // BATCH_SIZE,
    validation_data = valid_batches,
    validation_steps = valid_batches.samples // BATCH_SIZE,
    epochs = NUM_EPOCHS,
    callbacks=callbacks, verbose = 1)


##############################################
# Paso 6. Evaluamos con el mejor modelo
##############################################
modelo = load_model(MODELO_PESOS_MEJORES)
score = modelo.evaluate(test_batches, steps=test_batches.samples
    // BATCH_SIZE)
print(f'Test loss: {score[0]} / Test accuracy: {score[1]}')
```

Una vez entrenado el modelo, teniendo en cuenta que el mejor modelo habrá quedado grabado, lo cargamos y lo evaluamos. Conviene destacar que, tanto para la validación como para la evaluación, se pueden utilizar generadores de batches.

El entrenamiento del modelo generará unos logs, que al visualizarse en el servidor de Tensorboard nos mostrará unas gráficas similares a la Figura 8.6a, para el accuracy, y a la Figura 8.6b para el error.

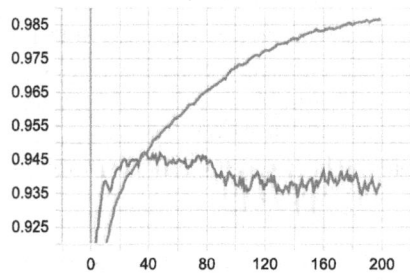 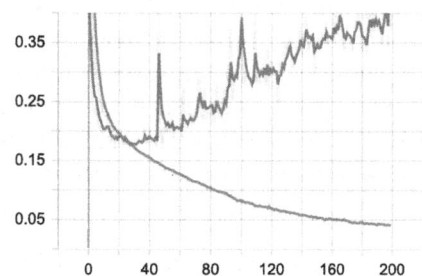

(a) Evolución del accuracy (Naranja: Train, Azul: Validación)

(b) Evolución del error (Naranja: Train, Azul: Validación)

Figura 8.6: Evolución del accuracy y el error durante el entrenamiento de clasificación del pavimento con ResNet-50

Una duda que nos surge es si no se podría haber cortado el entrenamiento a partir de la época 40. Podemos ver que los resultados de validación estaban entorno a un 94.5 estabilizados, por lo que el resto del entrenamiento podría suprimirse. La forma de conseguir esto sería añadiendo una función de *callback* adicional, que pararía el entrenamiento al ver una caída consecutiva de la validación durante un número de épocas determinadas. Dicho cambio sería el mostrado en el Código 8.5, utilizando la función *EarlyStopping*. Esta técnica permite interrumpir el entrenamiento cuando vemos que cierta métrica no evoluciona, como por ejemplo cuando en 3 épocas no mejora el valor de la pérdida de validación. Dicho número de épocas se define con el parámetro *patience*.

Código 8.5: Cambio para aplicar *early-stopping*

```
########################################################
# Paso 4. Definimos checkpoints de grabación en
#         función de la validación y grabación de
#         logs con Tensorboard
########################################################
#filepath = 'mejor_modelo.epoch{epoch:02d}-loss{val_loss:.2f}.
    hdf5'
filepath = MODELO_PESOS_MEJORES
checkpoint = ModelCheckpoint(filepath=filepath,
    monitor='val_loss',
    verbose=1,
    save_best_only=True,
    mode='min')

from tensorflow.keras.callbacks import EarlyStopping
earlystop = EarlyStopping(monitor = 'val_loss',
    min_delta = 0,
    patience = 3,
    verbose = 1,
    restore_best_weights = True)

callbacks = [checkpoint, earlystop, TensorBoard(log_dir=
    DATASET_LOGS)]
```

No obstante, si no hay una necesidad de terminar rápidamente el entrenamiento, o sabemos de modelos previos que siempre ocurre una estabilización, conviene dejar el entrenamiento activo para ver cómo evoluciona. Hay modelos que tienen poca o evolución negativa de sus métricas durante algunas épocas y, a continuación, vuelven a cambiar de tendencia.

8.3.   Mapas de calor con Tensorflow

Una herramienta que se puede utilizar para ver en qué zonas de la imagen se está fijando una red neuronal de convolución a la hora de tomar una decisión son los mapas de calor, o *heatmaps*. Estos mapas se pueden generar en distintas capas de la red, pero debemos tener en cuenta que normalmente habrá muchos núcleos de convolución que darán lugar a distintos mapas. Lo que se suele hacer es fusionar los mapas producidos en la última capa de convolución teniendo en cuenta una salida determinada y los gradientes que ha calculado la red para llegar a dicha decisión. Los mapas son ponderados de acuerdo a dicha salida obtenida y se fusionan para producir un único mapa que se puede, además, superponer a la propia imagen. Para llevar a cabo el proceso de extracción de los *heatmaps*, una posible técnica consiste en generar un modelo inicial que nos devuelva tanto la salida real de la red, como la salida de la capa de convolución que nos interese.

Volviendo al ejemplo anterior, en el Código 8.6 se muestra cómo podemos definir un modelo que devuelve la última capa de convolución de la ResNet-50, así como la salida original de la red previamente entrenada. Primero cargamos los pesos que habíamos obtenido y, a continuación, seleccionamos las capas que queremos para generar el nuevo modelo (*conv5_block3_out* y *softmax*). El nuevo modelo se define con *Model(modelo.input, outputs=[conv_output, pred_ouptut])*.

Código 8.6: Extracción de los *heatmaps*. Parte 1

```
##################################################
# Programa para obtener HeatMap a partir de un
# modelo entrenado para detección de defectos en
# pavimento con una ResNet-50
# Concrete Defect Image Classification
# https://www.kaggle.com/datasets/datastrophy
#        /concrete-train-test-split-dataset
##################################################
import numpy as np
import cv2
import matplotlib.pyplot as plt
import tensorflow as tf
from scipy.ndimage import zoom
from tensorflow.keras.applications.resnet50 import
    preprocess_input
from tensorflow.keras.models import Model, load_model
#import tensorflow.keras as keras

from tensorflow.keras.preprocessing.image import load_img,
    img_to_array, array_to_img
import matplotlib.cm as cm
from IPython.display import Image, display

PATH_FICHERO = 'D:/pavimento/Final_dataset/test/Pavements_Cracked
    /063-131.jpg'
MODELO_PESOS_MEJORES = 'mejor_modelo_resnet50.h5'

# Definimos un modelo, donde extraemos la salida
# de la última capa de convolución y la salida
# de la capa softmax de clasificación
modelo = load_model(MODELO_PESOS_MEJORES)
# Remove last layer's softmax
modelo.layers[-1].activation = None
conv_output = modelo.get_layer('conv5_block3_out').output
pred_ouptut = modelo.get_layer('softmax').output
modeloHM = Model(modelo.input, outputs=[conv_output, pred_ouptut
    ])
modeloHM.summary()
```

A continuación, en el Código 8.7 se carga una imagen de entrada, sobre la que queremos obtener el *heatmap*. Primeramente se transforma en RGB, ya que OpenCV lee por defecto en BGR y la red se ha entrenado utilizando la lectura de Tensorflow, que utiliza RGB. Posteriormente se reajusta el tamaño de la imagen al esperado por la red, y a continuación se preprocesa con el objetivo de normalizarla a los valores esperados. Durante una inferencia normal, no es necesario conocer el valor de los gradientes para el programa de llamada. Simplemente se espera obtener las probabilidades de que sea alguna de las posibles clases. Sin embargo, como en este caso queremos conocer los gradientes para ponderar los mapas de convolución, debemos ejecutar el código bajo un contexto de almacenamiento de los valores de los gradientes que conectan las capas. Por este motivo, se añade la línea *with tf.GradientTape() as tape*. Una vez realizada la predicción y obtención de la capa de convolución (*conv, preds = modeloHM(X)*), graficamos en una cuadrícula de *matplotlib*, los 36 primeros mapas de convolución. Recordemos que en ResNet-50 hay 2,048, número que se puede ver en el resumen del modelo (*modeloHM.summary()*). Para cada mapa, de dimensiones 7x7, mostramos primero la imagen original y superponemos el mapa re-escalándolo a 224x224, algo que se consigue en la línea *zoom(conv[0, :,:,i]...)*. El resultado se puede ver en la Figura 8.7.

Código 8.7: Extracción de los *heatmaps*. Parte 2

```python
# Leemos la imagen
img = cv2.imread(PATH_FICHERO)
# Transformamos a RGB ya que la red ha sido entrenada en RGB
img = cv2.cvtColor(img, cv2.COLOR_BGR2RGB)
# Reajustamos el tamaño a la entrada de la red
IMAGE_SIZE = (224, 224)
img = cv2.resize(img, IMAGE_SIZE, interpolation = cv2.
    INTER_LINEAR)

# Añadimos la dimensión de batch
X = np.expand_dims(img, axis=0).astype(np.float32)
X = preprocess_input(X)

with tf.GradientTape() as tape:
    conv, preds = modeloHM(X)
    pred_index = tf.argmax(preds[0])
    class_channel = preds[:, pred_index]

    # Generamos un heatmap para 36 de las salidas de convolución
    # Hay 2048 salidas de convolución de 7x7, por lo que tienen
    # que ser reescalados para ser mostrados
    scale = 224 / 7
    plt.figure(figsize=(16, 16))
    for i in range(36):
        plt.subplot(6, 6, i + 1)
        # Mostramos imagen original en cada celda
        plt.imshow(img)
        # Mostramos a continuación el heatmap de la convolución
        # Como son filtros
        plt.imshow(zoom(conv[0, :,:, i], zoom=(scale, scale)),
            cmap='jet', alpha=0.3)
        plt.savefig('matriz_heatmaps_pavimento.pdf', format='pdf'
            )

    # Obtenemos los gradientes para la salida obtenida
    grads = tape.gradient(class_channel, conv)

    # Se trata de un vector en el que cada entrada es la
```

```
      intensidad
# media del gradiente sobre un canal específico del mapa
# de características
pooled_grads = tf.reduce_mean(grads, axis=(0, 1, 2))

# Multiplicamos cada canal de la matriz del mapa de
# características por 'la importancia de este canal'
# con respecto a la clase superior predicha y
# luego sumamos todos los canales para obtener la
# activación de la clase del heatmap
conv = conv[0]
heatmap = conv @ pooled_grads[..., tf.newaxis]
heatmap = tf.squeeze(heatmap)

# Para visualización, normalizamos el heatmap entre 0 y 1
heatmap = tf.maximum(heatmap, 0) / tf.math.reduce_max(heatmap
    )

# Mostramos el heatmap
plt.matshow(heatmap)
plt.savefig('heatmap_pavimento.pdf', format='pdf')
plt.show()
```

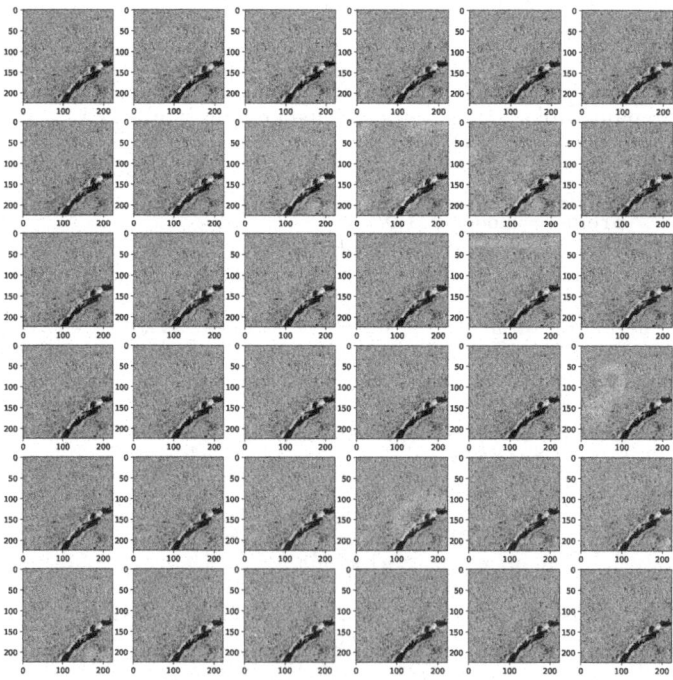

Figura 8.7: *Heatmaps* de la última capa de convolución de ResNet-50 para una imagen de pavimento con una grieta

Posteriormente, a partir de los gradientes, se multiplica cada canal de la matriz del mapa de características por la importancia de este canal con respecto a la clase superior inferida y, después, se suman todos los canales para obtener la activación de la clase del *heatmap*, como se puede ver en la Figura 8.8.

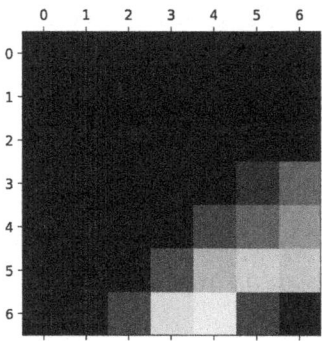

Figura 8.8: *Heatmap* resultado de la multiplicación de los mapas de características de cada núcleo de convolución por la importancia de dicho núcleo respecto a la clase inferida

Finalmente, en el Código 8.8 se muestra cómo realizar la superposición de la imagen original con el resultado del mapa anterior, de manera que podamos ver en qué se está fijando concretamente nuestro modelo a la hora de determinar qué tipo de defecto es. Esta función normaliza el *heatmap* de acuerdo a un mapa de color *jet*, mapa donde los colores se reparten en una escala de azules, verdes, amarillos, naranjas y rojos. El resultado de esta parte del código es el mostrado en la Figura 8.9.

Código 8.8: Extracción de los *heatmaps*. Parte 3

```
##############################################################
# Función para superponer heatmap a imagen original
##############################################################
def superponer_heatmap_imagen(img_path, heatmap, out_path, alpha
    =0.4):
    # Cargamos imagen original
    img = img_to_array(load_img(img_path))

    # Reescalamos heatmap en rango 0-255
    heatmap = np.uint8(255 * heatmap)

    # Coloreamos el mapa con el mapa de color 'jet'
    jet = cm.get_cmap('jet')
    # Utilizamos los valores RGB del heatmap
    jet_colors = jet(np.arange(256))[:, :3]
    jet_heatmap = jet_colors[heatmap]

    # Creamos una imagen con el heatmap ajustado a RGB
```

```
    jet_heatmap = array_to_img(jet_heatmap)
    jet_heatmap = jet_heatmap.resize((img.shape[1], img.shape[0])
        )
    jet_heatmap = img_to_array(jet_heatmap)

    # Superponemos la imagen original y el heatmap
    img_superpuesta = jet_heatmap * alpha + img
    img_superpuesta = array_to_img(img_superpuesta)

    # Grabamos la imagen superpuesta
    img_superpuesta.save(out_path)

# Mostrar heatmap
plt.matshow(heatmap)
plt.show()
# Obtener y mostrar heatmap junto a imagen original
out_path = 'heatmap_conjunto_pavimento.png'
superponer_heatmap_imagen(PATH_FICHERO, heatmap, out_path)
# Mostramos la imagen superpuesta
display(Image(out_path))
```

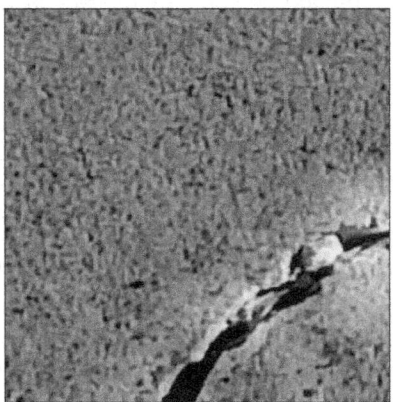

Figura 8.9: *Heatmap* final superpuesto con la imagen original del pavimento

Los *heatmaps* son una herramienta muy útil ya que nos permiten delimitar zonas de defectos, como en este caso. De hecho, a parte de los modelos de detección de objetos que veremos posteriormente, algunos trabajos sobre detección y segmentación de objetos en imágenes han partido de la utilización de *heatmaps*.

Finalmente, si queremos utilizar un modelo diferente a ResNet-50, como pueden ser las redes más modernas ResNeXt o ConvNeXt, habría que ver los modelos existentes dentro del módulo *tensorflow.keras.applications*. Normalmente, la mayoría de modelos se utilizan de una forma similar a ResNet-50, por lo que bastará con modificar el tipo de red en el encabezado de cara a la clasificación, y seleccionar las capas que queramos visualizar del nuevo tipo de red, a partir de un resumen que mostremos con la función *summary()*.

8.4.   Clasificación con Pytorch

La clasificación de imágenes con Pytorch, con modelos previamente entrenados con ImageNet, se realiza utilizando la librería *Torch Vision*. Esta librería incluye la implementación de diversos modelos de visión, incluyendo las más recientes de redes de convolución.

En el siguiente ejemplo, vamos a ver cómo podemos realizar la clasificación de distintos tipos de setas, utilizando para ello el *Mushroom Classification Dataset* de Kaggle: `https://www.kaggle.com/datasets/mustai/mushroom-12-9528`.

Este dataset incluye 6,664 imágenes de entrenamiento de distintos tipos de setas agrupadas en 12 carpetas, correspondientes a cada clase. A mayores, incluye 953 imágenes de validación y 1,911 de test. Conviene mencionar que, para cualquier entrenamiento de clasificación que realicemos, debe existir el mismo número de clases en entrenamiento, validación y test. No podemos tener, por ejemplo, la validación sin alguna de las clases. Respecto al test, también es recomendable tener todas las clases. Además, dentro de cada carpeta de clases, tenemos que tener imágenes ya que de lo contrario ofreceremos unos resultados poco balanceados. Imaginemos, por ejemplo, que clasificamos perros y gatos, y para evaluarlo sólo tenemos imágenes de perros. Si acierta todos los perros, no podríamos decir que nuestro modelo tiene un porcentaje de acierto del 100 % ya que desconocemos cuántos gatos acertaría. Y tampoco sería correcto un *balanced accuracy* del 50 %, ya que realmente no sabemos cuántos gatos podría acertar.

Respecto a los ejercicios previos de clasificación con Pytorch, en este ejemplo se van a introducir muchos conceptos que servirán para tener un modelo de entrenamiento que prácticamente cubre todos los aspectos a tener en cuenta a la hora de entrenar un modelo de clasificación. Incluiremos la técnica de *early stopping*, para mostrar cómo parar con PyTorch el entrenamiento cuando la mejora se paraliza durante varias épocas. También veremos como generar los *heatmaps*, que en ocasiones reciben el nombre de *Class Activation Maps (CAMs)*. Para el ejercicio actual utilizaremos dos de las redes más modernas que existen, ResNeXt-101 y ConvNeXt. Además, nuestro modelo escribirá los logs para ser visualizadas las gráficas con TensorBoard.

El Código 8.9 muestra la primera parte del código de clasificación. En esta parte del código definiremos los parámetros del modelo, incluyendo las dimensiones de la imagen de entrada al modelo (224x224x 3 canales). Estas son las dimensiones por defecto utilizadas con el modelo ResNeXt, aunque PyTorch es flexible a utilizar dimensiones diferentes re-adaptando internamente el modelo a las dimensiones especificadas. Por otro lado, en Pytorch, los logs de Tensorboard se escriben utilizando un *Summary Writer*, que nos permite escribir en el logs las métricas que consideremos. Podemos ver que definimos en la cabecera la ruta donde hemos descomprimido el dataset, así como el número de clases que tiene. En este ejemplo, las imágenes se irán leyendo de 12 carpetas que se encontrarán en la ruta train, valid o test. Al igual que hacíamos con Tensorflow, con Pytorch podemos ir cargando poco a poco (por batches) las imágenes de una carpeta donde tenemos subcarpetas para cada clase. Esto lo hace Pytorch generando un dataloader a partir de un dataset que hemos definido con la función *ImageFol-*

der(...), que es la encargada de ir leyendo imágenes de subcarpetas que considera clases. Además, esta función utiliza las transformaciones que hayamos definido previamente. En las transformaciones, es necesario realizar una normalización de las imágenes utilizando la media y la desviación de ImageNet, ya que el modelo que utilizaremos ha sido previamente entrenado con esta base de imágenes. En el caso de entrenamiento, hemos utilizado ciertas transformaciones de *data augmentation*, como son *RandomRotation* de 5º, *RandomHorizontalFlip*, o *RandomResizedCrop*, que realiza un reajuste de la imagen a las dimensiones de entrada de la red realizando cierto corte de las imágenes. En el caso de validación y test, utilizaremos otro transformador que, en este caso, no utiliza *data augmentation*. Todos los dataloaders necesitan pasar la imagen a un tensor de Pytorch (*transforms.ToTensor()*).

Código 8.9: Clasificación de setas con Pytorch. Parte 1

```
##################################################
# Entrenamiento con Pytorch de una red de
# clasificación de setas. Utilizamos early-stopping
# Dataset: Mushroom Classification Dataset
# https://www.kaggle.com/datasets
#        /mustai/mushroom-12-9528
##################################################
import torch
import torch.nn as nn
import torch.optim as optim
from torch.optim import lr_scheduler
import numpy as np
from torchvision import models, transforms
import matplotlib.pyplot as plt
import time
from torchvision.datasets import ImageFolder
from torch.utils.data import DataLoader
from torch.utils.tensorboard import SummaryWriter

# Ruta y número de clases del modelo
RUTA_DATASET = 'D:/Mushrooms_3dataset(9528)/'
num_clases = 12
# Definimos variables de nuestro modelo
batch_size, epocas = 16, 100
num_workers = 0
# Épocas para parar el entrenamiento
paciencia_early_stopping = 10
# Tamaño de imagen. Utilizado normalmente con ResNeXt
img_size = 224

# Ver si está la GPU disponible
print('GPU disponible: ', torch.cuda.is_available())
uso_gpu = torch.cuda.is_available()
device = torch.device('cuda:0' if torch.cuda.is_available() else
    'cpu')

# Declaramos un objeto para escribir logs de Tensorboard
writer = SummaryWriter()
```

```
#######################################################
# Paso 1. Definimos las transformaciones de data
# augmentation y normalización respecto a ImageNet
# y creamos los generadores de imágenes de batch
# desde una carpeta (ImageFolder)
#######################################################
normalizacion = transforms.Normalize(mean=[0.485, 0.456, 0.406],
                        std=[0.229, 0.224, 0.225])

train_transforms = transforms.Compose([transforms.
    RandomHorizontalFlip(),
        transforms.RandomResizedCrop(size=(img_size,img_size)),
        transforms.RandomRotation(5),
        transforms.ToTensor(),
        normalizacion])

val_transforms = transforms.Compose([
        transforms.Resize(size=(img_size,img_size)),
        transforms.ToTensor(),
        normalizacion])

datasetes = {}
datasetes['train'] = ImageFolder(RUTA_DATASET + 'train',
    transform=train_transforms)
datasetes['val'] = ImageFolder(RUTA_DATASET + 'valid', transform=
    val_transforms)
datasetes['test'] = ImageFolder(RUTA_DATASET + 'test', transform=
    val_transforms)

tam_train = len(datasetes['train'])
tam_val = len(datasetes['val'])
tam_test = len(datasetes['test'])

print('Número de imágenes de entrenamiento: ', tam_train)
print('Número de imágenes de validación: ', tam_val)

dataloaders = {x:DataLoader(datasetes[x], batch_size, shuffle=
    True, num_workers=0) for x in ['train', 'val', 'test']}
dataset_sizes = {x: len(datasetes[x]) for x in ['train', 'val', '
    test']}
class_names = datasetes['train'].classes

print('Relación de clases: ', class_names)
```

Los datasets componen los batches con imágenes obtenidas de manera aleatoria (*shuffle=True*), lo que evita que el modelo se acostumbre a recibir los datos siempre de la misma forma. Aunque lo estamos haciendo para los tres grupos: train, validación y test, su utilidad es únicamente para los datos de entrenamiento. Para los conjuntos de validación o test, es indiferente cómo llegan los datos para su evaluación. Como no estamos especificando pasos por época, es decir cuántos batches vamos a procesar en una época, se procesarán todas las imágenes con la única pre-condición de que las imágenes son repartidas aleatoriamente al comienzo de cada época.

Podríamos utilizar *data augmentation* tanto en validación como en test, pero tiene menos sentido que en entrenamiento, que es donde realmente queremos que el modelo se reajuste ante imágenes con algunas modificaciones. Además, si utilizamos *data augmentation* en la validación, incurriríamos en el problema de que, al utilizar la validación como elemento para seleccionar el mejor modelo, se estaría variando el juego de validación en cada época, siendo incorrecta la comprobación de ver si es un modelo mejor ante validación. Respecto al test, ocurriría algo parecido ya que, si queremos comprobar dos modelos, estaríamos utilizando datos de test ligeramente diferentes.

En el Código 8.10 mostramos cómo obtener las 9 primeras imágenes de muestra de entrenamiento, que serán imágenes sobre las que se ha realizado *data augmentation*. Las agruparemos una matriz de 3x3 con Matplotlib. Como durante la carga del dataloader hemos realizado una normalización previa, tenemos que desnormalizar la imagen que está en el tensor, algo que conseguimos dentro de la función *tensorToImg(inp)*. Esta desnormalización nos permite obtener nuevamente la imagen original y que sea correctamente visualizada. El resultado de esta parte del código se puede ver en la Figura 8.10. Hay que tener en cuenta que esta visualización es posible ya que el tamaño del batch es de 16 y estamos cogiendo 9 imágenes. Si, por ejemplo modificamos el tamaño del batch a 8, tendremos que reducir el número de filas y columnas de la matriz a visualizar ya que el batch no nos proporcionará suficientes imágenes.

Código 8.10: Clasificación de setas con Pytorch. Parte 2

```
###########################################
# Paso 2. Mostramos las imágenes de un batch
###########################################
def tensorToImg(inp):
    # Imagen a partir de tensor
    inp = inp.numpy().transpose((1, 2, 0))
    mean = np.array([0.485, 0.456, 0.406])
    std = np.array([0.229, 0.224, 0.225])
    inp = std * inp + mean
    inp = np.clip(inp, 0, 1)
    return inp

# Obtenemos un batch de imágenes de train
inputs, classes = next(iter(dataloaders['train']))
print('Dimensiones de entrada/salida: ', inputs.shape, classes.
    shape)

# Obtenemos una cuadrícula de entradas a
# partir del batch
# Mostraremos 9 imágenes
filas = 3
columnas = 3
fig, axarr = plt.subplots(filas, columnas, figsize=(5, 5.2))
for i in range(filas):
    for j in range(columnas):
        idx = i * columnas + j
        axarr[i, j].set_title(class_names[classes[idx]])
        axarr[i, j].imshow(tensorToImg(inputs[idx]))
        axarr[i, j].set_xticks([])
        axarr[i, j].set_yticks([])
```

```
          plt.setp(axarr[i, j].get_xticklabels(), visible=False)
          plt.setp(axarr[i, j].get_yticklabels(), visible=False)
plt.savefig('imagenes_ejemplo.pdf')
```

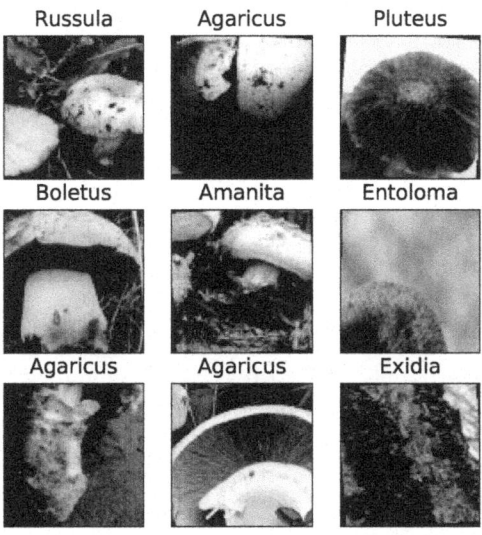

Figura 8.10: Setas de entrenamiento sobre las que hemos aplicado *data augmentation*

El Código 8.11 muestra la función de entrenamiento. El esquema es similar al que habíamos utilizado anteriormente al explicar la clasificación del dataset CIFAR-10 con una convolucional (ver 7.6.2). Sin embargo, en esta función, a diferencia de la que habíamos previamente, utilizamos el mecanismo de *early-stopping*. Para ello, utilizamos un parámetro denominado *paciencia*, que nos indicará cuántas épocas queremos esperar para interrumpir el entrenamiento si la pérdida en validación no se reduce. Necesitamos llevar un contador interno, mediante la variable *trigger_early_stoping*, que se pondrá a 0 cada vez que encontremos un modelo mejor, y que se irá incrementando hasta la *paciencia* si no mejoramos el modelo. En esta función, además, también implementamos la escritura de logs con Tensorboard. Por otro lado, también marcamos un *scheduler* para definir cómo queremos que se ajuste el factor de aprendizaje del optimizador a lo largo de las épocas. En este caso, la propia función devolverá el mejor modelo encontrado, recargándolo a partir de los pesos grabados cuando comprobamos si el modelo mejora los resultados de validación.

Código 8.11: Clasificación de setas con Pytorch. Parte 3

```python
####################################################
# Paso 3. Creamos una función de entrenamiento,
# donde recorreremos por un lado
# las distintas épocas y por otro lado
# iteraremos sobre los batch
####################################################
def train(modelo, train_loader, val_loader, tam_train, tam_val,
    criterion, optimizer, scheduler, num_epocas, paciencia):
    # Esta variable nos permitirá ver si hemos sobrepasado el nú
        mero de épocas sin mejorar resultados
    trigger_early_stoping = 0
    # Variable para elegir el mejor modelo ante validación
    val_loss_min = np.Inf

    # Iteramos sobre las distintas épocas
    for epoca in range(num_epocas):
        start_time  = time.time()
        print('Epoch {}/{}'.format(epoca, num_epocas - 1), flush=
            True)
        print('-' * 10, flush=True)

        # Creamos unas variables para acumular la pérdida y el
            accuracy
        # para acumular en los distintos batch (tanto
            entrenamiento como validación)
        train_loss = 0.0
        train_acc = 0.0
        val_loss = 0.0
        val_acc = 0.0

        # Modo entrenamiento
        modelo.train()
        # Iteramos sobre los batch de cada época
        for inputs, target in train_loader:
            if uso_gpu:
                inputs, target = inputs.cuda(), target.cuda()
            # Ponemos a cero los gradientes
            optimizer.zero_grad()

            # Paso hacia adelante
            outputs = modelo(inputs)
            # Como por defecto Pytorch trabaja con
            #  Sparse Categorical Crossentropy,
            #  tenemos que identificar la clase
            #  ganadora. Esta función es equivalente
            #  a numpy.argmax
            _, preds = torch.max(outputs, 1)

            # Calculamos el error (criterio que será la Entropía
                Cruzada)
            loss = criterion(outputs, target)

            # Propagación hacia atrás.
            loss.backward()
            # Avanzamos el optimizador
```

```
        optimizer.step()

        # Avanzamos las variables de pérdida y aciertos del
            batch de entrenamiento
        train_loss +=loss.item() * inputs.size(0)
        train_acc += torch.sum(preds == target.data)

    # Ajustamos el factor de aprendizaje del optimizador
    scheduler.step()

    # Modo evaluación
    modelo.eval()
    for inputs, target in val_loader:
        if uso_gpu:
            inputs, target = inputs.cuda(), target.cuda()
        # Paso hacia adelante únicamente
        outputs = modelo(inputs)
        _, preds = torch.max(outputs, 1)

        # Calculamos el error (criterio que será la Entropía
            Cruzada)
        loss = criterion(outputs, target)

        # Avanzamos las variables de pérdida y aciertos del
            batch de validación
        val_loss +=loss.item() * inputs.size(0)
        val_acc += torch.sum(preds == target.data)

    # Avanzamos las variables de pérdida y aciertos de la é
        poca
    epoch_train_loss = train_loss / tam_train
    epoch_train_acc = train_acc.double() / tam_train
    epoch_val_loss = val_loss / tam_val
    epoch_val_acc = val_acc.double() / tam_val

    # Guardamos en histórico
    if uso_gpu:
        epoch_train_acc = epoch_train_acc.cpu()
        epoch_val_acc = epoch_val_acc.cpu()

    # Escribimos los valores en los logs de Tensorboard
    writer.add_scalars('Accuracy', {'Accuracy/train':
        epoch_train_acc, \
                    'Accuracy/val': epoch_val_acc}, epoca)
    writer.add_scalars('Loss', {'Loss/train':
        epoch_train_loss, \
                    'Loss/val': epoch_val_loss}, epoca)

    print('Train Loss: {:.4f} Acc: {:.4f}'.format(
        epoch_train_loss, epoch_train_acc), flush=True)
    print('Validation Loss: {:.4f} Acc: {:.4f}'.format(
        epoch_val_loss, epoch_val_acc), flush=True)
    print('Tiempo por época: {:d} segundos\n'.format(int(time
        .time()-start_time)), flush=True)

    # Si el modelo mejora los resultados de validación, lo
        guardamos
```

```
if epoch_val_loss < val_loss_min:
    print('Encontrado mejor modelo. Pérdida de validación
        reducida de ',round(val_loss_min,3),' a ', round
        (epoch_val_loss,3))
    print('Guardando modelo modelo_SETAS.pt')
    torch.save(modelo.state_dict(), 'modelo_SETAS.pt')
    val_loss_min = epoch_val_loss
    trigger_early_stoping = 0
else:
    trigger_early_stoping += 1

# Si sobrepasamos la paciencia de early stopping,
    interrumpimos el entrenamiento
if trigger_early_stoping >= paciencia:
    break

# Hacemos una grabación del modelo actual por si se
    interrumpe el entrenamiento
torch.save(modelo.state_dict(), 'checkpoint_dict-epoch{}.
    pth'.format(epoca))

# Cargamos el mejor de los modelos ante validación
modelo.load_state_dict(torch.load('modelo_SETAS.pt'))

return modelo
```

Hay algunas operaciones que realizamos dependiendo de si estamos trabajando con GPU o no. Al trabajar con GPU, Pytorch requiere que movamos tanto el modelo como los tensores de imágenes a la memoria gráfica. De la misma manera, las operaciones se realizan en la GPU. Ante algunas operaciones sobre los tensores, es necesario traerlos de vuelta a la CPU para poder utilizarlos (por ejemplo, *epoch_val_acc = epoch_val_acc.cpu()*, ya que de lo contrario Pytorch nos dirá que no puede operar si están en GPU.

En este modelo grabamos, cada época, el fichero de pesos. Hay que tener en cuenta que dicho fichero ocupa en torno a 300MB, por lo que habrá que tener sitio en el disco. La utilidad de estos ficheros tiene que ver con el re-lanzamiento del entrenamiento en caso de un error o parada brusca del sistema. Al definir posteriormente el modelo, podríamos recargar el último fichero de pesos para que el modelo continuara el entrenamiento a partir de ese punto. En ese caso, habría que hacer una ligera modificación del programa para tener en cuenta en qué época se encuentra.

La siguiente parte del código (ver Código 8.12), es la que realiza la implementación del modelo. Utilizamos un modelo *resnext101_32x8d()*, definido en *TorchVision*, e indicamos que está pre-entrenado con ImageNet (proceso de *transfer learning*). Sobre este modelo, modificamos las capas de clasificación (FC), para añadir una capa densa que conecta la parte convolucional con la salida (*nn.Linear(num_features, num_clases)*). Al utilizar *transfer learning*, utilizamos un factor de aprendizaje pequeño, ya que queremos refinar poco a poco nuestro modelo (*fine-tuning*). Utilizamos entropía cruzada categórica y un optimizador Adam con un *scheduler*, donde indicamos cuánto porcentaje (*gamma*) queremos reducir el factor cada *n* épocas (definidas en *step_size*). Como hemos comentado anteriormente, es necesario llevar el modelo a la GPU en caso de estar disponibles.

Código 8.12: Clasificación de setas con Pytorch. Parte 4

```
###########################################
# Paso 4. Creamos un modelo a partir de
# ResNeXt-101 y lo entrenamos
###########################################
pretrained=True
modelo = models.resnext101_32x8d(pretrained)
num_features = modelo.fc.in_features
# Modificamos la capa final de clasificación para conectar con
    nuestras salidas esperadas
modelo.fc = nn.Linear(num_features, num_clases)
modelo = modelo.to(device)

# Definimos función de pérdida como entropía cruzada categórica
    dispersa
loss_function = nn.CrossEntropyLoss()

# El optimizador utilizado es Adam
# El factor de aprendizaje es muy pequeño ya que partimos de un
    modelo pre-entrenado
lr=0.00005
optimizador = optim.Adam(modelo.parameters(), lr)
# optimizador = optim.SGD(modelo.parameters(), lr, momentum=0.9)

# Indicamos cuánto (gamma) queremos reducir el factor de
    aprendizaje (cada 10 épocas)
step_size=10
gamma=0.8
opt_lr_scheduler = lr_scheduler.StepLR(optimizador, step_size,
    gamma)

if uso_gpu:
    modelo.cuda()

# Llamamos al entrenamiento
modelo = train(modelo, dataloaders['train'], dataloaders['val'],
    tam_train, tam_val, loss_function, optimizador,
    opt_lr_scheduler, epocas,
    paciencia_early_stopping)
```

El resultado del entrenamiento hasta este punto se puede visualizar en Tensorboard, mostrando las gráficas de las Figuras 8.11. A diferencia del entrenamiento que habíamos llevado a cabo con Tensorflow, donde no habíamos llegado a utilizar *early-stopping*, en este caso podemos ver que el entrenamiento ha sido interrumpido en la época 34, ya que el modelo no ha mejorado desde la época 24 a la 34. Utilizando esta técnica, el número de épocas especificado al principio debe ser lo suficientemente grande para poder llegar a una parada del modelo previa.

Finalmente, el Código 8.13 muestra cómo realizar la evaluación de nuestro modelo, así como sacar unas cuantas imágenes de test indicando la clase espe-

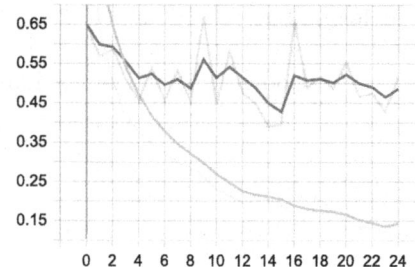

(a) Evolución del accuracy (Azul: Train, Rojo: Validación)

(b) Evolución del error (Azul: Train, Rojo: Validación)

Figura 8.11: Evolución del accuracy y el error durante el entrenamiento de clasificación de setas con ResNeXt-101

rada (*ground-truth*), y la clase real o inferida.

Código 8.13: Clasificación de setas con Pytorch. Parte 5

```
###############################################
# Paso 5. Evaluamos el modelo
###############################################
test_loss = 0.0
test_acc = 0.0

# Modo evaluación
modelo.eval()
for inputs, target in dataloaders['test']:
    if uso_gpu:
        inputs, target = inputs.cuda(), target.cuda()
    # Paso hacia adelante únicamente
    outputs = modelo(inputs)
    _, preds = torch.max(outputs, 1)

    # Calculamos el error (criterio que será la Entropía Cruzada)
    loss = loss_function(outputs, target)

    # Avanzamos las variables de pérdida y aciertos del batch de
        validación
    test_loss +=loss.item() * inputs.size(0)
    test_acc += torch.sum(preds == target.data)

test_loss = test_loss / tam_test
test_acc = test_acc.double() / tam_test

# Mostramos resultado
print('Test Loss: {:.4f} Acc: {:.4f}'.format(test_loss, test_acc)
    , flush=True)


###############################################
# Paso 6. Mostramos algún ejemplo
```

```
##################################################
modelo.eval()
with torch.no_grad():
    # Obtenemos un batch de imágenes de test
    inputs, labels = next(iter(dataloaders['test']))

    # Realizamos la predicción
    inputs = inputs.to(device)

    outputs = modelo(inputs)
    _, preds = torch.max(outputs, 1)

    # Tenemos que volver a mover a CPU para mostrarlo con
        Matplotlib
    if uso_gpu:
        inputs = inputs.cpu()

    # Obtenemos una cuadrícula de entradas a partir del batch
    # Mostraremos 9 imágenes
    filas = 3
    columnas = 3
    fig, axarr = plt.subplots(filas, columnas, figsize=(5, 5.2))
    fig.suptitle('Clase Real/Predicción', fontsize=14)
    for i in range(filas):
        for j in range(columnas):
            idx = i * columnas + j
            titulo = class_names[labels[idx]] + '/' + class_names
                [preds[idx]]
            axarr[i, j].set_title(titulo, fontsize=8)
            axarr[i, j].imshow(tensorToImg(inputs[idx]))
            axarr[i, j].set_xticks([])
            axarr[i, j].set_yticks([])
            plt.setp(axarr[i, j].get_xticklabels(), visible=False
                )
            plt.setp(axarr[i, j].get_yticklabels(), visible=False
                )
    plt.savefig('imagenes_resultado_test.pdf')
```

En nuestra ejecución, el modelo ha alcanzado un accuracy del 88.91 % para test, del 88.14 % para validación y del 95.20 % para entrenamiento. Aunque son valores bastante altos, teniendo en cuenta que son imágenes reales de setas, se plantea al lector intentar hacer cambios en la arquitectura intentando reducir la distancia entre el accuracy de entrenamiento y validación, por ejemplo añadiendo dropout antes de la capa final de clasificación. La Figura 8.12 muestra el resultado de la ejecución del código anterior. Las imágenes de test las recuperamos mediante un dataloader, por lo que nuevamente tenemos que verificar el tamaño de la matriz si reducimos el tamaño del batch, por ejemplo ante situaciones donde no tenemos suficiente memoria de GPU disponible.

Si quisiéramos utiliza otro modelo diferente a ResNeXt, bastaría con modificar la definición de nuestro modelo. Tendríamos que ver cómo es la arquitectura de un modelo, haciendo un *print(modelo)*, y cambiar las capas de clasificación por las nuestras, ya que los modelos originales fueron entrenados teniendo en cuenta que había 1, 000 clases posibles (ImageNet). Así, por ejemplo, el Código

Clase Real/Predicción

Figura 8.12: Setas de entrenamiento sobre las que hemos aplicado *data augmentation*

8.14 muestra cómo podríamos definir nuestro modelo en base a la potente red *ConvNeXt Large*. Esta red ofrece resultados de clasificación muy buenos en gran variedad de datasets.

Código 8.14: Definición de modelo utilizando ConvNeXt Large

```
# Definición de modelo a partir de ConvNeXt Large
nclasses = 12
modelo = models.__dict__['convnext_large'](pretrained=True)
modelo.classifier[2] = nn.Linear(in_features=1536,out_features=
    nclasses, bias=True)
```

8.5. Mapas de calor con Pytorch

Para generar mapas de calor con Pytorch, utilizamos la misma idea que habíamos visto con Tensorflow. Es necesario procesar una imagen y ponderar los mapas de convolución de la última capa anterior a la capa de clasificación por los pesos asociados a la clase ganadora. Estos mapas, que en ocasiones se denominan también *Class Activation Maps (CAMs)*, son una herramienta muy útil para ver en qué se está fijando nuestro modelo.

En el Código 8.15 podemos ver cómo el primer paso a realizar es cargar el modelo que hemos obtenido en el paso anterior. Tenemos que volver a definir el modelo y cargarlo a partir de los pesos que habíamos previamente guardado. A continuación, definimos una función denominada *generarCAMs(...)*, que es la encargada de multiplicar los pesos correspondientes a una clase, o conjunto de clases que pasamos, por los mapas de convolución de la última capa. En nuestro ejemplo, pasaremos únicamente la clase inferida. El producto de los pesos de la clase pasada por los mapas de features de convolución se realiza en la línea *cam = weight_softmax[idx].dot(feature_conv...)*. La sentencia *print(modelo)* nos permite mostrar por pantalla la arquitectura del modelo. Esta operación es muy útil ya que nos permite identificar el nombre de las capas.

Código 8.15: Generación de un mapa CAM con Pytorch del modelo de las setas. Parte 1

```
####################################################
# Generación de HeatMaps (CAM) con Pytorch de una
# red de clasificación de setas basada en ResNeXt.
# Dataset: Mushroom Classification Dataset
# https://www.kaggle.com/datasets
#        /mustai/mushroom-12-9528
####################################################
import numpy as np
import torch
from torch import nn
import torch.nn.functional as F
from torchvision import transforms, models
import cv2
from torch.autograd import Variable
from PIL import Image

# Ver si está la GPU disponible
print('GPU disponible: ', torch.cuda.is_available())
uso_gpu = torch.cuda.is_available()
device = torch.device('cuda:0' if torch.cuda.is_available() else
    'cpu')

# Imagen a procesar
PATH_IMG = 'D:/Mushrooms_3dataset(9528)/test/Boletus/0097
    _ZPB1mcu8tOc.jpg'

####################################################
# Paso 1. Cargamos nuestro modelo de
# clasificación de setas
####################################################
CLASES = ['Agaricus', 'Amanita', 'Boletus', 'Cortinarius', '
    Entoloma', 'Exidia',
           'Hygrocybe', 'Inocybe', 'Lactarius', 'Pluteus', '
              Russula', 'Suillus']
num_clases = len(CLASES)
img_size = 224
modelo = models.resnext101_32x8d()
num_features = modelo.fc.in_features
```

```
# Modificamos la capa final de clasificación para conectar con
    nuestras salidas esperadas
modelo.fc = nn.Linear(num_features, num_clases)
modelo.load_state_dict(torch.load('modelo_SETAS.pt'))
modelo.eval()
if uso_gpu:
    modelo = modelo.to(device)

# Mostrar la arquitectura del modelo
print(modelo)

##################################################
# Paso 2. Función para generar los Mapas de
# Activación de la Clase o Clases pasadas
#   (CAMs: Class Activation Maps)
##################################################
def generarCAMs(feature_conv, weight_softmax, class_idx):
    size_upsample = (img_size, img_size)
    bz, nc, h, w = feature_conv.shape
    output_cam = []
    for idx in class_idx:
        cam = weight_softmax[idx].dot(feature_conv.reshape((nc, h
            *w)))
        cam = cam.reshape(h, w)
        cam = cam - np.min(cam)
        cam_img = cam / np.max(cam)
        cam_img = np.uint8(255 * cam_img)
        output_cam.append(cv2.resize(cam_img, size_upsample))
    return output_cam
```

A continuación (ver Código 8.16), realizaremos la carga de la imagen, sobre la que aplicaremos las transformaciones de normalización, ajuste de tamaño al utilizado por la red, y el paso a tensor de Pytorch. Creamos también una función "gancho" que es capaz de capturar los mapas de features de convolución durante una inferencia. Para ello, es necesario indicar cuál es la capa de convolución última del modelo ResNeXt. Esta información la podemos conocer utilizando la arquitectura devuelta previamente por *print(modelo)*. En este caso, para una ResNeXt basta con seleccionar la capa *modelo.layer4[2].conv3*.

Código 8.16: Generación de un mapa CAM con Pytorch del modelo de las setas. Parte 2

```
##################################################
# Paso 3. Cargamos una imagen y la
# preprocesamos. Al elegirla manualmente,
# tenemos que indicar su clase de forma manual
# Realizamos la inferencia
##################################################
normalizacion = transforms.Normalize(mean=[0.485, 0.456, 0.406],
                                      std=[0.229, 0.224, 0.225])
transform = transforms.Compose([
        transforms.Resize(size=(img_size,img_size)),
        transforms.ToTensor(),
        normalizacion])
```

```
# Cargamos la imagen como PIL
img = Image.open(PATH_IMG)
# La grabamos en nuestro directorio de trabajo
img.save('entradaHeatMap_Seta.jpg')

# Creamos un 'gancho' para capturar las features de la
# última capa de convolución de ResNeXt (layer4[2].conv3).
features_blobs = []
def hook_feature(module, input, output):
    features_blobs.append(output.data.cpu().numpy())

modelo.layer4[2].conv3.register_forward_hook(hook_feature)

# Obtener los pesos asociados a la última capa de clasificación
params = list(modelo.parameters())
if uso_gpu:
    weight_softmax = np.squeeze(params[-2].data.cpu().numpy())
else:
    weight_softmax = np.squeeze(params[-2].data.numpy())

# Creamos un tensor a partir de la imagen, manteniendo
# una variable, herramienta de diferenciación automática que
# nos permite mantener los gradientes calculados en el paso
# hacia adelante. Además, añadimos la dimensión batch
img_tensor = transform(img)
img_variable = Variable(img_tensor.unsqueeze(0))
if uso_gpu:
    img_variable = img_variable.to(device)

# Realizamos la inferencia, ordenando las probabilidades
# e índices de salida. En este punto aplicamos softmax
out = modelo(img_variable)
h_x = F.softmax(out, dim=1).data.squeeze()
probs, idx = h_x.sort(0, True)
if uso_gpu:
    probs = probs.cpu()
    idx = idx.cpu()
probs = probs.numpy()
idx = idx.numpy()
print('Clase ganadora: ', CLASES[idx[0]])

# Generamos el CAM, a partir de las features, los pesos
# asociados y la salida que queremos (clase inferida)
CAMs = generarCAMs(features_blobs[0], weight_softmax, [idx[0]])

# A partir de la imagen de entrada, generamos una imagen
# superpuesta y una imagen del mapa CAM
img2 = cv2.imread(PATH_IMG)
height, width, _ = img2.shape
heatmap = cv2.applyColorMap(cv2.resize(CAMs[0],(width, height)),
    cv2.COLORMAP_JET)
img_superpuesta = heatmap * 0.3 + img2 * 0.5
cv2.imwrite('salidaHeatMap_Seta.jpg', heatmap)
cv2.imwrite('salidaHeatMap_Superpuesta_Seta.jpg', img_superpuesta
    )
```

Posteriormente, obtenemos los pesos que enlazan la capa de clasificación con la parte convolucional (*weight_softmax*). Una vez realizada la inferencia sobre la imagen, pasaremos la clase ganadora, los pesos de enlace y los mapas de features de convolución, a la función previa *generarCAMs(...)* para obtener los mapas. Finalmente, guardaremos la imagen del *heatmap*, así como la imagen de la superposición de la imagen original con el mapa. La Figura 8.13 muestra la imagen original y el *heatmap* obtenido. Al igual que hacíamos con Tensorflow, utilizamos el mapa de colores *jet*, que es el más recomendable para este tipo de *heatmaps*.

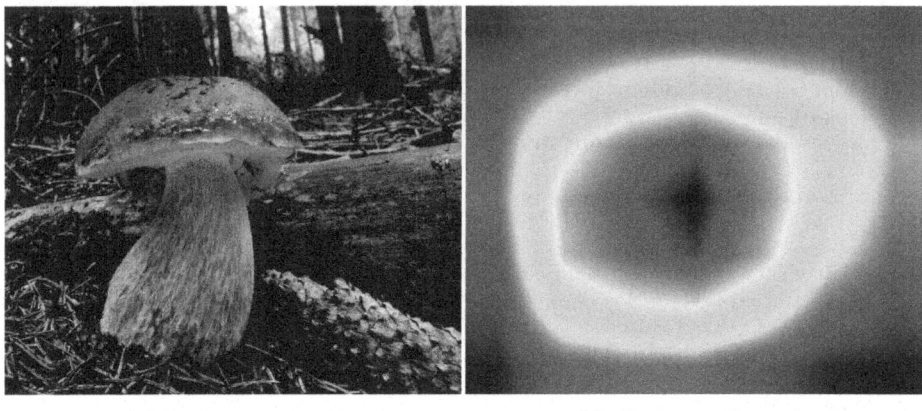

(a) Imagen original   (b) *Heatmap* obtenido

Figura 8.13: Imagen original y *heatmap* obtenido a partir de ResNeXt-101

En este caso, la predicción nos ha devuelto que la seta pertenecía a la clase "Boletus", que coincide con la imagen que habíamos seleccionado. En la Figura 8.14 podemos ver la superposición de la imagen original y el *heatmap* obtenido. Los valores de la imagen original se han ponderado por 0.5 mientras que los valores del *heatmap* se han ponderado por 0.3.

Figura 8.14: *Heatmap* final superpuesto con la imagen original de la seta

8.6. Matriz de confusión con Pytorch

Las matrices de confusión nos permiten analizar los resultados en su conjunto y ver en qué clases se está confundiendo más nuestro modelo. A partir del modelo que hemos obtenido en el paso anterior, podemos evaluar el test y mostrar en una matriz por filas las clases esperadas y por columnas las clases inferidas. De esta forma, si esperamos por ejemplo un "Boletus", en la columna del mismo nombre veremos el número de veces que ha acertado el modelo. Para esa misma fila, el resto de columnas nos mostrarán en donde se ha equivocado.

El Código 8.17 muestra cómo generar la matriz de confusión haciendo uso de la librería *Seaborn*, librería que nos permite generar la matriz a modo de *heatmap*, resaltando las detecciones incorrectas. La lectura de las imágenes de test se realizará por batches, acelerando de esta manera el proceso.

Código 8.17: Generación de matriz de confusión del modelo de clasificación de setas

```
###########################################################
# Generación de matriz de confusión con Pytorch
# Dataset: Mushroom Classification Dataset
# https://www.kaggle.com/datasets
#          /mustai/mushroom-12-9528
###########################################################
import numpy as np
import torch
from torch import nn
from torchvision import transforms, models
from torchvision.datasets import ImageFolder
from torch.utils.data import DataLoader
from sklearn.metrics import confusion_matrix
import matplotlib.pyplot as plt
import seaborn as sns

# Procesaremos las imágenes de test en batch
batch_size = 16

# Ver si está la GPU disponible
print('GPU disponible: ', torch.cuda.is_available())
uso_gpu = torch.cuda.is_available()
device = torch.device('cuda:0' if torch.cuda.is_available() else
    'cpu')

# Ruta y número de clases del modelo
RUTA_DATASET = 'D:/Mushrooms_3dataset(9528)/'

# Definimos listas para los valores reales y las predicciones
y_pred = []
y_true = []

#####################################################
# Cargamos nuestro modelo de
# clasificación de setas
#####################################################
CLASES = ['Agaricus', 'Amanita', 'Boletus', 'Cortinarius', '
```

```python
        Entoloma', 'Exidia',
            'Hygrocybe', 'Inocybe', 'Lactarius', 'Pluteus', '
                Russula', 'Suillus']
num_clases = len(CLASES)
img_size = 224
modelo = models.resnext101_32x8d()
num_features = modelo.fc.in_features
# Modificamos la capa final de clasificación para conectar con
    nuestras salidas esperadas
modelo.fc = nn.Linear(num_features, num_clases)
modelo.load_state_dict(torch.load('modelo_SETAS.pt'))
modelo.eval()
if uso_gpu:
    modelo = modelo.to(device)


##################################################
# Procesamos imágenes de test por batches
##################################################
normalizacion = transforms.Normalize(mean=[0.485, 0.456, 0.406],
                            std=[0.229, 0.224, 0.225])

test_transforms = transforms.Compose([
        transforms.Resize(size=(img_size, img_size)),
        transforms.ToTensor(),
        normalizacion])

test_dataset = ImageFolder(RUTA_DATASET + 'test', transform=
    test_transforms)
test_dataloader = DataLoader(test_dataset, batch_size, shuffle=
    False, num_workers=0)
class_names = test_dataset.classes

# Iteramos sobre los batch
for inputs, labels in test_dataloader:
    if uso_gpu:
        inputs = inputs.to(device)
    output = modelo(inputs)
    output = (torch.max(torch.exp(output), 1)[1]).data.cpu().
        numpy()
    # Guardamos la predicción
    y_pred.extend(output)
    # Guardamos el valor real
    labels = labels.data.cpu().numpy()
    y_true.extend(labels)

# A partir de la clase read e inferida, construimos una matriz de
    confusión
cm = confusion_matrix(y_true, y_pred)
# Normalizamos las filas y representamos el mapa utilizando
    SeaBorn
cmn = cm.astype('float') / cm.sum(axis=1)[:, np.newaxis]
fig, ax = plt.subplots(figsize = (11,11))
sns.heatmap(cmn, annot=True, fmt='.3f', xticklabels=class_names,
    yticklabels=class_names)
plt.ylabel('Clase Real')
plt.xlabel('Clase Inferida')
plt.savefig('matriz_confusion_setas.pdf')
```

El resultado de la generación de la matriz se puede ver en la Figura 8.15, donde podemos ver que la clase "Pluteus" tiene una peor detección que el resto. La suma de las filas debería aproximarse a 1.0, ya que es equivalente a clasificar todas las imágenes de una categoría en las categorías posibles. Sin embargo, debido a redondeos, esta suma puede ser ligeramente superior o inferior a 1.0.

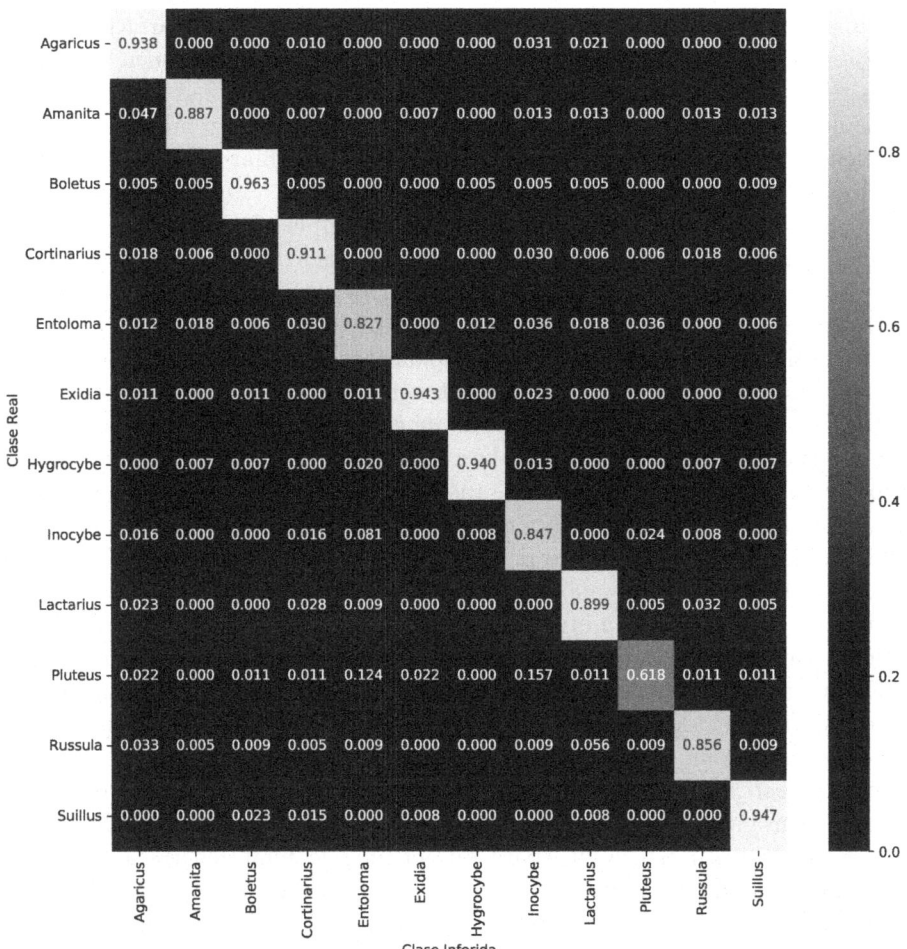

Figura 8.15: Matriz de confusión del modelo de clasificación de las setas

8.7. Redes ViT

Las redes ViT (Vision-Transformer) son un tipo de redes surgidas a raíz de los modelos de atención utilizados desde 2017 en procesamiento del lenguaje natural (NLP, del inglés *Natural Language Processing*). En el artículo *Attention is all you need* [44] (Atención es todo lo que necesitas) los autores plantearon que los modelos de traducción del lenguaje debían fijarse en determinadas palabras de la entrada de una frase a la hora de componer cada una de las palabras de salida del modelo. Por ejemplo, si quiero un modelo NLP que traduzca la frase "Soy estudiante" al inglés "I am a student", un modelo de atención relacionaría principalmente la salida *I* y *am* con *Soy*, mientras que relacionaría *a* con *Soy* y *estudiante*, y *student* con *estudiante*. Estos modelos además tienen en cuenta cierta relación secuencial de la frase. Otros modelos que habían sido utilizados previamente en NLP trataban la entrada como una secuencia temporal mediante modelos como LSTM perdiendo cierta capacidad de fijarse en determinados detalles de la frase.

La idea utilizada en NLP fue rápidamente empezada a utilizar en visión artificial. En el año 2020, el artículo *An image is worth 16x16 words* [35] (Una imagen vale más que 16x16 palabras) planteó la idea de descomponer una imagen en pequeñas porciones, que serían posteriormente transformadas en vectores de una dimensión inferior, que serían introducidas en un transformador. El objetivo es que el transformador y su modelo de atención ponderara ciertas porciones de la imagen y su relación espacial a la hora de clasificar la imagen en su conjunto.

Ciertos modelos de redes ViT se han combinado con redes de convolución a la hora de producir las entradas del transformador. Algunos modelos han conseguido resultados muy buenos en la clasificación de ImageNet [21]. Sin embargo, suelen ser modelos que requieren de datasets muy grandes para obtener buenos resultados. Por ejemplo, algunos de los modelos evaluados con ImageNet fueron previamente entrenados con otros datasets de mayor tamaño. Esto hizo que los modelos partieran de una posición favorable respecto a las redes de convolución.

En la Figura 8.16 se puede ver cómo funcionaría una red ViT. La imagen de entrada se divide en una serie de trozos (*patches*). Cada uno de los trozos es vectorizado en un vector (fp_i), normalmente de menores dimensiones. Para reducir los *patches* en el tamaño de vector que necesitemos se puede utilizar una capa densa o incluso capas de convolución. Suele ser habitual añadir alguna capa de dropout en este punto para que el modelo final generalice mejor. A continuación, se añade la posición asociada del trozo en la imagen y se introducen los pares de posición y vector, (i, fp_i) en la capa de transformación. En esta capa indicaremos cuántas parejas de entrada existen y cuál es el número de salidas, correspondientes a las salidas esperadas (denominadas cabezas o *heads*). Volviendo al caso de NLP, cada una de estas salidas representaría una posible palabra de salida de la traducción, de ahí el nombre de encoder.

Finalmente, como el caso de clasificación en una red neuronal es ligeramente diferente a los modelos de NLP, las salidas del transformador (*multi-heads*) se conectan con una o más capas densas (MLP) y con alguna función de activación, como *softmax*.

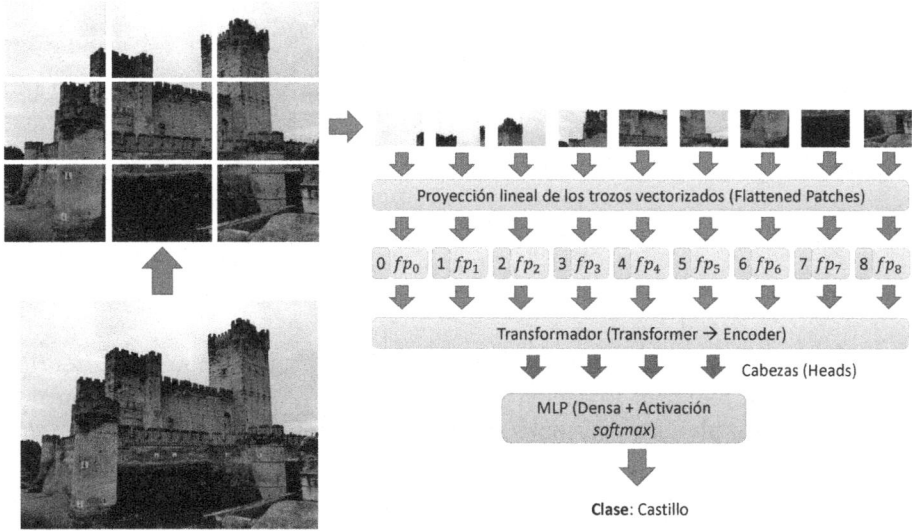

Figura 8.16: Funcionamiento de un modelo ViT

Dentro del transformador, existen diversos métodos de atención, implementados matemáticamente a partir de tres conceptos: *query* (pregunta), *key* (clave) y *value* (valor). Estos conceptos son abstracciones que tendrán diferente interpretación dependiendo del mecanismo de atención a utilizar. Para cada uno de los conceptos existirá una matriz de pesos W_Q, W_K y W_V que se aprenderá durante el entrenamiento. Tenemos que pensar que estos conceptos vienen heredados de NLP, donde es más fácil interpretarlos. Supongamos la frase "Juan come pescado". Cuando leemos Juan, nuestro cerebro buscaría la palabra más relacionada de la frase para entender qué le está ocurriendo a Juan (query). Nuestro cerebro se fija entonces en que come (key). Este proceso se repite para cada una de las palabras, generando una probabilidad de relación. De manera similar, en visión se buscaría la relación entre cada dos *patches*. Por otro lado, el vector de *values* mostraría la relación de cada una de las palabras de la frase con la *query*. Este vector codifica las relaciones de la *query* con todas las palabras de la frase, aplicándose al final del proceso. Por ejemplo, en el mecanismo denominado *self-attention* nos fijaremos en los vectores de la entrada para ver su relación. Desde un punto de vista matemático, sea d_m el tamaño del vector de entrada de la capa de transformación, d_k el tamaño interno específico de la capa de atención, b el tamaño del batch y t el número de *tokens o patches*. Sea a su vez $X \in \mathbb{R}^{bxtxd_m}$ y W_Q, W_K y $W_V \in \mathbb{R}^{d_m x d_k}$. Las Ecuaciones 8.1, 8.2 y 8.3 muestran el cálculo intermedio que se realiza de las matrices de queries (Q), keys (K) y values (V).

$$Q = XW^Q, donde Q \in \mathbb{R}^{b \times t \times d_k} \qquad (8.1)$$

$$K = XW^K, donde K \in \mathbb{R}^{b \times t \times d_k} \tag{8.2}$$

$$V = XW^V, donde V \in \mathbb{R}^{b \times t \times d_k} \tag{8.3}$$

A partir de estos cálculos, el transformador del mecanismo *self-attention* calcula la salida según la Ecuación 8.4. Esta salida se correspondería con una salida (head). En algunas ocasiones se utiliza el mecanismo denominado *Multi-head attention*, que básicamente consiste en tener varias capas de tipo *self-attention* en paralelo, cada una con sus *queries*, *keys* y *values*.

$$Y = Atencion(Q, K, V) = softmax\left[\frac{QK^T}{\sqrt{d_k}}\right] V \tag{8.4}$$

8.8. Ejemplo de modelo ViT utilizando Pytorch

Para el siguiente ejemplo vamos a utilizar el dataset *Grocery Store Dataset* [45] (Productos de supermercado). Este dataset se puede descargar de la URL https://www.kaggle.com/datasets/sumukha21/grocery-store-dataset. Este dataset contiene datos de imágenes de artículos de ultramarinos clasificados en clases finas y gruesas. Consta de 5.125 imágenes de 81 tipos diferentes de frutas, verduras y envases de cartón (por ejemplo, de leche, zumo o yogur). Todas las imágenes se tomaron con un teléfono móvil en diferentes tiendas de comestibles. Hay 81 clases finas, agrupadas en 43 categorías gruesas. Por ejemplo, las clases finas *Royal Gala* y *Granny Smith* pertenecen a la misma clase gruesa *Apple* (Manzana). La Figura 8.17 muestra alguna de las 81 clases sobre las que hemos aplicado *data augmentation* de forma similar a como hicimos en el problema de las setas (Sección 8.6).

Como las carpetas se encuentran repartidas en clases gruesas y dentro de estas en clases finas, vamos a trasladar todas las clases finas a un mismo nivel de directorio para poder trabajar con ellas en el entrenamiento. Estos pasos previos de preparación de datos son normales en cualquier proyecto, siendo en ocasiones incluso más costosos en tiempo de desarrollo que el propio entrenamiento. El Código 8.18 se encarga de mover todas las imágenes a 81 carpetas creadas en las rutas *trainFinas*, *testFinas* y *valFinas*.

Figura 8.17: Algunos productos del Grocery Store Dataset con *data augmentation*

Código 8.18: Preparación de los datos del *Grocery Store Dataset*

```
##################################################
# Preparación de datos para entrenamiento con
# Pytorch de una red de clasificación ViT de
# productos de supermercado
# Dataset: Grocery Store Dataset
# https://www.kaggle.com/datasets
#        /sumukha21/grocery-store-dataset
##################################################
import os
import shutil
from sklearn.model_selection import train_test_split
from sklearn.utils import shuffle

PATH_DATASET = 'D:/GroceryStoreDataset-master/dataset'
PATH_DATASET_TRAIN = os.path.join(PATH_DATASET, 'train')
PATH_DATASET_VAL = os.path.join(PATH_DATASET, 'val')
```

```python
PATH_DATASET_TEST = os.path.join(PATH_DATASET, 'test')

PATH_DATASET_TRAIN_PROCESADO = os.path.join(PATH_DATASET, '
    trainFinas')
PATH_DATASET_VAL_PROCESADO = os.path.join(PATH_DATASET, 'valFinas
    ')
PATH_DATASET_TEST_PROCESADO = os.path.join(PATH_DATASET, '
    testFinas')

def crearDirectorio(directorio):
    # Crear directorio si no existe y limpiarlo si existe
    try:
        shutil.rmtree(directorio)
    except:
        pass
    try:
        os.mkdir(directorio)
    except:
        pass


###########################################################
# Como el dataset tiene varios niveles de directorios
# algunos con imágenes y otros que son directorios
# de clases más gruesas, tenemos que recorrer toda la
# estructura para mover todas las carpetas de clases
# finas a un mismo nivel
###########################################################
def moverDataset(origen, destino):
    total = 0

    # Hay varios niveles de directorios. Llevamos
    # las clases al mismo nivel

    files1 = os.listdir(origen)
    for file1 in files1:

        files2 = os.listdir(os.path.join(origen, file1))
        for file2 in files2:

            files3 = os.listdir(os.path.join(origen, file1, file2
                ))
            for file3 in files3:

                # Movemos las imágenes
                if os.path.isfile(os.path.join(origen, file1,
                    file2, file3)):
                    try:
                        # Intentamos crear el directorio de clase
                            si no existe
                        os.mkdir(os.path.join(destino, file2))
                    except:
                        pass
                    shutil.copy(os.path.join(origen, file1, file2
                        , file3), os.path.join(destino, file2,
                        file3))
                    total += 1
                else:
```

```
                          files4 = os.listdir(os.path.join(origen,
                              file1, file2, file3))
                      for file4 in files4:
                          # Movemos las imágenes
                          if os.path.isfile(os.path.join(origen,
                              file1, file2, file3, file4)):
                              try:
                                  # Intentamos crear el directorio
                                      de clase si no existe
                                  os.mkdir(os.path.join(destino,
                                      file3))
                              except:
                                  pass
                              shutil.copy(os.path.join(origen,
                                  file1, file2, file3, file4), os.
                                  path.join(destino, file3, file4))
                              total += 1
        return total
```

Un aspecto a tener en cuenta en este dataset es que la carpeta de validación no es completa, teniendo menos clases que entrenamiento y test. La solución para este problema consiste en unificar las carpetas de entrenamiento y validación y volver a repartirlas. En los casos en los que no existe un mismo número de clases en los distintos juegos hay que tener especial cuidado si utilizamos métricas balanceadas, como por ejemplo *balanced accuracy*, ya que dichos valores no serían correctos. De la misma manera, las matrices de confusión serán parciales. El Código 8.19 se encarga de llamar a la función previamente creada de movimiento de clases a la misma ruta y del reparto de datos en entrenamiento y validación a partir de la carpeta *trainFinas*.

Código 8.19: Preparación de los datos del *Grocery Store Dataset*. División de train/val.

```
################################################################
# Dividimos el dataset de entrenamiento y validación
# Previamente habíamos juntado los dos datasets ya
# que validación tenía menos clases que train
################################################################
def generarValidacion(origen, destino):
    total_train = 0
    total_val = 0
    files1 = os.listdir(origen)
    for file1 in files1:
        lista = []

        files2 = os.listdir(os.path.join(origen, file1))
        for file2 in files2:
            if os.path.isfile(os.path.join(origen, file1, file2))
                :
                lista.append(os.path.join(origen, file1, file2))

        train, val = train_test_split(shuffle(lista), test_size
            =0.3, random_state=42)
```

```
        try :
            os.mkdir(os.path.join(destino, file1))
        except :
            pass
        for i in range(len(val)):
            shutil.move(val[i], os.path.join(destino, file1))
        total_train += len(train)
        total_val += len(val)
    return total_train, total_val

# Creamos los directorios de destino, borrándolos previamente
crearDirectorio(PATH_DATASET_TRAIN_PROCESADO)
crearDirectorio(PATH_DATASET_VAL_PROCESADO)
crearDirectorio(PATH_DATASET_TEST_PROCESADO)

# Movemos datos de train y val a la misma ruta
t0 = moverDataset(PATH_DATASET_TRAIN,
    PATH_DATASET_TRAIN_PROCESADO)
v0 = moverDataset(PATH_DATASET_VAL, PATH_DATASET_TRAIN_PROCESADO)

# Ahora dividimos esa ruta en train y val
t, v = generarValidacion(PATH_DATASET_TRAIN_PROCESADO,
    PATH_DATASET_VAL_PROCESADO)
print('Imágenes movidas de Train: ' + str(t))
print('Imágenes movidas de Validation: ' + str(v))

# Movemos datos de test
t = moverDataset(PATH_DATASET_TEST, PATH_DATASET_TEST_PROCESADO)
print('Imágenes movidas de Test: ' + str(t))
```

En las últimas versiones de *Torchvision* ya se encuentran algunos modelos ViT implementados. Esto es bastante positivo ya que partiremos de un modelo pre-entrenado, algo que es bastante importante en los modelos de atención. Son modelos que utilizan bastante GPU, por lo que mostraremos cómo utilizar el más básico: *ViT_B_16*. Este modelo ocupa aproximadamente 7GB de la GPU (lo podemos ver con el comando *nvidia-smi*). Los modelos disponibles se encuentran en la web https://pytorch.org/vision/stable/models.html#classification dentro del apartado de Vision Transformers.

Para utilizar un modelo de *Torchvision* tenemos que conocer su definición. Esto se consigue de una manera bastante sencilla abriendo un intérprete de python, creando el modelo que queramos y escribiendo el propio nombre del modelo para sacar su estructura, como se puede ver en la Figura 8.18. En el modelo ViT mostrado, podemos ver que la capa final de clasificación se denomina *head* y se encuentra en un sub-modelo secuencial denominado *heads*. Es esta capa de tipo denso

Para el programa de entrenamiento, utilizaremos el mismo código que habíamos utilizado previamente en el problema de la clasificación de setas (Sección 8.6). Modificaremos el número de clases a 81 y cambiaremos el parámetro de paciencia del *early-stopping* a 20. También cambiaremos la definición del modelo como se muestra en el Código 8.20. Podemos ver que substituimos la conexión con 1,000 salidas, número de clases de ImageNet, por nuestro número de clases. Tendremos que cambiar también la ruta del dataset, el número de cla-

```
C:\Windows\system32\cmd.exe

(Torch) C:\Users\disa>python
Python 3.9.13 (main, Aug 25 2022, 23:51:50) [MSC v.1916 64 bit (AMD64)] :: Anaconda, Inc. on win32
Type "help", "copyright", "credits" or "license" for more information.
>>> import torchvision
>>> x = torchvision.models.vit_l_16()
>>> x
VisionTransformer(
  (conv_proj): Conv2d(3, 1024, kernel_size=(16, 16), stride=(16, 16))
  (encoder): Encoder(
    (dropout): Dropout(p=0.0, inplace=False)
    (layers): Sequential(
      (encoder_layer_0): EncoderBlock(
        (ln_1): LayerNorm((1024,), eps=1e-06, elementwise_affine=True)
        (self_attention): MultiheadAttention(
          (out_proj): NonDynamicallyQuantizableLinear(in_features=1024, out_features=1024, bias=True)
        )
        (dropout): Dropout(p=0.0, inplace=False)
        (ln_2): LayerNorm((1024,), eps=1e-06, elementwise_affine=True)
        (mlp): MLPBlock(
          (0): Linear(in_features=1024, out_features=4096, bias=True)
          (1): GELU(approximate='none')
          (2): Dropout(p=0.0, inplace=False)
          (3): Linear(in_features=4096, out_features=1024, bias=True)
          (4): Dropout(p=0.0, inplace=False)
        )
      )
      (encoder_layer_1): EncoderBlock(
        (ln_1): LayerNorm((1024,), eps=1e-06, elementwise_affine=True)
        (self_attention): MultiheadAttention(

                                    • • •

    )
    (ln): LayerNorm((1024,), eps=1e-06, elementwise_affine=True)
  )
  (heads): Sequential(
    (head): Linear(in_features=1024, out_features=1000, bias=True)
  )
)
>>>
>>>
```

Figura 8.18: Mostrar estructura de modelo *Torchvision*

ses o el nombre del modelo a grabar y a cargar. El transformador de los datos se modificará para realizar un *resize* sin corte (*crop*).

Código 8.20: Cambios del clasificador para el entrenamiento del *Grocery Store Dataset* con ViT

```
##########################################################
# Entrenamiento con Pytorch de una red de
# clasificación ViT de productos de supermercado
# Dataset: Grocery Store Dataset
# https://www.kaggle.com/datasets
#        /sumukha21/grocery-store-dataset
##########################################################

...

# Ruta y número de clases del modelo
RUTA_DATASET = 'D:/GroceryStoreDataset-master/dataset/'
num_clases = 81

...
```

```
# Épocas para parar el entrenamiento
paciencia_early_stopping = 20

...

train_transforms = transforms.Compose([
    transforms.Resize(size=(img_size, img_size)),
    transforms.RandomHorizontalFlip(),
    transforms.RandomRotation(5),
    transforms.ToTensor(),
    normalizacion])
...

datasetes = {}
datasetes['train'] = ImageFolder(RUTA_DATASET + 'trainFinas',
    transform=train_transforms)
datasetes['val'] = ImageFolder(RUTA_DATASET + 'valFinas',
    transform=val_transforms)
datasetes['test'] = ImageFolder(RUTA_DATASET + 'testFinas',
    transform=val_transforms)

...

# Cargamos el mejor de los modelos ante validación
modelo.load_state_dict(torch.load('modelo_SUPERMERCADO.pt'))

...

##################################################
# Paso 4. Creamos un modelo a partir de
# ViT y lo entrenamos
##################################################
modelo = models.vit_b_16()
num_features = modelo.heads.head.in_features
# Modificamos la capa final de clasificación para conectar con
    nuestras salidas esperadas
modelo.heads.head = nn.Linear(num_features, num_clases)
modelo = modelo.to(device)
```

El resultado del entrenamiento se puede visualizar en Tensorboard, mostrando las gráficas de las Figuras 8.19. Aunque hemos utilizado *early-stopping* con 20 épocas de paciencia, el entrenamiento ha llegado hasta las 100 épocas alcanzando un valor máximo del conjunto de entrenamiento (100 % de accuracy) y un 91.95 % de accuracy en validación.

Sin embargo, curiosamente la evaluación del test ha llegado únicamente al 49.05 % de accuracy. Teniendo en cuenta que hay 2, 485 imágenes de test, 1, 820 de entrenamiento y 820 de validación, podríamos pensar que el conjunto de datos de entrenamiento es mucho más reducido que el de test y que no es suficientemente representativo. Posteriormente veremos cómo una red ConvNeXt es capaz de obtener muchos mejores resultados con los mismos datos. Los modelos ViT no generalizan demasiado bien y requieren muchos más datos de entrenamiento que otros modelos de convolución. Para un modelo ViT como el mostrado, sería bueno disponer de un mayor número de elementos de entrenamiento y

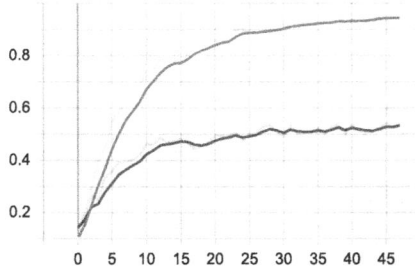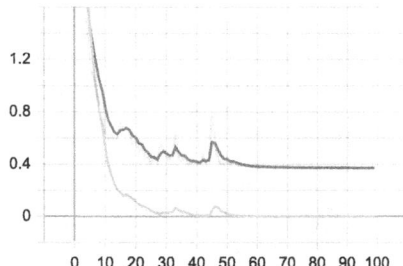

(a) Evolución del accuracy (Azul: Train, Rojo: Validación)	(b) Evolución del error (Azul: Train, Rojo: Validación)

Figura 8.19: Evolución del accuracy y el error durante el entrenamiento de clasificación del *Grocery Store Dataset* con ViT

validación. También se invita al lector a probar diferentes hiperparámetros con el objetivo de mejorar el resultado del test, o bien añadir alguna capa de dropout al modelo, por ejemplo, dentro de *heads*. En la Figura 8.20 se muestra el resultado de algunas detecciones del modelo.

8.9.   Comparativa de modelo ViT con modelo ConvNeXt-base utilizando Pytorch

Vamos a llevar a cabo el entrenamiento previo con un modelo ConvNeXt-Base. El modelo ConvNeXt-Base es un poco más reducido que el ConvNeXt-Large, lo cual es interesante si no se dispone de una GPU con mucha memoria. ConvNeXt-Large requiere más de 12GB de GPU. El único cambio que realizaremos respecto al código anterior es modificar el modelo. Para ello modificaremos la última capa de clasificación, de acuerdo con el Código 8.21.

Código 8.21: Cambios del clasificador para el entrenamiento del *Grocery Store Dataset* con ConvNeXt-Base

```
####################################################
# Paso 4. Creamos un modelo a partir de
# ConvNeXt
####################################################
modelo=models.__dict__['convnext_base'](pretrained=True)
modelo.classifier[2] = nn.Linear(in_features=1024, out_features=
    num_clases, bias=True)
modelo = modelo.to(device)
```

Una vez entrenado el modelo, veremos que el entrenamiento se para en 35 épocas. Desde la época 15 el modelo no es capaz de mejorar el valor de validación, por lo que el entrenamiento se interrumpe 20 épocas después (parámetro de

Clase Real/Predicción

Figura 8.20: Algunas detecciones de productos del modelo ViT

paciencia de *early-stopping*). Se alcanza un accuracy de entrenamiento del 100 %, un accuracy de validación del 99.27 % y, lo que es más importante, un accuracy de test del 94.04 %. Este valor es mucho más alto que el obtenido con ViT, lo que demuestra que el modelo generaliza mucho mejor. En la Figura 8.22 se muestra el resultado de algunas detecciones del modelo.

Los resultados nos permiten ver que los modelos convolucionales suelen generalizar mejor que los modelos basados en transformadores. Los modelos basados en ViT se comportan muy bien cuando el conjunto de datos de entrenamiento cubre casi todos los posibles casos que el modelo vaya a encontrar en la realidad. La red CoAtNet [22], basado en ViT con convoluciones, superó hace unos años a las redes de convolución tradicionales en la clasificación de ImageNet ya que se hizo un pre-entrenamiento con un dataset de imágenes mucho mayor que ImageNet. Sin embargo, en la fecha de edición de este libro, ConvNeXt [36] volvió a llevar las redes de convolución a la primera posición del ranking de clasificadores de ImageNet.

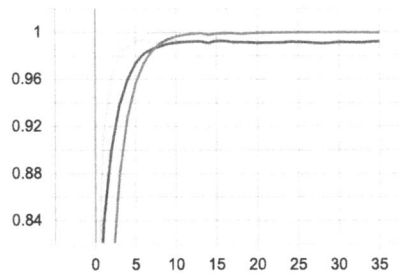
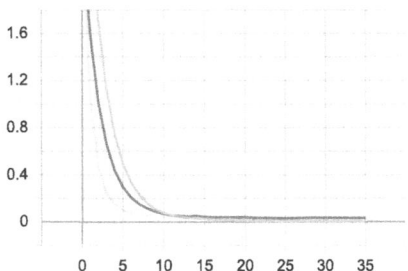

(a) Evolución del accuracy (Azul: Train, Rojo: Validación)

(b) Evolución del error (Azul: Train, Rojo: Validación)

Figura 8.21: Evolución del accuracy y el error durante el entrenamiento de clasificación del *Grocery Store Dataset* con ConvNeXt-Base

Clase Real/Predicción

Figura 8.22: Algunas detecciones de productos del modelo ConvNeXt-Base

Capítulo 9

Clasificación en vídeo

La clasificación de vídeos se suele llevar a cabo utilizando redes recurrentes o modelos de atención que se fijan en características destacadas de los frames de una secuencia de vídeo. Hay métodos que utilizan convoluciones 3D aplicadas sobre la secuencia de frames. Sin embargo, los métodos basados en modelos de atención o redes recurrentes funcionan mejor ante longitudes variables de vídeos. En un modelo con convoluciones 3D, normalmente tendremos que utilizar una longitud fija en cuanto al número de frames. Además de los mencionados métodos, es posible utilizar datos procesados de cada frame, como podrían ser las coordenadas de las articulaciones de una persona mientras realiza un ejercicio, o la posición de un coche en una carretera. Dependiendo del problema a resolver, puede ser más interesante obtener datos de este tipo, en vez de procesar los frames enteros del vídeo.

Los métodos basados en redes recurrentes pueden utilizar los vectores de características (vector de features en adelante) obtenidos para cada frame a partir de la red convolucional. Esto permite reducir notablemente la dimensionalidad del vídeo y entrenar la red en un tiempo razonable. El procesamiento del vector de features se puede separar de la propia red recurrente. De esta forma, podemos generar los vectores de features y grabarlos en fichero. Una vez procesados todos los vídeos, se puede continuar con el entrenamiento de la red recurrente. Esto tiene la desventaja de que durante el entrenamiento del modelo final no podemos ajustar los pesos de la parte convolucional, ya que es fija, pero nos permite reducir drásticamente los tiempos de entrenamiento. Pensemos por ejemplo que tenemos secuencias de vídeo de 960 frames. Aunque la inferencia de un frame puede llevarse a cabo en prácticamente centésimas de segundo, cuando tenemos tantos frames para cada vídeo, nos encontraremos que la obtención de todos los vectores de features puede llevar incluso uno o más minutos por vídeo. Como en un juego de entrenamiento nos podemos encontrar cientos de vídeos, parece poco razonable tener que extraer los features cada vez que procesamos el vídeo. Hay conjuntos de datos que tienen cerca de 100,000 vídeos, como NTU-RGB [46] o STAIR [47]. Además, normalmente hay que realizar retoques en la red para ir optimizándola. Si cada vez que entrenamos con un cambio del modelo, tenemos que esperar varios días, no sería eficiente.

En el ejemplo propuesto en este capítulo vamos a optar por utilizar los vectores de features obtenidos por una red ResNet-50, previamente entrenada con ImageNet. Tanto si obtenemos previamente estos vectores, como si hacemos un modelo conjunto, se puede llevar a cabo una técnica de obtención de batches de manera aleatoria. Hasta ahora, nosotros teníamos un juego de entrenamiento, validación y test. Durante el entrenamiento, el juego de train se aleatorizaba y se dividía en k batches de acuerdo con su tamaño. Si teníamos por ejemplo 800 muestras y el tamaño de batch era 8, crearíamos 100 batches. Pero en procesamiento de vídeo o en grandes conjuntos de datos de imágenes, se pueden generar batches de manera aleatoria. En estos casos, existirá un generador que se encargará de componer batches de 8 elementos, seleccionando aleatoriamente los vídeos.

También hemos comentado que las redes recurrentes, como las LSTM, nos permitirían un tamaño de secuencia variable. Esto es cierto hasta cierto punto. Tensorflow, por ejemplo, nos permite secuencias de longitud variable, pero se debe respetar que dentro de un batch todas las secuencias sean de la misma longitud.

En esta sección se abordará un ejemplo utilizando el dataset DCSASS (*Surveillance Camera's videos that contain anomalies and normal behaviors*), disponible en la URL:

`https://www.kaggle.com/datasets/mateohervas/dcsass-dataset`.

Este dataset incluye unos 16,853 vídeos repartidos en 13 clases correspondientes a robos, atracos, explosiones, etc. Concretamente, en inglés serían las clases: *Abuse, Arrest, Arson, Assault, Accident, Burglary, Explosion, Fighting, Robbery, Shooting, Stealing, Shoplifting, and Vandalism.*

Como muchos datasets que podemos encontrar, los datos tienen ciertos problemas. Hay numerosos vídeos, pero esto se debe a que se han cortado vídeos generales en pequeñas secuencias, muchas de las cuales no tienen ningún contenido. Antes de continuar, tenemos que enfatizar que es tanto más importante que el modelo de red a utilizar, la gestión que realicemos de los datos, término también conocido como ingeniería de los datos. De nada nos servirá el mejor modelo existente si no estamos utilizando las variables correctas o los datos no son buenos: pocos datos, datos no balanceados, errores en etiquetado, datos poco relevantes, etc.

De cara al ejercicio, vamos a incluir un concepto adicional de las redes convolucionales, como son los mapas de calor de las capas de convolución. Antes de entrar en el propio ejercicio vamos a extraer ciertos mapas de calor de algunas capas de la ResNet50. Estos mapas nos permiten mostrar en qué aspectos se va fijando cada núcleo de convolución a lo largo de las distintas capas. Debemos tener en cuenta que una red, como la ResNet-50, tiene muchas capas y cada capa utiliza diversos núcleos de convolución. Cada capa y cada núcleo generará información diferente en cada canal.

En la Figura 9.1 se puede ver cómo es la estructura del ejercicio propuesto. Tenemos una red convolucional por la que van entrando frames. Para cada frame generaremos un vector de features. Una secuencia de vídeo completo estará

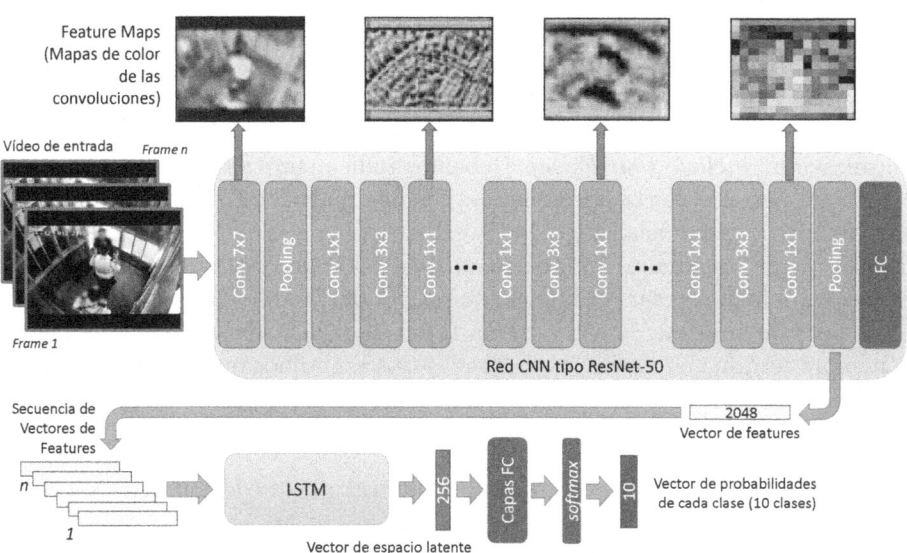

Figura 9.1: Modelo de clasificación de vídeo sobre DCSASS Dataset

formada por n vectores de features, de un tamaño que dependerá de la red CNN utilizada. En el caso de ResNet-50, estos vectores tienen un tamaño de 2,048 valores flotantes antes de las capas de clasificación. Como ResNet-50 trabaja con imágenes de 224x224x3, vemos que la reducción de dimensionalidad es considerable, pasando de 150,528 elementos enteros a 2,048 valores flotantes. Si los frames tienen un tamaño superior, deberán ser reducidos a dimensiones con las que pueda operar el modelo. Tanto Tensorflow como Pytorch son capaces de realizar cierta adaptación a distintos tamaños.

La red LSTM recibe una lista de vectores de features y los reduce a un nuevo vector de salida, denominado espacio latente. Es este vector el que extrae las características de la evolución temporal de la secuencia de frames. No es necesario que el vector tenga la misma dimensión que los vectores de entrada, pero cuanto mayor tamaño le demos, mayor será la complejidad interna de la capa LSTM y podrá funcionar mejor ante grandes conjuntos de clases y datos. Finalmente, se añaden una o varias capas densas responsables de almacenar el conocimiento de los distintos casos existentes. Cuantas más clases y vídeos tengamos, mayor debería ser la complejidad de esta parte.

Para extraer los mapas de calor, vamos a crear un primer programa que lee uno de los vídeos del dataset y genera el mapa de color de varias capas de la ResNet-50, para el frame 1. En ciertas ocasiones, también podemos encontrarnos con mapas de calor, que se suelen superponer sobre la imagen de entrada para mostrar claramente en qué se fija la red.

Para llevar a cabo el experimento, es necesario descargar el dataset DCSASS en una carpeta y modificar las rutas de los programas para que apunten a dicha carpeta.

En la primera parte del código (ver Código 9.1) declaramos que queremos utilizar una red ResNet-50 pre-entrenada con los pesos de ImageNet. Tanto en Tensorflow como en Pytorch esta operación se realiza con cierta facilidad. Tensorflow nos permite especificar que queremos el modelo sin las capas últimas de clasificación *(include_top=False)*. Debemos indicar un tamaño de tensor de entrada, que permite cierta variabilidad. Cuanto mayor sea este valor, mayor será el tiempo de inferencia.

Debido a que queremos obtener mapas de color de las distintas capas de convolución, debemos crear un modelo que parta del modelo base ResNet-50, y donde especifiquemos que la salida serán todas aquellas capas del modelo base cuyo nombre termina en "_conv", que son las que asumimos que son convolucionales. Esto se lleva a cabo en las líneas: *layer_outputs = [layer.output for ...]* y *modelo = Model(inputs=modelo.inputs, outputs=layer_outputs)*.

Código 9.1: Primera parte del código para mostrar mapas de color ResNet-50

```python
# Utilizamos el dataset DCSASS
# https://www.kaggle.com/datasets
#      /mateohervas/dcsass-dataset
# Generamos un feature map del primer frame del vídeo 1

import os
import os.path
import numpy as np
import os.path
from tensorflow.keras.preprocessing import image
from tensorflow.keras.applications.resnet50 import ResNet50,
    preprocess_input
from tensorflow.keras.models import Model
from tensorflow.keras.layers import Input
import matplotlib.pyplot as plt
import cv2

DIRECTORIO_VIDEO_DCSASS='D:/DCSASS Dataset/Arrest/Arrest028_x264.
    mp4/Arrest028_x264_8.mp4'

# Paso 1. Iniciamos nuestro modelo (orientado a extracción de
    feature maps)
image_shape=(224, 224, 3)
input_tensor = Input(image_shape)
modelo = ResNet50(input_tensor=input_tensor,
                  weights='imagenet',
                  include_top=False)

# Hacemos un resumen de las capas convolucionales y sus
    dimensiones
for i in range(len(modelo.layers)):
    layer = modelo.layers[i]
    # Nos centramos en capas de convolución
    if '_conv' not in layer.name:
        continue
    print(i, layer.name, layer.output.shape)

# Creamos un nuevo modelo cuya salida serán todas las capas
```

```
     convolucionales
layer_outputs = [layer.output for layer in modelo.layers if '
    _conv' in layer.name]
modelo = Model(inputs=modelo.inputs, outputs=layer_outputs)
```

La segunda parte del código (ver Código 9.2) lee el vídeo y el primer frame con OpenCV. Se realiza una transformación de BGR a RGB ya que OpenCV lee las imágenes en BGR mientras que ResNet-50 ha sido entrenado con RGB. Se hace un *resize* de la imagen a 224x224 y se le añade una dimensión antes de preprocesarla. Recordemos que añadir una dimensión nos permite crear un batch con distinto número de imágenes mientras que el preprocesado realizará la normalización que espera ResNet-50. Cuando llamamos al predict, se obtendrá un conjunto de salidas, una para capa convolucional. El frame de entrada es el mostrado en la Figura 9.2.

Código 9.2: Segunda parte del código para mostrar mapas de color ResNet-50

```
# Paso 2. Procesamos el primer frame de un vídeo como ejemplo
cap = cv2.VideoCapture(DIRECTORIO_VIDEO_DCSASS)

# Leemos el primer frame del vídeo
while (cap.isOpened()):
    ret, frame = cap.read()
    if ret == True:
        # Grabamos la imagen
        cv2.imwrite('imagenOrigenFeatMap.png', frame)
        # Reducir a 224x224 (Tamaño utilizado por ResNet-50)
        x = cv2.resize(frame, (224, 224), interpolation = cv2.
            INTER_AREA)
        # Convertir BGR (OpenCV) a RGB
        x = cv2.cvtColor(x, cv2.COLOR_BGR2RGB)
        # Pasamos a array y preprocesamos
        x = image.img_to_array(x)
        x = np.expand_dims(x, axis=0)
        x = preprocess_input(x)
        feature_maps = modelo.predict(x, verbose='0')
        break

# Liberamos el objeto de lectura de vídeo
cap.release()
```

OpenCV permite procesar tanto frames de un vídeo como frames de una cámara. El objeto devuelto por *cv2.VideoCapture()* permite procesar los frames de un fichero de vídeo o de una cámara. Si reemplazamos el fichero que pasamos como parámetro por un número, por ejemplo *cv2.VideoCapture(0)*, se procesarán los frames recibidos desde la cámara 0. Un equipo puede tener varias cámaras conectadas y este parámetro nos permite especificar con cuál queremos trabajar.

La tercera parte del código (ver Código 9.3) es la responsable de representar gráficamente algunas de las convoluciones que se producen durante la inferencia. Se crea una matriz de 8x4 para representar los mapas generados en 8 capas diferentes para los cuatro primeros núcleos aplicados. Como los pesos de las

Figura 9.2: Frame de vídeo del dataset DCSASS

convoluciones generan unos tensores intermedios que no pueden ser directamente visualizados, es necesario normalizar las imágenes para que se puedan apreciar. De lo contrario, algunas imágenes estarían en negro. El resultado de ejecutar el código hasta aquí mostrado es el de la Figura 9.3, donde se pueden apreciar los diferentes mapas de color de las features de distintas capas y cómo poco a poco se van especializando en zonas más concretas de la imagen.

Código 9.3: Tercera parte del código para mostrar mapas de color ResNet-50

```
# Paso 3. Mostramos en 8 filas los mapas de features de
# las 8 primeras capas convolucionales. Para cada una,
# mostramos 4 feature maps.
filas = 8
columnas = 4

f, axes = plt.subplots(filas, columnas, figsize=(6, 10))

for f in range(filas):
    feature_maps_capa = feature_maps[4*f]
    for c in range(columnas):
        # Especificar subplot
        ax = plt.subplot(filas, columnas, f * columnas + c + 1)
        ax.set_xticks([])
        ax.set_yticks([])
        if c == 0:
            ax.set_ylabel('Capa ' + str(4*f))
        if f == filas -1:
            ax.set_xlabel('Filtro ' + str(c))
        # Obtenemos la imagen de uno de los filtros aplicados en
            la capa
        feature_image = feature_maps_capa[0, :, :, c]
        # Normalizamos la imagen para que se visualice mejor
        feature_image -= feature_image.mean()
        feature_image /= feature_image.std ()
        feature_image *= 64
        feature_image += 128
```

```
        feature_image= np.clip(feature_image, 0, 255).astype('
            uint8')
        plt.imshow(feature_image, aspect='auto')
# Mostrar los mapas
plt.show()
```

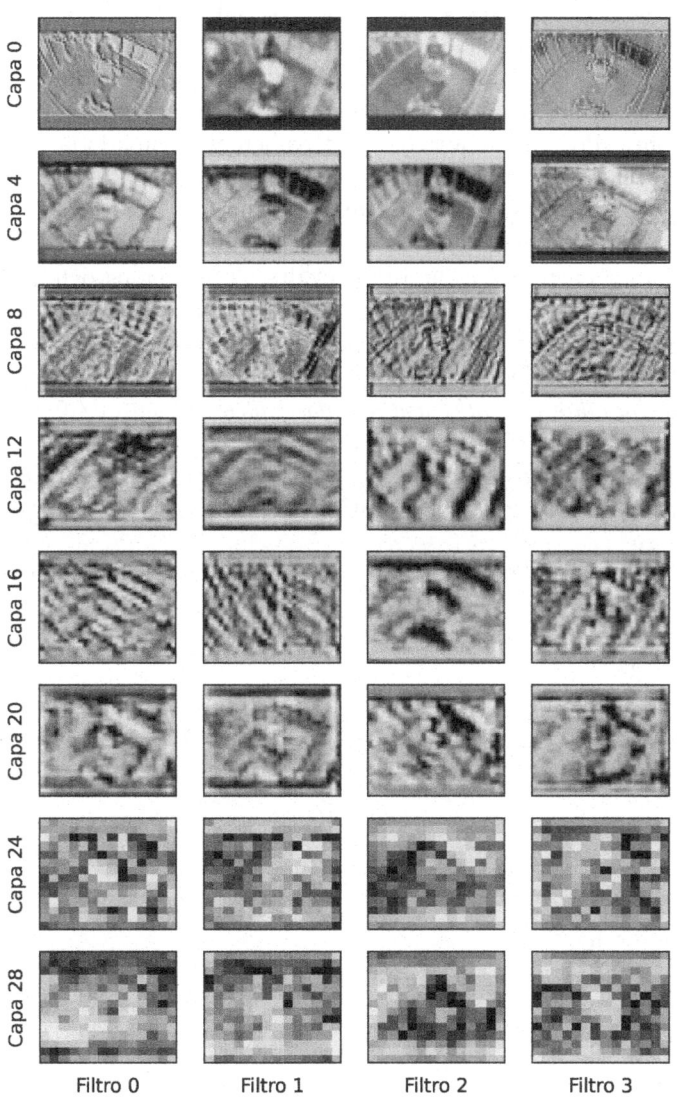

Figura 9.3: Feature maps obtenidos de DCSASS

9.1. Obtención de los vectores de features para la clasificación DCSASS utilizando Tensorflow

Debido a que el tamaño de DCSASS es bastante grande, hemos preferido mostrar el siguiente ejemplo para realizar un clasificador sobre 3 clases. Además, como indicamos anteriormente, los autores han dividido cada vídeo original en diferentes vídeos. Esto tiene un problema ya que una red neuronal se debe entrenar con tipos de vídeos diferentes, si lo que esperas es algo que funcione en distintas situaciones. Si utilizas secuencias obtenidas en el mismo vídeo grabado desde la misma cámara de seguridad, pues probablemente no funcionará bien en otras situaciones. Por dicho motivo, nosotros hemos agrupado las secuencias de cada vídeo en un único vídeo. Además, como hemos dicho, hemos seleccionado sólo 3 clases para evitar que el procesamiento fuera muy largo. Las clases son: *Arrest, Explosion, y RoadAccidents*.

En la primera parte del código (ver Código 9.4), hemos definido una clase denominada Extractor que será nuestro propio modelo de inferencia. Esta parte del código también crea la ruta donde grabaremos los vectores de features extraídos. Para cada vídeo, se generará un fichero de features .npy que tendrá la estructura: *[nombre_accion, clase, nombre_vídeo, número de frame, vector de features]*. Para cada acción, que será de una determinada clase, habrá varios vídeos, que tendrán varios frames, y cada frame tendrá su vector de features de 2,048 elementos, como hemos dicho anteriormente que son para la ResNet-50.

Código 9.4: Primera parte del código para obtener features de vídeos DCSASS

```
# Utilizamos el dataset DCSASS
# https://www.kaggle.com/datasets
#         /mateohervas/dcsass-dataset
# Leemos los vídeos correspondientes a las
# clases especificadas, extraemos su vector
# de features de cada frame, utilizando
# ResNet-50 y lo escribimos en un fichero de
# datos

import os
import os.path
import numpy as np
import os.path
from tensorflow.keras.preprocessing import image
from tensorflow.keras.applications.resnet50 import ResNet50,
    preprocess_input
from tensorflow.keras.layers import Input
import cv2

CLASES_A_CONSIDERAR = ['Arrest', 'Explosion', 'RoadAccidents']
DIRECTORIO_VIDEOS_DCSASS='D:/DCSASS Dataset'
DIRECTORIO_SALIDA_FEATURES= 'D:/DCSASS Dataset/FEAT'

# Creamos directorio de salida si no existe
```

```
if not os.path.exists(DIRECTORIO_SALIDA_FEATURES):
    os.mkdir(DIRECTORIO_SALIDA_FEATURES)

class Extractor():
    # Definimos modelo
    def __init__(self, image_shape=(224, 224, 3)):
        input_tensor = Input(image_shape)
        self.model = ResNet50(
            input_tensor=input_tensor,
            weights='imagenet',
            include_top=False,
            pooling='avg')
    # Creamos extractor de features a partir de una imagen
    def extract_image(self, img):
        x = image.img_to_array(img)
        x = np.expand_dims(x, axis=0)
        x = preprocess_input(x)
        features = self.model.predict(x, verbose='0')
        return features[0]

# Iniciamos nuestro modelo
model = Extractor()
```

En la segunda parte del código de la obtención de los vectores de features (ver Código 9.5), se recorren las distintas carpetas asociadas a cada acción. Una estructura habitual de directorios en los problemas de clasificación en vídeo consiste en crear una carpeta para cada acción e introducir dentro los vídeos asociados. En este caso, como habíamos comentado, dentro de cada carpeta de acción hay varias carpetas de vídeos. Cada carpeta se corresponde con un vídeo diferente que han separado en secuencias de un número de frames similar. Pero como nosotros queremos procesar el vídeo íntegro, no por secuencias, recorremos la carpeta de cada vídeo juntando todas las secuencias en un único vídeo. El procesamiento del vídeo se lleva a cabo leyéndolo con OpenCV y realizando la predicción con el extractor que hemos creado. Finalmente, para cada vídeo grabamos un fichero npy, tipo de fichero óptimo para su lectura con numpy. Un aspecto a tener en cuenta al leer las secuencias del vídeo es que, en vez de recorrer los ficheros, generamos una secuencia y vamos recorriéndolos por nuestra cuenta. Esto se debe que los ficheros tienen un nombre de la forma XXX_0.mp4, XXX_10.mp4, XXX_2.mp4. Python nos ordena los nombres alfabéticamente, poniendo por ejemplo el 10 delante del 2. Para evitar este problema y que la secuencia de vídeo sea correcta, generamos la secuencia por nuestra cuenta.

Código 9.5: Segunda parte del código para obtener features de vídeos DCSASS

```
for accion in sorted(os.listdir(DIRECTORIO_VIDEOS_DCSASS)):
    # Tratamos las clases especificadas
    if accion not in CLASES_A_CONSIDERAR:
        continue
    print('Procesando accion: ' + accion)

    # Obtenemos la clase
    clase = CLASES_A_CONSIDERAR.index(accion)
```

```python
# Recorremos los vídeos de las acciones
for nombre_video in sorted(os.listdir(os.path.join(
    DIRECTORIO_VIDEOS_DCSASS, accion))):
    # Verificamos si no hemos procesado el fichero
    #   anteriormente
    fichero_salida = os.path.join(DIRECTORIO_SALIDA_FEATURES,
        nombre_video.replace('.mp4', '.npy'))
    if os.path.exists(fichero_salida):
        continue

    print('Procesando vídeo: ' + nombre_video)
    # En datos iremos grabando todos los datos de features
    datos = []
    nframe = 0
    # Recorremos las secuencias del vídeo
    # Por su numeración y para evitar 0, 1, 10, 11, 2, 20,
    #   etc
    # recorremos generando nosotros el número
    # 1000 secuencias como máximo
    for numero in range(1000):
        secuencia = nombre_video.replace('.mp4', '_' + str(
            numero) + '.mp4')
        ruta_secuencia = os.path.join(
            DIRECTORIO_VIDEOS_DCSASS, accion, nombre_video,
            secuencia)
        if not os.path.exists(ruta_secuencia):
            break

        print('Procesando secuencia: ' + secuencia)
        # Abrimos secuencia
        cap = cv2.VideoCapture(ruta_secuencia)

        # Leemos el vídeo frame a frame
        while (cap.isOpened()):
            ret, frame = cap.read()
            if ret == True:
                # Reducir a 224x224 (Tamaño utilizado por
                #   ResNet-50)
                resized = cv2.resize(frame, (224, 224),
                    interpolation = cv2.INTER_AREA)
                # Convertir BGR (OpenCV) a RGB
                fr2 = cv2.cvtColor(resized, cv2.COLOR_BGR2RGB
                    )
                features = model.extract_image(fr2)
                datos.append([accion, clase, nombre_video,
                    nframe, features])
                nframe += 1
            else:
                break
        # Liberamos el objeto de lectura de vídeo
        cap.release()
    # Escribimos el vídeo asociado de features
    np.save(fichero_salida, np.asanyarray(datos, dtype='
        object'))
```

9.2. Entrenamiento de la LSTM de clasificación de DCSASS utilizando Tensorflow

En la primera parte del entrenamiento para la clasificación de DCSASS (ver Código 9.6), cargamos en el paso 1 los ficheros con los vectores de features que habían sido obtenidos en el paso anterior. En principio, como son pocas acciones, dichos datos se pueden cargar en memoria. Python realiza una gestión de la memoria muy eficiente, y es capaz de dimensionar la memoria necesaria hasta que se agota. Si no fuera posible cargar todos los datos en memoria, por ejemplo, cuando procesamos muchos más vídeos, habría que definir un generador que fuera leyendo de disco poco a poco. En este caso, en vez de cargar los vectores directamente en memoria, podríamos cargar la lista de vídeos, y proceder a su lectura únicamente al necesitar el vídeo.

Código 9.6: Primera parte del código para clasificación LSTM de DCSASS

```
# Utilizamos el dataset DCSASS
# https://www.kaggle.com/datasets
#        /mateohervas/dcsass-dataset
# A partir de las features obtenidas en
# el paso anterior, entrenamos un modelo de
# reconocimiento de acciones utilizando
# LSTM con diferente tamaño de ventana
import numpy as np
import os
import random
from sklearn.model_selection import train_test_split
# Librerías de Tensorflow
from tensorflow.keras.models import Sequential
from tensorflow.keras.layers import LSTM, Dense
from tensorflow.keras.callbacks import ModelCheckpoint,
    TensorBoard
# Cargamos Matplotlib para representar gráficamente el
    entrenamiento
import matplotlib.pyplot as plt

DIRECTORIO_DCSASS = 'D:/DCSASS Dataset'
DIRECTORIO_FEATURES= DIRECTORIO_DCSASS + '/FEAT'
TAM_BATCH = 8
NUM_EPOCAS = 10
NUM_CLASES = 3

# Paso 1. Para cada vídeo, hay un fichero de features
# Cargamos todos y los unificamos en memoria
# La estructura es:
#    - Nombre de clase
#    - Valor de clase
#    - Nombre de fichero
#    - Número de frame
#    - Vector de features (2048 elementos)
features = []

for fichero in sorted(os.listdir(DIRECTORIO_FEATURES)):
```

```
    if fichero.endswith('.npy'):
        datos = np.load(os.path.join(DIRECTORIO_FEATURES, fichero
            ), allow_pickle=True)
        for v in datos:
            features.append(v)
print('Número de frames: ', len(features))

# Paso 2. Buscamos los diferentes vídeos que aparecen
# En el entrenamiento, cada vídeo representará una
# entrada al modelo
nombre_ficheros = []
frames_por_video = {}
for f in features:
    if f[2] not in nombre_ficheros:
        nombre_ficheros.append(f[2])
        frames_por_video[f[2]] = 1
    else:
        frames_por_video[f[2]] += 1
print('Lista de ficheros: ', nombre_ficheros)
print('Frames por vídeo: ', frames_por_video)

# Paso 3. Dividimos en Train y Test
train, test = train_test_split(nombre_ficheros, test_size=0.10,
    random_state=42)
train, val = train_test_split(train, test_size=0.20, random_state
    =42)
```

En el paso 2 se realiza una recapitulación de los vídeos utilizados, calculando además el número de frames por vídeo. Al tener la lista de vídeos, tanto para si cargamos todo en memoria como si no, podemos separar los datos en train, val y test, como se realiza en el paso 3. Esta separación nos permite entrenar el modelo con train, utilizar la validación para encontrar un modelo óptimo ante casos desconocidos, y evaluarlo con datos distintos a todos los anteriores. La función de separación nos permite utilizar una semilla de inicialización mediante *random_state=42*, que hace que la división se realice de la misma forma cada vez que lanzamos el entrenamiento. Esto nos permite probar distintas configuraciones del modelo para ver cuál se comporta mejor.

En la segunda parte del código (ver Código 9.7), definimos dos funciones que serán de suma importancia durante el entrenamiento. La primera función, *getDatosVideo*, permite leer un fichero de secuencias de features, *.npy, y cargarlo en memoria. Como dijimos anteriormente, Tensorflow permite longitudes variables de secuencias, pero cada batch debe tener secuencias de la misma longitud. Para evitar complicar el código mostrando esta idea, hemos preferido elegir una secuencia fija de 960 frames. Para los vídeos con mayor número de frames, cogeremos frames intercalados por un incremento previamente calculado. Esta función es necesaria para datasets muy grandes, ya que probablemente los datos no entrarían en memoria. La segunda función, *generador*, crea un generador de datos de un dataset concreto, que puede ser de entrenamiento o de validación. Este tipo de generadores van componiendo batches con un número de elementos definido en *TAM_BATCH*. Como entrada se pasa la lista de los vídeos de dicho dataset, y en cada paso se van cargando las features de los vídeos con la función comentada anteriormente. Además, los batches se componen de vídeos elegidos de forma aleatoria mediante *random.choice*. Es de especial interés la sentencia *yield*, encargada de suministrar los datos y las etiquetas al entrenamiento. Tensorflow llama a la función de generación, que genera un batch y lo devuelve con *yield*, y queda a la espera hasta que Tensorflow vuelve a necesitar otro batch. Es decir, que la función no termina completamente antes de llamar a Tensorflow. La función de generación va suministrando batches y la sentencia *yield* para el bucle hasta que Tensorflow necesita más datos. Los generadores son muy utilizados en visión artificial ya que los conjuntos de datos son muy grandes y normalmente superan la capacidad de la memoria.

Código 9.7: Segunda parte del código para clasificación LSTM de DCSASS

```python
# Paso 4. Esta función devuelve X,Y para un
# vídeo dado por un nombre
# En X se devolverá una secuencia de features
# de longitud variable del tipo (num_frames,
# 2048). En Y se devolverá la clase asociada
# Nos quedamos con 960 frames por vídeo.
# En Tensorflow, los elementos de
# cada batch generado deben tener un tamaño
# de secuencia similar.
# Al seleccionar 960, los vídeos con más
# frames serán filtrados cogiendo
# uno de cada n frames para computar 960
MAX_FRAMES = 960
def getDatosVideo(nombreVideo):
    num_frames = frames_por_video[nombreVideo]
    incremento = num_frames // MAX_FRAMES
    x = []
    y = -1
    contador = 0
    for f in features:
        if f[2] == nombreVideo:
            contador += 1
            if contador == incremento:
                contador = 0
                x.append(f[4])
                y = f[1]
    return np.array(x), y

# Paso 5. Creamos un data generator que
# valdrá para train y val. Cada vez que
# llamamos al generados, tenemos que obtener
# un batch de vídeos. En esta ocasión,
# lo generamos de forma aleatoria.
def generador(dataset):
    while True:
        x_data = []
        y_data = []
        for b in range(TAM_BATCH):
            nombre_video = random.choice(dataset)
            x, y = getDatosVideo(nombre_video)
            x_data.append(x)
            y_data.append(y)
```

```
x_data = np.array(x_data, dtype=float)
y_data = np.array(y_data)
yield x_data, y_data
```

La tercera parte del código (ver Código 9.8), define el modelo, realiza el entrenamiento y lo visualiza gráficamente. Para la definición del modelo, utilizamos una capa LSTM cuya entrada está formada por un número indeterminado de ventanas de 2,048 valores flotantes: *input_shape=(None, 2,048)*. Ya hemos comentado que este tipo de capas pueden recibir una ventada de 960 frames de 2,048 elementos, pero podrían recibir otro número de frames. Por ese motivo, utilizamos *None*, forma de indicar que el tamaño de la secuencia es flexible. La salida de la LSTM se suele denominar espacio latente, que es aquel vector que almacena las características a lo largo del tiempo de las secuencias de vídeo. Dicho vector de salida puede o no ser igual al tamaño de un elemento de la entrada (2,048). Cuando utilizamos LSTM para mostrar series temporales, se suele devolver la secuencia de salida para cada uno de los elementos de la secuencia de entrada. Esto permite calcular valores a lo largo del tiempo. Dicha funcionalidad se consigue activando el parámetro *return_sequences*. Sin embargo, en nuestro caso únicamente queremos clasificar el vídeo, por lo que no necesitamos los vectores de espacio latente que la LSTM produce para cada entrada.

Código 9.8: Tercera parte del código para clasificación LSTM de DCSASS

```
# Paso 6. Creamos un modelo
modelo = Sequential()
modelo.add(LSTM(256, return_sequences=False, input_shape=(None,
    2048)))
modelo.add(Dense(64, activation='relu'))
modelo.add(Dense(NUM_CLASES, activation='softmax'))
modelo.compile(loss='sparse_categorical_crossentropy', metrics=['
    accuracy'], optimizer='adam')
print('Resumen del modelo: ')
modelo.summary()

# Paso 7. Entrenamos el modelo
callbacks = [
    TensorBoard(log_dir=DIRECTORIO_DCSASS + '\logs'),
    ModelCheckpoint(filepath=DIRECTORIO_DCSASS + '\modelo_DCSASS.
        h5', monitor='val_accuracy',
    verbose=2, save_best_only=True, mode='max')]

historia = modelo.fit(generador(train), steps_per_epoch=30,
    epochs=NUM_EPOCAS, validation_data=generador(val),
    validation_steps=20, callbacks=callbacks, verbose=1)

# Representamos gráficamente el entrenamiento mostrando la
    reducción del error
plt.plot(historia.history['loss'], 'r', label='Train Loss')
plt.plot(historia.history['val_loss'], 'c', label='Validation
    Loss')
plt.plot(historia.history['accuracy'], 'g', label='Train Accuracy
    ')
```

```
plt.plot(historia.history['val_accuracy'], 'b', label='Validation
    Accuracy')
plt.ylabel('Accuracy / Loss')
plt.xlabel('Época')
plt.title('Evolución del accuracy/loss del entrenamiento DCSASS (
    Tensorflow)')
plt.legend(loc='center right')
plt.show()
```

La salida de la LSTM se conecta a una capa densa, en este caso con activación *relu*, y a su vez a la capa densa de salida, con activación *softmax* al ser un problema de clasificación. Como las clases las tenemos definidas por 0, 1 y 2, utilizamos entropía cruzada dispersa.

En el entrenamiento utilizamos el método de seguimiento de Tensorboard. Como habíamos visto anteriormente, Tensorboard permite mostrar gráficas del entrenamiento mediante un servidor web que se despliega en el servidor de entrenamiento u otro. Para ello, requiere unos ficheros de logs que va escribiendo el entrenamiento. Esto se consigue con las funciones de *callback*, que se llaman al final de cada época. En este ejemplo hemos definido dos funciones de *callback*. La primera, *TensorBoard(log_dir)*, requiere una ruta al directorio donde se escribirán los logs del entrenamiento, necesarios para desplegar el servidor web. La segunda función, *ModelCheckpoint()*, permite salvar el modelo en fichero cuando se mejoran los resultados (*val_accuracy* en este caso) y quedarnos con el mejor modelo ante validación. Este tipo de función de *checkpoint*, definida internamente en Tensorflow, permite grabar distintos ficheros, por ejemplo, uno por época. Sin embargo, nosotros grabaremos únicamente uno final para mostrar el ejemplo. Cada vez que se mejore el resultado de validación, se substituirá el fichero *modelo_DCSASS.h5*. Para el entrenamiento con *fit*, pasamos el generador de train y validation. La validación también puede utilizar generador, ya que en ocasiones el tamaño del juego de validación es muy grande. En este punto hay que destacar que, utilizamos un nuevo tipo de parámetro: *step_per_epoch* y *validation_step*. A diferencia de otros entrenamientos que hemos visto hasta ahora, una forma de entrenar un modelo es indicar cuántos batches queremos que se procesen en cada época. Como los generadores van pasando vídeos de forma aleatoria, no se cumple en este caso que en cada época haya que procesar todos los datos del juego de entrenamiento. *step_per_epoch* indica cuántos batches se van a procesar por época. De forma análoga, *validation_step* indica cuántos batches se van a procesar para el juego de validación. Cuando trabajamos con conjuntos de datos muy grandes, esta técnica permite reducir el tiempo de entrenamiento. Además, tiene ciertas ventajas ya que los datos se suministran de forma aleatoria y evita que el modelo pueda acomodarse hacia datos que le vienen siempre de la misma forma. En cualquier caso, cada problema puede ser diferente y, en algunas ocasiones, se pueden obtener mejores resultados de la forma tradicional. La función de entrenamiento también llama a las funciones de *callback*, llamadas después de cada época. Finalmente, se grafica el resultado del entrenamiento (ver Figura 9.4).

Finalmente, la última parte del código (ver Código 9.9) realiza la evaluación

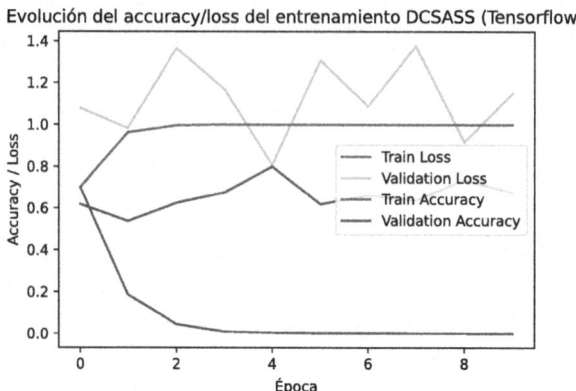

Figura 9.4: Gráfica del entrenamiento LSTM para el dataset DCSASS

del modelo con el juego de prueba. En este caso, sí cargamos todos los datos en memoria. Sin embargo, si el juego de prueba fuera muy grande, podríamos irlo procesando poco a poco. Lo más destacado de este código es que, al principio, cargamos el mejor de los modelos que respondía ante validación. Este era el modelo grabado en la función de *callback*.

Código 9.9: Cuarta parte del código para clasificación LSTM de DCSASS

```
# Paso 8. Evaluamos nuestro modelo
# Recargamos el modelo que mejor funcionaba
# con validación
modelo.load_weights(DIRECTORIO_DCSASS + '\modelo_DCSASS.h5')
# Generamos primeramente los datos de test completos,
# y se los pasamos al método de evaluación
x_test = []
y_test = []
for v in test:
    x, y = getDatosVideo(v)
    x_test.append(x)
    y_test.append(y)
x_test = np.array(x_test, dtype=float)
y_test = np.array(y_test)
print(x_test.shape)
print(y_test.shape)

loss, acc = modelo.evaluate(x_test, y_test, verbose=1)
print('Test Accuracy: %.3f' % acc)
```

El resultado de la ejecución del programa sería el mostrado en la Figura 9.5. Los resultados de prueba no son demasiado elevados ya que este juego de entrenamiento es bastante pequeño. Tiene unos 50-60 vídeos por clase, cuando lo ideal serían más de 1,000 vídeos. Como comentamos anteriormente, los autores habían dividido cada vídeo en secuencias más pequeñas. Sin embargo, lo ideal es procesar el vídeo completo, y es en ese caso cuando el juego es pequeño para

```
Epoch 1/10
2022-10-19 14:37:02.596769: I tensorflow/stream_executor/cuda/cuda_dnn.cc:384] Loaded cuDNN version 8500
30/30 [==============================] - ETA: 0s - loss: 0.7007 - accuracy: 0.7000
Epoch 1: val_accuracy improved from -inf to 0.61875, saving model to D:/DCSASS Dataset\modelo_dcass.h5
30/30 [==============================] - 12s 237ms/step - loss: 0.7007 - accuracy: 0.7000 - val_loss: 1.0791 - val_accuracy: 0.6187
Epoch 2/10
30/30 [==============================] - ETA: 0s - loss: 0.1871 - accuracy: 0.9625
Epoch 2: val_accuracy did not improve from 0.61875
30/30 [==============================] - 6s 214ms/step - loss: 0.1871 - accuracy: 0.9625 - val_loss: 0.9828 - val_accuracy: 0.5375
Epoch 3/10
30/30 [==============================] - ETA: 0s - loss: 0.0458 - accuracy: 0.9958
Epoch 3: val_accuracy improved from 0.61875 to 0.62500, saving model to D:/DCSASS Dataset\modelo_dcass.h5
30/30 [==============================] - 6s 219ms/step - loss: 0.0458 - accuracy: 0.9958 - val_loss: 1.3673 - val_accuracy: 0.6250
Epoch 4/10
30/30 [==============================] - ETA: 0s - loss: 0.0095 - accuracy: 1.0000
Epoch 4: val_accuracy improved from 0.62500 to 0.67500, saving model to D:/DCSASS Dataset\modelo_dcass.h5
30/30 [==============================] - 6s 219ms/step - loss: 0.0095 - accuracy: 1.0000 - val_loss: 1.1676 - val_accuracy: 0.6750
Epoch 5/10
30/30 [==============================] - ETA: 0s - loss: 0.0041 - accuracy: 1.0000
Epoch 5: val_accuracy improved from 0.67500 to 0.80000, saving model to D:/DCSASS Dataset\modelo_dcass.h5
30/30 [==============================] - 6s 220ms/step - loss: 0.0041 - accuracy: 1.0000 - val_loss: 0.8079 - val_accuracy: 0.8000
Epoch 6/10
30/30 [==============================] - ETA: 0s - loss: 0.0018 - accuracy: 1.0000
Epoch 6: val_accuracy did not improve from 0.80000
30/30 [==============================] - 6s 213ms/step - loss: 0.0018 - accuracy: 1.0000 - val_loss: 1.3069 - val_accuracy: 0.6187
Epoch 7/10
30/30 [==============================] - ETA: 0s - loss: 0.0013 - accuracy: 1.0000
Epoch 7: val_accuracy did not improve from 0.80000
30/30 [==============================] - 6s 211ms/step - loss: 0.0013 - accuracy: 1.0000 - val_loss: 1.0880 - val_accuracy: 0.6625
Epoch 8/10
30/30 [==============================] - ETA: 0s - loss: 9.6878e-04 - accuracy: 1.0000
Epoch 8: val_accuracy did not improve from 0.80000
30/30 [==============================] - 6s 212ms/step - loss: 9.6878e-04 - accuracy: 1.0000 - val_loss: 1.3768 - val_accuracy: 0.6375
Epoch 9/10
30/30 [==============================] - ETA: 0s - loss: 7.7664e-04 - accuracy: 1.0000
Epoch 9: val_accuracy did not improve from 0.80000
30/30 [==============================] - 6s 213ms/step - loss: 7.7664e-04 - accuracy: 1.0000 - val_loss: 0.9168 - val_accuracy: 0.7375
Epoch 10/10
30/30 [==============================] - ETA: 0s - loss: 6.0243e-04 - accuracy: 1.0000
Epoch 10: val_accuracy did not improve from 0.80000
30/30 [==============================] - 6s 212ms/step - loss: 6.0243e-04 - accuracy: 1.0000 - val_loss: 1.1502 - val_accuracy: 0.6750
(8, 960, 2048)
(8,)
1/1 [==============================] - 0s 96ms/step - loss: 0.9410 - accuracy: 0.7500
Test Accuracy: 0.750
```

Figura 9.5: Resultado de la ejecuón del programa para la clasificación LSTM de DCSASS

obtener mejores resultados.

En este ejemplo hemos aplicado muchas de las técnicas que se utilizan cuando se trabaja con grandes volúmenes de datos, tanto en vídeo como en imágenes. El problema de la clasificación en vídeo es complejo y requiere de un dataset muy amplio, que cubra tantos casos como sean posibles. Los conjuntos de datos tienen que ser representativos, estar balanceados y estar bien etiquetados, requisitos normalmente necesarios en este o cualquier otro tipo de problema.

Capítulo 10

Redes siamesas

El aprendizaje a partir de un único ejemplo, del inglés *One Shot Learning* (OSL) representa un paradigma de aprendizaje en el que sólo se dispone de un elemento por categoría durante el proceso de clasificación. Por ejemplo, en el sector de la alimentación, es interesante clasificar los productos mediante un sistema de visión a partir de una sola imagen por producto. Además, algunos sistemas OSL no pueden ser re-entrenados cada vez que se añade una imagen. Por ejemplo, los sistemas de reconocimiento de caras [48] suelen funcionar utilizando vectores obtenidos a partir de las imágenes que se comparan para buscar la cara más cercana. Estos sistemas no se re-entrenan con nuevas personas cada vez que se añade alguien nuevo a la base de datos, ya que esto supondría un alto coste computacional por cada nueva persona añadida.

Se han desarrollado diferentes estrategias para resolver el problema del OSL. La primera estrategia, denominada aumento de datos, del inglés *data augmentation* [49], consiste en aumentar el número de imágenes del conjunto de datos realizando transformaciones sencillas sobre ellas. Por ejemplo, este método permite obtener un gran número de imágenes para una categoría con una sola imagen realizando transformaciones sobre ella (traslaciones, rotaciones, cambios de iluminación, deformaciones, etc.). Esta técnica se integra con muchos generadores de datos de TensorFlow y Pytorch que alimentan las imágenes a los métodos de entrenamiento.

Una segunda técnica consiste en generar bases de datos ficticias a partir del conocimiento extraído de clases de objetos similares. Dentro de este grupo, las redes generativas antagónicas, del inglés *Generative Adversarial Networks* (GAN) [17, 50, 51] son capaces de generar imágenes de clases desconocidas, como es el caso de la cara de una persona desconocida. Tonioni y Di Stefano [52] propusieron una arquitectura GAN para generar productos de alimentación que aumentaba el conjunto de entrenamiento con muestras similares a las que pertenecían al dominio de la prueba. Realizaron el reconocimiento mediante una búsqueda kNN frente a una base de datos compuesta por una sola imagen de referencia por producto. Un mismo enfoque que utiliza la generación de aumento de datos mediante una GAN ha sido propuesto recientemente por Wei et al. [53].

Una tercera técnica utiliza un enfoque probabilístico y consiste en calcular la probabilidad de que un objeto pertenezca a una clase específica analizando características de la imagen que han sido útiles en la clasificación de objetos del mismo tipo [54]. Esta probabilidad se obtiene calculando la distancia entre el vector de características de un nuevo objeto y los de la base de datos disponible. Para introducir una nueva clase en el sistema para la que sólo se dispone de una única imagen, el vector de características de la nueva clase debe cumplir ciertas características para poder distinguirse del resto. Estos enfoques pueden utilizar descriptores de visión como SIFT [55], SURF [56] u ORB [57]. Estos métodos son lentos porque el cotejo tiene que hacerse con todas las imágenes posibles.

Por último, una cuarta técnica consiste en el uso de redes neuronales y, más concretamente, de redes neuronales siamesas (SNNs, del inglés *Siamese Neural Network*). Las redes neuronales siamesas [58] comparan las características de salida de dos redes, generalmente convolucionales, para inferir si dos imágenes pertenecen a la misma categoría o no. La comparación se realiza utilizando los vectores de características obtenidos antes de las últimas capas de clasificación. Cada una de estas sub-redes, denominadas *backbones*, comparte el modelo y los pesos. Aunque estas redes fueron utilizadas por primera vez por [59] en un trabajo de verificación de firmas, sólo en los últimos años han mostrado su potencial. Se han utilizado para una gran variedad de problemas en visión, como el seguimiento de objetos [60–62], el reconocimiento de caras [63], la clasificación de cromosomas [64], la segmentación de objetos [65] e incluso la clasificación de sonidos de animales [66].

La Figura 10.1 muestra el ejemplo de una red siamesa que utiliza como base la parte convolucional de una red VGG-16. Aunque esta red data del año 2015 y no es un modelo reciente, sigue utilizándose en muchos casos debido a su reducido tiempo de entrenamiento. En muchas ocasiones, ciertos modelos de redes de tamaño reducido ofrecen buenos resultados y mejoran considerablemente tanto el tiempo de entrenamiento como el tiempo de inferencia. En la figura se puede observar como la parte convolucional es realmente la misma para las dos "hermanas" de la red siamesa.

La parte convolucional devuelve un vector de características, también denominado codificación o *embedding*. Elementos de una misma categoría deberían devolver vectores próximos de acuerdo con una distancia, que puede ser como en este caso la distancia euclídea. La Figura 10.2 muestra otro ejemplo de red siamesa que compara productos de supermercado, en este caso frutas. Es posible implementar la red siamesa añadiendo una capa densa con activación sigmoidea, e incluso únicamente una función sigmoide, para devolver como salida de la red si pertenecen o no a la misma clase: valores 0 o 1.

La triple pérdida busca minimizar la distancia existente entre el vector asociado a la imagen de una clase base (denominada *anchor*) y el vector de otra imagen perteneciente a la misma categoría (denominada *positiva*), mientras se aumenta simultáneamente la distancia entre el vector de la misma imagen base y el de otra imagen de una categoría diferente (denominada *negativa*). La Figura 10.3 muestra cómo se calcularía este error a partir de tres imágenes, dos pertenecientes a la misma persona y otra perteneciente a una persona diferente.

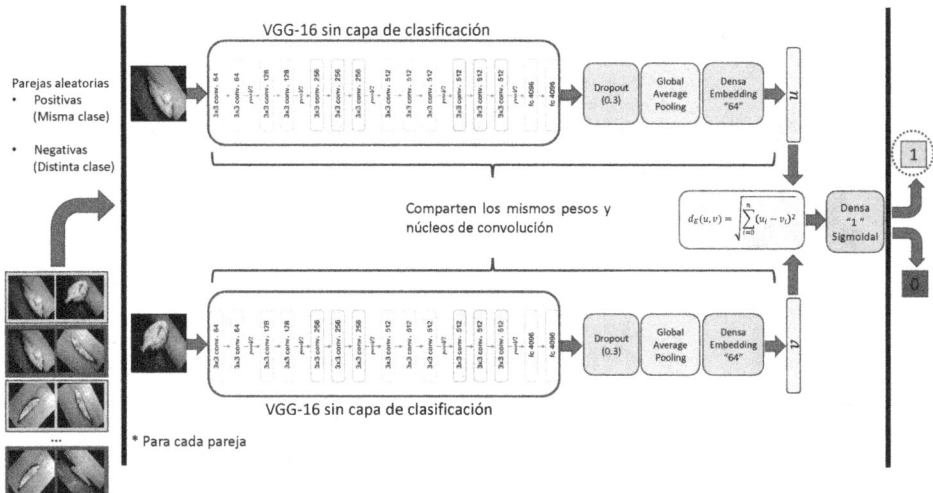

Figura 10.1: Red neuronal siamesa de comparación de tipos de pescados
basada en VGG-16

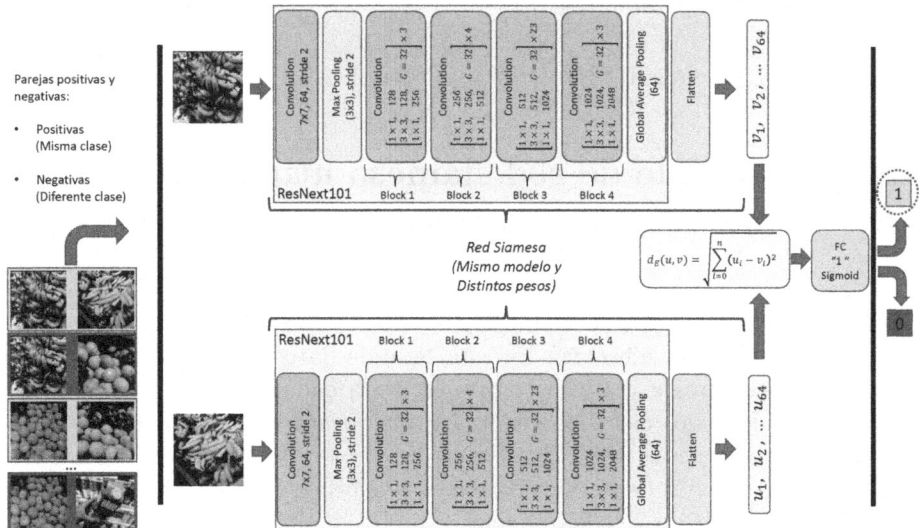

Figura 10.2: Red neuronal siamesa de comparación de productos de
alimentación basada en ResNeXt-101

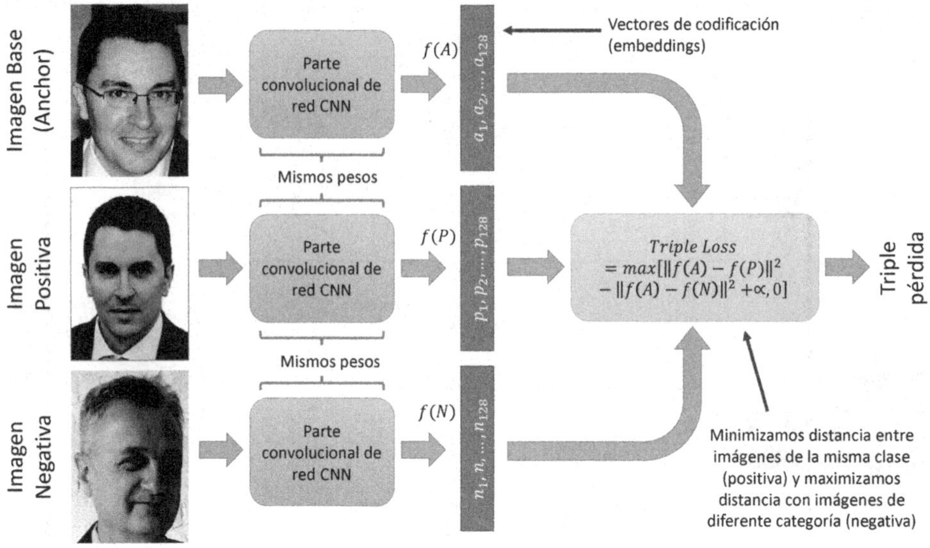

Figura 10.3: Triple pérdida

La Ecuación 10.1 muestra cómo se lleva a cabo el cálculo, donde $f(A)$ es el vector de codificación de la imagen base, $f(P)$ el de la imagen positiva, $f(N)$ el de la imagen negativa, y α un margen dado entre las parejas positivas y negativas. Hay que tener en cuenta que este tipo de redes se materializan con tres "hermanas", es decir tres sub-redes de convolución, pero todas ellas comparten el mismo modelo y parámetros.

$$L_T = \text{máx} \left[\|f(A) - f(P)\|^2 - \|f(A) - f(N)\|^2 + \alpha, 0 \right] \tag{10.1}$$

10.1. Ejemplo de red siamesa utilizando Tensorflow

Para el siguiente ejemplo vamos a utilizar el *Labeled Faces in the Wild (LFW) Face Dataset* [67]. Este dataset se puede descargar de la URL http://vis-www.cs.umass.edu/lfw. En esta base de datos, tenemos 1680 directorios correspondientes a distintas personas. Para cada persona, hay entre 2 y 50 imágenes. Hay dos carpetas generales: *Face Data* y *Extracted Faces*. Cada una de ellas contiene los 1680 directorios. En el caso de *Face Data*, se incluyen imágenes más amplias de la persona donde la cara está más o menos centrada. Son imágenes RGB de 250x250 píxeles. En el caso de *Extracted Faces*, los autores han utilizado un filtro de Haar en cascada, implementado en la librería OpenCV, que permite extraer la región de la cara. A partir de la región, los autores han generado imágenes RGB de 128x128 conteniendo únicamente las caras de las personas. Para nuestro ejemplo utilizaremos esta segunda carpeta, ya que la extracción de la región de las caras se realiza de manera directa utilizando el filtro en cascada de Haar.

En las redes siamesas cobra especial importancia un concepto que se denomina *tripletas*. Una tripleta está formada por una imagen de una categoría, otra imagen diferente de la misma categoría, y otra imagen de una categoría distinta. Los entrenamientos de las redes siamesas se llevan a cabo de esa manera, generando una lista de tripletas para cada imagen de la base de datos. Esta técnica tiene dos ventajas: por un lado, reducimos el coste computacional del entrenamiento, ya que el número de tripletas será similar al número de imágenes del dataset; y, por otro lado, evitamos desbalancear los datos de entrenamiento. Pensemos que, si combináramos todas las imágenes de una categoría con todas las de la base de datos, a parte de la cantidad tan enorme de muestras que habría, provocaría que hubiera muchas más parejas negativas que positivas. Las parejas positivas son aquellas donde dos imágenes pertenecen a la misma categoría, mientras que las parejas negativas representan dos imágenes de clases diferentes. En el ejemplo que mostraremos, se identifica como *anchor* o imagen base, a la imagen principal de la tripleta que vamos a comparar. Habrá además una imagen positiva, perteneciente a la misma clase del *anchor*, y una imagen negativa, de una clase diferente.

La primera parte del código (ver Código 10.1) se encarga de declarar las librerías a utilizar, definir la ruta donde hemos descomprimido el dataset (*RUTA_DATASET = ".../Extracted Faces"*), definir una función de lectura de las imágenes en RGB mediante OpenCV, y dividir el dataset en datos de entrenamiento y datos de prueba. Este dataset no viene por defecto dividido, y hemos creado un test de un 10 %. Hay que tener en cuenta que, casi siempre que trabajemos con imágenes, no tendremos las imágenes cargadas en memoria. Normalmente, cuando las bases de datos son muy grandes, no es posible tener todas las imágenes cargadas. Pensemos en que, si por ejemplo queremos entrenar con ImageNet, tendríamos que dejar en memoria varios millones de imágenes. Lo que hacemos por tanto es mantener en memoria índices a dichas imágenes, o en su defecto la ruta asociada. Según se vayan necesitando en el entrenamiento por batch, se irán cargando. Por lo tanto, volviendo al código, la función *dividir_dataset* se encarga de realizar la división a nivel de carpeta. Como cada persona tiene sus fotos dentro de una carpeta, dejaremos algunas carpetas para entrenamiento, mientras que otras carpetas se utilizarán para test.

Código 10.1: Primera parte del reconocimiento facial con Tensorflow (red siamesa)

```
#########################################
# Implementación de una red siamesa de
# reconocimiento facial (Tensorflow)
#########################################
# Importamos las librerías necesarias
import time
import os
import numpy as np
import random
import cv2
```

```python
import matplotlib.pyplot as plt

# Importamos las librerías de Tensorflow
import tensorflow as tf
from tensorflow.keras.applications.vgg16 import VGG16,
    preprocess_input
from tensorflow.keras.models import Sequential
from tensorflow.keras.layers import Input, Dropout,
    BatchNormalization, Dense
from tensorflow.keras.models import Model
from tensorflow.keras import layers, metrics
from tensorflow.keras.optimizers import Adam

# Cambiar a la ruta apropiada
RUTA_DATASET = 'D:/FACE_RECOGNITION/Extracted Faces/Extracted
    Faces'

def leer_imagen(index):
    path = os.path.join(RUTA_DATASET, index[0], index[1])
    imagen = cv2.imread(path)
    imagen = cv2.cvtColor(imagen, cv2.COLOR_BGR2RGB)
    return imagen

###############################################
# Dividimos el dataset en entrenamiento y test
###############################################
def dividir_dataset(path, split=0.9):
    folders = os.listdir(path)
    num_train = int(len(folders)*split)

    random.shuffle(folders)

    # Creamos un diccionario para almacenar la lista de ficheros
        por carpeta
    train_list, test_list = {}, {}

    # Creamos el diccionario de train
    for folder in folders[:num_train]:
        num_files = len(os.listdir(os.path.join(path, folder)))
        train_list[folder] = num_files

    # Creamos el diccionario de test
    for folder in folders[num_train:]:
        num_files = len(os.listdir(os.path.join(path, folder)))
        test_list[folder] = num_files

    return train_list, test_list

train_list, test_list = dividir_dataset(RUTA_DATASET, split=0.9)
print('Tamaño del juego de entrenamiento:', len(train_list))
print('Tamaño del juego de test:', len(test_list))
```

La segunda parte del código (ver Código 10.2) crea las tripletas de entrenamiento y test. Para cada caso, se recorren sus carpetas asociadas y las imágenes que contienen. Aunque hemos comentado que, normalmente se genera una tripleta por imagen, es posible también generar un mayor número si fuera necesario e incluso utilizar aumento de datos para tener mayor número de casos de entrenamiento.

Código 10.2: Segunda parte del reconocimiento facial con Tensorflow (red siamesa)

```python
#############################################
# Creamos tripletas, formadas por una
# imagen, una imagen de la misma categoría
# y una imagen de una categoría diferente
#############################################
def crear_tripletas(path, folder_list):
    triplets = []
    folders = list(folder_list.keys())

    for folder in folders:
        tmp = os.path.join(path, folder)
        files = list(os.listdir(tmp))
        num_files = len(files)

        if num_files > 1:
            for i in range(num_files):
                # Elegimos una imagen positiva de la misma
                    categoría
                j = i
                while (i==j):
                    j = random.randint(0, num_files-1)

                anchor = (folder, f'{i}.jpg')
                positive = (folder, f'{j}.jpg')

                neg_folder = folder
                while neg_folder == folder:
                    neg_folder = random.choice(folders)
                neg_file = random.randint(0, folder_list[
                    neg_folder]-1)
                negative = (neg_folder, f'{neg_file}.jpg')

                # Anchor: Una imagen de categoría X
                # Positive: Otra imagen de categoría X
                # Negative: Una imagen de categoría distinta de X
                triplets.append((anchor, positive, negative))

    random.shuffle(triplets)
    return triplets

train_triplet = crear_tripletas(RUTA_DATASET, train_list)
test_triplet  = crear_tripletas(RUTA_DATASET, test_list)

print('Número de tripletas de training:', len(train_triplet))
print('Número de tripletas de test:', len(test_triplet))
```

La tercera parte del código (ver Código 10.3) define una clase mediante la que implementamos un generador de tripletas dado un tamaño de batch. Tensorflow nos permite definir este tipo de generadores, que utilizando la palabra reservada *yield* van suministrando datos al entrenamiento en cada iteración. En cada iteración se generará un batch de 256 tripletas, almacenadas en las listas *anchor*, *positiva* y *negativa*, que se irán procesando en el entrenamiento.

Código 10.3: Tercera parte del reconocimiento facial con Tensorflow (red siamesa)

```python
################################################################
# Creamos nuestro propio batch de tripletas.
# Al ser un tipo tipo particular de entrenamiento donde
# utilizamos una pérdida que suma el caso positivo y el
# negativo, es necesario hacerlo de esta forma
################################################################
def generar_batch(triplet_list, batch_size=256, preprocess=True):
    batch_steps = len(triplet_list)//batch_size

    for i in range(batch_steps+1):
        anchor   = []
        positiva = []
        negativa = []

        j = i*batch_size
        while j<(i+1)*batch_size and j<len(triplet_list):
            a, p, n = triplet_list[j]
            anchor.append(leer_imagen(a))
            positiva.append(leer_imagen(p))
            negativa.append(leer_imagen(n))
            j+=1

        anchor   = np.array(anchor)
        positiva = np.array(positiva)
        negativa = np.array(negativa)

        if preprocess:
            anchor   = preprocess_input(anchor)
            positiva = preprocess_input(positiva)
            negativa = preprocess_input(negativa)

        yield ([anchor, positiva, negativa])
```

La cuarta parte del código (ver Código 10.4) nos permite mostrar unos ejemplos de tripletas. Para ello hace una llamada al generador definido en el paso anterior, lo muestra con *matplotlib*, y a continuación interrumpe el bucle con *break*. Lo interesante de este ejemplo es ver cómo al introducir la llamada a *generar_batch* dentro del propio *for* iremos generando batches que nos serán devueltos por *yield*. Es bastante común encontrar generadores definidos de esta forma en Tensorflow.

Código 10.4: Cuarta parte del reconocimiento facial con Tensorflow (red siamesa)

```
################################
# Sacamos un ejemplo de las caras
################################
num_plots = 4
f, axes = plt.subplots(num_plots, 3, figsize=(6, 10))

for x in generar_batch(train_triplet, batch_size=num_plots,
    preprocess=False):
    a,p,n = x
    for i in range(num_plots):
        # Imagen a comparar
        axes[i, 0].imshow(a[i])
        axes[i, 0].set(xlabel='Anchor (Base)')
        axes[i, 0].axes.xaxis.set_ticklabels([])
        axes[i, 0].axes.yaxis.set_ticklabels([])
        # Imagen positiva
        axes[i, 1].imshow(p[i])
        axes[i, 1].set(xlabel='Positiva')
        axes[i, 1].axes.xaxis.set_ticklabels([])
        axes[i, 1].axes.yaxis.set_ticklabels([])
        # Imagen negativa
        axes[i, 2].imshow(n[i])
        axes[i, 2].set(xlabel='Negativa')
        axes[i, 2].axes.xaxis.set_ticklabels([])
        axes[i, 2].axes.yaxis.set_ticklabels([])
        i+=1
    break
plt.show()
```

Las Figura 10.4 muestra algunos ejemplos de tripletas obtenidas con este código. Debido a las rutas se aleatorizan previamente, cada vez que se ejecute saldrá un conjunto diferente.

La quinta parte del código (ver Código 10.5) nos muestra la definición de manera secuencial de cada una de las *hermanas* de la red siamesa. Los denominamos codificadores, ya que la red siamesa utilizará uno para cada imagen de entrada, para poder generar el vector de 128 elementos que se comparará. En este caso hemos utilizado una red neuronal VGG16 predefinida y entrenada previamente contra ImageNet. Esta técnica, conocida como *transfer learning*, nos permite partir de un modelo entrenado con muchas imágenes, lo que ayuda a que el entrenamiento sea más rápido. Para que el modelo generalice mejor, se ha añadido una capa de dropout. La capa densa permite transformar la salida de la VGG16 a las dimensiones que queremos tener para representar a cada persona. En muchas técnicas utilizadas con reconocimiento facial, se ha utilizado un vector de 128 valores para representar a cada persona. Finalmente, la normalización permite escalar los valores de dicha capa para que los valores se sitúen en unos números acotados.

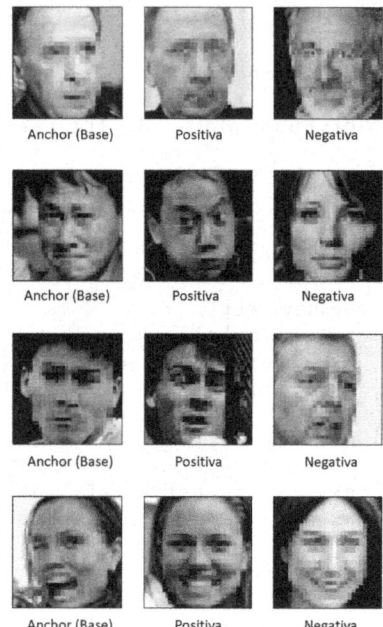

Figura 10.4: Algunas tripletas generadas para el entrenamiento de la red siamesa. Imágenes pixeladas del dataset: *Labeled Faces in the Wild (LFW)*

Código 10.5: Quinta parte del reconocimiento facial con Tensorflow (red siamesa)

```
##########################################
# Definimos las 'hermanas' de la siamesa
##########################################
def obtenerCodificador(input_shape = (128,128,3)):
    # Partimos de una red VGG16 pre-entrenada con ImageNet. No
        cogemos las 3 últimas
    # capas de clasificación. Utilizamos max pooling antes de la
        salida
    modelo_base = VGG16(weights='imagenet', include_top=False,
        pooling = 'max', input_shape = input_shape)
    # Bloqueamos el posible entrenamiento de las capas pre--
        entrenadas
    modelo_base.trainable = False

    # El modelo es secuencial
    modelo = Sequential()

    # Las primeras capas son las de VGG16
```

```
modelo.add(modelo_base)

# Añadimos dropout
modelo.add(Dropout(0.2))

# Cada imagen generará un vector de 128 números que
    normalizamos
modelo.add(Dense(128, use_bias=False))
modelo.add(BatchNormalization())
return modelo
```

La sexta parte del código (ver Código 10.6) implementa el cálculo de las distancias entre el vector codificado de la imagen base y el de las imágenes positiva y negativa. Además, ya se define el modelo cuya salida serán dichas distancias.

Código 10.6: Sexta parte del reconocimiento facial con Tensorflow (red siamesa)

```
###########################################
# Definimos la distancia entre los vectores
# codificados de cada imagen. Lo hacemos
# creando una capa de la red
###########################################
class Distancia(layers.Layer):
    def __init__(self, **kwargs):
        super().__init__(**kwargs)

    def call(self, anchor, positiva, negativa):
        distancia_ap = tf.reduce_sum(tf.square(anchor - positiva)
            , -1)
        distancia_an = tf.reduce_sum(tf.square(anchor - negativa)
            , -1)
        return (distancia_ap, distancia_an)

###########################################
# Definimos la red siamesa
###########################################
def obtenerModelo(input_shape = (128, 128, 3)):
    codificador = obtenerCodificador(input_shape)

    # Creamos las entradas del modelo
    anchor_input    = Input(input_shape, name='Anchor_Input')
    positiva_input  = Input(input_shape, name='Positiva_Input')
    negativa_input  = Input(input_shape, name='Negativa_Input')

    # Codificamos las entradas para obtener el vector asociado
    codificacion_a = codificador(anchor_input)
    codificacion_p = codificador(positiva_input)
    codificacion_n = codificador(negativa_input)

    # Calcular las distancias entre f(A) y f(P)/f(N)
    distancias = Distancia()(codificacion_a, codificacion_p,
        codificacion_n)

    # Creamos la red siamesa
```

```
    red_siamesa = Model(
        inputs = [anchor_input, positiva_input, negativa_input],
        outputs = distancias,
        name = 'Red_Siamesa'
    )
    return red_siamesa

base_red_siamesa = obtenerModelo()
base_red_siamesa.summary()
```

La séptima parte del código (ver Código 10.7) redefine algunos métodos de la clase padre *Model*, adaptando nuestro modelo a el cálculo de la triple pérdida. Es interesante ver en esta parte del código cómo Tensorflow permite el mismo grado de definición que Pytorch, pudiendo llegar a implementar el propio mecanismo de entrenamiento como veremos posteriormente.

Código 10.7: Séptima parte del reconocimiento facial con Tensorflow (red siamesa)

```
############################################################
# Implementación de clase para redefinir el modelo
# de red siamesa y utilizar la pérdida triple calculada
# Referencia:
#    https://keras.io/examples/vision/siamese_network/
############################################################
class Modelo_RedSiamesa(Model):
    # Construir la red siamesa a partir del modelo definido
    def __init__(self, siamese_network, margin=1.0):
        super(Modelo_RedSiamesa, self).__init__()

        self.margin = margin
        self.siamese_network = siamese_network
        self.loss_tracker = metrics.Mean(name='loss')

    def call(self, inputs):
        return self.siamese_network(inputs)

    # Redefinimos el paso del entrenamiento a partir de la
    # pérdida triple
    def train_step(self, data):
        # Calculamos los gradientes a partir de la pérdida triple
        # y
        # actualizamos los pesos
        with tf.GradientTape() as tape:
            loss = self._compute_loss(data)

        gradients = tape.gradient(loss, self.siamese_network.
            trainable_weights)
        self.optimizer.apply_gradients(zip(gradients, self.
            siamese_network.trainable_weights))

        self.loss_tracker.update_state(loss)
        return {'loss': self.loss_tracker.result()}

    # Redefinimos el paso en evaluación. En ese caso no hay que
    # calcular gradientes y ajustar pesos
```

```
def test_step(self, data):
    loss = self._compute_loss(data)

    self.loss_tracker.update_state(loss)
    return {'loss': self.loss_tracker.result()}

# Cálculo de la pérdida triple
def _compute_loss(self, data):
    ap_distance, an_distance = self.siamese_network(data)
    loss = tf.maximum(ap_distance - an_distance + self.margin
        , 0.0)
    return loss

# Las métricas del modelo son la pérdida triple
@property
def metrics(self):
    return [self.loss_tracker]

# Creamos el modelo y lo compilamos
modelo = Modelo_RedSiamesa(base_red_siamesa)
optimizer = Adam(learning_rate=0.001, epsilon=1e-01)
modelo.compile(optimizer=optimizer)
```

Finalmente, la octava parte del código (ver Código 10.8) lleva a cabo el entrenamiento y la evaluación respecto al test. En este caso, para no añadir más código, no hemos utilizado un juego de validación y estamos quedándonos con el mejor modelo que responde ante las tripletas de prueba elegidas al principio.

Código 10.8: Octava parte del reconocimiento facial con Tensorflow (red siamesa)

```
#####################
# Evaluación del test
#####################
def evaluarTest(batch_size = 256):
    pos_scores, neg_scores = [], []

    for data in generar_batch(test_triplet, batch_size=batch_size
        ):
        prediction = modelo.predict(data)
        pos_scores += list(prediction[0])
        neg_scores += list(prediction[1])

    accuracy = np.sum(np.array(pos_scores) < np.array(neg_scores)
        ) / len(pos_scores)
    ap_mean = np.mean(pos_scores)
    an_mean = np.mean(neg_scores)
    ap_stds = np.std(pos_scores)
    an_stds = np.std(neg_scores)

    print(f'Accuracy on test = {accuracy:.5f}')
    return (accuracy, ap_mean, an_mean, ap_stds, an_stds)

#################################################
# Implementamos el entrenamiento manualmente
#################################################
```

```python
epochs = 10
batch_size = 256

max_acc = 0
train_loss = []
test_metrics = []

for epoch in range(1, epochs+1):
    t = time.time()

    # Entrenamos con los datos de train
    epoch_loss = []
    for data in generar_batch(train_triplet, batch_size=
        batch_size):
        loss = modelo.train_on_batch(data)
        epoch_loss.append(loss)
    epoch_loss = sum(epoch_loss)/len(epoch_loss)
    train_loss.append(epoch_loss)

    print(f'\nEPOCH: {epoch} \t (Epoch done in {int(time.time()-t
        )} sec)')
    print(f'Loss on train    = {epoch_loss:.5f}')

    # Evaluamos con los datos de test
    metric = evaluarTest(batch_size=batch_size)
    test_metrics.append(metric)
    accuracy = metric[0]

    # Guardamos los pesos cuando mejora el accuracy de test
    if accuracy>=max_acc:
        modelo.save_weights('siamese_model')
        max_acc = accuracy
```

Capítulo 11

Redes generativas antagónicas (GAN)

Las Redes Generativas Antagónicas, del inglés *Generative Adversarial Networks* (GANs), son un tipo de redes neuronales que permiten generar datos sintéticos una vez que han sido entrenadas utilizando un conjunto de datos reales. Así, por ejemplo, si tenemos una base de datos con imágenes de caras de personas, podríamos generar caras ficticias una vez que el modelo está entrenado.

Las redes GAN fueron diseñadas originalmente por Ian J. Goodfellow en 2014 [17], y utilizan internamente dos subredes, denominadas generador y discriminante, que se entrenan de manera conjunta y en dos etapas. El generador es una red que permite generar una imagen a partir de un espacio latente. Dicho espacio latente se suele corresponder con un vector de valores aleatorios en un rango específico. El generador suele utilizar unas primeras capas densas que transforman la entrada, por ejemplo, un vector latente de 512 valores, a una dimensión mayor, por ejemplo, de 8192 valores. A continuación, se hace un *reshape* de dicho vector, obteniendo un tensor de varias dimensiones, por ejemplo, de 4x4x512. De esta forma, transformamos el vector de entrada en un tensor que permite ir aplicando deconvoluciones hasta obtener una salida con las dimensiones similares a la imagen esperada. Se aplican, adicionalmente, normalizaciones y funciones de activación hasta la salida. Como las imágenes están normalizadas en el intervalo [0, 1], se suelen utilizar funciones que ajusten la salida en dicho intervalo. Podemos ver que un generador es en realidad una red de convolución invertida, donde vamos de atrás hacia adelante, de las capas densas hacia la entrada pasando por deconvoluciones.

El discriminador es una red que permite clasificar una imagen en verdadera o falsa. Realiza una clasificación binaria y su diseño es igual al de una red de clasificación binaria convencional, partiendo de una imagen, varias capas de convolución con normalizaciones y una función de activación sigmoide.

Se suele decir que son redes antagónicas ya que, durante el entrenamiento,

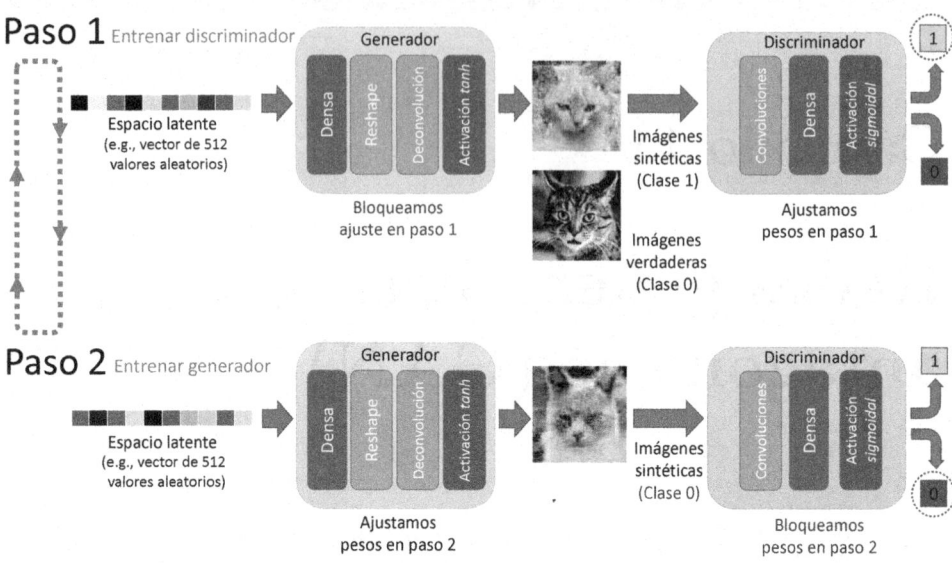

Figura 11.1: Esquema de una red GAN

ambas redes compiten. En la Figura 11.1 podemos ver un esquema del proceso. El entrenamiento está formado por dos pasos, que se repiten en cada época:

1. En un primer paso, se busca entrenar el discriminador. Para ello, se obtienen unos cuantos vectores aleatorios en el espacio latente y se generan las imágenes correspondientes mediante el generador. En este paso el generador no se entrena, por lo que los gradientes no se aplican sobre el generador. A continuación, se introducen las imágenes generadas en el discriminador, etiquetando dichas imágenes como falsas. A mayores, se introducen unas cuantas imágenes reales, etiquetando en este caso las imágenes como reales. Mediante la combinación de imágenes reales y sintéticas (falsas), entrenamos en este paso el discriminador para conseguir diferenciar entre imágenes reales y falsas.

2. En un segundo paso, se busca entrenar el generador, por lo que los gradientes no se aplican sobre el discriminador. En este paso buscamos que el generador aprenda a generar imágenes que confunden al discriminador, de ahí lo de la competencia con el generador. Se generan unos cuantos vectores aleatorios en el espacio latente y se pasan por el generador. A continuación, se pasan las imágenes obtenidas por el discriminador, etiquetando como imágenes reales, aunque en realidad no lo sean. Esto hace que, al aplicar los gradientes hacia atrás, el generador necesariamente esté aprendiendo a generar imágenes sintéticas.

La convergencia total de este tipo de redes es compleja, ya que la primera red busca especializarse en distinguir imágenes verdaderas de imágenes falsas.

Como la pérdida de la que partimos para ambos pasos es la calculada en el discriminador, se produce que, cuanto menor sea la pérdida obtenida por el discriminador, mayor será la del generador. El discriminador suele converger mejor debido a que, normalmente, es una red más sencilla conceptualmente. Existen modelos que intentan mantener la pérdida de los dos modelos en unos niveles balanceados, aunque de cara al ejemplo que vamos a presentar a continuación, lo ideal es buscar el modelo que mejores resultados ofrece a partir de una época donde veamos que ambas pérdidas se cruzan de dirección.

11.1.   Ejemplo de red generativa antagónica con Tensorflow

El ejemplo que vamos a mostrar busca generar imágenes sintéticas de gatos, utilizando para ello el dataset público de caras de animales, localizable en Kaggle: `https://www.kaggle.com/datasets/andrewmvd/animal-faces`. El dataset tiene que ser descargado en una carpeta, donde veremos que hay dos subcarpetas: train y val. Además, cada una tendrá las carpetas cat, dog y wild, mostrando respectivamente imágenes de gatos, perros y animales salvajes. Como el objetivo es generar imágenes sintéticas de gatos, tendremos que apuntar a la ruta donde están las imágenes de los gatos. Sin embargo, también podremos probar el programa con perros o con animales salvajes. En los problemas de generación de imágenes sintéticas no tiene tanto sentido el uso de un juego de validación, ya que generamos imágenes totalmente diferentes a las existentes. Por dicho motivo, únicamente nos centraremos en la ruta train/cat, que es donde hay más imágenes de gatos.

En la primera parte del código (ver Código 11.1), importamos las librerías necesarias, definimos un generador de datos, que irá creando batches de 64 imágenes a partir de una ruta declarada del sistema. Tensorflow permite definir un cargador de datos mediante la función *image_dataset_from_directory*. Para reducir el tiempo de entrenamiento, hemos reducido las imágenes a una dimensión de 64x64. Además, las imágenes se normalizan al intervalo [0, 1]. Por defecto, los valores se aleatorizan. La función permite directamente ajustar el tamaño de la imagen e incluso indicar opciones de etiquetado. Si estuviéramos clasificando imágenes, podríamos tener las imágenes en subdirectorios, y la función crearía una etiqueta para cada subdirectorio. Sin embargo, como en este caso únicamente queremos cargar gatos, hemos indicado que no queremos etiquetado (*label_mode=None*). La Figura 11.2 muestra las 25 primeras imágenes de gatos del batch 1.

Código 11.1: Primera parte del código de la GAN para generar caras de
animales sintéticas

```
#####################################################
# GAN para generar imágenes de animales salvajes
# artificiales
# Utilizamos el dataset Animal Faces
# para generar imágenes sintéticas de animales
# https://www.kaggle.com/datasets
#        /andrewmvd/animal-faces
# Nos centraremos en animales de la vida salvaje
#####################################################
# Importamos librerías
import os
import tensorflow as tf
from tensorflow import keras
from tensorflow.keras.preprocessing import
    image_dataset_from_directory
from tensorflow.keras import Model
from tensorflow.keras.layers import Input, Dense, Conv2D, Reshape
    , LeakyReLU, Conv2DTranspose, BatchNormalization, Activation
from tensorflow.keras.metrics import Mean
from tensorflow.keras.callbacks import Callback
from tensorflow.keras.preprocessing.image import array_to_img
from tensorflow.keras.optimizers import Adam
from tensorflow.keras.models import load_model
from tensorflow.keras.callbacks import TensorBoard
import matplotlib.pyplot as plt

#####################################################
# Rutas y parámetros del programa
#####################################################
# Imágenes de entrenamiento
PATH_DATASET='D:/afhq/val/dog'
PATH_DATASET='D:/afhq/train/cat'
# Carpeta donde se grabarán imágenes sintéticas
PATH_IMGS_SALIDA = 'D:/afhq/imgs_salida/'
# Carpeta a los logs de entrenamiento para Tensorboard
PATH_TENSORBOARD_LOGS = 'D:/afhq/logs'
# Ruta donde grabaremos el modelo de salida
PATH_MODELO='D:/afhq/mi_modelo'
# Tamaño del batch a utilizar
TAM_BATCH = 64
# Número de épocas del entrenamiento
EPOCAS = 500
# Creamos directorio de salida si no existe
if not os.path.exists(PATH_IMGS_SALIDA):
    os.mkdir(PATH_IMGS_SALIDA)

#####################################################
# Paso 1. Creamos un generador de batches de
# imágenes desde el directorio del dataset,
# normalizando las imágenes al rango [0-1] y
# reduciendo su dimensionalidad
#####################################################
generador_datos = image_dataset_from_directory(
    PATH_DATASET, label_mode=None, image_size=(64, 64),
```

```
        batch_size=TAM_BATCH)
generador_datos = generador_datos.map(lambda x: x / 255.0)

# Mostramos algunos ejemplos del primer batch
filas = 5
columnas = 5
f, axes = plt.subplots(filas, columnas, figsize=(6, 6))
posicion = 0
for x in generador_datos:
    for i in range(filas * columnas):
        posicion += 1
        plt.subplot(filas, columnas, posicion)
        plt.imshow((x.numpy() * 255).astype('int32')[i])
        plt.axis('off')
    break
plt.show()
```

Figura 11.2: Algunas imágenes del dataset Animal Faces

La segunda parte del código (ver Código 11.2), nos muestra la definición del generador. Como podemos apreciar, se utiliza un espacio latente de 512 elementos. Dicho vector se pasa a través de una capa densa y un *reshape*. A continuación, se normalizan los valores a partir de los valores del batch y se aplica una activación Leaky Relu. La deconvolución, mediante *Conv2DTranspose* permite duplicar el tamaño del tensor tanto en anchura como en altura gracias al parámetro *strides = 2*. Recordemos que dicho parámetro permitía en una convolución normal reducir la dimensionalidad de una imagen de entrada, ya que el kernel saltaba de 2 en 2 posiciones tanto en altura como en anchura. El primer parámetro de esta capa indica cuántos núcleos de deconvolución se van a utilizar. Dicho valor se corresponde con el tamaño efectivo de mapas que se van a generar como salida del tensor, con las dimensiones actuales de imagen en ese punto de la red. El tamaño del kernel (5x5) se corresponde al tamaño del núcleo de convolución, en este caso convolución inversa. Finalmente, *padding = "same"* sirve para indicar que el tamaño de salida se calcula utilizando ceros uniformemente a la izquierda / derecha o arriba / abajo de la entrada, de modo que la salida tiene la misma dimensión de altura / anchura que la entrada. Como hemos comentado anteriormente, la función de activación permite adecuar la salida en un rango [0, 1]. Se puede utilizar función sigmoide, aunque a veces también se aplica, como en este caso, tangente hiperbólica en el rango [-1, 1].

Código 11.2: Segunda parte del código de la GAN para generar caras de animales sintéticas

```
##################################################
# Paso 2. Definimos un generador de imágenes
# artificial. No confundir con el generador de
# batches. El generador de batches va leyendo
# bloques de 32 imágenes del directorio del
# dataset. El generador de imágenes de una red
# GAN crea una imagen a partir de un espacio
# latente, que podría definirse como un vector de
# valores aleatorios
##################################################
DIM_ESPACIO_LATENTE = 512

def getGenerador():
    inp = Input((512,))

    x = Dense(8192)(inp)
    x = Reshape((4,4,512))(x)
    x = BatchNormalization()(x)
    x = LeakyReLU(0.2)(x)

    x = Conv2DTranspose(256, kernel_size=5, strides=2, padding='
        same')(x)
    x = BatchNormalization()(x)
    x = LeakyReLU(0.2)(x)

    x = Conv2DTranspose(128, kernel_size=5, strides=2, padding='
        same')(x)
    x = BatchNormalization()(x)
    x = LeakyReLU(0.2)(x)

    x = Conv2DTranspose(64, kernel_size=5, strides=2, padding='
        same')(x)
    x = BatchNormalization()(x)
    x = LeakyReLU(0.2)(x)

    x = Conv2DTranspose(3, kernel_size=5, strides=2, padding='
        same')(x)
```

```
out = Activation('tanh')(x)

model = Model(inp, out)

return model
```

La tercera parte del código (ver Código 11.3), muestra el contenido del discriminador, que como hemos dicho es una red de clasificación binaria, similar a otras que habíamos visto anteriormente en el libro. Se utilizan convoluciones hacia adelante, en este caso complementarias a las que hemos utilizado en el generador, aunque no necesariamente tiene que hacerse de esta forma. La activación del modelo se lleva a cabo utilizando función sigmoide, aunque algunos autores han planteado utilizar directamente un rectificador lineal con el objetivo de mejorar la convergencia del modelo.

Código 11.3: Tercera parte del código de la GAN para generar caras de animales sintéticas

```
##########################################################
# Paso 3. Definimos un discriminador. El
# discriminador tiene el objetivo de decidir si
# una imagen es real o no, es decir distinguir una
# imagen real que proviene del dataset de una que
# no lo es, generada por el generador de imágenes
# Realmente, esta red se comporta como un modelo
# de clasificación convolucional binaria
##########################################################
def getDiscriminador():
    inp = Input((64,64,3))

    x = Conv2D(28, kernel_size=5, strides=2, padding='same')(inp)
    x = LeakyReLU(0.2)(x)

    x = Conv2D(64, kernel_size=5, strides=2, padding='same')(x)
    x = BatchNormalization()(x)
    x = LeakyReLU(0.2)(x)

    x = Conv2D(128, kernel_size=5, strides=2, padding='same')(x)
    x = BatchNormalization()(x)
    x = LeakyReLU(0.2)(x)

    x = Conv2D(256, kernel_size=5, strides=2, padding='same')(x)
    x = BatchNormalization()(x)
    x = LeakyReLU(0.2)(x)

    x = Reshape((4096,))(x)
    x = Dense(1)(x)
    out = Activation('sigmoid')(x)

    model = Model(inp, out)

    return model
```

La Figura 11.3 muestra la estructura del discriminador, que se puede obtener llamando a la función *model.summary()*. De la misma manera, la Figura 11.4

muestra la estructura del generador. Podemos ver cómo las capas de deconvolución van poco a poco incrementando la dimensión de la imagen hasta obtener una imagen de salida de 64x64 con 3 canales.

```
Layer (type)                   Output Shape            Param #
=================================================================
input_4 (InputLayer)           [(None, 64, 64, 3)]       0

conv2d_4 (Conv2D)              (None, 32, 32, 28)        2128

leaky_re_lu_12 (LeakyReLU)     (None, 32, 32, 28)        0

conv2d_5 (Conv2D)             (None, 16, 16, 64)        44864

batch_normalization_11 (Bat   (None, 16, 16, 64)        256
chNormalization)

leaky_re_lu_13 (LeakyReLU)    (None, 16, 16, 64)        0

conv2d_6 (Conv2D)            (None, 8, 8, 128)         204928

batch_normalization_12 (Bat   (None, 8, 8, 128)         512
chNormalization)

leaky_re_lu_14 (LeakyReLU)    (None, 8, 8, 128)         0

conv2d_7 (Conv2D)           (None, 4, 4, 256)         819456

batch_normalization_13 (Bat   (None, 4, 4, 256)         1024
chNormalization)

leaky_re_lu_15 (LeakyReLU)    (None, 4, 4, 256)         0

reshape_3 (Reshape)           (None, 4096)              0

dense_3 (Dense)               (None, 1)                 4097

activation_3 (Activation)     (None, 1)                 0

=================================================================
Total params: 1,077,265
Trainable params: 1,076,369
Non-trainable params: 896
```

Figura 11.3: Estructura del discriminador devuelta por summary()

```
Layer (type)                  Output Shape              Param #
=================================================================
input_3 (InputLayer)          [(None, 512)]             0

dense_2 (Dense)               (None, 8192)              4202496

reshape_2 (Reshape)           (None, 4, 4, 512)         0

batch_normalization_7 (Batc   (None, 4, 4, 512)         2048
hNormalization)

leaky_re_lu_8 (LeakyReLU)     (None, 4, 4, 512)         0

conv2d_transpose_4 (Conv2DT   (None, 8, 8, 256)         3277056
ranspose)

batch_normalization_8 (Batc   (None, 8, 8, 256)         1024
hNormalization)

leaky_re_lu_9 (LeakyReLU)     (None, 8, 8, 256)         0

conv2d_transpose_5 (Conv2DT   (None, 16, 16, 128)       819328
ranspose)

batch_normalization_9 (Batc   (None, 16, 16, 128)       512
hNormalization)

leaky_re_lu_10 (LeakyReLU)    (None, 16, 16, 128)       0

conv2d_transpose_6 (Conv2DT   (None, 32, 32, 64)        204864
ranspose)

batch_normalization_10 (Bat   (None, 32, 32, 64)        256
chNormalization)

leaky_re_lu_11 (LeakyReLU)    (None, 32, 32, 64)        0

conv2d_transpose_7 (Conv2DT   (None, 64, 64, 3)         4803
ranspose)

activation_2 (Activation)     (None, 64, 64, 3)         0

=================================================================
Total params: 8,512,387
Trainable params: 8,510,467
Non-trainable params: 1,920
```

Figura 11.4: Estructura del generador devuelta por summary()

En la cuarta parte del código (ver Código 11.4), realizamos la declaración de nuestro modelo. Tensorflow nos permite declarar una subclase de Model, de tal forma que podamos definir nuestros propios métodos, por ejemplo, de paso durante el entrenamiento. En *train_step* definimos cómo queremos que se realice el paso de entrenamiento en cada batch. Este código se llamará con las imágenes de cada batch. Lo que hacemos internamente es crear un conjunto de imágenes sintéticas llamando al generador. A continuación, dichas imágenes se combinan con imágenes reales para entrenar el discriminador. En esta primera parte buscamos que el discriminador aprenda a diferenciar imágenes reales de imágenes falsas, por lo que los pesos del generador son bloqueados. Las imágenes reales son etiquetadas como 0 mientras que las falsas son etiquetadas como clase 1. A mayores, en la línea *labels += 0.05...*, utilizamos la técnica del suavizado para que el discriminador no sea excesivamente rígido en este punto, contando que después debemos entrenar el generador intentando engañar al discriminador.

Código 11.4: Cuarta parte del código de la GAN para generar caras de animales sintéticas

```
###################################################
# Paso 4. Definimos nuestra red GAN. un
# discriminador. El discriminador tiene el
# objetivo de decidir si una imagen es real o no,
# es decir distinguir una imagen
# real que proviene del dataset de una que no lo
# es, generada por el generador de imágenes
# Realmente, esta red se comporta como un modelo
# de clasificación convolucional binaria
###################################################
class GAN(Model):
    def __init__(self, discriminador, generador,
        dim_espacio_latente):
        super(GAN, self).__init__()
        self.discriminador = discriminador
        self.generador = generador
        self.dim_espacio_latente = dim_espacio_latente

    def compile(self, optimizador_discriminador,
        optimizador_generador, loss_fn):
        super(GAN, self).compile()
        self.optimizador_discriminador =
            optimizador_discriminador
        self.optimizador_generador = optimizador_generador
        self.loss_fn = loss_fn
        self.d_loss_metric = Mean(name='d_loss')
        self.g_loss_metric = Mean(name='g_loss')

    @property
    def metrics(self):
        return [self.d_loss_metric, self.g_loss_metric]

    def train_step(self, imagenes_reales):
        # Obtenemos el tamaño de batch de las imágenes reales
            pasadas en
        # un paso del entrenamiento, para generar otro batch
            adicional de
        # vectores aleatorios en el espacio latente. Esto nos
```

```
            permitirá
# generar imágenes sintéticas nuevas a partir de dichos
    vectores
batch_size = tf.shape(imagenes_reales)[0]
random_latent_vectors = tf.random.normal(shape=(
    batch_size, self.dim_espacio_latente))

# Obtenemos las imágenes sintéticas (falsas) a partir de
    los vectores
# del espacio latente. Recordemos que son el mismo número
    que las imágenes
# de un batch de imágenes reales.
imagenes_falsas = self.generador(random_latent_vectors)

# Combinamos imágenes reales y falsas. Como el tamaño de
    batch
# es 64, tendremos 128 imágenes, 64 reales y 64 falsas
combined_images = tf.concat([imagenes_falsas,
    imagenes_reales], axis=0)

# Creamos un vector de etiquetas para el discriminador.
    Las imágenes
# falsas las etiquetamos como 1 y las reales como 0.
labels = tf.concat(
    [tf.ones((batch_size, 1)), tf.zeros((batch_size, 1))
    ], axis=0)

# Una técnica que permite mejorar el entrenamiento es el
    suavizado,
# que consiste en añadir cierta holgura a las etiquetas
    de salida
labels += 0.05 * tf.random.uniform(tf.shape(labels))

# Entrenamos el discriminador con las imágenes reales y
    falsas
# En este paso, queremos que el discriminador diferencia
    imágenes
# reales de las que no lo son. Por ese motivo, las
    etiquetas de salida
# de las falsas serán 1 mientras que las de las reales
    serán 0.
# Esta parte actualiza los pesos del discriminador
with tf.GradientTape() as tape:
    predictions = self.discriminador(combined_images)
    d_loss = self.loss_fn(labels, predictions)
grads = tape.gradient(d_loss, self.discriminador.
    trainable_weights)
self.optimizador_discriminador.apply_gradients(
    zip(grads, self.discriminador.trainable_weights)
)

# Obtenemos nuevamente un vector en el espacio latente
    con el que generaremos
# más imágenes ficticias.
random_latent_vectors = tf.random.normal(shape=(
    batch_size, self.dim_espacio_latente))
```

```
# En este caso, le indicaremos al modelo que la salida
    son imágenes reales.
# Como entrenaremos en conjunto el generador y el
    discriminador en esta parte,
# estamos forzando al generador a aprender a generar imá
    genes reales.
labels = tf.zeros((batch_size, 1))

# Entrenamos el generador. Aunque llamamos después al
    discriminador para decir
# que lo que generamos es real, los pesos del
    discriminador están bloqueados
with tf.GradientTape() as tape:
    predictions = self.discriminador(self.generador(
        random_latent_vectors))
    g_loss = self.loss_fn(labels, predictions)
grads = tape.gradient(g_loss, self.generador.
    trainable_weights)
self.optimizador_generador.apply_gradients(zip(grads,
    self.generador.trainable_weights))

# Actualizamos los valores de pérdida del modelo para ver
    su evolución
self.d_loss_metric.update_state(d_loss)
self.g_loss_metric.update_state(g_loss)
return {
    'd_loss': self.d_loss_metric.result(),
    'g_loss': self.g_loss_metric.result(),
}
```

Una vez que se aplican los gradientes sobre el discriminador, volvemos a generar imágenes falsas con el generador, pero en este caso las etiquetamos como 0, indicando que son imágenes reales. Bloqueando los pesos del discriminador, podemos entrenar al generador para que intente engañar al discriminador. Como el modelo realmente tiene únicamente una salida general, que es la salida del discriminador, la función de error que se aplica es idéntica tanto para el entrenamiento del generador como para el del discriminador. Se toma la salida del discriminador y se evalúa su error, aplicándolo al generador cuando estamos entrenando el generador y al discriminador en caso contrario.

La quinta parte del código (ver Código 11.5), declara una subclase de callback denominada *MonitorGAN*, que heredando de la clase *Callback*, nos permite definir funciones de callback personalizadas. En este caso, podemos utilizar *on_epoch_end* para generar un conjunto de imágenes de ejemplo después de que termine cada época. Para generar las imágenes, tenemos que obtener unos vectores en el espacio latente aleatorios y pasarlos por el generador (*self.model .generador(random_latent_vectors)*. A continuación, como la salida está en el rango [0, 1], será necesario multiplicar la imagen por 255 para obtener su representación en RGB.

Código 11.5: Quinta parte del código de la GAN para generar caras de
animales sintéticas

```
####################################################
# Paso 5. Monitorizamos nuestra GAN. Después de
# cada época, generamos 10 imágenes ficticias.
# Esta monitorización la implementamos mediante
# Callback
####################################################
class MonitorGAN(Callback):
    def __init__(self, num_img=10, latent_dim=DIM_ESPACIO_LATENTE
        ):
        self.num_img = num_img
        self.latent_dim = latent_dim

    def on_epoch_end(self, epoca, logs=None):
        # Obtenemos vectores aleatorios en el espacio latente
        random_latent_vectors = tf.random.normal(shape=(self.
            num_img, self.latent_dim))
        # Generamos imágenes
        img_generadas = self.model.generador(
            random_latent_vectors)
        img_generadas *= 255
        img_generadas.numpy()
        # Grabamos las imágenes
        for i in range(self.num_img):
            img = array_to_img(img_generadas[i])
            img.save(PATH_IMGS_SALIDA + 'img_epoca_%03d_%d.png' %
                (epoca, i + 1))

####################################################
# Paso 6. Declaramos nuestro modelo y lo
# compilamos. Como la salida del discriminador
# es binaria, la función de error es la entropía
# cruzada binaria. Utilizamos el optimizador Adam
####################################################
gan = GAN(discriminador=getDiscriminador(), generador=
    getGenerador(),
        dim_espacio_latente=DIM_ESPACIO_LATENTE)
gan.compile(
    optimizador_discriminador=Adam(learning_rate=0.0002, beta_1
        =0.5),
    optimizador_generador=Adam(learning_rate=0.0002, beta_1=0.5),
    loss_fn=keras.losses.BinaryCrossentropy(),)

####################################################
# Paso 7. Entrenamos el modelo
####################################################
callbacks = [TensorBoard(log_dir=PATH_TENSORBOARD_LOGS),
            MonitorGAN(num_img=10, latent_dim=
                DIM_ESPACIO_LATENTE)]

gan.fit(generador_datos, epochs=EPOCAS, callbacks=callbacks,
    verbose = 1)
```

En esta parte del código también se lleva a cabo la creación del modelo, la
compilación utilizando Adam, con un factor de aprendizaje de 0.0002 y una tasa

de decaimiento exponencial para las estimaciones del primer momento (*beta_1*) de 0.5. La estimación adaptativa de momentos, del inglés Adaptive Moment Estimation (Adam), es un método que calcula tasas de aprendizaje adaptativas para cada parámetro. Además de almacenar una media con decaimiento exponencial de los gradientes pasados al cuadrado, que utilizaría el parámetro *beta_2*, como Adadelta y RMSprop, Adam también guarda una media con decaimiento exponencial de los gradientes pasados v, similar a los momentos. Los momentos ayudan a que el modelo converja más suavemente

El entrenamiento se llama pasando como parámetro dos funciones de callback, una para Tensorboard y otra para el monitor de la GAN que permite grabar imágenes en cada época.

Las Figuras 11.5a y 11.5b muestran las gráficas de los entrenamientos. Podemos ver que ambos modelos compiten, ya que cuanto mayor es la capacidad del discriminador de ver si una imagen es real o es falsa, mayor será el error que se produce en el generador.

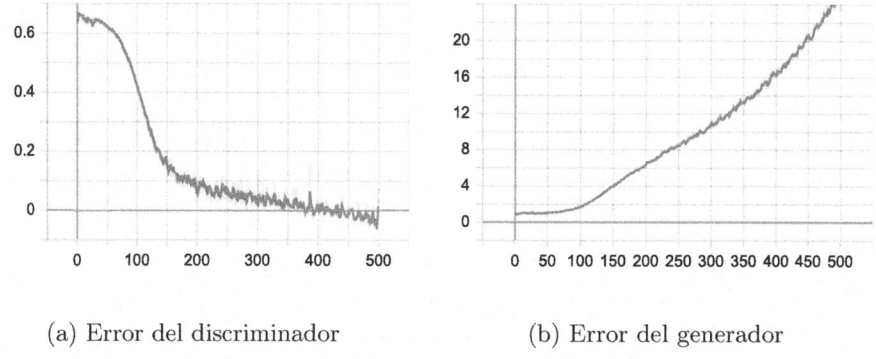

(a) Error del discriminador   (b) Error del generador

Figura 11.5: Error durante el entrenamiento de la GAN para generar imágenes sintéticas de gatos

La Figura 11.6 muestra algunas de las imágenes generadas por el monitor a lo largo de las distintas épocas de entrenamiento. Podemos ver cómo poco a poco se van generando imágenes más realistas. Las imágenes de salida podrían ser corregidas con otras técnicas de visión e incluso con redes que permitieran mejorar la imagen.

Figura 11.6: Imágenes obtenidas en varias épocas

Como comentamos anteriormente, se puede buscar un equilibrio para que la pérdida de uno no baje tanto y la otra no suba tanto. Se puede actualizar el discriminador más a menudo que el generador, añadir capas de dropout en el discriminador, así como más suavizado de etiquetas, utilizar funciones de activación Leaky ReLu, o añadir ruido tanto a la entrada generada como a la real antes de alimentar el discriminador. También, existen algunos modelos de GAN, como las Wasserstein-GANs [68], que buscan reducir este problema estabilizando el entrenamiento de la red mediante ciertos cambios en la arquitectura del discriminador y cambios de la función de error.

La sexta parte del código (ver Código 11.6), muestra cómo se podría grabar el modelo y ejecutarlo a continuación para generar unas cuantas imágenes sintéticas. Nuevamente, tenemos que generar unos cuantos vectores aleatorios en el espacio latente y pasarlos por el generador. Como lo importante del modelo es realmente el generador, descartamos al guardarlo el discriminador.

Código 11.6: Sexta parte del código de la GAN para generar caras de animales sintéticas

```
####################################################
# Paso 8. Ejemplo de cómo utilizar el modelo
# Grabamos únicamente el generador, ya que
# es la parte de interés del ejemplo anterior
####################################################
gan.generador.save(PATH_MODELO)

# Cargamos el generador (supongamos un nuevo
# programa)
mi_modelo = load_model(PATH_MODELO)

# Generamos unos cuantos vectores aleatorios en el
# espacio latente, por ejemplo 64
random_latent_vectors = tf.random.normal(shape=(TAM_BATCH,
    DIM_ESPACIO_LATENTE))
# Generamos imágenes ficticias (sintéticas)
img_generadas = mi_modelo(random_latent_vectors)
img_generadas *= 255
img_generadas.numpy()
# Grabamos las imágenes
for i in range(TAM_BATCH):
    img = array_to_img(img_generadas[i])
    img.save(PATH_IMGS_SALIDA + 'img_final_%d.png' % (i + 1))
```

La Figura 11.7 muestra algunas de las imágenes obtenidas con el modelo final.

Figura 11.7: Imágenes obtenidas con el modelo final

Capítulo 12

Redes de codificación automática (AutoEncoder-Decoder)

Los modelos de codificación automática, denominados en inglés AutoEncoders, son modelos que permiten codificar una entrada del modelo en un vector de dimensiones inferiores, denominado vector de espacio latente. Utilizando un decodificador (*decoder*) es posible reconstruir la entrada original del modelo con cierta penalización. Una de sus utilidades es la compresión de imágenes, pero también pueden ser utilizados para reducir la dimensionalidad de la entrada en modelos de comparación de imágenes. Las imágenes tienen dimensiones mucho mayores que las que puede tener el vector de espacio latente, por lo que es operativo por ejemplo almacenar este vector en vez de la imagen en una base de datos donde queramos reducir al máximo el espacio utilizado.

Uno de los problemas que se pueden abordar con los AutoEncoders es el de la modificación de las imágenes de acuerdo a alguna necesidad. Imaginemos por ejemplo que tenemos imágenes con ruido y queremos desarrollar un modelo para eliminarlo. La Figura 12.1 muestra cómo sería el esquema de un AutoEncoder-Decoder. A diferencia de las GAN, donde existen dos pasos durante el entrenamiento, en los AutoEncoders-Decoders se realiza el entrenamiento del modelo conjunto en un único paso. Los dos submodelos se encuentran integrados dentro del mismo modelo.

En este modelo, la entrada sería una imagen donde hemos aplicado ruido de tipo *moteado* a los tres canales. La imagen pasa a través del codificador, que transforma la entrada en el vector de espacio latente. Para llevar a cabo esta transformación se utilizan capas de convolución, normalizaciones y activaciones *LeakyReLu*. Finalmente, utilizamos capas densas para conectar la parte convolucional con la salida, tal como haríamos con una red de clasificación normal. El vector de espacio latente se introduce entonces en el decodificador, encargado del proceso inverso. Este decodificador funciona de manera similar al generador que

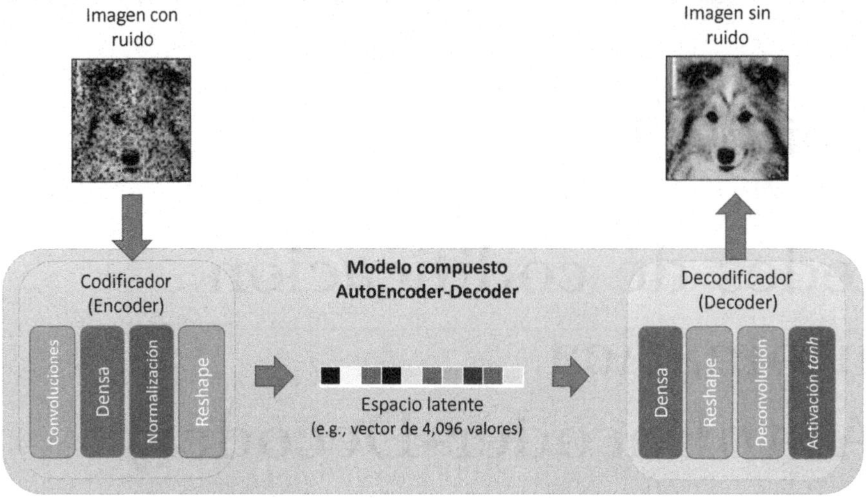

Figura 12.1: Modelo AutoEncoder-Decoder

habíamos visto previamente en las GAN. En un primer momento hace un *resha-pe* del vector de espacio latente, obteniendo un tensor de varias dimensiones, por ejemplo, de 4x4x512. A partir de este punto podemos ir aplicando deconvoluciones hasta obtener una salida con las dimensiones similares a la imagen esperada. Se aplican, adicionalmente, normalizaciones y funciones de activación hasta la salida. Como, tanto las imágenes de entrada como las de salida están normalizadas en el intervalo [0, 1], se suelen utilizar funciones que ajusten la salida en dicho intervalo.

12.1. Ejemplo de AutoEncoder-Decoder con Tensorflow

Para el ejemplo de este capítulo utilizaremos el mismo dataset que habíamos utilizado en el capítulo de las redes GAN, el dataset público de caras de animales, localizable en Kaggle: https://www.kaggle.com/datasets/andrewmvd/animal-faces. En el ejemplo vamos a generar ruido aleatorio en las imágenes y vamos a entrenar un modelo capaz de eliminar dicho ruido. Nos centraremos en la carpeta de perros, dividiendo las imágenes de la carpeta train en entrenamiento y validación, y dejando las imágenes de la carpeta val como imágenes de test. Este ejemplo utilizará tres juegos de datos: entrenamiento, validación y test. En el código utilizaremos bastantes aspectos de interés, como la escritura manual de datos de error calculados por nuestro programa en TensorBoard, la parada temprana de forma manual con *early-stopping*, o la grabación del mejor modelo utilizando el error que hemos calculado en validación.

En la primera parte del código (ver Código 12.1), importamos las librerías necesarias, definimos las rutas del dataset, definimos los parámetros a utilizar, definimos unas cuantas funciones de generación de ruido en imágenes y finalmente declaramos una función de división del dataset que nos permite dividir la carpeta de train en entrenamiento y validación. En vez de cargar todas las imágenes en memoria, con las necesidades que esto supone, utilizaremos listas con las rutas a las imágenes.

Código 12.1: Primera parte del código del AutoEncoder-Decoder

```python
###################################################
# Programa Encoder-Decoder para eliminación de
# ruido de imágenes
# Utilizamos el dataset Animal Faces
# para generar imágenes con ruido de perros
# https://www.kaggle.com/datasets
#          /andrewmvd/animal-faces
###################################################

# Importamos librerías
import os
import numpy as np
import time
import random
import cv2
import tensorflow as tf
from tensorflow.keras import Model, metrics
from tensorflow.keras.layers import Input, Dense, Conv2D, Reshape
    , LeakyReLU, Conv2DTranspose, BatchNormalization, Activation
from tensorflow.keras.optimizers import Adam
from tensorflow.keras.models import load_model
import matplotlib.pyplot as plt
from skimage.util import random_noise

##########################################
# Rutas y parámetros del programa
##########################################
# Imágenes de entrenamiento
PATH_DATASET_TRAIN='D:/afhq/train/dog'
# Imágenes de test
PATH_DATASET_TEST='D:/afhq/val/dog'
# Carpeta a los logs de entrenamiento para Tensorboard
PATH_TENSORBOARD_LOGS = 'D:/afhq/logs_enc_dec'
# Ruta donde grabaremos el modelo de salida
PATH_MODELO='D:/afhq/modelo_enc_dec'
# Tamaño del batch a utilizar
TAM_BATCH = 32
# Número de épocas del entrenamiento
EPOCAS = 500
# Tamaño de las imágenes escaladas
IMG_SIZE=(64, 64)

##########################################
# Funciones para añadir ruido a la imagen
##########################################
def ruido_sal_pimienta(img):
    noise = random_noise(img, mode='s&p',amount=0.3)
```

```
            noise = np.array(255*noise, dtype = 'uint8')
            return noise

def ruido_gaussiano(img):
    gauss = np.random.normal(0,1,img.size)
    gauss = gauss.reshape(img.shape[0],
            img.shape[1],img.shape[2]).astype('uint8')
    noise = cv2.add(img,gauss)
    return noise

def ruido_speckle(img):
    gauss = np.random.normal(0,1,img.size)
    gauss = gauss.reshape(img.shape[0],
            img.shape[1],img.shape[2]).astype('uint8')
    noise = img + img * gauss
    return noise


#####################################
# Paso 1. Dividimos el dataset en
# entrenamiento y validación y creamos
# generadores
#####################################
def dividir_dataset(path, split=0.9):
    ficheros = os.listdir(path)
    num_train = int(len(ficheros)*split)

    random.shuffle(ficheros)

    # Creamos un diccionario para almacenar la
    # lista de ficheros por carpeta
    train_list, val_list = [], []

    # Creamos el diccionario de train
    for fichero in ficheros[:num_train]:
        train_list.append(os.path.join(path, fichero))

    # Creamos el diccionario de test
    for fichero in ficheros[num_train:]:
        val_list.append(os.path.join(path, fichero))

    return train_list, val_list

train_list, val_list = dividir_dataset(PATH_DATASET_TRAIN, split
    =0.9)
print('Tamaño del juego de entrenamiento:', len(train_list))
print('Tamaño del juego de validación:', len(val_list))
```

En la segunda parte del código (ver Código 12.2), construiremos un generador que irá leyendo imágenes de las listas previamente generadas, cargando los datos mediante OpenCV, reduciendo las dimensiones para operar con la red neuronal y aplicando ruido de tipo moteado (*speckle*). Se deja al lector probar con los otros tipos de ruido declarados anteriormente, como sal y pimienta o ruido gaussiano. Las imágenes de los batches se dividen entre 255.0 para trabajar con valores normalizados entre 0.0 y 1.0. La sentencia *yield* va suministrando datos de batches según se van necesitando en cada época. Después de la definición del batch, mostramos cómo visualizar unas cuántas imágenes de ejemplo. La imagen con ruido será la entrada de la red mientras que la imagen original se utilizará como la salida esperada del modelo (*ground-truth*).

Código 12.2: Segunda parte del código del AutoEncoder-Decoder

```python
##############################################
# Creamos nuestro propio batch de imágenes.
# Tendremos una imagen de entrada con ruido
# y la salida será la imagen sin ruido
##############################################
def generar_batch(datos, batch_size=256, image_size=IMG_SIZE):
    batch_steps = len(datos)//batch_size

    for i in range(batch_steps+1):
        # entradas: Imágenes del batch con ruido
        entradas = []
        # salidas: Imágenes del batch sin ruido
        salidas = []

        j = i*batch_size
        while j<(i+1)*batch_size and j<len(datos):
            img = cv2.imread(datos[j])
            img = cv2.resize(img, image_size, interpolation= cv2.
                INTER_LINEAR)
            img = cv2.cvtColor(img, cv2.COLOR_BGR2RGB)
            entradas.append(ruido_speckle(img))
            salidas.append(img)
            j+=1

        entradas = np.array(entradas) / 255.0
        salidas = np.array(salidas) / 255.0

        yield entradas, salidas

##################################
# Sacamos un ejemplo de las imágenes
# originales y con ruido speckle
##################################
num_plots = 3
f, axes = plt.subplots(num_plots, 2, figsize=(6, 7))
for i in range(num_plots):
    idx = random.randint(0, len(train_list) - 1)

    img = cv2.imread(train_list[idx])
    img = cv2.resize(img, IMG_SIZE, interpolation= cv2.
        INTER_LINEAR)
    img_origen = cv2.cvtColor(img, cv2.COLOR_BGR2RGB)
    noise = ruido_speckle(img_origen)

    # Imagen original
    axes[i, 0].imshow(img_origen)
    axes[i, 0].axes.xaxis.set_ticklabels([])
    axes[i, 0].axes.yaxis.set_ticklabels([])
    axes[i, 0].set_xticks([])
    axes[i, 0].set_yticks([])
```

```
    # Imagen con ruido
    axes[i, 1].imshow(noise)
    axes[i, 1].axes.xaxis.set_ticklabels([])
    axes[i, 1].axes.yaxis.set_ticklabels([])
    axes[i, 1].set_xticks([])
    axes[i, 1].set_yticks([])
    if i == num_plots - 1:
        axes[i, 0].set(xlabel='Imagen original')
        axes[i, 1].set(xlabel='Imagen con ruido')
plt.show()
```

La Figura 12.2 muestra alguna de las imágenes generadas. Hay que tener en cuenta que el ruido se generará en cada paso del generador, por lo que las imágenes cambiarán continuamente, incluso si se repite la misma entrada.

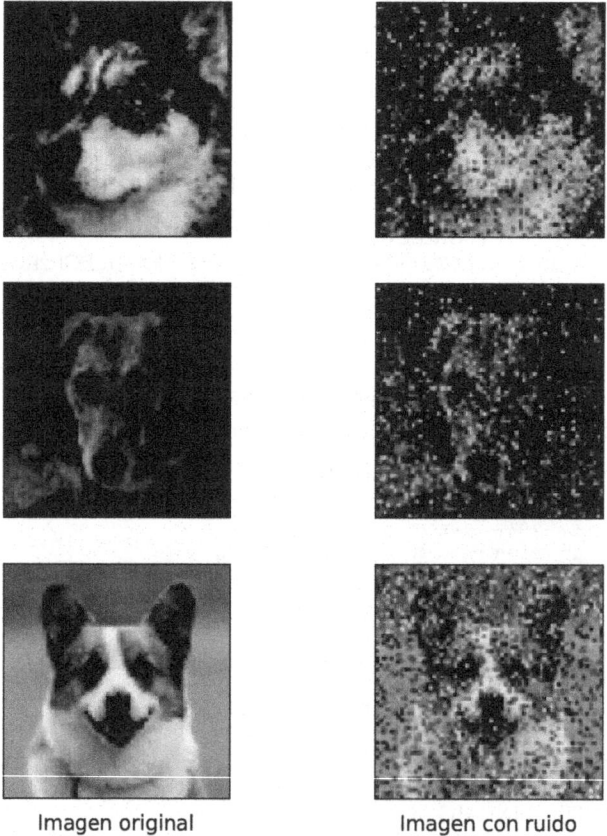

Imagen original   Imagen con ruido

Figura 12.2: Algunos ejemplos de imágenes para entrenar el AutoEncoder-Decoder

En el Código 12.3 se lleva a cabo la definición del codificador y del decodificador. El codificador es similar a cualquier red de clasificación donde eliminamos la capa de clasificación final, substituida en este caso por un vector de salida en el espacio latente. Por otro lado, no contemplamos en este caso ninguna función de activación en la salida, aunque se deja al lector la posibilidad de incluir funciones de activación y probar el resultado. El decodificador es el proceso inverso. El vector del espacio latente, de 4,096 valores, se pasa a través de una capa densa y un *reshape*. A continuación, se normalizan los valores a partir de los valores del batch y se aplica una activación Leaky Relu. La deconvolución, mediante *Conv2D Transpose* permite duplicar el tamaño del tensor tanto en anchura como en altura gracias al parámetro *strides = 2*. Este mismo tipo de modelo lo habíamos utilizado previamente con el generador de las GAN, donde lo explicamos más en detalle. La función de activación permite adecuar la salida en un rango [0, 1]. Se puede utilizar función sigmoide, aunque a veces también se aplica, como en este caso, tangente hiperbólica en el rango [-1, 1].

Código 12.3: Tercera parte del código del AutoEncoder-Decoder

```
############################################
# Paso 2. Creamos un encoder (codificador)
# El encoder tiene el objetivo de transformar
# una imagen a un vector de espacio latente que
# será a su vez la entrada del decodificador
############################################
DIM_ESPACIO_LATENTE = 4096
def getEncoder():
    inp = Input((IMG_SIZE[0], IMG_SIZE[1], 3))

    x = Conv2D(28, kernel_size=5, strides=2, padding='same')(inp)
    x = LeakyReLU(0.2)(x)

    x = Conv2D(64, kernel_size=5, strides=2, padding='same')(x)
    x = BatchNormalization()(x)
    x = LeakyReLU(0.2)(x)

    x = Conv2D(128, kernel_size=5, strides=2, padding='same')(x)
    x = BatchNormalization()(x)
    x = LeakyReLU(0.2)(x)

    x = Conv2D(256, kernel_size=5, strides=2, padding='same')(x)
    x = BatchNormalization()(x)
    x = LeakyReLU(0.2)(x)

    x = Reshape((4096,))(x)
    out = Dense(DIM_ESPACIO_LATENTE)(x)

    model = Model(inp, out)
    return model

############################################
# Paso 3. Definimos un decoder de imágenes,
# similar al generador de las GAN.
# El decodificador crea una imagen a partir de
# un espacio latente
############################################
def getDecoder():
    inp = Input((DIM_ESPACIO_LATENTE,))
```

```
x = Dense(8192)(inp)
x = Reshape((4,4,512))(x)
x = BatchNormalization()(x)
x = LeakyReLU(0.2)(x)

x = Conv2DTranspose(256, kernel_size=5, strides=2, padding='
    same')(x)
x = BatchNormalization()(x)
x = LeakyReLU(0.2)(x)

x = Conv2DTranspose(128, kernel_size=5, strides=2, padding='
    same')(x)
x = BatchNormalization()(x)
x = LeakyReLU(0.2)(x)

x = Conv2DTranspose(64, kernel_size=5, strides=2, padding='
    same')(x)
x = BatchNormalization()(x)
x = LeakyReLU(0.2)(x)

x = Conv2DTranspose(3, kernel_size=5, strides=2, padding='
    same')(x)
out = Activation('tanh')(x)

model = Model(inp, out)

return model
```

En el Código 12.4 se define el modelo conjunto dentro de una subclase de Model. En la función *init* los modelos con combinados mediante *out = decoder(encoder.output)* y *self.modelo = Model(encoder.input, out, name=éncoder-decoder)* . Al definir el modelo a partir de la clase Model, tenemos que definir el paso de un batch en train y en validación. Esto se consigue implementando los métodos *train_step* y *test_step*. Los datos que reciben estos métodos en *data*, y que separan en x e y (*(x, y) = data[0]*), se corresponden con un batch de imágenes con ruido en x y sus imágenes correspondientes sin ruido en y. El error que utilizamos lo calculamos dentro de la función *compute_loss*. En este caso, calcularemos la distancia al cuadrado de todos los píxeles de una imagen de salida respecto a la verdadera. Esto lo hacemos para todas las imágenes del batch y de píxel en píxel. La función *tf.square* hace el cálculo al cuadrado de la diferencia de elemento en elemento (es de tipo element-wise). A continuación, se suma el error de cada imagen mediante *tf.reduce_sum* y finalmente se hace la media para todas las imágenes del batch mediante *tf.reduce_mean*.

Código 12.4: Cuarta parte del código del AutoEncoder-Decoder

```
##########################################
# Paso 4. Obtenemos el modelo combinado de
# encoder ---> decoder
##########################################
class Modelo_EncoderDecoder(Model):
    # Construir el modelo a partir del encorder y decoder
```

```python
def __init__(self, encoder, decoder):
    super(Modelo_EncoderDecoder, self).__init__()
    # Juntamos los dos modelos: Encoder y Decoder

    out = decoder(encoder.output)
    self.modelo = Model(encoder.input, out, name='encoder-
        decoder')
    self.loss_tracker = metrics.Mean(name='loss')

def call(self, inputs):
    return self.modelo(inputs)

# Redefinimos el paso del entrenamiento
def train_step(self, data):
    (x, y) = data[0]

    with tf.GradientTape() as tape:
        # Paso hacia adelante
        y_pred = self(x, training=True)
        # Calculamos el error
        loss = self._compute_loss(y, y_pred)

    gradients = tape.gradient(loss, self.modelo.
        trainable_weights)
    self.optimizer.apply_gradients(zip(gradients, self.modelo
        .trainable_weights))

    self.loss_tracker.update_state(loss)
    return {'loss': self.loss_tracker.result()}

# Durante validación, únicamente calculamos el error de imá
    genes de
# validación
def test_step(self, data):
    (x, y) = data[0]
    y_pred = self(x, training=False)
    loss = self._compute_loss(y, y_pred)
    self.loss_tracker.update_state(loss)
    return {'loss': self.loss_tracker.result()}

# Cálculo del error entre imágenes
def _compute_loss(self, y, y_pred):
    # Calcular element-wise square de f(imgs_resultado) - f(
        salida_esperada)
    squared_diff_image = tf.square(y - y_pred)
    # Sumamos a lo largo de todas las dimensiones excepto la
        primera(batch).
    ssd_images = tf.reduce_sum(squared_diff_image, [1, 2, 3])
    # Calculamos la media sobre todas las imágenes
    loss = tf.reduce_mean(ssd_images)
    return loss

# Las métricas del modelo son el error calculado previamente
@property
def metrics(self):
    return [self.loss_tracker]
```

```
# Creamos el modelo y lo compilamos
encoder = getEncoder()
decoder = getDecoder()
modelo = Modelo_EncoderDecoder(encoder, decoder)
optimizer = Adam(learning_rate=0.0002, beta_1=0.5)
modelo.compile(optimizer=optimizer, run_eagerly=True)
```

El error que hemos calculado manualmente es el que utilizará el código para recalcular los gradientes y ajustar los pesos, proceso que se realiza únicamente en el *train_step*. Finalmente, el modelo se crea utilizando la clase definida con un codificador y decodificador pasados por parámetro. Se utiliza compilación con el optimizador Adam, con un factor de aprendizaje de 0.0002 y una tasa de decaimiento exponencial para las estimaciones del primer momento (*beta_1*) de 0.5. Estos mismos datos los habíamos utilizado previamente en el entrenamiento de las GAN. La compilación con el parámetro *run_eagerly=True* se utiliza principalmente cuando se ha implementado un bucle personalizado se ha puesto dentro del método *train_step* de una subclase de Model. Establecer *run_eagerly* a True ayuda a depurar ese bucle si algo funciona mal.

El Código 12.5 muestra el bucle de entrenamiento para las distintas épocas. En el código se irá iterando por las distintas épocas del entrenamiento, calculando el error para entrenamiento y para validación. Como el entrenamiento lo realizamos de forma manual, sin utilizar la función *fit* de Tensorflow, la escritura de datos en los logs de Tensorboard se realizará creando un objeto *writer* y escribiendo mediante las funciones *tf.summary.scalar*. Recordemos que en el entrenamiento de la red GAN utilizábamos una función de *callback* para escribir los logs de Tensorboard. Por otro lado, en el entrenamiento mostrado se utiliza *early-stopping*. Controlamos si el error en validación no ha mejorado durante las 10 últimas épocas (variable *limite_early_stopping*), con el objetivo de parar el entrenamiento. Recordemos que inicialmente hemos indicado que el entrenamiento se llevará a cabo en 500 épocas como límite total. El código también graba el mejor modelo de acuerdo al error producido en validación.

Código 12.5: Quinta parte del código del AutoEncoder-Decoder

```
###########################################
# Paso 5. Implementamos el entrenamiento
# manualmente
###########################################
# Definimos un writer de Tensorboard al realizar
# el entrenamiento manualmente
writer = tf.summary.create_file_writer(PATH_TENSORBOARD_LOGS)

# Establecemos un valor inicial del error de validación
# para controlar la grabación
min_loss = np.inf
# Establecemos el valor de épocas en early-stopping con las
# que pararemos el entrenamiento si no mejoramos
limite_early_stopping = 10
contador_early_stopping = 0

for epoch in range(1, EPOCAS+1):
```

```
t = time.time()

# Entrenamos con los datos de train
epoch_loss = []
for data in generar_batch(train_list, batch_size=TAM_BATCH):
    loss = modelo.train_on_batch(data)
    epoch_loss.append(loss)
train_loss = sum(epoch_loss)/len(epoch_loss)

print(f'\nEPOCH: {epoch} \t (Epoca realizada en {int(time.
    time()-t)} sec)')
print(f'Error en Train = {train_loss:.5f}')

# Evaluamos con los datos de validación
val_loss = 0.0
for data in generar_batch(val_list, batch_size=TAM_BATCH):
    loss = modelo.test_on_batch(data)
    val_loss += loss

print(f'Error on Validación = {val_loss:.5f}')

# Escribimos manualmente en Tensorboard
with writer.as_default():
    tf.summary.scalar('Training loss', train_loss, step=epoch
        )
    tf.summary.scalar('Validation loss', val_loss, step=epoch
        )

# Guardamos los pesos cuando mejora el accuracy de validación
if val_loss < min_loss:
    contador_early_stopping = 0
    modelo.save(PATH_MODELO)
    min_loss = val_loss
else:
    # Avanzamos el contador de early-stopping
    contador_early_stopping += 1
    # Interrumpimos entrenamiento si en X épocas no hemos
    # mejorado la validación
    if contador_early_stopping >= limite_early_stopping:
        break
```

Las Figuras 12.3a y 12.3b muestran las gráficas del entrenamiento. Podemos ver que, tanto para entrenamiento como para validación, se reduce el error. Los valores son más altos en validación al ser datos utilizados de forma indirecta para quedarnos con el mejor modelo.

Finalmente, el Código 12.6 es la evaluación de los datos de prueba. En este ejemplo hemos utilizado la carpeta del dataset denominada *val*, ya que incluía únicamente una carpeta de train y otra de val. Recordemos que la de train es la que habíamos previamente dividido en entrenamiento y validación, dejando la de val como test. Aunque este código se encuentra a continuación del anterior, podría tratarse de un programa separado encargado de la eliminación del ruido de ciertas imágenes. En nuestro caso lo verdaderamente importante es el resultado, y no tanto el error que se produce. Por ese motivo, el código muestra cómo seleccionar 6 imágenes del test, aplicarlas un ruido aleatorio, pasarlas por

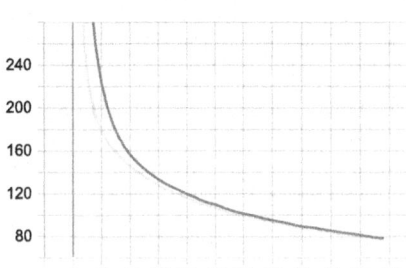

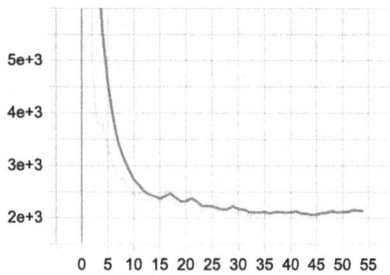

(a) Error del entrenamiento   (b) Error de la validación

Figura 12.3: Error durante el entrenamiento del modelo AutoEncoder-Decoder de eliminación de ruido

el modelo y, finalmente, visualizar los resultados con Matplotlib.

Código 12.6: Sexta parte del código del AutoEncoder-Decoder (Evaluación)

```
##############################################################
# Paso 6. Evaluación de algunas imágenes de test
##############################################################
# Cargamos el mejor modelo generado, como si nos
# encontráramos en un programa nuevo
modelo = load_model(PATH_MODELO)

##############################################################
# Creamos lista de imágenes de test
##############################################################
test_list = []
ficheros = os.listdir(PATH_DATASET_TEST)
for fichero in ficheros:
    test_list.append(os.path.join(PATH_DATASET_TEST, fichero))

##############################################################
# Realizaremos inferencia de 6 imágenes aleatorias
# y visualizamos el resultado
##############################################################
num_plots = 6
f, axes = plt.subplots(num_plots, 3, figsize=(6, 10))

for i in range(num_plots):
    idx = random.randint(0, len(test_list) - 1)

    # Cargamos la imagen y aplicamos ruido
    img = cv2.imread(test_list[idx])
    img = cv2.resize(img, IMG_SIZE, interpolation= cv2.
        INTER_LINEAR)
    img_origen = cv2.cvtColor(img, cv2.COLOR_BGR2RGB)
    img_ruido = ruido_speckle(img_origen)
    # Realizamos la inferencia
    img_resultado = modelo(np.array([img_ruido]))/255.0
```

```
        img_resultado = img_resultado [0].numpy() * 255.0
        img_resultado = img_resultado.astype(np.uint8)

        # Imagen original
        axes[i, 0].imshow(img_origen)
        axes[i, 0].axes.xaxis.set_ticklabels([])
        axes[i, 0].axes.yaxis.set_ticklabels([])
        axes[i, 0].set_xticks([])
        axes[i, 0].set_yticks([])
        # Imagen con ruido speckle
        axes[i, 1].imshow(img_ruido)
        axes[i, 1].axes.xaxis.set_ticklabels([])
        axes[i, 1].axes.yaxis.set_ticklabels([])
        axes[i, 1].set_xticks([])
        axes[i, 1].set_yticks([])
        # Imagen resultado del modelo
        axes[i, 2].imshow(img_resultado)
        axes[i, 2].axes.xaxis.set_ticklabels([])
        axes[i, 2].axes.yaxis.set_ticklabels([])
        axes[i, 2].set_xticks([])
        axes[i, 2].set_yticks([])
        if i == num_plots - 1:
            axes[i, 0].set(xlabel='Imagen original')
            axes[i, 1].set(xlabel='Imagen con ruido')
            axes[i, 2].set(xlabel='Imagen resultado')
plt.show()
```

La Figura 12.4 muestra alguna el resultado de la supresión del ruido de algunas imágenes con el modelo obtenido. Para los que estén familiarizados con las técnicas de visión clásica podemos ver que el modelo tiende a comportarse como un filtro gaussiano. Se invita al lector a probar modificaciones del programa, por ejemplo modificando la función de ruido, cambiando las capas internas de convolución y deconvolución o aumentando la dimensión de la imagen de salida.

12.2. VAE y CVAE

Los modelos del tipo Variational AutoEncoders (VAE) combinan elementos de los autoencoders y de los modelos generativos probabilísticos para aprender una representación latente de datos y generar nuevas muestras similares. En loa AutoEncoders clásicos (AE), el vector de espacio latente ‡ es directamente obtenido en la salida del codificador, por lo que dicho vector no sigue ninguna distribución. En los VAE, la razón por la que una entrada se codifica como una distribución con cierta varianza es que permite expresar la regularización del espacio latente de una forma muy natural. Las distribuciones devueltas por el codificador se aproximan a una distribución normal estándar. Esta regularidad permite dos propiedades en el proceso generativo: continuidad y exhaustividad. La continuidad indica que dos puntos del espacio latente cercanos entre sí deben decodificarse como contenido próximo o parecido (por ejemplo, imágenes parecidas). La exhaustividad indica que, para un punto elegido del espacio latente de una distribución elegida, debe generarse contenido significativo en la decodificación.

Imagen original   Imagen con ruido   Imagen resultado

Figura 12.4: Algunos ejemplos de imágenes con supresión de ruido con el
AutoEncoder-Decoder

En el proceso generativo, los VAE permiten alterar el contenido de la decodificación de manera controlada. Ligeras variaciones en el vector de espacio latente de entrada producirán ligeras variaciones de la imagen de salida del decodificador, algo que no ocurría con los AEs clásicos.

Las distribuciones codificadas son de tipo normal para que el codificador pueda entrenarse y generar tanto el vector de la media $\mu(x)$, como el vector de desviación estándar $\sigma(x)$. Estos dos vectores categorizan una distribución Gaussiana $\mathcal{N}(\mu, \sigma)$ a partir de la cual extraemos un vector aleatorio del espacio latente z, en la distribución $\mathcal{N}(\mu, \sigma)$. El codificador del VAE produce tanto el vector de medias como de desviaciones (ver Figura 12.5). Se suele utilizar la exponencial para trabajar con valores positivos.

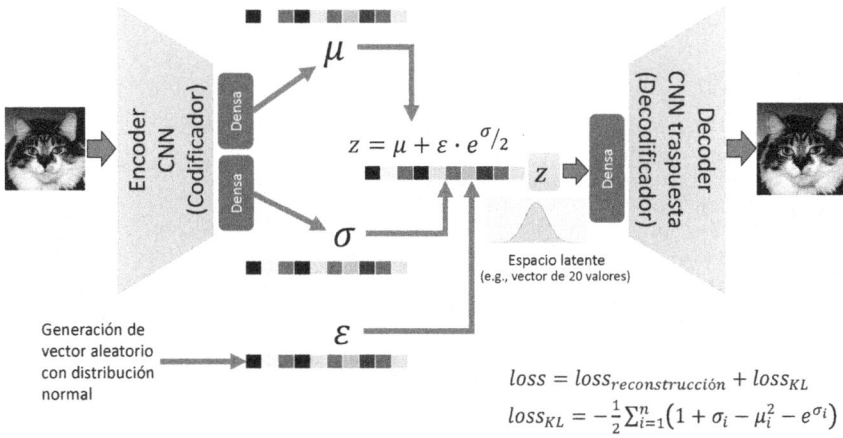

Figura 12.5: Esquema de Variational AutoEncoder

El entrenamiento del modelo VAE requiere de la suma de dos pérdidas diferentes (ver Ecuación 12.1). Por un lado, está la pérdida de reconstrucción, que evalúa cómo de distinto es la imagen de salida de la de entrada. Por otro lado, es necesario añadir una nueva pérdida que evita que haya saltos en el espacio latente porque las medias obtenidas pueden ser muy diferentes y las desviaciones típicas pueden ser pequeñas. Esta nueva pérdida, también denominada término de regularización, se basa en la divergencia de Kullback-Leibler (ver Ecuación 12.2). Es una medida de la diferencia entre dos distribuciones de probabilidad. En el contexto del VAE, la pérdida KL mide la discrepancia entre la distribución latente aprendida y una distribución de referencia deseada.

$$loss = loss_{reconstruccion} + loss_{KL} \tag{12.1}$$

$$loss_{KL} = -\frac{1}{2}\sum_{i=1}^{n}\left(1 + \sigma_i - \mu_i^2 - e^{\sigma_i}\right) \tag{12.2}$$

Volviendo al ejemplo mostrado anteriormente con las redes generativas antagónicas, vamos a mostrar cómo podemos implementar una red VAE en Pytorch capaz de generar imágenes sintéticas de gatos. La primera parte del código (Código 12.7) muestra cómo apuntar a nuestro dataset. Vamos a aislar la carpeta cat del dataset *Animal Faces* en una nueva carpeta que hemos denominado vae. Este dataset tiene más de 5,000 imágenes de gatos sobre las que aplicaremos un aumento de datos aplicando flips horizontales.

Código 12.7: VAE. Definiendo el dataset de caras de gatos

```python
############################################################
# VAE para generar imágenes de gatos artificiales
# Utilizamos el dataset Animal Faces
# para generar imágenes sintéticas de animales
# https://www.kaggle.com/datasets/andrewmvd/animal-faces
# Nos centraremos en gatos
# Copiar carpeta cat dentro de otra carpeta vae
# afhq/train/cat --> afhq/vae/cat
############################################################
import numpy as np
from torchvision.utils import save_image
import torch
import torch.nn as nn
from torchvision import transforms
from torchvision.datasets import ImageFolder
from torch.utils.data import DataLoader
import torch.optim as optim
from torch.autograd import Variable

# Ver si está la GPU disponible
print("GPU disponible: ", torch.cuda.is_available())
uso_gpu = torch.cuda.is_available()
device = torch.device("cuda:0" if torch.cuda.is_available() else
    "cpu")


############################################################
# Rutas y parámetros del programa
############################################################
# Imágenes de entrenamiento
PATH_DATASET="D:/Experimentos/DATASETS/afhq/vae"
batch_size = 64
############################################################
# Paso 1. Apuntamos a nuestros datos, repitiendo
#         imágenes con cierta transformación
############################################################
img_size = 128
transformacion = transforms.Compose([transforms.
    RandomHorizontalFlip(),
        transforms.Resize(size=(img_size, img_size)),
        transforms.ToTensor()])

datasetes = {}
imgF = []
imgF.append(ImageFolder(PATH_DATASET, transform=transformacion))
datasetes['train'] = torch.utils.data.ConcatDataset(imgF)
```

```
tam_train = len(datasetes['train'])
print("Número de imágenes de entrenamiento: ", tam_train)

dataloaders = {x:DataLoader(datasetes[x], batch_size, shuffle=
    True, num_workers=0, pin_memory=True) for x in ['train']}
dataset_sizes = {x: len(datasetes[x]) for x in ['train']}
```

A continuación, definiremos nuestro VAE. Es un modelo sencillo con cuatro capas de convolución en el codificador y cuatro en el decodificador. En el Código 12.8 podemos ver la implementación de la función de error con la divergencia de Kullback-Leibler.

Código 12.8: VAE. Definiendo el modelo y la función de pérdida con la divergencia de Kullback-Leibler

```
##########################################################
# Paso 2. Definir la arquitectura del VAE para
#         imágenes de 3 canales y dimensión 128x128
##########################################################
class VAE(nn.Module):
    def __init__(self, input_dim, hidden_dim, latent_dim):
        super(VAE, self).__init__()

        self.encoder = nn.Sequential(
            nn.Conv2d(input_dim, hidden_dim, kernel_size=4,
                stride=2, padding=1),
            nn.ReLU(),
            nn.Conv2d(hidden_dim, hidden_dim * 2, kernel_size=4,
                stride=2, padding=1),
            nn.ReLU(),
            nn.Conv2d(hidden_dim * 2, hidden_dim * 4, kernel_size
                =4, stride=2, padding=1),
            nn.ReLU(),
            nn.Conv2d(hidden_dim * 4, hidden_dim * 8, kernel_size
                =4, stride=2, padding=1),
            nn.ReLU()
        )
        self.mu_layer = nn.Linear(32768, latent_dim)
        self.logvar_layer = nn.Linear(32768, latent_dim)

        self.decoder = nn.Sequential(
            nn.ConvTranspose2d(hidden_dim * 8, hidden_dim * 4,
                kernel_size=4, stride=2, padding=1),
            nn.ReLU(),
            nn.ConvTranspose2d(hidden_dim * 4, hidden_dim * 2,
                kernel_size=4, stride=2, padding=1),
            nn.ReLU(),
            nn.ConvTranspose2d(hidden_dim * 2, hidden_dim,
                kernel_size=4, stride=2, padding=1),
            nn.ReLU(),
            nn.ConvTranspose2d(hidden_dim, input_dim, kernel_size
                =4, stride=2, padding=1),
            nn.Sigmoid()
        )
        self.fc = nn.Linear(latent_dim, 32768 )
```

```python
    def encode(self, x):
        hidden = self.encoder(x)
        hidden = hidden.view(hidden.size(0), -1)
        mu = self.mu_layer(hidden)
        logvar = self.logvar_layer(hidden)
        return mu, logvar

    def reparameterize(self, mu, logvar):
        std = torch.exp(0.5 * logvar)
        eps = torch.randn_like(std)
        z = mu + eps * std
        return z

    def decode(self, z):
        f = self.fc(z)
        f = f.view(f.size(0), 512, 8, 8)
        return self.decoder(f)

    def forward(self, x):
        mu, logvar = self.encode(x)
        z = self.reparameterize(mu, logvar)
        reconstruction = self.decode(z)
        return reconstruction, mu, logvar

###############################################
# Paso 3. Definir la función de pérdida del VAE
###############################################
def vae_loss(reconstruction, x, mu, logvar):
    reconstruction_loss = nn.functional.binary_cross_entropy(
        reconstruction, x, reduction='sum')
    kl_divergence = -0.5 * torch.sum(1 + logvar - mu.pow(2) -
        logvar.exp())
    return reconstruction_loss + kl_divergence
```

Finalmente, en el Código 12.9 se muestra cómo se lleva a cabo el entrenamiento y se genera un batch de imágenes sintéticas. Las imágenes de salida tienen una resolución de 128x128. Podemos ver en la Figura 12.6 alguna de las imágenes generadas. Se invita al lector a probar diferentes configuraciones del codificador y decodificador y ver cómo evolucionan las imágenes.

Código 12.9: VAE. Realizando el entrenamiento y generando alguna imagen de ejemplo

```python
###############################################
# Paso 4. Configuración del modelo y el optimizador
###############################################
input_dim = 3   # Canales de entrada (por ejemplo, imágenes en RGB
    )
image_dim = 128   # Dimension de la imagen (128x128 píxeles)
hidden_dim = 64   # Dimension de las capas ocultas
latent_dim = 40   # Dimension del espacio latente

vae = VAE(input_dim, hidden_dim, latent_dim).to(device)
optimizer = optim.Adam(vae.parameters(), lr=0.001)

###############################################
```

```python
# Paso 5. Entrenamiento del VAE
############################################################
def train_vae(data_loader, num_epochs):
    vae.train()
    min_loss = np.inf

    for epoch in range(num_epochs):
        total_loss = 0
        for batch_idx, (x, _) in enumerate(data_loader):
            optimizer.zero_grad()
            x = x.to(device)
            x = Variable(x)

            reconstruction, mu, logvar = vae(x)
            loss = vae_loss(reconstruction, x, mu, logvar)

            loss.backward()
            total_loss += loss.item()
            optimizer.step()

        print('Epoch [{}/{}], Average Loss: {:.4f}'
            .format(epoch+1, num_epochs, total_loss / len(
                data_loader.dataset)))
        avg_loss = total_loss / len(data_loader.dataset)
        if avg_loss < min_loss:
            min_loss = avg_loss
            torch.save(vae.state_dict(), 'modelo_VAE.pt')

# Entrenar el VAE
num_epochs = 20
train_vae(dataloaders["train"], num_epochs)

# Cargamos el mejor de los modelos ante validación
vae.load_state_dict(torch.load('modelo_VAE.pt'))

############################################################
# Paso 6. Creamos un batch de imágenes de ejemplo
#         Utilizamos el decoder
############################################################
with torch.no_grad():
    noise = torch.randn(batch_size, latent_dim).to(device)
    generated_images = vae.decode(noise)
save_image(generated_images.view(batch_size, 3, 128, 128), '
    imagenes_resultado.png')
```

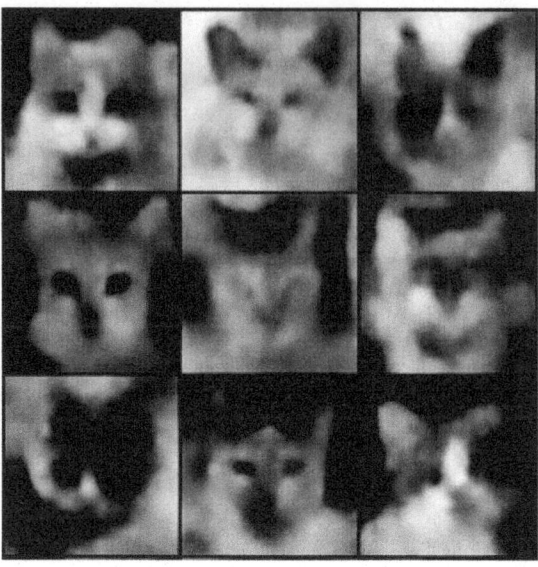

Figura 12.6: Imágenes sintéticas generadas con un VAE

Capítulo 13

Detección y segmentación de objetos

Durante los últimos años, se han desarrollado diferentes modelos que permiten detectar todo tipo de elementos en imágenes, como pueden ser objetos, edificios, animales o personas. De ahora en adelante, hablaremos de objetos para referirnos a todos estos elementos.

En los problemas de clasificación (ver Figura 13.1a), tratábamos las imágenes como un todo donde nuestro modelo devolvía un vector de probabilidades de que cada imagen perteneciera a distintas categorías. Debido al problema de clasificación en sí mismo, por ejemplo, con la función *softmax*, la probabilidad de una categoría era superior a la del resto.

En la detección, vamos a distinguir dos tipos de problemas: detección propiamente dicha y segmentación. Por un lado, tenemos el problema de detección que nos permite buscar uno o más objetos en una imagen, devolviendo la región rectangular donde se encuentra cada uno (ver Figura 13.1b). Las redes como YOLO, EfficientDet, Faster R-CNN o SSD trabajan de esta forma. Por otro lado, en el problema de segmentación (ver Figura 13.1c), los modelos son capaces de detectar los límites de los objetos, aunque no siempre devuelven a qué categoría pertenecen. Mask R-CNN [69] es un tipo de red que permite segmentar objetos de esta manera.

Para poder entrenar estos modelos correctamente, se suele partir de un conjunto de datos muy amplio que permite evaluar y comparar los resultados con otros métodos. Uno de los datasets más importantes es COCO, `https://cocodataset.org/`, que incluye más de 330,000 imágenes con más de 1,5 millones de objetos etiquetados en 80 categorías diferentes. A parte de datos de segmentación, COCO incluye datos etiquetados sobre puntos clave de personas (ojos, cuello, manos, etc.), necesarios para entrenar redes de obtención de esqueleto de personas.

La segmentación se suele utilizar en algunos modelos compuestos, como paso previo a otro modelo. Así, por ejemplo, la Figura 13.2 muestra un problema de

(a) Clasificación   (b) Detección   (c) Segmentación

Figura 13.1: Problema de clasificación, detección y segmentación

clasificación de acciones en vídeo, donde los frames que vienen de la cámara son segmentados con el objetivo de aislar a la persona, que es realmente el objeto que queremos procesar. Esta técnica evita que el modelo se fije en partes de la imagen no significativas para el problema. Una vez segmentada la persona, se introduce en una red CNN, tipo Inception, para extraer los vectores de features. A continuación, partiendo de los vectores de features de los últimos n frames, se lleva a cabo el reconocimiento de la actividad utilizando un modelo compuesto formado por una LSTM y diversas capas de clasificación. Este modelo compuesto tendría, por lo tanto, un *pipeline* formado por 3 modelos que se acoplarían uno a continuación de otro: Mask R-CNN, Inception V3 (sin clasificación) y LSTM con clasificación.

Mask R-CNN se ha utilizado en problemas de distinta índole, donde básicamente se busca aislar el objeto de interés para posteriormente clasificarlo. Si se segmentan varios objetos en una imagen, se podría clasificar cada uno de ellos por separado, transformándose el problema en un problema de detección, donde se nos devolvería región segmentada y tipo de objeto de cada uno de ellos.

13.1. Detección

Existen diversos modelos que permiten llevar a cabo la detección de objetos en imágenes. Entre los más recientes, que funcionan en una etapa de procesamiento, podemos destacar los siguientes:

1. SSD, del inglés *Single Shot Detector* [70], divide una imagen de entrada en cuadrículas de varios tamaños. En cada cuadrícula se realiza la detección para diferentes clases y diferentes relaciones de aspecto. A continuación, se asigna una puntuación a cada una de estas cuadrículas que indica cómo de bien coincide un objeto en dicha cuadrícula. Finalmente, se aplica una supresión no máxima (NMS) para obtener la detección final. Internamente, SSD tiene dos componentes principales: los mapas de features

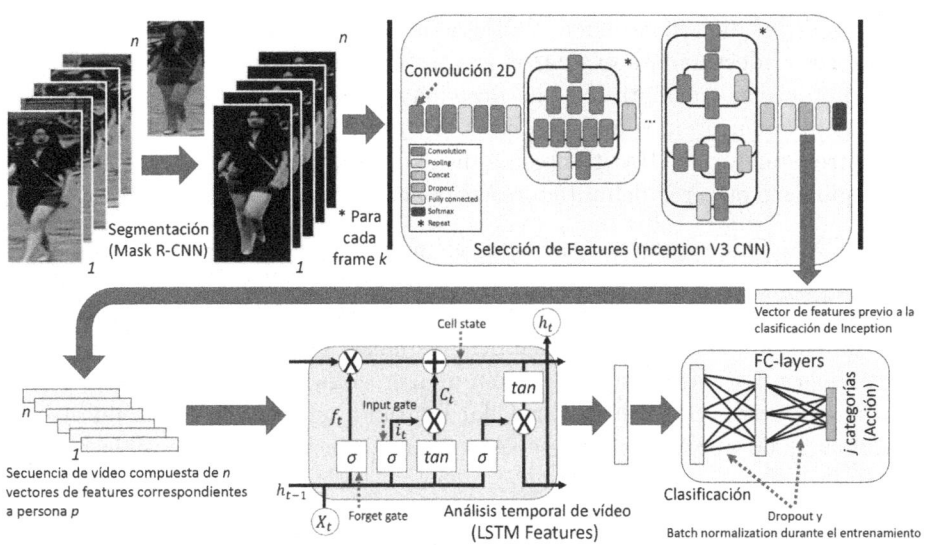

Figura 13.2: Mask R-CNN en el problema de segmentación y clasificación de acciones en vídeo

multiescala para la detección y un predictor convolucional. El extractor de características multiescala es un modelo pre-entrenado para clasificar imágenes, que permite obtener los *feature maps* para distintos tamaños. El predictor convolucional se compone de un par de capas convolucionales apiladas y se añade a la parte superior del modelo backbone. La salida da como resultado los cuadros delimitadores sobre los objetos. Estas capas convolucionales detectan los distintos objetos de la imagen.

2. EfficientDet [71] fue diseñada por Google Brain. EfficientDet se ha construido sobre EfficientNet, una red neuronal convolucional pre-entrenada en la base de datos de imágenes ImageNet para su clasificación. Como vimos anteriormente, EfficientNet busca un equilibrio entre número de parámetros y precisión. De forma parecida a SSD, EfficientDet agrupa y mezcla partes de la imagen con una granularidad determinada y forma características que pasan por una capa de fusión de características NAS-FPN. Las capas NAS-FPN combinan varias características con distintas granularidades y las transmiten a las capas de predicción finales, donde se predicen los cuadros delimitadores y las etiquetas de clase.

3. El algoritmo *You Only Look Once* (YOLO) [72–75] utiliza una única CNN propia para detectar objetos. YOLO devuelve la confianza y la posición de un objeto en una imagen y utiliza módulos inspirados en Inception para reducir el número de operaciones. Al igual que en otras redes convolucionales, utiliza varios pares consecutivos de capas convolucionales y de agrupación que tienen como objetivo extraer primero características simples, como líneas o vértices, y después características más complejas.

Una de las diferencias entre YOLO y otras redes es el diseño de su función de coste, destinada a evaluar el cuadro delimitador y la confianza de que un objeto se encuentra en una posición concreta de la imagen. Posteriormente, explicaremos más en detalle YOLO y mostraremos un ejemplo de entrenamiento. YOLO también aplica supresión máxima (NMS) sobre las regiones o cuadros delimitadores obtenidos.

4. R-CNN [76], representa un tipo de método que separa el problema de la detección en dos partes. En R-CNN, siglas de *Region-Based Convolutional Neural Network*, se utiliza un algoritmo de búsqueda selectiva que combina regiones segmentadas más pequeñas para generar propuestas de regiones. Este algoritmo toma una imagen como entrada y la salida genera propuestas de región sobre ella, limitando el número de propuestas a unas 2,000 aproximadamente. A continuación, para cada posible región, se utiliza una red de convolución, como AlexNet, que se conecta con un clasificador SVM para devolver como salida tanto las coordenadas de la región delimitadora como el objeto en cuestión. El algoritmo de búsqueda selectiva de regiones es costoso computacionalmente, ya que una ventana deslizante atraviesa el mapa de características de la imagen, explorando regiones similares en base a color, textura, tamaño y otros criterios. Para cada ventana, se generan varias propuestas de regiones candidatas. Estas propuestas no son las definitivas, ya que se filtrarán en función de una puntuación objetiva.

5. Faster R-CNN [77] se inspira en su predecesor R-CNN, pero a diferencia de R-CNN, la arquitectura de Faster R-CNN utiliza un modelo compuesto formado por una red denominada *Region Proposal Network* (RPN), que propone regiones, y una red R-CNN para detectar objetos en las regiones propuestas. La RPN se conecta con la R-CNN utilizando un mecanismo de atención, por lo que no es necesario alimentar cada vez con 2,000 propuestas de región a la red R-CNN. En su lugar, la operación de convolución se realiza sólo una vez por imagen, y se genera un mapa de características a partir de ella.

Comparativamente, podemos encontrar trabajos que nos hablan de que han obtenido resultados mejores utilizando SSD o EfficientDet frente a YOLO, y trabajos que nos dicen lo contrario. Lo que está claro es que todos los métodos ofrecen resultados próximos y que, salvo que se busque el mejor de todos para un caso concreto, cualquiera de los métodos podría ser válido en un problema de detección. Otro aspecto a tener en cuenta es el tiempo de procesamiento. Nuevamente, es difícil decir cuál es más rápido ya que cada uno de ellos tiene varias subvariantes. Así, por ejemplo, EfficientDet D1 es más rápido que EfficientDet D6, pero ofrece peores resultados. YOLO también tiene varias versiones dependiendo del tamaño del modelo: pequeño, mediano, grande, etc., que también varían dependiendo del tamaño de imagen de entrada. Además, hay que tener en cuenta las distintas versiones que se han ido publicando. Mientras que la mayoría de comparaciones se realizan contra YOLO 3, es necesario tener en cuenta que han ido saliendo distintas versiones oficiales y no oficiales hasta la fecha, actualmente YOLO 7.

13.2. YOLO

YOLO [72–75] es un modelo de detección de objetos de una única etapa de código abierto. Esto quiere decir que una imagen entra en el modelo, y como salida se obtiene la propia detección. No es necesario realizar pasos adicionales, aunque realmente sí aplican una supresión no máxima en su programa de detección. Aunque la primera versión de YOLO surgió sobre el año 2015, se han desarrollado 7 o más versiones hasta la fecha, las cuales van incluyendo distintos cambios y mejoras. YOLO ha adquirido mucha importancia en el mundo académico y profesional durante los últimos años, debido en parte a ser de código abierto y ofrecer buenos resultados de detección.

YOLO utiliza una única red neuronal que recibe una imagen como entrada y devuelve como salida un vector de *bounding boxes* o cuadros/regiones delimitadoras, junto con el porcentaje de predicción de las correspondientes categorías detectadas. La imagen de entrada se divide en una cuadrícula de $S \cdot S$ celdas. Para cada objeto presente en la imagen, la celda en la que se encuentra el centro del objeto es responsable de su predicción, como se muestra en la Figura 13.3.

Figura 13.3: División de imagen en celdas con YOLO

Cada celda de la cuadrícula predice B regiones delimitadoras y las probabilidades de cada clase, C. La salida de la red está formada por las regiones delimitadoras y las probabilidades de clase. La predicción de cada región delimitadora tiene 5 componentes: $(x, y, w, h, confianza)$. Las coordenadas (x, y) representan el centro de la región, en relación con la ubicación de la celda de la cuadrícula; mientras que (w, h) son el ancho y alto de la región en relación con el tamaño de la imagen. La confianza muestra la certeza de que un objeto de estas dimensiones está presente en esa posición. Además, en cada casilla hay probabilidades correspondientes a cada una de las clases posibles. YOLO utiliza una única red CNN con diferentes capas convolucionales, de agrupación máxima y de conexión completa. Las capas convolucionales extraen características, llamadas mapas de características, y las capas de *pooling* destilan las características hasta los elementos más destacados. Varios pares consecutivos de capas convolucionales y de *pooling* tienen como objetivo extraer primero características simples, como líneas o vértices, hasta llegar a características más complejas, como en nuestro caso serían la forma y los atributos. También utiliza secuencias de capas de reducción de $1x1$ y capas convolucionales de $3x3$ inspiradas en el modelo GoogLeNet (Inception) [37, 78] y en el modelo Network in Network (NiN) para reducir el número de características antes de los costosos bloques paralelos. Las convoluciones $1x1$ se conoce comúnmente como técnica del cuello de botella, o *bottleneck technique*. Se ha demostrado que las capas cuello de botella reducen el número de parámetros/operaciones en un 10% consiguiendo resultados muy similares a los de redes más complejas. Las capas totalmente conectadas se encargan de clasificar las características extraídas previamente por las convoluciones y la agrupación en las categorías o cajas delimitadoras.

Debido a que la salida de YOLO no es como en otros problemas de clasificación de CNN, se definió la función de pérdida específica mostrada en la Ecuación 13.1.

$$
\begin{aligned}
e = {} & \lambda_{coord} \sum_{i=0}^{S^2} \sum_{j=0}^{B} \mathbb{1}_{ij}^{obj} \left(x_i - \hat{x}_i\right)^2 + \left(y_i - \hat{y}_i\right)^2 \\
& + \lambda_{coord} \sum_{i=0}^{S^2} \sum_{j=0}^{B} \mathbb{1}_{ij}^{obj} \left(\sqrt{w_i} - \sqrt{\hat{w}_i}\right)^2 + \left(\sqrt{h_i} - \sqrt{\hat{h}_i}\right)^2 \\
& + \sum_{i=0}^{S^2} \sum_{j=0}^{B} \mathbb{1}_{ij}^{obj} \left(C_i - \hat{C}_i\right)^2 + \lambda_{noobj} \sum_{i=0}^{S^2} \sum_{j=0}^{B} \mathbb{1}_{ij}^{noobj} \left(C_i - \hat{C}_i\right)^2 \\
& + \sum_{i=0}^{S^2} \mathbb{1}_{i}^{obj} \sum_{c \in classes} \left(p_i(c) - \hat{p}_i(c)\right)^2
\end{aligned}
\tag{13.1}
$$

donde el primer término evalúa, para cada celda $S \cdot S$ y cada región delimitadora B, el error de la posición central (x, y) de la región delimitada de algún objeto encontrado comparado con el valor real que debería tener. El término $\mathbb{1}^{obj}$ es 1 si un objeto está presente en la celda i y el predictor de la región delimitadora j es responsable de esa predicción. El segundo término utiliza una idea similar, pero en lugar de comprobar el punto central de la región delimitadora, lo que se comprueba es el tamaño de la propia región, para una altura w y anchura h, comparado con el objeto real utilizado durante el entrenamiento.

En cuanto al tercer término, el concepto es el mismo que en los términos anteriores, pero se evalúa la confianza (C_i) en que la región delimitadora detectada corresponde realmente a un objeto $(\hat{C}_i)$. Este término también penaliza las detecciones incorrectas. Los parámetros λ se utilizan para equilibrar las diferentes partes de la función de pérdida. El cuarto término es en realidad responsable del problema de clasificación, infiriendo si un objeto situado en la celda i es de la clase que estamos buscando. La función indicadora, $\mathbb{1}_i^{obj}$ es 1 si un objeto está presente en una celda i, y 0 en caso contrario. Esta función parece similar a un error cuadrático utilizado en un problema de clasificación, excepto por $\mathbb{1}_i^{obj}$. Este indicador se utiliza para no penalizar el error cuando no hay ningún objeto en la celda. En YOLO, al igual que en otras redes neuronales, se utiliza el algoritmo de optimización de descenso de gradiente para minimizar la función de error y conseguir un mínimo global.

Las diferentes versiones de YOLO han ido incluyendo diversos cambios en la arquitectura. Así, por ejemplo, YOLO v3 se componía de 75 capas convolucionales, 23 capas de *shortcut* después de las capas CNN para propagar los gradientes más allá y permitir un entrenamiento eficiente, 4 capas de enrutamiento para fusionar las capas precedentes en una sola capa, 2 capas de muestreo ascendente (*up-sample layers*) utilizadas para la deconvolución y 3 capas YOLO responsables de calcular la pérdida en tres escalas diferentes.

Anteriormente, YOLO v2 [73] había introducido diversas modificaciones a YOLO, como:

1. Batch normalization, para ayudar a regularizar el modelo y reducir el sobreajuste.

2. Imágenes de alta resolución, pasando de pequeñas imágenes de entrada de 224x224 a 448x448.

3. Uso de *anchor boxes*, para predecir más cajas delimitadoras por imagen.

4. Características de grano fino, que ayuda a localizar objetos pequeños mientras es eficiente para objetos grandes.

5. Entrenamiento multiescala, que cambia aleatoriamente las dimensiones de la imagen durante el entrenamiento para detectar objetos pequeños. El tamaño pasa de un mínimo de 320x320 a un máximo de 608x608.

6. Modificaciones en la red interna, utilizando un nuevo modelo de clasificación como clasificador principal.

Además, YOLO v3 [74] había incluido algunas modificaciones, denominadas mejoras incrementales, realizando algunos cambios en la región delimitadora y en las predicciones de las categorías junto con la predicción a través de las escalas. La predicción a través de las escalas extrae características de cada escala y utiliza un método basado en redes de pirámides de características.

En los últimos años, ha habido algunas controversias en la comunidad de visión artificial sobre las nuevas versiones de YOLO. Mientras algunas versiones han seguido una línea oficial, otras se han creado por otras empresas o equipos de investigación. Esto ha sido consecuencia, en parte, de que cualquiera puede descargar el código de YOLO y modificarlo para probar distintas arquitecturas y configuraciones que pueden mejorar su resultado en ciertos casos. Un ejemplo popular es YOLO v5, creado por la empresa Ultralytics. Es similar a YOLO v4 pero utiliza un marco diferente, PyTorch, en lugar de DarkNet. El creador de YOLO v4, Alexey Bochkovskiy, proporcionó pruebas comparativas entre YOLO v4 y YOLO v5, demostrando que la versión 4 funcionaba igual o mejor. Otro ejemplo es YOLO v6 (MT), publicado por la empresa china MeiTuan. Y también hay una versión no oficial de YOLO v7 que se publicó el año anterior a la oficial, por lo que hay dos versiones YOLO v7). Tanto YOLO v5 como YOLO v6 no se consideran parte de la serie oficial de YOLO, pero se inspiraron en gran medida en la arquitectura original de YOLO. Entre los investigadores más críticos, se comenta que algunas versiones no han sido correctamente probadas en condiciones similares y revisadas, por lo que algunos apuntan a que YOLO v7 oficial debería ser el verdadero YOLO v5.

13.2.1. Entrenamiento y detección con YOLO de manos

En el siguiente ejemplo vamos a ver cómo podemos entrenar YOLO v7 para detectar las manos de una persona. YOLO v7 está disponible en código abierto y puede ser descargado de la URL: `https://github.com/WongKinYiu/yolov7`. Está implementado utilizando Python y Torch, lo cual nos permite poder adaptar su código a nuestras necesidades. Por ejemplo, es bastante común adaptar el programa *detect.py*, que viene por defecto, de acuerdo con nuestras necesidades.

Para entrenar un modelo YOLO desde cero, es necesario utilizar un formato apropiado de fichero de etiquetado para la lectura del programa de entrenamiento. YOLO necesita conocer, para cada imagen, la relación de objetos que aparecen, así como las coordenadas de localización. Para ello, por cada fichero de imagen, se debe generar un fichero *.txt* que incluye los siguientes campos delimitados por tabulación u otro tipo de separación: clase de objeto, x_c, y_c, w, h. Los valores x_c e y_c son las coordenadas centrales del objeto respecto a la imagen divididas entre el ancho y alto de la imagen respectivo. Es decir, las coordenadas relativas del centro del objeto en la imagen. Por otro lado, w y h son la anchura y altura del objeto, también divididos entre el ancho y alto de la imagen, y por lo tanto relativos a la imagen. Para cada imagen, pueden existir distintos objetos, de la misma o de diferentes clases.

En nuestro ejemplo, utilizaremos el *Hand Dataset*, localizable en Kaggle (`https://www.kaggle.com/datasets/armannikkhah/hand-dataset/code`).

Tendremos que descargar este dataset y colocarlo en una carpeta de nuestro sistema. Para cualquier proyecto donde entrenamos modelos con imágenes, conviene utilizar discos rápidos que eviten un cuello de botella en lectura.

En esta base de datos, los autores han etiquetado previamente cientos de imágenes donde aparecen personas, y han delimitado las regiones de las manos. Sin embargo, el formato que han utilizado no es directamente compatible con YOLO, y es necesario realizar una transformación previa al formato esperado.

En el etiquetado del *Hand Dataset*, los autores han creado rectángulos sobre las manos de las personas, pero han rotado dichos rectángulos respecto a la orientación de la muñeca. Además, han utilizado ficheros Matlab para almacenar las coordenadas de estos rectángulos rotados. Por otra parte, los autores han utilizado coordenadas absolutas y no relativas, por lo que también tendremos que hacer la conversión a un formato relativo. En el ejemplo utilizamos este dataset, ya que YOLO requiere del orden de 800 a 1,000 imágenes por clase para tener un funcionamiento apropiado. El *Hand Dataset* tiene 4,069 imágenes de entrenamiento y 738 imágenes de validación.

Un aspecto importante en cualquier proyecto de aprendizaje automático es la preparación de los juegos de datos apropiados para llevar a cabo un entrenamiento satisfactorio. Si optamos, como en este caso, por utilizar un dataset conocido, tendremos que analizar cómo adaptarlo para utilizarlo en nuestro proyecto.

El Código 13.1 muestra la primera parte de la transformación de las etiquetas del *Hand Dataset* a coordenadas utilizables por YOLO. La función *generarAnotacionYOLO()* es la responsable de coger un fichero de imagen con el fichero de etiquetas original en Matlab, y transformarlo a un fichero entendible por YOLO. La función recibe adicionalmente el tipo de clase. En nuestro caso, como todos los objetos serán manos, utilizaremos una única clase, la 0. Si tuviéramos más clases, los objetos se irían etiquetando como $0, 1, 2, etc.$

Código 13.1: Primera parte de la transformación de etiquetas del *Hand Dataset* a YOLO

```
###############################################
# Entrenar YOLO con el Hand Dataset
# https://www.kaggle.com/datasets
# /armannikkhah/hand-dataset
# En este primer programa, creamos las etiquetas
# necesarias para entrenar YOLO a partir de
# las etiquetas del Hand Dataset
###############################################

# Importamos librerías
import os
import numpy as np
import matplotlib.pyplot as plt
from PIL import Image
from matplotlib.patches import Rectangle
import scipy.io

###############################################
# Rutas y parámetros del programa
###############################################
# Imágenes de entrenamiento
PATH_DATASET_GENERICO='D:/HAND_DATASET/hand_dataset/XXXXX_dataset
    /XXXXX_data'

###############################################
# Como las anotaciones en el Hand Dataset
# son rectángulos que están rotados
```

```
# respecto a la muñeca, creamos un rectángulo
# sin rotar cogiendo los mínimos y máximos
# El formato de YOLO es:
# Clase X_centro Y_centro X_ancho Y_ancho
# Los datos normalizados respecto a ancho y
# alto de la imagen
##################################################
def generarAnotacionYOLO(imageFile, labelFile, clase,
    path_yolo_labels):
    # Obtener altura y anchura de la imagen
    img = Image.open(imageFile)
    img_shape = np.array(img).shape

    ancho = img_shape[1]
    alto = img_shape[0]

    labelYOLO = ''

    # Leemos fichero MATLAB .mat. Puede haber
    # varios bounding boxes
    boxes = scipy.io.loadmat(labelFile)['boxes']
    box_numbers = boxes.shape[-1]

    for b in range(box_numbers):
        # Lectura de coordenadas
        bx_e1 = boxes[0][b][0][0][0][0]
        bx_e2 = boxes[0][b][0][0][1][0]
        bx_e3 = boxes[0][b][0][0][2][0]
        bx_e4 = boxes[0][b][0][0][3][0]

        # Buscar menor y mayor X e Y
        X = [bx_e1[1], bx_e2[1], bx_e3[1], bx_e4[1]]
        Y = [bx_e1[0], bx_e2[0], bx_e3[0], bx_e4[0]]
        x_min = min(X)
        x_max = max(X)
        y_min = min(Y)
        y_max = max(Y)

        # Calculamos centro del objeto
        x_c = ((x_max + x_min) / 2) / ancho
        y_c = ((y_max + y_min) / 2) / alto

        # Calculamos ancho/alto del objeto
        obj_w = (x_max - x_min) / ancho
        obj_h = (y_max - y_min) / alto

        # Añadimos etiqueta YOLO
        labelYOLO = labelYOLO + str(clase) + '\t' + str(x_c) + '\
            t' + str(y_c) + '\t' + str(obj_w) + '\t' + str(obj_h)
            + '\n'
    # Escribimos TXT con etiquetas YOLO
    with open(os.path.join(path_yolo_labels, os.path.basename(
        labelFile).replace('.mat', '.txt')), 'w') as f:
        f.write(labelYOLO)
```

El Código 13.2 muestra la segunda parte de la transformación de los datos. En todo tipo de transformación de datos, conviene mostrar algún ejemplo de resultado. De esta forma, evitaremos desagradables sorpresas al final del entrenamiento debido a que, por ejemplo, hayamos cometido algún error durante el proceso. Por lo tanto, en este código veremos una función, denominada *mostrarAnotacionYOLO()*, que permite visualizar una imagen de ejemplo de salida. Como el dataset está bien estructurado y tiene las 3 carpetas de entrenamiento, validación y test, para cada imagen de los conjuntos de train, validation y test, generaremos sus respectivos ficheros de etiquetas en las subcarpetas label.

Código 13.2: Segunda parte de la transformación de etiquetas del *Hand Dataset* a YOLO

```
###################################################
# Mostrar manos a partir de fichero de etiqueta
# e imagen
###################################################
def mostrarAnotacionYOLO(imageFile, labelYOLOFile):
    # Abrimos imagen
    img = Image.open(imageFile)
    img_shape = np.array(img).shape

    ancho = img_shape[1]
    alto = img_shape[0]

    # Mostramos imagen
    plt.imshow(img)

    # Abrimos etiqueta YOLO
    with open(labelYOLOFile) as f:
        for line in f.readlines():
            datos = line.split()
            # Leemos centro de objeto, ancho y alto
            x_c = float(datos[1]) * ancho
            y_c = float(datos[2]) * alto
            obj_w = float(datos[3]) * ancho
            obj_h = float(datos[4]) * alto
            # Calculamos límite superior izquierdo
            bb_sup_izq = (int((x_c - obj_w /2)), int((y_c - obj_h
                /2)))
            # Pintamos rectángulo
            plt.gca().add_patch(Rectangle(bb_sup_izq, int(obj_w),
                int(obj_h),
                edgecolor='red', facecolor='none', lw=2))

###################################################
# Paso 1. Como el dataset a utilizar ha generado
# unas anotaciones en MATLAB que no son
# directamente manejables por YOLO, tenemos que
# hacer una transformación a YOLO, que sigue el
# formato:
# Clase X_centro Y_centro X_ancho Y_ancho
# Los datos normalizados respecto a ancho y
# alto de la imagen
# Para cada imagen y fichero de anotación del
# dataset, crearemos su fichero de etiqueta
# YOLO en la carpeta labels
```

```python
# Utilizaremos solo una clase: CLASE 0
##################################################
clase = 0
for tipo in ('training', 'validation', 'test'):
    PATH_DATASET = PATH_DATASET_GENERICO.replace('XXXXX', tipo)

    # Ruta donde crearemos las etiquetas YOLO
    PATH_YOLO_LABELS = PATH_DATASET + '/labels'

    # Creamos directorio de salida si no existe
    if not os.path.exists(PATH_YOLO_LABELS):
        os.mkdir(PATH_YOLO_LABELS)

    for imageFile in os.listdir(os.path.join(PATH_DATASET, '
        images')):
        print('Procesando fichero ' + imageFile)
        labelFile = imageFile.replace('.jpg', '.mat')
        generarAnotacionYOLO(os.path.join(PATH_DATASET, 'images',
            imageFile),
            os.path.join(PATH_DATASET, 'annotations', labelFile)
            ,
            clase, PATH_YOLO_LABELS)


##################################################
# Paso 2. Mostramos el ejemplo de unas manos
# obtenidas con nuestra conversión
##################################################
PATH_DATASET = PATH_DATASET_GENERICO.replace('XXXXX', 'training')
imageFile = PATH_DATASET + '/images/Buffy_1.jpg'
labelYOLOFile = PATH_DATASET + '/labels/Buffy_1.txt'
mostrarAnotacionYOLO(imageFile, labelYOLOFile)
```

Una vez obtenidas las etiquetas con el formato de YOLO, tendremos que crear o hacer pequeñas modificaciones en los ficheros de parámetros. El primer fichero que crearemos, *yolov7-main/data/manos.yaml*, lo haremos inspirándonos en alguno de los ejemplos que vienen en la ruta *data* de YOLO, por ejemplo *coco.yaml*. Este fichero indicará la ruta donde se encontrarán las imágenes, el número de clases, y el nombre de cada clase (ver Código 13.3).

Código 13.3: Fichero *yolov7-main/data/manos.yaml*

```yaml
# Hand Dataset
# https://www.kaggle.com/datasets/armannikkhah/hand-dataset/code

# train and val data as 1) directory: path/images/, 2) file: path
    /images.txt, or 3) list: [path1/images/, path2/images/]
train: D:/HAND_DATASET/hand_dataset/training_dataset/
    training_data/images/
val: D:/HAND_DATASET/hand_dataset/validation_dataset/
    validation_data/images/
test: D:/HAND_DATASET/hand_dataset/test_dataset/test_data/images/

# number of classes
nc: 1

# class names
```

```
names: [ 'mano' ]
```

El segundo fichero que crearemos es *yolov7-main/cfg/training/*
yolov7_manos.yaml, partiendo del *yolov7.yaml* que se encuentra en la misma
ruta. Este fichero incluye la definición de la red, así como la configuración de los
anchors. Lo más importante para nosotros será modificar el número de clases,
como se muestra en el Código 13.4. Podemos crear nuestro modelo a partir de
diferentes configuraciones. Hay arquitecturas YOLO de menor tamaño, como
por ejemplo *yolov7-tiny.yaml*, y arquitecturas de mayor tamaño y complejidad,
como *yolov7x.yaml*. El fichero *yolov7.yaml* sería la configuración por defecto.

Código 13.4: Fichero *yolov7-main/cfg/training/yolov7_manos.yaml*

```
# parameters
nc: 1  # number of classes
depth_multiple: 1.0  # model depth multiple
width_multiple: 1.0  # layer channel multiple

# anchors
anchors:
  - [12,16, 19,36, 40,28]  # P3/8
  - [36,75, 76,55, 72,146]  # P4/16
  - [142,110, 192,243, 459,401]  # P5/32

# yolov7 backbone
backbone:
# A partir de aquí viene la definición del modelo
```

Algunas redes de detección, como YOLO v2 y sucesivas, utilizan *anchor
boxes*, o cajas de anclaje. Los *anchor boxes* son un conjunto de rectángulos delimitadores predefinidos de una determinada altura y anchura. Estos recuadros se
definen para capturar la escala y la relación de aspecto de las clases de objetos
específicos que se desea detectar y suelen elegirse en función de los tamaños
de los objetos en los conjuntos de datos de entrenamiento. Normalmente, antes
de llevar a cabo el entrenamiento, se solían obtener dichos valores mediante un
algoritmo *k-means*, ejecutado previamente. Sin embargo, a partir de YOLO v5,
incluyendo YOLO v7, se introdujo un algoritmo de auto aprendizaje de los *anchor boxes*. Antes de entrenar, el script comprueba si los anclajes proporcionados
se ajustan a los datos. Si no se ajustan correctamente, el script los recalcula y
el modelo se entrena con anclajes nuevos y más apropiados. Esto ha sido una
contribución que ha facilitado el entrenamiento de este tipo de redes.

La selección de buenos *anchor boxes* es bastante importante ya que YOLO
predice las regiones delimitadoras de los objetos no directamente, sino como
desplazamientos desde los *anchor boxes*. Los *anchor boxes* se anclan a las celdas
definidas en YOLO, y comparten el mismo centroide. Una vez definidas, podemos determinar cuánto se solapa la caja del objeto real etiquetado con la caja
de anclaje y elegir la que tenga mejor intersección, del inglés *Intersection Over
Union* (IoU). Las redes predicen mejor cuando menor desplazamiento haya. Por
lo tanto, cuanto mejor se elijan los *anchor boxes*, más rápida será la convergencia
y mejor será la precisión del modelo.

Una vez definidos todos los ficheros necesarios para el entrenamiento, podremos llevarlo a cabo lanzando el script *train.py*, incluido dentro de la carpeta *yolov7-main*, como se muestra a continuación.

Código 13.5: Lanzamiento del programa de entrenamiento de YOLO

```
python train.py —workers 1 —device 0 —batch—size 8 —data
    data/manos.yaml —img 640 640 —cfg cfg/training/
    yolov7_manos.yaml —weights 'yolov7_training.pt' —name
    yolov7_manos —hyp data/hyp.scratch.custom.yaml
```

En la llamada al script, podemos especificar varios parámetros:

- *workers*: Indica el número de hilos de ejecución de carga de imágenes. Para evitar cuellos de botella, donde la GPU se queda esperando a que le lleguen imágenes para el paso hacia adelante, podemos utilizar varios hilos de carga. Tendremos que hacer pruebas y elegir un valor que nos ofrezca buenos resultados, ya que este parámetro puede provocar cuelgues de la ejecución.

- *device*: Nos permite indicar si queremos entrenar con una o varias GPU, o con CPU.

- *batch-size*: Nos permite seleccionar el tamaño del batch a utilizar. Cuanto mayor sea, mayor será la necesidad de memoria de GPU. Recordemos también, que cuanto mayor sea el tamaño del batch, más rápido será el entrenamiento. Para el ejemplo mostrado, utilizando una GPU RTX2080 con 11GB de RAM, el tamaño de 8 era el máximo que entraba en memoria.

- *img*: Nos permite indicar el ancho de imagen que se utilizará para entrenamiento y test. La red se adaptará al tamaño seleccionado, aunque valores razonables están sobre 640-800. Aunque las imágenes de entrenamiento tengan otro tamaño, YOLO las ajustará al tamaño seleccionado durante el entrenamiento.

- *weights*: YOLO requiere definir un fichero de pesos inicial, nos permite indicar el ancho de imagen que se utilizará para entrenamiento y test. La red se adaptará al tamaño seleccionado, aunque valores razonables figuran sobre 640-800. Aunque las imágenes de entrenamiento tengan otro tamaño, YOLO las ajustará al tamaño seleccionado durante el entrenamiento.

- *name*: YOLO nos permite definir un nombre al modelo que entrenamos. A partir de este nombre, se creará una carpeta en *yolov7-main/runs/train/yolov7_manos*, donde tendremos los pesos resultantes, así como ficheros de log, que podremos utilizar con Tensorboard.

- *hyp*: Tenemos que indicar un fichero que incluirá ciertos hiperparámetros de entrenamiento, entre los que se incluyen parámetros de *data augmentation*, como puede ser la rotación o traslación de imágenes. También hay parámetros de aprendizaje, que nos permiten, por ejemplo, hacer *fine tuning*. El *fine tuning* permite entrenar el modelo durante unas épocas con un optimizador y parámetros de aprendizaje, y durante las épocas finales con otro optimizador diferente con otros parámetros. El fichero *data/hyp.scratch.custom.yaml* es el fichero por defecto para un entrenamiento desde cero, por lo que en este caso no lo hemos modificado.

- *data* y *cfg*: Aquí apuntaremos a los ficheros que hemos definido previamente.

Una vez ejecutado y terminado el entrenamiento, nuestra línea de comando tendrá un aspecto similar al mostrado en la Figura 13.4. Aquí nos indicará en dónde ha grabado el fichero de pesos mejor de nuestro modelo (*best.pt*). Hay que tener en cuenta que, aunque YOLO lo hemos entrenado por 300 épocas en este caso, se utiliza un juego de validación para elegir el mejor modelo.

```
    Epoch   gpu_mem       box       obj       cls     total    labels  img_size
  295/299     7.43G   0.02799  0.005888         0   0.03387         8       640: 100%|█| 499/499 [01:58<00:00,  4.22it
              Class    Images    Labels         P         R    mAP@.5  mAP@.5:.95: 100%|█| 47/47 [00:06<00:0
                all       738      1856     0.792     0.697     0.785     0.394

    Epoch   gpu_mem       box       obj       cls     total    labels  img_size
  296/299     7.43G    0.0283  0.006142         0   0.03444        17       640: 100%|█| 499/499 [01:58<00:00,  4.21it
              Class    Images    Labels         P         R    mAP@.5  mAP@.5:.95: 100%|█| 47/47 [00:06<00:0
                all       738      1856     0.791     0.697     0.785     0.394

    Epoch   gpu_mem       box       obj       cls     total    labels  img_size
  297/299     7.43G    0.0283  0.005866         0   0.03417        17       640: 100%|█| 499/499 [01:58<00:00,  4.22it
              Class    Images    Labels         P         R    mAP@.5  mAP@.5:.95: 100%|█| 47/47 [00:06<00:0
                all       738      1856      0.79     0.698     0.785     0.394

    Epoch   gpu_mem       box       obj       cls     total    labels  img_size
  298/299     7.43G   0.02811  0.005846         0   0.03396        32       640: 100%|█| 499/499 [01:58<00:00,  4.23it
              Class    Images    Labels         P         R    mAP@.5  mAP@.5:.95: 100%|█| 47/47 [00:06<00:0
                all       738      1856      0.79     0.697     0.785     0.394

    Epoch   gpu_mem       box       obj       cls     total    labels  img_size
  299/299     7.43G   0.02827  0.005925         0    0.0342        13       640: 100%|█| 499/499 [01:58<00:00,  4.22it
              Class    Images    Labels         P         R    mAP@.5  mAP@.5:.95: 100%|█| 47/47 [00:07<00:0
                all       738      1856     0.792     0.697     0.786     0.394
300 epochs completed in 10.549 hours.

Optimizer stripped from runs\train\yolov7_manos\weights\last.pt, 74.8MB
Optimizer stripped from runs\train\yolov7_manos\weights\best.pt, 74.8MB
```

Figura 13.4: Resultado del entrenamiento de YOLO v7

Como hemos comentado anteriormente, YOLO genera logs que se pueden visualizar con Tensorboard. Para ello, bastará con apuntar a la carpeta de logs: *tensorboard –logdir runs/train*.

En Tensorboard veremos distintas gráficas de entrenamiento, como son la *Precisión* (Figura 13.5a) y el *Recall* (Figura 13.5b). No hay que confundir la precisión con el accuracy. En este caso, la precisión nos indicaría cuántas veces que el modelo dice que hay una mano, es realmente una mano. La precisión se calcula según la Ecuación 13.2, donde *TP* son las manos detectadas que realmente son manos (True Positives), mientras que FP son manos detectadas que realmente no son manos (False Positives). El Recall, por contra, nos indicaría cuántas manos se han detectado de las que realmente eran manos. Se calcula según la Ecuación 13.3, donde *TP* ya lo conocemos y *FN* serían las manos que han sido catalogadas como que no lo son. El accuracy, a diferencia del Precisión y el Recall, es una medida orientada a evaluar el número de aciertos de un modelo, pero en redes como YOLO no se suele utilizar.

$$Precisión = \frac{TP}{TP + FP} \tag{13.2}$$

$$Recall = \frac{TP}{TP + FN} \tag{13.3}$$

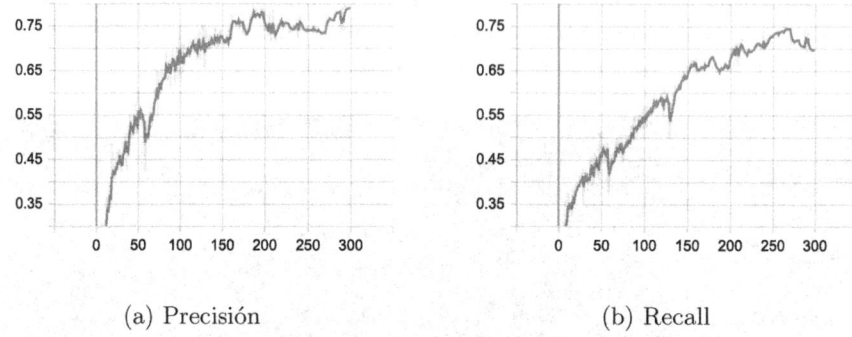

(a) Precisión   (b) Recall

Figura 13.5: Precisión y Recall

Cuando un modelo tiene alto recall pero baja precisión, entonces el modelo clasifica correctamente la mayoría de las muestras positivas pero tiene muchos falsos positivos, lo que indica que clasifica muchas muestras negativas como positivas. Cuando un modelo tiene una alta precisión pero un bajo recall, el modelo es preciso cuando clasifica una muestra como positiva, pero sólo puede clasificar algunas de las muestras positivas.

Como hemos comentado, el IoU indica el grado de solapamiento de las cajas delimitadoras. Este ratio valdrá 1.0 en el caso de una coincidencia exacta y 0.0 si no hay solapamiento. En YOLO y otras redes de detección de objetos, la Precisión y el Recall se calculan teniendo en cuenta un umbral del IoU. Esto quiere decir que consideraremos TP a un objeto detectado si el área de intersección de su región detectada sobrepasa un porcentaje definido en el IoU. En la Figura 13.6 podemos ver esta idea, donde el cuadro verde discontinuo representa la caja real y el cuadro rojo representa la predicción. En la Figura 13.6a, como el IoU es aproximadamente un 30 % y es inferior al 50 % establecido como umbral, no consideramos la detección del objeto como correcta, y por lo tanto la Precisión se verá alterada. En la Figura 13.6b, al contrario, como el IoU es 80 % y está por encima del umbral del 50 %, consideramos que la detección es correcta, siendo por lo tanto un True Positive y no un False Positive. Recordemos que la Precisión se calcula a partir de estos valores.

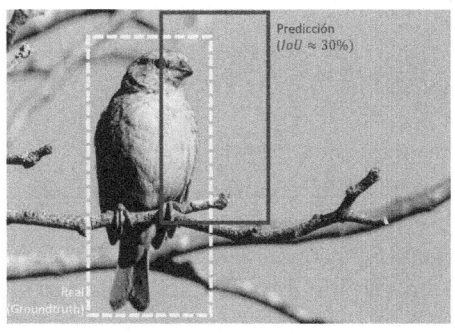 

(a) TP = 0, FP = 1, para un IoU del
50 %

(b) TP = 1, FP = 0, para un IoU del
50 %

Figura 13.6: Cálculo Precisión y Recall para un IoU del 50 %

Por otro lado, YOLO también genera gráficas de las métricas mAP, del inglés
mean Average Precision (mAP), como se puede ver en las Figuras 13.7a y 13.7b.
La puntuación media de precisión de todas las clases, del inglés mean Average
Precision (mAP), se calcula tomando la media de AP sobre todas las clases y/o
umbrales globales de IoU.

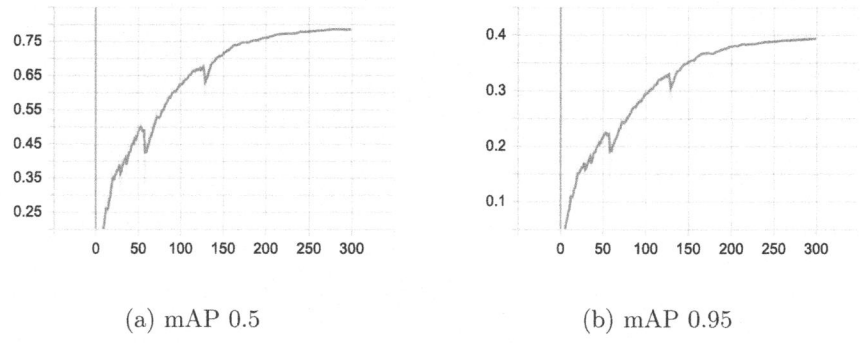

(a) mAP 0.5

(b) mAP 0.95

Figura 13.7: Precisión y Recall

La precisión media de una clase, es una forma de valorar la curva de Precisión frente a Recall en un único valor, frente a distintos umbrales de IoU. El
AP se calcula según la Ecuación 13.4, donde n es el número de umbrales (th-
resholds) de IoU a valorar. La ecuación utiliza un bucle que recorre todas las
precisiones/recalls, calculando la diferencia entre la recall actual y la siguiente y
multiplicándola por la precisión actual. La AP es por lo tanto, la suma ponderada de las precisiones en cada umbral, donde el peso es el incremento del recall.
A mayores, hay que tener en cuenta que $Recalls(n) = 0$ y $Precisions(n) = 1$
para que la AP se calcule correctamente.

$$AP = \sum_{k=0}^{n-1} [Recalls(k) - Recalls(k+1)] * Precision(k) \qquad (13.4)$$

El valor del mAP en un umbral determinado se calcula como la media del valor AP de todas las clases (ver Ecuación 13.5, donde m es el número de clases), teniendo en cuenta que el AP se calcula para los umbrales a partir del definido como inicio en mAP. Por ejemplo, si queremos calcular mAP 0.5, entonces evaluaremos el AP de cada clase para el umbral $[0.5, 1]$ y realizaremos la media.

$$mAP = \frac{1}{m} \sum_{j=1}^{m} AP_j \qquad (13.5)$$

Naturalmente, los valores para un mAP del 0.95 serán mucho más bajos que para un mAP 0.5, debido a que estamos buscando que el modelo acierte los objetos con un IoU a partir de 0.95, muy difícil de conseguir durante el entrenamiento.

A mayores, YOLO nos permitirá graficar en Tensorboard la pérdida tanto de la detección del objeto (Figura 13.8a) en sí, como de las regiones delimitadoras inferidas (Figura 13.8b).

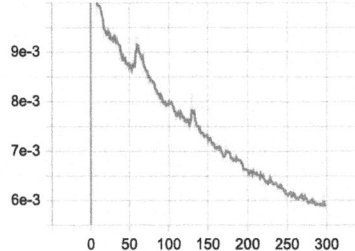 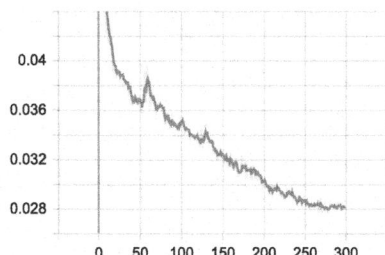

(a) Pérdida en la detección de los objetos durante el entrenamiento

(b) Pérdida en la detección de las cajas delimitadoras

Figura 13.8: Métricas de error de detección de objeto y coordenadas de región delimitadora

Finalmente, como se muestra a continuación, podemos realizar un procesamiento de imágenes o vídeos utilizando el programa de detección, *detect.py*, que incluye YOLO.

Código 13.6: Lanzamiento de la detección de YOLO

```
python detect.py —weights runs/train/yolov7_manos/weights/best
  .pt —conf 0.25 —img-size 640 —source manos.mp4 —name
  test
```

Para llamar al programa de detección, tendremos que pasar los pesos que hemos obtenido durante el entrenamiento, un parámetro de confianza que nos permitirá filtrar las detecciones, un tamaño de imagen similar al utilizado para entrenar, y, por ejemplo, un fichero de vídeo. Ejecutando este programa para el modelo entrenado, obtendríamos un resultado similar al mostrado en la Figura 13.9, donde podemos ver cómo se detectan correctamente las manos.

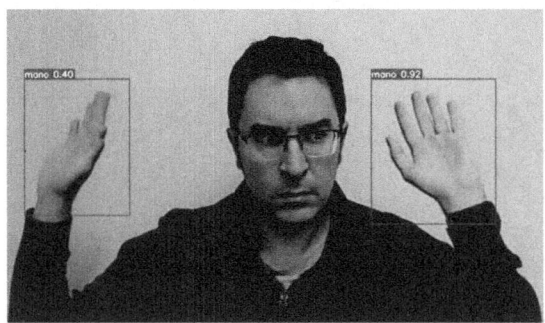

Figura 13.9: Frame de vídeo de prueba del modelo de reconocimiento de manos con YOLO v7

13.2.2.   Entrenamiento y detección con YOLO de la Luna

Dependiendo del tipo de problema con el que nos enfrentemos, será necesario utilizar un conjunto de datos con un mayor o menor número de imágenes por clase. Así, por ejemplo, si queremos detectar un objeto que tiene poca variabilidad entre imágenes, no será necesario un conjunto de datos tan grande. Supongamos, por ejemplo, que queremos entrenar una YOLO para detectar la Luna en fotografías. Como la Luna es un objeto que tiene poca variabilidad, no serán necesarias tantas imágenes. Sin embargo, para detectar un perro o un gato, sí serán necesarias miles de imágenes ya que existe mucha variabilidad entre tipos de perros e incluso las posturas que tiene un perro.

Si estamos ante un problema donde no tenemos ninguna base de datos previamente creada, tendremos que etiquetar manualmente las imágenes. Esto se puede llevar a cabo utilizando herramientas, como LabelImg (ver Figura 13.10), donde podemos seleccionar los objetos que aparecen en cada imagen y marcar a qué clase corresponde cada uno. Otra opción, sería utilizar algún programa propio de etiquetado automático si el problema lo permite. En la figura se muestra el ejemplo de cómo etiquetar la Luna. Al ser un objeto con poca variación, con unas pocas imágenes etiquetadas obtendremos buenos resultados (por ejemplo, unas 30 imágenes).

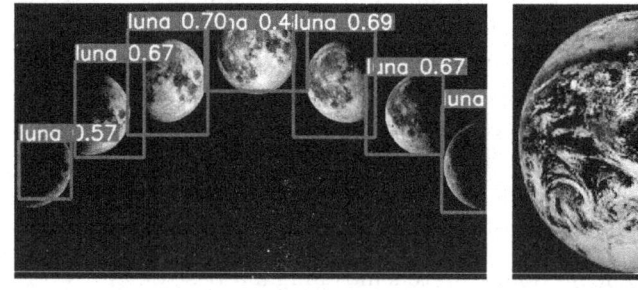

Figura 13.10: Etiquetado manual de la luna mediante LabelImg

Una vez entrenado el modelo, con nuestras etiquetas lunares, obtendremos resultados similares a los mostrados en las Figuras 13.11a y 13.11b. El entrenamiento se realizará de la misma forma que hemos explicado en el ejemplo anterior.

(a) Detección lunar 1   (b) Detección lunar 2

Figura 13.11: Resultados de detección de la luna

Podemos ver que YOLO no simplemente detecta un objeto circular. El modelo entrenado es totalmente capaz de diferenciar entre la Luna y la Tierra.

Si queremos adaptar el programa de detección de YOLO para integrarlos con nuestra aplicación, bastará con modificar o adaptar el programa *detect.py*, para que a partir de la línea *for *xyxy, conf, cls in reversed(det):* nos devuelva las coordenadas del objeto, la clase y la confianza, como nos interese. Así, por ejemplo, si lo que queremos es que nos muestre por pantalla dichos datos, bastará con realizar la pequeña modificación mostrada en el Código 13.7.

Código 13.7: Pequeña modificación del programa de detección de YOLO (*detect.py*) para adaptarlo a nuestras necesidades

```
# Write results
for *xyxy, conf, cls in reversed(det):
    # Ejemplo de modificación para obtener la región delimitadora
      , clase y confianza
    x0 = int(xyxy[0])
    y0 = int(xyxy[1])
    x1 = int(xyxy[2])
    y1 = int(xyxy[3])
    clase = int(cls)
    print(f'Región: ({x0}, {y0}) - ({x1}, {y1}). Clase: {clase}.
      Confianza: {conf}')
```

13.3. Segmentación

La segmentación de imágenes nos permite separar los objetos que aparecen en diferentes clases. Para ello, se crean máscaras sobre las imágenes indicando a qué clase pertenece cada píxel. Normalmente, todos los píxeles de las imágenes son clasificados, y los que no corresponden a una clase concreta se etiquetan dentro de la máscara de *background*.

La segmentación se puede llevar a cabo a nivel semántico, donde separamos los píxeles de la imagen en distintas clases, pero teniendo una única ocurrencia por clase, o a nivel de instancia, donde podemos tener varias máscaras correspondientes a distintas ocurrencias de una misma clase en la imagen. Por ejemplo, supongamos que tenemos una imagen, donde aparecen dos botellas, y queremos segmentarlas. En una segmentación semántica tendremos una máscara para el *background* y una máscara para la clase *botella*, que incluirá las dos botellas. En la segmentación a nivel de instancia tendremos tres máscaras, una para el *background*, otra para la primera botella y otra para la segunda botella.

Se han desarrollado diversos algoritmos para resolver el problema de la segmentación mediante redes neuronales, siendo uno de los más destacados MaskR-CNN [69], que veremos a continuación.

13.3.1. Segmentación con U-Net

U-Net implementa un tipo de arquitectura Codificador-Decodificador en forma de U. Esta denominación viene debida a que los bloques del codificador se conectan con los del decodificador mediante un puente (*bridge*). Consta de cuatro bloques codificadores y cuatro bloques decodificadores. El codificador reduce a la mitad las dimensiones espaciales y duplica el número de filtros en cada bloque codificador. Por otro lado, el decodificador duplica las dimensiones espaciales y reduce a la mitad el número de filtros (canales de características). U-Net es una red que se puede utilizar en distintos tipos de problemas, aunque principalmente se ha utilizado en segmentación, y más concretamente en segmentación de imágenes médicas. La imagen de entrada se corresponde con la imagen a analizar, mientras que la imagen de salida sería la propia segmentación, donde grupos de píxeles del mismo objeto segmentado tendrán valores similares. Al utilizar puentes de conexión entre los bloques de codificación y decodificación, no es posible utilizar el modelo U-Net para generación sintética de datos desde el Decodificador.

Vamos a explicar cómo se lleva a cabo un entrenamiento de un modelo basado en U-Net utilizando un dataset propio que consiste en imágenes de botellas de agua y botellas de leche pequeñas de color blanco. Al igual que ocurre con otras redes, como YOLO, cuando son objetos rígidos que sufren ligeras variaciones de una imagen a otra, no es necesario un conjunto de datos demasiado extenso. En nuestro caso, hemos tomado 22 fotografías de las botellas colocadas en una superficie, algunas de las cuales se pueden ver en la Figura 13.12.

Figura 13.12: Fotografías de botellas para nuestro dataset

Para entrenar U-Net, es necesario etiquetar las imágenes. El etiquetado en segmentación es diferente al utilizado en detección, donde únicamente era necesario especificar el *bounding box* entorno a un objeto. Para las redes de segmentación, necesitamos crear máscaras del objeto. Sin embargo, las herramientas de etiquetado suelen crear regiones delimitadas por puntos, por lo que normalmente existe un paso de conversión de las regiones delimitadas por puntos a las máscaras. En nuestro caso, utilizaremos la herramienta LabelMe (ver Figura 13.13), una herramienta de código abierto, sencilla de utilizar, que se puede descargar de `https://github.com/wkentaro/labelme`, o bien instalar directamente con *pip install labelme*, y ejecutar directamente escribiendo *labelme* en el entorno de trabajo.

En LabelMe tendremos que especificar los puntos que delimitan la región de cada uno de los objetos que aparecen en cada imagen y asociarlos a una clase. LabelMe puede exportar automáticamente las regiones a un fichero *json* siguiendo la estructura utilizada en otros datasets centrados en segmentación, como COCO. La herramienta permite avanzar entre las imágenes de una manera muy rápida y permite modificar los puntos, si por ejemplo hemos cometido algún error. En cualquier caso, el etiquetado se regiones es bastante laborioso, y por eso U-Net lo vamos a probar con este tipo de objetos rígidos, lo que nos permite reducir el tamaño de nuestro juego de datos. En nuestro caso, tendremos dos clases: botella de agua y botella de leche. Este mismo dataset lo utilizaremos posteriormente para entrenar un modelo Mask R-CNN. El modelo U-Net lo utilizaremos para segmentar únicamente botellas de agua mientras que el modelo Mask R-CNN lo utilizaremos para segmentar ambos tipos.

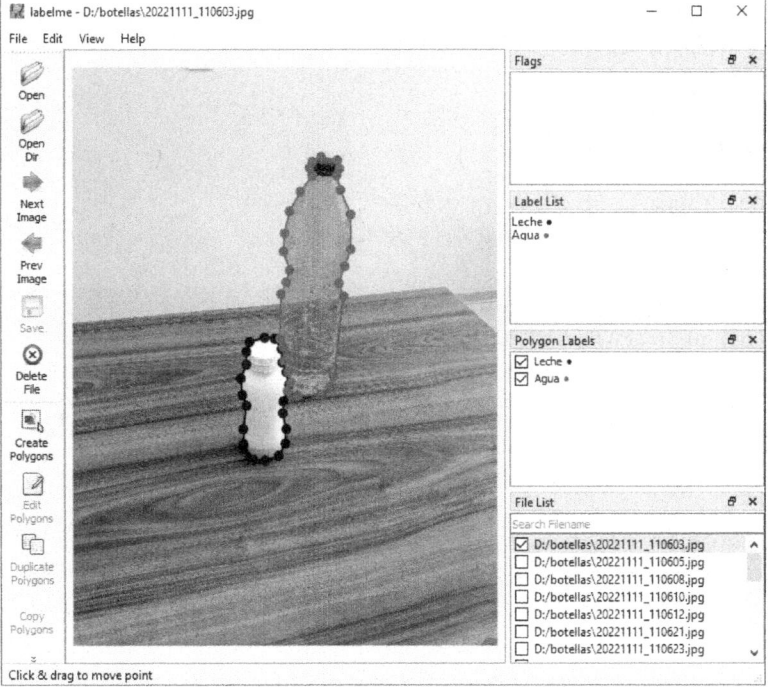

Figura 13.13: Utilizando herramienta LabelMe para etiquetar regiones

Una vez terminado el etiquetado manual, tendremos que transformar dichas regiones en máscaras. Para ello, crearemos una carpeta de máscaras y dos subcarpetas, una para cada clase, que incluirán las máscaras como imágenes binarias de cada imagen. Como en nuestro caso únicamente tendremos un objeto de cada tipo en cada imagen, se corresponderá el nombre de la máscara con el de la imagen. Sin embargo, podría darse el caso de que tuviéramos varias máscaras de un mismo tipo de objeto. Cada fichero de máscara debería ser en ese caso diferente.

El Código 13.8, desarrollado a partir de ciertas funciones del propio programa LabelMe, nos permite transformar los ficheros *json* en imágenes de máscaras binarias.

Código 13.8: Transformación de etiquetado COCO basado en puntos a máscaras binarias

```python
##########################################################
# Este programa coge los ficheros json generados
# por el programa de etiquetado LabelMe, y genera
# una imagen de máscara binaria para cada objeto
# etiquetado, distribuyéndolos en carpetas
# diferentes para cada clase
##########################################################
import base64
import json
import os
import PIL.Image
import numpy as np
from labelme import utils

# Clases a utilizar
CLASES = ['Agua', 'Leche']

PATH_DATASET = 'D:/BOTELLAS/datos'
PATH_OUTPUT = 'D:/BOTELLAS/MASKS'

# Creamos directorios de salida si no existen
if not os.path.exists(PATH_OUTPUT):
    os.mkdir(PATH_OUTPUT)

for v in CLASES:
    if not os.path.exists(os.path.join(PATH_OUTPUT, v)):
        os.mkdir(os.path.join(PATH_OUTPUT, v))

# Recorremos el dataset de etiquetado para generar ficheros de má
    scaras
for fichero in sorted(os.listdir(PATH_DATASET)):
    if not fichero.endswith('.json'):
        continue
    print('Procesando fichero: ' + fichero)

    ##########################################################
    # Leemos el fichero JSON con el etiquetado de
    # LabelMe y cargamos la imagen
    ##########################################################
    json_file = os.path.join(PATH_DATASET, fichero)
```

```
data = json.load(open(json_file))
imageData = data.get('imageData')

if not imageData:
    imagePath = os.path.join(os.path.dirname(json_file), data
        ['imagePath'])
    with open(imagePath, 'rb') as f:
        imageData = f.read()
        imageData = base64.b64encode(imageData).decode('utf-8
            ')
img = utils.img_b64_to_arr(imageData)

label_name_to_value = {'_background_': 0}
for shape in sorted(data['shapes'], key=lambda x: x['label'])
    :
    label_name = shape['label']
    if label_name in label_name_to_value:
        label_value = label_name_to_value[label_name]
    else:
        label_value = len(label_name_to_value)
        label_name_to_value[label_name] = label_value

###################################################
# Generamos imagen de etiquetas, donde cada clase
# se especificará como un número 0: background,
# 1: Agua, 2: Leche, etc.
###################################################
lbl, _ = utils.shapes_to_label(
    img.shape, data['shapes'], label_name_to_value)

###################################################
# Creamos una imagen de máscara para cada clase.
###################################################
masks = []
for i in range(len(CLASES)):
    mask = np.uint8(lbl.copy())
    mask[mask == i+1] = 255
    mask[mask < 255] = 0
    masks.append(mask)

###################################################
# Grabamos fichero de máscara en cada carpeta
# respectiva
###################################################
for i, v in enumerate(CLASES):
    PIL.Image.fromarray(masks[i], 'L').save(
        os.path.join(PATH_OUTPUT, v, fichero.replace('.json',
            '.png')))
```

El resultado de la transformación del código anterior se puede ver en la Figura 13.14, donde la Figura 13.14a es una imagen tratada, la Figura 13.14b es una máscara de botella de agua y la Figura 13.14c es una máscara de botella de leche. Si tuviéramos varias botellas de agua o leche en una misma imagen, se generarían tantas máscaras como botellas.

 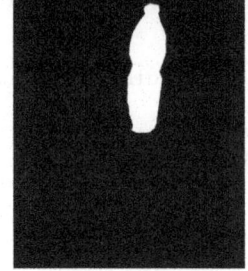 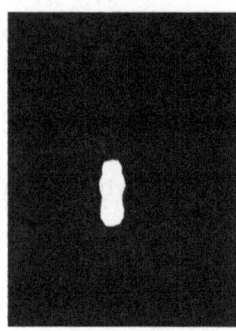

(a) Imagen tratada   (b) Máscara de Agua   (c) Máscara de Leche

Figura 13.14: Extracción de las máscaras de una imagen

Una vez concluido el paso anterior, ya estaremos en condiciones de separar imágenes para entrenamiento, para validación y para test. En nuestro caso, como son pocas imágenes, vamos a omitir el uso de un juego de validación. Únicamente entrenaremos el modelo y lo evaluaremos con algunas imágenes apartadas para test. El Código 13.9 realizará la separación de las imágenes en dos carpetas de train y test. Como hemos mantenido las máscaras con el mismo nombre que la imagen original, al tener únicamente un único objeto de cada clase por imagen, dejaremos las máscaras en un único sitio. No es necesario copiarlas a train o a test ya que, a partir del nombre de la imagen, podemos localizarlas en una carpeta común de máscaras. Por otro lado, se podría pensar en qué sentido tiene etiquetar las imágenes de test en este problema. Realmente no vamos a evaluar cómo de bien ha realizado la obtención de las máscaras sobre las imágenes de test, pero como el reparto en train y test se va a llevar de manera aleatoria, es necesario tener etiquetadas todas las imágenes.

Código 13.9: Reparto de imágenes en train y test

```
#################################################
# Creamos un juego de train y test a partir de las
# imágenes que tenemos
# Las máscaras estarán para ambos juegos en la
# misma ruta
#################################################
import os
import shutil
from sklearn.model_selection import train_test_split

PATH_DATASET = 'D:/BOTELLAS/datos'
PATH_TRAIN = 'D:/BOTELLAS/train'
PATH_TEST = 'D:/BOTELLAS/test'

imgs=[]
for fichero in os.listdir(PATH_DATASET):
    if fichero.endswith('.jpg'):
        imgs.append(os.path.join(PATH_DATASET, fichero))
```

```
train, test = train_test_split(imgs, test_size=0.33, random_state
    =42)

# Creamos directorios de salida. Los borramos previamente
# por si lo volvemos a ejecutar
try:
    shutil.rmtree(PATH_TRAIN)
except:
    pass
try:
    shutil.rmtree(PATH_TEST)
except:
    pass
os.mkdir(PATH_TRAIN)
os.mkdir(PATH_TEST)

for v in train:
    shutil.copy(v, PATH_TRAIN)
for v in test:
    shutil.copy(v, PATH_TEST)
```

Implementación de U-Net con Pytorch

El Código 13.10 muestra la implementación del modelo U-Net mostrado en la Figura 13.15. Podemos ver que el codificador utiliza convoluciones normales mientras que el decodificador utiliza deconvoluciones (convoluciones traspuestas), denominadas en Pytorch *nn.ConvTranspose2d*. Estas deconvoluciones hacen el proceso inverso de la convolución, aumentando el tamaño de la imagen de salida progresivamente.

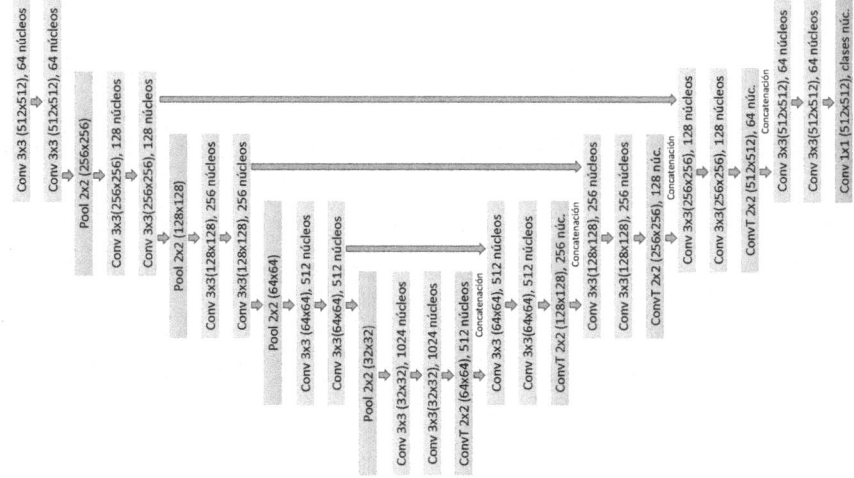

Figura 13.15: Modelo U-Net

Código 13.10: Implementación del modelo U-Net en Pytorch (definición de capas)

```python
##############################################################
# Implementación de UNET con segmentación de botellas
##############################################################
import torch
import torch.nn as nn
from torch.nn.functional import relu

##############################################################
# Definimnos arquitectura de UNET
##############################################################
class UNet(nn.Module):
    def __init__(self, n_class):
        super().__init__()

    ###############
    # Codificador
    ###############
        # input: 572x572x3
        self.e11 = nn.Conv2d(3, 64, kernel_size=3, padding=1) #
            output: 570x570x64
        self.e12 = nn.Conv2d(64, 64, kernel_size=3, padding=1) #
            output: 568x568x64
        self.pool1 = nn.MaxPool2d(kernel_size=2, stride=2) #
            output: 284x284x64

        # input: 284x284x64
        self.e21 = nn.Conv2d(64, 128, kernel_size=3, padding=1) #
            output: 282x282x128
        self.e22 = nn.Conv2d(128, 128, kernel_size=3, padding=1)
            # output: 280x280x128
        self.pool2 = nn.MaxPool2d(kernel_size=2, stride=2) #
            output: 140x140x128

        # input: 140x140x128
        self.e31 = nn.Conv2d(128, 256, kernel_size=3, padding=1)
            # output: 138x138x256
        self.e32 = nn.Conv2d(256, 256, kernel_size=3, padding=1)
            # output: 136x136x256
        self.pool3 = nn.MaxPool2d(kernel_size=2, stride=2) #
            output: 68x68x256

        # input: 68x68x256
        self.e41 = nn.Conv2d(256, 512, kernel_size=3, padding=1)
            # output: 66x66x512
        self.e42 = nn.Conv2d(512, 512, kernel_size=3, padding=1)
            # output: 64x64x512
        self.pool4 = nn.MaxPool2d(kernel_size=2, stride=2) #
            output: 32x32x512

        # input: 32x32x512
        self.e51 = nn.Conv2d(512, 1024, kernel_size=3, padding=1)
            # output: 30x30x1024
        self.e52 = nn.Conv2d(1024, 1024, kernel_size=3, padding
            =1) # output: 28x28x1024

    ###############
    # Decodificador
```

```
###############
        self.upconv1 = nn.ConvTranspose2d(1024, 512, kernel_size
            =2, stride=2)
        self.d11 = nn.Conv2d(1024, 512, kernel_size=3, padding=1)
        self.d12 = nn.Conv2d(512, 512, kernel_size=3, padding=1)

        self.upconv2 = nn.ConvTranspose2d(512, 256, kernel_size
            =2, stride=2)
        self.d21 = nn.Conv2d(512, 256, kernel_size=3, padding=1)
        self.d22 = nn.Conv2d(256, 256, kernel_size=3, padding=1)

        self.upconv3 = nn.ConvTranspose2d(256, 128, kernel_size
            =2, stride=2)
        self.d31 = nn.Conv2d(256, 128, kernel_size=3, padding=1)
        self.d32 = nn.Conv2d(128, 128, kernel_size=3, padding=1)

        self.upconv4 = nn.ConvTranspose2d(128, 64, kernel_size=2,
            stride=2)
        self.d41 = nn.Conv2d(128, 64, kernel_size=3, padding=1)
        self.d42 = nn.Conv2d(64, 64, kernel_size=3, padding=1)

        # Output layer
        self.outconv = nn.Conv2d(64, n_class, kernel_size=1)
```

En el codificador, se utilizan capas convolucionales con la función *Conv2D* para extraer características de la imagen de entrada. Cada bloque del codificador consta de dos capas convolucionales seguidas de una capa de agrupamiento máximo (*MaxPool2d*), a excepción del último bloque, que no incluye una capa de agrupamiento máximo. En el decodificador, se utilizan capas convolucionales de transposición con la función ConvTranspose2D para aumentar la muestra de los mapas de características al tamaño original de la imagen de entrada. Estas capas de transposición representan el proceso inverso de la convolución y se suelen denominar deconvoluciones. Cada bloque del decodificador consta de una capa de sobremuestreo, una concatenación con el mapa de características del codificador correspondiente y dos capas convolucionales.

El Código 13.11 muestra el paso hacia adelante del modelo, donde vamos llamando a las distintas capas creadas anteriormente e implementamos las conexiones o *bridges* mediante concatenaciones (*torch.cat*).

Código 13.11: Implementación del modelo U-Net en Pytorch (paso hacia adelante)

```
    def forward(self, x):
        # Encoder
        xe11 = relu(self.e11(x))
        xe12 = relu(self.e12(xe11))
        xp1 = self.pool1(xe12)
        xe21 = relu(self.e21(xp1))
        xe22 = relu(self.e22(xe21))
        xp2 = self.pool2(xe22)
        xe31 = relu(self.e31(xp2))
        xe32 = relu(self.e32(xe31))
        xp3 = self.pool3(xe32)
```

```python
xe41 = relu(self.e41(xp3))
xe42 = relu(self.e42(xe41))
xp4 = self.pool4(xe42)
xe51 = relu(self.e51(xp4))
xe52 = relu(self.e52(xe51))
# Decoder
xu1 = self.upconv1(xe52)
xu11 = torch.cat([xu1, xe42], dim=1)
xd11 = relu(self.d11(xu11))
xd12 = relu(self.d12(xd11))
xu2 = self.upconv2(xd12)
xu22 = torch.cat([xu2, xe32], dim=1)
xd21 = relu(self.d21(xu22))
xd22 = relu(self.d22(xd21))
xu3 = self.upconv3(xd22)
xu33 = torch.cat([xu3, xe22], dim=1)
xd31 = relu(self.d31(xu33))
xd32 = relu(self.d32(xd31))
xu4 = self.upconv4(xd32)
xu44 = torch.cat([xu4, xe12], dim=1)
xd41 = relu(self.d41(xu44))
xd42 = relu(self.d42(xd41))
# Output layer
out = self.outconv(xd42)
return out
```

Para el entrenamiento de este modelo U-Net cargaremos todas las imágenes en memoria. Como no son muchas imágenes, no tendremos problema con la carga y el tiempo de entrenamiento se reducirá considerablemente. El Código 13.12 muestra cómo se cargan tanto las imágenes originales como sus máscaras.

Código 13.12: Carga de imágenes en memoria

```python
###########################################################
# Implementación de UNET con segmentación de botellas
# Instalar qreader: pip install qreader
###########################################################
import os
import numpy as np
import random
import cv2
import torch
import torch.nn as nn
from torch.nn.functional import relu
from torch.utils.tensorboard import SummaryWriter
from torchvision import transforms
import torch.nn.functional as F
from torch import Tensor
from torch.utils.data import Dataset, DataLoader
from torch.optim import lr_scheduler
from unet import UNet
import sys

# Declaramos un objeto para escribir logs de Tensorboard
writer = SummaryWriter()
```

```
BATCH_SIZE=4
n_classes= 1
imageSize=[512,512]
device = torch.device('cuda') if torch.cuda.is_available() else
    torch.device('cpu')

# Clases a utilizar
CLASES = ["Agua"]

##################################################
# Creamos lista con las imágenes de train
##################################################
PATH_TRAIN = "D:/BOTELLAS/train"
PATH_OUTPUT = "D:/BOTELLAS/MASKS/Agua"

imgs=[]
for fichero in os.listdir(PATH_TRAIN):
    if fichero.endswith(".jpg"):
        imgs.append(fichero)

##################################################
# Cargamos las imágenes y las máscaras en memoria
# Como son pocas imágenes, podemos mantener todas
# en memoria
##################################################
def cargarDatos():
    imgs=[]
    masks=[]
    for fichero in os.listdir(PATH_TRAIN):
        if fichero.endswith(".jpg"):
            img = cv2.imread(os.path.join(PATH_TRAIN, fichero))
            img = cv2.resize(img, imageSize, cv2.INTER_LINEAR)
            imgs.append(img)

            # Cargamos la máscara
            maskFic = os.path.join(PATH_OUTPUT, fichero.replace("
                .jpg", ".png"))
            if os.path.exists(maskFic):
                vesMask = (cv2.imread(maskFic, 0) > 0).astype(np.
                    uint8) # Máscara inversa
                vesMask = cv2.resize(vesMask, imageSize,cv2.
                    INTER_NEAREST)
                masks.append([vesMask])
    # Invertimos canal: (tam, tam, 3) --> (3, tam, tam)
    imgs = np.asarray(imgs).astype(np.uint8)
    masks = np.asarray(masks).astype(np.float32)
    return imgs, masks
```

A continuación, crearemos nuestro dataset de Pytorch y un dataloader para el entrenamiento (ver Código 13.13).

Código 13.13: Creación del dataset Pytorch

```
class BotellasDataset(Dataset):
    def __init__(self, transform=None):
        self.imgs, self.masks = cargarDatos()
        self.transform = transform
```

```python
    def __len__(self):
        return len(self.imgs)

    def __getitem__(self, idx):
        img = self.imgs[idx]
        mask = self.masks[idx]
        if self.transform:
            img = self.transform(img)

        return [img, mask]

def get_Dataloaders():
    # use the same transformations for train/val in this example
    trans = transforms.Compose([
        transforms.ToTensor(),
        transforms.Normalize([0.485, 0.456, 0.406], [0.229,
            0.224, 0.225]) # imagenet
    ])

    train_set = BotellasDataset(transform = trans)

    dataloaders = {
        'train': DataLoader(train_set, batch_size=BATCH_SIZE,
            shuffle=True, num_workers=0)
    }

    return dataloaders
```

En las redes de segmentación se suele utilizar la función de error conocida como *Dice loss*. Esta función es especialmente útil cuando se necesita medir la similitud entre dos regiones segmentadas, como en la segmentación semántica. La función deriva del coeficiente de Dice, que es una métrica de evaluación común para la superposición de dos conjuntos. La pérdida de Dice se utiliza para optimizar modelos de segmentación de imágenes minimizando la discrepancia entre las máscaras de segmentación predichas y las máscaras de segmentación reales. Uno de los motivos para utilizar esta pérdida es cuando las clases no están balanceadas, ya que ayuda a abordar este desequilibrio al penalizar menos los errores de clasificación en las clases dominantes y más en las clases minoritarias. Esto puede ser útil en problemas de segmentación de imágenes donde hay clases de objetos menos comunes. En nuestro caso sólo tenemos una clase, pero es buena práctica utilizar esta pérdida en este tipo de problemas. El Código 13.14 muestra la implementación de la *dice loss*.

Código 13.14: Función *Dice loss*

```python
############################################################
# Implementación de la pérdida Dice
############################################################
def dice_loss(pred, target, smooth=1.):
    pred = pred.contiguous()
    target = target.contiguous()

    intersection = (pred * target).sum(dim=2).sum(dim=2)
```

```
    loss = (1 - ((2. * intersection + smooth) / (pred.sum(dim=2).
        sum(dim=2) + target.sum(dim=2).sum(dim=2) + smooth)))

    return loss.mean()

def calc_loss(pred, target, bce_weight=0.5):
    bce = F.binary_cross_entropy_with_logits(pred, target)

    pred = F.sigmoid(pred)
    dice = dice_loss(pred, target)

    loss = bce * bce_weight + dice * (1 - bce_weight)

    return loss

dataloaders = get_Dataloaders()

#######################################################
# Crear nuestro modelo
#######################################################
modelo = UNet(n_class = n_classes)
modelo.to(device)

optimizer = torch.optim.Adam(filter(lambda p: p.requires_grad,
    modelo.parameters()), lr=1e-4)
scheduler = lr_scheduler.StepLR(optimizer, step_size=30, gamma
    =0.1)

modelo.train()
```

Finalmente, el entrenamiento se implementa como en otros ejemplos vistos con Pytorch, como vemos en el Código 13.15. Cabe mencionar que es un ejemplo sencillo donde no estamos utilizando validación y simplemente estamos grabando el modelo cada 10 épocas. Aumentando el número de imágenes, podríamos aplicar técnicas de *data augmentation* y añadir un juego de validación como hemos mostrado en ejemplos previos. En este ejemplo, además, mostramos cómo grabar los datos del entrenamiento con Tensorboard.

Código 13.15: Entrenamiento del modelo

```
#######################################################
# Llevamos a cabo el entrenamiento
# Podríamos añadir en esta sección un mecanismo
# de selección de modelo utilizando la validación
#######################################################
EPOCAS = 100
for epoca in range(EPOCAS):

    print('Época {}/{}'.format(epoca, EPOCAS - 1))
    print('-' * 10)

    scheduler.step()

    epoch_samples = 0
```

```
epoch_loss = 0

for imgs, masks in dataloaders['train']:
    imgs = imgs.to(device)
    true_masks = masks.to(device)

    # zero the parameter gradients
    optimizer.zero_grad()

    masks_pred = modelo(imgs)

    loss = calc_loss(masks_pred, true_masks)

    loss.backward()
    optimizer.step()

    epoch_samples += imgs.size(0)
    epoch_loss += loss.item()

epoch_loss = epoch_loss / epoch_samples
print("Epoch Loss: ", epoch_loss)

# Escribimos en Tensorboard
writer.add_scalar('Loss/train', epoch_loss, epoca)

# Vamos grabando modelos cada 10 épocas
if epoca%10==0:
    torch.save(modelo.state_dict(), str(epoca)+".torch")
```

El Código 13.16 muestra cómo evaluar nuestro modelo sobre las imágenes de test que hemos seleccionado previamente. El programa cargará nuestro último modelo guardado y lo pasará sobre las imágenes de la carpeta de test.

Código 13.16: Evaluación del modelo

```
###########################################################
# Implementación de UNET con segmentación de botellas
# Realizamos el TEST
###########################################################
import os
import random
import numpy as np
import cv2
import torchvision.models.segmentation
import torch
from torchvision import transforms
from unet import UNet
###########################################################
# Definimos ruta de imágenes para test
###########################################################
PATH_TEST = "D:/BOTELLAS/test"
PATH_OUTPUT = "D:/BOTELLAS/test_resultado_unet"

n_classes = 1
# Clases a utilizar
CLASES = ["Agua"]
```

```python
if not os.path.exists(PATH_OUTPUT):
    os.mkdir(PATH_OUTPUT)

# Definimos el modelo
device = torch.device('cuda') if torch.cuda.is_available() else
    torch.device('cpu')
modelo = UNet(n_class = n_classes)

# Cargamos el último modelo guardado y lo ponemos en modo
    evaluación
modelo.load_state_dict(torch.load("90.torch"))
modelo.to(device)
modelo.eval()

trans = transforms.Compose([
    transforms.ToTensor(),
    transforms.Normalize([0.485, 0.456, 0.406], [0.229, 0.224,
        0.225]) # imagenet
])


# Realizamos la inferencia de cada imagen
for fichero in sorted(os.listdir(PATH_TEST)):
    if not fichero.endswith(".jpg"):
        continue
    print("Procesando fichero: " + fichero)

    # Cargamos la imagen, hacemos un resize y la llevamos a un
        tensor
    image = cv2.imread(os.path.join(PATH_TEST, fichero))
    image = cv2.resize(image, (512, 512), cv2.INTER_LINEAR)
    image = np.asarray(image).astype(np.uint8)
    img_entrada = torch.unsqueeze(trans(image), dim=0).to(device)


    # Realizamos la inferencia
    with torch.no_grad():
        masks = modelo(img_entrada)

    # Fusionamos la imagen de entrada con las máscaras obtenidas,
        teniendo en cuenta
    # que asignamos el color azul al agua y el color rojo a la
        leche.
    im2 = image.copy()
    msk = masks[0][0].detach().cpu().numpy()

    # Definimos colores para cada clase. En OpenCV, el color es
        BGR
    colores = (255, 50, 50)

    im2[:, :, 0][msk > 0.5] = colores[0]
    im2[:, :, 1][msk > 0.5] = colores[1]
    im2[:, :, 2][msk > 0.5] = colores[2]

    # Escribimos imagen en carpeta de salida
    cv2.imwrite(os.path.join(PATH_OUTPUT, fichero), np.hstack([
```

```
image , im2 ] ) )
```

El resultado de una de las segmentaciones se puede ver en la Figura 13.16. Posteriormente mostraremos un modelo con el que podemos obtener mejores resultados incluso utilizando muchas clases. Se trata de Mask R-CNN.

Figura 13.16: Segmentación con U-Net.

13.3.2. Mask R-CNN

Mask R-CNN, o Mask RCNN, es un tipo de red capaz de segmentar a nivel de instancia distintos tipos de objetos en una imagen. Devuelve tanto las máscaras asociadas a cada objeto, como los *bounding boxes* y clases de dichos objetos. Mask R-CNN se construyó a partir de Faster R-CNN [77], detector de objetos que habíamos visto previamente y que utilizaba un modelo compuesto formado por una red denominada *Region Proposal Network* (RPN), que propone regiones de interés en una imagen (ROIs) y las integra mediante un modelo de atención con una red R-CNN de clasificación de objetos. En la Figura 13.17 podemos ver el esquema de la red Mask R-CNN integrado con Faster R-CNN. Mientras que Faster R-CNN tiene dos salidas para cada objeto candidato, una etiqueta de clase y una región delimitadora, Mask R-CNN añade una tercera rama que da salida a la máscara del objeto. La salida adicional de la máscara es distinta de las salidas de clase y *bounding boxes*, lo que requiere la extracción de una disposición espacial mucho más fina de un objeto. Veremos en el ejemplo que presentaremos a continuación que, al definir el modelo MaskRCNN, es necesario integrarlo con Faster R-CNN.

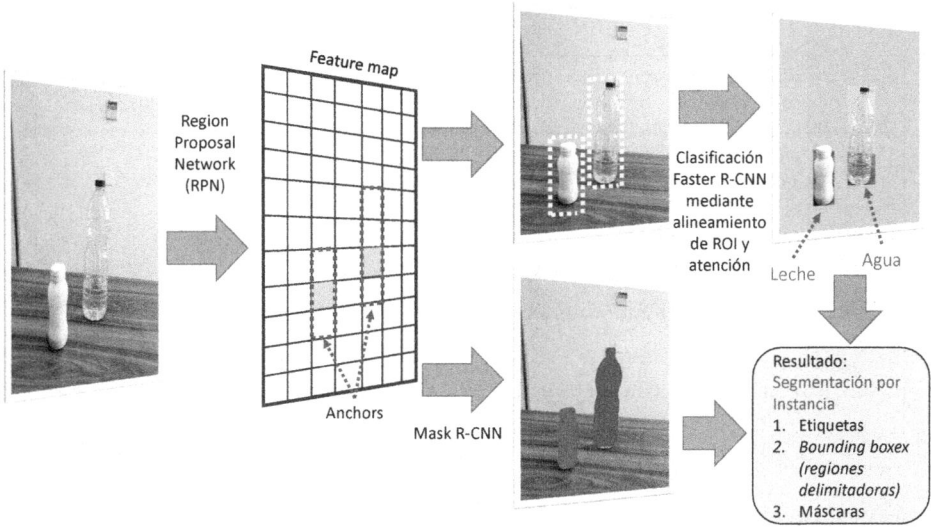

Figura 13.17: Esquema de Mask R-CNN

13.3.3. Entrenamiento y segmentación con Mask R-CNN

Para el entrenamiento de Mask R-CNN vamos a utilizar el mismo banco de imágenes de botellas que hemos creado para U-Net. En el caso de Mask R-CNN utilizaremos tanto las botellas de agua como las de leche. Utilizaremos nuevamente Pytorch. En la primera parte del entrenamiento (ver Código 13.17), definiremos un generador de batches propio, que se encargará de componer batches de datos. Como hemos dicho, Mask R-CNN se entrena utilizando tres salidas, las etiquetas, los *bounding boxes* de los objetos y las máscaras. A partir de las máscaras binarias obtenidas previamente, es relativamente sencillo obtener los límites del *bounding box* de cada objeto. Basta con utilizar la función de OpenCV *cv2.boundingRect(masks[i])*. A partir de la lista de imágenes de train, iremos componiendo batches de 2 muestras de forma aleatoria. Hemos utilizado un tamaño de batch de 2 ya que el conjunto de entrenamiento es bastante pequeño. Para cada muestra, tendremos una imagen como entrada y un diccionario compuesto por los *bounding boxes* de los objetos que aparecen, la lista de etiquetas que aparecen y las máscaras asociadas a cada objeto. Todos los elementos correspondientes a un mismo objeto deben estar en el mismo índice. Es decir, si el primer *bounding box* corresponde a una botella de agua, la etiqueta del mismo índice deberá ser *Agua* y la máscara de dicho índice será la correspondiente a esa botella. Merece especial atención que en este ejemplo utilizaremos Tensorboard, cargándolo en la línea *from torch.utils.tensorboard import SummaryWriter*. A pesar de haber sido creado inicialmente para Tensorflow, es posible también utilizarlo con Pytorch. Para nosotros, la librería de Tensorboard de Pytorch nos permitirá crear los logs que, posteriormente, leerá Tensorboard.

Código 13.17: Primera parte del entrenamiento de Mask R-CNN

```python
##########################################################
# Programa de entrenamiento de MaskRCNN
##########################################################
import random
from torchvision.models.detection.faster_rcnn import
    FastRCNNPredictor
import numpy as np
import torch.utils.data
import cv2
import torchvision.models.segmentation
import torch
import os
from torch.utils.tensorboard import SummaryWriter

# Declaramos un objeto para escribir logs de Tensorboard
writer = SummaryWriter()

BATCH_SIZE=2
imageSize=[600,600]
device = torch.device('cuda') if torch.cuda.is_available() else
    torch.device('cpu')

# Clases a utilizar
CLASES = ['Agua', 'Leche']


##########################################################
# Creamos lista con las imágenes de train
##########################################################
PATH_TRAIN = 'D:/BOTELLAS/train'
PATH_OUTPUT = 'D:/BOTELLAS/MASKS'

imgs=[]
for fichero in os.listdir(PATH_TRAIN):
    if fichero.endswith('.jpg'):
        imgs.append(fichero)


##########################################################
# Creamos un generador de batch aleatorio
##########################################################
def generadorBatch():
    batch_Imgs=[]
    batch_Data=[]

    for i in range(BATCH_SIZE):
        idx=random.randint(0,len(imgs)-1)
        img = cv2.imread(os.path.join(PATH_TRAIN, imgs[idx]))
        img = cv2.resize(img, imageSize, cv2.INTER_LINEAR)

        # Para cada imagen, cargaremos la máscara de sus objetos
        # Ver si existe máscara de un tipo de objeto para esa
        # imagen
        masks=[]
        labels=[]

        for i, v in enumerate(CLASES):
```

```
            maskImg = os.path.join(PATH_OUTPUT, v, imgs[idx].
                replace('.jpg', '.png'))
            if os.path.exists(maskImg):
                vesMask = (cv2.imread(maskImg, 0) > 0).astype(np.
                    uint8) # Máscara inversa
                vesMask=cv2.resize(vesMask,imageSize,cv2.
                    INTER_NEAREST)
                masks.append(vesMask)
                labels.append(i+1)
    num_objs = len(masks)

    # Si no encontramos ninguna máscara, buscamos otra
    if num_objs==0: return generadorBatch()

    # Calculamos los bounding boxes de las máscaras obtenidas
    boxes = torch.zeros([num_objs,4], dtype=torch.float32)
    for i in range(num_objs):
        x,y,w,h = cv2.boundingRect(masks[i])
        boxes[i] = torch.tensor([x, y, x+w, y+h])

    img = torch.as_tensor(img, dtype=torch.float32)

    # Empaquetamos los datos en un diccionario, que tendrá
        para cada imagen,
    # un conjunto de bounding boxes y máscaras
    data = {}
    data['boxes'] = boxes
    data['labels'] = torch.as_tensor(labels, dtype=torch.
        int64)
    data['masks'] = torch.as_tensor(masks, dtype=torch.uint8)
    batch_Imgs.append(img)
    batch_Data.append(data)

batch_Imgs = torch.stack([torch.as_tensor(d) for d in
    batch_Imgs], 0)
batch_Imgs = batch_Imgs.swapaxes(1, 3).swapaxes(2, 3)
return batch_Imgs, batch_Data
```

En la segunda parte del código del entrenamiento (Código 13.18), declararemos el modelo, utilizando una red Mask R-CNN implementada sobre ResNet-50 y previamente entrenada contra el dataset COCO. Esta transferencia de conocimiento nos permitirá beneficiarnos de unos pesos previamente ajustados a muchas situaciones diversas. Como hemos comentado, Mask R-CNN se apoya sobre un algoritmo Faster R-CNN para la clasificación de las regiones propuestas. Dicha operación se hace en la línea *modelo.roi_heads.box_predictor = FastRCNNPredictor(...)*, donde es importante destacar que especificamos como salida el número de clases más uno. Esto se debe a que una de las clases de salida que se tiene que considerar es el *background*. En el entrenamiento utilizamos AdamW en vez de Adam, optimizadores ligeramente diferentes en cuanto al cálculo de la reducción de pesos. Mientras Adam utiliza una penalización basada en regularización L2, AdamW utiliza un coeficiente propio.

Código 13.18: Segunda parte del entrenamiento de Mask R-CNN

```
################################################
# Definimos nuestro modelo MaskRCNN utilizando
# una ResNet50. Está preentrenada con COCO
################################################
modelo = torchvision.models.detection.maskrcnn_resnet50_fpn(
    pretrained=True)
# Utilizamos un clasificador FastRCNN al final
in_features = modelo.roi_heads.box_predictor.cls_score.
    in_features
# Incluimos como clase el background
modelo.roi_heads.box_predictor = FastRCNNPredictor(in_features,
    num_classes=len(CLASES) + 1)
modelo.to(device)

optimizer = torch.optim.AdamW(params=modelo.parameters(), lr=1e
    -5)
modelo.train()


################################################
# Llevamos a cabo el entrenamiento
# Podríamos añadir en esta sección un mecanismo
# de selección de modelo utilizando
# la validación
################################################
for i in range(10001):
    images, targets = generadorBatch()
    images = list(image.to(device) for image in images)
    targets = [{k: v.to(device) for k, v in t.items()} for t in
        targets]

    # Calculamos error
    optimizer.zero_grad()
    loss_dict = modelo(images, targets)
    losses = sum(loss for loss in loss_dict.values())

    # Retropropagación
    losses.backward()
    optimizer.step()
    print(i,'loss:', losses.item())

    # Escribimos en Tensorboard
    writer.add_scalar('Loss/train', losses.item(), i)

    # Vamos grabando modelos cada 500 épocas
    if i%500==0:
        torch.save(modelo.state_dict(), str(i)+'.torch')
```

El modelo lo entrenaremos 10,001 épocas, grabando cada 500 épocas el fichero de pesos asociado. El error del entrenamiento lo vamos registrando en un log para leerlo con Tensorboard. Dicha operación se lleva a cabo en la línea *writer.add_scalar("Loss/train", losses.item(), i)*. En la Figura 13.18 podemos ver la reducción del error mostrada en Tensorboard a lo largo de las 10,000 épocas. Para lanzar Tensorboard, bastará pasar el directorio donde hemos escrito los logs, concretamente: *tensorboard –logdir runs*.

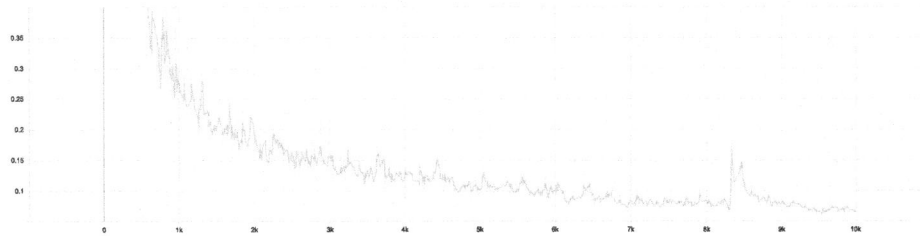

Figura 13.18: Reducción del error en Mask R-CNN.

Una vez entrenado el modelo, podremos pasar las imágenes de test para ver qué resultados se obtienen. El Código 13.19 muestra cómo llevar a cabo la segmentación para cada imagen de la carpeta de test. Como hemos comentado en otros casos, una vez cargado el modelo en memoria RAM o de la GPU, debe ser puesto en modo evaluación (*modelo.eval()*). La predicción de Mask R-CNN nos devuelve tanto las máscaras como las etiquetas asociadas a cada objeto. Adicionalmente, nos devuelve un factor de confianza, que nos permite descartar falsos positivos.

Código 13.19: Test de Mask R-CNN

```python
###################################################
# Programa de test de MaskRCNN
###################################################
import os
import random
from torchvision.models.detection.faster_rcnn import
    FastRCNNPredictor
import numpy as np
import cv2
import torchvision.models.segmentation
import torch
###################################################
# Definimos ruta de imágenes para test
###################################################
PATH_TEST = 'D:/BOTELLAS/test'
PATH_OUTPUT = 'D:/BOTELLAS/test_resultado'

# Clases a utilizar
CLASES = ['Agua', 'Leche']

if not os.path.exists(PATH_OUTPUT):
    os.mkdir(PATH_OUTPUT)

# Definimos el modelo
device = torch.device('cuda') if torch.cuda.is_available() else
    torch.device('cpu')
modelo = torchvision.models.detection.maskrcnn_resnet50_fpn(
    pretrained=True)
```

```python
in_features = modelo.roi_heads.box_predictor.cls_score.
    in_features
modelo.roi_heads.box_predictor = FastRCNNPredictor(in_features,
    num_classes=3)

# Cargamos el último modelo guardado y lo ponemos en modo
    evaluación
modelo.load_state_dict(torch.load('10000.torch'))
modelo.to(device)
modelo.eval()

# Realizamos la inferencia de cada imagen
for fichero in sorted(os.listdir(PATH_TEST)):
    if not fichero.endswith('.jpg'):
        continue
    print('Procesando fichero: ' + fichero)

    # Cargamos la imagen, hacemos un resize y la llevamos a un
        tensor
    image = cv2.imread(os.path.join(PATH_TEST, fichero))
    image = cv2.resize(image, (600, 600), cv2.INTER_LINEAR)
    image = torch.as_tensor(image, dtype=torch.float32).unsqueeze
        (0)
    image = image.swapaxes(1, 3).swapaxes(2, 3)
    image = list(img.to(device) for img in image)

    # Realizamos la inferencia
    with torch.no_grad():
        pred = modelo(image)

    # Fusionamos la imagen de entrada con las máscaras obtenidas,
        teniendo en cuenta
    # que asignamos el color azul al agua y el color rojo a la
        leche.
    im = image[0].swapaxes(0, 2).swapaxes(0, 1).detach().cpu().
        numpy().astype(np.uint8)
    im2 = im.copy()
    for i in range(len(pred[0]['masks'])):
        msk=pred[0]['masks'][i,0].detach().cpu().numpy()
        scr=pred[0]['scores'][i].detach().cpu().numpy()
        lbl=pred[0]['labels'][i].detach().cpu().numpy()

        # Definimos colores para cada clase. En OpenCV, el color
            es BGR
        if lbl == 1:
            colores = (255, 50, 50)
        if lbl == 2:
            colores = (50, 50, 255)

        if scr >0.8:
            im2[:,:,0][msk>0.5] = colores[0]
            im2[:, :, 1][msk > 0.5] = colores[1]
            im2[:, :, 2][msk > 0.5] = colores[2]
            print('Encontrada clase ', CLASES[lbl -1], 'con una
                confianza de ', str(scr))

        # Escribimos imagen en carpeta de salida
```

```
cv2.imwrite(os.path.join(PATH_OUTPUT, fichero), np.hstack
  ([im,im2]))
```

El programa compone imágenes de salida resultantes en OpenCV, poniendo en color azul las botellas de agua y en rojo las botellas de leche. Debemos tener en cuenta que OpenCV carga las imágenes en BGR (Azul-Verde-Rojo). Para cada objeto devuelto, si la confianza es mayor a un umbral, por ejemplo 0.8, cambiaremos los píxeles de la imagen de entrada por los colores seleccionados cuando el valor de la máscara en dichos píxeles es superior a 0.5. Naturalmente, para cada máscara los píxeles se ubicarán en dos clases: o pertenece a ese objeto (> 0.5) o no ($<= 0.5$). Algunos de los resultados obtenidos en el test se pueden observar en la Figura 13.19.

Ante datasets más grandes, convendría añadir mecanismos de validación. En este ejemplo, como los objetos son rígidos y el número de imágenes es pequeño, no hemos creado datos de validación. El control de validación se llevaría a cabo como hemos visto en ejemplos precedentes, y consistiría en utilizar un generador de datos de validación y calcular su error, tal como hacemos en las líneas *loss_dict = modelo(images, targets)* y *losses = sum(loss for loss in loss_dict.values())* del programa de entrenamiento.

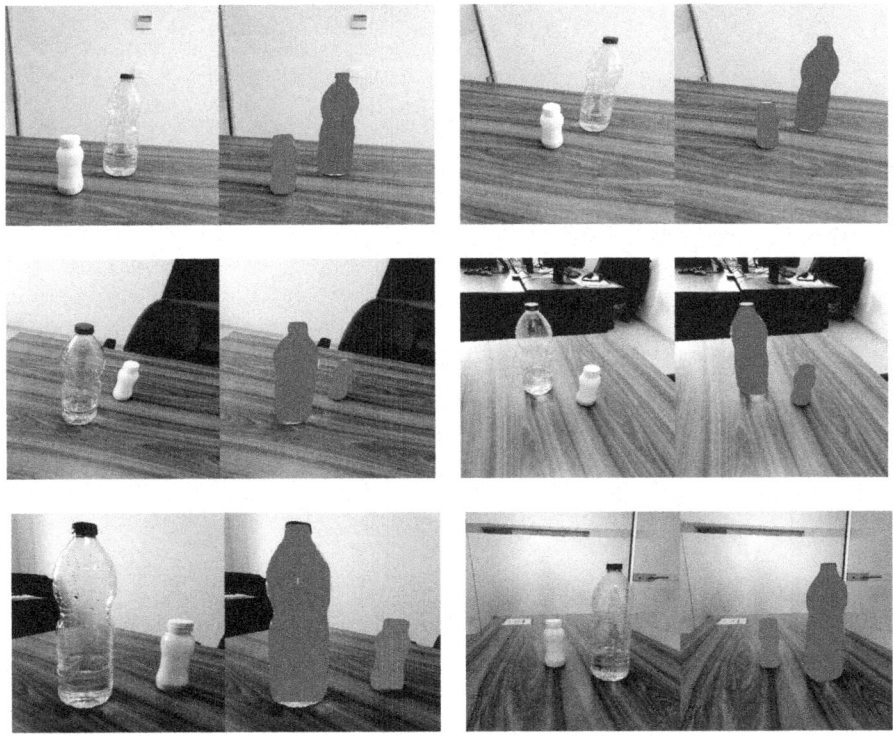

Figura 13.19: Resultados de la segmentación de algunas imágenes de test

Capítulo 14

Reconocimiento de articulaciones y puntos de personas

Una de las ramas de la visión artificial donde más se ha avanzado a lo largo de los últimos años es la del reconocimiento de puntos característicos de personas, como podría ser la localización de las articulaciones tanto del cuerpo y extremidades como de la cara.

Hasta hace algunos años, los sistemas que permitían obtener las coordenadas del esqueleto de una persona se basaban en cámaras 3D. Kinect v2 (Microsoft, USA), por ejemplo, permitía extraer con rapidez y precisión 25 coordenadas 3D de hasta 6 esqueletos simultáneamente. Los esqueletos se obtenían partiendo del mapa de profundidad por medio de las técnicas presentadas en [79, 80]. Cada esqueleto devuelto por Kinect ofrecía las coordenadas de distintas articulaciones del cuerpo humano, tales como cuello, hombros, manos, rodillas. Esta cámara fue un dispositivo clave en el desarrollo de videojuegos Xbox. En los últimos años se han desarrollado potentes modelos de detección de esqueletos que no requieren de datos 3D para obtener el esqueleto de las personas, como pueden ser OpenPose y BlazePose.

14.1. OpenPose

OpenPose [81], desarrollado en la Universidad Carnegie Mellon (CMU), es uno de los modelos más precisos de detección de esqueletos tanto de personas y animales, como de objetos, como pueden ser coches. Trabaja con dos modelos, de 18 o 25 articulaciones, y fue entrenado utilizando el conjunto de datos COCO 2016 / MPII [82]. Las coordenadas devueltas por el modelo de 18 articulaciones, que será el que veamos en el ejemplo siguiente, son las mostradas en la Figura 14.1.

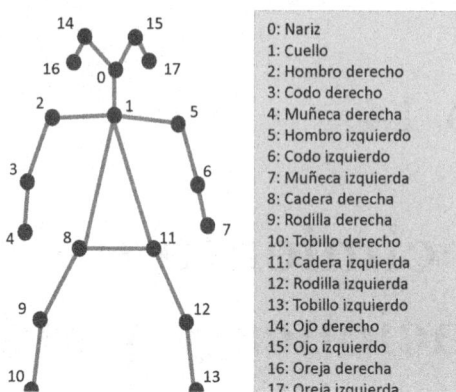

Figura 14.1: Articulaciones devueltas por OpenPose (caso de 18 articulaciones).

El pipeline de OpenPose se compone de diferentes pasos, como se puede ver en la Figura 14.2. En un primer paso, la imagen es pasada por una red VGG para obtener los mapas de features. A continuación, dos ramas procesan distintos tipos de información. Una primera rama obtiene mapas de confianza de articulaciones mediante otra red de convolución. Para cada posible articulación, se genera un mapa de confianza, que sería como una imagen en escala de grises con valores más altos en cuanto más nos aproximamos a algún tipo de articulación.

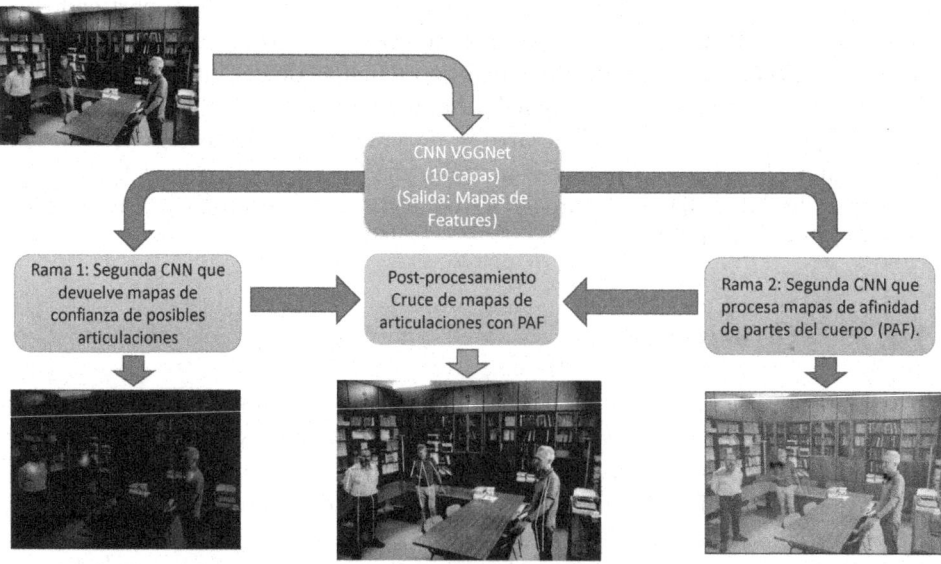

Figura 14.2: Pipeline de OpenPose.

La segunda rama permite obtener mapas de afinidad entre articulaciones, denominados Campos de Afinidad Parcial, del inglés *Partial Affinity Fields* (PAFs) [83]. Lo que se busca en este punto es establecer posibles articulaciones relacionadas, principalmente de cada persona.

A partir de los mapas de confianza de cada tipo de articulación (ver Figura 14.3a), y de los PAFs existentes entre cada par de posibles asociaciones (ver Figura 14.3b), se consiguen obtener las articulaciones y relaciones para cada persona. Para ello, un PAF da información sobre la posición y orientación de los segmentos del cuerpo, denominados pares. Un par asocia parejas de partes, concretamente articulaciones del cuerpo. Tras un algoritmo de Supresión No Máxima (NMS), la localización de las partes candidatas se obtiene a partir de los mapas de confianza.

(a) Mapas de confianza de la articulación   (b) Mapa PAF de relación
Cuello   *Cuello-Hombro Derecho*

(c) Resultado de OpenPose al pintar las articulaciones y segmentos

Figura 14.3: Resultado de OpenPose

Una vez encontrados los candidatos para cada una de las partes del cuerpo, un problema de asignación selecciona el candidato adecuado mediante la integración de los PAF. Finalmente, se conectan las partes del cuerpo de cada persona, considerando que dos segmentos en una articulación con las mismas coordenadas forman parte de la misma persona. En la Figura 14.3c podemos ver el resultado de pintar las articulaciones obtenidas sobre la imagen original de entrada, uniendo los segmentos respectivos.

Las primeras versiones de OpenPose eran complejas de utilizar ya que había que descargar la librería completa y podía requerir ciertas complicaciones de implantación en algunos sistemas. Actualmente, OpenPose se puede utilizar con un modelo entrenado en Caffe y procesarlo utilizando OpenCV. La principal complicación es que, si queremos que el proceso sea rápido, tendremos que compilar OpenCV para que trabaje con GPU. Por defecto, OpenCV utiliza CPU y el proceso de un frame de OpenPose es costoso, cerca de un frame por segundo. En la web de Learn OpenCV existe un ejemplo de aplicación de OpenPose en la detección de esqueletos de múltiples personas. A partir de dicho ejemplo, que se puede encontrar en: `https://learnopencv.com/multi-person-pose-estimation-in-opencv-using-openpose/`, hemos realizado pequeñas modificaciones para mostrar cómo utilizar el modelo con una imagen propia, como la mostrada anteriormente en la Figura 14.3. No mostramos en detalle el código de tres funciones, pero un ejemplo puede ser encontrado tanto en la web de Learn OpenCV como en los códigos enlazados de este libro.

Como hemos comentado, existen versiones alternativas que implementan OpenPose, incluyendo algunas en Pytorch (ver `https://github.com/Hzzone/pytorch-openpose`, que permite detectar tanto cuerpo como articulaciones de las manos) o Tensorflow (ver `https://github.com/mananrai/Tensorflow-Openpose`). Sin embargo, la versión de Caffe con OpenCV es bastante corta en código y no requiere la descarga de librerías adicionales. Únicamente es necesario descargar el modelo y los pesos desde las siguientes webs del CMU:

Modelo Caffe: `https://github.com/CMU-Perceptual-Computing-Lab/openpose/blob/master/models/pose/coco/pose_deploy_linevec.prototxt`

Pesos (COCO): `http://posefs1.perception.cs.cmu.edu/OpenPose/models/pose/coco/pose_iter_440000.caffemodel`

El Código 14.1 muestra la primera parte del programa de detección de OpenPose, donde podemos ver que cargamos un modelo Caffe para realizar la inferencia. El modelo devuelve tanto los mapas de confianza de cada articulación como los PAFs.

Código 14.1: OpenPose con OpenCV y Caffe (Parte 1)

```
###################################################
# Ejemplo de uso de OpenPose a partir de OpenCV
# https://learnopencv.com/multi-person-pose
#         -estimation-in-opencv-using-openpose/
###################################################
import cv2
import time
import numpy as np
```

```python
# Dispositivo a utilizar (cpu/gpu).
# OpenCV requiere compilación para uso de GPU si se quiere
    utilizar CUDA.
device = 'cpu'

# Imagen a procesar
image1 = cv2.imread('DSC_0154.JPG')

# Descripción de la red neuronal a utilizar (formato CAFFE)
protoFile = 'pose_deploy_linevec.prototxt'
# Pesos del modelo preentrenado
weightsFile = 'pose_iter_440000.caffemodel'

# Puntos a detectar
nPoints = 18
# Articulaciones de COCO
keypointsMapping = ['Nose', 'Neck', 'R-Sho', 'R-Elb', 'R-Wr', 'L-
    Sho', 'L-Elb', 'L-Wr', 'R-Hip', 'R-Knee', 'R-Ank', 'L-Hip', '
    L-Knee', 'L-Ank', 'R-Eye', 'L-Eye', 'R-Ear', 'L-Ear']

# Emparejamiento posible de articulaciones
POSE_PAIRS = [[1,2], [1,5], [2,3], [3,4], [5,6], [6,7],
              [1,8], [8,9], [9,10], [1,11], [11,12], [12,13],
              [1,0], [0,14], [14,16], [0,15], [15,17],
              [2,17], [5,16] ]

# Para la salida de la red, relacionamos los PAFs de salida con
    los POSE_PAIRS
# Por ejemplo, para el POSE_PAIR(1,2), el PAF correspondiente es
    el (31,32) de la salida
mapIdx = [[31,32], [39,40], [33,34], [35,36], [41,42], [43,44],
          [19,20], [21,22], [23,24], [25,26], [27,28], [29,30],
          [47,48], [49,50], [53,54], [51,52], [55,56],
          [37,38], [45,46]]

# A partir de los mapas de confianza de las articulaciones,
    buscamos los máximos
# de las regiones detectadas para establecer la posición de las
    articulaciones
def getKeypoints(probMap, threshold=0.1):
    ...
    return keypoints

# Buscar conexiones válidas entre las diferentes articulaciones
    de las personas
# presentes. Utilizamos la distancia entre posibles
    articulaciones y vemos
# si el vector de unión de las articulaciones alineado con el PAF
    de unión
# de dichas articulaciones es mayor que un umbral.
def getValidPairs(output):
    ...
    return valid_pairs, invalid_pairs

# Esta función crea una lista de puntos clave pertenecientes a
    cada persona
```

```
# Para cada par válido detectado, asigna la(s) articulación(es) a
    una persona
def getPersonwiseKeypoints(valid_pairs, invalid_pairs):
    ...
    return personwiseKeypoints


###################################################################
# Carga del modelo e inferencia                                   #
###################################################################
# Obtenemos anchura y altura de la imagen
frameWidth = image1.shape[1]
frameHeight = image1.shape[0]

# Leemos el modelo Caffe utilizando CV2
t = time.time()
net = cv2.dnn.readNetFromCaffe(protoFile, weightsFile)
if device == 'cpu':
    net.setPreferableBackend(cv2.dnn.DNN_TARGET_CPU)
    print('Utilizando CPU')
elif device == 'gpu':
    net.setPreferableBackend(cv2.dnn.DNN_BACKEND_CUDA)
    net.setPreferableTarget(cv2.dnn.DNN_TARGET_CUDA)
    print('Utilizando GPU')

# La entrada del modelo es una imagen de 368 píxeles de altura.
    La anchura la
# calculamos a partir de la dimensión original
inHeight = 368
inWidth = int((inHeight/frameHeight)*frameWidth)

# Procesamos la imagen en la red, convirtiéndola primero en un
    BLOB.
inpBlob = cv2.dnn.blobFromImage(image1, 1.0 / 255, (inWidth,
    inHeight),
            (0, 0, 0), swapRB=False, crop=False)

net.setInput(inpBlob)
output = net.forward()
print('Tiempo de inferencia = {}'.format(time.time() - t))
```

En la segunda parte, Código 14.2, nuestro programa es el encargado de extraer tanto la posición de las articulaciones buscando los valores máximos en las regiones donde hay una articulación, utilizando los mapas de confianza, como de realizar el emparejamiento de articulaciones utilizando los PAFs y vincularlos a una persona concreta.

Código 14.2: OpenPose con OpenCV y Caffe (Parte 2)

```
############################################################
# Extraemos el mapa de confianza de la
# articulación cuello
############################################################
import matplotlib.pyplot as plt
articulacion = 1
probMap = output[0, articulacion, :, :]
probMap = cv2.resize(probMap, (frameWidth, frameHeight))
```

```python
plt.imshow(cv2.cvtColor(image1, cv2.COLOR_BGR2RGB))
plt.imshow(probMap, alpha=0.6)
# Ocultar eje
ax = plt.gca()
ax.get_xaxis().set_visible(False)
ax.get_yaxis().set_visible(False)
plt.savefig('openpose_confianza_cuello.jpg', dpi = 300)

####################################################
# Extraemos el mapa PAF del cuello a hombro derecho
####################################################
pafA = output[0, mapIdx[0][0], :, :]
pafA = cv2.resize(pafA, (frameWidth, frameHeight))
plt.imshow(cv2.cvtColor(image1, cv2.COLOR_BGR2RGB))
plt.imshow(pafA, alpha=0.4)
# Ocultar eje
ax = plt.gca()
ax.get_xaxis().set_visible(False)
ax.get_yaxis().set_visible(False)
plt.savefig('openpose_paf_cuello_hombro_derecho.jpg', dpi = 300)

####################################################
# Extraemos los puntos de los mapas de confianza
####################################################
# Extraer los keypoints de las articulaciones
detected_keypoints = []
keypoints_list = np.zeros((0,3))
keypoint_id = 0
threshold = 0.1

for part in range(nPoints):
    probMap = output[0,part,:,:]
    # Tenemos que redimensionar los mapas de confianza de la
    # salida de la red a las dimensiones de la imagen de entrada
    probMap = cv2.resize(probMap, (image1.shape[1], image1.shape
        [0]))
    keypoints = getKeypoints(probMap, threshold)
    print('Keypoints - {} : {}'.format(keypointsMapping[part],
        keypoints))
    keypoints_with_id = []
    for i in range(len(keypoints)):
        keypoints_with_id.append(keypoints[i] + (keypoint_id,))
        keypoints_list = np.vstack([keypoints_list, keypoints[i
            ]])
        keypoint_id += 1
    detected_keypoints.append(keypoints_with_id)

# Visualizar los puntos detectados
frameClone = image1.copy()
for i in range(nPoints):
    for j in range(len(detected_keypoints[i])):
        color = [0, 0, 255]
        cv2.circle(frameClone, detected_keypoints[i][j][0:2], 20,
            color, -1, cv2.LINE_AA)
cv2.imwrite('openpose_puntos_esqueleto.jpg', frameClone)

####################################################
```

```
# En este paso realizamos la asociación
# de los puntos de los esqueletos teniendo en
# cuenta los PAFs
#########################################################
valid_pairs, invalid_pairs = getValidPairs(output)
personwiseKeypoints = getPersonwiseKeypoints(valid_pairs,
    invalid_pairs)

# Unimos los puntos de las articulaciones de cada persona
    detectada
for i in range(17):
    for n in range(len(personwiseKeypoints)):
        index = personwiseKeypoints[n][np.array(POSE_PAIRS[i])]
        if -1 in index:
            continue
        B = np.int32(keypoints_list[index.astype(int), 0])
        A = np.int32(keypoints_list[index.astype(int), 1])
        color = [0, 255, 0]
        cv2.line(frameClone, (B[0], A[0]), (B[1], A[1]), color,
            25, cv2.LINE_AA)

cv2.imwrite('open_pose_resultado_final.jpg', frameClone)
```

El resultado de los keypoints obtenidos para el ejemplo anterior se puede observar en la Figura 14.4.

Figura 14.4: Keypoints encontrados en la imagen antes del emparejamiento utilizando los PAFs

14.2. BlazePose

Más reciente que OpenPose, aunque en ciertos experimentos no tan preciso, encontramos BlazePose. Es el modelo en el que se ha basado MediaPipe (https://mediapipe.dev/). BlazePose es muy rápido, incluso sin GPU, al no necesitar post-procesamiento y agilizar el modelo de inferencia. Una limitación respecto a OpenPose es que MediaPipe devuelve únicamente el esqueleto de una persona de la imagen. Para obtener el esqueleto de más de una persona, sería necesario detectar primero las personas, por ejemplo, con una YOLO, y procesar las imágenes de dichas personas una a una. MediaPipe fue desarrollado por Google y es capaz de obtener 33 coordenadas 3D de la persona que aparece en una imagen (ver Figura 14.5). Esto es interesante ya que el propio modelo nos devuelve una posible coordenada Z en base a cómo debería ser la postura de la persona. Aunque en OpenPose la transformación de coordenadas 2D a un modelo 3D se podría llevar a cabo mediante algoritmos como el Perspective-n-Point (PnP), BlazePose ha sido entrenado teniendo en cuenta esta característica y nos evita tener que llevar a cabo un desarrollo de este tipo.

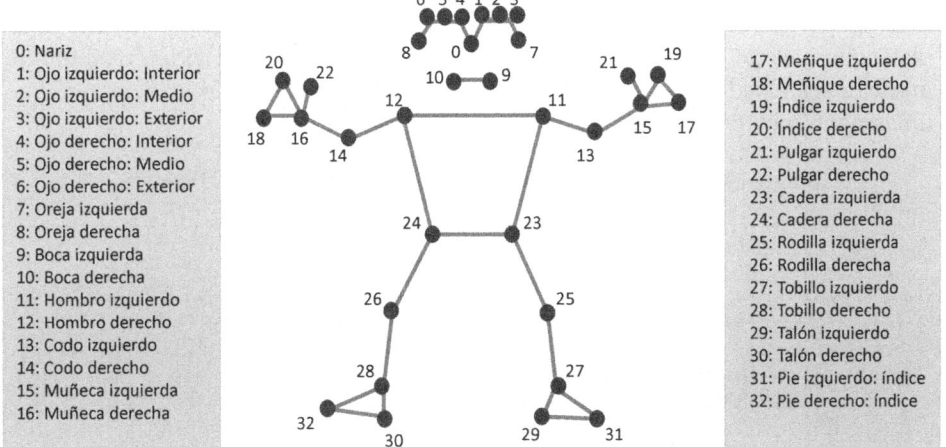

Figura 14.5: Articulaciones devueltas por BlazePose.

El pipeline de BlazePose está dividido en dos partes:

- Detector SSD: Un detector del tipo Single-Shot Detector(SSD) nos devuelve las regiones de la imagen donde aparecen personas, así como ciertos puntos que nos permiten alinear o escalar la imagen, por ejemplo, rotando la región donde aparece una persona para que esté centrada. El detector SSD habíamos visto previamente que era un conocido método de detección de objetos. Existen dos modos de utilizar el Detector. En modo simple de caja (bounding box), la región delimitadora se determina a partir de su posición (x,y) y tamaño (w,h). En el modo de alineación, la escala y el ángulo se determinan a partir del resto de valores devuelto por el detector.

- Estimador: Es una red convolucional con regresión que computa directamente los puntos de la articulación de la persona principal. En el entrenamiento del estimador se utilizan *heatmaps*, aunque durante la inferencia no, acelerando de esta forma el procesamiento. La salida del estimador tiene 165 elementos de (x,y,z, visibilidad, presencia) para cada una de las 33 posibles articulaciones. La visibilidad devuelve la probabilidad de que las articulaciones que existen en el fotograma no estén ocluidas por otros objetos. La presencia devuelve la probabilidad de que las articulaciones existan en la imagen. La visibilidad y la presencia se pueden convertir en probabilidad aplicando una función sigmoidea. Los valores de Z se basan en las caderas de la persona, estando la articulación más próxima a la cámara cuando el valor es negativo, y detrás cuando el valor es positivo.

En el Código 14.3 podemos ver una implementación de la llamada al programa de obtención del esqueleto de MediaPipe. Como MediaPipe opera en RGB y OpenCV lee por defecto en BGR, es necesario realizar conversiones previas y sobre los resultados esperados. En la web `https://google.github.io/mediapipe/solutions/pose.html` podemos ver una implementación más completa que incluye también la inferencia directamente sobre el vídeo recibido de una cámara. MediaPipe es un framework bastante sencillo de utilizar, aunque únicamente nos permite utilizar sus modelos para inferencia.

Código 14.3: MediaPipe, que utiliza modificación de BlazePose

```
##########################################################
# Ejemplo de uso de BlazePose con MediaPipe
# https://google.github.io/mediapipe/solutions/pose
##########################################################
import cv2
import mediapipe as mp
import numpy as np

mp_drawing = mp.solutions.drawing_utils
mp_drawing_styles = mp.solutions.drawing_styles
mp_pose = mp.solutions.pose

image = cv2.imread('imagen_persona.jpg')
# Transformamos imagen a RGB ya que MediaPipe trabaja con BGR
image = cv2.cvtColor(image, cv2.COLOR_BGR2RGB)
image_height, image_width, _ = image.shape

with mp_pose.Pose(
    static_image_mode=True,
    model_complexity=2,
    enable_segmentation=True,
    min_detection_confidence=0.5) as pose:

    # Procesamos imagen
    output = pose.process(image)

    # Ejemplo de cómo visualizar dónde está la nariz
    if output.pose_landmarks:
        x_nariz = output.pose_landmarks.landmark[mp_pose.
            PoseLandmark.NOSE].x * image_width
        y_nariz = output.pose_landmarks.landmark[mp_pose.
            PoseLandmark.NOSE].y * image_height
```

```
        print(f'Posición nariz: ({x_nariz},{y_nariz})')

skeleton_image = image.copy()
# Aplicar una máscara para extraer la persona
condition = np.stack((output.segmentation_mask,) * 3, axis
    =-1) > 0.1
bg_image = np.zeros(image.shape, dtype=np.uint8)
bg_image[:] = (100, 100, 100) # Color gris
skeleton_image = np.where(condition, skeleton_image, bg_image
    )

# Dibujar las articulaciones y el esqueleto obtenido en la
    imagen se salida
circleDrawingSpec = mp_drawing.DrawingSpec(thickness=4,
    circle_radius=8, color=(255,0,0))
lineDrawingSpec = mp_drawing.DrawingSpec(thickness=8, color
    =(0,255,0))

mp_drawing.draw_landmarks(
    skeleton_image,
    output.pose_landmarks,
    mp_pose.POSE_CONNECTIONS,
    circleDrawingSpec,
    lineDrawingSpec)

# Cambiamos imagen a BGR
skeleton_image = cv2.cvtColor(skeleton_image, cv2.
    COLOR_RGB2BGR)
# Grabar imagen de salida
cv2.imwrite('mediapipe_resultado.jpg', skeleton_image)
```

En la Figura 14.6 podemos ver una imagen de entrada y cómo podemos obtener una segmentación de la persona, así como su esqueleto utilizando MediaPipe.

14.3.   Algunos modelos de MediaPipe y DLIB

La librería MediaPipe ofrece numerosos modelos pre-entrenados. Uno de los modelos más interesantes es el que permite obtener 468 coordenadas 3D de puntos de la cara, también denominados *face landmarks*. El modelo se denomina Face Mesh y se puede encontrar en la web de MediaPipe: `https://google.github.io/mediapipe/solutions/face_mesh`). Este modelo trabaja utilizando imágenes 2D y estima la posición de las coordenadas (x, y, z) de la cara en base a un modelo que ha sido entrenado ajustando por regresión cómo serían las coordenadas de dicha cara si fuera observada por una cámara en el espacio tridimensional. Anteriormente existían modelos que permitían obtener dicha proyección 3D ajustando un modelo de detección de puntos 2D, como el integrado en DLIB de 68 puntos, con un modelo de proyección, como PnP (*Perspective-n-Point*). PnP buscaba asociar las coordenadas en plano de un objeto 2D en una representación de dicho objeto en 3D. La ventaja del modelo de MediaPide es que es un modelo de dos etapas, detección y regresión de los

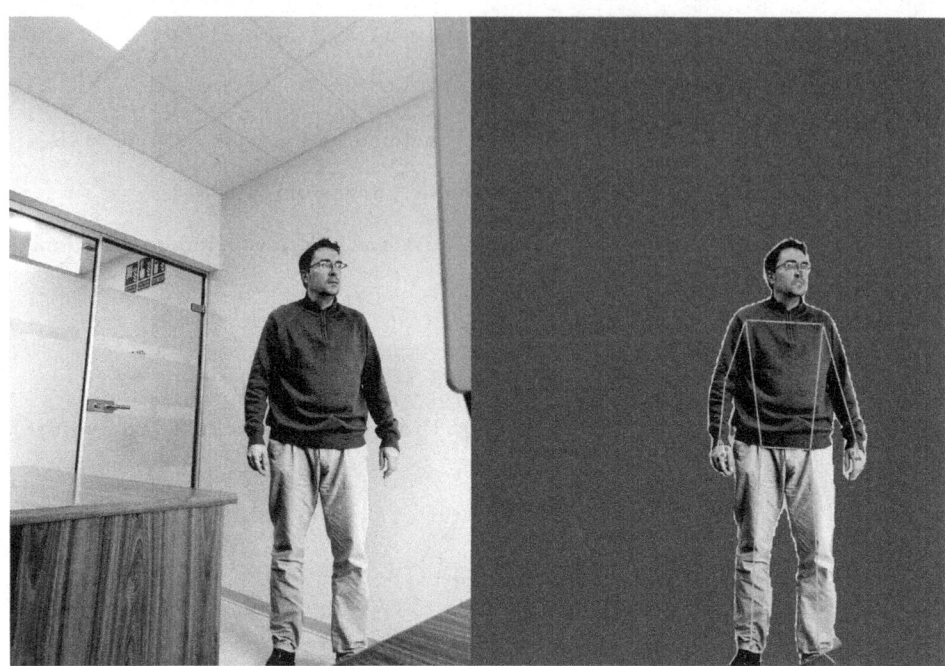

(a) Imagen de entrada   (b) Segmentación y esqueleto

Figura 14.6: Resultado de MediaPipe (BlazePose)

puntos. El modelo de detección (BlazeFace [84]) busca la cara en la imagen y el modelo de regresión se centra en localizar los puntos sobre la región que circunscribe la propia cara. Los modelos anteriores, como DLIB de 68 puntos, también requerían de una detección previa.

Otro modelo de MediaPipe conceptualmente parecido a Face Mesh es el modelo de detección de los puntos de las manos, Hand Landmark Model: `https://google.github.io/mediapipe/solutions/hands.html`. Dicho modelo utiliza un detector SSD [70] denominado *Palm Detection Model* y un modelo de regresión para obtener las coordenadas 3D de las manos. De acuerdo con la descripción de los autores, etiquetaron manualmente unas $30,000$ imágenes partiendo de imágenes RGB junto a su imagen de profundidad, tomados desde una cámara fija. El valor de profundidad se utilizó como valor de z. Muchas cámaras 3D permiten obtener dicha información. Para cada mano etiquetaron 21 coordenadas 3D. El modelo de regresión tenía como entrada la región que circunscribía la mano y como salida las 21 coordenadas 3D. MediaPipe también ofrece un modelo holístico que nos devolvería tanto la información de las coordenadas de las articulaciones, como los puntos de la cara y de las manos.

En el Código 14.4 podemos ver un ejemplo de llamada para mostrar la cara y la mano de la Gioconda del Prado, conservada en el Museo del Prado y pintada entre 1503 y 1519. MediaPipe es capaz de reconocer la cara y una de las manos.

Código 14.4: Detección de *landmarks* de cara y manos con MediaPipe

```python
# MediaPipe: Puntos de la cara y manos
# Adaptado a partir de https://mediapipe.dev/

# Cargamos librerías
import cv2
import mediapipe as mp

# Herramienta de dibujo de MediaPipe
mp_drawing = mp.solutions.drawing_utils
mp_drawing_styles = mp.solutions.drawing_styles
mp_face_mesh = mp.solutions.face_mesh
drawing_spec = mp_drawing.DrawingSpec(thickness=2, circle_radius
    =2)

def dibujar(imagen, face_landmarks, conexiones, estilo):
    mp_drawing.draw_landmarks(
        image=imagen,
        landmark_list=face_landmarks,
        connections=conexiones,
        landmark_drawing_spec=drawing_spec,
        connection_drawing_spec=estilo)

# Imagen a procesar:
IMAGEN_RUTA = 'Gioconda.jpg'
# Leer imagen OpenCV en RGB
imagen = cv2.imread(IMAGEN_RUTA)
imagenResultado = imagen.copy()
imagen = cv2.cvtColor(imagen, cv2.COLOR_BGR2RGB)

# Tratamos las caras
with mp_face_mesh.FaceMesh(
    static_image_mode=True,
    max_num_faces=1,
    refine_landmarks=True,
    min_detection_confidence=0.5) as face_mesh:

    # Procesar imagen para obtener puntos
    results = face_mesh.process(imagen)

    # Continuamos si hemos detectado puntos
    if results.multi_face_landmarks:
        for face_landmarks in results.multi_face_landmarks:
            # Sacamos por pantalla los valores de los landmarks
            print('face_landmarks:', face_landmarks)
            # Dibujamos la malla entre puntos, los contornos y
            # los ojos
            dibujar(imagenResultado, face_landmarks, mp_face_mesh
                .FACEMESH_TESSELATION,
                    mp_drawing_styles
                    .get_default_face_mesh_tesselation_style())
            dibujar(imagenResultado, face_landmarks, mp_face_mesh
                .FACEMESH_CONTOURS,
                    mp_drawing_styles
                    .get_default_face_mesh_contours_style())
            dibujar(imagenResultado, face_landmarks, mp_face_mesh
```

```python
                        .FACEMESH_IRISES,
                        mp_drawing_styles
                        .get_default_face_mesh_iris_connections_style
                        ())

# Tratamos las manos:
mp_hands = mp.solutions.hands

with mp_hands.Hands(
        static_image_mode=True,
        max_num_hands=2,
        min_detection_confidence=0.5) as hands:

    # Hacemos flip sobre la imagen (eje y) para que funcione el
        modelo
    imagen = cv2.flip(imagen, 1)
    imagenResultado = cv2.flip(imagenResultado, 1)
    # Procesamos la imagen buscando las manos
    results = hands.process(imagen)

    # Sacamos los resultados en pantalla
    if results.multi_hand_landmarks:
        print('Handedness:', results.multi_handedness)

        # Recorremos las manos devueltas
        for hand_landmarks in results.multi_hand_landmarks:
            print('Hand_landmarks:', hand_landmarks)
            # Dibujamos las manos sobre la imagen resultado
            mp_drawing.draw_landmarks(
                imagenResultado,
                hand_landmarks,
                mp_hands.HAND_CONNECTIONS,
                mp_drawing_styles.
                    get_default_hand_landmarks_style(),
                mp_drawing_styles.
                    get_default_hand_connections_style())
        imagenResultado = cv2.flip(imagenResultado, 1)

# Grabamos la imagen se salida
cv2.imwrite('resultadoGioconda_mediapipe.png', imagenResultado)
```

En la Figura 14.7 podemos ver el resultado de la detección.

El modelo DLIB-68 [85] es un modelo que nos permite obtener 68 puntos de la cara de una persona. Utiliza descriptores HoG (*Histogram of Oriented Gradients*) para obtener las regiones donde se encuentran las caras que aparecen en una imagen. A continuación, se utiliza un modelo basado en árboles de regresión. Aunque no los hemos tratado en este libro, los árboles (*Decision Trees, Extra Trees, Random Forest*, etc.) son modelos que permiten resolver problemas supervisados tanto de clasificación como de regresión. Muchos de ellos están implementados en la librería *Sklearn*. El Código 14.5 muestra un ejemplo de cómo utilizar el modelo DLIB-68 con el cuadro de la Gioconda.

Figura 14.7: Detección de cara y manos con MediaPipe

Código 14.5: Detección de *landmarks* de cara con DLIB-68

```
# Modelo DLIB de detección de puntos de la cara
from imutils import face_utils
import dlib
import cv2

# Este modelo utiliza un detector de caras HOG
# y después obtiene los puntos de la cara
# con DLIB-68, que utiliza un modelo de
# regresión con árboles
# El modelo de regresión está preentrenado y
# se puede descargar de:
# https://github.com/davisking/dlib-models
#    /blob/master
#    /shape_predictor_68_face_landmarks.dat.bz2

detector = dlib.get_frontal_face_detector()
predictor = dlib.shape_predictor('
    shape_predictor_68_face_landmarks.dat')

# Leemos la imagen con OpenCV
imagen = 'Gioconda.jpg'
img = cv2.imread(imagen)
imageRGB = cv2.cvtColor(img, cv2.COLOR_BGR2RGB)
```

```
# Transformamos a escala de grises
gray = cv2.cvtColor(img, cv2.COLOR_BGR2GRAY)

# Obtenemos las regiones de las caras
rects = detector(gray, 0)

# Para cada cara, encontramos los landmarks (68 puntos)
for (i, rect) in enumerate(rects):
    # Llamamos al modelo
    shape = predictor(gray, rect)
    # Transformamos el resultado en numpy
    shape = face_utils.shape_to_np(shape)

    # Dibujamos los puntos en la imagen
    for (x, y) in shape:
        cv2.circle(img, (x, y), 8, (0, 255, 0), -1)

# Grabamos imagen
cv2.imwrite('resultadoGiocondaDLIB.png', img)
```

En la Figura 14.8 podemos ver el resultado de la detección. Si quisiéramos procesar un vídeo, bastaría con ir leyendo de frame en frame y realizar la inferencia para cada frame, tal como se había explicado en el capítulo de clasificación de vídeo.

Figura 14.8: Detección de cara con DLIB-68

Capítulo 15

Métodos combinados de integración de redes neuronales

En los últimos años se ha producido un importante desarrollo en el campo del aprendizaje profundo. Los avances en el hardware han permitido entrenar modelos complejos, como las redes neuronales con cientos de capas ocultas. Estos modelos son capaces de aprender a resolver numerosos problemas de clasificación, pero pueden tener problemas de sobreajuste (overfitting) cuando el conjunto de datos de entrenamiento no está suficientemente bien estructurado y dimensionado. Los modelos son tan sofisticados que pueden alcanzar una precisión muy alta con los datos de entrenamiento, pero pueden no responder bien a los nuevos datos de prueba.

En muchos métodos clásicos, como las máquinas de vectores de soporte (SVM) [86], los modelos se entrenan contra un conjunto de datos, aunque no se utilizan datos de validación para realizar una parada temprana de forma sencilla (early-stopping). Estos métodos suelen evaluarse frente a un conjunto de pruebas o mediante validación cruzada. Para encontrar los parámetros óptimos del modelo se suele utilizar una búsqueda en cuadrícula, seleccionando los que dan los mejores resultados en la validación cruzada.

Las redes neuronales requieren la división de los datos en tres conjuntos. Un conjunto de entrenamiento permite configurar los pesos del modelo en diferentes épocas. Un conjunto de validación permite evaluar el modelo cada pocas épocas, detectando el que mejor se comporta con los datos de validación y deteniendo el entrenamiento. De esta forma, aunque el modelo se entrena con datos de entrenamiento, podemos quedarnos con el que mejor se comporta con datos que no se utilizan directamente en el ajuste de pesos. Esto permite que el modelo se generalice mejor a nuevos casos. Por último, el modelo se evalúa con un conjunto de pruebas. Este paso es necesario porque al detener el entrenamiento en función de la evaluación de validación, podemos hacer que el modelo tienda a comportarse de forma favorable a la validación. Para una evaluación global del modelo, algunos autores suelen utilizar la validación cruzada para probar cómo se comporta con diferentes opciones de elementos del conjunto de datos.

El enfoque de parada temprana (early-stopping) que se sigue para entrenar las redes neuronales hace que el modelo sea favorable a los datos de validación, algo que se conoce como sobreajuste de validación (validation overfitting). Aunque la evaluación del modelo con respecto al conjunto de pruebas es realista, al ser datos desconocidos totalmente independientes, puede no ser el mejor modelo de generalización. En este capítulo se muestra cómo funciona la técnica denominada Cross-Validation-Voting (CVV) [87], que permite una mejor generalización a casos desconocidos. Para ello, utilizamos los modelos entrenados mediante CVV en una técnica de votación conjunta. Esta técnica permite que cada uno de los modelos que participan en la votación sea entrenado con un conjunto de entrenamiento y validación diferente. Permite que, aunque cada modelo seleccionado sea favorable a un conjunto de validación distinto, al ser estos conjuntos diferentes, el resultado sea un modelo que generalice mejor a la prueba.

15.1. Validación cruzada

Uno de los problemas habituales en el entrenamiento de redes neuronales es la falta de capacidad de generalización [88]. Esto puede deberse al sobreajuste con respecto a los datos de entrenamiento, pero también al sobreajuste con respecto a los datos de validación. Las redes neuronales suelen entrenarse con respecto a un conjunto de datos de entrenamiento, evaluando periódicamente el comportamiento de la red en un conjunto de validación y detectando un empeoramiento de ciertas métricas en la validación. Este mecanismo, denominado early-stopping, permite elegir el modelo que mejor se ajusta a los datos de validación. A continuación, el modelo se evalúa con un conjunto de pruebas. Sin embargo, como el modelo elegido es el que mejor se ha comportado con los datos de validación, estos datos influyen indirectamente en el modelo, por lo que podemos encontrarnos con un sobreajuste respecto a la validación. Aunque el modelo puede obtener buenos resultados con la prueba, probablemente no sea óptimo debido a esa tendencia a una validación específica.

El mecanismo de validación cruzada [89] añade un paso adicional al mecanismo de entrenamiento. Tradicionalmente utilizado con clasificadores de tipo SVM [86], divide el conjunto de entrenamiento en k ranuras de validación (slots) y entrena k modelos utilizando los datos de entrenamiento que no pertenecen a sus respectivas ranuras. A continuación, se evalúan los modelos con respecto a su ranura de validación particular y se calcula la precisión media de los k modelos. En una búsqueda en la cuadrícula de los hiperparámetros del modelo, por ejemplo, C, gamma o el kernel en SVM, se realiza una validación cruzada para cada combinación de los parámetros en la cuadrícula. Finalmente, se seleccionan los parámetros que mejor responden a la validación cruzada y se entrena un nuevo modelo con todos los datos del conjunto de entrenamiento.

En el caso de las redes neuronales, la validación cruzada se utiliza principalmente como método de evaluación de modelos. Se ha utilizado para la evaluación de problemas muy diferentes, como las aplicaciones médicas [90] o la clasificación de productos de alimentación [91]. La evaluación por validación cruzada permite seleccionar ciertos hiperparámetros para mejorar el modelo. La mayor parte de la literatura que aplica la validación cruzada se limita a utilizar este método para proporcionar una evaluación de las arquitecturas propuestas. Sin embargo, en un escenario real, el modelo seleccionado debe ser utilizable. Una vez elegidos los hiperparámetros, existen diferentes posibilidades para utilizar el modelo: podemos seleccionar uno de los k modelos, normalmente el que ofrece los mejores resultados; también podemos reentrenar el modelo con ciertos datos de validación seleccionados aleatoriamente entre los datos originales; o podemos entrenar directamente el modelo con todos los datos y detenernos en un determinado número de épocas estimadas durante el entrenamiento de los diferentes k modelos. Este último caso es válido si se considera que no se ha utilizado un mecanismo de parada temprana. La parada anticipada no se suele utilizar en la validación cruzada, excepto para el entrenamiento del modelo final. En el método CVV, el mecanismo de validación cruzada permite entrenar el modelo utilizando todos los datos del conjunto de entrenamiento, pero manteniendo la generalización mediante el uso de diferentes validaciones para elegir los parámetros óptimos. Así se evita elegir parámetros que sobre-ajusten el modelo con respecto a una validación concreta y que respondan a diferentes tipos de datos.

15.2.   Combinación de clasificadores

Las técnicas conocidas como aprendizaje conjunto (ensemble learning) [92–94] permiten entrenar diferentes clasificadores con el mismo conjunto de datos y combinarlos. Así, por ejemplo, podemos combinar SVM, árboles de decisión o redes neuronales. Existen cuatro tipos de métodos de ensemble learning: voting, bagging, boosting y stacking. En la mayoría de las situaciones, estas técnicas han demostrado mejorar el rendimiento de los clasificadores individuales.

Voting

La votación [95] puede llevarse a cabo de dos maneras en los problemas de clasificación. En la votación dura (hard voting), cada modelo produce un voto para una clase. Como predicción final, se elige la clase votada por la mayoría de los modelos. Es decir, si estamos clasificando imágenes de perros y gatos y tenemos tres modelos diferentes, la predicción de los tres modelos para una imagen podría ser: *Perro-Perro-Gato*. Como *Perro* aparece dos veces, tendría dos votos y sería la clase ganadora.

Por otro lado, en la votación suave (soft-voting) se utilizan probabilidades. En vez de contabilizar votos de clases ganadoras, se suman las probabilidades de salida de la predicción, como se puede ver en la Figura 15.1. Suponiendo que la salida de probabilidades de los tres modelos del caso de los perros y gatos es la mostrada, la que consigue mayor probabilidad acumulada es *Perro*.

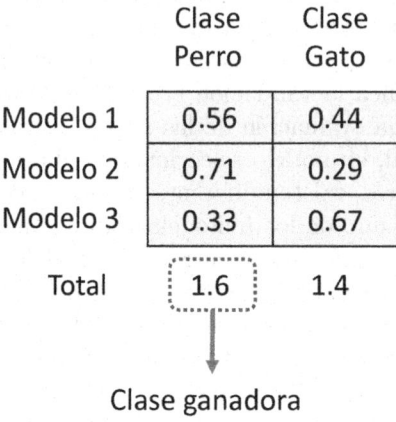

	Clase Perro	Clase Gato
Modelo 1	0.56	0.44
Modelo 2	0.71	0.29
Modelo 3	0.33	0.67
Total	1.6	1.4

Clase ganadora

Figura 15.1: Soft Voting

En la votación suave, si un modelo no está totalmente seguro de una clase, pero esa clase es la ganadora, por ejemplo con una probabilidad de 0.6, en lugar de un voto para esa clase, se tiene en cuenta su probabilidad. Esto permite que el modelo valore más los resultados de los que está realmente seguro. Esto es recomendable para un conjunto de clasificadores bien calibrados. Además, esta técnica se puede utilizar únicamente con modelos que devuelvan la probabilidad asociada a cada clase. La técnica de votación ha sido ampliamente utilizada junto con las redes neuronales convolucionales para una gran variedad de problemas: modulación de señales [96], diagnóstico de coronavirus [97], clasificación de acciones humanas [98], reconocimiento multimodal de emociones [99], clasificación de productos de alimentación [100] e incluso detección de la cámara utilizada en imágenes forenses [101].

Boosting

Las técnicas de boosting [102] tienen como objetivo entrenar repetidamente un modelo corrigiendo los errores de los modelos previamente entrenados. Para ello, se entrena un modelo con algunas muestras. A continuación, se vuelve a entrenar el modelo con las mismas muestras, pero se le asigna un peso en función de si fue correcto o no en el paso anterior. Al final del entrenamiento, los modelos se combinan ponderándolos de una manera determinada. Uno de los métodos clásicos más utilizados ha sido AdaBoost [103] aunque en los últimos años se han desarrollado y aplicado nuevas técnicas de boosting en esta línea, como XGBoost [104], CatBoost [105] o LightGBM [106].

AdaBoost [103] es el clásico método de boosting que consiste en crear varios predictores simples en secuencia, de forma que el segundo ajusta los errores del primer clasificador, el tercero los errores del segundo y así sucesivamente. Finalmente, todos los clasificadores se fusionan en un clasificador fuerte. Normalmente se utiliza con árboles de decisión y la búsqueda de parámetros óptimos del modelo se suele llevar a cabo con una búsqueda en cuadrícula (grid search).

XGBoost [104] es un método de boosting de gradiente extremo inspirado en [107], un método que construye un modelo aditivo en forma de etapas hacia adelante, optimizando funciones de pérdida diferenciables arbitrarias. XGBoost añade diferentes características, como la penalización inteligente de los árboles, el boosting de Newton, la reducción proporcional de los nodos de las hojas, un parámetro de aleatorización adicional, la computación distribuida y la selección automática de características. Los parámetros óptimos del modelo también se buscan con búsqueda en cuadrícula y se utiliza parada temprana durante el entrenamiento.

LightGBM [106] es un método que implementa el crecimiento del árbol utilizando *leaf-wise*, una técnica que elige la hoja que cree que producirá la mayor disminución de pérdidas. LightGBM implementa un algoritmo de aprendizaje de árboles de decisión basado en histogramas altamente optimizado, mejorando la eficiencia y reduciendo el consumo de memoria. Además, utiliza el muestreo unilateral basado en el gradiente (GOSS) y la agrupación exclusiva de características (EFB), que permiten al algoritmo mantener la precisión mientras se ejecuta más rápidamente. Se puede utilizar con distintos tipos de árboles.

CatBoost [105] es un método de boosting de gradiente que maneja características categóricas, utiliza boosting ordenado para superar el sobreajuste y árboles oblícuos o simétricos para una ejecución más rápida. Este método también permite early-stopping durante el entrenamiento.

Cuando trabajamos en visión artificial debemos tener en cuenta que los métodos de boosting no se pueden aplicar directamente sobre la imagen. Al igual que con SVM, es necesario extraer descriptores de la imagen o pasar la imagen a través de una red convolucional para extraer las features previas a la clasificación. Con dichas features sí es posible entrenar un modelo tipo boosting.

Bagging

En el bagging [108], se entrenan varios modelos, similares o diferentes, con un subconjunto de los datos originales elegidos normalmente al azar. Estos datos pueden repetirse entre los diferentes modelos entrenados. Una vez que se han entrenado todos los modelos, se combinan todos ellos utilizando técnicas de votación suave o dura. Los árboles de tipo *random forest* son un ejemplo de clasificador basado en este método.

Stacking

El método de *stacking* o apilamiento [109] consiste en apilar la salida de uno o varios modelos sobre otros, que a su vez pueden ser apilados sobre otros modelos. Un ejemplo de esta técnica se utilizó en [110] para el problema de clasificación de productos de alimentación. En dicho trabajo el problema se encontraba en la clasificación de diversos productos de alimentación. Un primer clasificador se equivocaba al clasificar naranjas y mandarinas, por lo que se apiló un segundo clasificador especializado en dichas clases, como se puede ver en la Figura 15.2.

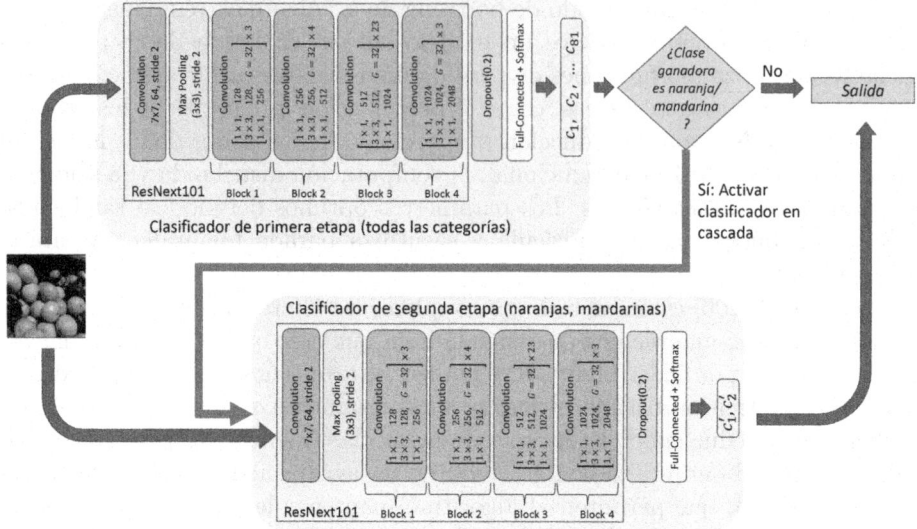

Figura 15.2: Clasificación en cascada de productos de alimentación

15.3. Cross Validation Voting (CVV)

Los métodos tradicionales de *ensemble learning* seleccionan grupos aleatorios de datos para entrenar diferentes modelos. Cada conjunto de datos seleccionado incluye diferentes muestras. Estos métodos no suelen tener en cuenta los conjuntos de validación, algo que ha cobrado especial interés en las redes neuronales, donde los mecanismos de parada temprana permiten detener el entrenamiento antes de que se produzca el sobreajuste. En el método CVV [87], se utilizan todos los datos para entrenar cada modelo, pero se varía la selección de elementos de validación. De este modo, no perdemos muestras en el entrenamiento de cada modelo. Es método se puede utilizar para distintos tipos de clasificadores, como pueden ser redes neuronales, SVM y métodos de boosting.

La Figura 15.3 muestra el enfoque adoptado para resolver el enfoque CVV, donde los datos son previamente aleatorizados y se seleccionan k ranuras (slots) de validación diferentes. El resto de los datos de cada ranura se utilizan para el entrenamiento. A continuación, se entrenan k modelos de la misma naturaleza con cada una de las ranuras de entrenamiento y validación. Por último, la predicción se lleva a cabo mediante técnicas de votación sobre los modelos seleccionados. El reparto de los datos se hace en diferentes ranuras de validación, como hace la validación cruzada. Esto permite entrenar el modelo con diferentes conjuntos de entrenamiento, pero sobre todo, permitir que el modelo sea capaz de generalizar a diferentes situaciones. Una vez entrenados los modelos con cada conjunto de ranuras de validación y entrenamiento, se combinan todos los métodos mediante técnicas de votación clásicas.

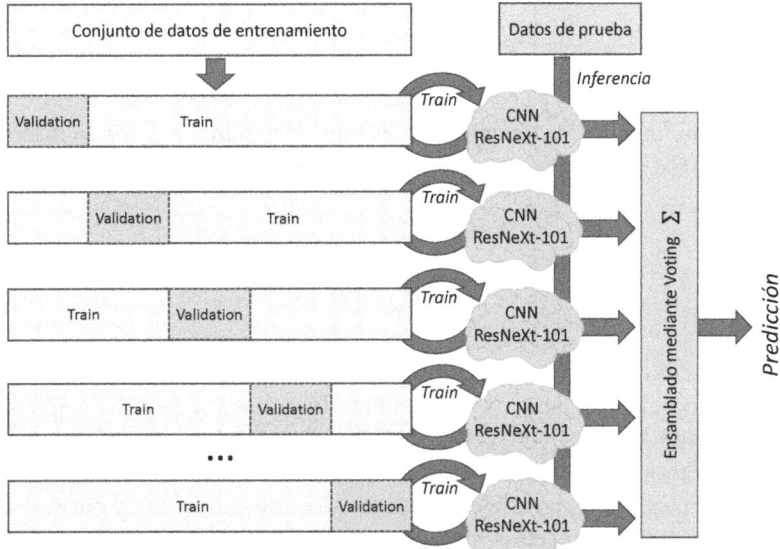

Figura 15.3: Esquema del método CVV para un clasificador

Sea τ el conjunto de todas las muestras del conjunto de datos de entrenamiento completo. Sea T_i y V_i los conjuntos de entrenamiento y validación correspondientes al slot i. Estos conjuntos deben verificar las ecuaciones 16.1 a 15.6.

$$\tau = \bigcup_{i=1}^{k} T_i \tag{15.1}$$

$$\bigcap_{i=1}^{k} T_i = \emptyset \tag{15.2}$$

$$\tau = \bigcup_{i=1}^{k} V_i \tag{15.3}$$

$$\bigcap_{i=1}^{k} V_i = \emptyset \tag{15.4}$$

$$[\tau = T_i \cup V_i] \forall i \in k \tag{15.5}$$

$$[T_i \cap V_i = \emptyset] \forall i \in k \tag{15.6}$$

Por lo tanto, los elementos del slot i son aquellos utilizados por todos los otros slots en validación, como se muestra en la Ecuación 16.4.

$$\left[T_i = \bigcup_{j=1}^{k} V_{j:j\neq i} \right] \forall i \in k \qquad (15.7)$$

De la misma forma, los elementos de un slot de validación i son la intersección de todos los otros conjuntos de entrenamiento, como se muestra en la Ecuación 15.8.

$$\left[V_i = \bigcap_{j=1}^{k} T_{j:j\neq i} \right] \forall i \in k \qquad (15.8)$$

A continuación, se entrenan k modelos de la misma naturaleza con cada uno de los slots de entrenamiento y validación. Por último, la predicción se lleva a cabo mediante técnicas de votación sobre los modelos seleccionados. Esto permite que el modelo sea capaz de generalizar a diferentes situaciones. Una vez entrenados los modelos con cada conjunto de slots de validación y entrenamiento, se combinan todos los métodos mediante técnicas de votación clásicas.

Sea k el número de clasificadores, cada uno asociado a su respectivo slot de validación. Para una muestra de entrada, x, $\overrightarrow{p_i(x)}$ es el vector de probabilidades de salida dado por el clasificador i. Este vector se compone de las probabilidades, $p_{ij}(x)$, que representan que una muestra x pertenece a la clase j según el clasificador i. $\overrightarrow{c}$ representa el vector de etiquetas, una por cada clase posible: $\{c_1, c_2, ..., c_N\}$. En la Ecuación (16.5), el voto suave se obtiene acumulando las probabilidades de salida de cada clase j. w_i es un peso asociado a cada clasificador i, en nuestro caso $\frac{1}{k}$. La función *argmax* devuelve la posición de la clase con mayor probabilidad acumulada.

$$S(x) = c_{arg_j max \sum_{i=1}^{k} w_i \cdot p_{ij}(x)} \qquad (15.9)$$

La votación dura requiere una binarización previa de la probabilidad, como se muestra en la Ecuación (15.10). Para ello, fijamos sólo la clase con la mayor probabilidad en 1 y el resto en 0.

$$b_{ij}(x) = \begin{cases} 1 & if\ p_{ij}(x) = max(\overrightarrow{p_i(x)}) \\ 0 & otherwise \end{cases} \qquad (15.10)$$

En la Ecuación (15.11), la salida se obtiene acumulando los valores binarios de cada clase j. Como en la votación suave, w_i es $\frac{1}{k}$ por defecto.

$$H(x) = c_{arg_j max \sum_{i=1}^{k} w_i \cdot b_{ij}(x)} \qquad (15.11)$$

El enfoque CVV también puede utilizarse con clasificadores de distinta naturaleza. La Figura 15.4 muestra cómo se pueden integrar tres clasificadores diferentes: ResNeXt-101, EfficientNet B7 y Wide ResNet-101. En este caso, la partición de los datos en k ranuras se realiza de la misma manera que en el caso de un único clasificador. Cada clasificador de distinta naturaleza se entrena con las ranuras similares utilizadas con los demás, aprovechando las bondades que ofrece cada modelo frente a la misma partición de datos. Por último, todos los clasificadores se combinan mediante técnicas de votación.

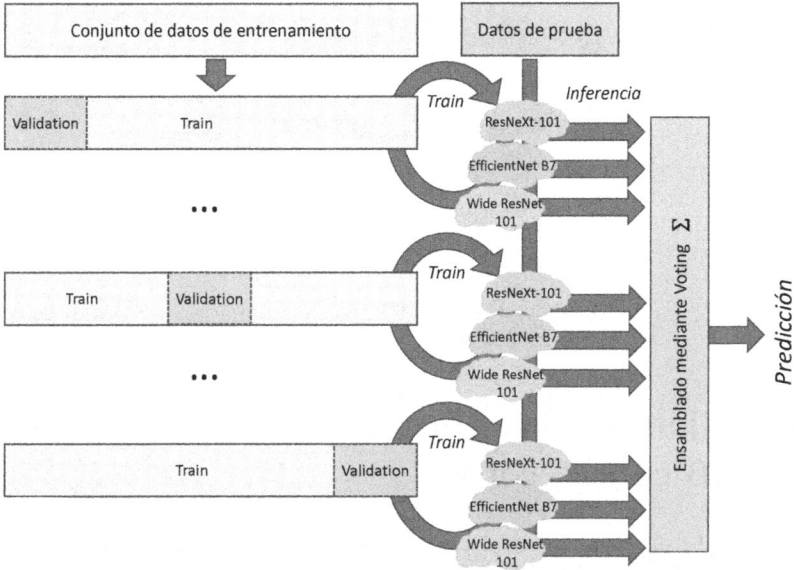

Figura 15.4: Esquema del método CVV para tres clasificadores: ResNeXt-101, Efficient-B7 y WideResNet-101

Otro enfoque que se puede utilizar consiste en utilizar el modelo CVV junto con las características obtenidas mediante una CNN y diferentes tipos de clasificadores, como SVM o clasificadores basados en boosting. Para este método, partimos del mismo conjunto de datos previamente dividido y entrenamos cada uno de los estimadores de la CNN, como ResNeXt-101. A continuación, se extraen las características del modelo para cada estimador y para cada conjunto de datos, y se entrena otro clasificador de tipo SVM o boosting. La Figura 15.5 muestra el proceso. Las flechas azules y grises muestran el entrenamiento y la inferencia, respectivamente. Durante la inferencia, los datos de prueba se pasan por la CNN para obtener sus características y posteriormente se pasan por el modelo SVM o boosting para obtener la predicción del estimador k. Finalmente, se aplica la votación como en los casos anteriores para aprovechar todos los clasificadores.

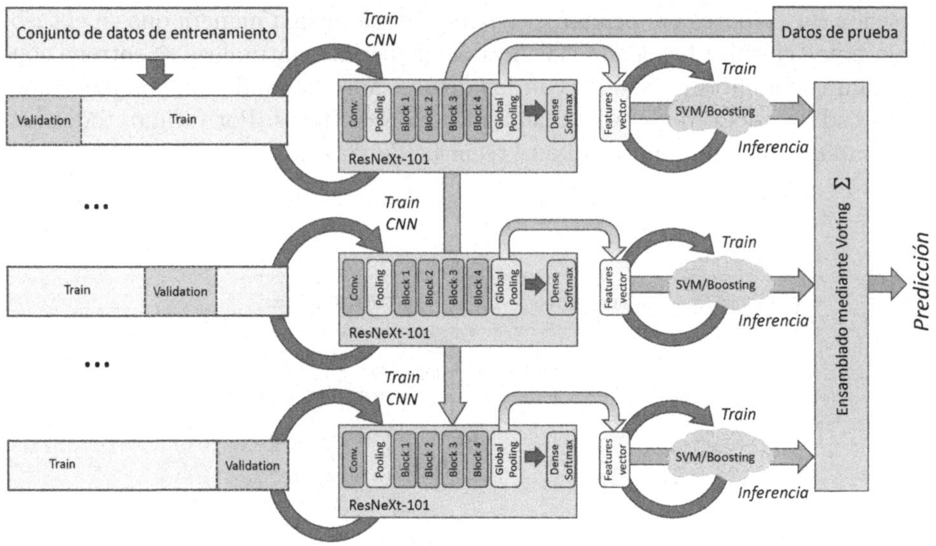

Figura 15.5: Esquema del método CVV con clasificadores SVM y *boosting*

15.4. Ejemplo de aplicación de CVV sobre CIFAR-10 con Pytorch

El siguiente ejemplo mostrará cómo aplicar el método CVV en el problema de clasificación del dataset CIFAR-10 utilizando el modelo que vimos en la Sección 7.6.2. Hemos dividido el código en distintos bloques para ir explicando paso a paso lo que se realiza en cada uno de ellos. En vez de utilizar *early stopping*, en este ejemplo entrenamos cada uno de los k modelos durante 20 épocas, y nos quedamos con el que mejor se comporta con su slot correspondiente de validación. Hemos reducido el número de épocas respecto al que utilizamos inicialmente ya que en la gráfica de la Sección 7.6.2 vimos que el modelo empezaba a converger sobre la época 20. El método aquí presentado puede ser utilizado con clasificadores de mayor complejidad, como los mencionados en el Capítulo 8, pero es necesario tener en cuenta que el coste computacional del entrenamiento aumenta considerablemente. Cuantas más imágenes tengamos, mayor tamaño por imagen y modelos más complejos, el entrenamiento será mucho más largo. En ciertos casos, será interesante crear varios procesos o hilos de ejecución para cargar varios modelos en GPU y entrenarlos a la vez. Pero en este caso nos vamos a limitar a un ejemplo básico de un modelo sencillo, utilizando un *toy dataset* como CIFAR-10. Para ejecutar este código, basta con copiar los códigos que se muestran, uno a continuación de otro.

En la primera parte del código (ver Código 15.1), llevamos a cabo la carga del dataset utilizando una transformación de normalización, tal como hicimos en la Sección 7.6.2. También verificamos si se está utilizando GPU, lo cual permitirá que el modelo se entrene mucho más rápido. Como hemos comentado, se han reducido el número de épocas.

Código 15.1: Primera parte de la clasificación CVV con Pytorch de CIFAR-10
con una red de convolución

```
#########################################
# Implementación del método CVV para la
# clasificación del dataset CIFAR-10
#########################################
# Cargamos Numpy
import numpy as np
# Cargamos la librería de tiempo
import time
# Cargamos Pytorch
import torch
from torch import nn
from torch.nn import functional as F
# Cargamos torchvision
from torchvision import datasets
import torchvision.transforms as transforms
from torch.utils.data.sampler import SubsetRandomSampler
# Cargamos Matplotlib para representar gráficamente el
    entrenamiento
import matplotlib.pyplot as plt

# Ver si está la GPU disponible
print('GPU disponible: ', torch.cuda.is_available())
uso_gpu = torch.cuda.is_available()

# Definimos variables de nuestro modelo
batch_size, epocas = 100, 20
num_workers = 0

# Definimos una transformación, que pasa la imagen a un tensor y
    la normaliza en intervalo [-1, 1]

transforms = transforms.Compose([
    transforms.ToTensor(),
    transforms.Normalize((0.5,0.5,0.5),(0.5,0.5,0.5))])

# Cargamos el dataset CIFAR-10 aplicando la transformación
train_data = datasets.CIFAR10('data', train=True, download= True,
    transform=transforms)
test_data = datasets.CIFAR10('data', train=False, download= True,
    transform=transforms)

# Lista de clases
clases = train_data.classes
```

La segunda parte del código (ver Código 15.2) es la responsable de la separación de los k slots de validación y sus correspondientes conjuntos de entrenamiento. Utilizamos listas donde vamos añadiendo los distintos grupos creados en cada slot. Es necesario tener un *dataloader* de entrenamiento y validación para cada uno de los k slot. La línea *val_idx.append(indices[inicio:final])* se encarga de seleccionar los índices de los elementos del conjunto general de entrenamiento que pertenecen a un slot concreto de validación. A continuación, la línea *train_idx.append(list(set(indices) - set(val_idx[i])))* se encarga de seleccionar todos los índices del conjunto general de datos de entrenamiento que no están en el slot *i* que hemos creado. Recordemos que, en el método CVV, los datos de entrenamiento y validación de cada slot son diferentes. De la misma forma, los datos de validación de cada uno de los slots son también distintos. En el código vemos también que el *dataloader* de test no se está separando. Los datos de test son únicos y se evalúan al final utilizando el modelo conjunto creado.

Código 15.2: Segunda parte de la clasificación CVV con Pytorch de CIFAR-10 con una red de convolución

```
###########################################
# Generamos K repartos de entrenamiento
#  y validación
###########################################
# Definimos el número de conjuntos de validación. Esto implicará
    K entrenamientos
K = 5

tam_total = len(train_data)

# Repartimos los índices de manera aleatoria
indices = list(range(tam_total))
np.random.shuffle(indices)

train_idx = []
val_idx = []
train_sampler = []
val_sampler = []

# Creamos un dataloader de train y val para cada slot
train_loader = []
val_loader = []

for i in range(K):
    inicio = int(i * tam_total / K)
    final = int(inicio + tam_total / K)
    # Vamos creando los slots de validación
    val_idx.append( indices[inicio:final] )
    # En el slot de train dejamos los índices que no están en el
        slot de validación
    train_idx.append( list(set(indices) − set(val_idx[i])) )
    # Creamos los samplers asociados
    train_sampler.append( SubsetRandomSampler(train_idx[i]) )
    val_sampler.append( SubsetRandomSampler(val_idx[i]) )
    # Creamos los dataloaders asociados
    train_loader.append(torch.utils.data.DataLoader(train_data,
        batch_size=batch_size,
        sampler=train_sampler[i], num_workers=num_workers))
    val_loader.append(torch.utils.data.DataLoader(train_data,
        batch_size=batch_size,
        sampler=val_sampler[i], num_workers=num_workers))

# Creamos el dataloader de test
```

```
test_loader = torch.utils.data.DataLoader(test_data, batch_size=
    batch_size,
    num_workers=num_workers)
```

La tercera parte del código (ver Código 15.3) implementa la función de entrenamiento que se llamará para cada uno de los modelos generados. Aunque similar en funcionamiento a la mostrada en la Sección 7.6.2, hemos añadido el parámetro *slot* para que el modelo grabe los pesos del modelo en un fichero añadiendo su respectivo identificador. Debemos tener un fichero de pesos asociado a cada uno de los modelos que entrenemos. Como comentamos en secciones anteriores, en el entrenamiento en Pytorch ajustamos los pesos a partir de los datos de entrenamiento del slot respectivo, y seleccionamos el mejor modelo de acuerdo a los resultados que se obtienen evaluando el modelo con un slot de validación correspondiente.

Código 15.3: Tercera parte de la clasificación CVV con Pytorch de CIFAR-10 con una red de convolución

```
###########################################
# Creamos una función de entrenamiento,
# donde recorreremos por un lado las
# distintas épocas y por otro lado
# iteraremos sobre los batch
###########################################
def train(modelo, train_loader, val_loader, tam_train, tam_val,
    criterion, optimizer, num_epocas, slot):
    print('Entrenando slot: ', slot)
    # Variable para elegir el mejor modelo ante validación
    val_loss_min = np.Inf

    # Listas para guardar nuestro histórico de entrenamiento y
        validación
    train_accuracies = []
    train_losses = []
    val_accuracies = []
    val_losses = []

    # Iteramos sobre las distintas épocas
    for epoca in range(num_epocas):
        start_time = time.time()
        print('Epoch {}/{}'.format(epoca, num_epocas - 1), flush=
            True)
        print('-' * 10, flush=True)

        # Creamos unas variables para acumular la pérdida y el
            accuracy
        # para acumular en los distintos batch (tanto
            entrenamiento como validación)
        train_loss = 0.0
        train_acc = 0.0
        val_loss = 0.0
        val_acc = 0.0

        # Modo entrenamiento
```

```python
modelo.train()
# Iteramos sobre los batch de cada época
for inputs, target in train_loader:
    if uso_gpu:
        inputs, target = inputs.cuda(), target.cuda()
    # Ponemos a cero los gradientes
    optimizer.zero_grad()

    # Paso hacia adelante
    outputs = modelo(inputs)
    # Como por defecto Pytorch trabaja con Sparse
    #   Categorical Crossentropy, tenemos que identificar
    #     la
    #   clase ganadora. Esta función es equivalente a
    #     numpy.argmax
    _, preds = torch.max(outputs, 1)

    # Calculamos el error (criterio que será la Entropía
    #     Cruzada)
    loss = criterion(outputs, target)

    # Propagación hacia atrás.
    loss.backward()
    # Avanzamos el optimizador
    optimizer.step()

    # Avanzamos las variables de pérdida y aciertos del
    #     batch de entrenamiento
    train_loss +=loss.item() * inputs.size(0)
    train_acc += torch.sum(preds == target.data)

# Modo evaluación
modelo.eval()
for inputs, target in val_loader:
    if uso_gpu:
        inputs, target = inputs.cuda(), target.cuda()
    # Paso hacia adelante únicamente
    outputs = modelo(inputs)
    _, preds = torch.max(outputs, 1)

    # Calculamos el error (criterio que será la Entropía
    #     Cruzada)
    loss = criterion(outputs, target)

    # Avanzamos las variables de pérdida y aciertos del
    #     batch de validación
    val_loss +=loss.item() * inputs.size(0)
    val_acc += torch.sum(preds == target.data)

# Avanzamos las variables de pérdida y aciertos de la é
#     poca
epoch_train_loss = train_loss / tam_train
epoch_train_acc = train_acc.double() / tam_train
epoch_val_loss = val_loss / tam_val
epoch_val_acc = val_acc.double() / tam_val

# Guardamos en histórico
```

```
if uso_gpu:
    train_accuracies.append(epoch_train_acc.cpu())
    val_accuracies.append(epoch_val_acc.cpu())
else:
    train_accuracies.append(epoch_train_acc)
    val_accuracies.append(epoch_val_acc)

train_losses.append(epoch_train_loss)
val_losses.append(epoch_val_loss)

print('Train Loss: {:.4f} Acc: {:.4f}'.format(
    epoch_train_loss, epoch_train_acc), flush=True)
print('Validation Loss: {:.4f} Acc: {:.4f}'.format(
    epoch_val_loss, epoch_val_acc), flush=True)
print('Tiempo por época: {:d} segundos\n'.format(int(time
    .time()-start_time)), flush=True)

# Si el modelo mejora los resultados de validación, lo
    guardamos
if epoch_val_loss < val_loss_min:
    print('Encontrado mejor modelo. Pérdida de validación
        reducida de ',round(val_loss_min,3),' a ', round
        (epoch_val_loss,3))
    print('Guardando modelo modelo_CIFAR10.pt')
    torch.save(modelo.state_dict(), '
        modelo_CVV_CIFAR10_slot_' + str(slot) + '.pt')
    val_loss_min = epoch_val_loss

# Cargamos el mejor de los modelos ante validación
modelo.load_state_dict(torch.load('modelo_CVV_CIFAR10_slot_'
    + str(slot) + '.pt'))

return train_accuracies, train_losses, val_accuracies,
    val_losses
```

La cuarta parte del código (ver Código 15.4) define el modelo, similar al modelo utilizado en la Sección 7.6.2. Como comentamos, la función *softmax* a veces no se utiliza. En base a un prueba y error podemos ver cómo, si utilizamos dicha función en este caso, los resultados empeoran ligeramente. Pero, a diferencia del modelo que implementamos en secciones anteriores, ahora es necesario crear k modelos similares para llevar a cabo el método CVV. Al ser la arquitectura de todos los modelos similar, únicamente mostramos el modelo 0 por la pantalla. Sin embargo, recordemos que la técnica CVV se puede utilizar con clasificadores de diferente naturaleza. En este ejemplo, para facilitar su comprensión, únicamente se ha utilizado un modelo sencillo.

Código 15.4: Cuarta parte de la clasificación CVV con Pytorch de CIFAR-10 con una red de convolución

```
################################################
# Definimos nuestro modelo de red convolucional
################################################
class Mi_Modelo(nn.Module):
    def __init__(self):
        super().__init__()
```

```python
        # Capas de convolución
        self.conv1 = nn.Conv2d(3,16,3, padding=1)
        self.conv2 = nn.Conv2d(16,32,3,padding=1)
        self.conv3 = nn.Conv2d(32,64,3,padding=1)
        # Capa de pooling
        self.pool = nn.MaxPool2d(2,2)
        # Capas de clasificación
        self.fc1 = nn.Linear(64*4*4,120)
        self.fc2 = nn.Linear(120, 60)
        self.fc3 = nn.Linear(60,10)
        # Capa de dropout
        self.dropout = nn.Dropout(0.25)

    def forward(self, x):
        x = self.pool(F.relu(self.conv1(x)))
        x = self.pool(F.relu(self.conv2(x)))
        x = self.pool(F.relu(self.conv3(x)))
        x = x.view(-1,64*4*4)
        x = self.dropout(x)
        x = F.relu(self.fc1(x))
        x = self.dropout(x)
        x = F.relu(self.fc2(x))
        x = self.dropout(x)
        x = self.fc3(x)
        return x

# Tenemos que entrenar K modelos
modelo = []
for i in range(K):
    modelo.append(Mi_Modelo())
    if uso_gpu:
        modelo[i].cuda()

# Mostramos el primer modelo de ejemplo en pantalla
print('Modelo: ', modelo[0])
```

La quinta parte del código (ver Código 15.5) muestra en primer lugar una función de representación gráfica de los resultados del entrenamiento de cada modelo. La función tiene un parámetro adicional denominado *slot* que le sirve para generar el gráfico en un fichero *.pdf*. A continuación, se llama al entrenamiento de cada uno de los modelos. Es importante destacar que se debe definir un optimizador para cada modelo. Recordemos que los optimizadores van ajustando sus parámetros durante el entrenamiento. La función de entropía cruzada se podría sacar del bucle, aunque la hemos dejado en dicha posición para mostrarla junto a su entrenamiento respectivo. En la técnica CVV podríamos incluso combinar modelos entrenados con distintas funciones de pérdida.

Código 15.5: Quinta parte de la clasificación CVV con Pytorch de CIFAR-10 con una red de convolución

```python
##################################################
# Graficamos los entrenamientos generando un PDF
##################################################
```

```
def generarGrafico(train_accuracies, val_accuracies, train_losses
    , val_losses, slot):
    # Representamos gráficamente el entrenamiento mostrando la
        reducción del error
    plt.clf()
    fig, ax = plt.subplots(2, 1, figsize=(12,6))
    fig.tight_layout(pad=5.0)

    plt.subplot(1,2,1), plt.plot(train_accuracies, 'g', label='
        Train Accuracy')
    plt.subplot(1,2,1), plt.plot(val_accuracies, 'b', label='
        Validation Accuracy')
    plt.ylabel('Accuracy')
    plt.xlabel('Época')
    plt.title('Evolución del accuracy del entrenamiento CIFAR-10
        (Slot ' + str(slot) + ')')
    plt.legend(loc='center right')

    plt.subplot(1,2,2), plt.plot(train_losses, 'r', label='Train
        Loss')
    plt.subplot(1,2,2), plt.plot(val_losses, 'c', label='
        Validation Loss')
    plt.ylabel('Loss')
    plt.xlabel('Época')
    plt.title('Evolución de la pérdida del entrenamiento CIFAR-10
        (Slot ' + str(slot) + ')')
    plt.legend(loc='center right')

    plt.savefig('errorClasCIFARPytorch_CVV_slot_' + str(slot) + '
        .pdf', format='pdf')

#################################################
# Llevamos a cabo los K entrenamientos,
# graficando los resultados
#################################################
for i in range(K):
    # Definimos función de pérdida como entropía cruzada categó
        rica dispersa
    loss_function = nn.CrossEntropyLoss()
    # El optimizador utilizado es Adam
    optimizer = torch.optim.Adam(modelo[i].parameters(), lr
        =0.001)

    # Llamamos al entrenamiento
    train_accuracies, train_losses, val_accuracies, val_losses =
        train(modelo[i], train_loader[i], val_loader[i], len(
        train_idx[i]), len(val_idx[i]), loss_function, optimizer,
        epocas, i)
    # Graficamos
    generarGrafico(train_accuracies, val_accuracies, train_losses
        , val_losses, i)
```

La sexta parte del código (ver Código 15.6) implementa la evaluación mediante *Soft Voting*. Para cada bacth de imágenes de entrada, tenemos que obtener la salida de los k modelos y acumularla (*outputs += modelo[i](inputs)*). Cuando hemos acumulado todas las salidas de los clasificadores, dividimos entre el número total de modelos, k (*outputs = outputs / K*). Esta división es necesaria para obtener un error de evaluación (*loss = loss_function(outputs, target)*). Sin embargo, si lo único que importa son los aciertos, entonces no es necesario realizar dicha división. El resto de evaluación se lleva a cabo de forma similar a la Sección 7.6.2.

Código 15.6: Sexta parte de la clasificación CVV con Pytorch de CIFAR-10 con una red de convolución

```python
###########################################################
# Evaluación CVV con SOFT-VOTING con los datos de test
###########################################################
test_loss = 0.0
test_acc = 0.0

# Modo evaluación
for i in range(K):
    modelo[i].eval()

for inputs, target in test_loader:
    if uso_gpu:
        inputs, target = inputs.cuda(), target.cuda()
    # Paso hacia adelante únicamente. En SV acumulamos las
        probabilidades
    outputs = modelo[0](inputs)
    for i in range(1, K):
        outputs += modelo[i](inputs)
    # Dividimos las probabilidades acumuladas entre K
    outputs = outputs / K
    _, preds = torch.max(outputs, 1)

    # Calculamos el error (criterio que será la Entropía Cruzada)
    loss = loss_function(outputs, target)

    # Avanzamos las variables de pérdida y aciertos del batch de
        validación
    test_loss +=loss.item() * inputs.size(0)
    test_acc += torch.sum(preds == target.data)

test_loss = test_loss / len(test_loader.dataset)
test_acc = test_acc.double() / len(test_loader.dataset)

# Mostramos resultado
print('CVV. Soft-Voting con K = 5. Test Loss: {:.4f} Acc: {:.4f}'
    .format(test_loss, test_acc), flush=True)
```

Finalmente, la séptima parte del código (ver Código 15.7) implementa la evaluación mediante *Hard Voting*. Para facilitar su implementación, se puede utilizar un método que consiste en poner a 0 todos los valores del tensor y a 1 las clases ganadoras en la evaluación de cada modelo. Este método es realmente similar a contabilizar el número de votos de clases ganadoras. Al utilizar este método, el resto de las operaciones se realizan de manera similar al *Soft Voting*. En el código el método se implementa con la sentencia *output = torch.zeros_like(tmp)*, que crea un tensor con valores a 0 para todo el conjunto de salida de un modelo a partir de un batch de imágenes. A continuación, con _, preds = torch.max(tmp, 1) obtenemos las clases ganadoras. Dichas clases se ponen a 1 en el tensor creado durante el bucle siguiente, output[j][preds[j]] = 1.0. Este método facilita mucho la implementación y hace que se pueda llevar a cabo de la misma forma que el *Soft Voting*.

Código 15.7: Séptima parte de la clasificación CVV con Pytorch de CIFAR-10 con una red de convolución

```
###############################################################
# Evaluación CVV con HARD-VOTING con los datos de test
###############################################################
test_loss = 0.0
test_acc = 0.0

for inputs, target in test_loader:
    if uso_gpu:
        inputs, target = inputs.cuda(), target.cuda()
    # Paso hacia adelante únicamente. En HV
    # ponemos a uno los ganadores y a 0 el resto
    outputs = None
    for i in range(K):
        tmp = modelo[i](inputs)
        # Creamos un tensor con todos los valores
        # a 0 similar a la salida del modelo
        output = torch.zeros_like(tmp)
        # En el tensor resultado ponemos a 1 los ganadores
        _, preds = torch.max(tmp, 1)
        for j in range(len(preds)):
            output[j][preds[j]] = 1.0

        if outputs == None:
            outputs = output
        else:
            outputs += output

    # Dividimos las probabilidades acumuladas entre K
    outputs = outputs / K
    _, preds = torch.max(outputs, 1)

    # Calculamos el error (criterio que será la
    # Entropía Cruzada)
    loss = loss_function(outputs, target)

    # Avanzamos las variables de pérdida y aciertos
    # del batch de validación
    test_loss +=loss.item() * inputs.size(0)
    test_acc += torch.sum(preds == target.data)

test_loss = test_loss / len(test_loader.dataset)
test_acc = test_acc.double() / len(test_loader.dataset)

# Mostramos resultado
print('CVV. Hard-Voting con K = 5. Test Loss: {:.4f} Acc: {:.4f}'
    .format(test_loss, test_acc), flush=True)
```

En las Figuras 15.6 - 15.10 se pueden ver los gráficos de los entrenamientos de los k modelos diferentes.

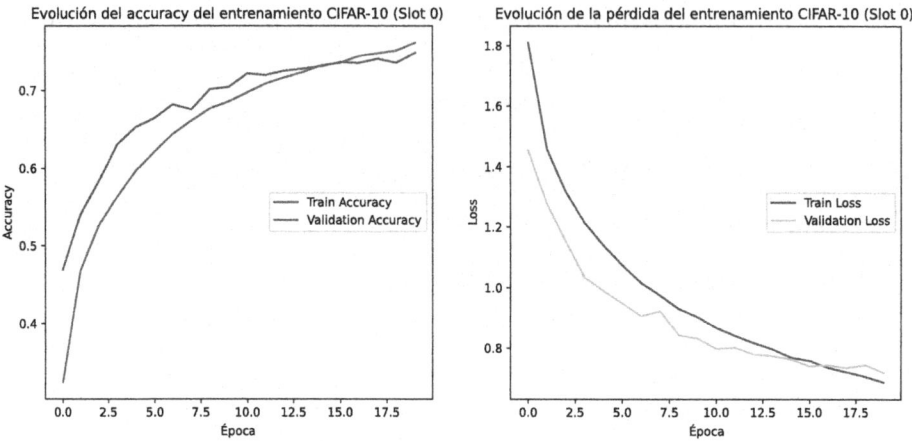

Figura 15.6: Gráfica del entrenamiento CVV con Pytorch sobre el dataset CIFAR-10 (slot 0)

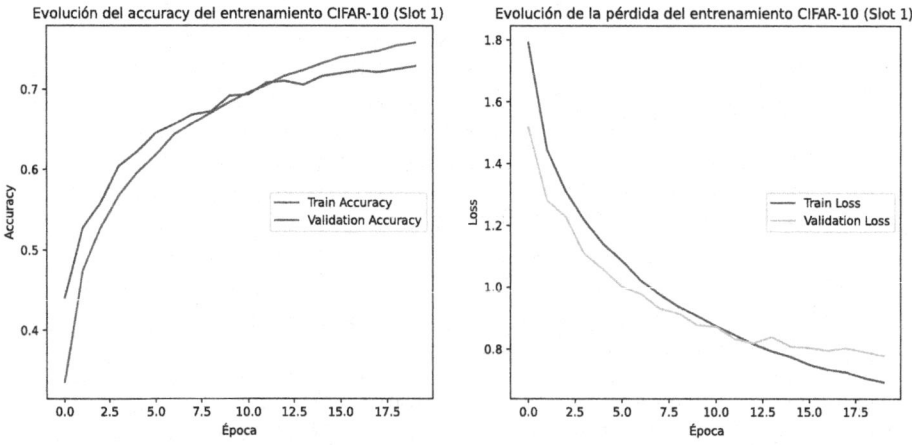

Figura 15.7: Gráfica del entrenamiento CVV con Pytorch sobre el dataset CIFAR-10 (slot 1)

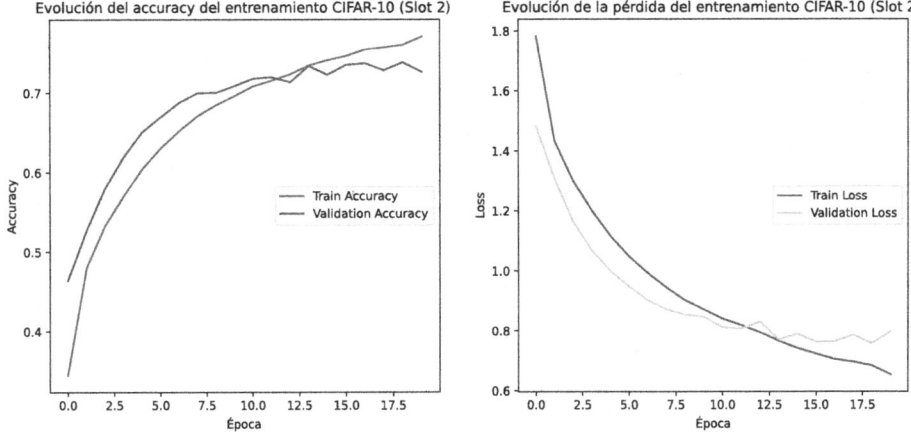

Figura 15.8: Gráfica del entrenamiento CVV con Pytorch sobre el dataset
CIFAR-10 (slot 2)

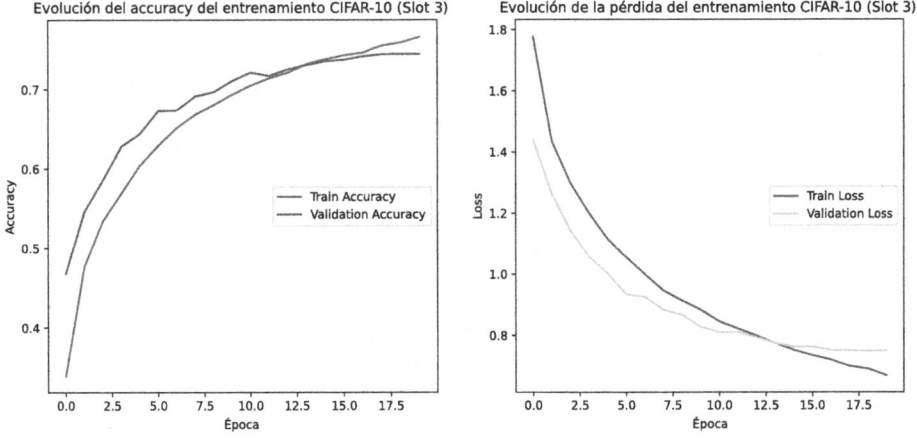

Figura 15.9: Gráfica del entrenamiento CVV con Pytorch sobre el dataset
CIFAR-10 (slot 3)

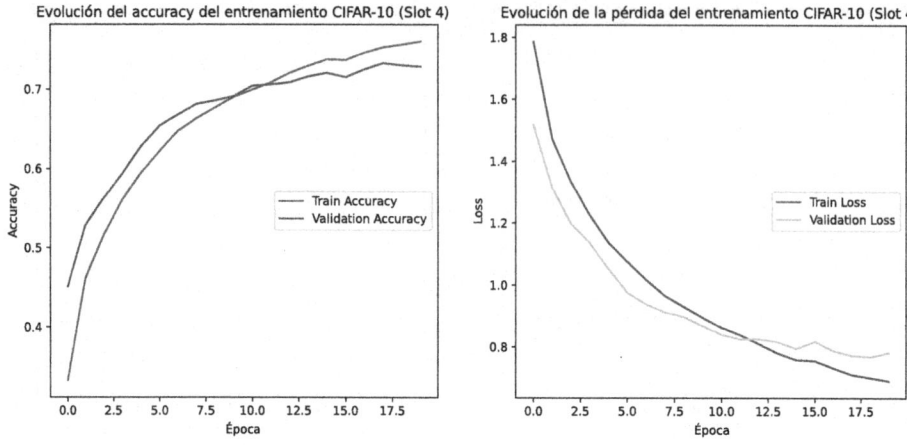

Figura 15.10: Gráfica del entrenamiento CVV con Pytorch sobre el dataset
CIFAR-10 (slot 4)

Si entrenamos el modelo de la Sección 7.6.2, veremos que los resultados de
evaluación del test (Loss: 0.7515 Acc: 0.7407) son inferiores a los obtenidos
tanto con el método CVV-SV (K = 5. Test Loss: 0.6398 Acc: 0.7822) como con
el método CVV-HV (K = 5. Test Loss: 1.7102 Acc: 0.7723). En este caso, el
método CVV-SV es el que mejor se comporta. Sin embargo, hay ocasiones donde
puede ser el método CVV-HV el que ofrezca mejores resultados. Un aspecto a
considerar es que la pérdida del método CVV-HV es peor pese a ser mejor
en el accuracy. Esto se debe a que, al evaluar el error, hemos puesto a 0 la
probabilidad de todas las clases dejando a 1 las de las ganadoras. Esto provoca
que el cálculo del error se vea afectado y que la evaluación del error no tenga
sentido en este caso. El modelo CVV se puede entrenar y evaluar con diferente
número de slots. Es, en esos casos, cuando sí tendrá sentido la comparación de
los valores de pérdida del CVV-HV, comparando dicho valor entre los diferentes
modelos compuestos.

Capítulo 16

One-Shot Learning

Uno de los mayores retos en el campo de la visión por ordenador es la clasificación de imágenes de las que sólo hay una por categoría. Por ejemplo, en los supermercados no es fácil crear un conjunto de datos que incluya cientos de imágenes por producto. Además, cada vez que se añade un nuevo producto, sería necesario volver a entrenar el modelo con todo el conjunto de datos. Las técnicas One Shot Learning (OSL) pretenden resolver este tipo de problemas, produciendo modelos capaces de clasificar imágenes con un solo ejemplo por categoría. OSL es un subproblema del Few-Shot Learning (FSL), donde normalmente se tienen varias imágenes por categoría. Cuantas más imágenes tengamos de una categoría, mejor serán los resultados de clasificación de nuevas imágenes.

Los problemas de FSL se pueden resolver siguiendo dos enfoques diferentes. Por un lado, en el enfoque inductivo, se dispone de datos de entrenamiento pero no de datos de prueba. Los métodos inductivos buscan generar una función o un modelo que devuelva la categoría de una imagen de prueba que nunca se ha visto antes. En el problema OSL, una vez realizado el entrenamiento del modelo, se dispondría de un ejemplo de cada categoría. Ejemplos recientes de este enfoque son las redes prototípicas (ProtoNets) [111], Attentional Constellation Nets [112], PEMnE-NCM [113], o transformadores HCT [114]. CP-CVV también corresponde a un método inductivo OSL en el que desconocemos por completo el conjunto de pruebas durante el entrenamiento. En el entorno transductivo, menos restrictivo que el caso inductivo, se dispone de datos de entrenamiento y de prueba sin etiquetar. Los métodos pueden obtener información adicional sobre la distribución de los datos de prueba para hacer mejores predicciones. Muchos métodos actuales son transductivos porque a veces es fácil obtener muestras de prueba aunque el etiquetado sea complicado. Algunos métodos FSL transductivos son PT+MAP+SF+SOT [115], PEMnE-BMS [113], el *Illumination Augmentation* + PT+MAP [116], SIB [117], P-M-F [118], BAVARDAGE [119] o EASY 3xResNet12 [120].

Entre las técnicas utilizadas para implementar el OSL, las redes neuronales siamesas han demostrado ser muy eficaces. El entrenamiento normal de una red siamesa se utiliza para aprender si dos imágenes pertenecen o no a la misma categoría mediante comparación. A diferencia del entrenamiento tradicional de este tipo de modelos, el entrenamiento de las redes neuronales siamesas puede realizarse utilizando diferentes clases para el entrenamiento, la validación y la prueba. Esta técnica permite entrenar el modelo utilizando cientos de imágenes de clases conocidas y utilizar ese conocimiento para compararlo con imágenes de clases desconocidas. Del mismo modo, los humanos somos más capaces de reconocer a las personas con rasgos faciales conocidos porque nuestros cerebros han sido entrenados principalmente con esos patrones [121].

Uno de los métodos que ofrece buenos resultados en la clasificación del problema de OSL es CP-CVV [122]. En este modelo, que mostramos en este capítulo, un conjunto de redes siamesas aprenden a distinguir si dos imágenes pertenecen a la misma clase. Para ello, las redes se entrenan previamente con datos pertenecientes a clases que no tienen nada en común con las clases que posteriormente se utilizarán en la operación. En CP-CVV, los conjuntos de validación se forman para cada k slots (ranuras) distribuyendo las n clases entre k slots de validación (ver Figura 16.1). En concreto, para cada una de las k instancias de entrenamiento de un modelo, el conjunto de validación se compone de aproximadamente n/k clases. Antes de asignar los slots de validación, se aleatoriza el orden de las clases. Este enfoque garantiza que las clases potencialmente relacionadas no se agrupen durante una única sesión de entrenamiento.

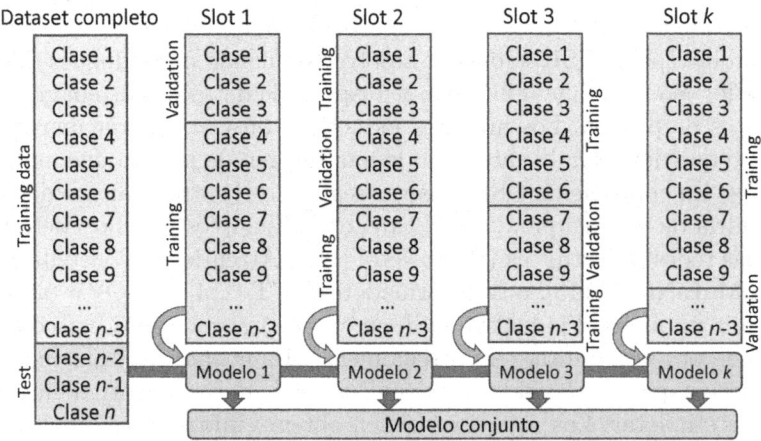

Figura 16.1: Reparto de clases en k slots.

El modelo CP-CVV incorpora k redes neuronales siamesas mediante un mecanismo de votación soft/hard (suave/duro). A diferencia de la metodología de entrenamiento de las redes siamesas típicas, implica el entrenamiento de cada una de las k redes independientes por separado, utilizando conjuntos distintos de clases de entrenamiento y validación. Durante la inferencia, el modelo recibe dos imágenes, lo que significa un par positivo si las imágenes pertenecen a la misma clase y negativo en caso contrario. El par de imágenes se introduce en cada una de las k redes siamesas, todas ellas construidas con el mismo tipo de *backbone* de convolución, generando un vector de características. Mientras que los pesos dentro del *backbone* de una red siamesa son similares, difieren entre los k modelos. El vector de características de salida de cada red troncal se somete a una multiplicación por elementos (*multiplication-wise*). Posteriormente, se incorporan tres capas densas, que incluyen *dropout* y normalización por lotes. La capa densa inicial emplea una función de activación ReLU, la segunda emplea una activación sigmoide, y la capa densa final se encarga de la clasificación utilizando otra función de activación sigmoide. A diferencia de las redes siamesas convencionales, que suelen utilizar la distancia euclidiana para conectar los rasgos troncales, este modelo opta por múltiples capas ocultas densas. La salida de cada red siamesa se aproxima a un valor de 0 o 1, dependiendo de si el par se clasifica como positivo o negativo. En la integración de múltiples clasificadores mediante votación dura, se cuentan los pares positivos y negativos, y la salida final viene determinada por el recuento mayoritario. En el caso de la votación suave, los valores de salida se acumulan entre los distintos clasificadores y se dividen por el número total de clasificadores. Si el resultado supera $\frac{1}{2}$, el par se clasifica como positivo; en caso contrario, se considera negativo.

Sea τ el conjunto que incluye todas las clases del conjunto de datos, λ el conjunto de clases utilizadas para el entrenamiento y β el conjunto de clases para la prueba. Sean T_i y V_i los conjuntos de entrenamiento y validación correspondientes a la ranura i y k el número de ranuras utilizadas en CP-CVV. Estos conjuntos deben verificar las ecuaciones 16.1 a 16.4.

$$\tau = \lambda \cup \beta \tag{16.1}$$

$$\lambda = \bigcup_{i=1}^{k} V_i \tag{16.2}$$

$$\bigcap_{i=1}^{k} V_i = \emptyset \tag{16.3}$$

$$[T_i = \lambda - V_i] \forall i \in k \tag{16.4}$$

Para mostrar el funcionamiento de CP-CVV, nuestro CP-CVV ha sido entrenado contra el conjunto de datos Fss-1000 [123], que incluye 1,000 clases diferentes de objetos. Cada uno de los k modelos se somete a entrenamiento con su respectivo slot de entrenamiento y validación. Esta estrategia de distribución de datos mejora la capacidad del modelo de conjunto para generalizar a través de diversos escenarios, mitigando el riesgo de sobreajuste de validación. En la fase de inferencia, se emplea la votación. Para una muestra de entrada dada, denominada x, $p_i(x)$ representa el valor de salida sigmoide generado por la red siamesa i. En el escenario de salida sigmoide, la salida asume el valor 0 cuando las imágenes pertenecen a la misma clase y 1 en caso contrario. La ecuación (16.5) ilustra el mecanismo de votación suave que hemos utilizado, logrado mediante la agregación de los valores de salida de todos los clasificadores.

Cada clasificador i se asocia con un peso w_i, fijado en $\frac{1}{k}$ en nuestro caso. Si el resultado acumulado supera $\frac{1}{2}$, significa que las imágenes pertenecen a categorías diferentes, lo que conduce a una salida global de 1. Hemos utilizado soft en lugar de hard, ya que los resultados de entrenamiento de Fss-1000 fueron significativamente mejores con ese método.

$$S(x) = \begin{cases} 1 & \text{if } \left[\sum_{i=1}^{k} w_i \cdot p_i(x)\right] > \frac{1}{2} \\ 0 & otherwise \end{cases} \tag{16.5}$$

Las redes siamesas permiten determinar si dos imágenes pertenecen a la misma clase. Sin embargo, en las aplicaciones prácticas de clasificación, el objetivo principal suele ser clasificar con precisión las imágenes en categorías específicas. Así, por ejemplo, en el dataset Fss-1000 nuestro objeto será clasificar imágenes en un conjunto de clases donde sólo se conoce un ejemplo de imagen por clase. En el marco CP-CVV, las salidas de múltiples redes siamesas son matemáticamente comparables, indicando si dos imágenes pertenecen a la misma categoría. Nuestra atención se centra en analizar la probabilidad acumulada de que una imagen pertenezca a cada categoría potencial. Para ello, realizamos $k \cdot c$ inferencias a partir de las redes siamesas, lo que da como resultado una matriz con k filas y c columnas. Cada celda de la matriz denota la probabilidad de que una imagen pertenezca a la clase c en la ranura k. Acumulando los valores de las columnas de una celda concreta y dividiendo por k, obtenemos la probabilidad de que una imagen pertenezca a esa clase en todas las ranuras.

Consideremos que P_c represente el resultado acumulativo obtenido sumando las salidas sigmoidales de diferentes redes siamesas para una clase de prueba c, donde $c \in \beta$. Por lo tanto, P_c significa el valor de una imagen de prueba que pertenece a una categoría determinada, evaluada mediante la selección de una imagen aleatoria por categoría. Sea p_{ci} la salida sigmoidea del clasificador i con una imagen de la categoría c. Para la votación suave, P_c se calcula según (16.6).

$$P_c(x) = \sum_{i=1}^{k} w_i \cdot p_{ci}(x) \tag{16.6}$$

Para identificar la categoría más similar, seleccionamos la más cercana a 0. Esto se logra mediante el uso de la función $arg_c\,min$, como se representa en la ecuación (16.7). Esta función produce la clase ganadora.

$$C_{soft}(x) = arg_c\,min\left[P_c(x)\right] \tag{16.7}$$

CP-CVV funciona en un entorno inductivo, lo que significa que es un método más restrictivo que los métodos transductivos. En la comparación de rendimiento de FSL con CIFAR_FS, algunos métodos son inductivos y otros transductivos. En las mismas condiciones experimentales, cabe señalar que los métodos transductivos tienen cierta ventaja al utilizar imágenes no etiquetadas de los propios casos de prueba, ya que pueden obtener información adicional sobre la distribución de los datos de prueba para realizar mejores predicciones. Dentro de los métodos inductivos, CP-CVV es fácil de implementar y obtiene resultados superiores a otros métodos contra diversos datasets, incluyendo CIFAR_FS, Fss1000 o Grocery Store Dataset.

16.1. Implementación de CP-CVV con Fss1000

El dataset Fss1000 [123] que vamos a utilizar se puede encontrar en Kaggle: https://www.kaggle.com/datasets/meowmeowmeowmeowmeow/fss1000 -a-1000-class-fewshot-segmentation. Es una base de datos de imágenes que tiene 1,000 tipos diferentes de objetos junto con sus segmentaciones.

La figura 16.2 muestra dos entradas durante el entrenamiento del modelo CP-CVV, donde podemos ver dos tipos de frutas del dataset. En este caso mostramos un *backbone* ConvNeXt-small [36]. A la derecha vemos las probabilidades de cada salida de las redes siamesas y del modelo conjunto total. El modelo se puede entrenar con distintos tipos de *backbones*. Nosotros hemos dejado el código con ResNet18 debido a que el entrenamiento es mucho más rápido. ConvNeXt conseguirá mejores resultados a costa de un entrenamiento más costoso.

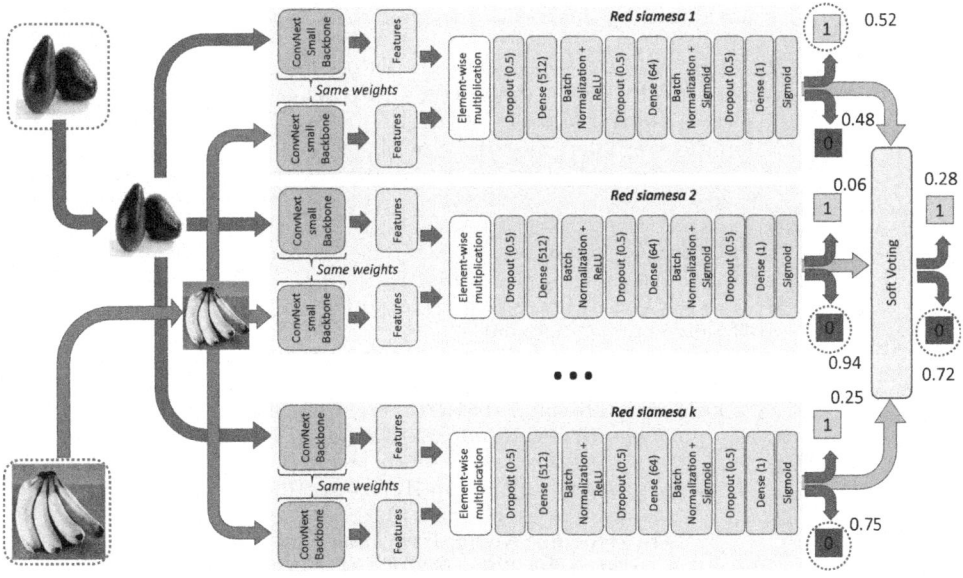

Figura 16.2: Modelo CP-CVV y entrada de imágenes desde Fss-1000.

La implementación del modelo la vamos a realizar en Pytorch. Es un modelo que es sencillo de implementar, pero requiere bastante destreza con el manejo de Pytorch. Por ese motivo lo hemos dejado para el final del libro, donde el lector habrá adquirido suficiente conocimiento. Antes de presentar el programa de entrenamiento, que se llevará a cabo para cada uno de los slots, crearemos un dataset propio. Para este dataset crearemos una clase a partir de *torch.utils.data.IterableDataset* que recibirá el conjunto de las imágenes de

Fss1000 precargadas en memoria y generará pares de entrenamiento para cada batch. La primera parte del dataset (Código 16.1) establecerá la función de inicialización. Esta función recibirá las imágenes precargadas en memoria y define los transformadores utilizados para el *data augmentation*. Hay que tener en cuenta que como utilizaremos *backbones* pre-entrenados con ImageNet, tendremos que utilizar sus valores de normalización en la transformación.

Código 16.1: Definición del dataset

```
############################################################
#Entrenamiento CP–CVV utilizando las imágenes de Fss1000
#para el problema de One–Shot Learning
#Definición del dataset
############################################################
import time
import numpy as np
import torch
from torchvision import transforms


##########################################################
# Paso 0. Nuestro dataset utiliza las imágenes
#          cargadas en memoria y organizadas por
#          clases
##########################################################
class Dataset(torch.utils.data.IterableDataset):
    def __init__(self, datos, shuffle_pairs=True, augment=False):
        # En datos están las imágenes.
        # La salida del dataset producirá pares de imágenes y su
            grado
        # de similitud a nivel de clase.
        self.datos = datos
        self.feed_shape = [3, 224, 224]
        self.shuffle_pairs = shuffle_pairs
        self.augment = augment

        if self.augment:
            self.transform = transforms.Compose([
                transforms.RandomAffine(degrees=20, translate
                    =(0.2, 0.2), scale=(0.8, 1.2), shear=0.2),
                transforms.RandomHorizontalFlip(p=0.5),
                transforms.ToTensor(),
                transforms.Normalize(mean=[0.485, 0.456, 0.406],
                    std=[0.229, 0.224, 0.225]),
                transforms.Resize(self.feed_shape[1:])
            ])
        else:
            self.transform = transforms.Compose([
                transforms.ToTensor(),
                transforms.Normalize(mean=[0.485, 0.456, 0.406],
                    std=[0.229, 0.224, 0.225]),
                transforms.Resize(self.feed_shape[1:])
            ])
        self.create_pairs()
```

En el Código 16.2 mostramos la segunda parte de la creación del dataset.

Esta parte es responsable de generar de forma iterativa los pares de imágenes del entrenamiento. Para cada par de entrenamiento, que puede ser positivo o negativo dependiendo de si dos imágenes pertenecen a una misma categoría, se devolverán con un *yield*, los diferentes batches de imágenes y el valor de similitud. El fichero de este código se guardará como *dataset.py* y será utilizado posteriormente por el proceso de entrenamiento.

Código 16.2: Generación iterativa de parejas de imagenes de entrenamiento

```python
###########################################################
# Creamos índices que apuntan a las imágenes
# El primer índice representa todas las  (indices1)
# El segundo índice apunta a imágenes de la misma clase
# que el respectivo en indices1 o a imágenes de clases
# distintas. La mitad corresponden a misma clase y la
# otra mitad a clases diferentes
###########################################################
def create_pairs(self):
    self.imagenes = []
    self.image_classes = []
    self.class_indices = {}

    id_clase = 0
    for d in self.datos:
        image_class = str(id_clase)
        for i in d:
            self.image_classes.append(image_class)
            if image_class not in self.class_indices:
                self.class_indices[image_class] = []

            indice_imagen = len(self.imagenes)
            self.imagenes.append(i)
            self.class_indices[image_class].append(
                indice_imagen)
        id_clase +=1

    self.indices1 = np.arange(len(self.imagenes))

    if self.shuffle_pairs:
        np.random.seed(int(time.time()))
        np.random.shuffle(self.indices1)
    else:
        np.random.seed(int(time.time()))

    select_pos_pair = np.random.rand(len(self.imagenes)) <
        0.5

    self.indices2 = []

    for i, pos in zip(self.indices1, select_pos_pair):
        class1 = self.image_classes[i]
        if pos:
            class2 = class1
        else:
            class2 = np.random.choice(list(set(self.
                class_indices.keys()) - {class1}))
```

```
            idx2 = np.random.choice(self.class_indices[class2])
            self.indices2.append(idx2)
        self.indices2 = np.array(self.indices2)

    ###############################################################
    # Cada nueva iteración de las épocas, volvemos a crear
    # los pares. Vamos suministrando pares con data
    # augmentation
    # En cada batch se devuelven parejas de imágenes con su
    # grado de similitud
    ###############################################################
    def __iter__(self):
        self.create_pairs()

        for idx, idx2 in zip(self.indices1, self.indices2):

            image1 = self.imagenes[idx]
            image2 = self.imagenes[idx2]
            class1 = self.image_classes[idx]
            class2 = self.image_classes[idx2]

            if self.transform:
                image1 = self.transform(image1)
                image2 = self.transform(image2)

            yield (image1, image2), torch.FloatTensor([class1==
                class2]), (class1, class2)

    def __len__(self):
        return len(self.imagenes)
```

Debemos tener varias cosas en cuenta. Para reducir el código y aumentar la velocidad precargaremos las imágenes de Fss1000 en memoria. Durante cada época procesaremos todas las imágenes del dataset con *data augmentation*, seleccionando mitad de parejas positivas y mitad de parejas negativas. Podríamos extender el procesamiento creando más muestras, pero el tiempo de entrenamiento ya es suficientemente grande.

De cara al entrenamiento, el Código 16.3 muestra la definición de los parámetros utilizados por el modelo, incluyendo la ruta al dataset. En este fichero utilizaremos el dataset previamente creado mediante su importación. Hemos configurado un tamaño de batch de 64, pero este tamaño dependerá de la GPU que tenga el equipo. Un batch de 64 toma unos 8GB de GPU. Como el método CP-CVV utiliza *early-stopping*, hemos añadido el parámetro de paciencia para mostrar con cuántas épocas queremos parar cuando el modelo no mejore respecto a la validación.

Código 16.3: Definición de los parámetros del modelo y rutas

```
###############################################################
#Entrenamiento CP-CVV utilizando las imágenes de Fss1000
#para el problema de One-Shot Learning
#Entrenamiento
###############################################################
import os
```

```
import numpy as np
import sys
import torch
import torch.nn as nn
from torchvision import models
from torch.utils.data import DataLoader
from torch.utils.tensorboard import SummaryWriter
from dataset import Dataset
from PIL import Image

# Parámetros del modelo CP-CVV
PATH_DATASET = "/home/roasis/Experimentos/DATASETS/FSS_1000/FSS
    -1000"
TAM = 224    # tamaño de las imágenes resultantes
K = 5   # 5 slots
BACKBONE = "convnext_small"
BACKBONE = "resnet18"
EPOCHS = 1000
LEARNING_RATE = 1e-4
OUT_PATH = "./resultados"
# Paciencia para early-stopping
PACIENCIA = 25
BATCH_SIZE = 64 con Resnet18
```

En el Código 16.4 definimos propiamente el modelo de siamesa. Hemos creado una MLP que recibe el resultado de hacer una multiplicación elemento a elemento (*multiplication-wise*) de los vectores de salida de las dos siamesas. Recordemos que en la siamesa los pesos internos son los mismos.

Código 16.4: Definición del modelo de siamesa

```
##################################################
# Paso 1. Definimos nuestra red siamesa
##################################################
class SiameseNetwork(nn.Module):
    def __init__(self, backbone="resnet18"):
        super().__init__()

        # Creamos el backbone a partir de torchvision.models
        self.backbone = models.__dict__[backbone](pretrained=True
            , progress=True)

        # Obtener las features de salida
        out_features = list(self.backbone.modules())[-1].
            out_features

        # Crear un MLP en la salida. Recibe el multiplication-
            wise de la salida
        # de las dos siamesas
        self.cls_head = nn.Sequential(
            nn.Dropout(p=0.5),
            nn.Linear(out_features, 512),
            nn.BatchNorm1d(512),
            nn.ReLU(),
            nn.Dropout(p=0.5),
            nn.Linear(512, 64),
```

```python
            nn.BatchNorm1d(64),
            nn.Sigmoid(),
            nn.Dropout(p=0.5),
            nn.Linear(64, 1),
            nn.Sigmoid(),
        )

    def forward(self, img1, img2):
        '''
        Entrada:      img1 (torch.Tensor): shape=[batch, 3, 224,
            224]
                      img2 (torch.Tensor): shape=[batch, 3, 224,
                          224]
        Salida:       output (torch.Tensor): shape=[b, 1],
            Similaritdad para cada par
        '''
        # Obtener features
        feat1 = self.backbone(img1)
        feat2 = self.backbone(img2)
        # Combinar features con multiplication-wise
        combined_features = feat1 * feat2
        # Pasar por las capas del MLP
        output = self.cls_head(combined_features)
        return output
```

El Código 16.5 muestra el código lanzador del programa, donde vemos que es necesario especificar el slot que queremos entrenar. Si hemos especificado $K = 5$, tendremos que lanzar el programa con los slots de 0 a 4. Para cada slot se grabará un modelo, así como los datos de Tensorboard del entrenamiento. Además, el código carga todas las imágenes en memoria. No es un dataset demasiado grande por lo que un equipo con 8GB o más podría cargarlo sin problema. La carga de imágenes en memoria acelera mucho el entrenamiento. Una vez cargados los datos en memoria, se lleva a cabo la separación en slots. El programa utilizará únicamente los datos de su slot correspondiente. Hemos dividido las 1,000 clases en 100 clases de prueba y 900 clases de entrenamiento. Las 900 se han distribuido utilizando el esquema antes mencionado. Como hemos utilizado $K = 5$ slots, cada siamesa se ha entrenado con 720 clases de entrenamiento y 180 clases de validación. El entrenamiento se realizó con aumento de datos con cambios de perspectiva, rotación, traslación e iluminación.

Código 16.5: Lanzador del programa y reparto de los datos

```python
if __name__ == "__main__":

    # Hay que pasarle al programa el número de slot que vamos a
        entrenar
    if len(sys.argv) < 2:
        print("Uso: python3 step_1_training.py <slot>, donde slot
            es 0,1,2,3,4")
        sys.exit(1)
    slot = int(sys.argv[1])

    ################################################
    # Paso 2. Cargamos todas las imágenes en memoria
```

```
#          al ser un dataset no muy grande
##################################################
datos = []
for directorio in os.listdir(PATH_DATASET):
    ruta = os.path.join(PATH_DATASET, directorio)
    if os.path.isdir(ruta):
        imagenes_clase = []
        for fichero in os.listdir(ruta):
            if fichero.endswith(".jpg"):
                # Esta imagen está mal generada en el dataset
                    FSS-1000
                if (os.path.join(ruta, fichero) !=
                    os.path.join(PATH_DATASET, "
                        peregine_falcon", "8.jpg")):
                    imagen = Image.open(os.path.join(ruta,
                        fichero))
                    imagenes_clase.append(imagen.copy())
                    imagen.close()
        datos.append(imagenes_clase)
datos = np.array(datos, dtype=object)

# Creamos una ruta para almacenar resultados
os.makedirs(OUT_PATH, exist_ok=True)

# Vemos si CUDA está disponible
device = torch.device('cuda' if torch.cuda.is_available()
    else 'cpu')


##################################################
# Paso 3. Reparto de datos CP-CVV
##################################################
# Dividimos entre datos de train y val
total_clases = len(datos)

# Basamos la división de datos en el slot k
# Aislamos el test, que serán el 10% de las clases
print("Número de clases: ", total_clases)
inicio = 0
final = int(total_clases * 0.9)
# El 10% restante lo dejaremos para test

tam_slot = int((final - inicio) / K)
datos_val = datos[tam_slot * slot: tam_slot * (slot + 1)]
datos_train = np.concatenate((datos[0: tam_slot * slot],
    datos[tam_slot * (slot + 1):final]))
datos_test = datos[final: len(datos)]
print("Train: ", len(datos_train))
print("Val: ", len(datos_val))
print("Test: ", len(datos_test))

# Creamos los datasets
train_dataset   = Dataset(datos_train, shuffle_pairs=True,
    augment=True)
val_dataset     = Dataset(datos_val, shuffle_pairs=False,
    augment=False)
train_dataloader = DataLoader(train_dataset, pin_memory=True,
    num_workers=4, batch_size=BATCH_SIZE, drop_last=True)
```

```
val_dataloader    = DataLoader(val_dataset, pin_memory=True,
    num_workers=4, batch_size=BATCH_SIZE)
```

Finalmente, el Código 16.6 muestra el propio entrenamiento. Es un entrenamiento donde tenemos en cuenta la pérdida de validación para interrumpir el entrenamiento. También hay un parámetro de paciencia por si los resultados no mejoran después de 25 épocas.

Código 16.6: Bucle de entrenamiento

```
##################################################
# Paso 4. Entrenamos nuestro modelo CP-CVV
##################################################
model = SiameseNetwork(backbone=BACKBONE)
model.to(device)
optimizer = torch.optim.Adam(model.parameters(), lr=
    LEARNING_RATE)
criterion = torch.nn.BCELoss()

writer = SummaryWriter(os.path.join(OUT_PATH, "summary_" +
    BACKBONE + "_" + str(slot)))
best_val = 10000000000
pac = 0 # Paciencia para el early-stopping
for epoch in range(EPOCHS):
    # Bloque de entrenamiento
    print("[{} / {}]".format(epoch, EPOCHS))
    model.train()
    losses = []
    correct = 0
    total = 0

    # Training Loop Start
    for (img1, img2), y, (class1, class2) in train_dataloader
        :
        # Llevamos imágenes a CUDA
        img1, img2, y = map(lambda x: x.to(device), [img1,
            img2, y])
        prob = model(img1, img2)
        loss = criterion(prob, y)
        optimizer.zero_grad()
        loss.backward()
        optimizer.step()
        losses.append(loss.item())
        correct += torch.count_nonzero(y == (prob > 0.5)).
            item()
        total += len(y)

    writer.add_scalar('train_loss', sum(losses)/len(losses),
        epoch)
    writer.add_scalar('train_acc', correct / total, epoch)
    print("\tTraining: Loss={:.2f}\t Accuracy={:.2f}\t".
        format(sum(losses)/len(losses), correct / total))

    # Bloque de validación
    model.eval()
    losses = []
```

```
correct = 0
total = 0

for (img1, img2), y, (class1, class2) in val_dataloader:
    # Llevamos imágenes a CUDA
    img1, img2, y = map(lambda x: x.to(device), [img1,
        img2, y])
    prob = model(img1, img2)
    loss = criterion(prob, y)
    losses.append(loss.item())
    correct += torch.count_nonzero(y == (prob > 0.5)).
        item()
    total += len(y)

val_loss = sum(losses)/max(1, len(losses))
writer.add_scalar('val_loss', val_loss, epoch)
writer.add_scalar('val_acc', correct / total, epoch)
print("\tValidation: Loss={:.2f}\t Accuracy={:.2f}\t".
    format(val_loss, correct / total))

# Selección de mejor modelo según la pérdida de validació
    n y control de early-stopping
if val_loss < best_val:
    pac = 0
    best_val = val_loss
    torch.save(
        {
            "epoch": epoch + 1,
            "model_state_dict": model.state_dict(),
            "backbone": BACKBONE,
            "optimizer_state_dict": optimizer.state_dict
                ()
        },
        os.path.join(OUT_PATH, "best_" + BACKBONE + "_" +
            str(slot) + ".pth")
    )
else:
    pac +=1

if pac >= PACIENCIA:
    break
```

Una vez lanzados los entrenamientos de cada slot con *python step_1_training.py 0*, ..., *python step_1_training.py 4*, se habrán generado $K = 5$ modelos en la carpeta *./resultados*. Esos modelos serán los utilizados para la evaluación del modelo. Podemos ver que, aunque hemos entrenado con 1,000 épocas, el entrenamiento termina en cada modelo sobre las 50 épocas. Esto se debe a que a partir de aproximadamente la época 25 la pérdida de validación no se reduce.

16.2.   Evaluación de CP-CVV con Fss1000

A diferencia de la evaluación normal que se suele realizar con una red siamesa, lo que buscamos es utilizar las redes siamesas como clasificadores en el problema del OSL. Por lo tanto, tenemos que hacer un evaluador que compare cada imagen del test con un conjunto de imágenes aleatorias, una por cada clase. En el ejemplo de evaluación vamos a generar adicionalmente una matriz de confusión con la biblioteca *seaborn*, que se puede instalar fácilmente con *pip* o *conda*.

En la primera parte del código (Código 16.7) reutilizaremos el código de la clase siamesa que hemos configurado anteriormente. Definimos los distintos parámetros de la evaluación, donde $K = 5$ debe coincidir con el número de slots utilizados. Definimos un nombre configurable de los modelos que hemos grabado anteriormente. En dicha ruta reemplazaremos posteriormente la palabra slot con el valor concreto del modelo a utilizar.

Código 16.7: Parámetros iniciales de la evaluación

```
################################################################
# Evaluación de CP-CVV utilizando las imágenes de Fss1000
# para el problema de One-Shot Learning
# Este problema transforma la red siamesa en un problema
# de clasificación habitual.
# Se realiza una evaluación de cada imagen con el resto de
# parejas con el fin de ver si cataloga correctamente la
# imagen
################################################################
import os
import numpy as np
import torch
from torchvision import transforms
import random
from siamese import SiameseNetwork as SiameseNetwork
from PIL import Image
import time
# Librerías para generar matriz de confusión
import seaborn as sns
import matplotlib.pyplot as plt
from sklearn.metrics import confusion_matrix

K = 5
BACKBONE = "resnet18"
PATH_DATASET = "/home/roasis/Experimentos/DATASETS/FSS_1000/FSS
    -1000"
OUT_PATH = "./resultados"
PATH_MODELO = os.path.join(OUT_PATH, "best_" + BACKBONE + "_slot.
    pth")

# Set device to CUDA if a CUDA device is available, else CPU
device = torch.device('cuda' if torch.cuda.is_available() else '
    cpu')
```

La segunda parte del código (Código 16.8) muestra la carga de las imágenes de prueba y la selección de 10 categorías. En el problema OSL ocurre que cuantas más categorías tenemos, peores resultados obtendremos. Además, el tiempo de la evaluación aumentará considerablemente.

Código 16.8: Carga de imágenes de test y selección de 10 clases

```
############################################################
# Paso 1. Leemos todas las imágenes de test en memoria
#         aplicando las transformaciones correspondientes
# Elegimos 10 clases de test para probar
# One-Shot Learning. Devolvemos una lista de imagenes y
# otra con sus clases asociadas.
############################################################
def prepararImagenesTest():
    datos = []
    for directorio in os.listdir(PATH_DATASET):
        ruta = os.path.join(PATH_DATASET, directorio)
        if os.path.isdir(ruta):
            imagenes_clase = []
            for fichero in os.listdir(ruta):
                if fichero.endswith(".jpg"):
                    # Esta imagen está mal generada en el dataset
                      FSS-1000
                    if (os.path.join(ruta, fichero) !=
                        os.path.join(PATH_DATASET, "
                            peregine_falcon", "8.jpg")):
                        imagen = Image.open(os.path.join(ruta,
                            fichero))
                        imagenes_clase.append(imagen.copy())
                        imagen.close()
            datos.append(imagenes_clase)
    datos = np.array(datos, dtype=object)

    ############################################################
    # A partir de las clases de test, nos creamos
    # dos listas con imagen y clase
    ############################################################
    total_clases = len(datos)
    final = int(total_clases * 0.9)
    datos_test = datos[final: len(datos)]
    datos_test = datos_test[-10:]

    feed_shape = [3, 224, 224]
    transform = transforms.Compose([
        transforms.ToTensor(),
        transforms.Normalize(mean=[0.485, 0.456, 0.406], std
            =[0.229, 0.224, 0.225]),
        transforms.Resize(feed_shape[1:])
    ])

    image_classes = []
    image_memoria = []

    for clase_id, imagenes in enumerate(datos_test):
        for img in imagenes:
            img = transform(img).float()
            img = img.unsqueeze(0)
            image_memoria.append(img.cuda())
            image_classes.append(str(clase_id))

    image_classes = np.array(image_classes)
    return image_classes, image_memoria
```

```
# Estas listas se utilizarán globalmente
image_classes, image_memoria = prepararImagenesTest()
clases_diferentes, cuenta = np.unique(image_classes,
    return_counts=True)
numero_clases = len(clases_diferentes)
```

En el Código 16.9 se muestran tres partes fundamentales del código. La primera parte genera las comprobaciones que se utilizarán. Para cada imagen del test elegido se obtendrán imágenes aleatorias de las clases, una para cada una. También hay que obtener una imagen aleatoria de la propia clase de la imagen, pero en este caso garantizaremos que sea diferente. Eso lo hacemos en la línea *while (seleccion == i)*. El paso 3 y el paso 4 del código muestran dos métodos de la propia evaluación. El primero compara una imagen con todas las imágenes pasadas utilizando un modelo concreto. En el paso 4 obtenemos todas las comparaciones de todas las imágenes del test con las imágenes aleatorias generadas. De momento son datos en bruto sin evaluar, es decir que se corresponden con la salida de las siamesas indicando el grado de similitud entre imágenes.

Código 16.9: Generación de comprobaciones y evaluación de modelo individual/global

```
###############################################################
# Paso 2. Para cada imagen, seleccionamos
#         aleatoriamente una clase de cada categoría
###############################################################
def generarComprobaciones():
    random.seed(int(time.time()))

    # En comprobaciones almacenamos los índices a comprobar para
        cada imagen
    comprobaciones = []
    print(len(image_classes))
    for i in range(len(image_classes)):
        listaClases = []
        for clase in clases_diferentes:
            posibles = np.where(image_classes == clase)[0]
            seleccion = i
            while (seleccion == i):
                seleccion = random.choice(posibles)
            listaClases.append(seleccion)
        comprobaciones.append(listaClases)
    return comprobaciones


###############################################################
# Paso 3. Evaluamos una imagen contra las imágenes
#         representativas de cada clase y devolvemos
#         las probabilidades de cada caso
###############################################################
def evaluar(indiceImg, listaImgs, modelo):
    resultado = []
    with torch.no_grad():
        for idx in listaImgs:
            res = modelo(image_memoria[indiceImg], image_memoria[
                idx])
```

```
            sal = res.cpu().detach().numpy()[0]
            resultado.append(sal[0])
    return resultado

##############################################################
# Paso 4. Evaluación global de un modelo. Realiza la
#         evaluación de todas las imágenes seleccionada
##############################################################
def evaluarGlobal(modelo, comprobaciones):
    resultado = []
    for i in range(len(image_classes)):
        res = evaluar(i, comprobaciones[i], modelo)
        resultado.append(res)
    return np.array(resultado, dtype = 'float')
```

El Código 16.10 utiliza los resultados calculados anteriormente para generar los vectores de clases predichas y clases reales. Además, calculamos el accuracy de los modelos. La función *evaluarModelo* se llamará para 1 y $K = 5$ estimadores. El primer caso se corresponde con la evaluación individual de un clasificador utilizando una red siamesa. En el caso $K = 5$ utilizaremos los 5 modelos previamente entrenados.

Código 16.10: Cálculo de las predicciones y accuracy global

```
##############################################################
# Paso 5. A partir de los resultados, obtenemos las
# salidas previstas del modelo y el accuracy (TOP-1)
##############################################################
def buscarClase(clase):
    for j in range(len(clases_diferentes)):
        if clases_diferentes[j] == clase:
            return j
    return len(clases_diferentes)

# Calculamos tanto y_true, y_pred como el accuracy top-1
def calcularPred(resultados):
    # Añadimos una clase ya que es posible que una imagen no se
        clasifique en ninguna de las categorías, por ejemplo si
        todas las
    # siamesas devuelven que las dos imágenes no pertenecen a la
        misma categoría.
    y_true = []
    y_pred = []
    aciertos = 0.0
    # Para cada imagen analizamos la clase que debería tener y en
        cuál le ha asignado
    for i in range(len(image_classes)):
        real = image_classes[i]
        # La clase ganadora será la que mayor probabilidad tenga
        maximo = 0.0
        ganadora = ""
        for j in range(len(clases_diferentes)):
            # Nos quedamos con la máxima, independientemente de
                si la siamesa la acepta como ganadora o no. Esto
                lo hacemos
```

```
                # ya que consideramos el sistema un clasificador
                    entre las clases de test y no contemplamos el
                    caso de que no
                # se detecte nada.
                if resultados[i][j] > maximo:
                    maximo = resultados[i][j]
                    ganadora = clases_diferentes[j]
            y_true.append(buscarClase(real))
            y_pred.append(buscarClase(ganadora))
            if real == ganadora:
                aciertos += 1.0
        accuracy = float(aciertos) / float(len(image_classes))
        return y_true, y_pred, accuracy

def CrossEntropy(targets, predictions, epsilon=1e-12):
    predictions = np.clip(predictions, epsilon, 1. - epsilon)
    N = predictions.shape[0]
    ce = -np.sum(targets*np.log(predictions))/N
    return ce


################################################################
# Paso 6. Evaluamos el modelo. Si el número de
# estimadores es 1, evaluaremos el modelo individual.
# Si el número de estimadores es K, evaluaremos CP-CVV
# para K estimadores
################################################################
def evaluarModelo(estimadores, comprobaciones):
    resultados = None
    inicio = False

    for i in range(estimadores):
        # Si el tipo es menor que 5, entonces es un estimador
            individual
        checkpoint = torch.load(os.path.join(PATH_MODELO.replace(
            'slot', str(i))))
        model = SiameseNetwork(backbone=checkpoint['backbone'])
        model.to(device)
        model.load_state_dict(checkpoint['model_state_dict'])
        model.eval()

        resultados_e = evaluarGlobal(model, comprobaciones)
        if inicio == False:
            inicio = True
            resultados = resultados_e.copy()
        else:
            resultados = resultados + resultados_e

    resultados = np.array(resultados, dtype='float') / float(
        estimadores)
    y_true, y_pred, accuracy = calcularPred(resultados)
    loss_soft = CrossEntropy(np.array(y_true), np.array(y_pred))
    return loss_soft, accuracy, y_true, y_pred
```

Finalmente, en el Código 16.11 realizamos la llamada a las distintas evaluaciones del modelo y generamos la matriz de confusión.

Código 16.11: Llamada a las evaluaciones y generación de matriz de confusión

```
################################################################
# Paso 7. Generamos comprobaciones, llamamos a la
# evaluación del modelo individual y CP-CVV con K = 5
# y generamos una matriz de confusión
################################################################
if __name__ == "__main__":
    c = generarComprobaciones()
    # Realizamos una evaluación de un modelo de clasificación
    #     individual basado en siamesa
    loss_soft, accuracy, y_true, y_pred = evaluarModelo(1, c)
    print("Test OSL Modelo Individual backbone ResNet18: Loss
        ={:.4f}\t Accuracy={:.4f}\t".format(loss_soft, accuracy))
    # Realizamos una evaluación de un modelo CP-CVV con K = 5
    #     estimadores
    loss_soft, accuracy, y_true, y_pred = evaluarModelo(K, c)
    print("Test OSL Modelo CP-CVV backbone ResNet18: Loss={:.4f}\
        t Accuracy={:.4f}\t".format(loss_soft, accuracy))
    # Mostramos una matriz de confusión con SeaBorn
    conf_matrix = confusion_matrix(y_true, y_pred)

    # Crear un heatmap de la matriz de confusión con Seaborn
    plt.figure(figsize=(8, 6))
    sns.set(font_scale=1.2)
    lista_clases = ["Clase " + str(i) for i in range(10)]
    sns.heatmap(conf_matrix, annot=True, cmap='Blues', fmt='g',
        cbar=False,
                xticklabels=lista_clases,
                yticklabels=lista_clases)
    plt.xlabel('Categoría Predicha')
    plt.ylabel('Categoría Real')
    plt.title('Matriz de Confusión')

    # Guardar el gráfico en un archivo PNG
    plt.savefig('cp_cvv_matriz_confusion.png', bbox_inches='tight
        ', dpi=300)
```

Es importante mencionar que el código mostrado es un ejemplo acotado donde no estamos haciendo algunas cosas que podrían ser importantes en una validación correcta del modelo. Así, por ejemplo, se suele hablar de *runs* para indicar el número de veces que repetimos una evaluación. Pensemos que cuando generamos las comprobaciones lo hacemos de forma aleatoria. ¿Qué ocurre si las comprobaciones se realizan de otra forma y el resultado se altera? Por otro lado, sólo evaluamos el primer modelo individual y lo comparamos con CP-CVV. ¿Qué ocurre con otros modelos? En una evaluación real, tendríamos que hacer varios *runs* y calcular el valor medio de accuracy de los modelos individuales. Por otro lado, este modelo no muestra su verdadero potencial. Hemos utilizado una ResNet18 por temas de tiempo de entrenamiento, pero una ConvNeXt mejoraría notablemente los resultados. En cualquier caso, el modelo CP-CVV con $K = 5$ estimadores mejora un 3-5 % los resultados de un clasificador normal con siamesa en el problema OSL. En nuestro caso, hemos obtenido un accuracy del 83 % con una siamesa con el *backbone* ResNet18 y un 87 % utilizando CP-CVV. La matriz de confusión obtenida se muestra en la Figura 16.3. Se invita al lector a probar otros *backbones* y utilizar otras clases y otros datasets.

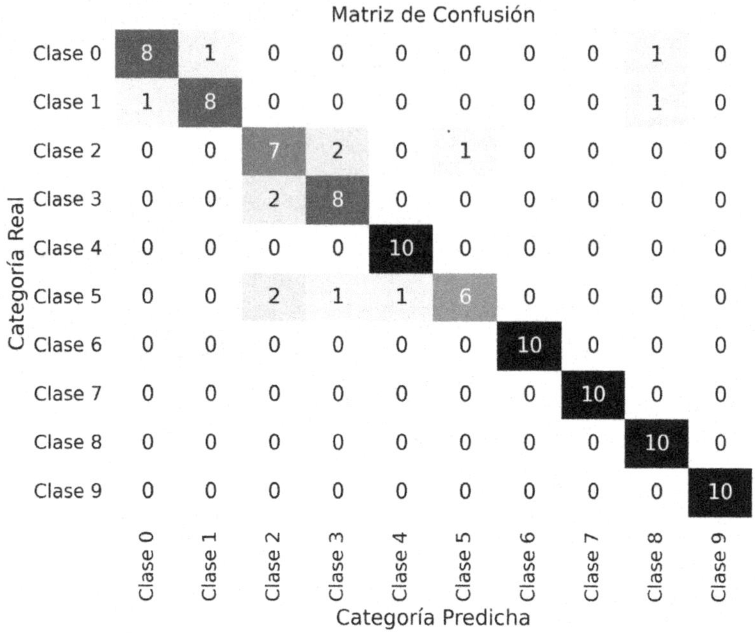

Matriz de Confusión

Categoría Real	Clase 0	Clase 1	Clase 2	Clase 3	Clase 4	Clase 5	Clase 6	Clase 7	Clase 8	Clase 9
Clase 0	8	1	0	0	0	0	0	0	1	0
Clase 1	1	8	0	0	0	0	0	0	1	0
Clase 2	0	0	7	2	0	1	0	0	0	0
Clase 3	0	0	2	8	0	0	0	0	0	0
Clase 4	0	0	0	0	10	0	0	0	0	0
Clase 5	0	0	2	1	1	6	0	0	0	0
Clase 6	0	0	0	0	0	0	10	0	0	0
Clase 7	0	0	0	0	0	0	0	10	0	0
Clase 8	0	0	0	0	0	0	0	0	10	0
Clase 9	0	0	0	0	0	0	0	0	0	10

Categoría Predicha

Figura 16.3: Matriz de confusión del modelo CP-CVV

Capítulo 17

Avances recientes en redes neuronales

17.1. SAM: Segment Anything Model

La segmentación es uno de los problemas de mayor interés en la visión artificial. Los modelos de tipo U-Net con conexiones cruzadas o las redes que utilizan proposición de regiones, como Mask-RCNN, han sido tradicionalmente utilizadas para segmentar objetos concretos.

Meta AI [124] ha planteado el problema de la segmentación con un modelo capaz de segmentar casi cualquier tipo de objetos. Para ello han creado el mayor dataset de segmentación, compuesto por 11 millones de imágenes y 1,000 millones de máscaras. Su modelo se basa en un un MAE (Masked Autoencoder), donde han utilizado como encoder un modelo de transformación (ViT) para extraer el vector de espacio latente. Esta información se integra con diferentes entradas (*prompts*) para producir la salida del decodificador de máscaras. Los *prompts* del modelo pueden ser de distinto tipo: puntos a partir de los cuales se quiere segmentar, rectángulos delimitadores (*bounding boxes*) del área de segmentación, o texto. Para la codificación del texto utilizan CLIP [125]. SAM también permite utilizar una máscara del área sobre la que se quiere realizar la segmentación.

SAM es un modelo muy completo, que permite realizar segmentaciones de tipo *zero-shot learning*. Esto quiere decir que puede segmentar objetos incluso desconocidos. Recordemos que los modelos de transformación requieren grandes cantidades de datos para su entrenamiento, pero que una vez realizado ofrecen resultados excelentes. El Código 17.1 muestra cómo se lleva a cabo una segmentación de todos los objetos de la imagen utilizando SAM. Para ello, será necesario seguir las instrucciones de instalación (`https://github.com/facebookresearch/segment-anything`). Para trabajar con las máscaras devueltas, se puede utilizar el paquete *supervision*. Este paquete se instala con *pip*.

Código 17.1: Segmentación general con SAM

```python
##########################################################
# Segmentación con SAM
# https://github.com/facebookresearch/segment-anything
##########################################################
import cv2
from segment_anything import SamAutomaticMaskGenerator
import torch
from segment_anything import sam_model_registry
import supervision as sv

# Iniciamos el modelo utilizando un ViT
DEVICE = torch.device('cuda:0' if torch.cuda.is_available() else
    'cpu')
MODEL_TYPE = "vit_h"
sam = sam_model_registry[MODEL_TYPE](checkpoint="sam_vit_h_4b8939
    .pth")
sam.to(device=DEVICE)
mask_generator = SamAutomaticMaskGenerator(sam)

# Cargamos la imagen
image_bgr = cv2.imread("foto_MET.jpg")
image_rgb = cv2.cvtColor(image_bgr, cv2.COLOR_BGR2RGB)

# Realizamos la predicción
result = mask_generator.generate(image_rgb)

# Utilizamos el paquete supervision para tratar los objetos
    segmentados
mask_annotator = sv.MaskAnnotator()
detections = sv.Detections.from_sam(result)

# Aplicamos las máscaras de objetos detectados en la imagen para
    guardarla
annotated_image = mask_annotator.annotate(image_bgr, detections)
cv2.imwrite("foto_MET_resultado.png", annotated_image)
```

La Figura 17.1 muestra la segmentación realizada. Podemos ver que existe algún pequeño error, como la detección incorrecta del pie. En cualquier caso, el resultado es excelente dado que se trata de una imagen y un tipo de objetos desconocidos a priori para el modelo.

SAM no siempre es capaz de detectar todos los objetos, y más concretamente si son pequeños. Cuando los objetos a detectar son pequeños, se puede lanzar una segmentación por región o por punto para obtener un mayor número de segmentaciones.

17.2. Fast SAM y extracción de objetos 3D mediante SAM + mapa de profundidad

Una de las desventajas de SAM es que es lento. Si llevamos a cabo múltiples segmentaciones por puntos, el modelo se vuelve poco operativo para sistemas

(a) Imagen original   (b) Segmentación

Figura 17.1: Imagen original y segmentada con SAM

que requieren proceso en tiempo real. El modelo Fast SAM [126] es más rápido a costa de sacrificar algo la buena capacidad de segmentación. Una inferencia de una imagen con SAM puede llevar unos 2,000 ms mientras que en Fast SAM se reduce a 40 ms con GPU. Una implementación de este modelo se puede encontrar en `https://github.com/CASIA-IVA-Lab/FastSAM`.

Una técnica que se está utilizando actualmente es la extracción de objetos 3D gracias a la combinación de mapas de profundidad con su correspondiente segmentación. Este proceso requiere la calibración de la cámara RGB con su correspondiente cámara RGB-D o sistema de escaneo 3D. Una ventaja de esta técnica es que podemos aprovechar la potencia de segmentación genérica de SAM, que ha sido entrenado con millones de imágenes previamente etiquetadas. Entrenar un modelo de segmentación genérica en 3D sería altamente costoso, no tanto por los recursos software/hardware necesarios sino por la falta de suficientes datos etiquetados. Además, al ser una operación 3D, se requerirían una segmentación tridimensional mucho más compleja de realizar.

17.3.   YOLO 3D

YOLO 3D es una extensión tridimensional del modelo de detección de objetos YOLO, explicado en el Capítulo 13. Está diseñado específicamente para identificar y localizar objetos en entornos tridimensionales, como nubes de pun-

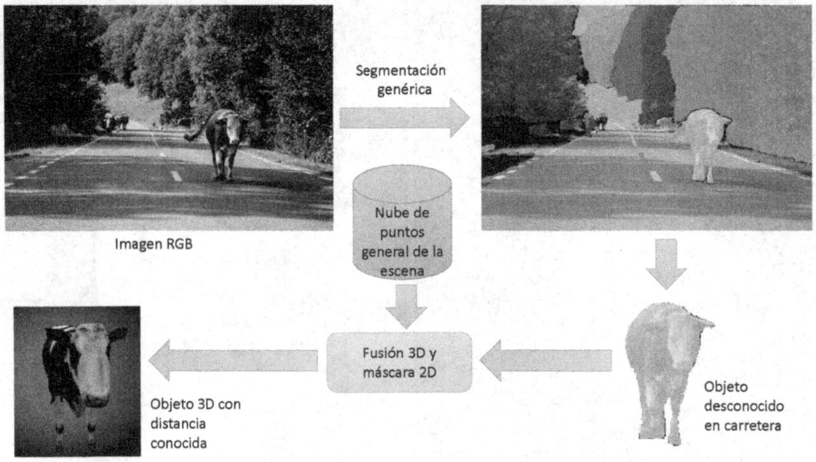

Figura 17.2: Extracción de objeto 3D mediante SAM y mapa de profundidad

tos o mallas 3D.

El funcionamiento de YOLO 3D es similar al de YOLO 2D, pero adaptado al manejo de datos tridimensionales. Utiliza una red neuronal convolucional tridimensional (3D CNN) como su *backbone* para extraer características de la escena tridimensional. Este *backbone* funciona de manera similar al de YOLO, pero está ajustado para operar en un entorno 3D. Al igual que en YOLO, YOLO 3D divide la entrada en una cuadrícula y realiza predicciones de regiones delimitadoras y clases para cada celda de la cuadrícula. Sin embargo, en lugar de predecir coordenadas en 2D, YOLO 3D predice coordenadas en 3D (ancho, alto y profundidad) para las regiones delimitadoras. También predice las clases de objetos y las probabilidades de confianza para cada clase.

YOLO 3D utiliza una función de pérdida adaptada para datos tridimensionales, que penaliza la discrepancia entre las predicciones del modelo y las etiquetas de entrenamiento, teniendo en cuenta tanto la precisión de la localización de las cajas delimitadoras como la clasificación correcta de los objetos. El entrenamiento de YOLO 3D se realiza con un conjunto de datos etiquetado con objetos en entornos tridimensionales.

Uno de los principales campos de actuación de YOLO 3D es la conducción autónoma. Los vehículos pueden generar representaciones tridimensionales de los objetos que les rodean optimizando de esa manera su trayectoria.

17.4. Aprendizaje contrastivo

En los últimos años ha cobrado especial importancia el aprendizaje contrastivo. Uno de los ejemplos más destacados es el de CLIP (Contrastive Language-Image Pretraining) [125]. Este método utiliza un modelo de visión artificial y un modelo de procesamiento del lenguaje natural entrenados en paralelo (ver

Figura 17.3). Durante el entrenamiento, los pares (imagen, texto) se introducen en los modelos respectivos produciendo dos vectores de 512 dimensiones que representan la imagen/texto respectivo en un espacio vectorial similar. Las imágenes normalmente se procesan con un modelo Vision Transformer (ViT) o de convolución mientras que el texto se procesa mediante un modelo de transformación, utilizado típicamente en traducción de textos o modelos generativos como Chat-GPT. El componente contrastivo toma estos dos vectores y calcula la pérdida del modelo como la diferencia entre los dos vectores. A continuación, ambos modelos se optimizan para minimizar esta diferencia y aprenden a cruzar pares similares (imagen, texto) en un espacio vectorial similar.

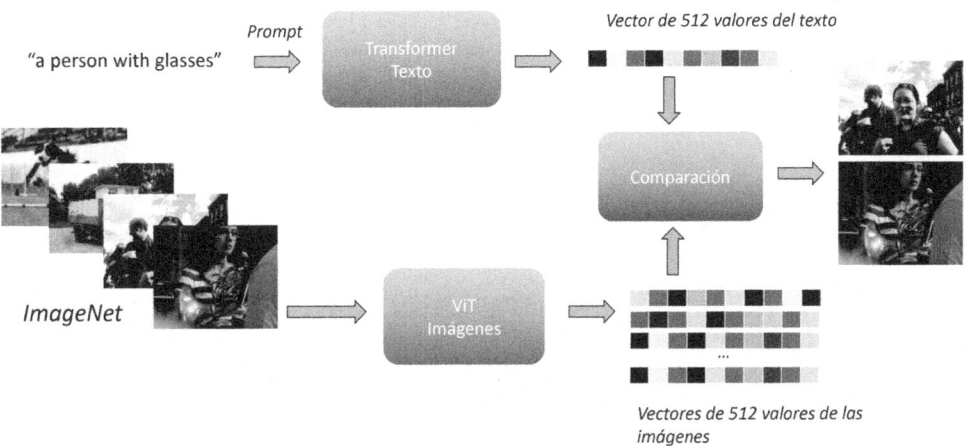

Figura 17.3: Aprendizaje contrastivo mediante CLIP

La entrada del modelo CLIP, denominada *prompt*, se corresponde con un texto del tipo "Persona con barba". El modelo de procesamiento de lenguaje natural traduce dicho texto en un vector. A continuación, se compara dicho vector con todos los vectores producidos al procesar todas las imágenes de una base de datos, como por ejemplo ImageNet. Aquellas imágenes que son más próximas a mostrar una persona con barba serán las que tengan un vector más próximo.

El Código 17.2 muestra un ejemplo de cómo se puede ejecutar el modelo de CLIP para buscar imágenes en ImageNet. El programa únicamente procesa 10,000 imágenes para seleccionar las 5 cuyos vectores son más próximos a un *prompt* dado: "a person with glasses". El programa calcular el vector de 10,000 imágenes tomadas aleatoriamente. El programa se podría modificar fácilmente para calcular los vectores de todas las imágenes de ImageNet y almacenarlos. De esta forma, no se necesitaría recalcular los vectores cada vez que se busca una imagen. No obstante, dejamos esta tarea al lector. Podemos ver cómo el programa obtiene primero el vector correspondiente al texto para a continuación obtener los vectores de las 10,000 imágenes, procesando por batches, y, finalmente, busca las imágenes con vector más próximo. Utilizamos *prompts* en inglés ya que el modelo fue entrenado de dicha manera. El programa requiere la instalación de los paquetes *datasets* y *transformers* de Python.

Código 17.2: Búsqueda de imágenes mediante aprendizaje contrastivo (CLIP)

```
###########################################################
# Búsqueda de imágenes a partir de un prompt CLIP
# Instalar qreader: pip install datasets transformers
###########################################################
import numpy as np
from datasets import load_dataset
import matplotlib.pyplot as plt
from transformers import CLIPTokenizerFast, CLIPProcessor,
    CLIPModel
import torch
from tqdm.auto import tqdm

# Utilizamos por defecto CUDA
device = "cuda" if torch.cuda.is_available() else "cpu"

# Cargamos dataset Imagenet
imagenette = load_dataset(
    'frgfm/imagenette',
    'full_size',
    split='train',
    ignore_verifications=False
)

###################################################
### Creamos tokens y vector de texto
###################################################
# Inicializamos el modelo CLIP
model_id = "openai/clip-vit-base-patch32"
tokenizer = CLIPTokenizerFast.from_pretrained(model_id)
processor = CLIPProcessor.from_pretrained(model_id)
model = CLIPModel.from_pretrained(model_id).to(device)

# Lanzamos la QUERY
prompt = "a person with glasses"

# CLIP requiere transformar prompt en tokens antes
# de obtener su vector
inputs = tokenizer(prompt, return_tensors="pt").to(device)

# Aquí obtenemos el vector de 512 elementos que
# representa el texto. Tendremos que buscar imágenes
# que sean cercanas a este vector.
text_emb = model.get_text_features(**inputs)

###################################################
### Seleccionamos 1000 imágenes al azar y
### obtenemos sus vectores asociados
```

```python
##################################################
np.random.seed(0)
numero_imagenes = 10000
sample_idx = np.random.randint(0, len(imagenette)+1,
    numero_imagenes).tolist()
images = [imagenette[i]['image'] for i in sample_idx]

# Procesamos imágenes de 16 en 16
batch_size = 16

# Aquí meteremos los vectores de las 1000 imágenes
image_emb = None

for i in tqdm(range(0, len(images), batch_size)):
    # Creamos batch y lo preprocesamos
    batch = images[i:i+batch_size]
    batch = processor(
        text=None,
        images=batch,
        return_tensors='pt',
        padding=True
    )['pixel_values'].to(device)

    # Obtenemos el vector de las imágenes del batch
    batch_emb = model.get_image_features(pixel_values=batch)
    batch_emb = batch_emb.squeeze(0)
    batch_emb = batch_emb.cpu().detach().numpy()
    # Añadimos los vectores a image_emb
    if image_emb is None:
        image_emb = batch_emb
    else:
        image_emb = np.concatenate((image_emb, batch_emb), axis
            =0)

# image_emb contiene 1000 vectores de 512 elementos
# Normalizamos los vectores entre los valores mínimos
# y máximos obtenidos
image_emb = image_emb / np.linalg.norm(image_emb, axis=0)
image_emb.min(), image_emb.max()

##################################################
### Realizamos la comparación de los vectores
##################################################
# Comparamos las imágenes más próximas al texto
# con producto de vectores
text_emb = text_emb.cpu().detach().numpy()
scores = np.dot(text_emb, image_emb.T)

# Seleccionamos los 5 más parecidos
top_k = 5
idx = np.argsort(-scores[0])[:top_k]

# Visualizamos los resultados
for i in idx:
    print(f"{i}: {scores[0][i]}")
    plt.imshow(images[i], cmap='gray')
    plt.show()
```

17.5. Modelos de difusión

Los modelos de difusión, del inglés *diffusion models*, son generativos, como las GAN, pero se basan en descomponer una imagen mediante transformaciones que añaden ruido gaussiano (ver Figura 17.4). Encadenando varias transformaciones se llega a una imagen completa de ruido. Mediante una transformación inversa logran reconstruir las imágenes de entrada. Estos modelos también se utilizan en la generación de vídeo sintético.

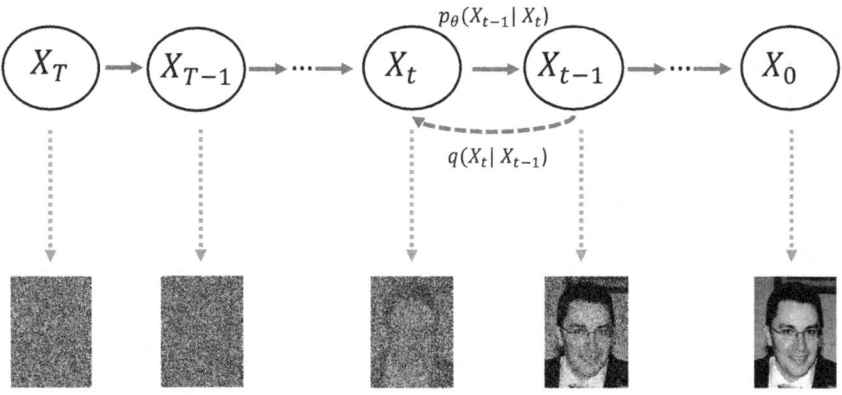

Figura 17.4: Descomposición de imagen mediante un modelo de difusión

Los modelos de difusión, como el Modelo de Difusión Progresiva (DDIM) [127], son modelos generativos que operan en el espacio de píxeles y pueden generar imágenes de alta calidad. Al combinar el aprendizaje contrastivo con estos modelos, se puede utilizar el aprendizaje contrastivo para aprender representaciones más ricas de las imágenes generadas, lo que permite mejorar la capacidad del modelo para generar imágenes coherentes y de alta calidad. Por ejemplo, se puede entrenar un modelo contrastivo para aprender características específicas de las imágenes generadas por un modelo de difusión, como la presencia de ciertos objetos o la calidad de la iluminación.

Los modelos de difusión no sólo sirven para generar imágenes. Estos modelos se pueden utilizar, por ejemplo, para generar trayectorias realistas del movimiento humano utilizando las coordenadas del esqueleto.

17.6. StyleGAN

StyleGAN, que significa "Generative Adversarial Network with Style Transfer", es un modelo generativo desarrollado por NVIDIA que parte de una GAN, pero que amplía esta idea al agregar la noción de "estilo" a la generación de imágenes. Introduce una técnica llamada "style transfer" que permite controlar características específicas de las imágenes generadas, como el color, la textura, la pose, la expresión facial, entre otros. Para este propósito, realiza la descomposición del vector latente de entrada en diferentes componentes, como el estilo y el contenido. StyleGAN utiliza diversas técnicas, como la modulación de amplitud estocástica (modulación de estilo) o la normalización de instancias estilizadas para controlar y manipular el estilo de las imágenes generadas. Mediante estas técnicas se pueden ajustar los diferentes atributos de las imágenes, como la edad, la raza, el género, entre otros. StyleGAN es una red profunda, con múltiples capas y bloques residuales. Esto le permite generar imágenes de alta resolución y detalles realistas.

StyleGAN2 introdujo varias mejoras sobre la versión original, como una mayor capacidad para generar imágenes de mayor resolución, una mejor calidad en las imágenes generadas, y una reducción de artefactos visuales no deseados. La última versión de StyleGAN, StyleGAN3, presenta varias mejoras significativas en comparación con StyleGAN2. Una de las principales novedades es su capacidad para generar imágenes de mayor resolución con una calidad aún más realista. Además, StyleGAN3 ha mejorado en la generación de detalles finos y la coherencia en las imágenes creadas, lo que resulta en un mayor realismo y fidelidad visual. StyleGAN3 es además totalmente equivariante a las transformaciones de rotación y traslación, lo que significa que puede generar imágenes que mantienen su calidad y realismo incluso cuando se aplican estas transformaciones. En la web `https://github.com/NVlabs/stylegan3` podemos encontrar la implementación de StyleGAN3 en Pytorch. Podemos entrenarla con nuestros propios bancos de imágenes y generar nuevas imágenes sintéticas.

17.7. Modelos generativos condicionados

En muchas ocasiones vemos modelos generativos, como StyleGAN o los modelos de difusión, que generan una imagen sintética a partir de texto. Para conectar una entrada de texto a un modelo generativo, se utilizan técnicas de transferencia de estilo o condicionamiento para guiar la generación de imágenes según la entrada de texto proporcionada.

Inicialmente se lleva a cabo un preprocesamiento de texto para convertirlo en un formato adecuado para la entrada de la red neuronal. Esto puede implicar tokenizar el texto, mapear palabras a vectores de incrustación (*embedding*), y aplicar técnicas de normalización según sea necesario. A continuación, el texto normalmente se codifica en un vector de características utilizando redes recurrentes o convolucionales. Este vector de características representa la semántica del texto y servirá como entrada para guiar la generación de imágenes. Después, se genera un vector aleatorio en el espacio latente de entrada del modelo (StyleGAN o difusión) y se concatena con el vector de características obtenido del paso anterior. Esta concatenación crea un vector de entrada combinado que contiene información semántica del texto y el vector de espacio latente de las imágenes.

Hay que tener en cuenta que el modelo debe ser entrenado con bancos de imágenes mucho más amplios que le permitan aprender a generar imágenes que reflejen las características semánticas del texto, como la descripción de objetos, escenas o cualquier otra cosa contenida en el texto de entrada. Finalmente, dependiendo de la calidad y la adecuación de las imágenes generadas, es posible que se realicen ajustes adicionales en el proceso, como ajuste de parámetros o entrenar el modelo con conjuntos específicos de datos de cara a mejorar la calidad de las imágenes generadas.

Es importante tener en cuenta que este es solo un enfoque general y que la implementación específica puede variar según la arquitectura del modelo y las necesidades del proyecto. Además, existen diferentes enfoques y técnicas para lograr la generación de imágenes condicionadas por texto, por lo que es recomendable investigar y experimentar para encontrar la mejor solución para tu caso particular.

Stable Diffusion y DALL-E 3 son dos de los mejores modelos de generación de imágenes de IA disponibles en la actualidad, y funcionan prácticamente de la misma manera. Ambos modelos utilizan difusión y se han entrenado con millones de pares texto-imagen utilizando técnicas de aprendizaje contrastivo.

Diffusers es una biblioteca donde obtener modelos de difusión preentrenados de última generación para generar imágenes, audio e incluso estructuras 3D de moléculas. Sirve tanto como una solución de inferencia sencilla como para entrenar modelos propios de difusión. Para la instalación basta con hacer *pip install diffusers*. Podemos encontrar información sobre estos modelos en https://github.com/huggingface/diffusers/tree/main. El Código 17.3 muestra un sencillo ejemplo donde generamos una imagen sintética a partir de un prompt de texto: *an image of two cows playing chess*. La Figura 17.5 muestra el resultado.

Código 17.3: Modelo de difusión Stable Diffusion

```
from diffusers import DiffusionPipeline
import torch

pipeline = DiffusionPipeline.from_pretrained("runwayml/stable-
    diffusion-v1-5", torch_dtype=torch.float16)
pipeline.to("cuda")
image = pipeline("an image of two cows playing chess").images[0]
image.save("vacas_jugando.png")
```

Figura 17.5: Imagen sintética creada con Stable Diffusion

Por otro lado, los modelos como StyleGAN también puede utilizar el aprendizaje contrastivo para aprender representaciones semánticas de imágenes generadas. Por ejemplo, se puede entrenar un modelo contrastivo para aprender a distinguir entre diferentes estilos o atributos presentes en las imágenes generadas por StyleGAN.

17.8. Modificación de imágenes con modelos generativos

Los modelos generativos están principalmente desarrollados para generar imágenes o datos sintéticos. Sin embargo, en muchos casos vemos aplicaciones donde estos modelos nos permiten modificar imágenes. Para llevar a cabo este proceso, se lleva a cabo una técnica que se conoce como "inversión de estilo". En esta técnica se toma una imagen que queramos modificar y se reconstruye su representación latente en el espacio de características aprendidas por el modelo. Una vez que se ha invertido la imagen en el espacio latente, se pueden llevar a cabo manipulaciones de las características latentes para realizar modificaciones controladas en la imagen generando una nueva versión de la imagen con el estilo elegido.

Otro enfoque existente es el denominado "transferencia de estilo". En este caso se toma el estilo de una imagen de referencia a partir de sus características visuales (en su espacio latente), y después se aplica sobre la imagen que se desea modificar. Por ejemplo, supongamos que tenemos dos imágenes iguales de una persona, aunque en una aparece con gafas y en la otra no. Mediante la inversión de las imágenes podemos obtener sus vectores respectivos en el espacio latente. Haciendo la resta de ambos vectores podríamos considerar que tenemos "sus gafas". Ante la imagen de otra persona sin gafas, podríamos hacer inversión de la nueva imagen para obtener su vector latente, y sumarle el obtenido previamente de las gafas de la otra persona. Generando una nueva imagen de la persona con dicho vector probablemente obtendremos a la nueva persona con gafas. Naturalmente esto es una explicación muy ilustrativa y puede que no funcione tal cual si el modelo no ha potenciado la representación de gafas en esa zona del espacio latente.

Estos enfoques son normalmente implementados utilizando redes neuronales adicionales u optimizadores específicamente entrenados con tal finalidad.

17.9. Backbones rápidos: MobileOne

La necesidad de procesamiento continuo en dispositivos portátiles o el procesamiento en dispositivos de bajos recursos está moviendo una importante corriente de desarrollo actualmente. MobileOne [128] es una de esas redes eficientes para dispositivos móviles con un backbone optimizado para métricas como FLOPs o el número de parámetros. Sin embargo, estas métricas pueden no correlacionarse bien con la latencia de la red cuando se despliega en un dispositivo móvil. Por tal motivo, realizaron un análisis exhaustivo de diferentes métricas desplegando varias redes adaptadas a dispositivos móviles. Identificaron y analizaron cuellos de botella arquitectónicos (bottlenecks) y de optimización en redes neuronales actuales y proporcionaron formas de mitigarlos. Para ello, diseñaron un backbone eficiente denominado MobileOne, con variantes que logran un tiempo de inferencia inferior a 1 ms en un iPhone12 con una precisión top-1 del 75,9 % en ImageNet.

17.10. Differentiable Rendering

El renderizado diferenciable emerge como un área de investigación novedosa en el campo de la visión artificial, actuando como un puente entre los mundos 2D y 3D al establecer conexiones entre los píxeles de imágenes 2D y las propiedades 3D de una escena.

Supongamos que tenemos un conjunto de imágenes 2D de una escena tomadas desde distintas posiciones. Partimos de un modelo 3D sin configurar que no tiene nada que ver con las escenas 2D que hemos obtenido. Al generar nuevas imágenes a partir de dicho modelo 3D predicho por la red neuronal, es posible calcular pérdidas 2D utilizando las imágenes de referencia. Al deshacer el proceso de renderizado, podemos asociar las pérdidas 2D de los píxeles con las propiedades 3D de la forma, como las posiciones de los vértices de la malla, lo que facilita el aprendizaje de formas 3D sin una supervisión 3D explícita. Mediante un entrenamiento con retropropagación optimizamos nuestro modelo

3D.

En la web `https://pytorch3d.org` existe una completa librería de procesamiento con deep learning de datos 3D. En esta librería se encuentra una implementación de los motores de renderizado diferenciable (`https://pytorch3d.org/docs/renderer`). La implementación de esta librería permite utilizar un renderizador modular y diferenciable con implementaciones en paralelo en PyTorch, C++ y CUDA. Esta implementación separa los pasos de rasterización y sombreado del proceso de renderizado. El paso de rasterización devuelve múltiples variables intermedias y cuenta con una implementación optimizada en CUDA. El resto del proceso se realiza puramente en PyTorch y está diseñado para ser personalizado y extendido. PyTorch3D puede ser importado como una biblioteca independiente.

17.11.   NeRF

Neural Radiance Fields (NeRF) es una técnica reciente que modela la escena tridimensional capturada desde una secuencia de imágenes 2D y utiliza una red neuronal para estimar la radiancia en cualquier punto de la escena. Esto permite la generación de vistas fotorrealistas de la escena desde cualquier ángulo y posición. Genera imágenes 3D fotorrealistas y la manipulación de escenas tridimensionales de manera efectiva.

NeRF ha sido ampliamente utilizado para la generación de imágenes 3D de alta calidad. Una variante de NeRF, conocida como Neural Radiance Fields for Dynamic Scenes (NeRF in the wild) (`https://nerf-w.github.io/`), se ha desarrollado para manejar escenas dinámicas, como edificios o personas en movimiento.

La arquitectura de NeRF utiliza una red neuronal para predecir la radiancia y la opacidad en cada punto del espacio 3D. Se entrena utilizando una técnica de renderizado diferenciable que optimiza los parámetros de la red para minimizar la diferencia entre las imágenes renderizadas y las imágenes de entrenamiento. A partir de un conjunto de imágenes, una simple MLP se diseña con una entrada compuesta por una entrada 5D (3 para la localización y 2 para el punto de vista). La salida es la densidad y color en el punto de vista (rayos de radiancia). Una vez entrenado, puede utilizarse para representar nuevas vistas del objeto o la escena desde cualquier punto de vista.

El proceso de entrenamiento de NeRF implica la optimización de los parámetros de la red neuronal para que pueda predecir con precisión la radiancia y la opacidad en cada punto de la escena. Esto se hace minimizando una función de pérdida que compara las imágenes renderizadas por la red con las imágenes de entrenamiento. Se utiliza una función de pérdida basada en la diferencia de intensidad de píxeles entre las imágenes renderizadas y las imágenes de entrenamiento.

17.12. Knowledge distillation

La destilación del conocimiento, del inglés *knowledge distillation*, es el entrenamiento de un clasificador más pequeño (denominado "estudiante") a partir de las salidas de otro clasificador más grande (denominado "maestro") [129]. Es una técnica empíricamente muy eficaz para la transferencia de conocimientos entre clasificadores. Permite reducir el tamaño de ciertos modelos, reduciendo además sus tiempos de inferencia. Este proceso transfiere el conocimiento del modelo maestro al estudiante de manera más compacta y eficiente. Además, se ha observado que los clasificadores aprenden mucho más rápido y con mayor fiabilidad si se entrenan con las salidas de otro clasificador como etiquetas suaves (equivalentes a las probabilidades de salida del maestro), en lugar de a partir de las salidas de clasificación normales (clase ganadora).

El método comienza entrenando un modelo grande y complejo, el modelo maestro, con un conjunto de datos objetivo para tareas específicas. A continuación, las predicciones del modelo maestro se utilizan como "etiquetas suaves" para entrenar el modelo estudiante, proporcionando una representación más suave de las distribuciones de probabilidad de las clases. El modelo estudiante se entrena utilizando estas predicciones del modelo maestro como objetivos durante el entrenamiento, con el objetivo de imitar las salidas del modelo maestro en lugar de ajustarse directamente a las etiquetas de entrenamiento. Opcionalmente, después de la fase de entrenamiento inicial con destilación de conocimiento, el modelo estudiante puede ajustarse finamente utilizando el conjunto de datos original y etiquetas de entrenamiento.

La destilación de conocimiento es útil para reducir el tamaño o la complejidad de un modelo sin sacrificar demasiado su rendimiento. También es beneficioso en dispositivos con recursos limitados como dispositivos móviles o sistemas embebidos. Además, se ha observado en numerosas pruebas que ayuda a regularizar el modelo estudiante mejorando su capacidad de generalización. En ocasiones, el modelo estudiante consigue mejorar la capacidad de generalización del propio maestro.

Bibliografía

[1] Karen Simonyan y Andrew Zisserman. Very deep convolutional networks for large-scale image recognition. *arXiv preprint arXiv:1409.1556*, 2014.

[2] AMRR Bandara. *A music keyboard with gesture controlled effects based on computer vision*. PhD thesis, Thesis, University of Sri Jayewardenepura, 2011.

[3] Henrik I Christensen, Arindam Khan, Sebastian Pokutta, y Prasad Tetali. Approximation and online algorithms for multidimensional bin packing: A survey. *Computer Science Review*, 24:63–79, 2017.

[4] Mohamad Alissa, Kevin Sim, y Emma Hart. A deep learning approach to predicting solutions in streaming optimisation domains. In *Proceedings of the 2020 Genetic and Evolutionary Computation Conference*, pages 157–165, 2020.

[5] R Sridhar, M Chandrasekaran, C Sriramya, y Tom Page. Optimization of heterogeneous bin packing using adaptive genetic algorithm. In *IOP conference series: materials science and engineering*, volume 183, page 012026. IOP Publishing, 2017.

[6] Nihat Kasap y Anurag Agarwal. Augmented neural networks and problem structure-based heuristics for the bin-packing problem. *International Journal of Systems Science*, 43(8):1412–1430, 2012.

[7] Shuo Yang, Shuai Song, Shilei Chu, Ran Song, Jiyu Cheng, Yibin Li, y Wei Zhang. Heuristics integrated deep reinforcement learning for online 3d bin packing. *IEEE Transactions on Automation Science and Engineering*, 2023.

[8] Hang Zhao, Chenyang Zhu, Xin Xu, Hui Huang, y Kai Xu. Learning practically feasible policies for online 3d bin packing. *Science China Information Sciences*, 65(1):112105, 2022.

[9] J Hernavs, M Ficko, L Berus, R Rudolf, y S Klančnik. Deep learning in industry 4.0—brief overview. *J. Prod. Eng*, 21(2):1–5, 2018.

[10] Jovani Dalzochio, Rafael Kunst, Edison Pignaton, Alecio Binotto, Srijnan Sanyal, Jose Favilla, y Jorge Barbosa. Machine learning and reasoning for predictive maintenance in industry 4.0: Current status and challenges. *Computers in Industry*, 123:103298, 2020.

[11] Xiaokang Zhou, Yiyong Hu, Wei Liang, Jianhua Ma, y Qun Jin. Variational lstm enhanced anomaly detection for industrial big data. *IEEE Transactions on Industrial Informatics*, 17(5):3469–3477, 2020.

[12] Carsten Griwodz, Simone Gasparini, Lilian Calvet, Pierre Gurdjos, Fabien Castan, Benoit Maujean, Gregoire De Lillo, y Yann Lanthony. Alicevision Meshroom: An open-source 3D reconstruction pipeline. In *Proceedings of the 12th ACM Multimedia Systems Conference - MMSys '21*. ACM Press, 2021. doi: 10.1145/3458305.3478443.

[13] Jaime Duque-Domingo, Jaime Gómez-García-Bermejo, y Eduardo Zalama. Gaze control of a robotic head for realistic interaction with humans. *Frontiers in Neurorobotics*, 14:34, 2020.

[14] Yaqing Wang, Quanming Yao, James T Kwok, y Lionel M Ni. Generalizing from a few examples: A survey on few-shot learning. *ACM Computing Surveys (CSUR)*, 53(3):1–34, 2020.

[15] Brenden Lake, Ruslan Salakhutdinov, Jason Gross, y Joshua Tenenbaum. One shot learning of simple visual concepts. In *Proceedings of the annual meeting of the cognitive science society*, volume 33, 2011.

[16] David Held, Sebastian Thrun, y Silvio Savarese. Deep learning for single-view instance recognition. *arXiv preprint arXiv:1507.08286*, 2015.

[17] Ian Goodfellow, Jean Pouget-Abadie, Mehdi Mirza, Bing Xu, David Warde-Farley, Sherjil Ozair, Aaron Courville, y Yoshua Bengio. Generative adversarial nets. *Advances in neural information processing systems*, 27, 2014.

[18] Teuvo Kohonen. *Self-organizing maps*, volume 30. Springer Science & Business Media, 2012.

[19] Diederik P Kingma y Max Welling. Auto-encoding variational bayes. *arXiv preprint arXiv:1312.6114*, 2013.

[20] Alex Krizhevsky, Ilya Sutskever, y Geoffrey E Hinton. Imagenet classification with deep convolutional neural networks. *Advances in neural information processing systems*, 25:1097–1105, 2012.

[21] Olga Russakovsky, Jia Deng, Hao Su, Jonathan Krause, Sanjeev Satheesh, Sean Ma, Zhiheng Huang, Andrej Karpathy, Aditya Khosla, Michael Bernstein, et al. Imagenet large scale visual recognition challenge. *International journal of computer vision*, 115(3):211–252, 2015.

[22] Zihang Dai, Hanxiao Liu, Quoc V Le, y Mingxing Tan. Coatnet: Marrying convolution and attention for all data sizes. *Advances in Neural Information Processing Systems*, 34:3965–3977, 2021.

[23] Samuel Dodge y Lina Karam. A study and comparison of human and deep learning recognition performance under visual distortions. In *2017 26th international conference on computer communication and networks (ICCCN)*, pages 1–7. IEEE, 2017.

[24] Xavier Glorot y Yoshua Bengio. Understanding the difficulty of training deep feedforward neural networks. In *Proceedings of the thirteenth international conference on artificial intelligence and statistics*, pages 249–256. JMLR Workshop and Conference Proceedings, 2010.

[25] Kaiming He, Xiangyu Zhang, Shaoqing Ren, y Jian Sun. Delving deep into rectifiers: Surpassing human-level performance on imagenet classification. In *Proceedings of the IEEE international conference on computer vision*, pages 1026–1034, 2015.

[26] Joao Carreira y Andrew Zisserman. Quo vadis, action recognition? a new model and the kinetics dataset. In *proceedings of the IEEE Conference on Computer Vision and Pattern Recognition*, pages 6299–6308, 2017.

[27] Andrej Karpathy, George Toderici, Sanketh Shetty, Thomas Leung, Rahul Sukthankar, y Li Fei-Fei. Large-scale video classification with convolutional neural networks. In *Proceedings of the IEEE conference on Computer Vision and Pattern Recognition*, pages 1725–1732, 2014.

[28] Mathew Monfort, Alex Andonian, Bolei Zhou, Kandan Ramakrishnan, Sarah Adel Bargal, Tom Yan, Lisa Brown, Quanfu Fan, Dan Gutfreund, Carl Vondrick, et al. Moments in time dataset: one million videos for event understanding. *IEEE transactions on pattern analysis and machine intelligence*, 42(2):502–508, 2019.

[29] Zhi Liu, Chenyang Zhang, y Yingli Tian. 3d-based deep convolutional neural network for action recognition with depth sequences. *Image and Vision Computing*, 55:93–100, 2016.

[30] Sepp Hochreiter y Jürgen Schmidhuber. Long short-term memory. *Neural computation*, 9(8):1735–1780, 1997.

[31] Junyoung Chung, Caglar Gulcehre, KyungHyun Cho, y Yoshua Bengio. Empirical evaluation of gated recurrent neural networks on sequence modeling. *arXiv preprint arXiv:1412.3555*, 2014.

[32] Christian Szegedy, Sergey Ioffe, Vincent Vanhoucke, y Alex Alemi. Inception-v4, inception-resnet and the impact of residual connections on learning. *arXiv preprint arXiv:1602.07261*, 2016.

[33] Amin Ullah, Jamil Ahmad, Khan Muhammad, Muhammad Sajjad, y Sung Wook Baik. Action recognition in video sequences using deep bidirectional lstm with cnn features. *IEEE Access*, 6:1155–1166, 2017.

[34] Jaime Duque Domingo, Jaime Gómez-García-Bermejo, y Eduardo Zalama. Improving human activity recognition integrating lstm with different data sources: Features, object detection and skeleton tracking. *IEEE Access*, 10:68213–68230, 2022.

[35] Alexey Dosovitskiy, Lucas Beyer, Alexander Kolesnikov, Dirk Weissenborn, Xiaohua Zhai, Thomas Unterthiner, Mostafa Dehghani, Matthias Minderer, Georg Heigold, Sylvain Gelly, et al. An image is worth 16x16 words: Transformers for image recognition at scale. *arXiv preprint arXiv:2010.11929*, 2020.

[36] Zhuang Liu, Hanzi Mao, Chao-Yuan Wu, Christoph Feichtenhofer, Trevor Darrell, y Saining Xie. A convnet for the 2020s. *arXiv preprint arXiv:2201.03545*, 2022.

[37] Christian Szegedy, Wei Liu, Yangqing Jia, Pierre Sermanet, Scott Reed, Dragomir Anguelov, Dumitru Erhan, Vincent Vanhoucke, y Andrew Rabinovich. Going deeper with convolutions. In *Proceedings of the IEEE conference on computer vision and pattern recognition*, pages 1–9, 2015.

[38] Kaiming He, Xiangyu Zhang, Shaoqing Ren, y Jian Sun. Deep residual learning for image recognition. In *Proceedings of the IEEE conference on computer vision and pattern recognition*, pages 770–778, 2016.

[39] Saining Xie, Ross Girshick, Piotr Dollár, Zhuowen Tu, y Kaiming He. Aggregated residual transformations for deep neural networks. In *Proceedings of the IEEE conference on computer vision and pattern recognition*, pages 1492–1500, 2017.

[40] Sergey Zagoruyko y Nikos Komodakis. Wide residual networks. *arXiv preprint arXiv:1605.07146*, 2016.

[41] Mingxing Tan y Quoc Le. Efficientnet: Rethinking model scaling for convolutional neural networks. In *International Conference on Machine Learning*, pages 6105–6114. PMLR, 2019.

[42] Ilija Radosavovic, Raj Prateek Kosaraju, Ross Girshick, Kaiming He, y Piotr Dollár. Designing network design spaces. In *Proceedings of the IEEE/CVF Conference on Computer Vision and Pattern Recognition*, pages 10428–10436, 2020.

[43] Mingxing Tan, Bo Chen, Ruoming Pang, Vijay Vasudevan, Mark Sandler, Andrew Howard, y Quoc V Le. Mnasnet: Platform-aware neural architecture search for mobile. In *Proceedings of the IEEE/CVF Conference on Computer Vision and Pattern Recognition*, pages 2820–2828, 2019.

[44] Ashish Vaswani, Noam Shazeer, Niki Parmar, Jakob Uszkoreit, Llion Jones, Aidan N Gomez, Łukasz Kaiser, y Illia Polosukhin. Attention is all you need. *Advances in neural information processing systems*, 30, 2017.

[45] Marcus Klasson, Cheng Zhang, y Hedvig Kjellström. A hierarchical grocery store image dataset with visual and semantic labels. In *IEEE Winter Conference on Applications of Computer Vision (WACV)*, 2019.

[46] Jun Liu, Amir Shahroudy, Mauricio Perez, Gang Wang, Ling-Yu Duan, y Alex C Kot. Ntu rgb+ d 120: A large-scale benchmark for 3d human activity understanding. *IEEE transactions on pattern analysis and machine intelligence*, 42(10):2684–2701, 2019.

[47] Yuya Yoshikawa, Jiaqing Lin, y Akikazu Takeuchi. Stair actions: A video dataset of everyday home actions. *arXiv preprint arXiv:1804.04326*, 2018.

[48] Mei Wang y Weihong Deng. Deep face recognition: A survey. *Neurocomputing*, 429:215–244, 2021.

[49] Connor Shorten y Taghi M Khoshgoftaar. A survey on image data augmentation for deep learning. *Journal of Big Data*, 6(1):1–48, 2019.

[50] Antreas Antoniou, Amos Storkey, y Harrison Edwards. Data augmentation generative adversarial networks. *arXiv preprint arXiv:1711.04340*, 2017.

[51] Agnieszka Mikołajczyk y Michał Grochowski. Data augmentation for improving deep learning in image classification problem. In *2018 international interdisciplinary PhD workshop (IIPhDW)*, pages 117–122. IEEE, 2018.

[52] Alessio Tonioni y Luigi Di Stefano. Domain invariant hierarchical embedding for grocery products recognition. *Computer Vision and Image Understanding*, 182:81–92, 2019.

[53] Yuchen Wei, Shuxiang Xu, Son Tran, y Byeong Kang. Data augmentation with generative adversarial networks for grocery product image recognition. In *2020 16th International Conference on Control, Automation, Robotics and Vision (ICARCV)*, pages 963–968. IEEE, 2020.

[54] Li Fe-Fei et al. A bayesian approach to unsupervised one-shot learning of object categories. In *Proceedings Ninth IEEE International Conference on Computer Vision*, pages 1134–1141. IEEE, 2003.

[55] David G Lowe. Object recognition from local scale-invariant features. In *Proceedings of the seventh IEEE international conference on computer vision*, volume 2, pages 1150–1157. Ieee, 1999.

[56] Herbert Bay, Andreas Ess, Tinne Tuytelaars, y Luc Van Gool. Speeded-up robust features (surf). *Computer vision and image understanding*, 110(3): 346–359, 2008.

[57] Ethan Rublee, Vincent Rabaud, Kurt Konolige, y Gary Bradski. Orb: An efficient alternative to sift or surf. In *2011 International conference on computer vision*, pages 2564–2571. Ieee, 2011.

[58] Gregory Koch, Richard Zemel, Ruslan Salakhutdinov, et al. Siamese neural networks for one-shot image recognition. In *ICML deep learning workshop*, volume 2. Lille, 2015.

[59] Jane Bromley, James W Bentz, Léon Bottou, Isabelle Guyon, Yann Le-Cun, Cliff Moore, Eduard Säckinger, y Roopak Shah. Signature verification using a "siamese" time delay neural network. *International Journal of Pattern Recognition and Artificial Intelligence*, 7(04):669–688, 1993.

[60] Luca Bertinetto, Jack Valmadre, Joao F Henriques, Andrea Vedaldi, y Philip HS Torr. Fully-convolutional siamese networks for object tracking. In *European conference on computer vision*, pages 850–865. Springer, 2016.

[61] Hossein Kashiani y Shahriar B Shokouhi. Visual object tracking based on adaptive siamese and motion estimation network. *Image and Vision Computing*, 83:17–28, 2019.

[62] Mu Zhu, Hui Zhang, Jing Zhang, y Li Zhuo. Multi-level prediction siamese network for real-time uav visual tracking. *Image and Vision Computing*, 103:104002, 2020.

[63] Ashwamegha Holkar, Rahee Walambe, y Ketan Kotecha. Few-shot learning for face recognition in the presence of image discrepancies for limited multi-class datasets. *Image and Vision Computing*, 120:104420, 2022.

[64] Swati Jindal, Gaurav Gupta, Mohit Yadav, Monika Sharma, y Lovekesh Vig. Siamese networks for chromosome classification. In *Proceedings of the IEEE international conference on computer vision workshops*, pages 72–81, 2017.

[65] Xiaopeng Gong, Xiabi Liu, Yushuo Li, y Huiyu Li. A novel co-attention computation block for deep learning based image co-segmentation. *Image and Vision Computing*, 101:103973, 2020.

[66] Loris Nanni, Sheryl Brahnam, Alessandra Lumini, y Gianluca Maguolo. Animal sound classification using dissimilarity spaces. *Applied Sciences*, 10(23):8578, 2020.

[67] B Huang Gary, Ramesh Manu, Berg Tamara, L Erik, et al. Labeled faces in the wild: A database for studying face recognition in unconstrained environments. In *Technical Report 07-49, University of Massachusetts*, volume 1. 2007.

[68] Martin Arjovsky, Soumith Chintala, y Léon Bottou. Wasserstein generative adversarial networks. In *International conference on machine learning*, pages 214–223. PMLR, 2017.

[69] Kaiming He, Georgia Gkioxari, Piotr Dollár, y Ross Girshick. Mask r-cnn. In *Proceedings of the IEEE international conference on computer vision*, pages 2961–2969, 2017.

[70] Wei Liu, Dragomir Anguelov, Dumitru Erhan, Christian Szegedy, Scott Reed, Cheng-Yang Fu, y Alexander C Berg. Ssd: Single shot multibox detector. In *European conference on computer vision*, pages 21–37. Springer, 2016.

[71] Mingxing Tan, Ruoming Pang, y Quoc V Le. Efficientdet: Scalable and efficient object detection. In *Proceedings of the IEEE/CVF Conference on Computer Vision and Pattern Recognition*, pages 10781–10790, 2020.

[72] Joseph Redmon, Santosh Divvala, Ross Girshick, y Ali Farhadi. You only look once: Unified, real-time object detection. In *Proceedings of the IEEE conference on computer vision and pattern recognition*, pages 779–788, 2016.

[73] Joseph Redmon y Ali Farhadi. Yolo9000: Better, faster, stronger. *arXiv preprint arXiv:1612.08242*, 2016.

[74] Joseph Redmon y Ali Farhadi. Yolov3: An incremental improvement. *arXiv*, 2018.

[75] Alexey Bochkovskiy, Chien-Yao Wang, y Hong-Yuan Mark Liao. Yolov4: Optimal speed and accuracy of object detection. *arXiv preprint arXiv:2004.10934*, 2020.

[76] Ross Girshick, Jeff Donahue, Trevor Darrell, y Jitendra Malik. Rich feature hierarchies for accurate object detection and semantic segmentation. In *Proceedings of the IEEE conference on computer vision and pattern recognition*, pages 580–587, 2014.

[77] Shaoqing Ren, Kaiming He, Ross Girshick, y Jian Sun. Faster r-cnn: Towards real-time object detection with region proposal networks. In *Advances in neural information processing systems*, pages 91–99, 2015.

[78] Christian Szegedy, Vincent Vanhoucke, Sergey Ioffe, Jon Shlens, y Zbigniew Wojna. Rethinking the inception architecture for computer vision. In *Proceedings of the IEEE conference on computer vision and pattern recognition*, pages 2818–2826, 2016.

[79] Angelos Barmpoutis. Tensor body: Real-time reconstruction of the human body and avatar synthesis from rgb-d. *Cybernetics, IEEE Transactions on*, 43(5):1347–1356, 2013.

[80] Jamie Shotton, Toby Sharp, Alex Kipman, Andrew Fitzgibbon, Mark Finocchio, Andrew Blake, Mat Cook, y Richard Moore. Real-time human pose recognition in parts from single depth images. *Communications of the ACM*, 56(1):116–124, 2013.

[81] Zhe Cao, Gines Hidalgo, Tomas Simon, Shih-En Wei, y Yaser Sheikh. Openpose: realtime multi-person 2d pose estimation using part affinity fields. *arXiv preprint arXiv:1812.08008*, 2018.

[82] Mykhaylo Andriluka, Leonid Pishchulin, Peter Gehler, y Bernt Schiele. 2d human pose estimation: New benchmark and state of the art analysis. In *Proceedings of the IEEE Conference on computer Vision and Pattern Recognition*, pages 3686–3693, 2014.

[83] Zhe Cao, Tomas Simon, Shih-En Wei, y Yaser Sheikh. Realtime multi-person 2d pose estimation using part affinity fields. In *Proceedings of the IEEE Conference on Computer Vision and Pattern Recognition*, pages 7291–7299, 2017.

[84] Valentin Bazarevsky, Yury Kartynnik, Andrey Vakunov, Karthik Raveen-dran, y Matthias Grundmann. Blazeface: Sub-millisecond neural face de-tection on mobile gpus. *arXiv preprint arXiv:1907.05047*, 2019.

[85] Vahid Kazemi y Josephine Sullivan. One millisecond face alignment with an ensemble of regression trees. In *Proceedings of the IEEE conference on computer vision and pattern recognition*, pages 1867–1874, 2014.

[86] Lipo Wang. *Support vector machines: theory and applications*, volume 177. Springer Science & Business Media, 2005.

[87] Jaime Duque Domingo, Roberto Medina Aparicio, y Luis Miguel González Rodrigo. Cross validation voting for improving cnn classification in gro-cery products. *IEEE Access*, 10:20913–20925, 2022.

[88] Madhu S Advani, Andrew M Saxe, y Haim Sompolinsky. High-dimensional dynamics of generalization error in neural networks. *Neural Networks*, 132: 428–446, 2020.

[89] Yun Xu y Royston Goodacre. On splitting training and validation set: a comparative study of cross-validation, bootstrap and systematic sam-pling for estimating the generalization performance of supervised learning. *Journal of Analysis and Testing*, 2(3):249–262, 2018.

[90] Milica M Badža y Marko Č Barjaktarović. Classification of brain tumors from mri images using a convolutional neural network. *Applied Sciences*, 10(6):1999, 2020.

[91] Marco Filax, Tim Gonschorek, y Frank Ortmeier. Grocery recognition in the wild: A new mining strategy for metric learning. In *VISIGRAPP (4: VISAPP)*, pages 498–505, 2021.

[92] Zhi-Hua Zhou. Ensemble learning. In *Machine learning*, pages 181–210. Springer, 2021.

[93] Omer Sagi y Lior Rokach. Ensemble learning: A survey. *Wiley Interdisciplinary Reviews: Data Mining and Knowledge Discovery*, 8(4):e1249, 2018.

[94] Xibin Dong, Zhiwen Yu, Wenming Cao, Yifan Shi, y Qianli Ma. A survey on ensemble learning. *Frontiers of Computer Science*, 14(2):241–258, 2020.

[95] Dávid Burka, Clemens Puppe, László Szepesváry, y Attila Tasnádi. Voting: a machine learning approach. *European Journal of Operational Research*, 2021.

[96] Shilian Zheng, Peihan Qi, Shichuan Chen, y Xiaoniu Yang. Fusion methods for cnn-based automatic modulation classification. *IEEE Access*, 7:66496–66504, 2019.

[97] El-Sayed M El-Kenawy, Abdelhameed Ibrahim, Seyedali Mirjalili, Marwa Metwally Eid, y Sherif E Hussein. Novel feature selection and voting classifier algorithms for covid-19 classification in ct images. *IEEE Access*, 8:179317–179335, 2020.

[98] Ran Zhu, Zhuoling Xiao, Ying Li, Mingkun Yang, Yawen Tan, Liang Zhou, Shuisheng Lin, y Hongkai Wen. Efficient human activity recognition solving the confusing activities via deep ensemble learning. *Ieee Access*, 7: 75490–75499, 2019.

[99] Haiping Huang, Zhenchao Hu, Wenming Wang, y Min Wu. Multimodal emotion recognition based on ensemble convolutional neural network. *IEEE Access*, 8:3265–3271, 2019.

[100] Marco Leo, Pierluigi Carcagnì, y Cosimo Distante. A systematic investigation on end-to-end deep recognition of grocery products in the wild. In *2020 25th International Conference on Pattern Recognition (ICPR)*, pages 7234–7241. IEEE, 2021.

[101] Hongwei Yao, Tong Qiao, Ming Xu, y Ning Zheng. Robust multi-classifier for camera model identification based on convolution neural network. *IEEE Access*, 6:24973–24982, 2018.

[102] M Praveena y V Jaiganesh. A literature review on supervised machine learning algorithms and boosting process. *International Journal of Computer Applications*, 169(8):32–35, 2017.

[103] Robert E Schapire. Explaining adaboost. In *Empirical inference*, pages 37–52. Springer, 2013.

[104] Tianqi Chen, Tong He, Michael Benesty, Vadim Khotilovich, Yuan Tang, Hyunsu Cho, et al. Xgboost: extreme gradient boosting. *R package version 0.4-2*, 1(4):1–4, 2015.

[105] Liudmila Prokhorenkova, Gleb Gusev, Aleksandr Vorobev, Anna Veronika Dorogush, y Andrey Gulin. Catboost: unbiased boosting with categorical features. *Advances in neural information processing systems*, 31, 2018.

[106] Guolin Ke, Qi Meng, Thomas Finley, Taifeng Wang, Wei Chen, Weidong Ma, Qiwei Ye, y Tie-Yan Liu. Lightgbm: A highly efficient gradient boosting decision tree. *Advances in neural information processing systems*, 30: 3146–3154, 2017.

[107] Jerome H Friedman. Greedy function approximation: a gradient boosting machine. *Annals of statistics*, pages 1189–1232, 2001.

[108] Ledisi G Kabari y Ugochukwu C Onwuka. Comparison of bagging and voting ensemble machine learning algorithm as a classifier. *International Journals of Advanced Research in Computer Science and Software Engineering*, 9(3):19–23, 2019.

[109] Bohdan Pavlyshenko. Using stacking approaches for machine learning models. In *2018 IEEE Second International Conference on Data Stream Mining & Processing (DSMP)*, pages 255–258. IEEE, 2018.

[110] Jaime Duque Domingo, Roberto Medina Aparicio, y Luis Miguel González Rodrigo. Improvement of one-shot-learning by integrating a convolutional neural network and an image descriptor into a siamese neural network. *Applied Sciences*, 11(17):7839, 2021.

[111] Jake Snell, Kevin Swersky, y Richard Zemel. Prototypical networks for few-shot learning. *Advances in neural information processing systems*, 30, 2017.

[112] Weijian Xu, Yifan Xu, Huaijin Wang, y Zhuowen Tu. Attentional constellation nets for few-shot learning. In *International Conference on Learning Representations*, 2021.

[113] Yuqing Hu, Stéphane Pateux, y Vincent Gripon. Squeezing backbone feature distributions to the max for efficient few-shot learning. *Algorithms*, 15(5):147, 2022.

[114] Yangji He, Weihan Liang, Dongyang Zhao, Hong-Yu Zhou, Weifeng Ge, Yizhou Yu, y Wenqiang Zhang. Attribute surrogates learning and spectral tokens pooling in transformers for few-shot learning. In *Proceedings of the IEEE/CVF Conference on Computer Vision and Pattern Recognition*, pages 9119–9129, 2022.

[115] Daniel Shalam y Simon Korman. The self-optimal-transport feature transform. *arXiv e-prints*, pages arXiv–2204, 2022.

[116] Haipeng Zhang, Zhong Cao, Ziang Yan, y Changshui Zhang. Sill-net: Feature augmentation with separated illumination representation. *arXiv preprint arXiv:2102.03539*, 2021.

[117] Shell Xu Hu, Pablo G Moreno, Yang Xiao, Xi Shen, Guillaume Obozinski, Neil D Lawrence, y Andreas Damianou. Empirical bayes transductive meta-learning with synthetic gradients. *arXiv preprint arXiv:2004.12696*, 2020.

[118] Shell Xu Hu, Da Li, Jan Stühmer, Minyoung Kim, y Timothy M Hospedales. Pushing the limits of simple pipelines for few-shot learning: External data and fine-tuning make a difference. In *Proceedings of the IEEE/CVF Conference on Computer Vision and Pattern Recognition*, pages 9068–9077, 2022.

[119] Yuqing Hu, Stéphane Pateux, y Vincent Gripon. Adaptive dimension reduction and variational inference for transductive few-shot classification. *arXiv preprint arXiv:2209.08527*, 2022.

[120] Yassir Bendou, Yuqing Hu, Raphael Lafargue, Giulia Lioi, Bastien Pasdeloup, Stéphane Pateux, y Vincent Gripon. Easy: Ensemble augmented-shot y-shaped learning: State-of-the-art few-shot classification with simple ingredients. *arXiv preprint arXiv:2201.09699*, 2022.

[121] Elizabeth A Phelps. Faces and races in the brain. *nature neuroscience*, 4 (8):775–776, 2001.

[122] Jaime Duque-Domingo, Roberto Medina Aparicio, y Luis Miguel González Rodrigo. One shot learning with class partitioning and cross validation voting (cp-cvv). *Pattern Recognition*, 143:109797, 2023.

[123] Xiang Li, Tianhan Wei, Yau Pun Chen, Yu-Wing Tai, y Chi-Keung Tang. Fss-1000: A 1000-class dataset for few-shot segmentation. In *Proceedings of the IEEE/CVF conference on computer vision and pattern recognition*, pages 2869–2878, 2020.

[124] Alexander Kirillov, Eric Mintun, Nikhila Ravi, Hanzi Mao, Chloe Rolland, Laura Gustafson, Tete Xiao, Spencer Whitehead, Alexander C Berg, Wan-Yen Lo, et al. Segment anything. *arXiv preprint arXiv:2304.02643*, 2023.

[125] Alec Radford, Jong Wook Kim, Chris Hallacy, Aditya Ramesh, Gabriel Goh, Sandhini Agarwal, Girish Sastry, Amanda Askell, Pamela Mishkin, Jack Clark, et al. Learning transferable visual models from natural language supervision. In *International conference on machine learning*, pages 8748–8763. PMLR, 2021.

[126] Xu Zhao, Wenchao Ding, Yongqi An, Yinglong Du, Tao Yu, Min Li, Ming Tang, y Jinqiao Wang. Fast segment anything. *arXiv preprint arXiv:2306.12156*, 2023.

[127] Jiaming Song, Chenlin Meng, y Stefano Ermon. Denoising diffusion implicit models. *arXiv preprint arXiv:2010.02502*, 2020.

[128] Pavan Kumar Anasosalu Vasu, James Gabriel, Jeff Zhu, Oncel Tuzel, y Anurag Ranjan. Mobileone: An improved one millisecond mobile backbone. In *Proceedings of the IEEE/CVF Conference on Computer Vision and Pattern Recognition*, pages 7907–7917, 2023.

[129] Mary Phuong y Christoph Lampert. Towards understanding knowledge distillation. In *International conference on machine learning*, pages 5142–5151. PMLR, 2019.